Erziehen
Bilden
Betreuen
im Kindesalter

von
Christine Neumann
Lucia Niederwestberg
Martina Wenning

5., aktualisierte Auflage

Dr. Felix Büchner · Handwerk und Technik

Die Autorinnen

Christine Neumann, Lehramt für berufsbildende Schule, Oberschulrätin, Leitung Berufsfachschule für Kinderpflege, Lehrplanarbeit, u.a. zuständig für den beruflichen Bereich Sozialwesen (Stundentafeln, Ausbildungsordnungen, Konzeptionen, neue Bildungsgänge)

Martina Wenning, Lehramt für berufliche Schulen, Unterrichtsfächer Pädagogik, Psychologie und Heilpädagogik sowie Praxis- und Methodenlehre an der Fachakademie für Sozialpädagogik und der Berufsoberschule

Lucia Niederwestberg, Dipl.-Sozialpädagogin, Oberstudienrätin, Unterrichtsfächer Pädagogik, Psychologie, Soziales Handeln sowie Praxisbegleitung und -coaching an einer Berufsfachschule für Sozialpädagogische Assistenz und einer Fachschule für Sozialpädagogik

ISBN 978-3-582-15715-7   Best.-Nr. 4735

Verlag Dr. Felix Büchner GmbH & Co. KG – Handwerk und Technik GmbH, Lademannbogen 135, 22339 Hamburg; Postfach 63 05 00, 22331 Hamburg – 2019

E-Mail: info@handwerk-technik.de – Internet: www.handwerk-technik.de

Satz und Layout: Roman Bold & Black, 50672 Köln
Umschlagmotiv: Shuttterstock © Olesia Bilkei
Druck: mediaprint solutions GmbH, 33100 Paderborn

Vorwort

Erziehen – Bilden – Betreuen im Kindesalter

Das Buch eignet sich vor allem für Schülerinnen und Schüler der Berufsfachschulen für Kinderpflege und Sozialassistenz. Ziel ist der Erwerb beruflicher Handlungskompetenz für den Umgang mit und die Begleitung von Kindern.

Das Buch verknüpft die Vermittlung von Basiswissen mit pädagogischen Handlungsmöglichkeiten und orientiert sich an unterschiedlichen Lebenssituationen und Bedürfnissen von Kindern. Die Themen werden anschaulich durch viele Fallbeispiele erarbeitet.

Das Buch ist in sechs große Bereiche gegliedert, die sich an den Lernfeldern der Bundesländer orientieren. Die Lehrpläne der einzelnen Bundesländer unterscheiden sich in der Anzahl der ausgewiesenen Lernfelder sowie den darin aufgeführten Inhalten und ihrer Gewichtung. Die in diesem Buch vorgenommene Zuordnung der Themen zu den einzelnen Bereichen ist deshalb nicht immer deckungsgleich mit dem jeweiligen Landeslehrplan.

Jeder Bereich umfasst mehrere Kapitel und beinhaltet die für die Ausbildungen relevanten Themen aus Pädagogik, Psychologie und Soziologie.

Zur Struktur:

- Jedes Kapitel beginnt mit einem oder mehreren Fallbeispielen, bildlichen Darstellungen und Aufgaben, die zu den Lerninhalten hinführen.
- Die jeweiligen Themen sind durch viele Bilder und Darstellungen anschaulich aufbereitet.
- Zahlreiche in den Text integrierte Aufgaben und Handlungsaufforderungen fördern die Eigentätigkeit der Schülerinnen und Schüler. Sie regen zu einer aktiven Auseinandersetzung mit Problemsituationen sowie zu einem kritischen Hinterfragen des eigenen Standpunkts an.
- Am Ende jedes Kapitels erfolgt eine Zusammenfassung, die in geraffter Form die wichtigsten Inhalte wiedergibt.
- Am Kapitelende stehen außerdem Aufgaben, die sowohl der Wiederholung dienen als auch zur vertieften, selbstständigen Auseinandersetzung auffordern.

Im Buch wird überwiegend die weibliche Form verwendet, mit der auch das andere Geschlecht angesprochen ist.

Vorschläge zur Korrektur und Weiterentwicklung sowie konstruktive Kritik werden gern entgegengenommen.

Autorinnen und Verlag

Inhaltsverzeichnis

handwerk-technik.de

Die Entwicklung des Menschen

Erziehungs- und Bildungsprozesse planen, durchführen und reflektieren

Im Team und an Konzepten mitarbeiten

1 Auseinandersetzung mit der Berufsrolle

Interview mit Susanne

Susanne (52 J.) hat nach dem Hauptschulabschluss eine Ausbildung zur Kinderpflegerin gemacht und fünf Jahre im Beruf gearbeitet (Waisenhaus und Kinderheim). Danach besuchte sie die Fachoberschule, studierte zunächst Sozialpädagogik und anschließend Berufspädagogik (Lehramt). Heute arbeitet sie als Lehrerin in sozialpädagogischen Ausbildungen.

Was hat dich damals bewogen Kinderpflegerin zu werden?
Nachdem ich im 10. Schuljahr von der Realschule geflogen war, weil ich viel geschwänzt hatte, begann ich auf Drängen meiner Eltern eine Büroausbildung. „Ins Büro gehen" war damals für Mädchen das Richtige. Nach eineinhalb Jahren habe ich diese Ausbildung abgebrochen. Das war nicht mein Ding. Ich wollte mit Kindern arbeiten. In diesem Bereich hatte ich schon etliche Erfahrungen: Pfadfinder, Babysitten, Gruppenleitung bei der christlichen Jugend. Da ich keinen Realschulabschluss hatte, konnte ich nicht Erzieherin werden, sondern nur Kinderpflegerin.

Du hast ja einige Jahre in dem Beruf gearbeitet, was hat dir besonders gefallen, was hat dir nicht gefallen?
Die Arbeit mit Kindern in ihrer Vielfältigkeit hat mir unglaublich viel Spaß gemacht. Keine Eintönigkeit und die Kreativität, die man entwickeln musste. Außerdem habe ich das Arbeiten im Team genossen. Du warst nicht alleine, konntest Probleme besprechen, hast Anregungen bekommen und … und … Im Heim mussten wir Entwicklungsberichte für das Jugendamt schreiben.

Das habe ich natürlich auch gemacht, aber offiziell durfte ich das nicht. Die zuständige Erzieherin hat die dann übernommen und unterschrieben. Diese formal fehlende Verantwortlichkeit, weil du die formellen Voraussetzungen nicht erfüllst, das hat mich wahnsinnig gestört. Das gab auch den Ausschlag, dass ich weitergelernt und studiert habe.

Das Lernen war kein Thema für mich, das ist mir leicht gefallen. Obwohl – mein erstes Referat, da hab ich vorher ganz schön gebibbert. Das war in Erziehungslehre. Das Fach war mein Lieblingsfach. Für das habe ich Zeitungsartikel gesammelt und Fachbücher gelesen. Da war ich gut informiert und habe den anderen immer geholfen. Meist haben wir zu dritt in einer Gruppe gearbeitet. Ganz im Gegensatz zu Mathematik. Dafür musste ich kräftig üben. Das habe ich mit meinem Freund getan. Besonders einprägsam und gut fand ich den Unterricht mit Veranschaulichungen und praktischen Anteilen. Davon habe ich vieles behalten und in meiner Arbeit mit Kindern verwendet. Ansonsten, wenn irgendwas war, haben sie mich immer vorgeschickt.

Was waren wichtige Punkte in deinem Leben?
Ein ganz wichtiger Punkt war der Beginn der Kinderpflegeausbildung, weil ich endlich das Gefühl hatte, jetzt weiß ich, was ich will.
Ein weiterer Meilenstein war auch die Geburt meines zweiten Sohnes, den ich mit Ende zwanzig bekommen habe. Freunde haben mir gratuliert und gesagt, nun ist es wohl mit der Karriere zu Ende und du wirst Mutter und Hausfrau. Das hat mich herausgefordert: jetzt erst recht.

Was war und ist dir in der pädagogischen Arbeit wichtig?
Neben der Förderung und Unterstützung in den verschiedenen Bereichen habe ich immer versucht, die Kinder da abzuholen, wo sie stehen. Ich habe nicht geschaut, was können sie alles nicht, sondern was können sie alles schon und dort angesetzt.

Das Kind ist für mich ein kompetenter Mensch mit vielen Fähigkeiten, die es auszubauen gilt.
Für meine Tätigkeit im Heim war es außerdem vordringlich, verlässlich zu sein und den Kindern zu vermitteln, dass sie mir vertrauen können.
Und eins fällt mir noch ein, worüber ich mich furchtbar geärgert habe und wo ich unbedingt ein anderes Bild vermittle.
Im Lehramtsstudium vertrat eine Professorin die Auffassung, Männer sind hier Mangelware und müssen deshalb gefördert werden. Was dazu führte, dass ein Kommilitone, der nie richtig gelernt hatte und schnell wieder vergaß, von mir abschrieb und jedes Mal eine Zensur besser bekam.

Aufgaben

1. Was hat Sie persönlich bewogen, eine sozialpädagogische Ausbildung zu wählen?
2. Susanne spricht in dem Interview von der Vielfältigkeit der Arbeit. Was kann sie damit wohl meinen?
3. Susanne hat ausschließlich in Heimen gearbeitet. Welche Einsatzorte gibt es heute mit Ihrer Berufsausbildung?
4. Welcher Einsatzort würde Sie besonders als Arbeitsplatz interessieren? Begründen Sie Ihre Antwort.
5. Recherchieren Sie, welche Weiterbildungsmöglichkeiten Sie heute haben.

1.1 Berufsbild – Aufgaben und Anforderungen

Die Berufe der Kinderpflegerin und der Sozialassistentin sind sozialpädagogische bzw. sozialpädagogisch-pflegerische Berufe, die man nach dem Abschluss der allgemeinbildenden Schule erlernen kann.

Die Ausbildung zur **Kinderpflegerin** war ursprünglich nur auf die Mitarbeit und Unterstützung in Familien mit Kindern ausgelegt. Die ehemalige Berufsbezeichnung „Kinder- und Haushaltsgehilfin" trifft heute nicht mehr zu, da eine Veränderung der Familienstruktur (weniger Kinder) und die Ausweitung familienergänzender Angebote die Einsatzorte verändert haben. Die Kinderpflegerin findet heute Beschäftigungsmöglichkeiten in Familien mit Kleinkindern und sozialpädagogischen Einrichtungen wie z. B. Kindergarten, Krippe, Hort oder Heim.

In ihrer beruflichen Tätigkeit stehen Kinder verschiedener Altersstufen mit ihren unterschiedlichen Bedürfnissen im Mittelpunkt. In der Familie vertritt die Kinderpflegerin häufig ein Elternteil. Sie erzieht und pflegt die Kinder und übernimmt schwerpunktmäßig die hauswirtschaftliche Versorgung von und mit Kindern.

In sozialpädagogischen Einrichtungen unterstützt die Kinderpflegerin die Gruppenleitung kompetent und verantwortlich bei ihren Aufgaben und arbeitet in einem multiprofessionellen Team. Hier umfasst ihre Tätigkeit im Wesentlichen die Unterstützung und Begleitung von Kindern im Alter von 0 bis 6 Jahren, insbesondere die Arbeit in Kleinkind- und altersgemischten Gruppen.

Als Zweitkraft ist sie an der Erziehung von Kindern beteiligt und wirkt bei sozialpflegerischen und sozialpädagogischen Aufgaben mit.

Geht man heute von einem multiprofessionellen Team aus, so erfährt der Einsatz der Kinderpflegerin eine Aufwertung. Besonders die Ausbildungsanteile im sozialpflegerischen und hauswirtschaftlichen Bereich schaffen im Zusammenhang mit sozialpädagogischen Inhalten gute Möglichkeiten, im Krippen- und Kleinkindbereich zu arbeiten.

2

Die Ausbildung zur **Sozialassistentin**, die relativ neu ist, wird inzwischen in dem überwiegenden Teil der Bundesländer angeboten und ersetzt oder ergänzt die Kinderpflegeausbildung. Sie wird mit unterschiedlichen Schwerpunktsetzungen durchgeführt: entweder rein sozialpädagogisch ausgerichtet (Zielgruppe: Kinder und Jugendliche im Alter von 0 bis 14 Jahren) oder sozialpädagogisch-sozialpflegerisch (Zielgruppe: Menschen mit Förder- und Unterstützungsbedarf: Kinder, Jugendliche, kranke und Menschen mit Handicap). Die Sozialassistentin findet entsprechend der Schwerpunktsetzung ihrer Ausbildung Beschäftigungsmöglichkeiten in sozialpädagogischen oder sozialpflegerischen Einrichtungen. Sie arbeitet ergänzend und unterstützend vor allem mit Erziehern und Heilerziehungspflegern zusammen.

Kinderpflegerin und Sozialassistentin sind an allen Aufgaben der Betreuung, Bildung und Erziehung beteiligt. Beschäftigungsmöglichkeiten gibt es für beide im öffentlichen Bereich, bei freien Trägern, konfessionell gebundenen und privaten Einrichtungen (vgl. Kap. 10).

1.1.1 Aufgaben

Die Aufgaben werden exemplarisch für die Kinderpflegerin dargestellt. Für die Sozialassistentin variieren sie entsprechend Schwerpunktsetzung und Bundesland.

Die Tätigkeit einer Kinderpflegerin umfasst folgende Aufgabenbereiche:

Pädagogische Tätigkeiten wie z. B.
- Kinder zum Spielen und zu anderen Formen altersgemäßer Beschäftigung anregen
- für Spiel- und Beschäftigungsmaterial sorgen
- mit Kindern musizieren und werken/basteln
- Angebote planen und gestalten
- Kinder beobachten, fördern und ermutigen

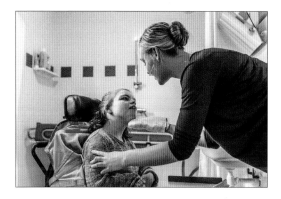

Pflegerische Tätigkeiten wie z. B.
- Körperpflege
- Säuglingspflege
- Pflege und Beschäftigung kranker Kinder
- Pflege und Betreuung von Kindern mit Behinderungen

Hauswirtschaftliche Tätigkeiten wie z. B.
- Wäsche und Pflege der Kinderkleidung
- Nahrungszubereitung
- Pflege und Instandhaltung der Spielsachen
- Hausarbeit, soweit sie die Kinder betrifft
- Gestalten von Festen wie z. B. Kindergeburtstag

Die Berufstätigkeit einer Kinderpflegerin oder Sozialassistentin setzt sich aus vielfältigen Aufgaben und Anforderungen zusammen, die je nach Einsatzort variieren: In der Familie nimmt der hauswirtschaftliche Bereich einen relativ großen Zeitraum ein, bei Kindern mit Behinderungen dagegen der pflegerische.

Aufgaben

> 1. Welche Vorstellungen von den Aufgaben einer Kinderpflegerin/Sozialassistentin hatten Sie, als Sie sich für diese Berufsausbildung entschieden haben? Decken sie sich mit den hier dargestellten Aufgaben?
> 2. Welche Anforderungen wurden bei Ihrer Hospitation an die sozialpädagogischen Fachkräfte gestellt? Nehmen Sie Ihre Dokumentation zu Hilfe und arbeiten Sie in Kleingruppen.

1.1.2 Anforderungen

Die Bewältigung der verschiedenen Aufgaben verlangt von professionell Erziehenden Fachlichkeit, viele Fertigkeiten und Kenntnisse sowie ein hohes Maß an Selbst-, Sozial- und Fachkompetenz. Eine Übersicht der verschiedenen Kompetenzarten mit einigen dazugehörigen Fähigkeiten ist in folgender Tabelle zu erkennen:

Kompetenzart	Erwartete Fähigkeiten
Selbstkompetenz	• Bewältigung und aktive Gestaltung des eigenen Lebens • Verantwortungsbewusstsein • Zuverlässigkeit
Sozialkompetenz	• Teamfähigkeit • Beobachtungsfähigkeit • Flexibilität • Toleranz
Fachkompetenz	• Kenntnisse über die Entwicklung des Kindes, Säuglingspflege u. a. • Fertigkeiten im Umgang mit unterschiedlichen Materialien • Offenheit für Neues • Bereitschaft zu lebenslangem Lernen

Tab. 1.1 Berufliche Kompetenzen

Eine Grundvoraussetzung für die Arbeit als Erziehende ist die Freude an der Arbeit mit Menschen. Für alle Einsatzorte gelten außerdem folgende Anforderungen: Verlässlichkeit, Ehrlichkeit, Pünktlichkeit, Geduld, Toleranz, Kritikfähigkeit, Kommunikationsfähigkeit, Reflexionsvermögen, Distanz.

Aufgaben

> 3. Warum sind die einzelnen Fähigkeiten für eine sozialpädagogische bzw. sozialpflegerische Tätigkeit notwendig?
> 4. In einigen Bundesländern finden Kinderpflegerinnen auch Beschäftigungsmöglichkeiten in Kinderkurkliniken, auf Kinderkrankenstationen oder in Freizeit- und Einkaufzentren. Überlegen Sie in einer Kleingruppe jeweils für einen Einsatzort, welche besonderen Anforderungen auf Sie zukommen würden. Stellen Sie diese der Klasse vor.

Für die **Arbeit in der Familie** kommen folgende Anforderungen besonders auf die Kinderpflegerin zu:
die Auseinandersetzung mit den eigenen Erziehungsvorstellungen und denen der Familie, die sich durchaus unterscheiden können.
In der Regel sind die Eltern berufstätig, sodass eine Kinderpflegerin einen Großteil der Zeit eigenverantwortlich für die Kinder und deren Belange zuständig ist. Sie muss ein hohes Verantwortungsbewusstsein und große Umsicht besitzen, spontane Entscheidungen treffen können und über die Fähigkeit verfügen, ihre Zeit und die anstehende Arbeit eigenständig zu planen.

Beispiel

Gabi arbeitet bei Familie Schmidt. Frau Schmidt ist ebenso wie Herr Schmidt berufstätig und täglich sechs Stunden außer Haus. In dieser Zeit ist Gabi alleine für die Kinder (2 und 4 Jahre) zuständig. Ein großes Problem sind die gemeinsamen Mahlzeiten. Gabi ist der Meinung, dass der 4-jährige Jan lernen muss, dass er alles, was er sich auffüllt, auch aufessen muss und beim Essen nicht spielen soll. Er nimmt sich immer einen Riesenberg und lässt zwei Drittel davon liegen. Dabei spielt er mit seinem Auto. Wenn sie alleine sind, klappt das schon recht gut, wenn Frau Schmidt dabei ist nicht: „Ach, lassen Sie ihn doch. Ich musste auch immer alles aufessen, was meine Mutter mir aufgefüllt hat. Das war schrecklich."

Aufgaben

1. Wie würden Sie sich verhalten? Diskutieren Sie mögliche Lösungen in einer Kleingruppe.
2. Überlegen Sie bei den unterschiedlichen Lösungen, wie sich jeweils Kinderpflegerin und Mutter fühlen mögen.
3. Stellen Sie die von Ihrer Gruppe gefundene Lösung im Rollenspiel der Klasse vor.
4. Erklären Sie, warum Sie sich für diese Lösung entschieden haben.
5. Welche Vor- und Nachteile kann eine Beschäftigung in einer Familie haben?

Für die **Arbeit in einer sozialpädagogischen Einrichtung** kommen folgende Anforderungen besonders auf eine Kinderpflegerin oder Sozialassistentin zu: den **Überblick** über die gesamte Gruppe behalten; **alle** Kinder annehmen,

Beziehungen zu ihnen aufbauen und Geborgenheit vermitteln. Viele Kinder wollen gleichzeitig etwas – allen soll man gerecht werden.

Beispiel

Rita arbeitet in einer Elementargruppe. Sie kümmert sich um Katja (5 J.) und tröstet sie, weil ihr Vogel gestorben ist und sie sehr traurig ist. Da kommt Alexander (6 J.) hereingestürmt und will von seinem gestrigen Fußballspiel berichten. Als Rita sich ihm nicht zuwendet, wird er wütend und fängt laut an zu schreien. Derweil zerstört Melanie (5 J.) einen Turm, weil sie bei den anderen nicht mitspielen darf, und provoziert damit ein Handgemenge. Peer (6 J.) dagegen sitzt allein und geistesabwesend in einer Ecke.

Aufgaben

Diskutieren Sie in einer Kleingruppe:
6. Wie könnten Sie sich in einer vergleichbaren Situation verhalten?
7. Welche Anforderungen werden hier an die Erziehende gestellt?

Zu der Arbeit in einer sozialpädagogischen Einrichtung gehört auch die Bereitschaft zur **Zusammenarbeit in einem Team** (vgl. Kap. 19). Hier erfährt die Erziehende neben der Möglichkeit zur gemeinsamen Reflexion, zum Erfahrungs- und Informationsaustausch auch Anerkennung als Teammitglied oder Unterstützung bei der Umsetzung von Ideen. Außerdem ist die Einbeziehung der Eltern ein wichtiger Bestandteil der Arbeit. Neben unterschiedlichen Mitwirkungsmöglichkeiten für Eltern (Feste, Spielstunden, Elternabende usw.) spielen besonders Elterngespräche eine große Rolle. Hier ist die Erziehende insbesondere bei den sog. „Tür-und-Angel-Gesprächen" gefordert. Beim Bringen oder Abholen können kurz Informationen ausgetauscht und der Kontakt zwischen Eltern und pädagogischem Personal gepflegt werden.

Aufgabe

8. Welche Vor- und Nachteile kann die Beschäftigung in einer sozialpädagogischen Einrichtung haben?

1.2 Vorbildrolle

Beispiel

Zwei 4-Jährige spielen mit Autos:

Hans *fährt mit seinem Auto über eine Landstraße und erzählt dabei seiner mitfahrenden Familie: „Da haben wir aber noch Glück gehabt, dass es jetzt nicht mehr so stark regnet wie vorhin. Ich freue mich schon auf den Besuch bei Oma und die schönen Rouladen." Brumm, brumm … „Huch, der hat es aber eilig. Der fährt viel zu schnell bei diesem Nieselregen!"*

Peter *rast mit seinem Auto über die Straße in rasanten Kurven: „So ein Mistwetter! Hätte das nicht aufhören können… Und da vorne dieser Zockelheini. Wenn er nicht Auto fahren kann, soll er doch zu Hause bleiben. Hoffentlich hat Oma nicht wieder ihre fettigen Rouladen mit der dicken Sahnesoße gemacht."*

Aufgaben

1. Warum reagieren und handeln die beiden Jungen wohl so unterschiedlich?
2. Was können Sie daraus für Ihr Verhalten als Erziehende ableiten?

90 bis 95 % des Lernens erfolgt anhand von Vorbildern und nur 5 bis 10 % aufgrund von Anweisungen. Für Kinder in den ersten sieben Lebensjahren ist die Nachahmung die wichtigste Lernmethode, die auch in späteren Lebensjahren noch eine hohe Bedeutung behält. Lernen nach und von einem Vorbild geschieht weitgehend unbewusst und ist stark von der Beziehung abhängig. Vorbilder sind alle die Kinder umgebenden Personen.

Eine besondere Vorbildfunktion haben vor allem die Menschen, zu denen man eine gute Beziehung hat. Das sind zunächst die Eltern, aber ebenso Geschwister, Großeltern, pädagogische Fachkräfte wie Kinderpflegerin, Sozialassistentin und Erzieherin sowie später auch Freunde und einige Lehrer. Kinder beobachten sehr genau das Geschehen um sich herum. Sie nehmen vieles wahr, was man nicht ahnt, und übernehmen Verhaltensweisen, Einstellungen, Gefühle, Meinungen, Sprache, Werte und Normen. Kinder lernen aus allem, gleichgültig, ob es positiv oder negativ ist. Ein Vorbild hat „umfassenden Modellcharakter" und nie Feierabend. Da man nicht weiß, wann man beobachtet wird, muss man sich jederzeit vorbildhaft verhalten. Das bedeutet jedoch nicht, dass man immer perfekt sein muss.

Durch das „Vorleben" lernen Kinder mehr als durch gezielt eingesetzte Erziehungsmaßnahmen und viele Worte. Keine Belohnung oder Strafe, keine Ermahnung oder gutes Zureden sind so wirkungsvoll wie das Vorbild. Das Alltagsverhalten und der Umgang miteinander vermitteln dem Kind z. B. Rücksichtnahme, Geduld, Pünktlichkeit, das Einhalten von Regeln und Grenzen. Eine Erziehende, die immer zu spät in die Gruppe kommt, kann kaum erwarten, dass die Kinder pünktlich sind. Aus dem Beispiel wird deutlich, dass das alltägliche Verhalten von Eltern und anderen Bezugspersonen, wie beispielsweise einer Kinderpflegerin oder Sozialassistentin, beobachtet, nachgeahmt und übernommen wird.

Eine Erziehende muss sich also bewusst sein, dass sie für die Kinder ein Vorbild ist. Das hat verschiedene Konsequenzen:

Forderungen,

die man an andere stellt, muss man selbst auch erfüllen. Erwartungen, die man an die Kinder hat, müssen mit dem eigenen Verhalten übereinstimmen.

Fehler

sollten eingestanden werden. Vorbild sein heißt nicht, perfekt sein zu müssen. Zu einem guten Vorbild gehören auch Schwächen und Fehler. Ein Mensch, der zugibt „Das habe ich falsch gemacht", „Da habe ich einen Fehler gemacht" oder „Das weiß ich nicht", wird selten an Ansehen verlieren, sondern eher gewinnen. Er beweist damit Aufrichtigkeit und gibt zu, dass er nicht vollkommen und gegenüber Kindern nicht allmächtig ist. Wichtig ist dabei, dass man aus den Fehlern lernt, denselben Fehler in Zukunft vermeidet und sich um Änderung und Verbesserung bemüht.

Verhalten überdenken

Das eigene Verhalten sollte regelmäßig reflektiert werden.

Aufgaben

1. Schildern Sie eine Situation, aus der Sie etwas gelernt haben. Was hat Sie dabei besonders beeindruckt?
2. Warum ist es wichtig, gerade als Vorbild das eigene Verhalten zu reflektieren?

Einstellungen

werden übernommen, z. B.
- Wie verhält man sich gegenüber den eigenen Eltern oder alten Menschen?
- Was hält jemand von ausländischen Mitbürgern und wie äußert er sich über sie?
- Wie geht man mit seinen Kollegen um (im Alltag, in Konfliktsituationen)?

Kinder beobachten das Verhalten einer Erziehenden gegenüber Eltern, Kolleginnen und anderen Kindern.

Wenn man sich über einen anderen lustig macht oder geringschätzig redet, wird das auch die Einstellung des Kindes beeinflussen. Eine Erziehende sollte sich deshalb möglichst neutral verhalten.

Gefühle und Gefühlsäußerungen

sind nicht angeboren, sondern werden durch das Vorleben erlernt. Gefühlsäußerungen – vor allem vor Kindern – sollten deshalb kontrolliert werden. Das bedeutet nicht, dass man seine Gefühle versteckt. Aber anstatt lauthals zu schimpfen und Vorwürfe zu machen, wäre es besser, zu einem Kind zu sagen, das sich verspätet hat: „Ich habe mir Sorgen gemacht." Oder: „Eigentlich wollte ich noch Pfannkuchen mit dir backen. Dazu ist es nun leider zu spät." Türen knallen und mit Gegenständen werfen, wenn man wütend ist, sind dagegen kein Vorbildverhalten. Schimpftiraden, wenn man sich sehr geärgert hat, bewirken wenig. Ebenso wird Wut, die mit Gewalt abreagiert wird, kaum zu einem friedfertigen Verhalten bei anderen führen. Positive Gefühle dagegen sollten in jedem Fall gezeigt werden. Das fällt vielen Menschen schwer.

Beispiel
Wenn man etwas bekommen hat, über das man sich freut, sollte man seine Freude auch zeigen und sich bedanken.

Sprache, Sprechweise und Wortwahl

werden ebenfalls von Kindern nachgeahmt. Das kann man beobachten, wenn Kinder in den Kindergarten kommen.

Nach einiger Zeit werden sie Schlagwörter und bestimmte Ausdrucksweisen von Freunden und anderen bevorzugten Personen übernehmen. Kraftausdrücke sollten deshalb von einer Erziehenden vermieden werden. Für die Sprachentwicklung und das Sprachlernen, z. B. für Kinder mit Migrationshintergrund, ist es außerdem wichtig, in ganzen Sätzen zu sprechen. Ebenso sollten Fragen kindgemäß beantwortet werden.

Von besonderer Bedeutung ist auch das äußere **Erscheinungsbild**.

Aufgaben

1. Welche Eindrücke vermitteln Ihnen die beiden Fotos?
2. Welche Eindrücke könnten Eltern von diesen „Bewerberinnen" haben und wie könnten sie auf die beiden reagieren?
3. Überlegen Sie, wenn Sie eine Kinderpflegerin oder Sozialassistentin einstellen müssten, welche Erwartungen Sie an sie hätten. Stellen Sie Ihre Überlegungen im Rollenspiel dar.
4. Vergleichen Sie Ihre Überlegungen in der Klasse. Arbeiten Sie die Gemeinsamkeiten heraus und diskutieren Sie die Differenzen.

1.3 Eigene Entwicklung und Erziehung

Beispiel 1

Zwei Schwestern (23 J. und 17 J.) und ihr Bruder (20 J.) treffen sich, um ein Gedicht für den 50. Geburtstag der Mutter vorzubereiten. Voller Elan tragen sie ihre Ideen zusammen und beginnen zu dichten. Mittendrin springt die 17-Jährige auf, wirft die beschriebenen Blätter auf den Boden und schreit: „Nie hört ihr auf meine Ideen. Euch ist doch sowieso egal, ob ich dabei bin oder nicht."

Beispiel 2

Schoschana Rabinovici berichtet von ihrer Reise auf die Galapagosinseln: „Eines Abends servierte man uns ein Essen, bei dem es als Beilage solche Scheiben gab, die kein Mensch kannte. Ich hab's gekostet. Es waren Zuckerrüben. […] Ich habe diesen Geschmack 50 Jahre lang nicht mehr gespürt. […] Ich konnte nur schreien ‚Zuckerrüben'. Es ist der Körper, der die Erinnerung zurückbringt, ein Geruch, ein Geschmack, eine Geste, ein Geräusch. Wenn ich jetzt an Zuckerrüben denke, sehe ich den Weg vor mir zur Arbeit zum Lager Stutthof (Internierungslager während der Nazizeit, Anm. d. V.), wo ich versuchte, eine Zuckerrübe zu erhaschen."[1]

Aufgaben

5. Wie ist das Verhalten der jüngeren Schwester im ersten Beispiel zu erklären?
6. Warum kann sich Frau Rabinovici plötzlich an eine vor 50 Jahren erlebte Situation erinnern?
7. Bringen Sie einen Gegenstand aus Ihrer Kindheit mit, der für Sie eine besondere Bedeutung oder Erinnerung hat. Stellen Sie ihn in der Klasse vor und überlegen Sie, warum Menschen Erinnerungsstücke sammeln.
8. Schreiben Sie Ihren Lebensweg in Form eines Märchens auf („Es war einmal …").
   Berücksichtigen Sie dabei:
   – Wie beschreiben Ihre Eltern Sie als Säugling?
   – Welche Kinder hatten Sie sich als Freunde ausgesucht?
   – Besondere Ereignisse
   – Ihre jetzige Situation: beruflich und privat

---

[1] Aus einem Interview mit der jüdischen Autorin in: Frankfurter Jüdische Nachrichten, 10/2005

1.3.1 Wie entwickelt sich die Persönlichkeit?

Da eine professionell Erziehende eine Vorbildrolle für viele Kinder einnimmt, sollte sie sich ihrer Verhaltensweisen bewusst sein. Dabei hilft die Auseinandersetzung mit den Fragen „Wer bin ich?" und „Warum bin ich so geworden?". Die Beantwortung beider Fragen trägt zum Verständnis der eigenen Person und dem anderer Personen bei.

Der Mensch wird als Person mit Individualität (Einmaligkeit) geboren und entwickelt im Laufe seines Lebens seine Persönlichkeit.

Mit Persönlichkeit bezeichnet man die Gesamtheit der Eigenschaften eines Menschen, die seinen Charakter ausmachen. Sie umfasst angeborene Merkmale (genetische Ausstattung) sowie anerzogene und erworbene Eigenschaften (Individualität und die Rolle eines Menschen in der Gesellschaft). Die Persönlichkeitsentwicklung eines Menschen bezeichnet man auch als Sozialisation.

Definition

Unter **Sozialisation** versteht man einen lebenslangen Prozess des Lernens und Anpassens, der nie abgeschlossen ist. Durch sie wird ein Mensch zu einem vollwertigen Mitglied in der Gesellschaft.

Die Sozialisation erfolgt in verschiedenen Phasen, die man auch als primäre, sekundäre und tertiäre Sozialisation bezeichnet.

Die **primäre Sozialisation** findet in der Familie statt und legt den Grundstein zur Herausbildung der individuellen **Identität**. Darunter versteht man die Summe der Merkmale, die einen Menschen von anderen unterscheidet, seine Einzigartigkeit. Sie basiert auf der Selbstwahrnehmung, der Einschätzung von außen, und erfährt eine besondere Schwerpunktsetzung als Entwicklungsaufgabe im Jugendalter.

Die **sekundäre Sozialisation** (Vorbereitung des Individuums auf die Rolle in der Gesellschaft) findet ab dem 3. Lebensjahr neben der Familie hauptsächlich in der eigenen Altersgruppe statt (Freunde, Kindergarten, Schule). Mit wachsender Selbstständigkeit und gefestigtem Selbstbild werden zunehmend andere Menschen zu Identitätsfiguren. Ab dem 10. Lebensjahr gewinnen Stars, Sportler, Sänger, Bandmitglieder und Romanhelden als Identifikationsfiguren immer mehr an Bedeutung.

Ich will sein wie Mutter Theresa,

Madonna

Ronaldo

Justin Bieber

der Papst

Aufgaben

1. Mit welcher der genannten Personen können Sie sich am ehesten identifizieren? Warum?
2. Welche Vorbilder hatten Sie in Ihrer Kindheit?
3. An wem orientieren Sie sich heute?

Im Erwachsenenalter folgt die Phase der **tertiären Sozialisation**. Sie ist gekennzeichnet durch ständige Anpassungen an die soziale Umwelt in Interaktion (wechselseitiges Aufeinandereinwirken) mit dem Umfeld (Freunde, Familie, Kollegen).

Jede Entwicklungsphase hinterlässt Spuren der Erinnerung. So können z. B. Erfahrungen und Erlebnisse plötzlich wieder auftauchen, die dem bewussten Gedächtnis entfallen sind (Ängste, Erinnerungen, Bilder, Gerüche). Sie bestimmen häufig unbewusst das Verhalten, formen die Persönlichkeit und tragen maßgeblich zum Selbstbild eines Menschen bei, das entscheidend aus den Rückmeldungen durch andere erwächst. Das **Selbstbild** muss nicht mit der Wirklichkeit übereinstimmen.

1.3.2 Prägung der Persönlichkeit durch Anlagen

Beispiel

Eine Mutter beschreibt ihre beiden Söhne (heute 25 und 27 Jahre alt) so: „Der Ältere war ein ‚pflegeleichtes‘ Kind – ruhig, friedlich, freundlich, ausgeglichen. Wenn er die Flasche bekam, war er ruck, zuck damit fertig und schlief ein. Man konnte sich auf seinen Schlaf-Wach-Rhythmus verlassen.
Der Jüngere war viel ‚unberechenbarer‘ und fordernder. Beim Flaschetrinken schlief er ein, um nach kurzer Zeit lautstark den nächsten Teil ‚einzuklagen‘. Auch die Schlafphasen waren unregelmäßig. Der hat mich ganz schön auf Trab gehalten.

Später war Lesen für den Älteren die Lieblingsbeschäftigung. Auf dem Bett liegend konnte er so fast den ganzen Tag verbringen. Für den Jüngeren (unser Macher!) war Lesen eine Strafe. Er war dauernd in Bewegung (Fußball, Tennis, Discobesuche, trotzdem früh aus den Federn).

Seit drei Jahren hat er neben dem Sport das Lesen entdeckt.
Für den Älteren (unser Denker!) ist Lesen immer noch von großer Bedeutung, Bewegung ein notwendiges Übel, Discobesuch nicht im Programm, frühes Aufstehen ein Horror und das ehrenamtliche Engagement in der Jugendarbeit (Planung, Organisation und Gruppenleitung) eine lieb gewonnene Freizeitbeschäftigung."
Zwei Brüder, dieselben Eltern und doch völlig unterschiedliche Verhaltensweisen von Geburt an.

Aufgaben

1. Wie ist das unterschiedliche Verhalten im Beispiel zu erklären?
2. Kennen Sie ähnliche Beispiele aus Ihrem Familien- oder Freundeskreis? Berichten Sie darüber.

Zu den vererbten Anlagen gehört u. a. das **Temperament**. Mit Temperament bezeichnet man die Art und Weise, wie ein Mensch agiert und reagiert. Schon vor sehr langer Zeit hat man Menschen aufgrund von bestimmten Merkmalen, wie z. B. Ausdauer, Reizschwelle, Stimmung oder Tempo, in Typen eingeteilt. Heute beurteilt man die Persönlichkeit eines Menschen nach dem **5-Faktoren-Modell („Big Five")**. Dabei geht man von fünf Haupteigenschaften aus, denen sich sehr viele Adjektive zuordnen lassen und von denen ein Mensch sehr viel oder auch sehr wenig haben kann.

Die fünf Faktoren, mit einigen Beispieleigenschaften erläutert, sind:

- **Extraversion** (Nach-außen-Gerichtetheit): Dazu rechnet man Eigenschaften von aktiv, offen, gesprächig bis verschlossen, ernst, in sich gekehrt;
- **Verträglichkeit** von freundlich, bewundernd, mitfühlend bis stur, hart, egoistisch;
- **Gewissenhaftigkeit** von sorgfältig, zuverlässig, organisiert bis chaotisch, unzuverlässig, planlos;

- **Offenheit**
  von fantasievoll, vielseitig interessiert, wissbegierig bis unflexibel, bodenständig;
- **Neurotizismus** (emotionale Instabilität – gefühlsmäßige Anfälligkeit)
  von sicher, nervenstark, mutig bis ängstlich, nervös, mutlos.

Mit dem Alter verändern sich die Persönlichkeitsmerkmale. So hat man in Testreihen nachgewiesen, dass die Faktoren Gewissenhaftigkeit und Verträglichkeit im Alter bedeutsamer werden, während sich andere abschwächen. Man kann deshalb sagen: „Das Temperament ist die biologische Basis bzw. das Rohmaterial, aus dem sich durch Lern- und Umwelterfahrungen die […] Persönlichkeitsmerkmale entwickeln.“[1]

Aufgaben

1. Wie schätzen Sie Ihr Temperament ein? Nennen Sie mindestens fünf Merkmale (je Faktor eins).
2. Wie wird Ihr Temperament von anderen eingeschätzt? Fragen Sie Mutter/Vater, Freund/Freundin und eine Klassenkameradin und vergleichen Sie die Merkmale miteinander.
3. Welche Merkmale helfen Ihnen im Umgang mit Kindern?
4. Welche Merkmale würden Sie gerne noch erwerben?

1.3.3 Beeinflussung der Persönlichkeit durch die Umwelt

Meine Oma hat einen Bauernhof.

Mein Papa repariert Autos.

Für die eigene Entwicklung und Erziehung sind von ausschlaggebender Bedeutung:

- die Familie, in der ein Mensch aufwächst (Mutter, Vater, Verwandte und evtl. andere Bezugspersonen – das häusliche Umfeld),
- die familiäre Situation (Status, Finanzen, Bildung, Geschwister),
- Freiräume und Grenzen sowie
- die Einstellungen und Werte, die im engeren und weiteren Umfeld vermittelt und vorgelebt werden – zunächst Familie, später Freunde, Gruppen wie Spielkreis, Kindergarten, Schule (vgl. Kap. 9 und 10).

Das betrifft auch die Erziehungsvorstellungen und -methoden (vgl. Kap. 16).

Aufgaben

5. Was wird in Ihrer Familie, Ihrem Freundeskreis und Ihrer Schule für wichtig gehalten? Nennen Sie jeweils zwei Punkte.
6. Mit welchen Einstellungen oder Werten können Sie sich identifizieren und welche lehnen Sie ab? Begründen Sie Ihre Antwort.
7. Welche Werte und Einstellungen sind Ihnen in Ihrer erzieherischen Arbeit wichtig? Überlegen Sie in einer Kleingruppe, wie Sie diese Kindern vermitteln könnten und ob Sie mit Ihrem Verhalten ein Vorbild sind.

Auch die **Stellung in der Geschwisterreihe**,
- Erstgeborene,
- mittlere Kinder,
- Nesthäkchen oder
- Halbgeschwister,

hat einen wesentlichen Einfluss auf das Verhalten des Menschen, auf seine Entwicklung und Erziehung.

Geschwisterbeziehungen leisten einen wichtigen Beitrag zum Erlernen sozialer Rollen. Nur etwa jedes vierte Kind (26 %)[2] in Deutschland wächst ohne Geschwister auf.

---

[1] GEO 08/1998: Wie ein Charakter entsteht, S. 45

[2] Stat. Bundesamt, 2016

Für jüngere Kinder besteht die Geschwisterbeziehung von Geburt an, Erstgeborene müssen sich erst daran gewöhnen.

Aufgaben

1. Was verändert sich mit der Geburt eines Geschwisterteils für das erstgeborene Kind?
2. Welche Gefühle können sich bei dem Erstgeborenen entwickeln?
3. Interviewen Sie eine Person aus dem Verwandten- oder Freundeskreis nach ihren Erfahrungen mit Geschwistern (Stellung in der Geschwisterreihe, positive und negative Erfahrungen).

Erstgeborene sind in der Regel der Mittelpunkt der Familie und genießen die ungeteilte Aufmerksamkeit der Eltern. Sie entwickeln sich meist schneller, da sie überwiegend mit Erwachsenen zusammen sind und diese als Vorbilder nehmen. Die Geburt eines Geschwisterteils bedeutet für die erstgeborenen Kinder häufig Verlust der „Prinzenrolle".

Haben sich Erstgeborene an die neue Situation gewöhnt, übernehmen sie nicht selten Verantwortung für ihre Geschwister. Durch ihre Rolle als Ältester oder Älteste fühlen sie sich stärker und klüger als die Jüngeren, bestimmen im Kinderzimmer, werden „Lehrmeister" und geben Entwicklungsimpulse (Spielen, Lesen, Radfahren). Hierdurch kommen sie häufig in eine dominante Rolle, die sie lebenslang beibehalten.

Mittlere Kinder sind den Einflüssen von Eltern, älteren und jüngeren Geschwistern ausgesetzt. Oft sind sie daher voller Widersprüche. Je nach Temperament bleiben manche im Hintergrund, ohne ihre Rechte einzufordern; andere sind quirlig und wissen sehr wohl, was sie wollen und wie sie sich durchsetzen können. Ihre Stellung in der Familie macht diese Kinder häufig zu Diplomaten, denn sie können in der Regel gut Kompromisse schließen. Oft sind sie kontaktfreudig und haben viele Freunde, um sich so Aufmerksamkeit zu verschaffen.

Nesthäkchen genießen als jüngstes Kind meist einen Sonderstatus. Sowohl Eltern als auch die Geschwister schenken ihm viel Aufmerksamkeit. Daraus kann sich ein überbehüteter (darf nichts, traut sich nichts), aber auch sehr verwöhnter, ichbezogener Mensch (darf alles, will alles) entwickeln.

Halbgeschwister

Mit der Gründung einer Patchworkfamilie kann sich nicht nur die Position in der Geschwisterreihe ändern, sondern auch die der Geschlechterfolge. Das Kind verliert seine bisherige Stellung und muss sich in eine neue Position einfinden. Neue Geschwister bieten auch die Chance, Spielpartner dazuzugewinnen und vielfältige Anregungen zu erhalten.

Geschwister kennen ihre jeweiligen Stärken und Schwächen sehr gut. In einer emotional positiven Geschwisterbeziehung ist die Vertrautheit mit den Stärken und Schwächen ausgeprägter. Unterschiedliche Temperamente zwischen den Geschwistern fördern das Auftreten von Konflikten. Entscheidend ist, wer das „schwierigere" Temperament hat. Eifersucht, Neid, Ablehnung und Aggression sind zwischen Geschwistern genauso alltäglich wie Liebe und Vertrauen.

Aufgaben

1. Bilden Sie Kleingruppen entsprechend Ihrer Geschwisterposition in der Familie. Diskutieren Sie Ihre Erfahrungen mit dieser Position. Gibt es Gemeinsamkeiten und/oder Abweichungen?
2. Schreiben Sie auf, welche Gefühle Sie in Ihrer Rolle hatten und haben.
3. Überlegen Sie, welchen Einfluss dies auf Ihr erzieherisches Handeln haben könnte.

Bedeutsam für die eigene Entwicklung ist auch die **Geschlechterrolle**, die einem Menschen von Familie und Umwelt vorgelebt und vermittelt wird. Das betrifft allgemeine Verhaltensweisen und Rollenerwartungen ebenso wie die Arbeitsteilung in der Familie und die Vorstellungen über den beruflichen Werdegang.

Die Reaktionen von Eltern, Freunden und Umfeld auf das Verhalten des Kindes haben einen großen Einfluss und vermitteln festgelegte Vorstellungen.

Aussagen wie:

- Das ist nichts für Jungen!
- Indianer kennen keinen Schmerz!
- Mädchen tun das nicht!
- Für ein Mädchen kannst du aber gut Fußball spielen!

prägen das Geschlechterverhalten.

Der geschlechtergerechten Erziehung (Gender-Mainstreaming) kommt aktuell eine besondere Bedeutung zu (vgl. Kap. 11.7).

Was, du bist ein Junge? Der spielt doch nicht mit Puppen!

Aufgaben

4. Nehmen Sie Stellung zu dem Bild. Wie mag der Junge sich fühlen? Wie würden Sie als Begleitperson reagieren?
5. Nennen und bewerten Sie geschlechtsspezifische Aussagen über Mädchen oder Jungen, die Ihnen aus Ihrer Kindheit und Jugend bekannt sind.
6. Welche geschlechtsspezifischen Aussagen werden im Interview mit Susanne, s. S. 1, deutlich und wie beurteilen Sie diese?
7. Erstellen Sie eine Collage mit Bildern von Frauen und Männern aus Zeitschriften. Welches Frauen- und Männerbild finden Sie darin wieder?
8. Stimmen Sie mit dem jeweiligen Geschlechterbild überein? Begründen Sie Ihre Aussage.
9. Was sind typische Männer- oder Frauenberufe und wodurch unterscheiden sie sich?
10. Ist diese Unterscheidung Ihrer Meinung nach gerechtfertigt?

Die **Entwicklung der Geschlechterrolle** verläuft in folgenden Phasen:

Phase 1

Ein Kleinkind verhält sich geschlechtsneutral. Es hat die Geschlechterrolle noch nicht verinnerlicht, kann aber schon wahrnehmen, dass Menschen weiblich und männlich sind.

Phase 2

Das älter werdende Kind erfährt im Zusammenleben mit der Familie, dass es dem einen oder dem anderen Geschlecht angehört. Es beginnt sich an dem Verhalten und Tun von Vater und Mutter – zunächst völlig unbewusst – zu orientieren.

Ab dem 3. Lebensjahr wird das jeweilige Rollenvorbild übernommen (heute noch überwiegend: Vater – repariert, baut, streicht; Mutter – kocht, räumt auf).

Phase 3

Im Kindergarten werden dann beim Spielen in geschlechtshomogenen Gruppen und/oder beim gemeinsamen Spiel in der Regel die traditionellen Rollen ausgewählt (Vater-Mutter-Kind-Spiele; Prinzessin-Räuber-Spiele). Die geschlechtsrollentypischen Verhaltensweisen verfestigen sich.

Phase 4

Schulkinder erkennen, dass es neben Unterschieden auch Gemeinsamkeiten zwischen den Geschlechtern gibt. Ihnen wird bewusst, dass geschlechtstypisches Verhalten nicht bei allen Frauen und Männern gleich ist. Die Unterschiede im rollenspezifischen Verhalten von Jungen und Mädchen setzen sich trotzdem in der Regel fort: Mädchen bemühen sich um soziale Akzeptanz (beliebt sein) und Jungen streben den Aufstieg in der Gruppenhierarchie durch bestimmte Fertigkeiten (z. B. sportliche Leistungen) an und befinden sich damit in einer ständigen Konkurrenz zueinander.

In der Pubertät erfolgt die Übernahme der jeweiligen Geschlechterrolle (männlich/weiblich) und das Interesse am anderen Geschlecht steigt. In diesem Alter spielen insbesondere die Fragen „Wie sehe ich aus?, Wie wirke ich auf die anderen?" eine Rolle. Für die Mädchen bzw. jungen Frauen hat das Aussehen immer noch eine besondere Bedeutung. Dies wird ihnen auch von anderen zugeschrieben.

Diese Verhaltensweisen werden im Erwachsenenalter überwiegend beibehalten.

Aufgaben

1. Welche Einflüsse (Erlebnisse oder Personen) haben Sie als Frau oder Mann geprägt?
2. Diskutieren Sie in Kleingruppen, wie Sie als Erziehende Einfluss auf das rollentypische Verhalten von Jungen und Mädchen nehmen können.

1.3.4 Die Entwicklung der Persönlichkeit durch Selbststeuerung und Lernprozesse

Die Entwicklung des Menschen wird nicht nur durch seine genetische Ausstattung und Einwirkungen von außen beeinflusst, sondern auch durch ihn selbst. Jeder Mensch setzt sich individuelle Ziele, trifft eine Auswahl der Themen und Werte, mit denen er sich beschäftigen will, und handelt entsprechend. Diesen Vorgang des selbstbestimmten, eigenverantwortlichen Handelns nennt man Selbststeuerung. Ausschlaggebend hierfür sind die Erfahrungen, die ein Mensch im Laufe seines Lebens macht, aus denen er lernt und die ihn befähigen, sich ständig zu verändern und weiterzuentwickeln. Selbststeuerung beginnt sehr früh, spätestens im 2. und 3. Lebensjahr, wenn das Kind sein „Ich" entdeckt.

Aufgrund der Erfahrungen von Können und Nicht-Können, von Erfolg und Misserfolg, von Leistung und Grenzen entwickelt der Mensch ein Bild von den eigenen Fähigkeiten. Je nachdem wie die gemachten Erfahrungen wahrgenommen werden, hält sich ein Mensch für „stark" oder „schwach" und bekommt eine Vorstellung von seinem Selbst.

Kinder beispielsweise
■ erleben durch ihre körperlichen Aktivitäten, dass sie etwas leisten können.

■ erfahren durch ihre Werke (Turm bauen, Höhlen bauen), dass sie etwas herstellen können.
■ wollen „selber machen" (allein anziehen, ohne Hilfe laufen, auf Geräte klettern) und beweisen somit zunehmende Unabhängigkeit.
■ beobachten die Erwachsenen, probieren aus, was sie sehen, und erleben sich als „gleichwertig".

Je nachdem wie die Aktivitäten vom Umfeld bewertet werden, entsteht ein positives oder negatives Selbstbild.

Positives Selbstbild	Negatives Selbstbild
• Ich kann das schon! • Das klappt bei mir schon! • So groß bin ich schon! • Dann suche ich mir einen anderen zum Spielen. • Jetzt bin ich mal der Erste! • Mathe kann ich nicht so gut, aber im Tischtennis habe ich schon ein paar Preise gewonnen.	• Ich kann das nicht! • Es hat doch keinen Zweck! • Dazu bin ich noch zu klein! • Mit mir spielt sowieso keiner! • Ich bin doch immer der Letzte. • Mir gelingt ja doch nichts - weder Mathe noch Tischtennis.

Viele ermunternde, aber auch abwertende Botschaften erreichen den Menschen im Laufe des Lebens und können das Selbstwertgefühl stärken oder schwächen. Der Mensch erhält durch die Aussagen anderer Informationen, wie er von ihnen gesehen wird. Bei der Suche nach seiner Identität ist er auf diese Hinweise angewiesen. Er lernt aus ihnen. Mit der Zeit verdichten sich die vielen „Beziehungsbotschaften" und lassen den Menschen zu der Aussage kommen: „So einer bin ich also!".

Menschen mit einem positiven Grundgefühl, bei denen Handeln, Fühlen und Denken im Einklang stehen, sind davon überzeugt, gesetzte Ziele erreichen sowie geforderte Aufgaben und

Konflikte lösen zu können, und gehen offensiv an Neues heran. Dagegen glauben Menschen mit einem negativen Selbstwertgefühl häufig, die an sie gerichteten Forderungen und gestellten Aufgaben nicht bewältigen zu können und scheuen vor Neuem zurück.

Auch wenn man aufgrund mancher Lebenssituationen nicht jedes Ziel erreichen kann, hat der Mensch mit der Selbststeuerung große Handlungsspielräume.

Die Selbststeuerung ist ein dynamischer Prozess, der bewusst, aber auch unbewusst in folgenden drei Schritten erfolgt:

1. Die wichtigste Fähigkeit ist die Selbstwahrnehmung bzw. Selbstbeobachtung:

Ich bin so langsam. Die anderen sind viel schneller als ich.

2. Um eine Änderung herbeizuführen, muss man die Situation oder das Verhalten bewerten:

Warum ist das so? Ach, die sind alle in einem Sportverein oder Fitness-Studio und trainieren regelmäßig. Ich nicht. Ich bewege mich zu wenig.

3. Aus der Bewertung müssen Konsequenzen gezogen werden:

Von jetzt an bewege ich mich regelmäßig. Ich gehe morgens joggen. Das kann ich am besten einplanen und durchhalten.

Für das Lernen und den Lernprozess ist die Selbststeuerung also eine unabdingbare Voraussetzung.

Aufgaben

1. Welche Ziele haben Sie für die nächsten fünf Jahre?
2. Was tun Sie, um diese Ziele zu erreichen?
3. Sicherlich haben Sie schon oft gedacht: „So wie meine Mutter möchte ich nicht werden", „So wie mein Vater sich verhält, würde ich mich nie verhalten". Schreiben Sie auf, wie **Sie** gern sein möchten (Idealbild).
4. Was macht es schwer, sein Idealbild zu verwirklichen?
5. Zeichnen Sie Ihre Lebenskurve, indem Sie in ein Achsenkreuz (senkrecht: Lebensalter; waagerecht: Bewertung – von sehr positiv über normal bis sehr negativ) besondere Ereignisse entsprechend eintragen und miteinander durch eine Linie verbinden.
   – Was haben Sie aus den besonderen Ereignissen gelernt?
   – Was haben Sie danach verändert?
6. Schildern Sie ein positives und ein negatives Erlebnis, das Ihre Persönlichkeitsentwicklung beeinflusst hat.
7. Wie können Sie als Erziehende das Selbstwertgefühl eines unsicheren Kindes unterstützen?

1.4 Bild vom Kind

Jedes Kind ist einzigartig!
Jedes Kind ist eine eigene Persönlichkeit!
Kinder sind von Anfang an vollwertige
Menschen!
Kinder können ihre Entwicklung aktiv selbst
gestalten.
Kinder haben das Recht auf Bildung!

Aufgaben

1. Welche Vorstellungen werden aus den Aussagen deutlich?
2. Wie sieht Ihr Bild vom Kind aus?
3. Befragen Sie Ihre Großeltern oder andere bekannte ältere Menschen nach deren „Bild vom Kind".
4. Vergleichen Sie Ihre Vorstellungen und die der älteren Menschen miteinander. Benennen Sie Gemeinsamkeiten und Unterschiede.

Aus den Aussagen wird deutlich, dass jeder sein Bild vom Kind im Kopf hat, dem eine bestimmte Vorstellung zugrunde liegt. Diese Vorstellung bestimmt das pädagogische Handeln jedes Einzelnen. Neben diesem „persönlichen" Bild vom Kind gibt es auch ein gesellschaftlich bestimmtes Bild, das für pädagogische Fachkräfte von Bedeutung ist.
Unser gesellschaftliches Bild vom Kind ist vom **Humanismus** (Beginn im 14. Jahrh.) geprägt. Die Grundlage des menschlichen Zusammenlebens ist im Humanismus der einzelne, mündige Mensch, der kritisch denkt und urteilt, verantwortungsvoll handelt und nur seinem Gewissen verpflichtet ist. Er ist tolerant, achtet die Würde den Menschen und vermeidet Gewalt.

1.4.1 Lebenswelt von Kindern im Wandel

Jede Epoche hat ihr Bild vom Kind – über eine Fähigkeiten, seine Möglichkeiten, sein Aussehen, seine Verhaltensweisen und seine gesellschaftliche Stellung –, das auch durch Forschungsergebnisse geprägt ist.

Im Laufe der Jahrhunderte hat sich das Bild vom Kind abhängig von gesellschaftlichem Wandel und veränderten Familienstrukturen geändert. So wurden Kinder bis weit in das Mittelalter hinein der Erwachsenenwelt angepasst. Ein Kind war nichts anderes als ein kleiner Erwachsener. Es wurde wie ein Erwachsener gekleidet und nahm ohne Rücksicht auf sein Alter an allen gesellschaftlichen Ereignissen teil (Erwachsenenspiele, Sterben und Sexualleben).
Mit der Fähigkeit zu arbeiten, in der Regel im Alter von 7 Jahren, war die Kindheit so gut wie beendet.
Dies änderte sich im Laufe des 16. und 17. Jahrhunderts, als Kinder erstmals eigene Spiele und Kleidung erhielten sowie zum Gegenstand einer eigenen Literatursparte (Kinderbücher) wurden. Diese Kindern nun zugestandene eigenständige Lebensphase hält bis heute an.

1.4.2 Grundannahmen vom Kind in der Pädagogik

Auch die Geschichte der Pädagogik und der Psychologie zeigt, dass es unterschiedliche „Bilder vom Kind" gibt. Es lassen sich daraus drei Grundannahmen ableiten, die Auswirkungen auf das Bild vom Kind haben (vgl. Kap. 20).

Das Kind ist unvollständig und muss geformt werden

Das Kind wird als unvollständiges Wesen gesehen und wird erst zu dem, was der Erziehende und die Gesellschaft aus ihm machen. Die Vorstellungen bzw. Meinungen der Erwachsenen formen das Kind. Man spricht in diesem Zusammenhang von „der Allmacht der Erziehung" oder von „pädagogischem Optimismus".

Das Kind ist genetisch vorprogrammiert

Wie in einem Samenkorn sind Entwicklung und Persönlichkeit festgelegt. Das Kind entwickelt sich aus sich selbst heraus, sodass man hier von der „Ohnmacht der Erziehung" oder vom „pädagogischen Pessimismus" spricht.

Das kompetente Kind

Hierbei wird davon ausgegangen, dass das Kind von Geburt an mit allem, was einen „ganzen Menschen" ausmacht, ausgestattet ist und ihm dies nicht durch Erziehung „beigebracht" werden muss. Kinder lernen durch Imitation, durch „Nach-

machen". Hierzu ist es unabdingbar, dass Kinder ausprobieren und experimentieren dürfen. Die Erziehenden verstehen sich als anregende und fördernde Begleiter, die es ermöglichen, dass sich das Kind zu einer selbstständigen, frei denkenden Persönlichkeit entwickelt.

Aufgaben

1. Welche Grundannahme hat heute Gültigkeit? Begründen Sie Ihre Antwort und diskutieren Sie diese in einer Kleingruppe.
2. Was bedeutet die Aussage von Susanne, s. S. 1, „Ich habe das Kind dort abgeholt, wo es steht"?

Die Ergebnisse der Pisa-Studie haben die Diskussion über das Bild vom Kind erneut angefacht. Das schlechte Abschneiden deutscher Schulkinder im internationalen Vergleich hat Fragen aufgeworfen wie „Woran könnte das liegen?", „Was sollte man besser machen?", „Welche Kompetenzen brauchen Kinder, um in Zukunft bestehen zu können?".

Einen besonderen Stellenwert hat in dieser Diskussion der Bereich frühkindliche Bildung. Bildung wird dabei als sozialer Prozess verstanden, in dem Basiskompetenzen von Kindern, wie z. B. kindliches Selbstwertgefühl, Selbstständigkeit, Eigenverantwortung, emotionale Stabilität und selbstgesteuertes Lernen, unbedingt schon im vorschulischen Bereich gefördert werden müssen (vgl. Kap. 11, 15 und 16).

1.4.3 Bild vom Kind heute

Beispiel

Elisa, 5 Jahre, geht mit Ihren Eltern in ein Restaurant. Die Bedienung notiert die Essenswünsche der Erwachsenen und wendet sich dann Elisa zu. „Und was darf es für dich sein?" „Ich möchte Pommes." Die Mutter reagiert sofort: „Nein, bringen Sie ihr bitte Kartoffeln, Gemüse und eine Frikadelle." Die Kellnerin zu Elisa gewandt: „Möchtest du Ketchup oder Mayonnaise zu den Pommes?". „Ketchup", sagt Elisa. Als die Kellnerin fort ist, herrscht Schweigen am Tisch. Dann schaut Elisa ihre Eltern an und sagt: „Seht ihr, die denkt, ich bin wer."

Aufgaben

1. Versetzen Sie sich in die Lage von Elisa. Welches Bild vom Kind hat die Bedienung, welches haben die Eltern? Begründen Sie Ihre Annahmen.
2. Schon Kleinstkinder sind von Spiegeln fasziniert. Nennen Sie mögliche Gründe dafür.
3. Beschreiben Sie, was aus den Tätigkeiten der zwei Jungen zu beobachten ist.
4. Diskutieren Sie in Kleingruppen, wie Erziehende die Aktivitäten der Kinder auf den Bildern unterstützen können.

Das Bild vom Kind heute basiert auf folgenden Annahmen:

- Jedes Kind ist anders – mit seinen Begabungen, Fähigkeiten und Möglichkeiten.
- Kinder haben von Geburt an Rechte und Pflichten.
- Kinder sind als vollwertige Menschen zu sehen.

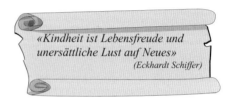

«*Kindheit ist Lebensfreude und unersättliche Lust auf Neues*»
(Eckhardt Schiffer)

- Statt Unterordnung unter den Willen von Eltern, haben Kinder ein Recht auf Kindheit.
- Kinder haben altersbedingte Bedürfnisse, Interessen und Kompetenzen.
- Kinder sind Akteure ihrer Entwicklung, sie wissen, was sie brauchen.
- Jedes Kind, auch das Kind mit Beeinträchtigungen, hat Stärken und Schwächen.
- Die Stärken und **Ressourcen** eines Kindes ermöglichen es, Entwicklungsaufgaben zu bewältigen.

Aufgaben

5. Sammeln Sie in Kleingruppen auf einem Plakat Ideen/Beobachtungen zu der obigen Aussage und stellen Sie Ihre Ergebnisse der Klasse vor.
6. Welche Kompetenzen zeigt das Kind auf dem Bild und welche Gefühle sind erkennbar?

Mit dem veränderten Bild vom Kind ändert sich auch die Rolle der Erziehenden. Aus einer Erziehungspädagogik wird eine Pädagogik der Vielfalt: Jedes einzelne Kind hat das Recht darauf, dass seine Potenziale gefördert werden. Es muss die Chance erhalten, seine Wünsche,

Fähigkeiten und individuellen Möglichkeiten in die Gruppe einzubringen. Erziehende sollen dabei die unterschiedlichen Voraussetzungen der Kinder berücksichtigen und Lernumgebungen schaffen, die ihnen verschiedene Zugänge ermöglichen.

Erziehende

- sind Entwicklungsbegleiter, Forschungsassistenten und Bildungsgestalter.
- regen an, unterstützen und fordern Kinder in ihrem Alltag.
- berücksichtigen die sozialen, geschlechterbezogenen, kulturellen und individuellen Unterschiede von Kindern (Inklusion).
- schaffen Situationen zum selbstentdeckenden Lernen und fördern so die kindliche Neugier.
- hören Kindern zu und lassen sie mitentscheiden (Partizipation/demokratische Teilhabe einüben).
- ermöglichen Kindern ihren Alltag aktiv mitzugestalten.
- sind **Ko-Konstrukteure** der Entwicklung von Kindern.
- aktivieren **Selbstwirksamkeitskräfte** von Kindern.
- achten auf die Förderung der Ich-Kompetenzen, der sozialen und lernmethodischen Kompetenzen sowie der Sachkompetenzen.

„Was hast du da entdeckt?"

Aufgabe

1. Planen Sie zu dem Bild in Kleingruppen ein Rollenspiel mit dieser veränderten Erzieherrolle. Stellen Sie das Rollenspiel der Klasse vor.

Der heutige Standpunkt, dass Bildung *„... ein aktiver, sozialer, beziehungsvoller und sinnlicher Prozess der Aneignung von Welt ist"* (Hamburger Bildungsempfehlungen für die Bildung und Erziehung von Kindern in Tageseinrichtungen, S. 17) ist vor allem auf neurologische Erkenntnisse zurückzuführen.

Selbstbildung und Identitätsbildung werden als Voraussetzung für ein zukünftiges selbstbestimmtes und verantwortungsvolles Leben angesehen.

Aufgaben

2. Diskutieren Sie in einer Kleingruppe eine der folgenden Aussagen:
„Kinder haben heute schon viel zu viele Freiheiten."
„Kinderrechte sind bei uns völlig überflüssig, das ist nur etwas für Länder der dritten Welt. Bei uns geht es den Kindern doch gut."
3. Informieren Sie sich im Internet, was in dem „Gebäude für Kinderrechte" in den Artikeln 2, 3, 6 und 12 der UN-Kinderrechtskonvention steht.
4. Überlegen Sie, warum ein Gesetz zur Ächtung der Gewalt in der Erziehung erst im November 2000 verabschiedet werden konnte. Der Paragraf 1631 Abs. 2 BGB lautet: „Kinder haben ein Recht auf gewaltfreie Erziehung. Körperliche Bestrafungen, seelische Verletzungen und andere entwürdigende Erziehungsmaßnahmen sind unzulässig."
5. Wie bewerten Sie das „neue Bild vom Kind" und wie passt es zu Ihrem Bild vom Kind?
6. Welche Aufgaben lassen sich für pädagogische Fachkräfte aus dem „neuen Bild vom Kind" ableiten?

Zusammenfassung

- Kinderpflegerin und Sozialassistentin finden Arbeitsmöglichkeiten in verschiedenen Arbeitsfeldern.
- Als Miterziehende muss die Kinderpflegerin/die Sozialassistentin vielfältige Aufgaben und Anforderungen erfüllen, die je nach Einsatzort in ihren Schwerpunkten variieren.
- Der Erziehende nimmt gegenüber dem Kind eine Vorbildrolle ein (Verhaltensweisen, Sprache, Einstellungen).
- Der Erziehende ist heute Entwicklungsbegleiter, Bildungsgestalter und Ko-Konstrukteur der Entwicklung von Kindern, der die Selbstwirksamkeitskräfte der Kinder aktiviert.
- Von besonderer Bedeutung für eine professionell Erziehende ist ihr Erscheinungsbild.
- Die Persönlichkeit eines Menschen wird
  – bestimmt durch sein Temperament,
  – geprägt durch seine Anlagen und das Umfeld sowie
  – eigenverantwortlich beeinflusst durch Selbststeuerung und Lernprozesse.
- Die Persönlichkeit eines Menschen wird heute nach dem 5-Faktoren-Modell (Big Five) beurteilt.
- Für die Entwicklung der Persönlichkeit, die man auch als Sozialisation bezeichnet, sind außerdem die Stellung in der Geschwisterreihe und das Geschlecht von Bedeutung.
- Das pädagogische Handeln eines Menschen basiert sowohl auf dem persönlichen als auch dem gesellschaftlichen „Bild vom Kind".
- Die EU-Gender-Richtlinien sehen vor, dass eine geschlechtergerechte Erziehung (Gender-Mainstreaming) bereits im Kindesalter berücksichtigt werden muss.

Aufgaben

1. Worauf würden Sie bei einer Bewerbung achten und warum?
2. Welche Stellen werden wo und zu welchen Konditionen für Kinderpflegerinnen/Sozialassistentinnen angeboten? Welche Anforderungen werden aus den Anzeigen deutlich?
3. *„Wenn man andere verstehen will, muss man sich selbst verstehen."*
   Diskutieren Sie in Kleingruppen, was dieser Satz besagt und welche Bedeutung er für Sie als zukünftige Erziehende hat.
4. *Eine Erzieherin wird von einem Kind etwas gefragt und antwortet: „Das weiß ich nicht."* Wie beurteilen Sie das Verhalten und wie würden Sie sich verhalten?
5. Was hat Sie in Ihrem Leben besonders beeinflusst oder beeindruckt?
6. Nehmen Sie zu folgenden Aussagen Stellung:
   – *„Einzelkinder sind verwöhnt und rücksichtslos."*
   – *„Geschwister zeigen immer ähnliche Verhaltensweisen."*
   – *„Mädchen sollen attraktiv sein."*
7. Erarbeiten Sie, was unter geschlechtergerechter Pädagogik verstanden wird.
8. Diskutieren Sie in Kleingruppen, ob eine geschlechterneutrale Erziehung in unserer Gesellschaft möglich ist.
9. Beschreiben Sie eine beobachtete Situation, z. B. Ess- oder Konfliktverhalten von Kindern. Welche Rückschlüsse lassen sich daraus ziehen? Welche Aufgaben ergeben sich daraus für Erziehende?
10. Diskutieren Sie die Aussage einer Erziehenden *„Wenn das Vorbildverhalten für Kinder prägender ist als Erziehung, verstehe ich nicht, warum ich so viel über Entwicklung und Erziehung lernen muss."*

2 Lern- und Arbeitstechniken erwerben

2.1 Lernstrategien

Beispiel

Eine alltägliche Situation in der Schule:
Es stehen mehrere Klausuren an.

A *„Kannst du mir das nicht noch einmal erklären? Ich behalte das am besten, wenn ich mit jemandem zusammen lerne und wir über den Stoff reden, ihn uns gegenseitig erzählen oder Fragen stellen."*

B *„Das würde mich wahnsinnig machen. Ich muss ganz in Ruhe alleine lernen. Wichtiges unterstreiche ich. Dann schreibe ich mir Stichwörter raus."*

C *„Wenn ich – wie diesmal in Bio – nicht alles verstehe, weil es so viel ist ohne Abbildungen und Schemazeichnungen und so schnell gegangen ist, informiere ich mich erst mal gründlich – Buch, Internet, Bücherei – je nachdem..."*

D *„Mann, das ist ja ein Aufwand. Ich lerne das abends vor der Arbeit auswendig, dann kann ich es am anderen Morgen. Das reicht."*

C *„Nein, das wäre mir zu wenig. Ich muss die Zusammenhänge verstehen, vor allem in einem Fach, das mich interessiert."*

B *„Erst am Abend vorher lernen?! Das könnte ich nicht. Da hätte ich immer Angst, dass ich das nicht mehr schaffe. Ich mache mir lieber einen Arbeitsplan, wann ich was mache."*

Aufgaben

1. Bewerten Sie die unterschiedlichen Vorgehensweisen der Schüler.
2. Wie lernen Sie für Klausuren?
3. Was hilft Ihnen am meisten beim Lernen?
4. Sicher haben Sie schon in einer Einrichtung hospitiert. Was haben Sie dabei gelernt? Nehmen Sie Ihre Dokumentation zu Hilfe.
5. Was wollen Sie im Laufe Ihrer Berufsausbildung oder Ihres Lebens noch lernen und was kann Ihnen dabei helfen?

2.1.1 Wie lernt ein Mensch?

Wie das Beispiel zeigt, gibt es viele Möglichkeiten, sich Neues anzueignen. Lernen heißt nicht nur Aneignung von Wissen wie im Anfangsbeispiel, sondern auch Erwerb von Verhaltensweisen, Einstellungen, Einsichten und körperlichen Fähigkeiten. Lernen ist ein lebenslanger Prozess, der zur Erweiterung der Fähigkeiten, Fertigkeiten und Kenntnisse führt. Um diesen Prozess als professionell Erziehende unterstützen zu können, sollte man wissen, wie er abläuft.

Beim **Lernprozess** werden ausgewählte Informationen und Wahrnehmungen im Gedächtnis gespeichert, mit Bekanntem verknüpft und bei Bedarf wieder abgerufen. Die aufgenommenen Informationen werden kurz nach Erreichen des Gehirns unterschieden nach wichtig und unwichtig. Was als wichtig eingestuft wird, speichert das Gehirn im Gedächtnis ab, wo neue Informationen auch geordnet werden.

Alle Informationen kommen zunächst im **Ultrakurzzeitgedächtnis** an. Hier bleiben sie nur einige Sekunden und werden dann entweder gelöscht oder an bereits vorhandene Eindrücke angeknüpft. Nun gelangen die Informationen für kurze Zeit (mehrere Minuten bis maximal einige Tage) in das **Kurzzeit- oder Arbeitsgedächtnis**, das nur über eine begrenzte Speicherkapazität verfügt.

In dieser Zeit können die Informationen mit anderen verbunden oder beispielsweise durch Wiederholungen verstärkt werden. Geschieht dies nicht, werden sie gelöscht. Konnten sie jedoch mit vorhandenen Informationen verknüpft werden, kommen sie in das **Langzeitgedächtnis**, werden hier gespeichert und sind dauerhaft vorhanden.

Beispiel

Murat ist in den ersten Jahren seines Lebens in der Türkei aufgewachsen. Im Alter von 6 Jahren ist er mit seinen Eltern nach Deutschland gekommen und hier zur Schule gegangen. Nun, mit 12 Jahren, spricht er perfekt Deutsch. In seiner Muttersprache spricht er nur noch selten, da sich auch seine Eltern überwiegend auf Deutsch unterhalten. Wenn Murat seine Verwandten in der Türkei besucht, dauert es aber nur kurze Zeit, bis er sich auf Türkisch unterhalten kann.

Lernen bedeutet vereinfacht dargestellt Informationen aufnehmen, verarbeiten, speichern und in Verhalten umsetzen. Dabei läuft der Lernprozess bei jedem Menschen gleich ab. Wie und auf welchem Weg ein Mensch lernt, ist jedoch sehr unterschiedlich. Das betrifft sowohl die Ausprägung der Lernkanäle als auch die Lernstile.

Über die Sinnesorgane („Lernkanäle") gelangen die Informationen in das Gehirn zur Verarbeitung. Da die Lernkanäle beim Menschen unterschiedlich stark ausgeprägt sind, werden sie unterschiedlich bevorzugt. Man spricht deshalb in diesem Zusammenhang auch von **Lerntypen**, die sich in vier Gruppen aufteilen:

Visuelle Lerntypen

(Lernen durch Sehen) nehmen Neues am besten über das Auge auf; sie lesen gerne.

Auditive Lerntypen (Lernen durch Hören) prägen sich den Lernstoff durch das gesprochene Wort ein; sie sprechen viel, erzählen gerne und hören zu.

Motorische Lerntypen (Lernen durch Bewegung) prägen sich Lernstoff am besten dadurch ein, dass sie etwas tun; sie schreiben viel und gehen beim Lernen im Zimmer auf und ab, probieren aus.

Haptische Lerntypen (Lernen durch Greifen/Tasten) prägen sich den Lernstoff über Berührung und Tasten ein; sie müssen anfassen, befühlen, abtasten.

Allerdings gibt es bei den aufgeführten Lerntypen keine scharfe Trennung, sondern sehr unterschiedliche Mischformen.

Aufgaben

1. Welchem Lerntyp würden Sie sich zuordnen? Begründen Sie Ihre Annahme anhand von Beispielen.
2. Suchen Sie im Internet nach einem „Lerntypen-Test": Welcher Lerntyp bin ich? Finden Sie durch Ausfüllen Ihren Grundlerntyp heraus.

Linke Hirnhälfte = logische Seite		Rechte Hirnhälfte = kreative Seite
zuständig für: Sprache, Logik, Zahlen, Schreiben, Lesen denkt logisch (mit dem Verstand) steuert die rechte Körperseite Stärken: • Zerlegen des Ganzen (Analyse) • Einzelheiten erkennen		zuständig für: Bilder, Musik, Rhythmus, Fantasie, Gefühle denkt intuitiv (mit dem Bauch) steuert die linke Körperseite Stärken: • Zusammenfügen von Einzelheiten (Synthese) • Überblick verschaffen

Funktionen des Gehirns

In Untersuchungen wurde festgestellt, dass die effektivste Lernform die des praktischen Tuns ist und dass Lernen besser funktioniert, wenn möglichst viele Sinne und Wahrnehmungskanäle beteiligt sind (vgl. Kap. 3). Das hängt mit dem Aufbau und der Arbeitsweise des Gehirns zusammen. Das Gehirn besteht aus zwei Hälften, die für unterschiedliche Funktionen zuständig sind.

Je nachdem durch welche Gehirnhälfte ein Mensch besonders gesteuert wird, gestaltet sich das Lernen anders. Bevorzugt ein Mensch die rechte Hirnhälfte, wird er beispielsweise bei einem Vortrag ohne eine Veranschaulichung mehr Mühe und evtl. weniger Lernerfolg haben als ein linksseitig gesteuerter Mensch. Aus diesem Grund ist es einprägsamer, wenn beim Lernen beide Gehirnhälften angesprochen werden: gesprochenes Wort mit Bildern oder Bewegung verknüpfen; das können auch bildhafte Vorstellungen im Kopf eines Menschen sein.

Obgleich ein Gehirn trotz unterschiedlicher Funktionsbereiche immer als Ganzes arbeitet, werden nicht immer beide Gehirnhälften gleich stark angesprochen und gefördert.
Abhängig davon, durch welche Gehirnhälfte der Mensch besonders gesteuert ist, variiert auch sein Lernstil.

Die Forscher Honey und Mumford haben dazu ein Lernstil-Modell entwickelt, das auf einem vierstufigen, immer weiter fortschreitenden Lernprozess beruht. Danach vollzieht sich Lernen in vier Phasen:
- Erfahrung machen
- Reflexion (vergleichendes und prüfendes Denken) dieser Erfahrung
- Schlüsse aus der Erfahrung ziehen
- Testen der neuen Ideen in neuen Situationen

Honey und Mumford [1] gehen hierbei davon aus, dass das Lernen ein Zyklus ist, der sich in dieser Form immer wieder fortsetzt. Jeder Lernzyklus erzeugt einen neuen. Jeder Mensch hat jedoch persönliche Vorzüge und Ausprägungen bezüglich der verschiedenen Stufen sowie eine andere Herangehensweise an eine Aufgabe oder ein Vorhaben. Das bestimmt seinen individuellen Lernstil.

Honey und Mumford unterscheiden folgende vier **Lernstile:**
- Aktivisten
- Nachdenker
- Theoretiker
- Pragmatiker

---

[1] http://arbeitsblaetter.stangl-taller.at/Lernen

Aktivisten

sind begeisterungsfähig und offen für alles Neue. Sie müssen alles ausprobieren, handeln überwiegend spontan und intuitiv, ohne über die Konsequenzen nachzudenken. Wiederholungen

und Eintönigkeit langweilen sie. Sie stehen gerne im Mittelpunkt und sind ständig in Aktion.

Nachdenker

sammeln Fakten und Erfahrungen, betrachten die gewonnenen Daten von allen Seiten und überlegen mögliche Konsequenzen, ehe sie zu einem Entschluss kommen und handeln. Sie

bleiben lieber im Hintergrund und treffen Entscheidungen zögerlich.

Theoretiker

müssen die logischen Zusammenhänge des Ganzen verstehen. Sie hinterfragen den Sinn und haben einen hohen Anspruch an ihre Arbeit (Perfektionisten). Intuitive (gefühlsmäßige) Entscheidungen

Das verstehe ich nicht! Warum ist das so?

werden abgelehnt, sie müssen rational (verstandesmäßig) begründet sein.

Pragmatiker

lieben keine endlosen Diskussionen, sondern möchten Neues eher schnell in die Praxis umsetzen. Dabei handeln sie zweck- und ergebnisorientiert. Die Arbeitsweise eines Nachdenkers (Beleuchtung einer

Lasst uns jetzt endlich anfangen.

Sache aus unterschiedlichen Blickwinkeln) lehnen sie ab.

Auch wenn man dies alles bedenkt, können zwei Menschen bei gleichen Lernbedingungen, wie z. B. gemeinsamer Unterricht oder eigener Arbeitsplatz, und gleichen Voraussetzungen, wie z. B. Vorkenntnisse oder intellektuelle Fähigkeiten, unterschiedliche Lernerfolge erzielen. Ursache hierfür sind die Motivation (Verhaltensbereitschaft) und die Leistungsbereitschaft. Was damit gemeint ist, wird deutlich durch die Beantwortung der folgenden Fragen: Ist das Thema oder der Gegenstand für den Lernenden interessant? Ist es für ihn von Bedeutung? Ist er bereit, Zeit und Kraft zu investieren?

Aufgaben

1. Der Klasse wird eine kurze Geschichte
   a) vorgelesen,
   b) erzählt und mit Bildern illustriert.
   Schreiben Sie für jede Geschichte eine Inhaltsangabe und vergleichen Sie beide. Bei welcher Geschichte haben Sie mehr Einzelheiten behalten und wie ist das zu erklären?
2. Welchen Lernstil praktizieren die Personen im Anfangsbeispiel von S. 22?
3. Welchen Lernstil bevorzugen Sie?
4. Nennen Sie Situationen, in denen jeweils eine Gehirnhälfte stärker beansprucht wird.

2.1.2 Was sollte man beim Lernen grundsätzlich beachten?

Um optimale Lernerfolge zu erzielen, sollte man ein geeignetes Lernklima schaffen. Dazu gehören eine „innere" und eine „äußere" Vorbereitung.

Die „innere" Vorbereitung

ist ein Selbststeuerungsprozess und betrifft die Motivation, die positive Lernhaltung und den Umgang mit Stress.

Motivation/Motive

Es ist wichtig, Motivation herzustellen und damit Lern- und Leistungsbereitschaft zu erzeugen. Motive zum Lernen können beispielsweise sein:

- **Neugier, Interesse oder Spaß an einer Sache**

  Man will wissen, wie die Dinge zusammenhängen, oder sein Können vervollkommnen.

- **Ehrgeiz**

  Man möchte ein bestimmtes Ziel erreichen oder besser sein als die anderen.

- **Belohnung**

  Besondere Leistungen werden z. B. von der Familie belohnt oder man gewährt sich selbst eine Belohnung bei Zielerreichung, bei schwierigen Aufgaben auch für kleine Fortschritte. „Wenn ich dieses verstehe oder gut mache, dann …"

- **Druck von außen**

  Familie, Freunde oder Kollegen erwarten bestimmte Leistungen.

Wichtig ist in jedem Fall, im Lernen einen Sinn zu erkennen. Das fällt manchmal schwer. Man stellt sich häufiger die Frage, besonders in der Schule: Wozu brauche ich das, warum soll ich das lernen?

Aufgabe

Sicher gibt es auch in Ihrer jetzigen Ausbildung ein Fach oder fachliche Inhalte, bei denen Sie sich fragen, wozu das gut sein soll.
Benennen Sie etwas Derartiges und überlegen Sie in einer Kleingruppe, welchen Sinn es haben könnte und wie Sie sich motivieren könnten.

Jeder Mensch kommt im Laufe seines Lebens immer wieder in eine vergleichbare Situation, z. B. bei einem Schicksalsschlag. Erst wenn man sich damit auseinandergesetzt und deutlich gemacht hat, dass darin eine Chance zur Veränderung, Verbesserung oder zu einem Neubeginn liegt, ist man bereit, sich auf Neues einzulassen, seine Verhaltensweisen zu verändern, d.h. zu lernen.

Bei einer schweren Krankheit beispielsweise ist es sinnvoll, sich über die Entstehung zu informieren und zu lernen, wie man eine Wiederholung möglicherweise vermeiden kann. Wenn man einen Sinn erkannt hat, bewirkt das eine positive Lernhaltung und die Bereitschaft, Zeit und Kraft zu investieren.

Beispiel

Für das letzte Referat hat Claudia die Methode Mindmapping für sich entdeckt. Sie musste zunächst viel Zeit investieren, da die Methode für sie neu war. Am Ende hat sie aber ein gut strukturiertes, klar aufgebautes Referat gehalten und dafür viel Lob erhalten.

Positive Lernhaltung

Wenn man die grundsätzliche Motivation zum Lernen hergestellt hat, muss man versuchen, diese positive Anfangseinstellung möglichst lange durchzuhalten und sich nicht durch einen Berg von Aufgaben oder von Fehlern demotivieren zu lassen. Um das zu erreichen, sollte man

- (sich) **Lernziele setzen**

  Bei größeren Vorhaben sollten das realistische Teilziele sein, die dem eigenen Leistungsvermögen entsprechen.

- **mit Selbstvertrauen an die Arbeit gehen**

  Wenn man sich deutlich macht, was man schon alles erreicht hat und dass andere das auch geschafft haben, verzagt man nicht oder nicht so schnell.

- **Fehler zulassen und eingestehen**

  Niemand ist perfekt und fehlerfrei. Viele Fortschritte sind auf der Basis von Fehlern und immer neuen Versuchen gemacht worden. Ein beeindruckendes Beispiel hierfür ist das Laufenlernen bei Kindern.

Kein Fehlversuch entmutigt, jeder kleine Fortschritt motiviert zu weiteren Anstrengungen, vor allem wenn man dabei noch gelobt wird.

- eine Belohnung bekommen.
  Die kann man sich selbst gewähren oder von anderen erhalten.
- ein Feedback erhalten.
  Ein Außenstehender kann eine Leistung durchaus anders bewerten als man selbst. Ist die Rückmeldung positiv, wirkt sie uneingeschränkt bestärkend. („Ich kann etwas, bin auf dem richtigen Weg und sollte so weitermachen.") Ist sie dagegen (eingeschränkt) negativ, wird man dazu angeregt, neu zu denken, zu überprüfen, zu verändern oder etwas anderes auszuprobieren. Man vermeidet möglicherweise einen Irrweg oder noch größeren Fehler und eine Enttäuschung. Voraussetzung dabei ist jedoch, dass das Feedback sachlich und nicht kränkend erfolgt (vgl. Kap. 18).

Umgang mit Stress

Die positive Lernhaltung kann durch negativen Stress stark beeinträchtigt werden. Negativer Stress ist der größte Lernverhinderer.
Wenn man ein Problem hat – heute sagt man auch: „Ich habe Stress (z. B. mit meinem Freund)" –, beschäftigt einen Menschen das sehr und nimmt die Gedanken in Anspruch, sodass man sich schlecht konzentrieren kann. Ebenso erzeugen zu viele unbewältigte Aufgaben Stress. Man fühlt sich unter Druck gesetzt und weiß häufig nicht, wo man anfangen soll.

Aufgaben

1. Überlegen Sie in einer Kleingruppe, welche Art von Belohnungen Sie kennen und welche Sie sich selbst gewähren würden.
2. Recherchieren Sie, was man unter positivem und negativem Stress versteht.
3. Wie könnte man mit den beiden „Stresssituationen" (Problem und Druck) umgehen und so den Kopf frei bekommen? Bearbeiten Sie die Aufgabe in einer Kleingruppe.
4. Versuchen Sie, sich an eine Situation zu erinnern, in der Ihnen ein Feedback geholfen hat. Schildern Sie die Situation und was Sie als besonders unterstützend empfunden haben.

Die „äußere" Vorbereitung

hilft, Druck zu vermeiden, und zwar durch eine sinnvolle Arbeitsplanung und geeignete Lernbedingungen.

Bei der Planung von Arbeitszeiten sollte die Leistungskurve eines Menschen berücksichtigt werden.

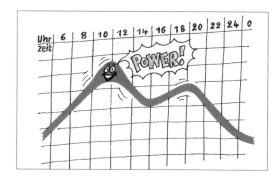

Jeder Mensch hat Leistungsspitzen, die bei den meisten Menschen zwischen 9.00 Uhr und 11.00 Uhr sowie 17.00 bis 19.00 Uhr liegen. Während dieser Zeiträume ist der Körper am aufnahmefähigsten. Die Leistungsspitzen können sich aufgrund von Lebensgewohnheiten und Veranlagung durchaus verschieben. Eine sinnvolle Zeitplanung orientiert sich am individuellen Zeit- und Lebensrhythmus. Für den einen ist der Beginn mit den Hausaufgaben direkt nach der Schule richtig, während der andere erst eine Erholungspause braucht.

Realistische und sinnvolle Zeiteinteilung

Bei der Zeit- und Arbeitsplanung kann die Beantwortung folgender Fragen hilfreich sein:

- Welche Aufgaben müssen in Kürze oder sofort, welche in ein paar Tagen oder Wochen bearbeitet werden?
- Wie viel Zeit nimmt die jeweilige Bearbeitung in Anspruch? Das hängt neben dem Umfang der Aufgabe auch davon ab, ob einem das Fach oder Thema liegt und ob man die Aufgabe verstanden hat.
- Wo können feste Arbeitszeiten und Zeiten zum Üben und Wiederholen eingeplant werden?
  Feste Arbeitszeiten fördern die Konzentration und wirken sich positiv auf den Lernerfolg aus.
- Wann ist die beste Zeit, ungestört zu arbeiten?
- Was benötigt man zum konzentrierten Lernen (Musik, Getränke, Obst ...)?

Lernzeit

In jedem Fall sollte die Lernzeit begrenzt werden. Als optimal gelten 1,5 bis 2 Stunden. Bei einer längeren Lernzeit wird immer weniger behalten, da das Kurzzeitgedächtnis nur eine eingeschränkte Aufnahmekapazität hat. Nach ca. 3,5 Stunden ist sozusagen der Nullpunkt erreicht. Das, was man vorher aufgenommen hat, wird von Neuem überlagert und damit vergessen.

Pausen

Auf jeden Fall müssen Pausen (5 bis 10 Min. pro Stunde) und angemessene Freizeit vorgesehen werden, da das Kurzzeitgedächtnis, das zunächst angesprochen wird, nur über eine begrenzte Speicherkapazität verfügt.

Pausen haben zwei Funktionen: Sie dienen der Erholung und der Festigung des Gelernten. Je länger die Lernzeit, desto länger sollten die Pausen sein. Pausen sind wichtig für die „Nachwirkzeit", denn Lernen ist kein geradliniger Prozess. Nach einer Phase der Aufnahme folgt eine Phase, die nach außen wie Lernstillstand wirkt.

Manchmal fällt einem die Lösung einer Aufgabe oder für ein Problem ganz plötzlich in einem völlig anderen Zusammenhang oder auch nachts ein.

Geeigneter Arbeitsplatz

Die Lernbereitschaft und Leistungsfähigkeit kann man durch angenehme Lernbedingungen unterstützen. Hierzu gehört u. a. ein fester Arbeitsplatz. Im Idealfall ist dies ein eigener Schreibtisch o. Ä., der mit den wichtigsten Arbeitsmaterialien ausgestattet ist. Sinnvoll ist es in jedem Fall, immer am selben Platz zu arbeiten und dort Ordnung zu halten. Die Arbeitsmaterialien sollten gut erreichbar und übersichtlich angeordnet sein. Dabei kann eine farbliche Sortierung nach Fächern, Themen oder Bereichen helfen (einfache Merkhilfe). Was nicht zum Lernen benötigt wird, sollte entfernt werden.

Auch ein bequemer Stuhl und die richtige Beleuchtung können zu erfolgreichem Lernen beitragen. Eine schlechte Beleuchtung führt häufig zur schnelleren Ermüdung oder zu Konzentrationsschwierigkeiten.

Ich habe den ganzen Tag gelernt und bringe alles durcheinander.

Aufgaben

1. Wie sind die Aussage im Comic und die nächtlichen Einfälle zu erklären?
2. Was versteht man unter einem Nachtmenschen?
3. Warum sollte man immer am selben Platz arbeiten sowie Pausen und Freizeit einplanen?
4. Welche Lernorganisation hat Ihnen gut getan? Nennen Sie konkrete Beispiele.

2.2 Beschaffen und Bearbeiten von Informationen

Die Jagd auf Florian ist eröffnet!

Oha, der Silbereisen wird zum Frauenmagnet! Knapp ein halbes Jahr nach der Trennung von Helene Fischer (34) kriegen sich manche Damen vor lauter Komplimenten für [...][ihn] nicht mehr ein [...] Wie das wohl Helene gefällt? [...]

Erst vergangene Woche trafen Florian (37) und Helene bei einem Privatkonzert [...] auf Mallorca aufeinander. Florian kündigte seine Ex mit den Worten „Sie ist eine Wahnsinnsfrau und eine unglaublich tolle Freundin" an, dann gab's noch eine liebevolle Umarmung. [...] Es ist offensichtlich, dass die beiden immer noch sehr eng miteinander sind [...] Doch muss sie Florian bald mit einer neuen Frau an seiner Seite teilen?

Quelle: Closer Nr. 28, 3. Juli 2019, S. 24/25

Aufgaben

1. Welche Fakten werden in den Ausschnitten benannt und was sind Vermutungen?
2. Wenn Sie beides miteinander vergleichen, was wird daraus deutlich?

Zum gezielten Lernen, so wie man es zur Lösung einer gestellten Aufgabe oder Durchführung eines Vorhabens in der Schule und am Arbeitsplatz angehen sollte, gehört zunächst die Informationsbeschaffung.

Helene Fischer (34)
Ein Baby mit ihrem Florian

Das Leben von Helene Fischer ist momentan spannender als jeder Tatort. Und scheint noch mehr Liebeschaos als mancher „Rosamunde-Pilcher"-Film zu bieten. Gerade machte Ex Florian Silbereisen (37) ihr eine wahrliche Liebererklärung [„Sie ist eine Wahnsinnsfrau ..."]! Die Sängerin warf sich überglücklich in seine Arme. Dabei ist sie doch eigentlich [...] vergeben.

[...] Und jetzt ein Baby [mit Florian]?

Quelle: Das Neue Blatt Nr. 28, 3. Juli 2019, S. 7

Jacht-Taufe mit Helene Fischer
Hochkarärtig auch das
Showprogramm

Schlagerkönigin Helene Fischer unterbrach ihre Auszeit ein weiteres Mal für ein Privatkonzert. Angekündigt wurde ihr Auftritt von ihrem Ex Florian Silbereisen, später feierte Helene dann kräftig mit ihrem neuen Partner Thomas Seitel.

Quelle: Gala Nr. 27, 27.06.2019, S. 66

Die wichtigsten Möglichkeiten dazu sind:
- Bibliothek
- Zeitungen/Zeitschriften
- Informationszentren/Beratungsstellen
- Fach- und Sachbücher
- Lexika/Nachschlagewerke
- Internet
- Expertenbefragung oder Interview

Informationen aus Zeitungen sollten allerdings besonders kritisch gelesen werden, wie auch aus den Artikeln über Helene deutlich wird. Eine besondere Form der Informationsbeschaffung stellen Expertenbefragungen oder Interviews dar, da sie sorgfältig geplant und vorbereitet werden müssen.

Man muss überlegen, was man genau wissen will, wie man die Fragen eindeutig und verständlich formuliert und in welcher Form die Ergebnisse festgehalten werden sollen (Protokoll oder Tonband-/Videoaufnahme).

Expertenbefragungen können im Gespräch oder schriftlich mithilfe eines Fragebogens durchgeführt werden. Dabei erhält man Informationen aus erster Hand, die ein Gesamtbild bereichern, erweitern, vertiefen oder bestätigen können. Allerdings sollten die Aussagen nicht kritiklos übernommen werden und bei Unklarheiten und Widersprüchen muss der Interviewer noch einmal nachfragen.

Nach dem Interview muss eine Bewertung im Hinblick auf getroffene Aussagen, Ergebnisse und Übernahme erfolgen.

Aufgaben

1. Führen Sie in einer Kleingruppe ein Interview oder eine Befragung zu einem aktuellen Thema durch (z. B. „Soll der Kindergarten gebührenfrei sein?" oder „Soll auf dem Schulhof nur Deutsch gesprochen werden?").
2. Vergleichen Sie Ihre Ergebnisse.
3. Bewerten Sie Ihre Ergebnisse und Arbeitsweise.

Informationsauswahl und Umfang richten sich nach der jeweiligen Aufgabenstellung. Nach einem ersten Überblick über verfügbare Informationen (Texte, Veröffentlichungen) wählt man die Inhalte gezielt aus.

Hilfreich hierbei sind Autorenkatalog und Schlagwortverzeichnisse. Dabei muss überlegt werden: Sind die vorliegenden Informationen schon ausreichend oder sind es bereits zu viele?

Die ausgewählten Informationen sollten

- möglichst aktuell,
- sachlich korrekt,
- verständlich und
- der Aufgabe angemessen sein.

Sachlich korrekte Informationen verfügen über „Herkunftsnachweise" und Quellenangaben. Quellen sollten deshalb notiert und bei Verwendung angegeben werden.

Bei der Bearbeitung der ausgewählten Informationen ist es wichtig, einen Stoff zu verstehen und mit eigenen Worten wiedergeben zu können. Es geht nicht darum, ihn auswendig zu lernen, weil dann im Gehirn keine Verknüpfung mit Bekanntem und kein Speichern im Gedächtnis erfolgen, sodass eine Anwendung nicht möglich ist.

Hier einige **Tipps,** die Bearbeitung und Lernen erleichtern können:

Beim ersten Lesen

- Überblick verschaffen
  durch Überfliegen des Textes, Beachten der Überschriften und Kapitel, Lesen der Inhaltsverzeichnisse sowie die Einteilung in eigene Abschnitte.
- unbekannte Begriffe und Fremdwörter nachschlagen.
  Fachbegriffe, die man nicht kennt, sollten sofort nachgeschlagen werden.
- Fragen stellen.
  Fallen einem keine eigenen Fragestellungen ein, kann man die Kapitelüberschriften als Frage umformulieren.

Beim zweiten Lesen

- wichtige Stellen unterstreichen oder farbig markieren und wichtige Aussagen als Notiz festhalten.
- eine Struktur entwickeln.
  Dabei hilft das Zusammenfassen von einzelnen Kapiteln. Gelesenes abschnittsweise mit eigenen Worten wiederholen, Stichworte aufschreiben oder Karteikarten anlegen, auf denen der Inhalt kurz festgehalten wird.

Nach der Konzepterstellung

- erfolgt die Überarbeitung der eigenen Texte im Hinblick auf Richtigkeit, Anschaulichkeit und Schlüsselwörter.
- das Wiederholen des Gesamten als Übung und Vertiefung des Themas.

2.3 Lernmethoden

Um die Gedächtnisleistung bei der Informationsbearbeitung zu steigern, sollte man möglichst viele Lernkanäle einbeziehen und bestimmte Lernmethoden einsetzen. Dazu gehören individuelle Lernmethoden wie Lesen, Auswendiglernen von Vokabeln, Formeln, Regeln oder Üben sowie Lernmethoden wie Gruppenarbeit, Projektarbeit, Gespräche, Teilnahme an Veranstaltungen oder E-Learning, die überwiegend gemeinsam mit anderen angewandt werden.

Um den Erfolg zu steigern bzw. die Ergebnisse zu verbessern, kann man sich der folgenden Hilfen bedienen:

Lerndatei

Das können beispielsweise Karteikarten sein. Sie sind gut geeignet für das Lernen von Vokabeln und Fremdwörtern (Vorderseite: Fremdwort oder fremdsprachlicher Begriff; Rückseite: deutscher Begriff) und kleinere Stoffeinheiten (Vorderseite: Frage; Rückseite: Antwort).

Merkhilfen (Mnemotechniken)

Das können beispielsweise Eselsbrücken in Form von Reimen oder Geschichten sein, ebenso ein Schema, ein Schaubild oder eine Grafik.

Die einfachste Merkhilfe, die sicher alle kennen, ist ein Knoten im Taschentuch zur Erinnerung an …

Beispiel
Zeitplanung-Merkhilfe: ALPEN

A – Alle Aufgaben aufschreiben
L – Länge/Zeitdauer einplanen
P – Pausen einplanen
E – Entscheidungen treffen, was wann und wie
*   gemacht wird*
N – Nachkontrolle (Üben, Feedback)

Mindmap

Sie ist eine gute Methode, um sich einen Überblick zu verschaffen und eine Strukturierung vorzunehmen, da sie gut erweiterbar ist. Im Mittelpunkt steht ein zentraler oder übergeordneter Begriff. Als „Hauptäste" werden Leitgedanken oder Begriffe – sozusagen Kapitelüberschriften, wenn man in einem fortlaufenden Text arbeiten würde – angefügt, von denen weitere Äste – zugeordnete Gedanken und Einzelheiten – abzweigen.

Aufgaben

1. Sie planen eine Beschäftigung mit Kindern. Erstellen Sie hierzu eine Mindmap.
2. Informieren Sie sich umfassender über die Mnemotechniken und probieren Sie die unterschiedlichen Möglichkeiten aus.
3. Recherchieren Sie im Internet, was E-Learning ist und welche Möglichkeiten diese Form des Lernens bietet.
4. Es gibt eine orientalische Weisheit: „Wer alleine arbeitet, addiert – wer zusammenarbeitet, multipliziert."
   Was sagt dieses Sprichwort über die Lernmethoden aus?

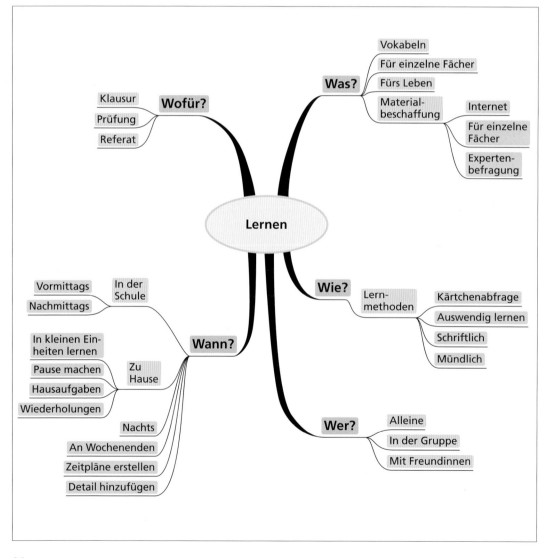

2.4 Präsentationen

Beispiel

Maike möchte während ihres Praktikums in ihrer Einrichtung ein Projekt zum Thema „Außenraumgestaltung" durchführen. Selbstverständlich kann sie nicht das komplette Außengelände verändern, deshalb hat Maike sich vorgenommen, mit den Kindern und deren Eltern an einem Samstag mit Weiden zu gestalten. Sie hat in der Schule an einer Arbeitsgemeinschaft „Weidentipis und anderes aus Weiden" teilgenommen und möchte nun ihr Wissen auf das Projekt übertragen. Mit ihrer Anleiterin plant sie deshalb einen Elternabend, um den Eltern das Projekt vorzustellen.

Wie sag ich`s den Eltern?

Aufgaben

Arbeiten Sie in einer Kleingruppe.
1. Was will Maike mit ihrer Präsentation erreichen?
2. Was ist für die Eltern wichtig zu wissen?
3. Überlegen Sie, wie Sie die Idee vermitteln können. Erarbeiten Sie dazu konkrete Vorschläge und tragen diese der Klasse vor.
4. Bewerten Sie die vorgestellten Vorschläge.
5. Beschreiben Sie die unterschiedlichen Präsentationsmöglichkeiten mit ihren Vor- und Nachteilen.
6. Was ist grundsätzlich bei der Erarbeitung einer Präsentation zu beachten?

Jeder Mensch kommt in der Schule oder im Berufsleben in die Situation, dass er
- eine Aufgabe erhält, deren Lösung er anderen Menschen vortragen muss, oder
- eine Idee, einen Sachverhalt oder ein Vorhaben anderen vorstellen muss oder will.

Das kann in Form eines Referats, eines Vortrags oder einer Präsentation mit Einsatz von technischen Hilfsmitteln erfolgen. Bei allen genannten Formen gilt es, bestimmte Kriterien zu beachten:

Der Vortragende muss sich seiner Sache sicher sein

Das bedeutet:
- Er muss die Thematik verstanden haben und sie erklären können.
- Mögliche Fragen der Zuhörer sollte er/sie beantworten können.

Die Präsentation muss gut geplant werden

Dazu gehören folgende Überlegungen:

Was soll erreicht werden?

Will man die Zuhörer nur darüber informieren, was geschehen und/oder geplant ist, oder will man sie überzeugen und evtl. für eine Mitarbeit und finanzielle Unterstützung gewinnen?

Welche Interessen haben die Zuhörer?

Hierzu sollte überlegt werden, wie sich die Zuhörerschaft zusammensetzt:
- Sind es interessierte Eltern, die wenig Erfahrung mit dem Thema haben?
- Sind es Klassenkameraden, deren Aufmerksamkeit geweckt werden soll?
- Sind es Praxisvertreter, die von der Idee überzeugt werden sollen?

Welche Inhalte sind wichtig?

Man muss entscheiden, was man unbedingt berücksichtigen muss und auf welche Fakten man verzichten kann.

Dafür ist es hilfreich, sich in die Rolle des Zuhörers zu versetzen und sich folgende Fragen zu stellen:

- Was würde mich interessieren?
- Wovon ließe ich mich überzeugen?
- Was würde mich verwirren?

Wie kann das Anliegen für den Zuhörer interessant gestaltet werden?

Dabei helfen die Fragen:

- Was würde mich langweilen?
- Was würde mich mitreißen?

Die Antworten auf diese Fragen sollten bei der Bearbeitung Berücksichtigung finden.

Die Präsentation muss gut strukturiert und vorbereitet sein

Das umfasst den Aufbau, die Berücksichtigung der Zeit, den Inhalt und ein Stichwortkonzept.

Aufbau

Der Aufbau ist bei jedem Vortrag, jedem Referat, jeder Präsentation gleich:

- Einleitung:
  Hierher gehören neben der Vorstellung der eigenen Person und des Themas auch der thematische und zeitliche Ablauf. Außerdem soll Aufmerksamkeit für das Thema hervorgerufen werden.
- Hauptteil:
  Er ist der Kern. Hier werden alle wichtigen Informationen zum Thema gegeben.

- Schluss:
  Die wichtigsten Punkte des Hauptteils werden noch einmal zusammengefasst. Evtl. wird in eine Diskussion übergeleitet.

Aufgaben

1. Erklären Sie die Aussage: *„Der Anfang prägt, das Ende haftet".* [1]
2. Wie kann Maike aus dem Anfangsbeispiel von S. 31 ihren Einstieg auf dem Elternabend interessant gestalten?

Zeit

Die zur Verfügung stehende Zeit muss berücksichtigt und unbedingt eingehalten werden.

Inhalt

Der Inhalt muss verständlich formuliert sein und einem roten Faden folgen.

Ein Vortrag oder Referat sollte nicht abgelesen werden. Sicher kennt jeder die folgende Situation:

Im Unterricht oder auf einer Veranstaltung werden mehrere Referate oder Vorträge zu unterschiedlichen Themen gehalten.

[1] Possim, W.: Erfolgreich präsentieren, S. 28

Dem einen Beitrag folgt man mit großem Interesse, bei einem anderen ist man kurz davor einzuschlafen. Ein Grund hierfür liegt darin, dass der Vortragende seinen ausgearbeiteten Vortrag komplett abliest. Jede Zwischenfrage könnte ihn aus dem Konzept bringen und die Zuhörer merken ihm die Anspannung an. Ein mit monotoner Stimme vorgetragener Beitrag verführt den Zuhörer zum „Abschalten".

Stichwortkonzept

Da es nur sehr wenigen Menschen gelingt, frei zu sprechen, sollte man sich ein sog. Stichwortkonzept erstellen. Hierzu gibt es verschiedene Methoden:

Man schreibt den gesamten Text auf, lässt aber jeweils ca. 1/3 der Seite frei für Leitgedanken. Während des Vortrags kann man die Leitgedanken vom unteren Teil der Seite mit dem Text kombinieren.

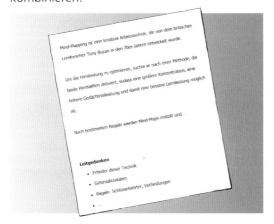

Der gesamte Redetext wird gut strukturiert aufgeschrieben: große Schrift, großer Zeilenabstand, genügend Absätze, einzelne Schlüsselwörter deutlich hervorgehoben („fett" geschrieben, größer).

Man erstellt sog. Redekarten: Jede Karte enthält einen Leitgedanken und max. drei bis fünf weiterführende Stichwörter.

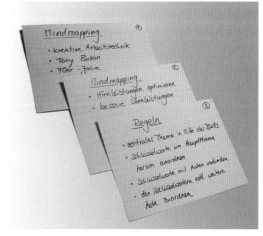

Alle Methoden ermöglichen dem Vortragenden, relativ frei und lebendig zu sprechen und geben ihm Sicherheit.

Medieneinsatz

Unabhängig von der Wahl der Stichwortmethode können Referate und Vorträge durch den Einsatz von unterschiedlichen Hilfsmitteln anschaulich und abwechslungsreich gestaltet werden. Das können sein: reale Gegenstände als Anschauungsmittel, Tonträger wie z. B. Tonband, DVD oder visuelle Medien.

Gezielt ausgewählte und eingesetzte Medien im Hinblick auf Verständlichkeit, Anschaulichleit, Zeitpunkt, Dauer und technische Möglichkeiten dienen der interessanteren Gestaltung und als Gedächtnisstütze. Sie können helfen, die Aufmerksamkeit der Zuhörer auf wichtige Aussagen zu lenken und das Gesagte zu unterstützen. Je mehr Sinne man bei einer Präsentation anspricht, umso größer ist die Wirkung (vgl. Kap. 2 und 12). Allerdings sollte man den Zuhörer nicht überschütten.

Visuelle Medien

Zu den am häufigsten benutzten visuellen Medien gehören Flipcharts, Overheadprojektoren und Pinnwände/White-Boards ebenso wie die Tafel. In zunehmendem Maße werden auch Computer und Beamer bei Präsentationen eingesetzt.

Unabhängig davon, welches Medium zur Unterstützung des Vorhabens (Referat, Vortrag) gewählt wird, gilt für alle Methoden:

- Wesentliche Informationen und Aussagen (Stichworte) aufschreiben.
- Auf das Schriftbild achten (groß schreiben und Abstand zwischen den Zeilen halten).
- Verständlich formulieren.
- Farben, Formen und Bilder sparsam einsetzen.
- Symbole und bildhafte Elemente verwenden.
- Anschaulich und übersichtlich gestalten.

Aufgaben

1. Wählen Sie zu einem beliebigen Thema in einer Kleingruppe eine Stichwortmethode und ein visuelles Medium aus und bereiten Sie eine kurze Präsentation (ca. 3 bis 5 Min.) vor.
2. Besprechen Sie im Anschluss an Ihre Präsentation den Medieneinsatz im Plenum.
3. Welche Medien würden Sie einsetzen, um eine Präsentation gemeinsam mit Kindern für die Eltern vorzubereiten? Begründen Sie Ihre Auswahl.

Bei der Durchführung sollte auf Folgendes geachtet werden:

Sprache und Körpersprache

Bei einem Referat ist der Inhalt wichtig, aber entscheidend ist, wie das Gesagte und der Vortragende bei anderen ankommen. Dies hängt u. a. von der Stimme und der Sprechweise ab. Wer undeutlich oder gehetzt spricht, mindert die Kraft seiner Aussagen. Bei Aufregung versagt die Stimme, man bekommt kaum einen Ton heraus, verhaspelt sich und wird noch unruhiger und angespannter.

Aufgabe

> 1. Benennen Sie Situationen, in denen Ihnen die Stimme „versagte".

Ein Großteil der Informationen wird nicht über die Sprache (verbal), sondern über den Körper ausgedrückt (nonverbal). Das bedeutet, dass noch so interessante Sachaussagen erst durch die sprachliche Darbietung und die Unterstützung durch die Körpersprache ihre optimale Wirkung erzielen (vgl. Kap. 18).

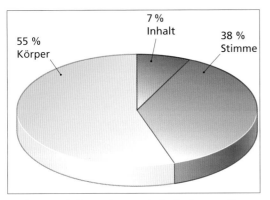

Wirkung verbaler und nonverbaler Redneranteile

Aufgaben

> 2. Probieren Sie in Zweiergruppen verschiedene Körperhaltungen aus (z. B. hängende Schultern, gekreuzte Arme, abgewandter Blick, verkrampfte Beinstellung, Kopf in Schräglage, Hand in der Hosentasche, erhobener Zeigefinger u. a.). Was empfinden Sie dabei?
> 3. Sagen Sie folgende Sätze mit unterschiedlicher Betonung und Lautstärke und unterstützen Sie diese Sätze mit verschiedenen Körperhaltungen:
> „Ich möchte auch noch etwas sagen."
> „Der Unterricht ist langweilig."
> 4. Stellen Sie Ihre Erfahrungen im Plenum vor.

Umgang mit Lampenfieber

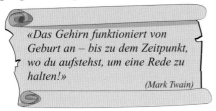

«Das Gehirn funktioniert von Geburt an – bis zu dem Zeitpunkt, wo du aufstehst, um eine Rede zu halten!»
(Mark Twain)

Nervosität oder Angst vor öffentlichen Auftritten kennen viele Menschen. Auch erfahrene Redner oder Schauspieler sind gegen Lampenfieber nicht gefeit. Lampenfieber ist die natürlichste Sache der Welt und ein gewisses Maß an Nervosität gehört zu jedem Auftritt vor Publikum! Lampenfieber beruht auf Angst

- vor Fremden bzw. einer Gruppe sprechen zu müssen,
- nicht genügend vorbereitet zu sein,
- vor plötzlichem Vergessen,
- stecken zu bleiben, sich zu verhaspeln, zu stottern,
- vor Kritik und Ablehnung,
- sich zu blamieren,
- dass die Stimme wegbleibt,
- vor Konfliktsituationen mit den Zuhörern,

um nur einige zu nennen.

Eine gute Vorbereitung,
z. B. den „Auftritt" in vertrautem Kreis oder vor dem Spiegel üben oder die ersten zwei Sätze auswendig lernen.

eine positive Grundeinstellung und
z. B. „Ich bin gut vorbereitet", „Alles wird gut gehen", „Das habe ich doch auch geschafft".

Energieventile
z. B. passende Kleidung, zielsichere Bewegungen und Fixpunkte (eine vertraute Person oder ein Gegenstand)
helfen, das Lampenfieber zu mindern.

Aufgaben

> 5. Lampenfieber kann beim Menschen sehr unterschiedliche Reaktionen hervorrufen. Welche können das sein?
> 6. Tauschen Sie in Kleingruppen Ihre Erfahrungen mit Lampenfieber aus und wie Sie damit umgegangen sind.
> 7. Nehmen Sie Stellung zu folgender Aussage: *„Eine Rede ohne Lampenfieber ist wie gemaltes Feuer."* (Marcus Tullius Cicero)
> 8. Welchen Wert hat eine Präsentation für und mit Kindern?

2.5 Reflexion

Beispiel

Beatrice hat eine Beschäftigung mit kostenlosem Material für vier Kinder geplant und dafür viele Gegenstände gesammelt. Ihr Ziel: die Kinder zu Selbstständigkeit und Kreativität führen. Das erreicht man am besten – hat sie gelernt –, wenn man die Kinder gewähren lässt und wenig einschränkt. Nachdem sie ihnen das Material gezeigt hat, sagt sie: „So, nun bastelt mal schön. Ihr könnt machen, was ihr wollt." Leon (5 J.) wühlt begeistert in den Schachteln, fängt schnell an zu kleben und ist enttäuscht, dass es nicht hält.

Beatrice: „Das hast du dir schön ausgedacht. Mach ruhig weiter, es wird schon klappen." Es klappt aber nicht. Leon wird albern und wirft mit Schachteln durch die Gegend.

Hanna (4 J.) betrachtet zunächst das viele Material und kann sich nicht entscheiden. Vorsichtig nimmt sie eine Schachtel, um sie nach kurzer Zeit wieder wegzulegen. Beatrice: „Willst du nicht anfangen? Da sind doch so viele schöne Sachen." Derweil planen Kevin (5 J.) und Victoria (5 J.) gemeinsam. Sie suchen Material aus und gestalten, bis ein Streit um eine Schachtel entbrennt: „He, ihr beiden, einigt euch mal. Es ist doch genug da." Als der Streit eskaliert und auch Leon nicht mehr zu bändigen ist, bricht Beatrice die Beschäftigung ab. Nach Dienstschluss geht sie missmutig nach Hause und vergräbt sich in ihrem Zimmer. Noch tage- und nächtelang grübelt sie und kann nicht schlafen.

Aufgaben

1. Wie würden Sie sich in einer vergleichbaren Situation fühlen?
2. Was würde Ihnen helfen?
3. Was würden Sie tun?

Es gibt verschiedene Möglichkeiten, mit einer derartigen Situation umzugehen. Beispielsweise kann man es einem nahestehenden Menschen erzählen oder mit der Gruppenleitung besprechen. So ein Gespräch, wenn es gezielt geführt wird, nennt man auch Reflexion.

Was ist eine Reflexion?

Der Begriff „Reflexion" wird in verschiedenen Bereichen mit unterschiedlicher Bedeutung angewendet: In der Physik versteht man darunter „Rückstrahlung"; allgemein verwendet man ihn „für ein prüfendes und vergleichendes Nachdenken über etwas". Als Selbstreflexion – Nachdenken über das eigene Verhalten – erfolgt sie bei jedem Menschen („Habe ich das eigentlich richtig gemacht oder sollte ich mich anders verhalten?").

Eine besondere Bedeutung hat die Reflexion für pädagogische Berufe. Hier wird sie verstanden als „Auswertung einer Situation oder eines Geschehens am Ende eines Arbeitsprozesses", in die man immer die eigene Sichtweise einbringt. Sie ist in der pädagogischen Arbeit ein wichtiges „Arbeitsmittel" und deshalb ein festgeschriebener Inhalt der Ausbildung.

Welche Ziele werden mit der Reflexion verfolgt?

Eine Reflexion trägt dazu bei, Geschehenes oder Erlebtes

- besser zu verstehen,
- mögliche Konflikte und Konfliktauslöser, aber auch Fähigkeiten und Gelungenes zu erkennen,
- Ursachen für bestimmte Verhaltensweisen und deren Auswirkungen deutlich zu machen,
- aus der Situation zu lernen und dieselben Fehler zu vermeiden sowie
- Bewährtes zu wiederholen.

Indem man über Erlebtes nachdenkt, sich besinnt und die Situation in Gedanken noch einmal vor Augen führt, eine kritische Bilanz zieht sowie das Geschehen aus verschiedenen Blickwinkeln betrachtet, kann man daraus lernen und zu neuen Erkenntnissen kommen. Tagelanges Grübeln und sich Vorwürfe machen wie im Anfangsbeispiel, kann durch eine Reflexion vermieden werden.

Aber auch bei positiven Effekten von Verhaltensweisen ist es wichtig, sich vor Augen zu führen, warum dies besonders gut gelungen ist, um sie in das Verhaltensrepertoire aufzunehmen.

Durch kritisch konstruktive Auseinandersetzung mit eigenen – und fremden – Reaktions- und Verhaltensmustern kann man sich der eigenen Einstellungen und Haltungen bewusst werden.

„Reflexion bloß nicht!" - der erste Gedanke von Ariane und Marcel. Sie dachten zunächst, dass sie dabei kritisiert und ihnen ihre „Fehler" vorgehalten würden. Inzwischen schätzen sie diese Gespräche, denn sie geben ihnen Zeit und Raum, nachzudenken, sich zu besinnen, eigenes Verhalten von verschiedenen Seiten zu betrachten und bewusst aus der Situation zu lernen. Das liegt auch daran, dass ihre Anleiterin sich viel Zeit dafür nimmt.

Aufgabe

1. Beschreiben Sie eine Situation, in der Sie über Erlebtes oder Geschehenes nachgedacht und Konsequenzen gezogen haben.

Wann und wie wird eine Reflexion durchgeführt?

Reflexionen werden im Unterricht, in Weiterbildungen, im Anschluss an eine erlebte Situation schriftlich oder mündlich durchgeführt.

Im sozialpädagogischen Alltag sind sie fester Bestandteil und erfolgen im Team. Dabei ist es wichtig, den anderen mit seinen Äußerungen nicht zu verletzen. Nicht: „Wie kann man sich nur so blöd anstellen", besser: „Das war eine ganz schön schwierige Situation. Ich hätte …" (vgl. Kap. 18). Eine wichtige Grundlage für die Reflexion ist das genaue Beobachten von (pädagogischen) Situationen (vgl. Kap. 4). Je mehr Einzelheiten wahrgenommen werden, desto besser kann das Geschehen ausgewertet werden.

Was ist zu beachten?

Um den Ablauf eines Angebots zu überprüfen, ist ein Schema hilfreich. Die Inhalte hierzu könnten sein:

Beschreibung der Situation/des Ablaufs
- Ort, Zeit
- Beteiligte, Tätigkeiten
- Verlauf

Beschreibung der Beteiligten
- Verhalten der Teilnehmer
- Beteiligung am Geschehen
- Störungen (mögliche Gründe) und deren Auswirkungen auf das Geschehen
- Kommunikation untereinander

Beschreibung des eigenen pädagogischen Verhaltens
- körperliche und psychische Verfassung
- positive und negative Auswirkungen auf die Situation
- Kommunikation mit den Kindern
- besondere Auffälligkeiten

Bewertung der pädagogischen Arbeit, Ausblick
- Gesamteindruck
- Abweichungen von der Planung und Gründe dafür
- Erreichen der geplanten Ziele
- Bewährung von Ablauf, Methoden, Mittel
- mögliche Veränderungen
- weiteres Vorgehen

Nicht alle Punkte werden bei jeder Reflexion behandelt. Die Auswahl wird bestimmt durch einen konkreten Grund oder eine Schwerpunktsetzung (vgl. Kap. 4).

Aufgaben

Arbeiten Sie in Kleingruppen.
2. Entwickeln Sie – orientiert an der oben aufgeführten Struktur – einen Fragenkatalog.
3. Versuchen Sie, die Beispielsituation von S. 38 anhand des Fragenkatalogs zu reflektieren.
4. Reflektieren Sie eine Praxissituation unter Berücksichtigung der Punkte oben und stellen Sie der Klasse die Ergebnisse vor.

Zusammenfassung

- Der Mensch lernt ein Leben lang.
- Lernen bedeutet:
  - sich Wissen aneignen,
  - Fähigkeiten erwerben und erweitern sowie
  - Verhaltensweisen erwerben und verändern.
- Lernen ist ein Prozess, bei dem Informationen aufgenommen, verarbeitet, im Gedächtnis mit Bekanntem verknüpft und gespeichert sowie angewandt werden.
- Obwohl die Lernkanäle beim Menschen unterschiedlich stark ausgeprägt sind und es deshalb verschiedene Lerntypen gibt, sollten immer möglichst viele Sinne angesprochen werden.
- Jeder Mensch hat seinen eigenen Lernstil.
- Kenntnisse über Lerntypen und Lernstile sind wichtig für das eigene Lernen und den Lernprozess, den man bei anderen bewirken will.
- Der Lernerfolg ist abhängig von Bedingungen wie Motivation, Interessen, Fähigkeiten, Leistungsbereitschaft und einer positiven Lernumgebung.
- Für die Lösung bestimmter Aufgaben sind eine gezielte Informationsbeschaffung und -verarbeitung sowie eine wohlüberlegte Präsentation notwendig.
- Durch gezielt eingesetzte Lernmethoden kann man das Lernen erleichtern und den Lernerfolg verbessern.
- Durch eine gut strukturierte und anschaulich gestaltete Präsentation kann man andere Menschen begeistern und für sein Anliegen gewinnen.
- Die Reflexion ist ein wichtiger und unverzichtbarer Bestandteil der pädagogischen Arbeit.

Aufgaben

1. Wie kann ein Erziehender Kinder für die Herstellung eines Weidentipis begeistern? Begründen Sie Ihre Überlegungen.
2. Nehmen Sie Stellung zu folgenden Aussagen:
   - *„Man lernt für das Leben."*
   - *„Ein Kind muss lernen zu gehorchen."*
3. *„Denken und Tun, Tun und Denken, das ist die Summe aller Weisheit."* (Goethe). Was ist damit gemeint?
4. Was steckt hinter folgender Aussage? *Lehrer zum Schüler: „Müller, du brauchst den Druck der Endphase!"*
5. Sie erhalten den Auftrag, in vier Wochen ein Referat zu halten über ein Thema, das Ihnen nicht liegt. Beschreiben Sie, wie Sie vorgehen.
6. Erstellen Sie einen Wochenplan für alle von Ihnen zu erledigenden Aufgaben. Wie gehen Sie dabei vor? Nehmen Sie nach Ablauf der Woche eine Bewertung vor: Haben Sie den Plan eingehalten? Wenn nein, warum nicht? Hat er Ihnen geholfen? Was war positiv, was negativ?
7. Manche Menschen legen sich ein Schulbuch nachts unter das Kopfkissen. Kann das beim Lernen helfen? Begründen Sie Ihre Antwort.
8. *Eine Freundin hat demnächst ihr erstes Reflexionsgespräch. Sie hat Angst davor und bittet Sie um Hilfe.* Wie könnte die Hilfe aussehen?
9. Nehmen Sie Stellung zu dem Bild.

Wer Ordnung hält, ist zu faul zum Suchen.

3 Wahrnehmung

Beispiel

Zwei Schülerinnen werden während ihres Praktikums in denselben Kindergarten gehen. Sie haben sich dort vorgestellt und schildern ihre Eindrücke:

Die erste Schülerin:

„Die Leiterin hat uns knapp begrüßt. Die hat ja vielleicht einen Händedruck, mir tat die ganze Hand weh. Dann ist sie mit uns durch das Haus gegangen und hat uns die Mitarbeiterinnen vorgestellt. Die Wände sind in ziemlich knalligen Farben gestrichen. Es war recht laut und die Kinder haben fast alleine gespielt – hier eine Gruppe und da eine. Die Erzieherinnen hatten den Tag wohl keine richtige Lust zum Arbeiten. Es sah ziemlich unordentlich aus. So lag zum Beispiel in einem Gruppenraum ein Berg von Schachteln und Klorollen auf der Erde, in dem die Kinder gewühlt haben. Man hatte den Eindruck, die können tun, was sie wollen. Ich fand das ganz schön nervig.
Außerdem roch es in dem ganzen Kindergarten penetrant nach Essen – Blumenkohl oder so etwas Ähnliches. Wie zu Hause – Blumenkohl mag ich nicht."

Die zweite Schülerin:

„Ich habe unseren Besuch etwas anders empfunden. Die Begrüßung durch die Leiterin war zwar kurz, aber sehr herzlich. Sie hatte nicht so lange Zeit, weil eine Mutter noch ganz dringend mit ihr reden musste. Ich fand, das ist ein Kindergarten, in dem man sich wohlfühlen kann. Diese schönen kräftigen Farben und jeder Raum in einer anderen Farbkombination gestrichen, das wirkte auf mich so fröhlich.
Die Kinder waren lebhaft – wie Kinder so sind –, aber nicht aggressiv. Sie haben durchaus konzentriert gespielt. He, Lisa, erinnerst du dich an die Diskussion bei dem kostenlosen Material, was sie bauen wollten und wie der Junge mit der Nickelbrille dem kleinen Mädchen beim Kleben geholfen hat? Stark. Die waren beim Basteln unheimlich kreativ. Oh, und dieser Duft – wie bei uns zu Hause , wenn meine Mutter Frühlingssuppe kocht."

Aufgaben

1. Stellen Sie die einzelnen Aussagen in den beiden Schilderungen in einer Tabelle gegenüber.
2. Welche Reize erreichen die Praktikantinnen und wie werden sie bewertet?
3. Nennen Sie Gründe, warum die Aussagen so unterschiedlich sind. Belegen Sie jeden Grund mit mindestens einer Aussage aus dem Text (vergl. S. 24 und 151).
4. Wie sind die unterschiedlichen Reaktionen der Kinder auf den Bildern zu erklären?

3.1 Der Wahrnehmungs- vorgang

Zwei Schilderungen von demselben Vorgang und sehr verschiedene Wahrnehmungen. Wie kommt das? In unserem Umfeld geschieht zeitgleich so viel, dass ein Mensch nicht alles aufnehmen kann. Er trifft eine Auswahl, die von verschiedenen Faktoren abhängig ist. Die Wahrnehmung vermittelt dem Menschen Informationen aus der Umwelt oder dem Körperinneren, die ihm helfen, sich zu orientieren und angemessen zu reagieren. Der Mensch muss die Welt erkennen und erleben, um sich darin zurechtzufinden. Der Psychologe Zimbardo bezeichnet die Wahrnehmung als einen Schlüssel, der dem Menschen die Tür zur Welt öffnet.

Viele Reize erreichen den Körper: von innen Körperreize (Gefühle und Schmerzen), von außen chemische und physikalische Umweltreize. Die Reize aus der Umgebung werden mit allen Sinnen wahrgenommen: Augen (Sehen), Ohren (Hören), Nase (Riechen), Zunge (Schmecken), Haut (Fühlen und Tasten), Gleichgewichtsorgan (Orientierung im Raum).
Sie bewirken Empfindungen von unterschiedlicher Stärke, die zur Wahrnehmung führen und ein Gesamtbild erzeugen.

Je nach Aufnahmeorgan unterscheidet man:

Art des Reizes	Organ	Beispiele
optische (sichtbare) Reize	Augen	Form, Farbe, Licht und Bewegung
akustische (hörbare) Reize	Ohren	Geräusche, Töne, Sprache, Musik
taktile (fühlbare) Reize	Haut	Berührungen, Temperaturen, Empfindungen, Druck, Vibration, Schmerz
gustatorische (geschmackliche) Reize	Zunge	Geschmack (süß, sauer, salzig, bitter, umami/herzhaft)
olfaktorische (riechbare) Reize	Nase	Gerüche, z. B. angenehm, ätzend, lieblich

Tab. 3.1 Unterscheidung von Reizen

Die aufgenommenen Reize werden über das Nervensystem an das Gehirn weitergeleitet, dort identifiziert (entschlüsselt), verarbeitet, gespeichert und in Reaktionen, Handlungen oder Wahrnehmungen umgesetzt (vgl. S. 24, 151).

Aufgabe

Beschreiben Sie die Zeichnung unten. Was wird wahrgenommen?

Zur Verdeutlichung wird der Wahrnehmungsprozess an einem Beispiel dargestellt:

1. Über die Sinne erfolgt eine Aufnahme von
   Reizen.

Auf das Ohr treffen Geräusche.

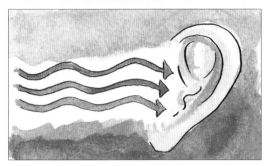

2. Diese Reize werden als Informationen von
   den Nervenbahnen an das Gehirn weitergeleitet und hier identifiziert und gespeichert.

*„Aha, das sind Töne von mehreren Instrumenten:
Gitarre, Schlagzeug, Hammondorgel und noch
eins."*

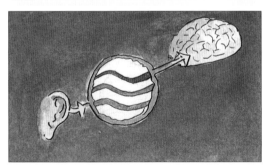

3. Dann werden die einzelnen Reize mit den
   bisherigen Erfahrungen verglichen und es
   erfolgt eine Bewertung.

*„Ein Instrument kenne ich nicht. Das klingt schön.
Es ist ziemlich laut."*

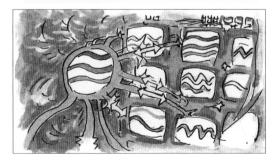

4. Nun werden die einzelnen Reize zu einem
   sinnvollen Ganzen zusammengefügt.

„Da spielt eine Band Tanzmusik."

5. Es erfolgt ein Impuls für eine Reaktion.

Steh auf, tanz mit.

Mit der Reaktion des Wahrnehmenden ist der
Wahrnehmungsvorgang beendet.

Das Gehirn ist die Schaltstelle. Hier werden die
Informationen verarbeitet. Es wird nach angemessenen Reaktionen gesucht und über die
Nervenbahnen werden Signale zum Reagieren
gegeben.

Man kann den **Wahrnehmungsvorgang** in drei Stufen gliedern:

1. Stufe:

Die Reize erzeugen sensorische Empfindungen. Diese werden an das Gehirn weitergeleitet.

2. Stufe:

Das Gehirn verarbeitet die Informationen. Das bedeutet: Die neu aufgenommenen Empfindungen werden mit dem abgespeicherten Wissen abgeglichen, ggf. durch neue Informationen ergänzt und zu einem Gesamtbild zusammengeführt.

3. Stufe:

Das Erlebte oder Aufgenommene wird eingeordnet, z. B. die Kinder sind Jungen und Mädchen; sie sind hell- oder dunkelhäutig, lebhaft oder still.

Bei dieser Klassifizierung spielen unter anderem Wertvorstellungen, Überzeugungen, Einstellungen und Interessen eine Rolle.

Die gewonnenen Informationen setzen Denkprozesse in Gang, die es dem Menschen ermöglichen, in den unterschiedlichen Situationen Entscheidungen zu treffen und angemessen zu handeln bzw. zu reagieren.

Definition

Unter **Wahrnehmung** versteht man die Reizaufnahme aus Umwelt und Körperinnerem und die Reizverarbeitung. Die Wahrnehmung dient dem Menschen dazu, Informationen zu gewinnen, um sich in seiner Umwelt orientieren und angemessen verhalten zu können.

Aufgaben

1. Nennen Sie Beispiele für Wahrnehmungen aus dem Körperinneren.
2. Gibt es in den Darstellungen der Praktikantinnen auf S. 41 Beispiele für Reize aus dem Körperinneren? Wenn ja, welche?

3.2 Einflüsse auf die Wahrnehmung

Aufgaben

3. Schauen Sie zwei Minuten aus dem Fenster und schreiben Sie auf, was Sie wahrnehmen.
4. Vergleichen Sie Ihre Wahrnehmungen.
5. Versuchen Sie Erklärungen zu finden dafür, dass Sie so unterschiedliche Dinge wahrnehmen.
   Warum haben Sie gerade diese Dinge wahrgenommen?
   Warum haben Sie anderes nicht wahrgenommen?

Die menschliche Wahrnehmung wird beeinflusst durch

- eine begrenzte Wahrnehmungsfähigkeit,
- optische Täuschungen,
- Mehrdeutigkeit der Sprache und
- individuelle und soziale Faktoren.

Begrenzte Wahrnehmungsfähigkeit

Ständig wirken viele Reize von Personen, Ereignissen und Gegenständen auf den Menschen ein, die er bewusst, unbewusst oder gar nicht registriert. Nur bestimmte Reize werden aufgenommen, andere werden ausgeblendet. Man spricht deshalb auch von **selektiver Wahrnehmung**.

Da die Sinne des Menschen nur über eine begrenzte Leistungsfähigkeit verfügen, werden nicht alle Reize aufgenommen. Beispiel: Sehr hohe Töne werden von den Menschen nicht mehr gehört, aber von einigen Tieren. Die Reize müssen für den Menschen eine bestimmte Stärke aufweisen, für ihn von Interesse oder persönlich wichtig sein. Die eingeschränkte Wahrnehmungsfähigkeit machen sich auch Zauberkünstler zunutze, indem sie auf der einen Seite Aufmerksamkeit erregen und auf der anderen Seite unbemerkt handeln.

Menschen mit Beeinträchtigungen leben unter Umständen mit einer eingeschränkten Wahrnehmungsfähigkeit (vgl. Kap. 12).

Die sieben blinden Mäuse

Sieben blinde Mäuse wollen etwas für sie Unbekanntes, einen Elefanten, erkunden und zu begreifen versuchen, indem sie nacheinander einen Teil von ihm erklettern, berühren, befühlen, um sich dann „ihren Reim" auf das Entdeckte zu machen. Jede Maus versucht dabei natürlich, den von ihr erkundeten Teil des Unbekannten auch als isolierten Gegenstand zu begreifen. So denkt die eine Maus, es handele sich um eine Säule, als sie den Fuß erkundet. Eine andere Maus denkt, der Rüssel sei eine Schlange, und eine dritte Maus glaubt an einen Speer, weil sie den Stoßzahn erklettert hat. Der Kopf wird zum Felsen, die Ohren zum Fächer und der Schwanz wird als Tau gedeutet. Nachdem sich alle Mäuse ihre Beobachtungen erzählt und ihre Bilder zusammengetragen haben, wandert die siebte Maus schließlich den ganzen Elefanten von Kopf bis Fuß ab und kommt dem Geheimnis auf die Spur:
Das Ganze ist ein Elefant!

Mit dem Wissen um die Gesamtheit wurden nun im Gespräch die Einzelerfahrungen umgedeutet: Es waren die Beine des Elefanten, die sich anfühlten wie eine Säule, und die Ohren, die wie ein Fächer wirkten usw.
Doch die Mäuse konnten zu dieser Erkenntnis erst kommen, als alle einzelnen Sichtweisen zusammenkamen und die Ideen und das Bild einen Zusammenhang darstellten. Erst dann war auch ein Erkennen des Ganzen möglich [1].

---

[1] Auszug aus Young, E.: Prolog: 7 blinde Mäuse, S. 3

Aufgaben

1. Geben Sie die Geschichte mit eigenen Worten wieder.
2. Welche Bedeutung hat die Geschichte im Hinblick
   a) auf die Wahrnehmung,
   b) die Wahrnehmungsfähigkeit und
   c) Ihre Arbeit als Erziehende?

Optische Täuschung

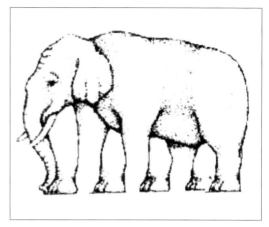

Jeder Mensch, der dieses Bild das erste Mal betrachtet, ist zunächst verwirrt, weil er fünf Beine sieht. Erst bei genauerer Betrachtung erkennt man die vier Beine.

Mehrdeutigkeit im sprachlichen Bereich

Eine Mitschülerin berichtet von einer selbst gesuchten neuen Praktikumsstelle. Sie wird gefragt: „Wie hast du sie gefunden?" Auf diese Frage könnte man antworten: „Durch eine Zeitungsannonce." oder „Ich habe meine Mutter nach dem Weg gefragt." oder „Sie hat mir sehr gut gefallen.".

Verknüpfung von Empfindungen mit Erfahrungen

Beispiel

Ina und Vanessa gehen von einer Veranstaltung spät abends nach Hause. Ina ist ganz unbeschwert und singt, während Vanessa sich ängstlich bei Ina einhakt und sich dauernd umsieht. Sie ist vor ein paar Wochen auf dem Nachhauseweg belästigt worden und fürchtet sich.

Dieselbe Situation, aber völlig andere Empfindungen und Verhaltensweisen aufgrund unterschiedlicher Erfahrungen.

Aufgabe

Schreiben Sie jeweils zwei Mädchen- und zwei Jungennamen auf, die Ihnen besonders gut bzw. gar nicht gefallen. Erklären Sie, warum Sie diese besonders gerne mögen oder nicht mögen.

Häufig werden die Namen mit Personen verbunden, die man schätzt oder ablehnt. Das Beispiel und die Aufgabe machen deutlich, dass Wahrnehmungen immer subjektiv sind. Sie werden durch individuelle und soziale Faktoren beeinflusst:

Deutungsfehler	Erklärung	Beispiel
Stimmungen und Gefühle (Gefühlszustände)	Je nachdem, in welcher Stimmung ein Mensch ist und von welchen Gefühlen er begleitet wird, nimmt er seine Umgebung und Ereignisse wahr.	Ist ein Mensch verängstigt, beurteilt er die Höhe eines Sprungbretts anders als jemand, der sich beweisen will. Weitere Beispiele: verliebt, nervös, aggressiv, verärgert.
Bedürfnisse und körperliche Zustände	Die jeweiligen Bedürfnisse und z. B. der Gesundheitszustand bestimmen die Wahrnehmungsauswahl.	Ein hungriger Mensch nimmt vor allem Essensgerüche und Speiseangebote auf, ein kranker alle Eindrücke und Informationen, die seine Krankheit betreffen.
Interessen	Die Aufmerksamkeit eines Menschen wird durch seine Interessen geleitet.	Ein Sportler nimmt vorrangig die körperliche Konstitution eines anderen wahr; der „Bücherwurm" schätzt Gespräche über gelesene Bücher.
Erfahrungen	Die Wahrnehmung ist eng verknüpft mit erlebten Situationen und Erfahrungen. Sie prägen den Menschen. Mit dem Tag der Geburt beginnt die Prägung, die sich in Situationen und im Verhalten widerspiegelt, auch wenn dies nicht bewusst wahrgenommen wird. Aussagen und Entscheidungen werden hierdurch beeinflusst.	Ist jemand von einem Hund gebissen worden, hat dies Auswirkung auf sein Verhalten.

Tab. 3.2 Individuelle Faktoren

Deutungsfehler	Erklärung	Beispiel
Wert- und Normvorstellungen	Kultur und Gesellschaft prägen das Verhalten.	Wenn man jemanden begrüßt, reicht man ihm die Hand. Verhält sich jemand anders, wird das „negativ vermerkt".
Einstellungen	Entsprechend der eigenen Einstellung nimmt man bestimmte Verhaltensweisen verstärkt wahr – positiv oder negativ.	Männer sollen im Haushalt mithelfen. Jungen spielen nicht mit Puppen.

Tab. 3.3 Soziale Faktoren

3.3 Wahrnehmungs-störungen und -fehler

Da jeder Mensch nur eine bestimmte Anzahl von allen ankommenden Reizen aufnehmen kann und die Auswahl durch individuelle und soziale Einflüsse gesteuert wird, gibt es keine objektive Wahrnehmung. Es kann zu Wahrnehmungsfehlern kommen.

3.3.1 Wahrnehmungsstörungen

Wenn die Wahrnehmungsfähigkeit eines Menschen eingeschränkt ist, spricht man von einer Wahrnehmungsstörung. Der Wahrnehmungsprozess kann an verschiedenen Stellen gestört sein und unterschiedliche Ursachen haben:
- organisch bedingt – Beeinträchtigungen von Sinnesorganen, Nervensystem oder Gehirn
- extremer Reizmangel – z. B. lange Isolation
- Drogen – z. B. Medikamente, Alkohol, Rauschmittel
- besondere Zustände – z. B. tiefe Trauer, extreme Angst

Ebenso können Probleme bei Aufnahme, Verarbeitung und Beantwortung von Reizen auftreten.

Beispiel für gestörte Reizaufnahme
Wenn jemand auf ein Auto wartet, achtet er vor allem auf Autogeräusche, andere registriert er kaum. Bei einer gestörten Reizaufnahme sind alle Reize gleich. Eine Unterscheidung in wichtig und unwichtig erfolgt nicht.

Wahrnehmungsstörungen, die Ursache für einige Verhaltensauffälligkeiten im Leistungsbereich, im sozialen Verhalten und der emotionalen Entwicklung sind, können sichtbar werden in
- Ungeschicklichkeit,
- Konzentrationsschwäche,
- Teilleistungsstörungen, wie z. B. Rechenschwäche, Lese- und Rechtschreibschwäche,
- auffälligem Sozialverhalten,
- depressiver Grundstimmung (s. Kap. 13).

3.3.2 Wahrnehmungsfehler

Da die Wahrnehmung immer subjektiv ist, können jedem Wahrnehmungsfehler unterlaufen. Sie können durch äußere Umstände verursacht werden oder in der Person des Wahrnehmenden und an dessen Bewertung liegen.

Äußere Umstände
- Ungünstige Raum- und Sichtverhältnisse
- Reizüberflutung
- Gruppendruck: Alle sagen Rot – man selber sieht Grün, sagt aber: „Ja, das ist Rot."

Beispiel
Sie sitzen bei einer Präsentation in einer Ecke. Dort blendet es und Sie können die Darstellungen nicht richtig erkennen. Außerdem wird vor Ihnen geschwatzt – Thema: letzte Nacht in der Disco.

Aufgaben
1. Wie geht es Ihnen in einer derartigen Situation?
2. Wie könnten Sie reagieren? Begründen Sie die möglichen Verhaltensweisen.

Verliebte sehen alles durch eine rosarote Brille

Person
- Stimmungen, Gefühle, Stress, Müdigkeit
  Dies wird in den folgenden Aussagen deutlich:

„Starr vor Angst." „Diese vielen schreienden Kinder kriege ich nie gebändigt."

Fehlbewertungen

▥ Wahrnehmungsfehler

– aufgrund eines Bildes
Es wird nicht auf die beobachtete Verhaltensweise reagiert, sondern auf das Bild, was man sich von jemandem gemacht hat.

„Punks sind aggressiv."
„Einmal faul – immer faul."

– aufgrund der Rolle eines Menschen
Wenn man die Rolle eines Menschen kennt, wird diese wahrgenommen.

Ein Mann in einer grauen Uniform wird als Soldat wahrgenommen.
Weißer Kittel = Ärztin oder Pflegerin;
Blaumann = Handwerker.

– aufgrund des sozialen Zusammenhangs
Wenn man den Status eines Menschen kennt, werden damit häufig bestimmte Eigenschaften und Verhaltensweisen verknüpft.

„Ein Lehrer weiß alles besser." „Lena ist intelligent, weil ihr Vater Professor ist." „Max hat jemanden gestoßen – er ist aggressiv; sein Vater ist ja auch arbeitslos und trinkt."

▥ Interpretationsfehler

Verhaltensweisen werden falsch gedeutet.

Ein Freund, mit dem Sie Streit hatten, grüßt nicht. Sie meinen, er ist böse, dabei war er in Gedanken nur woanders.

▥ Halo-Effekt (Hof-Effekt)

Die Wahrnehmung orientiert sich an bestimmten, meist hervorstechenden Merkmalen. Diese nimmt man immer wieder wahr, während andere ausgeblendet werden.

Bei einem Lehrer, der zu Anfang einmal sehr ungerecht war, werden gerechte Beurteilungen zukünftig übersehen.
Zeigt ein Kind einmal ein aggressives Verhalten, wird es generell als gewaltbereit und streitsüchtig eingestuft.

▥ Logische Fehler

Hier liegt eine irreführende Verknüpfung vor. Bei der Ähnlichkeit eines Menschen mit einem anderen in einem Punkt geht man davon aus, dass die Übereinstimmung in allen Punkten vorliegt und bestimmte Merkmale immer miteinander verknüpft sind.

„Wer freundlich ist, ist auch gut."
„Wer blond ist, ist dumm."

▥ Ähnlichkeitsfehler

Es werden die Merkmale wahrgenommen, die einem Menschen sehr vertraut sind.

Eine modebewusste Frau schätzt besonders modisch gekleidete Menschen.

▥ Kontrastfehler

Man nimmt besonders die Eigenschaften wahr, über die man nicht verfügt und die man bewundert.

Ein schüchterner Mensch schätzt besonders die lebhafte Art an seinem Gegenüber.

▥ Erster Eindruck(sfehler)

Der erste Eindruck, den man von einer oder mehreren Personen hat, spielt eine große Rolle. Wissenschaftliche Untersuchungen belegen, dass der erste Eindruck sich sehr dauerhaft und stabil auf die weitere Wahrnehmung auswirkt.

Denise kommt Ihnen an Ihrem ersten Kindergartentag freundlich und zutraulich entgegen. Sie denken/werten: „Was für ein nettes Kind."

Fehlbewertungen erfolgen häufig unbewusst, weil man jemanden „in eine Schublade" packt. Das kann zu einer Stigmatisierung führen. Das bedeutet, dass ein Mensch aufgrund eines negativ bewerteten Merkmals abgelehnt wird.

Ursachen hierfür können sein:
- ▥ fehlende Kommunikation (Wünsche und Erwartungen werden nicht geäußert oder nicht wahrgenommen),
- ▥ „falsche" Wortwahl, Gestik, Mimik, Körpersprache (vgl. Kap. 18).

Zusammenfassung

- Die Wahrnehmung vermittelt dem Menschen Informationen aus der Umwelt (Umweltreize) und dem Körperinneren (Körperreize).
- Den Menschen erreichen ständig viele Reize
  - optische,
  - akustische,
  - taktile,
  - gustatorische und
  - olfaktorische,

  sodass er eine Auswahl treffen muss.
- Die Umweltreize werden von den Sinnesorganen aufgenommen, über das Nervensystem an das Gehirn weitergeleitet und dort verarbeitet (Wahrnehmungsprozess).
- Die Leistungsfähigkeit der Sinne bestimmt die Wahrnehmungsfähigkeit.
- Die menschliche Wahrnehmung wird durch verschiedene Faktoren beeinflusst:
  - Leistungsfähigkeit der Sinne,
  - optische Täuschungen,
  - Mehrdeutigkeiten der Sprache sowie
  - individuelle und soziale Faktoren.
- Wahrnehmungsstörungen können durch organisch bedingte Beeinträchtigungen, Reizmangel, Drogen oder besondere Belastungen auftreten.
- Wahrnehmungsfehler können auf äußeren Umständen beruhen oder in der wahrnehmenden Person und ihrer Bewertung liegen.

Aufgaben

1. Warum sind Kenntnisse über die Wahrnehmung für die erzieherische Arbeit wichtig?
2. Beschreiben Sie den Wahrnehmungsvorgang an einem Beispiel von S. 41.
3. Wodurch wird die Wahrnehmung beeinflusst? Belegen Sie Ihre Aussagen mit Beispielen.
4. *Zwei Freunde unterhalten sich auf dem Heimweg. Lucas: „Paula war heute ja sehr still." Henri: „Das habe ich gar nicht bemerkt."*
   Wie ist Henris Aussage zu erklären?
5. Erklären Sie die Begriffe subjektive und selektive Wahrnehmung anhand von Beispielen.
6. Was wird unter sozialer Wahrnehmung verstanden und welche Bedeutung hat sie für Ihre Arbeit?
7. Betrachten und diskutieren Sie in einer Kleingruppe verschiedene „optische Täuschungen" und erstellen Sie hierzu eine Collage.
8. Verständigen Sie sich in der Klasse auf eine Situation (Rückgabe einer Klassenarbeit, der erste Tag in der jetzigen Schule oder anderes) und beschreiben Sie diese. Vergleichen Sie Ihre Aufzeichnungen miteinander. Wie lassen sich die „Erinnerungsunterschiede" erklären und was bedeutet das für Ihre erzieherische Arbeit?
9. Woran könnte es liegen, dass die Beschreibung einer Stadtbesichtigung z. B. von einem Priester, einem Künstler, einer Architektin, einem Radfahrer usw. unterschiedlich ausfällt?
10. An welchen Stellen werden Prägung, Einstellung und „Schubladendenken" in den Aussagen der beiden Schülerinnen im Beispiel von S. 41 deutlich?

4 Beobachtung

4.1 Warum ist Beobachtung wichtig?

Aufgaben

1. Beschreiben Sie das Bild und vergleichen Sie Ihre Aussage in der Klasse.
2. Wie würden Sie sich während Ihres Praktikums in einer ähnlichen Situation verhalten?

Zwischen Kindern gibt es immer wieder Streitereien. Die Erziehenden müssen entscheiden: Greife ich ein, muss ich eingreifen oder können die Kinder den Streit in diesem Fall selber regeln? Sie werden die Kinder in der Situation beobachten – das einzelne Kind, die Gruppe. Sie müssen eine Beurteilung vornehmen und eine Entscheidung treffen. Nach Beendigung des Streits erfolgt eine Bewertung der getroffenen Maßnahmen.

Die Beobachtung kann man als gezielt eingesetzte Wahrnehmung bezeichnen. Sie ist für alle Personen, die in sozialpädagogischen Berufen arbeiten, eine der wichtigsten Grundlagen sozialpädagogischen Handelns. Wenn man jemanden unterstützen und angemessen fördern will, benötigt man umfassende Informationen über den oder die Menschen. Erst auf der Grundlage von Informationen können geeignete Maßnahmen überlegt und eingesetzt werden.

Die Beobachtung bezieht sich auf das einzelne Kind – sein Spiel-, Lern- und Sozialverhalten, seine körperliche, geistige und seelische Entwicklung sowie mögliche Verhaltensauffälligkeiten –, aber auch auf die gesamte Gruppe, das Verhalten der Kollegen und der Eltern sowie die Reflexion des eigenen Verhaltens.

Durch die Beobachtung können Erziehende feststellen, welche Stärken, Schwächen, Neigungen, Vorlieben, Interessen und Gewohnheiten ein Kind hat, wie weit es in der Entwicklung ist, welche Verhaltensweisen und Verhaltensauffälligkeiten es zeigt, wie seine Stellung in der Gruppe ist.

Zeigt ein Kind beispielsweise ein besonderes Verhalten? Ist es sehr zurückgezogen oder auch aggressiv, wird man dies gezielt beobachten und nach den Ursachen suchen, um dann zu überlegen, wie und wer dem Kind helfen kann.

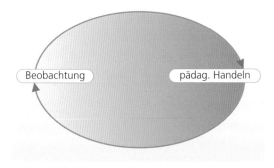

Die früher oder später gemachten Beobachtungen und der dazu erfolgte Austausch mit Kolleginnen und Kollegen führen zu einer Beurteilung. Es werden Entscheidungen über die weitere Vorgehensweise und gezielt eingesetzte Maßnahmen getroffen. Anschließend erfolgt eine Bewertung:

- Waren die Maßnahmen, die ergriffen worden sind, richtig?
- Hatten sie die Wirkung, die man damit erreichen wollte?
- Hat man sich als Erziehender richtig verhalten?

50

4.2 Wie wird beobachtet? (Beobachtungsformen und -methoden)

Beispiel 1
Zufällig sehen Sie Sarah (4 J.) und ihre Mutter, die im Supermarkt an der Kasse stehen. Sarah quengelt, bis sie eine Süßigkeit aus dem Regal erhält.

Beispiel 2
Sie sind den ersten Tag im Praktikum in Ihrer Kindergruppe. Die Erzieherin informiert Sie über die Gesamtgruppe und drei Kinder, um die Sie sich besonders kümmern sollen: „… Hassan (5 J.), der sonst sehr lebhaft ist, ist augenblicklich sehr still. Emily (4 J.), das blonde Mädchen dort hinten, spielt am liebsten mit den Jungen Autos. Sophie (6 J.), das magere, kleine Mädchen, hilft gerne beim Tischdecken, isst aber kaum etwas."

Jeder Mensch macht Zufalls- oder Gelegenheitsbeobachtungen wie im ersten Beispiel. Für sozialpädagogische Kräfte reichen diese nicht aus. Sie benötigen wie im zweiten Beispiel fachliche Informationen, die für ihre Arbeit bedeutsam sind. Diese erhält man unter anderem durch eine planvoll eingesetzte Beobachtung, bei der man sich für eine Beobachtungsform und eine Beobachtungsmethode entscheiden muss.

4.2.1 Beobachtungsformen

Man unterscheidet folgende Beobachtungsformen:
- systematische Beobachtung
- freie Beobachtung
- Fremdbeobachtung und
- Selbstbeobachtung

Die systematische Beobachtung
erfolgt häufig aufgrund eines aktuellen Anlasses.
Die systematische Beobachtung richtet sich beispielsweise auf eine bestimmte Verhaltensweise (Wie verhält sich das Kind im Freispiel?

Wie fügt es sich in die Gruppe ein?) oder auf die Entwicklung (Kann es mit den gestellten Anforderungen fertig werden? Ist es selbstständig?).
Hier wird die Beobachtung gezielt eingesetzt. Dauer, Ort und Zeit werden vorher geplant.

Aufgaben

1. Welche Aussagen im zweiten Beispiel könnten für Sie ein Anlass zu einer systematischen oder kontrollierten Beobachtung sein? Begründen Sie Ihre Antwort.
2. Was wollen Sie mit Ihrer Beobachtung erreichen?
3. Welche Maßnahmen könnten Sie sich vorstellen?

Die freie Beobachtung
Bei einer freien Beobachtung wird eine Situation möglichst umfassend wahrgenommen. Sie eignet sich besonders, wenn man neu in einen Aufgabenbereich kommt und sich einen Überblick verschaffen will. Alle Beobachtungen werden ohne ein vorgegebenes Schema während der Situation notiert oder im Nachhinein als Gedächtnisprotokoll verfasst.

Die Fremdbeobachtung
Die Fremdbeobachtung ist eine Alltagsaufgabe für Erziehende. Als Zufalls- oder Gelegenheitsbeobachtung bildet sie häufig den Anlass für eine systematische Beobachtung.
Ein anderer wird beobachtet. Es werden Ereignisse und Vorgänge aus der Umgebung erfasst.

Die Selbstbeobachtung

Das hab' ich gut gemacht!

Beispiel
Sie haben starke Kopfschmerzen und würden am liebsten nach Hause gehen und sich hinlegen. In der Frühstückspause ruft Ihr Freund an, mit dem Sie Streit hatten, und entschuldigt sich für sein Verhalten. Er will Sie nach Dienstschluss abholen.

Aufgabe

1. Werden sich Ihre Kopfschmerzen verändern? Begründen Sie Ihre Antwort.

Die eigene Person wird in Bezug auf die Empfindungen, Verhaltensweisen und inneren Zustände beobachtet. Da die Ergebnisse einer Selbstbeobachtung nur bedingt überprüfbar und nachvollziehbar sind, wird sie wissenschaftlich nicht so hoch eingeschätzt, zumal sie auch situationsabhängig ist.

Für sozialpädagogische Kräfte ist die Selbstbeobachtung dennoch ein wichtiger Bestandteil ihrer Arbeit, denn die unterschiedlichen Verhaltensweisen bewirken durchaus unterschiedliche Reaktionen bei dem Gegenüber.

- Wenn man sich eine Aufgabe nicht zutraut, wird man unsicher in seinen Handlungsweisen und verliert an Durchsetzungskraft.
- Wenn man stark belastet ist, wird einem leicht alles zu viel und man zeigt möglicherweise Überreaktionen.

Ist man sich über seine Stimmungen und Gefühle klar, kann man überlegter handeln. Die Selbstbeobachtung ist auch notwendig, um das eigene Verhalten zu hinterfragen.

Aufgaben

2. Zeichnen Sie von sich ein Bild (Selbstbild) und schreiben drei für Sie typische Eigenschaften darunter.
3. Zeichnen Sie ein Bild von einer Klassenkameradin (Fremdbild) und benennen ebenfalls drei typische Eigenschaften.
4. Vergleichen Sie die jeweiligen Aussagen miteinander und diskutieren Sie die Übereinstimmungen und Abweichungen.
5. Welche Bedeutung können die unterschiedlichen Wahrnehmungen für Ihre berufliche Tätigkeit haben?

4.2.2 Beobachtungsmethoden

Für die unterschiedlichen Beobachtungsformen verwendet man verschiedene Beobachtungsmethoden:

- Teilnehmende und nicht teilnehmende Beobachtung
- Offene und verdeckte Beobachtung

Die teilnehmende Beobachtung

Bei der teilnehmenden Beobachtung ist der Beobachter gleichzeitiger Teilnehmer des Geschehens.
Vorteil: Er nimmt unmittelbar wahr, was passiert, und kann direkt eingreifen.

Nachteil: Da die Wahrnehmungsfähigkeit eines Menschen begrenzt ist, kann es sein, dass er etwas übersieht. Er kann auch mit der Doppelrolle „Beobachter und Teilnehmer" überfordert sein. Durch seine Beteiligung am Geschehen kann die Situation beeinflusst, können Ergebnisse verfälscht werden.

Aufgaben

1. Beschreiben Sie eine Situation (z. B. Kochen oder Besuch von Freund/Freundin zu Hause) und wie Sie sich verhalten, wenn Ihre Eltern dabei sind.
2. Wie verhalten Sie sich in derselben Situation, wenn Ihre Eltern nicht dabei sind?
3. Vergleichen Sie beide Verhaltensweisen miteinander und stellen die Unterschiede in einer Tabelle gegenüber.
4. Welche Schlussfolgerungen können Sie aus den unterschiedlichen Verhaltensweisen ziehen?

Die nicht teilnehmende Beobachtung

Bei der nicht teilnehmenden Beobachtung nimmt der Beobachter nicht am Geschehen teil.

Vorteil: Er kann seine Aufmerksamkeit voll auf die zu beobachtende Situation oder Person richten. Ein Schiedsrichter ist beispielsweise ein nicht teilnehmender Beobachter.

Die offene Beobachtung

Die offene Beobachtung ist sichtbar für den Beobachteten und wird auch als wissenschaftliche Beobachtung bezeichnet.

Die verdeckte Beobachtung

Um beobachtete Personen nicht zu verunsichern und möglichst unverfälschte Ergebnisse zu erhalten, wird in besonderen Fällen die Methode der verdeckten Beobachtung gewählt. Die beobachtete Person weiß nicht, dass sie beobachtet wird. Der Beobachter kann sich beispielweise hinter einer Einwegscheibe befinden. Eine derartige Situation ist Ihnen sicherlich aus einem Krimi bekannt. Bei einer verdeckten Beobachtung kann es zu einer Verletzung der Intimsphäre kommen.

Aufgaben

5. Welche Vor- bzw. Nachteile sehen Sie in den oben beschriebenen Beobachtungsmethoden?
6. Beschreiben Sie konkrete Beobachtungssituationen aus Ihrem Berufsalltag.
7. Entscheiden Sie, welche Beobachtungsform und -methode jeweils sinnvoll ist, und begründen Sie Ihre Entscheidung.

4.3 Beobachtungsfehler

Ähnlich wie bei der Wahrnehmung können bei der Beobachtung Fehler auftreten, die verschiedene Ursachen haben. Das können sein:

- die **eingeschränkte Wahrnehmungsfähigkeit** eines Menschen (selektive Wahrnehmung) oder
- eine **besondere Situation**

  So macht es beispielsweise einen Unterschied, ob im Freispiel viele Kinder auf einer großen Fläche oder eine Kleingruppe bei einer Beschäftigung in einem kleinen Raum beobachtet werden.

  Ebenso beeinträchtigen Störungen von außen wie Lärm oder Besuch die Situation.
- eine **vorschnelle Schlussfolgerung** und
- ein **Deutungsfehler**

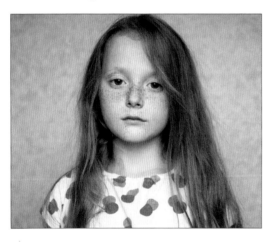

„Was mag das Kind empfinden? Wie fühlt es sich? Warum verhält es sich so?" Wie es dem Kind geht, ist nicht sichtbar, denn es können nur Handlungen und Verhaltensweisen beobachtet werden. Ein Erziehender muss trotzdem versuchen, das Verhalten zu deuten. Dabei kann es durchaus zu Fehlern kommen, wobei die eigenen Vorerfahrungen eine wichtige Rolle spielen.

Aufgabe

> Was bedeutet die Aussage: „Das ist unvorstellbar."?

Man unterscheidet folgende Deutungsfehler:

Projektion

Hineindenken, statt beobachten und bewerten.

„Ah, Fritz gehört zur Familie Müller, die sind alle frech und laut."

Typisierung

Bewertung ist im Voraus klar unabhängig von der gemachten Beobachtung.

„Typisch Junge – schlägt gleich zu."

Subjektivismus

Alles wird an den eigenen Fähigkeiten und Eigenschaften gemessen.

„Ein faules Kind", wenn man selber ständig in Bewegung ist.

„Ein magersüchtiges Mädchen", weil sie zierlich ist und wenig isst, während man selber gern und viel isst.

Unsicherheiten und Defizite im sprachlichen Bereich

Es erfolgen keine eindeutigen oder klaren Aussagen im sprachlichen Bereich (vgl. Kap. 3).

Auswahl der Objekte

Auffälligkeiten im Verhalten werden eher in den Blick genommen.

„Einem lauten, aggressiven Kind schenkt man eher Beachtung als einem stillen."

Zusammenfassend kann man sagen, alle Wahrnehmungsfehler können zu fehlerhaften Beobachtungen und Bewertungen führen. Eine absolut objektive Beobachtung und Beurteilung gibt es nicht. Eine Reflexion des eigenen Verhaltens „Was habe ich wahrgenommen/beobachtet? Worauf habe ich mein besonderes Augenmerk gerichtet? Wie habe ich mich verhalten? Wie hat das Kind/haben die Kinder reagiert? Warum entsprach das tatsächliche Verhalten nicht dem erwarteten?" helfen dem Erziehenden, sein Wahrnehmungsfeld zu überprüfen und zu erweitern. Dazu tragen auch Reflexionsgespräche mit anderen und schriftliche Aufzeichnungen bei.

4.4 Darstellung der Beobachtungsergebnisse (Dokumentation)

Wenn Beobachtungen als Grundlage für pädagogisches Handeln dienen sollen, müssen sie festgehalten (dokumentiert) werden. Man spricht dann von einer kontrollierten Beobachtung. Die Dokumentation kann schriftlich erfolgen und/oder unter Einsatz von technischen Medien. Sie muss immer Angaben über die beobachtende Person (Name, Funktion), die beobachtete Person (Name, Vorname, Alter) und die Situation (Datum, Dauer, Ort) enthalten. Die Angaben sind in jedem Fall aus Datenschutzgründen und wegen der Gefahr der Stigmatisierung vertraulich (zu behandeln).
Grundsätzlich gilt bei schriftlichen Dokumentationen, dass

- eindeutige Aussagen gemacht werden,
- keine Wertungen getroffen werden und
- Sachverhalte, die kontrollierbar sind, klar beschrieben werden.

Sie schreiben z. B. „Karl ist wütend". Woher wissen Sie das? Sehen die anderen das ebenso? Mit diesen Aussagen haben Sie bereits eine Wertung vorgenommen, aber nicht die beobachteten Verhaltensweisen beschrieben.

Aufgaben

1. Was meinen Sie, wenn Sie von „aggressivem Verhalten", „einem zurückhaltenden Kind" oder „konzentriertem Verhalten" sprechen? Oder was verstehen Sie unter anderen selbstgewählten Aussagen?
   Bilden Sie drei Gruppen. Jede Gruppe bearbeitet einen Begriff zunächst in Einzelarbeit, dann in der Gruppe. Legen Sie für jeden Begriff mindestens vier Merkmale fest.
2. Beurteilen Sie die Beispiele auf S. 41 im Hinblick darauf: Wo sind Wertungen vorgenommen worden?
3. Formulieren Sie eines dieser Beispiele um in einen sachlichen Bericht (klare Aussagen – keine Wertungen).

Erst wenn man präzise beschreibt, was man sieht, und sich auf bestimmte zutreffende Merkmale verständigt, kann man daraus den Schluss ziehen, jemand ist wütend oder trotzig. Das könnten in diesem Fall folgende Merkmale sein:

- Merkmal 1: stampft mit dem Fuß auf
- Merkmal 2: wirft sich auf die Erde
- Merkmal 3: hat ein rotes Gesicht
- Merkmal 4: schreit: „Nein! Nein!"

Als schriftliche Dokumentationen bieten sich z. B. folgende Protokollformen an: Verhaltensprotokoll, Stichwortprotokoll, Strichliste, Beobachtungsbogen oder Fragebogen. Einige Beispiele werden kurz vorgestellt:

Verhaltensprotokoll

Das beobachtete Verhalten wird in vollständigen Sätzen beschrieben. Hier ist es besonders wichtig, klare und eindeutige Aussagen zu treffen.

Unklar (wertend)	Klar
Paul ist sehr unkonzentriert.	Paul ist bei der Bilderbuchbetrachtung alle drei Minuten aufgestanden.
Katharina war heute sehr artig.	Katharina hat heute 45 min mit Jan und Marie in der Puppenecke gespielt.
Kevin und Miriam sind Rabauken.	Kevin und Miriam haben beim Freispiel getobt und Tobias und Meike beim Springen gestört.

Tab. 4.1 Unterscheidung von Aussagen

Stichwortprotokoll

Zeit	Niklas	Victoria	Lea
9.30	sitzt still in der Ecke	frühstückt	hilft beim Tischdecken
10.00	frühstückt	spielt mit Autos	stochert im Essen
10.30	spielt alleine in der Sandkiste	spielt mit Hannes und Andreas Verstecken	fährt mit dem Dreirad
11.00	schaukelt mit seinem Freund	fährt Roller	spielt Kriegen mit Andrea und Ali

In einem **Stichwortprotokoll** werden die Gegebenheiten im Kurzstil aufgeführt.

Hierbei ist es wichtig, den zeitlichen Ablauf zu beachten.

Strichliste

Verhaltensweisen	Zeit 0–10 min	Zeit 11–20 min	Zeit 21–30 min	Zeit 31–40 min
Spielt mit mehreren	I	I		
Spielt mit einem Kind				I
Spielt alleine			I	
Bestimmt das Spiel	I			I
Ordnet sich unter		I		
Sonstiges			I	I I

Zu einem vorher definierten Thema, z. B. Spielverhalten von Nico im Freispiel, werden Beobachtungen in ein vorgegebenes Raster als

Strichlisten und Häufigkeitsaufzählungen eingetragen.

Aufgaben

1. Fertigen Sie von einer frei gewählten Situation ein Verhaltensprotokoll und ein Stichwortprotokoll an.
2. Tauschen Sie beide mit Ihrer Nachbarin aus und bewerten Sie, ob die getroffenen Aussagen klar und eindeutig sind und keine Bewertungen vorgenommen wurden. Wenn ja, machen Sie Vorschläge, wie man die Beobachtung wertungsfrei formulieren könnte.
3. Besprechen Sie die gegenseitig vorgenommenen Einschätzungen und nehmen Sie gemeinsam Änderungen vor.

Beobachtungsbogen

Für den Einsatz eines Beobachtungsbogens ist eine gewissenhafte Vorbereitung notwendig, denn er muss gut durchdacht sein:

- Was soll genau untersucht werden? Z. B. motorische Fähigkeiten/Fertigkeiten, Verhalten in der Gruppe, Verhalten im Freispiel, kognitive Fähigkeiten.
- Wer soll beobachtet werden und über welchen Zeitraum?
- Was sind Anlass und Ziel der Beobachtung?

Fragebogen

Eine weitere Form der Dokumentation einer Beobachtung ist der Fragebogen, in dem mit Ja/Nein oder kurzen Angaben Ergebnisse festgehalten werden. Als Beispiel wird noch einmal das Freispiel gewählt.

Einsatz von technischen Geräten

Auch der Einsatz von technischen Geräten wie Videokamera oder Kassettenrekorder eignet sich sehr gut für Dokumentationen.

Vorteil: Verhalten und Geschehen sind direkt erlebbar und jederzeit wiederholbar. Diese „Protokollform" bietet eine gute Basis für eine Analyse auch des nonverbalen Verhaltens und für die Reflexion des eigenen Verhaltens.

Mit einem Kassettenrekorder kann sehr gut das Sprachverhalten der Kinder und das eigene überprüft werden: z. B. Haben die Kinder eine deutliche Aussprache? Hat man die Kinder ausreden lassen? Hat man selber zu viel geredet?

Für sozialpädagogische Fachkräfte ist es wichtig, die Beobachtungsfähigkeit zu schulen und das Erstellen von Dokumentationen zu üben, um daraus Beurteilungen und Schlüsse für die weitere Arbeit zu ziehen.

Datum:		
Name des Kindes:	Name der Beobachtenden:	
Beobachtungs-zeitraum:	Alter:	

Verhalten:	Ja /Nein	Anmerk.
Hat Luis alleine gespielt?		
Wie oft?		
Wie lange?		
Hat Luis mit einem anderen Kind gespielt?		
Mit wem?		
Wie lange?		
Hat Luis in einer Gruppe gespielt?		
Mit wem?		
Wie lange?		
Hat er bestimmt?		
Hat er sich untergeordnet?		
Was hat Luis gespielt?		
Hat Luis Kontakt zu anderen Kindern aufgenommen?		
Wie oft?		
Zu wem?		
Was hat sich sonst noch ereignet?		

Aufgaben

1. Präzisieren Sie die folgenden Begriffe bzw. Verhaltensweisen:
   - ein nettes Kind
   - ein arroganter Mensch
   - eine strenge Erzieherin
2. Wem würden Sie Ihr Kind anvertrauen? Begründen Sie sowohl Ihre positive wie auch Ihre negative Entscheidung.

4.5 Bildungs- und Lerngeschichten

Mein Bild ist toll! Das hefte ich in meinen Portfolio-Ordner.

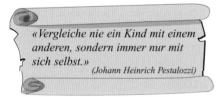

«Vergleiche nie ein Kind mit einem anderen, sondern immer nur mit sich selbst.»
(Johann Heinrich Pestalozzi)

Aufgaben

1. Was mögen die Kinder auf dem Foto fühlen und welche Lerneffekte sind erkennbar?
2. Diskutieren Sie in Kleingruppen die obige Aussage. Stellen Sie einen Zusammenhang zu Ihrer erzieherischen Arbeit her. Wie sind Ihre Erfahrungen dazu?

Eine besondere Form der Beobachtung sind „Bildungs- und Lerngeschichten". Sie sind „learning stories", die Margret Carr (2001) zur Beschreibung und Dokumentation kindlicher Lernprozesse in frühpädagogischen Einrichtungen in Neuseeland entwickelt hat. Im Mittelpunkt stehen dabei die **Lerndispositionen** (grundlegende Voraussetzungen für Lern- und Bildungsprozesse).

4.5.1 Was sind Bildungs- und Lerngeschichten?

Bildungs- und Lerngeschichten entstehen durch die Beobachtung von Kindern in alltäg-lichen Situationen. Kinder verfügen über eine Vielzahl von Spielen, Aktivitäten und Interaktionen. Ihre Fähigkeit, mit wenigen Dingen, die sie vorfinden, zu spielen, zu phantasieren oder kreativ zu sein, erstaunt. Dies gilt es zu sehen und festzuhalten.

> **Definition**
>
> Eine **Bildungs- und Lerngeschichte** ist eine ressourcenorientierte Beobachtung und Beschreibung des kindlichen Lernens.

Der Lernprozess des Kindes wird als Geschichte festgehalten und dokumentiert. Die Lerngeschichte hilft, den Verlauf des Lernprozesses gegenüber dem Kind, dem Erziehenden und den Eltern deutlich zu machen.

Beispiel

Liebe Anna,

in den letzten Tagen habe ich dir draußen beim Spielen zugeschaut. Ich habe gesehen, dass du dich für Schnecken interessierst. Ganz vorsichtig hast du diese über deine Hand laufen lassen. Laut gejauchzt hast du, als die Schnecke die Fühler weit ausstreckte und diese dir zuwandte. Als deine Freundin May dazu kam, hast du ihr erzählt, wo du die Schnecke gefunden hast und wie es sich anfühlt, sie auf der Haut laufen zu lassen. Darüber habe ich mich sehr gefreut.

Zurück im Gruppenraum hast du gleich Papier und Stifte geholt, um die Schnecke aufzumalen. Ich habe gestaunt, wie naturnah du die Schnecke getroffen hast. Weiter so!

Dein Erzieher Max

Das Bild hast du gleich in deinen Portfolio-Ordner gelegt.

Aufgaben

3. Beschreiben Sie die Gefühle von Anna in dieser Situation.
4. Benennen Sie die Interessen und Kompetenzen von Anna.
5. Wie könnten diese weiter unterstützt und gefördert werden?
6. Schreiben Sie eine eigene Lerngeschichte.

Eine durch Erzählung entstandene Geschichte berücksichtigt die Umgebung, die Beziehung zu anderen sowie die Situation, in der der Lernprozess des Kindes stattgefunden hat. Sie spiegelt das ganzheitliche Lernen des Kindes wider. Im Fokus steht vor allem, **wie** das Kind etwas getan hat. Der Beobachtende kann sich so dem Bildungs- und Lernprozess des Kindes nähern, ihn erfassen und auswerten auf der Basis von Lerndispositionen.

4.5.2 Lerndispositionen

Die Beobachtung einer Lernsituation wird von der Beobachterin und/oder dem Erzieherteam anhand von fünf **Lerndispositionen** ausgewertet:

- Interessiert sein
- Engagiert sein
- Standhalten bei Herausforderungen und Schwierigkeiten
- Sich ausdrücken und mitteilen
- An der Lerngemeinschaft mitwirken und Verantwortung übernehmen.

Definition

Unter **Lerndispositionen** versteht man die Fähigkeit und Motivation, sich mit neuen Situationen und Anforderungen auseinanderzusetzen und sie mitzugestalten.

Interessiert sein

Das Kind wendet sich Dingen oder Personen aufmerksam zu und setzt sich damit auseinander.

Beispiel
Paulina (4 J.) geht von der Sandkiste zu einem Dreirad und bleibt davor stehen. Sie untersucht seine Einzelteile. Als ein Junge mit seinem Dreirad in ihre Nähe kommt, hält sie ihres am Schaltknauf fest.

Engagiert sein

Das Kind hat die Bereitschaft und Fähigkeit, sich auf etwas einzulassen. Es beschäftigt sich intensiv mit einer Sache oder einem Thema.

Beispiel
Severin legt ein Tuch über die Stuhllehne, nimmt es dann wieder in die Hand. Er geht damit zum Tisch, breitet es auf dem Tisch aus, nimmt es wieder vom Tisch, fasst es an einem Zipfel, schüttelt es aus und hält es hoch vor seinen Körper.

Standhalten bei Herausforderungen

Das Kind führt auch bei Schwierigkeiten, Widerständen und Unsicherheiten seine Tätigkeit fort.

Beispiel
Paulina bemerkt, dass der Junge zu dem Dreirad kommt. Als er ihre Hand wegstößt, fasst sie gleich wieder zu und hält nun den Lenker fest. Sie sagt: „Du hast doch schon ein Dreirad."

Sich ausdrücken und mitteilen

Das Kind kann sich mit anderen austauschen, Ideen und Gefühle ausdrücken.

Beispiel
Severin geht mit seinem Tuch wieder zum Tisch. Inzwischen haben dort zwei Mädchen Platz genommen. Er sagt: „Hier spiele ich, ihr müsst woanders hingehen." „Ich decke jetzt aber den Tisch."

An der Lerngemeinschaft mitwirken und Verantwortung übernehmen

Das Kind hat eine Vorstellung von Gerechtigkeit und Unrecht. Es ist bereit, Verantwortung zu übernehmen.

Beispiel
Paulina hört, dass die Erzieherin zum Mittagessen ruft. Sie nimmt das Dreirad und fährt es zum Fahrradcontainer. Es dauert eine Weile, bis sie ihr Dreirad unterstellen kann. Hüpfend läuft sie zum Gruppenraum.

Die Fähigkeit und Bereitschaft, Interesse zu entwickeln.

Die Fähigkeit und Bereitschaft, sich auf etwas einzulassen (engagiert sein).

Sophia

Die Fähigkeit und Bereitschaft, Verantwortung zu übernehmen.

Die Fähigkeit und Bereitschaft, bei Herausforderungen und Schwierigkeiten standzuhalten.

Die Fähigkeit und Bereitschaft, sich mit anderen auszutauschen (sich ausdrücken/mitteilen)

Entwicklungsstern (vgl. Bremer Individuelle Lern- und Entwicklungsdokumentation, 2010, S. 49)

Aufgaben

1. Diskutieren Sie in Kleingruppen die einzelnen Lerndispositionen. Finden Sie eigene Beispiele. Halten Sie Ihre Ergebnisse fest.
2. Welche der Lerndispositionen sind in Ihrer eigenen Lerngeschichte (Aufg. 6, s. S. 58) enthalten? Begründen Sie Ihre Meinung.
3. Informieren Sie sich im Internet über weitere Dokumentationsformen. Wählen Sie zwei Dokumentationen aus. Vergleichen Sie diese. Halten Sie schriftlich fest, was Ihnen für Ihre Arbeit mit Kindern helfen könnte.
4. Entwicklungsstern und Mindmap sind zwei Auswertungsformen für die Lerndispositionen. Übertragen Sie Ihre eigene Lerngeschichte aus Aufgabe 6 (s. S. 58). Was fiel Ihnen schwer, was leicht? Tauschen Sie Ihre Erfahrungen aus.

Erziehende, die mit stärkenorientierten Beobachtungsverfahren arbeiten, benennen deren **Bedeutung** wie folgt: Lerngeschichten helfen,
▥ Details der kindlichen Entwicklung zu entdecken,
▥ Lernstrategien des Kindes zu verstehen,

▥ sinnvolle Aufgabenstellungen zur Förderung und Unterstützung der Interessen und Kompetenzen des Kindes zu entwickeln,
▥ Fähigkeiten des Kindes zu würdigen,
▥ die Individualität des Kindes zu erkennen und zu achten.

4.5.3 Wie arbeitet man mit einer Bildungs- und Lerngeschichte?

Mit einer Bildungs- und Lerngeschichte werden folgende Ziele verfolgt:
▥ die aktive Einbindung des Kindes
▥ die Darstellung seiner Stärken und Ressourcen
▥ die Wahrnehmung seiner Kompetenzen
▥ Teilhabe und Stärkung seiner Handlungsfähigkeit

Die Arbeit mit den Bildungs- und Lerngeschichten verläuft in der Regel in vier Schritten

- das Beschreiben
- die Diskussion
- die Entscheidung
- die Dokumentation

Zunächst schreibt der Erziehende auf, was das Kind tut, was seine Aktivitäten sind (reine Beobachtung).

Nun geht es darum, daraus Schlüsse zu ziehen:

Welche Lerndispositionen wurden sichtbar?

Welche Lernvorgänge wurden erkennbar?

Welche Fähigkeiten und welches Wissen hat das Kind eingesetzt?

Im Team erfolgen der Austausch über die aufgezeichneten Beobachtungen sowie die Entscheidung, wie auf die Entwicklung des Kindes angemessen reagiert werden kann.

Die Dokumentation ist ein sehr wichtiger Teil der Arbeit, denn die aufgezeichnete Lerngeschichte soll Kindern, Eltern und Erziehenden offen zugänglich sein, um Lernprozesse des Kindes immer wieder betrachten und reflektieren zu können. **Portfolios** sind als Dokumentationsform besonders geeignet.

Definition

Unter **Portfolio** versteht man in der pädagogischen Arbeit eine Sammlung von Produkten, z. B. kindliche Zeichnungen, Fotos, Protokolle, Lerngeschichten, die das Können, die Arbeitsweise und die Entwicklung des Kindes sichtbar machen.

«Portfolios sind Zeichen der Wertschätzung.»

Aufgaben

1. Haben Sie Portfolio-Ordner in Ihrem Praktikum gesehen? Was wurde in ihnen abgelegt? Welche Bedeutung hatten diese für die Kinder? Tauschen Sie Ihre Erfahrungen aus.
2. Nehmen Sie Stellung zu der obigen Aussage.

Vorteile des Portfolios gegenüber anderen Dokumentationsformen sind:
- ihre große methodische Vielfalt,
- ihre fachliche Grundlage für Planung und Umsetzung individueller Förderung und
- die Beteiligung aller Akteure (Kinder, Eltern, Erziehende).[1]

Ein neues, die Bildungs- und Lerngeschichten ergänzendes pädagogisches Konzept zur Beobachtung ist der „Early-Excellence-Ansatz". Er wurde in Großbritannien entwickelt und wird seit einigen Jahren auch in deutschen frühpädagogischen Einrichtungen angewendet.

Aufgaben

3. Es gibt verschiedene Portfoliokonzepte. Vergleichen Sie in Kleingruppen 2–3 der Konzepte. Was wäre für Ihre Arbeit mit Kindern davon umsetzbar?
   Erstellen Sie eine Mindmap mit Ihren Ergebnissen.
4. Informieren Sie sich über das „Early-Excellence" Konzept.
   Was ist daran anders/ergänzend? Halten Sie Ihre Ergebnisse fest.
5. In der DVD[2] „Schemas im Early-Excellence-Ansatz" werden Lernschemata von Kindern neu verdeutlicht. Beziehen Sie Stellung zu diesen „alten"/„neuen" Wahrnehmungsergebnissen.

[1] vgl. Bremer Individuelle Lern- und Bildungsdokumentation, 2010, S. 18
[2] Broschüre und DVD der Heinz und Heide Dürr Stiftung (Hrsg.)

Zusammenfassung

- Beobachtungen liefern wichtige Informationen über Bedürfnisse, Verhaltensweisen und den Gesundheitszustand eines Menschen.
- Vor Beginn einer geplanten Beobachtung sollten folgende Punkte geklärt sein:
  - Gegenstand der Beobachtung
  - Anlass und Ziel der Beobachtung
  - Einsatz von Hilfsmitteln
  - Form der Dokumentation
- Für eine Beobachtung gibt es verschiedene Formen:
  - systematische Beobachtung
  - freie Beobachtung
  - Fremdbeobachtung
  - Selbstbeobachtung und Beobachtungsmethoden:
  - teilnehmende Beobachtung
  - nicht teilnehmende Beobachtung
  - verdeckte Beobachtung.
- Bei einer Beobachtung können Fehler auftreten: durch eine eingeschränkte Wahrnehmungsfähigkeit, vorschnelle Schlussfolgerungen oder Deutungsfehler.
- Man unterscheidet folgende Deutungsfehler:
  - Projektion
  - Typisierung
  - Subjektivismus
  - Defizite in der Sprache
  - Auswahl der Objekte
- Um Beobachtungsfehler möglichst zu vermeiden, sollten Beobachtungsergebnisse mit Kollegen erörtert und Maßnahmen beraten werden.
- Beobachtungsergebnisse und eingeleitete Maßnahmen müssen sprachlich eindeutig, allen verständlich und ohne Wertung festgehalten werden.
- Bildungs- und Lerngeschichten sowie Portfolios sind heute fester Bestandteil der Beobachtungs- und Dokumentationsarbeit in der frühkindlichen Erziehung und Bildung.

Aufgaben

1. Beschreiben Sie die Vor- und Nachteile der einzelnen Beobachtungsformen anhand von Beispielen.
2. Was versteht man unter einer guten Beobachterin oder einem guten Beobachter?
3. Inwiefern ist die Selbstbeobachtung für einen Menschen und besonders für eine Erziehende wichtig?
4. Welche Fehler können bei einer Beobachtung auftreten? Suchen Sie für jeden Beobachtungsfehler ein Beispiel.
5. *Ein Kind in Ihrer Kindergartengruppe zeigt seit einigen Tagen ein völlig verändertes Verhalten.*
   - Inwiefern kann Ihnen eine Beobachtung helfen?
   - Für welche Art der Beobachtung würden Sie sich entscheiden?
   - Worauf müssen Sie achten?
6. Stellen Sie in einem Rollenspiel eine schwierige Situation zwischen einer Erziehenden und einem Kind dar und lassen Sie diese von Klassenkameraden beobachten. Welche Erfahrungen machen Sie?
7. *„Ich habe gestern beobachtet, dass Yannick schon wieder aggressiv auf Charlotte losgegangen ist. Sollten wir da nicht etwas unternehmen?"*
   Nehmen Sie Stellung zu dem Vorschlag. Wie würden Sie sich verhalten?
8. *„Portfolio-Arbeit fördert in besonderem Maße den Dialog zwischen Kind, Fachkraft und Eltern."*
   Diskutieren Sie diese Aussage.

5 Arbeit mit und in Gruppen

Beispiel 1

Marie und Laura kommen von einem Spielabend mit Freunden. Marie: „Timo war ja wieder blöd. Immer muss er bestimmen. Man traut sich gar nicht, etwas zu sagen." Laura: „Mensch, Marie, du sitzt aber auch wie ein verschrecktes Huhn in der Ecke. Wenn du dich nicht einbringst und mal kräftig deine Meinung sagst, wird sich nichts ändern." Marie: „Ach, die fangen ja immer gleich an dazwischenzureden und hören überhaupt nicht zu. Bei dir ist das anders. Dich finden sie toll. Du siehst gut aus und keiner will es mit dir verderben. Aber Annika hat mir heute Abend leidgetan, immer kriegt sie die Schuld, wenn etwas nicht klappt." „Ja, manchmal ist das ganz schön nervig. Aber eigentlich ist das doch toll – so eine Clique. Du bist nicht alleine und langweilst dich. Da ist immer einer, mit dem man reden kann." „Ja und Emil hat meistens so tolle Ideen." „Ja, da staune ich auch immer und mache das manchmal nach."

Beispiel 2

Laura und Marie bereiten mit Jana und Hanno ein Referat über gesunde Kinderernährung vor. Laura hat viel dazu im Internet gefunden und von ihrer Schwester erfahren, dass es besser sein soll, selbst zu kochen als Gläschenkost zu geben. Marie hatte es übernommen, den Text aus dem Schulbuch zu bearbeiten. Jana und Hanno wollten sich um Plakate und Bilder für die Präsentation kümmern. Zum ersten Treffen bringt Laura viele Notizen mit und erzählt von ihren Ideen, wie sie das Referat vortragen können, damit sich die Klasse nicht langweilt. Als es ans Ausarbeiten geht, gesteht Marie, dass sie noch nichts getan hat und sowieso das Thema blöd findet. Laura daraufhin: „Das machst du immer so.

Nie hast du etwas dabei und lässt andere arbeiten. Ich finde das gemein." Marie: „Und du bist eine Streberin und willst in der Schule immer glänzen. Ich gehe am Wochenende lieber in die Disco und treffe mich mit Freunden, als zu lernen. Man ist ja nur einmal jung!" Jana und Hanno sagen nichts, sie wollen es sich mit beiden nicht verderben.

Beispiel 3

Marie und Laura arbeiten als Praktikantinnen in demselben Kindergarten. Eines Morgens, als die Erzieherin ihrer Gruppe plötzlich erkrankt ist, fragt die Leiterin beide, ob sie die Kinder allein beaufsichtigen könnten. Marie: „Na klar, wir kennen ja schon alle Kinder und den genauen Tagesablauf. Wir wollten heute sowieso ein neues Lied einüben. Ich habe das zu Hause geübt und meine Flöte mitgebracht. Das schaffen wir schon." Laura: „Na klar, zusammen packen wir das. Wir müssen ja sowieso lernen, eine Gruppe zu führen." Marie: „Und Frau Meyer ist nebenan, die können wir ja um Hilfe bitten, wenn wir nicht weiterwissen."

Aufgaben

1. Welche Gruppen und Rollen werden in den drei Beispielen dargestellt und wodurch unterscheiden sie sich?
2. Welche Bedeutung wird der Gruppe in Beispiel 1 zugeschrieben?
3. Erstellen Sie eine Mindmap mit folgenden Angaben:
   – welchen Gruppen Sie angehören,
   – wer zu der jeweiligen Gruppe gehört,
   – was Ihnen wichtig an der jeweiligen Gruppe ist.
   Vergleichen Sie Ihre Darstellung mit anderen und tauschen Sie Ihre Erfahrungen aus.

5.1 Merkmale einer Gruppe

Wie aus den Beispielen deutlich wird, gehört jeder Mensch im Laufe seines Lebens verschiedenen Gruppen an (Familie, Freundeskreis, Kindergarten, Sportverein, Schulklasse usw.). Diese Gruppen unterscheiden sich u. a. durch Größe, Zugehörigkeitsdauer und Zielsetzung. Auch das pädagogische Handeln von Erziehenden erfolgt in und mit Gruppen.

Folgende Merkmale kennzeichnen eine soziale Gruppe:

Überschaubarkeit
Die Gruppe umfasst 3 bis maximal 25 Personen.

Dauerhaftigkeit
Die Gruppe zeichnet sich über einen bestimmten Zeitraum durch eine relative Beständigkeit aus.

Zugehörigkeit
Die Gruppenmitglieder bezeichnen sich selbst als solche, fühlen sich der Gruppe zugehörig und die Gruppe widerspricht der Zugehörigkeit nicht. Daraus entwickelt sich ein sog. **Wir-Gefühl**.

Ziele
Die Gruppe verfolgt gemeinsame Ziele, die von den Mitgliedern überwiegend getragen werden.

Kommunikation (Verständigung) und **Interaktion** (wechselseitiges Handeln)
Die Gruppenmitglieder kommunizieren in direktem Kontakt miteinander und treten durch ihr Handeln in wechselseitige Beziehungen zueinander.

Normen und Werte
Die Gruppenmitglieder entwickeln bewusst oder unbewusst gemeinsame Normen und Wertvorstellungen und erwarten, dass die Verhaltensweisen der Einzelnen diesen überwiegend entsprechen.

Rollen
In jeder Gruppe entwickeln sich unterschiedliche Rollen.

> **Definition**
>
> Die **Gruppe** ist eine Ansammlung von Individuen mit beständigen Beziehungen, die für einen bestimmten Zeitraum in regelmäßigem Kontakt stehen und bestimmte Ziele verfolgen.

Aufgaben

1. Warum wird ein Mensch aus einer Gruppe ausgeschlossen?
2. Was könnte die Aussage „Gemeinsam ist man weniger allein" bedeuten?
3. Sie bemerken, dass ein Kind aus Ihrer Kindergruppe häufig allein spielt, den anderen Kindern aber sehnsüchtig hinterherschaut. Wie gehen Sie mit dieser Situation um?

5.2 Bedeutung von Gruppen und deren Strukturen

Die Anfangsbeispiele machen auch deutlich, dass der Einzelne in jeder Gruppe eine andere Rolle (Position) und einen anderen Stand einnimmt.
Der Mensch ist als soziales Wesen auf Beziehungen zu anderen Menschen angewiesen. Er braucht die Zugehörigkeit zu verschiedenen Gruppen, denn als Einzelwesen ist der Mensch unvollkommen.

Beispiel
Ein Säugling, mit dem man nicht spricht, lernt die Sprache nicht und kann sich nicht verständigen.

Erst durch das Zusammensein und -leben mit anderen kann er sich entfalten. Man kann auch sagen: Die Gruppe ist für den Menschen lebensnotwendig.

Beispiel
Ein Mensch, der lange Zeit in Einzelhaft ist, kann daran zerbrechen.

Gruppen, die uns gefühlsmäßig nahestehen, werden **Primärgruppen** genannt.

In ihnen werden schon früh Werte und Normen vermittelt, aber auch Beziehungs- und Kontaktfähigkeit entwickelt. In der Kindheit ist die Familie die Primärgruppe, später kann auch eine Freundesgruppe gleichwertig sein oder die Familie sogar ersetzen (vgl. Kap. 9 und 11).

Eine zweite Kategorie sind die **Sekundärgruppen** (Kindergartengruppe, Schulklasse, Freundschaftsgruppen, Cliquen, Hobbygruppen, Arbeitsgruppen). In ihnen wird der Mensch im Laufe seines Lebens mehr oder weniger freiwillig Mitglied. Meistens gehört man mehreren Sekundärgruppen gleichzeitig an. Sie stehen dem Einzelnen nicht so nahe und die Zugehörigkeit ist meist zeitlich begrenzt. Diese Gruppen finden sich häufig aufgrund derselben Interessen und Motive zusammen.

Darüber hinaus wird zwischen **formellen** (z. B. Kindergartengruppen, Klassenverbänden, Vereinen, Jugendorganisationen) und **informellen** Gruppen (z. B. Cliquen, Diskussionsgruppen) unterschieden. Informelle Gruppen können sich auch innerhalb formeller Gruppen bilden.

Formelle Gruppen	Informelle Gruppen
werden zu einem bestimmten Zweck gegründet	entstehen eher spontan
werden planvoll geleitet	haben keine Führungsperson
haben vorgegebene Regeln oder Richtlinien	haben keine festen Regeln
sind in der Regel fest organisiert (Mitgliedschaft)	haben eine lose Zusammengehörigkeit
verpflichten sich	kommen freiwillig zusammen

Tab. 5.1 Merkmale von Gruppen

Die Erfahrungen, die ein Mensch in den verschiedenen Gruppen sammelt, sind ein wichtiger Beitrag zu seiner Sozialisation, denn er

- erfährt Gemeinschaft,
- erhält Sicherheit und eine gewisse Geborgenheit,
- lernt Kontakte zu knüpfen,
- lernt Regeln und Normen kennen,
- erfährt Anerkennung,
- übt sich in sozialen Verhaltensweisen,
- stärkt sein Selbstvertrauen, seine Selbstbehauptung und seine Selbstständigkeit,
- entfaltet seine Persönlichkeit,
- bekommt Anregungen und erweitert seinen Horizont.

In einer Gruppe kommen Menschen mit unterschiedlichen Temperamenten, Interessen, Verhaltensweisen und Erfahrungen zusammen. Jeder hat Erwartungen an das Verhalten der anderen und erlebt sich selbst in unterschiedlichen Rollen und einem anderen Status, denn das soziale Miteinander gestaltet sich in jeder Gruppe neu.

5.3 Rollen und Status von Gruppen

Beispiel

Eine Praktikantin absolviert ihr Praktikum in einer Kindergartengruppe mit 20 Kindern im Alter von 3 bis 6 Jahren. In den ersten zwei Wochen beobachtet sie die Gruppe. In einem Anleitungsgespräch berichtet sie über ihre Beobachtungen:
„Sie haben ja eine recht gemischte Gruppe. Luca (5 1/2 Jahre) hat die anderen Jungen ganz schön unter seinem Kommando. Aaron (5 Jahre) bewundert ihn und tut alles, was Luca will. Auch Vladimir, Leon und Tim finden Luca toll, denn er kann gut Tore schießen. Sie spielen gerne Fußball mit ihm, müssen dafür aber auch tun, was Luca sagt. Die jüngeren Kinder haben vor Aaron Angst, weil er schon mal die Faust gegen sie erhoben hat. Daniel (5 3/4 Jahre) sitzt meist im Atelier, malt Raumschiffe, Raketen und Raumstationen mit sagenhaft vielen Einzelheiten. Manchmal setzt sich Tufan zu ihm (6 Jahre) und schaut voll Bewunderung zu. Mert (5 Jahre) möchte gern ein Freund von Aaron sein, aber der lehnt ihn völlig ab. Er hat ihn sogar als „Nichtskönner" und „Weichling" beschimpft. Bei den Mädchen ist Lisa sehr beliebt. Sie hat blonde Locken, trägt hübsche Kleider, hat lackierte Fingernägel und bringt oft eine ihrer Barbiepuppen mit in den Kindergarten. Die Mädchen spielen deshalb gerne mit ihr. Aufgefallen ist mir auch noch Joana (4 Jahre). Sie macht vor dem Frühstück oder vor dem Morgenkreis immer „Fratzen" und redet „Quatsch". Die Kinder finden das toll und lachen. Das finde ich voll nervig und ich weiß nicht, wie ich sie zur Ruhe bringen kann."

Aufgaben

1. Welche Rollen haben die Kinder der Gruppe? Benennen Sie diese und begründen Sie Ihre Aussagen.
2. Welche Rollen nehmen Marie und Laura in den drei Beispielen auf S. 63 ein?
3. Welche Rollen von Susanne (s. S.1) werden im Interview deutlich?

In jeder Gruppe entwickelt sich schnell ein „soziales System" oder eine „soziale Struktur". Viele Menschen wissen sehr bald, mit welchem Verhalten sie Erfolg haben, und nutzen dies für ihre Zwecke.

Mithilfe unterschiedlicher Strategien erreichen sie Anerkennung und Beachtung. Andere dagegen verhalten sich abwartend und zeigen sich wenig aktiv. Das jeweilige Verhalten führt dazu, dass man eine Rolle in der Gruppe erwirbt oder zugewiesen bekommt:

Beispiel

Kai: „Ich mache euch jetzt mal einen Vorschlag, wie wir unsere Plakate für das Referat gestalten sollten."

Nico: „Der kann so gut reden, der soll das Ergebnis vortragen."

Welche Rolle der Einzelne einnimmt, ist abhängig von

- der Situation, in der er sich befindet,
- von den Menschen, mit denen er in Beziehung tritt,
- von den Erwartungen, die er an sich selbst in der Gruppe hat,
- von den Erwartungen, die die anderen Gruppenmitglieder an ihn haben, sowie
- der Festlegung seiner Rolle durch die Gruppenmitglieder.

Die Gruppe erwartet häufig vom Einzelnen, dass das einmal gezeigte Verhalten sich immer wiederholt, wodurch dessen Rolle entsteht. Ein typisches Beispiel für eine Rollenfestschreibung und Erwartungshaltung sind Schauspieler. Wer einmal mit einer komischen Rolle Erfolg hatte, bekommt häufig nur noch diese angeboten. Stimmt die eigene Rollenerwartung mit der Gruppenerwartung überein, tritt Zufriedenheit ein. Weichen die gegenseitigen Rollenerwartungen voneinander ab, kommt es zum Rollenkonflikt. Die Streitigkeiten um die Rollenverteilung können zu einer Spaltung der Gruppe führen.

Neben seiner Rolle erhält jedes Gruppenmitglied einen bestimmten Rang oder Stand, den man als **Status** bezeichnet.

Der Status ist das, was der Einzelne an Wertschätzung durch die Gruppenmitglieder erfährt. Je höher die Position von der Gruppe eingeschätzt wird, desto höher ist der Status.

Status und Rolle gehören zusammen, denn bestimmte Rollen (Anführer, Star oder Sündenbock, Außenseiter) sind mit einem bestimmten Status (hoher oder niedriger Status) verbunden. Dabei kann man feststellen, dass die meisten Rollen sowohl positiv als auch negativ angesehen werden können.

Aufgaben

1. Welche Rollen in Gruppen kennen Sie aus Ihrer eigenen Erfahrung?
2. Welche Rolle haben Sie als positiv, welche als negativ empfunden?
   Begründen Sie Ihre Empfindung.
3. Wie bewerten Sie die Aussage: „Die meisten Rollen können sowohl positiv als auch negativ gesehen werden"?
   Machen Sie Ihre Bewertung an Beispielen deutlich.
4. Hat sich Ihre Rolle in einer Gruppe oder Klasse im Laufe der Zeit verändert? Wenn ja, wodurch?

Typische Rollen in einer Gruppe:

Der Anführer

oder Boss bestimmt, was getan wird. Er gewinnt andere für seine Ziele und Aktivitäten. Seine Anweisungen werden von seinen „Fans" befolgt. In der Regel erfährt er eine hohe Wertschätzung (hoher Status).

Der Abgelehnte oder Sündenbock

ist der Schuldige bei Auseinandersetzungen oder Konflikten. Er nimmt eine Randposition ein, wird von allen abgelehnt und hat einen niedrigen Status.

Der Star

steht im Mittelpunkt, erfährt Bewunderung, ist beliebt, z. B. wegen seines Aussehens oder einer besonderen Fähigkeit. Er hat einen hohen Status.

Der Clown

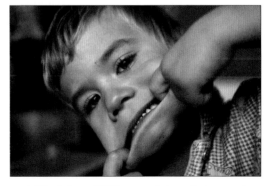

verhält sich auffällig, macht auch in ernsten Situationen Unsinn, provoziert gern mit seinem Tun andere, wird für seinen „Mut" bewundert.

Der Mitläufer

ist geduldet, passt sich der allgemeinen Meinung an, ist wechselhaft, äußert keine eigenen Wünsche und Bedürfnisse, hat ein eher geringes Selbstbewusstsein.

Der Außenseiter

nimmt von sich aus kaum Kontakt zu anderen Gruppenmitgliedern auf, kann sich selber nur schwer integrieren; hat einen niedrigen Status.

Weitere Rollen können sein: der Experte, der Ideenträger, der Rebell, der Nörgler.

Aufgabe

> 1. *Pedro spielt immer den Clown in seiner Gruppe, Janina nimmt wegen geringer Sprachkenntnisse eine Außenseiterrolle ein.*
>   Wie können Sie beiden Kindern helfen da herauszukommen?

5.4 Der Gruppenprozess

Beispiel

Drei Klassen einer Berufsfachschule haben im vergangenen Sommer mit jeweils 30 Schülern und Schülerinnen begonnen. Im ersten halben Jahr haben viele Jugendliche die Schule verlassen, sodass die Klassen zum neuen Schuljahr zusammengelegt werden sollen. Die Klassen sind empört und wehren sich. Besonders eine Klasse, die überhaupt kein soziales Gefüge hat, deren Mitglieder nur mit engsten Freunden zusammenarbeiten und einander aus dem Weg gehen, ist jetzt wütend und behauptet, noch nie eine so gute Klassengemeinschaft erlebt zu haben. Selbst die Außenseiter der Klasse gehören nun dazu.

Aufgaben

> 2. Wie ist das Verhalten der Schüler und Schülerinnen zu erklären?
> 3. Erinnern Sie sich an die ersten Tage in Ihrer jetzigen Klasse. Wie haben Sie sich gefühlt? Mit wem hatten Sie gleich Kontakt und warum? Stellen Sie sich mit den entsprechenden Mitschülern zusammen.
> 4. Wer bildet jetzt eine Gruppe? Wie fühlen Sie sich heute in der Klasse? Was hat sich an Ihrem Verhalten und an Ihren Beziehungen zu den Mitgliedern verändert?

Beobachtet man Gruppen über einen längeren Zeitraum, so zeigt sich, dass die Gruppenmitglieder zu Beginn grundlegend anders miteinander umgehen als beispielsweise nach drei oder sechs Monaten. In der ersten Zeit verhalten sich viele zurückhaltend, unsicher und ängstlich. Vor allem die Neuen klammern sich in der Anfangsphase an Freunde oder Bekannte. Mit zunehmender emotionaler Sicherheit verändert sich das Verhalten, weicht die Zurückhaltung und kann eine Annäherung und Integration erfolgen. Ein „Wir-Gefühl" (Gruppenidentität) entwickelt ein Mensch erst, wenn er sich der Gruppe zugehörig fühlt und dies von der Gruppe nicht bestritten wird.
Eine besondere Rolle kommt im Gruppenprozess dem Leiter zu, denn er ermöglicht den Gruppenmitgliedern ein schnelleres Zusammenwachsen.

Da ein professionell Erziehender häufig in einer Führungsrolle ist, werden von ihm auch Ziele und zwischenmenschliche Kommunikationsformen vorgegeben.

Beispiele

„Ich schlage vor, dass wir uns alle duzen!"
„ ..., dass wir uns zunächst jeden Freitag von 14.30 bis 16.00 Uhr treffen."

Die Entwicklung einer Gruppe verläuft nicht als geradliniger Prozess, sondern in Phasen wie in Tab. 5.2 auf S. 72 dargestellt. Die einzelnen Entwicklungsphasen können
- unterschiedlich lang sein,
- sich überschneiden,
- nicht scharf zu trennen sein.

Um die Gruppenentwicklung, Verhaltensweisen und Gefühle jedes Einzelnen besser erkennen und das eigene Handeln darauf ausrichten zu können, ist es hilfreich, die Entwicklungsphasen des Gruppenprozesses zu kennen.
Dieser wird anhand des Grundlagenmodells von Bernstein und Lowy (USA) dargestellt. Es ist praxisnah und kann auf Gruppen jeglicher Art übertragen werden.
Der Gruppenprozess verläuft in folgenden Phasen:

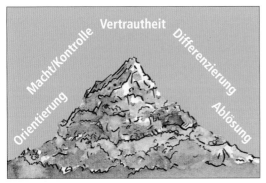

Phasen der Gruppenbildung

Bei starken Veränderungen in der Gruppenstruktur (Neuzugänge oder Gruppenleiterwechsel) kann es im Verhalten der Gruppenmitglieder zu einem Rückfall in eine vorherige Phase kommen.

In jeder Gruppenphase gibt es Untergruppen, Cliquen und Paare, die konstruktiv bedacht werden sollten.

Typische Untergruppen:

Die Clique
ist stets zusammen, nimmt kaum Kontakt zu anderen auf, hat meist einen „Star" und orientiert sich an ihm.

Das Paar
hat kaum Kontakt zu anderen Gruppenmitgliedern; fehlt eine Person, fühlt die andere sich allein gelassen und ist orientierungslos.

Das Dreieck
sitzt zusammen, unternimmt alles gemeinsam; kommt es aber zu einem Konflikt, wird eine Person zum Außenseiter; unterwirft sie sich dann den Regeln und Wünschen der anderen, wird sie wieder aufgenommen.

Für eine gute Gruppenarbeit ist es manchmal sinnvoll, dass die Gruppenleitung sich deutlich macht: Welche Rollen nehmen die Einzelnen ein, welche Untergruppen gibt es und wo ist Handlungsbedarf? Besonders geeignet ist dafür das **Soziogramm** (grafische Darstellung von Beziehungen und Rollen). Zu beachten bleibt, dass die Aufstellungen nicht von Dauer sind.

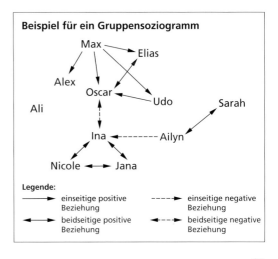

Aufgaben

1. Was ist aus dem Soziogramm auf S. 69 an Rollen und Beziehungen ablesbar?
2. Welche Personen nehmen im Soziogramm eine Außenseiterrolle ein und wie kann eine Gruppenleitung sie integrieren?
3. Erstellen Sie ein Soziogramm für die Rollen und Beziehungen der Kindergruppe aus dem Beobachtungsbericht der Praktikantin (s. S. 66).

5.5 Regeln für Gruppenarbeit

Aufgaben

4. Beschreiben Sie, was Sie sehen.
5. Was sagt das Bild über die Gruppe aus?

Um ein positives Gruppenklima und ein gutes Gruppenergebnis zu erreichen, ist es erforderlich, dass alle Gruppenmitglieder

▦ **allgemeingültige Regeln einhalten.**
Hierzu zählen beispielsweise Pünktlichkeit, Zuverlässigkeit, aktive Beteiligung, Aufgaben ernst nehmen, Arbeitszeitregelung.

▦ **die Regeln der Kommunikation beachten.**
Das bedeutet unter anderem, einander zuhören, andere Meinungen akzeptieren, den anderen ausreden lassen (vgl. Kap. 18).

▦ **das soziale Miteinander achten.**
Damit ist gemeint, dass jeder für das Ergebnis mitverantwortlich ist, Schwachen geholfen und kein Mitglied ausgeschlossen wird.

▦ **sich gegenseitig akzeptieren.**
Das bedeutet, dass persönliche Angriffe und Beleidigungen vermieden sowie Probleme offen angesprochen werden und gemeinsam nach Lösungen gesucht wird.

▦ **bereit sind zu kooperieren.**
Hierzu gehört, dass man bereit ist, Kompromisse zu schließen, durch demokratische Abstimmungen getroffene Entscheidungen zu akzeptieren und vereinbarte Regeln einzuhalten.

Für eine erfolgreiche Gruppenarbeit ist auch die Gruppengröße entscheidend. So sollte beispielsweise eine Lerngruppe nicht mehr als 4 bis 5 Personen umfassen, um leistungs- und arbeitsfähig zu sein. Bei einer Freizeitgruppe dagegen sollte möglichst eine Gruppengröße von 15 Personen nicht überschritten werden, da sie sonst in Untergruppen zerfällt.

Je größer eine Gruppe ist, desto wichtiger ist es, gewisse Vereinbarungen gemeinsam zu treffen. Diese Regeln oder Vereinbarungen, die sich auf Verhaltensweisen, Arbeitsformen und Kommunikationsformen beziehen, werden oft als überflüssig und einengend angesehen.

Aufgaben

6. Entwickeln Sie – zunächst in Kleingruppen, dann mit der gesamten Klasse – Regeln/Vereinbarungen, die in Ihrer Klasse gelten sollen.
7. Überlegen Sie, welche Regeln Sie mit Kindern vereinbaren können.

Auch wenn Regeln die Freiheit des Einzelnen einschränken, geben sie den Gruppenmitgliedern Sicherheit (*„Das wird von mir erwartet; hier bin ich gut aufgehoben"*) sowie Orientierung (*„Was muss ich tun; wenn ich mich so oder so verhalte, erfahre ich Lob und Anerkennung oder Tadel"*) und ermöglichen einen Zusammenhalt. Regeln oder Vereinbarungen, die nicht gemeinsam erarbeitet wurden, sondern nur von einem oder einer kleinen Gruppe, und die nicht hinterfragt werden dürfen, sind kritisch zu betrachten.

Dabei besteht die Gefahr, dass es zur Manipulation und Konformität kommt, die keine Individualität mehr zulässt und absolutes gruppenunterwerfendes Verhalten fordert. Das kann man z. B. bei einigen politischen Gruppierungen oder Bandenmitgliedschaften beobachten.

Bei einer Arbeitsgruppe ist es außerdem hilfreich, sich auf **Sonderfunktionen** zu verständigen.
Das können sein:

Der Regelbeobachter,

der auf die Einhaltung der Vereinbarungen, Aufgabenstellung und Arbeitsaufträge achtet.

Der Gesprächsleiter,

der auf Lautstärke, Kommunikationsregeln, Thema achtet und die Rednerliste führt.

Der Zeitwächter,

der auf die Einhaltung der Zeitvorgaben achtet.

Der Protokollant/Schreiber,

der die Ergebnisse festhält.

Aufgaben

1. Erarbeiten Sie in einer Kleingruppe Regeln für das Zusammenleben oder -arbeiten für jeweils eine der am Anfang dargestellten Gruppen (Freundeskreis, Lerngruppe, Kindergarten).
2. Vergleichen Sie Gemeinsamkeiten und Unterschiede.
3. Überlegen Sie, wie sich Menschen in Ihrer Freundes- und Lerngruppe verhalten sollten, damit Sie sich wohlfühlen.
4. Informieren Sie sich im Internet und in Zeitschriften über autoritär geführte Gruppen. Wodurch unterscheiden sie sich von demokratisch geführten Gruppen?

Phasen	Kennzeichen	Verhalten der Gruppenmitglieder	Verhalten der Gruppenleitung	Empfehlung/Hilfen/Vorgehensweise
Orientierung	• Unsicherheit • Distanz und Nähe im Wechsel • Gefühl der Fremdheit • Gruppenmitglieder, die sich kennen, bilden Untergruppen • erste Rollenzuschreibungen erfolgen	• gehemmt • unsicher • ängstlich • oberflächliche Kontakte • unverbindliche Gespräche • Wunsch nach Annahme • jeder zeigt sich von seiner besten Seite • suchen Schutz • Gruppenleiter wird „erkundet" • leiterorientiert	• muss motivieren • interessantes Programm anbieten • neugierig machen • entspannte Atmosphäre schaffen • den Kontaktaufbau unterstützen • für klaren organisatorischen Rahmen sorgen • Interesse an allen Mitgliedern zeigen	• schnelle Erfolgserlebnisse ermöglichen • Kennenlernspiele anbieten • möglichst verschiedene und kurze Angebote vorsehen • nach Wünschen und Erwartungen fragen und ins Programm einplanen • äußere Strukturen festlegen
Macht und Kontrolle	• erste Rollenfestlegungen • Rollen- und Statuskämpfe zwischen Einzelnen oder Untergruppen • keiner möchte sich blamieren • Ziel: Achtung und Anerkennung • Sympathie und Antipathie werden ausgedrückt • Gefahr des Ausscheidens und Ausschlusses	• Wunsch nach Ordnung, Sicherheit und Anerkennung • Aufbau von Beziehungen • finden Rolle in der Gruppe • äußern Gefühle • vorgegebene Regeln und Verhaltenserwartungen stehen auf dem Prüfstand • Konkurrenzverhalten	• Machtkämpfe erkennen und lenken • Grenzen abstecken/aufzeigen • Gruppenregeln setzen • Schwache schützen • in Konflikten neutral vermitteln • sich allen Mitgliedern gegenüber wertschätzend verhalten • mit den Stärken jedes Einzelnen arbeiten	• Machtkämpfe z. B. durch Spiele ohne Verlierer lenken • vielfältiges Programm anbieten, damit jeder seine Stärken einbringen kann und keine Langeweile aufkommt • Kooperationsaufgaben stellen • Störungen vorrangig behandeln
Vertrautheit	• Gruppenmitglieder fühlen sich wohl und haben ihren Platz in der Gruppe gefunden • Kommunikation mit allen • intensive Zusammenarbeit möglich • Rollen sind vergeben • Streben nach Harmonie • Gruppe ist wichtiger als der Einzelne • Neuaufnahmen sind schwierig	• akzeptieren sich • vertrauen einander • sind stolz, in der Gruppe zu sein • sind bereit, sich einzubringen • Stärken und Schwächen können ohne Gesichtsverlust gezeigt werden • negativ: zu hoher Anpassungsdruck kann zur Auflösung oder zum Ausstieg von Mitgliedern führen.	• kann sich zurückziehen, aber nicht überflüssig machen • kann Aufgaben an Einzelne oder an die Gruppe weitergeben (delegieren) • beteiligt die Gruppe am Planen • hilft bei der Klärung von Spannungen und unausgesprochenen Gefühlen	• vielseitige gruppenorientierte Angebote machen • Rollenspiele sind möglich • Gruppe selbstständig organisieren lassen • Kompetenzen einzelner Gruppenmitglieder nutzen • Raum zur freien Entfaltung geben

Phasen	Kennzeichen	Verhalten der Gruppenmitglieder	Verhalten der Gruppenleitung	Empfehlung/Hilfen/Vorgehensweise
Differenzierung	• Festigung des Gemeinschaftsgedankens • Gruppe hat ein eigenes Beziehungssystem • kaum negative Beziehungen • Gruppe erkennt ihren Sinn • ausgeprägtes „Wir-Bewusstsein" • Gruppe kann sich nach außen öffnen • jeder kann seine Individualität zum Ausdruck bringen	• unterstützen und helfen sich gegenseitig • können eigene Rollen zeitweise abgeben • integrieren neue Mitglieder • vertrauen sich gegenseitig • initiieren eigene Programme • können mit anderen Gruppen in Kontakt treten • haben große Kommunikationsfähigkeit	• tritt mehr in den Hintergrund • ist eher außenstehender Beobachter • fördert die Selbstständigkeit der Gruppe • gibt bei Bedarf Impulse und Anregungen • gibt Feedback	• vielseitige gruppenorientierte Angebote machen • Rollenspiele sind möglich • Gruppe selbstständig organisieren lassen • Kompetenzen einzelner Gruppenmitglieder nutzen • Raum zur freien Entfaltung geben • Projekte, Reisen, Ausflüge selbstständig planen und durchführen • Turniere mit anderen Gruppen planen und durchführen • kooperative Aktivitäten (Rollenstücke) vorführen
Ablösen	• nur noch wenig Bereitschaft, etwas zusammen zu tun • Verhaltensweisen früherer Phasen wiederholen sich	• verleugnen die Auflösung • verbinden sich • leugnen die positiven Erfahrungen • überspielen Kummer durch aggressives Verhalten • suchen nach neuen Gruppen	• Ablöseprozess bewusst planen • Zeitpunkt für Trennung öffentlich machen • Kontakte zu anderen Gruppen ermöglichen • Gefühle zulassen • Gruppe zum harmonischen Abschluss führen	• Überblick über die Zeit bis zur Trennung geben • andere Gruppen besuchen • Nachtreffen planen • Adressenaustausch • Reflektieren der bisherigen Gruppenarbeit • Abschlussfest/Abschlussfahrt

Tab. 5.2 Phasen der Gruppenbildung nach Bernstein/Lowy und Stahl, 1975

Zusammenfassung

- Der Mensch ist als soziales Wesen auf Beziehungen zu anderen Menschen angewiesen und braucht die Zugehörigkeit zu verschiedenen Gruppen, um sich zu entfalten.
- Eine Gruppe ist durch bestimmte Merkmale wie z. B. gemeinsame Ziele, Normen und Wertvorstellungen, Wir-Gefühl gekennzeichnet.
- Jede Gruppe entwickelt eine Struktur, in der jeder Einzelne eine Rolle erwirbt oder zugewiesen bekommt.
- Von Gruppe zu Gruppe können sich Rolle, wie z. B. Anführer oder Außenseiter, und Status, wie z. B. hohe oder niedrige Wertschätzung, halten oder verändern.
- Jede Gruppe durchläuft einen Gruppenprozess, der in der Regel fünf Phasen (Orientierungs-, Macht- und Kontroll-, Vertraulichkeits-, Differenzierungs- und Ablösephase) umfasst, wobei die Grenzen fließend sind je nach Entwicklungsstand der Gruppenmitglieder.
- Rollen und Beziehungen der Gruppenmitglieder lassen sich durch grafische Darstellungen (Soziogramme) verdeutlichen.
- Wertvorstellungen und soziale Normen bestimmen das Miteinander in Gruppen, beeinflussen bewusst oder unbewusst Verhalten und Einstellungen eines Menschen.
- Für die Arbeit in und mit Gruppen gibt es unterschiedliche optimale Gruppengrößen.
- Es gibt formelle und informelle Gruppen.
- In jeder Gruppe können sich Untergruppen bilden.

Aufgaben

1. Benennen Sie Merkmale, die eine Gruppe kennzeichnen, und überlegen Sie, ob diese Merkmale auf alle Gruppen zutreffen.
2. Welche Voraussetzungen sollte der Einzelne mitbringen, damit eine Gruppenentwicklung möglich wird?
3. Welches Verhalten von Menschen kann eine Gruppenarbeit blockieren oder verhindern? Belegen Sie Ihre Aussagen mit Beispielen.
4. Welche Bedeutung hat jede Rolle für eine Gruppe? Vergleichen Sie Ihre Aussagen.
5. Warum verhält sich der Mensch in der Gruppe anders als als Individuum?
6. *Julia hat sich mit vier Freunden zum Lernen verabredet. Der Beginn gestaltet sich aufgrund folgender Aussagen schwierig: „Oh, ich habe heute keine Lust und muss in zwei Stunden weg. Wir können doch auch morgen lernen." „Ich weiß nicht, wo ich anfangen soll. Das ist so viel." „ Ja, und so viele Fremdwörter." „Ich habe ein paar Bücher und Internetausdrucke mitgebracht." „Toll, Julia, du bist Klasse. Was schlägst du vor?"*
   a) Beurteilen Sie die Situation und überlegen Sie in einer Kleingruppe, wie Sie vorgehen würden.
   b) Stellen Sie die Situation und Ihre geplante Vorgehensweise im Rollenspiel dar.
   c) Bewerten Sie die verschiedenen Vorschläge im Hinblick auf die Erfolgsaussichten.
7. Nehmen Sie Stellung zu den Aussagen:
   „In der Gruppe ist man stark!"
   „Eine Kette (Gruppe) ist nur so stark wie ihr schwächstes Glied."
8. Arbeiten Sie das nächste Mal in einer Arbeitsgruppe mit Sonderfunktionen. Wie erging es Ihnen damit? Welche Vor- und Nachteile haben sich ergeben?

6   Welche Bedürfnisse haben Kinder?

Beispiel

Zwei Praktikantinnen arbeiten in einer Krippe und reagieren auf das Weinen eines Säuglings:

Praktikantin A: *„Hallo, mein Kleiner! Was hast du denn? Geht's dir nicht gut? Hunger kannst du doch eigentlich nicht haben. Ich habe dich doch erst vor einer Stunde gefüttert. Hast du die Hose voll, du Wonneproppen? Komm, wir schauen einmal nach." Geduldig, ihn anlächelnd und ein Lied summend, schaut sie nach. „Da ist nichts. Da hast du wohl nur schlecht geträumt und dich alleine gefühlt. Ich singe dir etwas vor und dann schläfst du schön."*

Praktikantin B *geht zum Bett und sagt: „Was ist nun schon wieder? Kannst du nicht einmal Ruhe geben? Du hast doch erst vor einer Stunde was gehabt. Hast du etwa die Hose voll?" Hastig wickelt sie ihn aus. Nachdem sie nachgesehen hat: „Du bist satt und sauber. Nun ist es aber gut. Jetzt musst du endlich schlafen. Du brauchst deinen Schlaf, damit du groß und stark wirst. Ich will nichts mehr hören!"*

Aufgaben

1. Welche Ursachen kann das Weinen des Säuglings haben?
2. Welche Bedürfnisse verbergen sich hinter den einzelnen Ursachen?
3. Welche Gefühle löst das jeweilige Verhalten der Praktikantin wohl bei dem Säugling aus?
4. Wie würden Sie sich verhalten? Begründen Sie Ihre Antwort.

6.1   Grundbedürfnisse

Wenn ein Säugling weint, hat er ein Bedürfnis, das er befriedigen möchte, ihm fehlt etwas. Da das Weinen verschiedene Ursachen haben kann, muss man herausfinden, welches Bedürfnis dahinter steckt, um angemessen reagieren zu können. Jeder Mensch hat vielfältige Bedürfnisse und strebt danach, diese zu befriedigen. Man kann die Bedürfnisse in primäre (grundlegende) oder sekundäre (zweitrangige) Bedürfnisse unterteilen. Zu den primären Bedürfnissen gehören u. a. Hunger, Durst, Schlaf und Sexualität, zu den sekundären Bedürfnissen z. B. Liebe, Geborgenheit, Sicherheit, Anerkennung und Selbstverwirklichung.

Der amerikanische Psychologe **Abraham H. Maslow** hat die Bedürfnisse in eine Hierarchie gebracht. Er geht bei seinen Überlegungen davon aus, dass die Bedürfnisse einer höheren Stufe und deren Befriedigung erst dann wichtig werden, wenn die darunter liegenden befriedigt sind. Erst wenn Hunger und Durst gestillt sind, wendet man sich nach seiner Theorie anderen Aktivitäten zu.

Die Theorie von Maslow ist nicht immer zutreffend, denn häufig muss man sich zwischen der Befriedigung unterschiedlicher Bedürfnisse entscheiden.

Aufgaben

5. Diskutieren Sie in einer Kleingruppe, ob diese These stimmt.
6. Kennen Sie Situationen, in denen Sie Essen und Trinken vergessen haben?
   Schildern Sie diese und überlegen Sie, welche Bedürfnisse Ihnen damals wichtig waren und welcher Hierarchiestufe sie zuzuordnen sind.

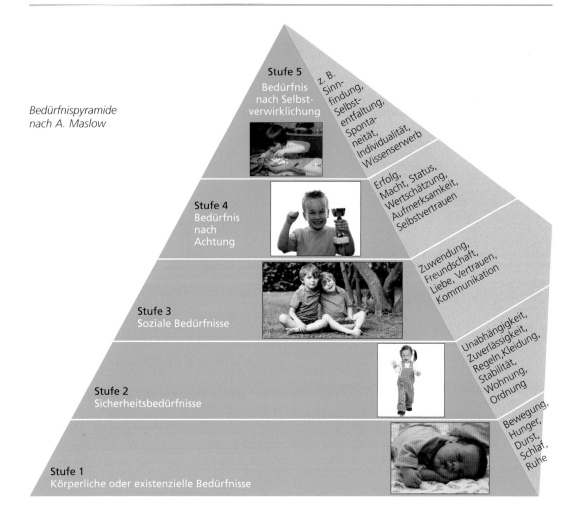

Bedürfnispyramide nach A. Maslow

Stufe 5 Bedürfnis nach Selbstverwirklichung

z. B. Sinnfindung, Selbstentfaltung, Spontaneität, Individualität, Wissenserwerb

Stufe 4 Bedürfnis nach Achtung

Erfolg, Macht, Status, Wertschätzung, Aufmerksamkeit, Selbstvertrauen

Stufe 3 Soziale Bedürfnisse

Zuwendung, Freundschaft, Liebe, Vertrauen, Kommunikation

Stufe 2 Sicherheitsbedürfnisse

Unabhängigkeit, Zuverlässigkeit, Regeln, Kleidung, Stabilität, Wohnung, Ordnung

Stufe 1 Körperliche oder existenzielle Bedürfnisse

Bewegung, Hunger, Durst, Schlaf, Ruhe

Neben den grundlegenden Bedürfnissen, die alle Menschen haben, gibt es individuelle, die unterschiedlich ausgeprägt und von verschiedenen Faktoren abhängig sind, wie z.B. Lebenssituation und Alter. Für Jugendliche haben Bedürfnisse wie Unabhängigkeit und Selbstbestimmung einen hohen Stellenwert, für ältere Menschen dagegen Sinnfindung und Kontakte.

Beispiel

Maike geht gerne mit ihren Freundinnen in die Disco. Da wird es häufig spät, sodass sie am nächsten Tag müde ist und gerne ausschlafen möchte (Stufe 1). Maike möchte aber auch gute Noten haben (Stufe 4). Dafür muss sie am Unterricht teilnehmen und Zeit fürs Lernen investieren. Also besucht Sie die Schule regelmäßig, obwohl sie müde ist.

Aufgaben

1. Welche Bedürfnisse lassen sich aus dem Verhalten der Praktikantin B von S. 75 erkennen?
2. Welche Bedürfnisse haben Sie, Ihre Mutter/ Ihr Vater/Ihre Großmutter/Ihr Großvater oder ein alter Mensch?
3. Tragen Sie die Bedürfnisse in eine Bedürfnispyramide ein.
4. Vergleichen Sie die Bedürfnisse miteinander: Nennen Sie gemeinsame und unterschiedliche Bedürfnisse.
5. Fragen Sie, was Ihren Eltern und Großeltern wichtig war, als sie so alt waren wie Sie jetzt sind. Waren die Bedürfnisse ähnlich wie Ihre?

Mit den Bedürfnissen von Kindern haben sich auch **Brazelton und Greenspan sowie Bowlby / Ainsworth** auseinandergesetzt. Brazelton und Greenspan unterscheiden das Bedürfnis nach

- beständigen, liebevollen Beziehungen,
- körperlicher Unversehrtheit,
- Sicherheit,
- individuellen Erfahrungen,
- entwicklungsgerechten Erfahrungen,
- Grenzen und Strukturen,
- stabilen kulturellen Umfeldbedingungen.

Diese Bedürfnisse stehen – anders als bei Maslow – gleichwertig nebeneinander.

Bowlby und Ainsworth haben eine Bindungstheorie entwickelt auf der Basis, dass jeder Mensch das angeborene Bedürfnis hat, zu seinen Mitmenschen eine enge, von intensiven Gefühlen begleitete Beziehung aufzubauen.

Aufgabe

1. Informieren Sie sich über diese Bindungstheorie.

Da der Mensch ein Gemeinschaftswesen ist, muss er, damit er ein vollwertiges Mitglied in der Gemeinschaft wird, soziale Fähigkeiten erwerben und sich emotional stabil entwickeln (vgl. Kap. 11). Um diese Fähigkeiten zu erwerben, ist das Kind auf die Hilfe und Unterstützung anderer angewiesen, die die kindlichen Bedürfnisse befriedigen oder die Bedingungen dafür schaffen müssen.

Neben der Befriedigung der existenziellen Bedürfnisse sind für Kinder folgende Bereiche wichtig:

- die Verbundenheit zu einer (oder mehreren) Bezugsperson(en) – vorrangig sozial-emotionale Bedürfnisse
- das Streben nach Selbstständigkeit (Autonomie) für Vorschulkinder – vorrangig motorische Bedürfnisse
- das Spiel zur Befriedigung vielfältiger Bedürfnisse (vgl. Kap.7)

6.2 Sozial-emotionale Bedürfnisse

Beispiel

Eine ehrenamtlich und langjährig für den Kinderschutzbund tätige Frau, die immer nach einem Lebensinhalt gesucht hat, entscheidet sich zusammen mit ihrem Mann 1969, 5-jährige, vernachlässigte Zwillinge zu adoptieren und sagt im Rückblick sinngemäß das Folgende: „Ich habe selbst erlebt, was man an Kindern verbrechen kann, wenn man sie nicht früh genug fördert. Meine Jungen sind heute 45 Jahre alt und noch immer gibt es einen „Nachhall", denn die Defizite (Mängel) sind noch heute spürbar, obwohl wir Tag und Nacht die Ärmel hochgekrempelt haben. Wir mussten schließlich einsehen, dass das, was in frühester Zeit versäumt wird, nicht aufgeholt werden kann."

Aufgaben

2. Was wird aus dem Bericht deutlich?
3. Welche Auswirkungen kann das Fehlen einer innigen Beziehung zwischen Mutter/Vater und Kind in den ersten Lebensjahren haben?
4. Was können Sie aus dem Bericht für Ihre pädagogische Arbeit ableiten?

Ganz wichtig ist das **Bedürfnis nach beständigen und liebevollen Beziehungen**. Hierzu gehören nach Maslow das Bedürfnis nach Zuverlässigkeit, Angstfreiheit (Stufe 2), Zuneigung, Liebe, Geborgenheit und Kontakt (Stufe 3) sowie Anerkennung (Stufe 4). Eine sichere Beziehung zu einer Bezugsperson oder mehreren ist Grundvoraussetzung für eine normale Entwicklung.

Bei seiner Geburt ist das Kind im Normalfall neugierig auf die Welt und aufnahmebereit für alle möglichen Lernerfahrungen. Es ist allerdings abhängig davon, dass die Betreuungspersonen ihm vielfältige Lernerfahrungen ermöglichen sowie seine Gefühle und Wünsche erkennen und darauf reagieren. Werden die kindlichen Signale aus Bewegung, Haltung, Mimik oder Schreien richtig gedeutet und Neugier-Impulse zugelassen, kann eine sichere, tragfähige Beziehung entstehen.

Das Kind fühlt sich verstanden und angenommen. Es gewinnt Vertrauen – das sog. **Urvertrauen** –, das ein Fundament für die gesamte weitere Entwicklung bildet. Um dieses Fundament zu schaffen, sind **feste Bezugspersonen** und **Verlässlichkeit** in den Reaktionen notwendig. Bei Vernachlässigung von Säuglingen und Kleinkindern droht eine seelisch-leibliche Verkümmerung, die auch als Hospitalismus bezeichnet wird (vgl. Kap. 13).

Ein weinendes Kind muss die Sicherheit haben, dass auf sein Weinen eine Reaktion erfolgt. Wird ein aufgewühltes, weinendes Kind von der Betreuungsperson nicht beruhigt, gerät es unter erheblichen Stress. Wenn dies häufiger geschieht, bekommt der Säugling das Gefühl „Mich versteht keiner, ich bin alleine, es bewirkt nichts, wenn ich mich bemerkbar mache". Das Kind lernt, dass auf die Menschen kein Verlass ist. Statt psychischer Sicherheit entsteht psychische Unsicherheit (Urmisstrauen). Es fühlt sich im Stich gelassen und kann nur schwer Vertrauen entwickeln. Es entsteht eine unsichere Bindung.

Zur Verlässlichkeit in den Reaktionen gehören auch
- eindeutige Signale (Kopfnicken und Lächeln),
- Ehrlichkeit („Das finde ich nicht schön", wenn es einem nicht gefällt.),
- unmissverständliche Botschaften („Heute nicht!") (vgl. Kap. 18).

Aufgaben

1. Welche Aussagen stecken in dem folgenden Satz: „Eigentlich möchte ich das nicht"?
2. Wie wird sich ein Kind nach dieser Äußerung verhalten?
3. *Ein Kind sagt zu Ihnen: „Du hast aber eine lange Nase".* Wie gehen Sie damit um?
4. Suchen Sie Beispiele für ein- und mehrdeutige Signale und Botschaften.

Wenn ein Kind eine zuverlässige emotionale **Zuwendung** erfährt und in einer Atmosphäre der **Geborgenheit** aufwächst, kann es sich zu einer stabilen Persönlichkeit entwickeln:

- Es gewinnt **Vertrauen zu seinem Umfeld und sich selbst**. Damit erwirbt das Kind auch die Fähigkeit, sich besser und weitgehend angstfrei auf neue Situationen und Menschen einzustellen.

Beispiel
Eine Mutter berichtet, ihr 10 Monate alter Sohn hat sich beim Wickeln hingestellt und ist spontan in ihre Arme gesprungen in der absoluten Sicherheit und dem Vertrauen, er werde aufgefangen.

- Das Kind entwickelt ein Gefühl der **Zugehörigkeit** – zunächst zu der Familie, denn hier erfährt es Geborgenheit, Sicherheit und Schutz. Mit steigendem Alter entsteht ein Zugehörigkeitsgefühl zu anderen Personen (Kinderpflegerin, Sozialassistentin, Erzieherin, Freund/in) und der Gruppe.

Beispiel
Sobald Frau Hilker und ihr 2-jähriger Sohn die Eingangstür der Kindergruppe hinter sich haben, rennt Juri strahlend in die Arme der Erziehenden seiner Gruppe.

Das **Bedürfnis nach Kontakt zu Gleichaltrigen** wird mit zunehmendem Alter immer wichtiger. Je mehr Erfahrungen Kinder mit anderen Kindern machen können, umso besser entwickelt sich das Sozialverhalten. Während Säuglinge noch nebeneinander liegen, sich anschauen und berühren, knüpfen ältere Kinder Kontakte durch das Spiel (vgl. Kap. 7). Es bilden sich erste Freundschaften, die meistens jedoch noch nicht lange halten.

Aufgabe

1. Beobachten Sie 1- bis 2-jährige Kinder und beschreiben Sie deren Verhalten im Umgang miteinander.

Das **Bedürfnis nach Anerkennung** ist für das Kind ebenfalls von besonderer Bedeutung. Anerkennung vermittelt dem Kind Selbstvertrauen und Selbstbewusstsein und gibt den Anstoß oder ist das Motiv für weitere Bemühungen und Anstrengungen. Anerkennung drückt man durch Lob, Zuspruch und Annahme aus für das, was ein Kind kann oder was es versucht, auch wenn es nicht geglückt ist.

„Das hast du super gemacht."

Aufgabe

2. Wie fühlen und verhalten Sie sich, wenn Sie z. B. von jemandem (Lehrer, Freund oder Praxisbetreuerin) mehrmals zurückgewiesen werden?

Ein ängstliches Kind braucht vielleicht mehr Zuspruch und Ermutigung als ein „Draufgänger". Für alle Kinder ist aber die **Annahme** ihrer Person mit allen Eigenschaften wichtig. Jeder hat ein Bild von einem Kind im Kopf oder eine Vorstellung darüber, wie es sein sollte. Dies deckt sich nicht immer mit der Realität. Genauso wie man selbst von anderen akzeptiert werden möchte, muss man auch das Kind annehmen mit seinen Stärken und Schwächen (vgl. Kap.1).

Beispiel
Zwei Kinder (3 und 6 Jahre) sitzen am Tisch und kneten. Das 3-Jährige klopft, klatscht und zerbröselt die Knete. Daraufhin sagt der 6-Jährige: „Mensch, Till kann gar nicht richtig kneten. Das sieht ja nach nichts aus." Zur Erziehenden gewandt: „Schau mal meine Tiere an. Sind die nicht gut?"

Aufgabe

3. Wie würden Sie reagieren? Begründen Sie Ihre Antwort.

Fühlt ein Mensch sich angenommen – d.h. hat er das Gefühl, geliebt und anerkannt zu werden –, gewinnt er Vertrauen in seine Fähigkeiten und Möglichkeiten. Es ist wenig hilfreich für ein Kind, wenn man sagt: „Jonas kann das aber schon!" oder „Petra ist immer brav".

Beispiel
Während der Vorbereitung auf das Laternenfest zeigt Julius (6 J.) wenig Interesse an den Bastelarbeiten. Die Erziehende nimmt sich sehr viel Zeit für ihn und nach einiger Zeit ist auch seine Laterne fertig. Stolz präsentiert er sie. Erziehende und Eltern freuen sich über seinen Erfolg und loben ihn.

Liebevolle Erziehung und Betreuung bedeuten nicht, dass man jeden Wunsch des Kindes erfüllt, sondern dass man auch Grenzen setzt und Strukturen gibt.

Das **Bedürfnis nach Grenzen und Strukturen** müssen Erziehende beachten, weil es für die Entwicklung wichtig ist.

Kinder brauchen Grenzen und Strukturen, um Halt und Orientierung zu erfahren, damit sie sich zu einem Gemeinschaftswesen entwickeln können. Ein Kind muss lernen, Rücksicht zu nehmen, die Wünsche und Bedürfnisse anderer zu respektieren und die eigenen zurückzustellen.

Dazu gehören die Erfahrungen von Enttäuschung (Frustration), Freude, Erfolg und Misserfolg bei der Erfüllung individueller Bedürfnisse. Eine liebevolle Grenzsetzung bietet dem Kind nach außen hin Schutz und Geborgenheit, denn es erfährt Halt und Sicherheit.

Aufgaben

Diskutieren Sie in Kleingruppen.
1. Welche Bedürfnisse könnten das jeweilige Verhalten verursacht haben?
2. Welche Reaktionsmöglichkeiten gibt es?
3. Wie würden Sie sich verhalten? Begründen Sie Ihre Verhaltensweisen.

Grenzsetzung bedeutet für Kinder auch Herausforderung: Lässt sich die Grenze nicht doch verschieben? Das Kind lernt dabei u. a.
- die Auseinandersetzung mit anderen,
- den eigenen Willen zu äußern,
- seine Rolle in der Familie und der Gemeinschaft zu finden,
- eigene Bedürfnisse zurückzustecken,
- aber auch sich durchzusetzen.

Setzt ein Erziehender keine Grenzen und macht dem Kind nicht deutlich, auch ich habe Wünsche und Bedürfnisse, die nicht immer mit deinen im Einklang stehen, kann ein Kind sich zu einem „Tyrannen" entwickeln und maß- und rücksichtslos werden.

Ein Kind, das kein „Nein" kennt, lernt nie, seine Bedürfnisse durch eigene Bemühungen zu erfüllen, Wünsche aufzuschieben und mit Enttäuschungen fertig zu werden. Es reagiert schnell mit Wutausbrüchen und ist beleidigt. Die Bedürfnisse der Mitmenschen werden ignoriert. Durch Grenzen wird der Erfahrungsraum überblickbar. Er bietet Anregungen, macht neugierig und regt zum Entdecken an. Neues kann angstfreier erforscht werden. Mit zunehmendem Alter gelingt es dem Kind, sich Spielräume und Grenzverschiebungen zu erarbeiten. Bei gemeinsamen Aushandlungsprozessen bedarf es einer Balance zwischen Festhalten an getroffenen Vereinbarungen und neuen Entscheidungen.

Beispiel

Nach dem Aufstehen hat es regelmäßig Streit gegeben, denn die 3-jährige Joyce wollte nicht das anziehen, was ihre Mutter ausgesucht hatte. Seit einiger Zeit darf Joyce ihre Kleidung selber aussuchen. Es entspricht zwar nicht immer den Vorstellungen der Mutter, aber die morgendlichen Streitereien sind vorbei.

Grenzen müssen immer da gezogen werden, wo die körperliche Unversehrtheit und Sicherheit bedroht sind, aber auch da, wo die Bedürfnisse des anderen unzumutbar eingeschränkt würden. Dabei muss ein Erziehender überlegen, ob und wo eine Grenzziehung wirklich notwendig ist.

Die beiden folgenden Beispiele veranschaulichen die Bedeutung von Ritualen oder Bräuchen.

Aufgaben

1. Werden die Bedürfnisse der Praktikantinnen im Beispiel auf S. 75 durch die Bedürfnisse des Säuglings eingeschränkt? Belegen Sie Ihre Aussage mit Beispielen.
2. Warum ist eine Grenzziehung notwendig? Begründen Sie Ihre Antwort.
3. *Ein Säugling (7 Monate alt) schlägt dem Vater voller Freude ins Gesicht.*
   Wie soll er sich verhalten? Diskutieren Sie verschiedene Möglichkeiten und deren Folgen in einer Kleingruppe.
4. *Petra kommt als Praktikantin neu in den Kindergarten. Die 6-jährige Rachel ignoriert Petra und hört nicht zu, wenn Petra etwas sagt. Wenn es z. B. nach dem Frühstück zum Zähneputzen geht, braucht Rachel immer eine „Extra-Einladung".*
   Wie würden Sie an Petras Stelle reagieren?

Strukturen helfen dem Menschen, sich zu orientieren und ein Gefühl von Sicherheit zu entwickeln. Hierzu gehören auch **Regeln** und **Rituale**. Damit die Grenzziehung verträglich wird, helfen Rituale und Regeln, die möglichst gemeinsam ausgehandelt werden sollten.

Das Kind weiß z. B.: „Vor dem Schlafengehen hat Papa eine halbe Stunde Zeit für mich oder Mama erzählt mir eine Geschichte."

Das meist ungeliebte Schlafengehen wird so nicht jedes Mal zu einem Machtkampf, sondern zu einem verlässlichen Geschehen.

Beispiel 1

Nach einer Untersuchung der Columbia Universität in New York, nehmen Jugendliche aus wohlhabenden Vorstädten Amerikas häufiger Drogen und trinken mehr Alkohol als ihre Altersgenossen in anderen Gegenden. Die Mädchen leiden unter Depressionen oder haben Angstzustände. Die Professorin schlägt als Lösung gemeinsame Mahlzeiten mit zumindest einem Elternteil vor. [1]

Beispiel 2 Auszug aus „Der kleine Prinz"

„Es wäre besser gewesen, du wärst zur selben Stunde wiedergekommen", sagte der Fuchs. „Wenn du zum Beispiel um vier Uhr nachmittags kommst, kann ich um drei Uhr anfangen, glücklich zu sein.

Je mehr Zeit vergeht, umso glücklicher werde ich mich fühlen. Um vier Uhr werde ich mich schon aufregen und beunruhigen; ich werde erfahren, wie teuer das Glück ist. Wenn du aber irgendwann kommst, kann ich nie wissen, wann mein Herz da sein soll [...] Es muss feste Bräuche geben."

Aufgaben

5. Warum schlägt die Professorin gemeinsame Mahlzeiten vor?
6. Welche Regeln halten Sie (im Umgang mit Kindern) für wichtig? Begründen Sie Ihre Antworten.
7. Warum wünscht sich der Fuchs Regeln und Rituale? Teilen Sie seine Ansicht?
8. Listen Sie Gründe auf, die für oder gegen feste Regeln in der Pädagogik sprechen.

[1] Der Spiegel 28/2005, S. 65

6.3 Motorische Bedürfnisse

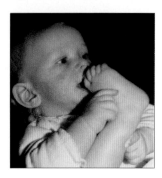

Kinder sind neugierig und offen für „alles". Sie haben einen ungeheuren Bewegungsdrang und wollen die Welt erobern. Das beginnt mit der Erforschung des eigenen Körpers, dann mit der allernächsten Umgebung. Mit zunehmendem Alter vergrößert sich der Aktionsradius. Die Kinder müssen lernen, ihren Körper mit all seinen Funktionen zu beherrschen: über Bewegungen von Kopf, Armen und Beinen (Grobmotorik) zu Bewegungsabläufen und Fingerfertigkeiten (Feinmotorik) (vgl. Kap. 11).

Das Kind erkundet sein Umfeld mit allen Sinnen. Hierzu braucht es Freiräume und vielfältige Gelegenheiten, um sich und seine Fähigkeiten zu erproben und zu erweitern. Man sollte deshalb ein Kind so viel wie möglich selber machen lassen. Jean Piaget[1] sagt dazu: „Jede Tat, die man vormacht, nimmt dem Kind eine Erfahrung weg."

Dabei sind die **Bedürfnisse** des Kindes nach **körperlicher Unversehrtheit und Sicherheit** sowie **nach individuellen und entwicklungsgerechten Erfahrungen** zu berücksichtigen. Eine Erziehende muss eine Gefahrenabschätzung vornehmen und mögliche Gefahren beseitigen, um beispielsweise Verletzungen, Stürze und Verbrennungen zu vermeiden. Viele Erfahrungen muss jeder Mensch allerdings selber machen.

So wird es sich sicherlich nicht vermeiden lassen, dass ein Kind hinfällt (weil es seine Möglichkeiten falsch einschätzt) oder sich an einer Kerze verbrennt (weil „Heiß" zunächst ein abstrakter, inhaltsleerer Begriff ist). Erst die Erfahrung „Heiß tut weh", die im Gehirn abgespeichert wird, ermöglicht dem Kind eine angemessene Reaktion.

Aufgaben

1. Betrachten Sie das Bild. Ist dies der richtige Weg, um Kinder vor Gefahren zu schützen? Begründen Sie Ihre Antwort.
2. Diskutieren Sie Alternativen, um Kinder im Straßenverkehr, im Garten mit Teich oder ähnlichen Situationen vor Gefahren zu schützen.

Bewegung ist für das Kind lebensnotwendig, sowohl für die körperliche als auch die geistige und seelische Entwicklung. In und mit der Bewegung begreift, entdeckt und erobert das Kind seine Umwelt:

■ Es lernt, seine Kräfte einzuschätzen und gezielt einzusetzen.
■ Es erfährt Erfolg, aber auch Misserfolg, den es mittels Anstrengungen und Übung zu überwinden gilt. Das kann man besonders gut im ersten Lebensjahr beobachten. Wenn beispielsweise das Stehen beim ersten Mal nicht gelingt, wird es immer wieder probiert, bis es klappt.
■ Körperliche Betätigungen bieten den Anreiz, sich auszuprobieren, Neues zu wagen und sich zu beweisen sowie die Möglichkeit, sich abzureagieren oder angemessen zu reagieren.

---

[1] Schweizer Entwicklungspsychologe (1896-1980)

Das Kind muss die Möglichkeit haben, sich die Welt aus eigener Kraft zu erobern: zuerst mit den Ohren und den Augen, dann mit den Händen, schließlich krabbelnd und gehend mit dem ganzen Körper.

Wird der Bewegungsdrang der Kinder nicht befriedigt, kann dies vielfältige negative Auswirkungen haben, wie z. B. Ungeschicklichkeit, Ängstlichkeit, Haltungsschäden, Lese- und Schreibschwierigkeiten, Sprach- und Kommunikationsprobleme. Da bei Kindern Bewegungs- und Gefühlsprozesse noch eng miteinander verbunden sind (Kinder hüpfen vor Freude oder stampfen vor Wut), können fehlende Bewegungsmöglichkeiten zu Störungen in der psychosozialen Entwicklung führen, z. B. zu auffälligem Verhalten (vgl. Kap. 11 und 13).

Haben Kinder eine erste Vorstellung von ihrer vertrauten Umwelt, können sie anfangen, ihre Welterfahrungen zu erweitern.

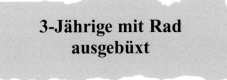

3-Jährige mit Rad ausgebüxt

Dies beginnt in der Regel im zweiten Lebensjahr. Spielend probieren die Kinder aus, was möglich sein könnte.

Dafür sind ausreichende Bewegungsmöglichkeiten anzubieten, Anregungen und Material zu geben und es sollte dem Kind frei verfügbare Zeit eingeräumt werden.

Die Erziehenden sind hier gefordert, altersentsprechende Möglichkeiten zu schaffen, damit das Kind seine motorischen, kognitiven, sozialen und emotionalen Fähigkeiten entwickeln kann. Es kann sonst zu Einschränkungen kommen.

Hier einige Beispiele:
- Kinder, die schon früh lange vor dem Fernseher sitzen, leiden eher unter Übergewicht und Bewegungsbeeinträchtigungen.
- Kinder, die nichts selbst entdecken und ausprobieren können, ziehen sich schneller zurück, werden leichter unsicher und entwickeln wenig Vertrauen in die eigenen Fähigkeiten.
- Kinder, die kaum die Wohnung verlassen, um mit anderen zu spielen, haben häufig Schwierigkeiten bei der Kontaktaufnahme mit Gleichaltrigen.

Bereits ein Säugling sollte genügend Bewegungsfreiheit und die Möglichkeit erhalten, seinen Körper zu erforschen.

Überall dort, wo einem Kind Gefahr droht, wenn dem Bewegungsdrang keine Grenzen gesetzt werden, wie z. B. im Straßenverkehr, muss der Erziehende regelnd eingreifen.

Aufgaben

1. Entwickeln Sie Ideen, wie das Bedürfnis nach Beweglichkeit und körperlicher Unversehrtheit für 1- bis 6-jährige Kinder gewährleistet werden kann.
2. *Eine Mutter sagt: „Mein Kind darf nicht auf den Abenteuerspielplatz."* Nehmen Sie Stellung dazu.

Zusammenfassung

- Der Mensch hat vielfältige Bedürfnisse, die man unterteilen kann in primäre oder grundlegende Bedürfnisse (u. a. Hunger, Durst, Schlaf, Sexualität) und sekundäre oder zweitrangige Bedürfnisse (u.a. Achtung, Anerkennung, Zugehörigkeit, Sicherheit, Selbstverwirklichung).

- Außer den grundlegenden Bedürfnissen, die alle Menschen haben, gibt es individuelle, die von Faktoren wie z. B. Lebenssituation und Alter abhängig sind.

- Das Kind ist zur Befriedigung seiner Bedürfnisse auf die Unterstützung anderer angewiesen. Dazu benötigt es eine oder mehrere feste Bezugspersonen, Verlässlichkeit, Zuwendung und Geborgenheit, um Urvertrauen entwickeln zu können.

- Der Kontakt zu Gleichaltrigen, Anerkennung der Leistungen, Annahme der Person sowie Grenzen und Strukturen sind weitere wichtige Bedürfnisse.

- Grenzen in der Erziehung vermitteln dem Kind Halt und Orientierung, Regeln und Rituale ein Gefühl von Sicherheit.

- Kinder haben einen großen Bewegungsdrang und zahlreiche motorische Bedürfnisse.

- Über Bewegung werden bei Kindern die Koordination, Kraft und kognitive Fähigkeiten gefördert.

- Erziehende müssen Kindern individuelle und entwicklungsgerechte Erfahrungen ermöglichen unter Berücksichtigung ihrer körperlichen Unversehrtheit.

Aufgaben

1. Sind Bedürfnisse abhängig von der Zeit, in der man lebt? Begründen Sie Ihre Antworten.

2. Vergleichen Sie die Bedürfnispyramide von Maslow mit den Bedürfnissen von Brazelton und Greenspan. Benennen Sie Unterschiede.

3. Mit welchen Mitteln und Maßnahmen kann man die Bedürfnisse eines Menschen befriedigen und was ist dabei zu beachten?

4. Nennen Sie Möglichkeiten, wie Kinder in ihrem Bedürfnis nach Selbstverwirklichung und Achtung gefördert werden können.

5. Was bedeutet das nachfolgende Zitat für Ihre Arbeit als Erziehende?
   „Ohne Wurzeln fällt man um …
   Bäume brauchen Wurzeln, das weiß jedes Kind. Und ein kleiner Baum kann umso besser wachsen und gedeihen, je kräftiger seine Wurzeln sind, mit denen er sich im Erdreich verankert und seine Nährstoffe aufnimmt. Nur wenn es einem kleinen Baum gelingt, tiefreichende und weitverzweigte Wurzeln auszubilden, wird er später auch Wind und Wetter, ja sogar Stürme aushalten können." [1]

6. *Nachdem die 3-jährige Agneta sich mehrmals allein auf den Weg zur Großmutter gemacht hat und mit großen Ängsten gesucht worden ist, bindet ihre Mutter sie mit einer 5 m langen Leine an einen Pfahl in ihrem Garten.*
   a) Welche Bedürfnisse bewegen Agneta und die Mutter zu ihren jeweiligen Verhaltensweisen?
   b) Wie bewerten Sie das Verhalten der Mutter und wie würden Sie sich verhalten?

---

[1] Gebauer, K.; Hüther, G.: Kinder brauchen Wurzeln, S. 7

7 Spiel und Spielbedürfnis

Beispiele
Der 2-jährige Jakob sitzt in der Sandkiste und lässt den Sand immer wieder durch seine Finger rieseln. Er hat dabei die anderen Kinder um sich herum vergessen.

Jana ist 5 Jahre alt und füttert ihre Puppe. Dabei redet sie ihr gut zu, ordentlich zu essen, lobt sie und legt sie dann zum „Bäuerchenmachen" über die Schulter. Dabei klopft sie ihr auf den Rücken.

Aufgaben

1. Wodurch unterscheiden sich die Spiele der beiden Kinder?
2. Gehen Sie auf einen Spielplatz und schreiben Beobachtungen zum Spielverhalten von Kindern auf.
3. Vergleichen Sie Ihre Beobachtungen in Kleingruppen und ordnen Sie diese dem Alter entsprechend zu.

7.1 Bedeutung des Spiels

Das Spiel ist ein Grundbedürfnis von Kindern und die vorherrschende Form kindlicher Betätigung. Es ist im Gegensatz zur Arbeit des Erwachsenen, die zweckbestimmt und zielgerichtet ist, zweckfrei und erfolgt um seiner selbst willen. Das Spiel behält ein Leben lang Bedeutung für den Menschen.
Für den Erwachsenen bedeutet es erholsamen Zeitvertreib, Freizeitbeschäftigung, Entspannung sowie Ausgleich zur Arbeit.

Aufgaben

4. Wann und was spielen Sie?
5. Warum spielen Sie und welche Erfahrungen machen Sie dabei?

Man kann das Spiel des Kindes als eine kindliche Form der Lebensbewältigung und wichtige Vorbereitung auf das Leben bezeichnen, denn:

■ Im Spiel erfolgt eine Auseinandersetzung mit der Umwelt.
Im spielerischen Umgang mit den Dingen sammelt das Kind neue Erfahrungen, erweitert seine Kenntnisse und Fähigkeiten. Es erprobt neue Möglichkeiten des Problemlösens, kann sich ausprobieren und erfährt Grenzen. Außerdem erfolgt eine aktive Bewältigung von Ereignissen.

Beispiel
Mirko und Anna (beide 4,5 J.) haben Angst vor einem Arztbesuch. Das greift die Erziehende in einem Rollenspiel auf und macht sie so mit der zu erwartenden Situation vertraut.

■ Das Spiel ist wichtig für die Entwicklung des Kindes in allen Bereichen.
Im Spiel übt das Kind seine Körpergeschicklichkeit, seine Sinne, sein Denken, seine Kreativität und schöpferische Gestaltungsfähigkeit.

Beispiel
Es hat geregnet. Auf dem Spielplatz hat sich eine große Pfütze gebildet. Fenno (4 Jahre) steht vor ihr. Er springt und landet mitten in der Pfütze. Jetzt versucht er es aus der Hocke. Mit neuem Schwung springt er los. Es gelingt. Er lacht über das ganze Gesicht.

■ Das Spiel ist wichtig für die Aufnahme sozialer Beziehungen.
Im Spiel lernt das Kind soziale Verhaltenweisen wie z. B. Ein- und Unterordnen,

Zusammenarbeit mit anderen, Einhalten von Regeln, Kontaktaufnahme.

Beispiel

Linus (4 J.), Finn (4,5 J.) und Mika (5 J.) sitzen in der Bauecke und bauen die Holz-Eisenbahn auf. Linus: „Finn, du baust den Bahnhof und Mika kann ja die Schienen aufbauen. Ich hole schon mal die Eisenbahn." Mika: „Aber alle fahren mit der Eisenbahn, nicht nur du!"

■ Im Spiel gewinnt das Kind Sicherheit. Dies geschieht im Umgang mit Dingen, Menschen und der eigenen Leistungsfähigkeit.

Beispiel

Antonia (5 J.) fädelt Perlen auf eine Schnur. Jede zweite Perle fällt herunter. Sie wird ärgerlich. Eine Praktikantin kommt und zeigt ihr, wie das Auffädeln besser gelingen kann. Antonia probiert es aus und ist stolz, dass es ihr nun besser gelingt.

Das Spiel erfolgt zwanglos und kann jederzeit vom Kind beendet werden. Es ist eine lustbetonte Tätigkeit, bei der die Fantasie ausgelebt und Ideen entwickelt werden können. Im Spiel werden vielfältige Bedürfnisse befriedigt, Gefühle ausgedrückt sowie (seelische) Empfindungen verarbeitet. Im Spiel wechseln sich Phasen von Spannung und Entspannung ab.

Aufgaben

Beobachten Sie ein Kind, wie es mit einem Kuscheltier spricht und umgeht.
1. Welche Gefühle kommen zum Ausdruck?
2. Welche Situationen werden nachgespielt?

Spiel ist eine Form des aktiven Lernens. Spielen bedeutet auch, das Leben handhabbar zu machen. Die vielen täglich neuen Eindrücke werden im Spiel verarbeitet und sich durch Wiederholungen zu eigen gemacht.

Mit zunehmendem Alter des Kindes verändert sich das Spiel in seinen Formen und seiner Bedeutung. Es wird vielfältiger, zweckgebundener, planmäßiger und die Ausdauer beim Spielen steigt.

7.2 Spielformen

Man unterscheidet folgende traditionelle Spielformen: **Funktionsspiel, Konstruktionsspiel, Rollenspiel** und **Regelspiel**.

Eine besondere Bedeutung für die Lebenswelt von Kindern haben heute **Computer- und Videospiele**, die am Ende des Abschnitts näher behandelt werden.

Alle traditionellen Spielformen werden im gesamten Kindesalter praktiziert. Abhängig vom Alter und der motorischen (körperlichen) und kognitiven (geistigen) Entwicklung werden die einzelnen Spielformen unterschiedlich häufig gespielt.

Kinder spielen bereits als Säuglinge: zunächst mit sich selbst, z. B. mit der Stimme, den Händen und den Füßen. Indem sie mit den Händen greifen, den eigenen Körper erkunden und alles in den Mund stecken, begreifen sie ihre Umwelt, lernen Neues und erweitern ihre Fähigkeiten. Schnell wird das Spiel auf die Umgebung ausgedehnt: Schubladen, Schränke und Alltagsgegenstände werden untersucht. Je älter die Kinder werden, desto mehr gewinnen Spielsachen, Spielpartner und Freunde an Bedeutung. Im Kleinkindalter werden vor allem Funktionsspiele, Konstruktionsspiele und Rollenspiele, die auch für die Sprachentwicklung von Bedeutung sind, gespielt. Die ersten Spiele sind sog. Bewegungsspiele, die den Funktionsspielen zugerechnet werden können.

7.2.1 Das Funktionsspiel

Das Funktionsspiel wird auch als **Tätigkeits-** oder **Übungsspiel** bezeichnet. Hierzu zählen alle Körpererfahrungs- und Bewegungsspiele sowie Wahrnehmungs- oder Sinnesspiele. Die Spiele werden von dem Kind aus Freude an der Bewegung und zufällig bewirkten Veränderungen getätigt.

Beispiel
Berührt ein Säugling zunächst „aus Versehen" ein Mobile, das sich daraufhin bewegt, wird er dies immer wieder und zunehmend gezielter versuchen.

Bei den ausgeführten Bewegungen beobachten die Kinder, was geschieht – zunächst mit dem eigenen Körper, dann mit Gegenständen und Materialien. Das Kind experimentiert mit Gegenständen seiner Umgebung. Dabei lernt es deren Eigenschaften kennen, sammelt Erfahrungen und begreift die eigenen Möglichkeiten.

Für Funktionsspiele typisch ist die häufige Wiederholung der Handlung, z. B. Aneinanderschlagen von Gegenständen, Ausräumen von Kisten, Sand einfüllen und ausleeren. Beliebte Materialien sind Wasser und Sand, beliebte Tätigkeiten das Aufeinanderstellen von Gegenständen. Alles geschieht ohne Gestaltungsabsicht.

Das Kind lernt dabei
■ wesentliche Merkmale der unterschiedlichen Materialien, wie z. B. Oberfläche, Gewicht, Beschaffenheit,
■ deren Handhabung und Nutzen, wie z. B. Holzklötze lassen sich aufeinanderstapeln, sowie
■ die Möglichkeiten des eigenen Körpers kennen, wie z. B. um die eigene Achse drehen, rennen, schaukeln.

Das Kind übt und entwickelt somit seine Fähigkeiten.

Spielentwicklung

Alter	Ausführung
0 – 6 Monate	Einfache Bewegungen, lustvolle Erforschung des eigenen Körpers, lallen (Spielen mit der eigenen Stimme)
6 – 12 Monate	Gegenstände werden miteinbezogen (klopfen, schlagen, ziehen) Körperfunktionen werden erprobt (krabbeln, hochziehen, werfen, schlagen, greifen, in den Mund stecken)
2. Lebensjahr	Erforschung von Gegenständen und Materialien (matschen, bauen, klettern)
3. Lebensjahr	Verfeinerung der Bau- und Steckspiele Umdeutung von Gegenständen (Baustein wird wahlweise zum Apfel, Auto oder Haus), Übergang zum Konstruktionsspiel

Tab. 7.1 Entwicklung des Funktionsspiels in den ersten 3 Lebensjahren

Aufgaben
1. Nehmen Sie Knete, klopfen, drücken, rollen Sie diese und bohren Sie Löcher mit Ihrem Finger hinein. Tun Sie dies langsam und immer wieder.
2. Welche Erfahrungen machen Sie?

7.2.2 Das Konstruktionsspiel

Das Konstruktionsspiel wird auch als **werkschaffendes** oder **schöpferisches Spiel** bezeichnet.

Aus der zunächst zufälligen Beobachtung, ein „Spielprodukt" hat Ähnlichkeit mit einem realen Gegenstand (mehrere Bauklötze bilden einen Turm), wird eine vorher geplante Aktivität: „Ich baue eine Stadt". Die ersten geplanten Produkte entstehen, wenn das Kind sein „Ich" entdeckt und die eigene Person wahrnehmen kann.

Aus dem funktionalen Spiel (Freude an der Betätigung mit den Materialien) wird das werkschaffende oder Konstruktionsspiel (Freude am Produkt). Bei den Konstruktionsspielen werden folgende Tätigkeiten ausgeführt: Bauen, Malen, Werken, Formen. Mit zunehmendem Alter werden die Konstruktionsspiele immer umfassender, können unterbrochen werden und dehnen sich nicht selten über einen längeren Zeitraum aus.

Wichtige Merkmale des Konstruktionsspiels sind:
■ ein vorgefasster Plan,
■ die vorherige Benennung des Produkts,
■ die gezielte Durchführung des Plans und
■ die Erkennbarkeit des Produkts.

Spielentwicklung

Alter	Ausführung
Bis Ende 2. Lebensjahr	Erste Spiele im Übergang vom Funktionsspiel (Umdeutung von Gegenständen)
3. Lebensjahr	Fertigung von einfachen Produkten (Kuchen backen, Turm bauen)
4. Lebensjahr	Herstellung von umfänglichen Produkten (Dorf), Spielen mit Belebungsmaterial (Bäume, Tiere, Figuren)
5. Lebensjahr	Erstellung von Produkten mit knetbaren Materialien (Ton, Plastilin usw.)
6. Lebensjahr	Herstellung von erkennbaren Zeichnungen (vgl. Kap. 11)
Ab ca. 10. Lebensjahr	Herstellung kleiner Gebrauchsgegenstände

Tab. 7.2 Entwicklung des Konstruktionsspiels in den ersten 10 Lebensjahren

Aufgaben

1. Sammeln Sie im Kindergarten Beispiele für Konstruktionsspiele.
2. Bauen Sie einen möglichst hohen Turm aus Bauklötzen. Welche Erfahrungen machen Sie dabei?

7.2.3 Das Rollenspiel

Das Rollenspiel wird auch als **Fantasie-** oder **Illusionsspiel** bezeichnet. Ereignisse, die für das Kind wichtig sind, werden im Rollenspiel be- und verarbeitet. Sowohl positive (z. B. ein Ausflug) als auch negative Erlebnisse (z. B. Kranksein) werden nachgespielt. Auch im Erwachsenenalter bei Konfliktbearbeitung und in pädagogischen Berufen behält das Rollenspiel als „Bewältigungsmethode" seine Bedeutung.

Im Rollenspiel kann das Kind seine Fantasie und Gefühle ausleben. Die eigenen Erfahrungen werden auf die Spielsituation übertragen und bearbeitet. Personen und Gegenstände werden verwandelt und übernehmen verschiedene Rollen. Voraussetzungen hierfür sind, dass das Kind sich abwesende Objekte vorstellen kann, Freude an der Verkleidung und dem Spiel hat und sich sprachlich verständigen kann.

Das Rollenspiel bildet eine Brücke zur Wirklichkeit. Es
- hilft, Erlebtes zu verarbeiten (Aggressionen werden abgebaut, seelische Spannungen verringert und unerfüllte Wünsche erfüllt);
- bildet einen Gegenpol zur eigenen Kleinheit und Machtlosigkeit (im Rollenspiel ist man stark);
- ermöglicht, kreative Lösungen zu finden.

Wichtige **Merkmale** des Rollenspiels sind:
- die Nachahmung von Handlungen,
- die „Als-ob-Einstellung",
- die Umdeutung von Gegenständen,
- die Verwandlung von Personen nach der eigenen Vorstellung,
- Lebloses wird lebendig.

Spielentwicklung

Alter	Ausführung
2. Lebensjahr	• Eigenes Verhalten wird nachgeahmt (essen, schlafen) • Einfache erlebte Handlungen werden nachgeahmt (rauchen, Zeitung lesen) • Umdeutung von Gegenständen (Bauklotz wird Auto, Hund, Telefon) • Verschiedene Rollen werden in rascher Reihenfolge übernommen (Vater, Mutter, Oma)
3. und 4. Lebensjahr	• Höhepunkt des Rollenspiels • Der Spielverlauf wird differenzierter • Konstruktions- und Rollenspiel werden verknüpft
5. und 6. Lebensjahr	• Kooperatives Rollenspiel (Spiel in Kleingruppen – abhängig von der Sprachentwicklung) • Erste Absprachen werden getroffen über die Rollenverteilung • Länger werdende Spiele mit vielfältigen Materialien • Spielentwicklung und Sozialentwicklung sind miteinander verknüpft

Tab. 7.3 Entwicklung des Rollenspiels vom 2. bis zum 6. Lebensjahr

Aufgaben

Beobachten Sie 5- bis 6-jährige Kinder beim Rollenspiel.
1. Was wird gespielt?
2. Wie erfolgt die Einigung über Rollenverteilung und Spielverlauf?
3. Welche Gegenstände werden benötigt und wie behelfen sich die Kinder?
4. Welche Bedürfnisse befriedigen die Kinder in der beobachteten Spielsituation?

7.2.4 Das Regelspiel

Regelspiele sind soziale Spiele, die in der Gruppe stattfinden und bei denen Absprachen über Regeln und Spielablauf eingehalten werden. Hierzu gehören **Gesellschaftsspiele, Brett-, Karten-, Wett-, Geschicklichkeitsregelspiele** und **Gruppenspiele**.

Jedes Regelspiel weist zwei **Merkmale** auf:
- den Wettbewerb und
- Spielpartner (einer oder mehrere).

Das Kind macht beim Regelspiel Erfahrungen mit Regeln und deren Einhaltung – eine wichtige und notwendige Voraussetzung im sozialen Miteinander. Alle Regelspiele erfordern Aufmerksamkeit. Je nach Spielart sind Beobachtungsvermögen, Urteilsfähigkeit, Reaktionsfähigkeit sowie Leistung gefragt und das Gedächtnis wird geschult.

Das Regelspiel ist im Vorschulalter in einfacher Form zu finden. Regelspiele haben meist einen Gewinner. Kleinere Kinder können noch nicht verlieren. Nicht zu gewinnen bedeutet für sie eine große Belastung, die mit einer Minderung des Selbstwertgefühls verbunden ist. 3- bis 3 1/2-Jährige verweigern häufig das Weiterspielen oder zerstören sogar die Spielsituation. Sie sollten deshalb keineswegs zu Regelspielen gedrängt werden. Erst ab 5 Jahren können Kinder besser verlieren.

Mit zunehmendem Alter können kompliziertere Regeln und Spielvereinbarungen getroffen werden. So erfährt das Kind, dass ein ungestörter Spielablauf nur möglich ist, wenn sich alle danach richten.

Spielentwicklung

Alter	Ausführung
4. Lebensjahr	• Regeln werden eingehalten, aber nicht verstanden • Misserfolge werden nicht ertragen, Spiel wird abgebrochen
5. und 6. Lebensjahr	• Verlieren fällt immer noch schwer, aber Misserfolge werden eher ertragen • Bevorzugte Spielpartner: Erwachsene oder ältere Kinder
10. Lebensjahr	• Beliebte und aktuelle Spielform • Regeln müssen eingehalten werden, sonst kommt es zu Konflikten • Veränderungen und Abweichungen von Regeln sind erst mit Älteren möglich

Tab. 7.4 Entwicklung des Regelspiels in den Lebensjahren 4 bis 10

Aufgaben

1. Beobachten Sie Kinder unterschiedlichen Alters bei Regelspielen.
   – Was spielen sie?
   – Wie verhalten sie sich während des Spiels?
   – Wie gehen sie mit Misserfolg um?
2. Informieren Sie sich über Regelspiele ohne Sieger und Verlierer.

7.3 Spielverhalten von Kindern

7.3.1 Das Alleinspiel/Einzelspiel

Typisch für das 1. Lebensjahr ist das Alleinspiel. Während dieses Zeitabschnitts spielt das Kind mit sich selbst. Es erkundet den eigenen Körper. Später greift es nach Gegenständen und hantiert mit diesen.

Ist ein Kleinkind an einer Tätigkeit interessiert, spielt es über eine lange Zeit allein mit dem Gegenstand und probiert dessen Möglichkeiten immer wieder aus.

Beispiel
Pauline (10 Monate) liegt auf dem Boden, vor sich hat sie ein Telefon. Sie schiebt das Gerät hin und her, versucht es umzudrehen, drückt auf die Tasten, hält es ans Ohr und redet vor sich hin. Dies tut sie immer wieder.

Auch ältere Kinder entscheiden sich für das Allein- oder Einzelspiel, wenn sie Zeit für sich allein haben oder eine neue Situation erkunden möchten.

Aufgaben

3. Welche Spiele werden von Erwachsenen alleine gespielt und warum?
4. Welche Gründe gibt es für das Alleinspiel?

7.3.2 Das Parallelspiel

Das Parallelspiel ist die vorherrschende Spielform der 2-Jährigen. Sie spielen nebeneinander, verwenden häufig ähnliches Spielzeug und beobachten sich beim Spiel. Dabei wird darauf geachtet, dass das eigene Spielzeug nicht von einem anderen benutzt wird. Eine intensivere Kontaktaufnahme erfolgt nur bei der Verteidigung des Eigentums.

7.3.3 Das kooperative Spiel

Hierzu gehören das **Partnerspiel** und **Gruppenspiele.**
Das Partnerspiel beginnt bei den 3-Jährigen. Sie spielen für eine kurze Zeit mit einem Spielpartner. Die 4-jährigen Kinder spielen bereits kurzfristig mit mehreren zusammen und befolgen einfache Regeln.

Mit zunehmendem Alter gewinnen Gruppenspiele an Bedeutung und werden mit Freunden gespielt.

Um zusammen spielen zu können, braucht das Kind die Fähigkeit, sich mit anderen auf einen gemeinsamen Gegenstand (ein Spielzeug, ein Spielthema, einen Spielrahmen) einzulassen. Das Kind ordnet seine Interessen unter oder überzeugt andere von seiner Spielidee.

Zum kooperativen Spiel gehören z. B. die Wippe, die nur funktioniert, wenn zwei Kinder darauf sitzen, oder das Klettergerüst, das mehreren Kindern Raum zum Klettern gibt und gleichzeitig die Möglichkeit bietet, sich gegenseitig zu beobachten.

Beispiel
Es ist Freispielzeit im Kindergarten. Die Kinder können selbst entscheiden, mit wem sie spielen möchten, an welchem Ort und mit welchem Material.

Es geht bunt her:
- *Drei Kinder sitzen am Tisch und spielen Memory,*
- *zwei sitzen draußen auf der Schaukel,*
- *vier Mädchen sitzen in der Sandkiste und „backen" Kuchen,*
- *drei Jungen bauen mit Legosteinen auf dem Bauteppich Autos,*
- *einige Mädchen sitzen im Atelier und malen,*
- *am Experimentiertisch stehen Kinder und schrauben ein Telefon auseinander.*

Aufgaben

1. Ordnen Sie die Spiele der Kinder den Spielformen zu.
2. Beobachten Sie Kinder im Freispiel und protokollieren Sie, wo, mit wem und was die Kinder spielen. Besprechen Sie Ihre Ergebnisse in einer Kleingruppe.
3. Welche Bedürfnisse der Kinder werden für Sie erkennbar?
4. Entwickeln Sie Spielideen, die zur Kooperation anregen.

7.3.4 Computerspiele

Computer gehören heute schon fast zum alltäglichen Umgang von Kindern und sind als Spielmöglichkeit aus vielen Kinderzimmern nicht mehr wegzudenken. Selbst Kinder im Kindergartenalter kommen häufig mit Computer- und/oder Videotechnik in Berührung. Gleichwohl stehen Pädagogen immer wieder vor der Frage, ob der gezielte, sinnvolle Einsatz von z. B. Lernprogrammen am Personal Computer (PC) die Kinder fördert und sich positiv auf Verhalten, Entwicklung und späteren beruflichen Erfolg auswirkt oder ob in der Beschäftigung mit Computer- und Videospielen eher eine Gefahr liegt. Die Gefahr wird häufig in gewalttätigen Inhalten, Bewegungsmangel, einer möglichen Suchtgefahr oder der Vereinzelung von Kindern gesehen.

Aufgaben

1. Welche Computer- und Videospiele kennen und spielen Sie? Beschreiben Sie Ihre Erfahrungen damit.
2. Worin liegen für Kinder und Jugendliche der Reiz und die Gefahren von Computer- und Videospielen?

Computerspiele gehören zu den aktuellen Spielmitteln, deren Themen aus der Märchen- und Fantasiewelt, Filmen, Comics und Literatur stammen. Kindern sind die aufgegriffenen Figuren zwar bekannt. Sie können trotzdem nicht in jeder Altersstufe jedes Spiel spielen, da die Leistungsanforderungen der Spiele sehr unterschiedlich sind. Hier gibt es Spielgeschichten, Denk-, Geschicklichkeits-, Simulations- und Actionspie-

le, die sich nach Inhalten, Spielidee, Darstellung, Funktion und Leistungsanforderung in Gruppen einteilen lassen:

- **Denk- und Geschicklichkeitsspiele**
Über Taktik und Reaktionsschnelligkeit werden Aufgaben gelöst und Gefahren umgangen. Durch Hüpfen, Springen, Schießen werden auf dem Weg zum Ziel Punkte gesammelt. Geschieht dies in einer bestimmten Zeit, wird das nächste „Level" erreicht.
- **Funny Games oder Adventure-Spiele**
Diese Abenteuerspiele sind in Geschichten mit verschiedenen Spielszenen verpackt, bei denen Rätsel und Aufgaben gelöst werden müssen. Inhalte dieser Spiele sind neben Abenteuer- und Detektivgeschichten auch Themen mit historischem Bezug oder aus Fantasy- oder Science-Fiction-Bereichen.
- **Simulationsspiele**
Wichtigstes Kriterium dieser Spiele ist die deutliche Betonung des Realitätsbezugs. Die Bereiche der Simulationen (Vorspiegelung von Realität) sind vielfältig und reichen von Flugzeugsimulationen über Sportspiele bis zu Gefechts- und Schlachtsituationen.

Alle Spiele, die vom Inhalt und Aufbau kriegs- oder gewaltverherrlichend sind, frauenverachtende Darstellungen enthalten, Fremdenfeindlichkeit und Rassendiskriminierung sowie rechtsradikale Inhalte enthalten, zählen zu den **problematischen Spielen**.

Aufgaben

3. Nehmen Sie Stellung zu der Aussage: *„Kinder flüchten in eine Scheinwelt".*
4. *Ein Kind bringt einen Gameboy mit oder berichtet begeistert davon.*
Wie würden Sie darauf reagieren?
Gab es diese Situation in Ihrer Praktikumsstelle? Wenn ja, wie haben Sie reagiert?
5. Welche Erfahrungen haben Sie selbst im Umgang mit Computerspielen gemacht?
6. Wählen Sie ein Computerspiel und beschreiben Sie Folgen (positiv oder negativ) im Umgang damit in Form einer Beurteilung oder Rezension.

7.4 Aufgaben der Erziehenden

Beispiel
Eine häufig anzutreffende Familiensituation:
Der Vater muss zur Arbeit, die Mutter möchte
unbedingt noch etwas erledigen, der 4-Jährige hat
unendlich viele Fragen und wird quengelig. Ent-
nervt sagt die Mutter: „Nun geh schon endlich raus
und spiel."

Aufgaben

1. Welche Bedürfnisse hat das Kind?
2. Wie könnte sich das Kind nach dieser Spiel-
   aufforderung fühlen?
3. Kann man Spielen anordnen? Begründen Sie
   Ihre Antwort.
4. Wie würden Sie sich als Erziehende in einer
   ähnlichen Situation verhalten?

Im Spiel werden Bewegungs-, Beschäftigungs-
und Gestaltungsdrang befriedigt. Hierfür muss
die Erziehende die Voraussetzungen schaffen.
Das bedeutet, sie muss

- **für ungestörte Spielzeit sorgen.**
  Da das Spiel zweckfrei ist, wird es in seinen
  wichtigen Funktionen oft nicht so ernst
  genommen und gestört („Komm jetzt, wir
  wollen einkaufen gehen.", „Wir wollen frühstücken" etc.). Kleinkinder spielen sieben bis
  neun Stunden am Tag. Ihnen fällt ein abrup-
  ter Abschluss besonders schwer. Das muss
  man bei der Tagesplanung berücksichtigen
  und Störungen und Anforderungen möglichst vermeiden. Ein Erziehender sollte deshalb auf den Abschluss vorbereiten oder
  beim Spielabschluss helfen.

Aufgabe

5. Wie könnte eine Vorbereitung oder Hilfe beim
   Spielabschluss aussehen?

- **für ungestörten und behinderungsfrei-
  en Spielraum sorgen.**
  Die Kinder sollten einen Platz zum Aufbe-
  wahren ihrer Spielsachen erhalten. Das

könnten im Kindergarten z. B. eine Kiste im
Regal oder das Fach über der Garderobe
sein. Zunächst sind Wohnung und Gruppenraum ein großer Spiel- und Eroberungsraum.
Sie sollten entsprechend hergerichtet sein.
Kleinkinder spielen beispielsweise viel liegend. Mit zunehmendem Alter verlagert sich
der Spielplatz von drinnen nach draußen.

Aufgabe

6. Was bedeutet das konkret: ungestörter und
   behinderungsfreier Raum?

- **das Spiel der Kinder im Blick behalten.**
  Eingreifen und Hilfestellung nur, wenn es
  nötig ist (Ballspiele an Verkehrsstraße, Topf-
  schlagen in der Mittagspause, Umgang mit
  Schere oder Messer).
  Anregungen geben bei Stillstand.

Beispiel
„Du weißt jetzt nicht so recht, was du mit den
Stöcken und der Knete machen kannst? Wollen
wir zusammen überlegen?"

Auf Hinweise und Vorgaben verzichten.

Beispiel
„Damit kannst du einen Turm bauen."

- **bei Spielauswahl das Alter berücksichtigen** (zu schwierig – Enttäuschung, Entmuti-
  gung; zu leicht – Langeweile, Verlust der
  Freude).
- **für Spielmaterial sorgen.**

Für Spielauswahl und -angebot gelten folgende Grundsätze:
- nicht zu viele verschiedene Spielsachen
- vielseitig und lange verwendbar
- eine ausreichende Menge
- fantasieanregend

Aufgabe

7. Auf welches Spielzeug treffen die genannten
   Grundsätze zu? Begründen Sie Ihre Antwort.

Zusammenfassung

- Spielen ist ein Grundbedürfnis von Kindern, durch das sie Eindrücke und Erfahrungen sammeln oder verarbeiten können.
- Für Erwachsene kann das Spiel ein erholsamer Zeitvertreib, Entspannung und Ausgleich zur Arbeit sein.
- Das Spiel ist eine Form des aktiven Lernens und hat für die Entwicklung des Kindes mehrere wichtige Funktionen:
  - Auseinandersetzung mit der Umwelt
  - Einübung individueller Fähigkeiten
  - Aufnahme sozialer Beziehungen
  - Erwerb von Sicherheit im Umgang mit Dingen, Menschen und der eigenen Leistungsfähigkeit
- Es gibt unterschiedliche Spielformen, die sich je nach Alter des Kindes verändern: Funktionsspiel, Konstruktionsspiel, Rollenspiel, Regelspiel.
- Das Spiel von Kindern weist verschiedene Stadien auf:
  - das Alleinspiel/Einzelspiel
  - das Parallelspiel
  - das kooperative Spiel
- Eine besondere Bedeutung für die Lebenswelt der Kinder haben heute Computer- und Videospiele.
- Die Aufgaben von Erziehenden bei der Begleitung und Förderung des kindlichen Spiels sind vielfältig:
  - Die Erziehende nimmt sich zurück.
  - Sie akzeptiert das Spiel der Kinder und unterbricht es nicht.
  - Sie fühlt sich in Spielsituationen und -bedürfnisse ein.
  - Sie ist behilflich bei der Suche nach Spielpartnern.
  - Sie schafft Spielanreize.

Aufgaben

1. Bilden Sie zwei Kleingruppen. Eine Gruppe spielt das Spiel „Mensch ärger Dich nicht". Die zweite Gruppe beobachtet die Reaktionen der einzelnen Mitspieler während des Spiels. Tauschen Sie sich hinterher über Gefühle und Reaktionen aus.

2. Filmen Sie Kinder beim Rollenspiel. Stellen Sie den Film der Klasse vor. Welche Merkmale eines Rollenspiels erkennen Sie?

3. *„Das Spiel ist für das Kind ein Schlüssel zur Welt und ein Schlüssel zu sich selbst. Spiel kann für uns ein Schlüssel zum Kind sein."*[1]
   Diskutieren Sie diese Aussagen und belegen Sie Ihre Meinung mit Beispielen.

4. Nicht alle Kinder spielen lustvoll, freudig, kreativ, kooperativ. Das Spielverhalten seelisch belasteter Kinder ist häufig antriebsarm, ängstlich, uninteressiert, unzufrieden, kontaktarm.
   Welche Spielhilfen können Sie diesen Kindern geben? Begründen Sie Ihre Ideen.

5. *Ihr Gruppenraum soll renoviert und neu eingerichtet werden.* Erstellen Sie einen Entwurf (Skizze, Collage), in dem die Spielformen sowie die unterschiedlichen Spielbedürfnisse einer altersgemischten Gruppe berücksichtigt werden.

6. *Fünf Jungen (5 Jahre) stehen mit Schaufeln in einer Wasserpfütze und beginnen einen Wall aufzuschütten. Ein 3-Jähriger schaut gespannt zu und springt plötzlich auf den Wall.*
   Welche Spielbedürfnisse werden erkennbar und wie würden Sie als Erziehende auf die unterschiedlichen Bedürfnisse reagieren?

7. Es gibt spielzeugfreie Kindergärten. Informieren Sie sich darüber genauer.
   Welche Gründe könnten dazu geführt haben, sie einzurichten?

---

[1] Reimitz, J.: Spiel – Spiegel der Seele, in: Methoden des Kindergartens 2, S. 116

8 Kinder in besonderen Lebenssituationen

Unser kleiner Sonnenschein Lars
hat uns viel zu früh verlassen.

Wir sind unendlich traurig
Mama und Papa
Oma Martha und Opa Rudi

Aufgaben

1. Was sagen die Anzeige und das Bild über die Lebenssituation des Kindes aus?
2. Welche besonderen Lebenssituationen von Kindern kennen Sie aus Ihrem persönlichen Umfeld?

Kinder erleben schon im Vorschulalter, dass sich ihr persönliches Umfeld verändert. Ursache hierfür können ganz unterschiedliche Ereignisse sein:

- Übergang in Krippe, Kindergarten oder Schule
- Geburt von Geschwistern
- Trennung und Scheidung der Eltern
- Wiederheirat eines Elternteils
- Umzug
- Krankheit/Behinderung
- Tod
- Gewalt und Missbrauch
- Flucht/Migration

Aufgabe

3. Welche Veränderungen können sich aus den verschiedenen Situationen für das Kind ergeben?

8.1 Eintritt in Krippe und Kindergarten

Beispiel
Mayla ist 4 Jahre alt und für den Kindergarten angemeldet. Bisher hat sie nur auf dem Spielplatz Kontakte zu anderen Kindern gehabt und ein paar Mal bei den Großeltern übernachtet. Vor sechs Monaten ist ein Bruder geboren worden. Die Mutter hat nun die Großmutter gebeten, Mayla zur Eingewöhnung in den Kindergarten zu begleiten, da sie morgens noch mit dem Baby beschäftigt ist.
Die ersten Tage geht Mayla fröhlich und forsch von zu Hause fort. Doch nach vier Tagen ist sie verändert: Sie klammert sich an die Mutter, versteckt ihre Brottasche und will nicht mehr in den Kindergarten. Die Mutter versteht das nicht und auch die Großmutter, die Mayla begleitet hat, ist ratlos.

Aufgaben

4. Welche Ursachen könnte Maylas Verhalten haben?
5. Was würden Sie als Erziehende der Mutter in dieser Situation raten? Stellen Sie Ihre Überlegungen im Rollenspiel dar.
6. Wie haben Sie Ihren eigenen Eintritt in den Kindergarten erlebt? Berichten Sie davon.

Im Leben jedes Menschen gibt es Situationen, in denen er sich in neue Gegebenheiten einfinden muss. Für Kinder ist das der Eintritt in Krippe, Kindergarten und Schule.

Diese Übergänge werden **Transition** genannt. Jeder Übergang bedeutet Trennung von Bezugspersonen, Neuorientierung und Anpassungsleistung, die die Bildungslaufbahn des Kindes beeinflussen und an der es seinen Teil zur **Ko-Konstruktion** (gemeinsame Lerngestaltung) beitragen muss.

Der Eintritt in die Krippe oder den Kindergarten ist für die meisten Kinder der Zeitpunkt, an dem erstmals eine kontinuierliche „**Fremdbetreuung**" und längere Trennung von den Eltern erfolgen. Die Wünsche und Sorgen müssen plötzlich einer fremden Person anvertraut werden. Aufmerksamkeit und Zuwendung der Erzieherin sowie Spielzeug müssen mit anderen Kindern geteilt werden, die anfangs überwiegend noch fremd und namentlich nicht bekannt sind. Der **Eingewöhnungsphase** kommt deshalb ein besonderer Stellenwert zu. Für viele 1- bis 3-jährige Kinder, die eine Krippe besuchen, bedeutet die Ablösung von den engsten Bezugspersonen eine besondere Herausforderung. Deshalb ist die Gestaltung der Eingewöhnungsphase besonders wichtig. Ziel ist es, eine tragfähige Beziehung zwischen Kind und Fachkraft aufzubauen und dem Kind ein Gefühl von Sicherheit zu vermitteln. Vielerorts dient das „Berliner Modell" hierfür als Grundlage (s. S. 97).

Mit 3 bis 4 Jahren wechselt das Krippenkind in den Elementarbereich und wird zum „großen" Kindergartenkind. Einrichtung und Räume sind bereits vertraut.

Ein Kind, das mit 3 bis 4 Jahren erstmals eine Einrichtung besucht, muss sich nun von seinen engsten Bezugspersonen lösen. Einerseits hat das Kind das Bedürfnis, sein Umfeld zu erweitern und neue Beziehungen zu knüpfen. Andererseits braucht es die Verlässlichkeit und Sicherheit seines gewohnten Umfelds. Das Kind öffnet sich immer mehr nach außen. Es knüpft neue Beziehungen, muss sich in eine Gruppe einfinden und bestimmte Regeln einhalten. Das erzeugt Freude, aber auch Angst.

Auch für Eltern ist die Fremdbetreuung eine Umstellung. Oftmals haben sie Zweifel: Kommt das Kind zurecht? Wie wird es von den anderen Kindern und den pädagogischen Fachkräften behandelt? Ist dies der richtige Zeitpunkt?

Eltern und Kind können sich auf diesen neuen Lebensabschnitt gemeinsam vorbereiten:

- Den Kindergarten vorher besuchen. Die Gruppenerzieherin zeigt dem Kind die Räume und lädt es ein, an Festen und/oder Schnuppertagen teilzunehmen.
- Dem Kind von der eigenen Kindergartenzeit erzählen und/oder Bücher zum Thema betrachten.
- Trennung üben, indem das Kind schon einmal länger bei Oma und Opa bleibt oder bei einem Freund spielt und übernachtet.
- Kontakte zu Kindern aufbauen, die bereits in den Kindergarten gehen.
- Mit dem Kind Sachen einkaufen, die es für den Kindergarten braucht: Hausschuhe, Brottasche/Rucksack, Trinkflasche.

Ist der erste Tag da, kommt es darauf an, sich genügend Zeit für die Eingewöhnung zu nehmen. Viele Kindergärten bieten den Eltern an, in der ersten Zeit in der Gruppe dabei zu sein und erst für kurze Zeit wegzugehen. Eine andere Hilfe für das Kind kann ein Kuscheltier als Begleiter sein. Trotzdem fällt manchen Kindern die Trennung schwer, weil sie Zweifel haben, ob sie auch wirklich wieder abgeholt werden. Verzweifelt klammern sie sich an die Mutter und brechen in Tränen aus. Hier ist es besonders wichtig, dass Eltern und Erziehende gut zusammenarbeiten, denn das Kind braucht anfangs eine feste Bezugsperson.

Hilfen, die die **Eingewöhnung** erleichtern:

- Rechtzeitig aufstehen und dem Kind Zeit geben, sich für Krippe oder Kindergarten fertig zu machen (Brot einpacken, Trinkflasche usw.).
- Von der Krippe/dem Kindergarten angebotene Eingewöhnungszeiten wahrnehmen.
- Keine langen Abschiedsszenen, auch wenn es schwer fällt. Das Kind sollte liebevoll getröstet und verabschiedet werden. Dabei kann ein Abschiedsritual helfen, wie z. B. bis zum Gruppenraum mitgehen, vor dem Gehen noch mal winken.
- Die Krippe/den Kindergarten täglich besuchen, damit das Kind seinen Platz in der Gruppe findet, was durch Unregelmäßigkeit erschwert wird.
- In der Anfangszeit keine anstrengenden Unternehmungen planen, denn das Hineinfinden in die neue Situation kostet Kraft.
- Das Kind zum versprochenen Zeitpunkt abholen.

Fünf Schritte bei der Eingewöhnung nach dem Berliner Eingewöhnungsmodell

1. Der erste Kontakt: Das Aufnahmegespräch
Das Aufnahmegespräch ist der erste ausführliche Kontakt zwischen Eltern und Bezugserzieher. Im Mittelpunkt steht dabei das Kind mit seinen Bedürfnissen und die Eingewöhnung das Kindes in die Krippengruppe.

2. Die dreitägige Grundphase:
Ein Elternteil kommt drei Tage lang mit dem Kind in die Einrichtung, bleibt ca. 1 Stunde und geht dann mit dem Kind wieder. In den ersten drei Tagen findet kein Trennungsversuch statt. Der Elternteil verhält sich passiv, schenkt aber dem Kind volle Aufmerksamkeit – der Elternteil als sichere Basis. Der Erzieher nimmt vorsichtig Kontakt auf und beobachtet die Situation. (Mitnahme des „Übergangsobjektes")

3. Erster Trennungsversuch und vorläufige Entscheidung über die Eingewöhnungsdauer:
Der Elternteil kommt am vierten Tag mit dem Kind in die Einrichtung, verabschiedet sich nach einigen Minuten klar und eindeutig und verlässt den Gruppenraum für ca. 30 Minuten, bleibt aber ind er Nähe

Variante 1:
Kind bleibt gelassen oder weint, lässt sich aber rasch von dem Erzieher trösten und beruhigen und findet nach kurzer Zeit zurück ins Spiel.

Variante 2:
Kind protestiert, weint, und lässt sich von dem Erzieher auch nach einigen Minuten nicht trösten bzw. fängt ohne ersichtlichen Anlass wieder zu weinen an.

3. Stabilisierungsphase:

Kürzere Eingewöhnungszeit
5. + 6. Tag langsamere Ausdehnung der Trennungszeit, erste mögliche Beteiligung beim Füttern und Wickeln und Beobachtung der Reaktion des Kindes; Elternteil bleibt in der Einrichtung.

Längere Eingewöhungszeit
5.–6. Tag Stabilisierung der Beziehung zum Erzieher; erneuter Trennungsversuch frühestens am 7. Tag; je nach Reaktion des Kindes Ausdehnung der Trennungszeit oder längere Eingewöhnungszeit (2–3 Wochen).

5. Schlussphase:
Der Elternteil hält sich nicht mehr in der Einrichtung auf, ist aber jederzeit erreichbar. Die Eingewöhnung ist dann beendet, wenn das Kind sich schnell von dem Erzieher trösten lässt und in grundsätzlich guter Stimmung spielt.

Quelle: www.infans.net/pdf/Eingewoehnung.pdf

■ Interesse zeigen an dem, was das Kind zu erzählen hat, aber nicht mit bohrenden Fragen drängen. Die Eltern haben die Möglichkeit, sich ggf. bei der Gruppenleitung zu informieren.

■ Am Nachmittag oder Abend Zeit für das Kind haben. So fühlt es sich sicher und angenommen und kann dem neuen Tag mit Freude entgegensehen.

Trotz guter Vorbereitung kann es immer wieder passieren, dass ein Kind nicht in den Kindergarten möchte. Ursache hierfür können schon kleine Veränderungen im Kindergartenalltag sein: Die vertraute Erziehende ist krank, die beste Freundin/der beste Freund ist nicht gekommen, ein Spielwunsch wurde abgelehnt. Es ist nicht immer einfach, den Grund zu erfahren. Ein Gespräch im Team über das Gruppengeschehen und/oder mit Eltern über besondere Ereignisse ist hier hilfreich. Wichtig ist für ein Kind, dass es verstanden und ernst genommen wird. Trotzdem lassen sich nicht alle Schwierigkeiten beheben; einige müssen vom Kind alleine gemeistert werden.

Aufgaben

1. Überlegen Sie in einer Kleingruppe, welche Schwierigkeiten ein Kind in einem Kindergarten alleine lösen sollte.
2. Schildern Sie mögliche Erfahrungen mit Eingewöhnungsschwierigkeiten (Situationen und Maßnahmen) aus Ihrem Praktikum.
3. Tauschen Sie Ihre Erfahrungen aus.
4. Informieren Sie sich hierzu über die verschiedenen „Einführungsmodelle".
5. Vergleichen Sie die 5 Schritte des Berliner Eingewöhnungsmodells mit der Gestaltung des Übergangs in Ihrer Einrichtung. Begründen Sie die Unterschiede.
6. Wie können Sie dem Kind in den ersten Tagen als Kinderpflegerin oder Sozialassistentin den Einstieg in die Kindergruppe erleichtern?

8.2 Eintritt in die Schule

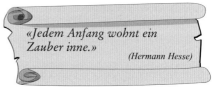

«Jedem Anfang wohnt ein Zauber inne.»
(Hermann Hesse)

Aufgaben

7. Betrachten Sie das Bild. Welche Gefühle mag das Kind haben?
8. Bringen Sie ein Bild von Ihrem ersten Schultag mit. An was erinnern Sie sich noch?
9. Worauf waren Sie stolz und was hat Ihnen besonders gefallen?
10. Stimmen Sie der obigen Aussage zu? Begründen Sie Ihre Antwort.

Im letzten Kindergartenjahr nehmen die Gespräche um das Thema „Schule" zu. Das Kind erzählt begeistert, dass es bald 6 Jahre alt ist und in die Schule kommt. Es fühlt sich als „großes Kindergartenkind". Eltern und Großeltern erzählen nun gerne von ihrer Schulzeit. Das Kind hört meist mit großem Interesse zu. Es spürt die besondere Bedeutung der Schule. Das wird auch an der Tradition der Schultüte deutlich. Freude und Stolz vermischen sich mit Erwartungsangst und Sorge und viele Eltern stellen sich die Frage, ob ihr Kind „reif für die Schule" und auch „fähig für den Schulbesuch" ist.

Sprach man früher von Schulreife, verwendet man heute die Begriffe **Schulfähigkeit**, besser noch **Schulbereitschaft**.

Definition

Unter **Schulbereitschaft** bzw. **Schulfähigkeit** versteht man bestimmte Verhaltens- oder Persönlichkeitsmerkmale und Leistungseigenschaften, die für einen erfolgreichen Schulbesuch erforderlich sind.

Zu den notwendigen Persönlichkeitsmerkmalen gehören die körperliche, geistige, emotionale und soziale Reife. Mit Leistungseigenschaften sind u.a. Konzentrationsfähigkeit, Durchhaltevermögen und Lernfreude gemeint.

Aufgabe

1. Erstellen Sie eine Mindmap zu den Persönlichkeitsmerkmalen und was damit gemeint ist.

Mit dem Eintritt in die Schule beginnt für das Kind ein bedeutender Lebensabschnitt mit neuen Entwicklungsaufgaben. Damit der Übergang (Transition) vom Kindergarten in die Schule gelingt, müssen alle Beteiligten – Erzieher, Lehrer und Eltern – zusammenarbeiten und das Kind auf die neue Situation vorbereiten. Das Gelingen ist abhängig von den Kompetenzen des Kindes und den Erwartungen der Schule sowie der Kommunikation, Partizipation und Kooperation der Beteiligten (s. Kap. 10, 14 und 15).

Der Schulerfolg eines Kindes hängt außerdem vom (biografischen) Umfeld des Kindes, der Zusammensetzung der Klasse und dem Unterrichtskonzept ab. Jede Schule hat ihr eigenes Profil und gestaltet die Schuleingangsphase anders. Darüber hinaus hat auch jedes Bundesland eigene Aufnahmekriterien.

Aufgaben

2. Informieren Sie sich in einer Kleingruppe über das Schulprofil einer Grundschule im Einzugsbereich Ihrer Praktikumsstelle unter besonderer Berücksichtigung der Gestaltung der Schuleingangsphase.
3. Stellen Sie Ihre Ergebnisse in der Klasse vor.

Mit dem Eintritt in die Schule ändert sich für das Kind und die Eltern einiges:

Auf das Kind kommen viele Anforderungen zu und seine Selbstständigkeit wächst. Vertraute Lebensgewohnheiten, wie z. B. flexible Bring- und Abholzeiten aus der Kindergartenzeit, müssen aufgegeben werden. Es muss sich an neue Bezugspersonen und Kinder gewöhnen. Die Klassenlehrerin/der Klassenlehrer wird zu einer wichtigen Bezugsperson mit Vorbildcharakter. Das kann man an Äußerungen wie „Frau Huber hat aber gesagt …" feststellen.

Die Eltern müssen auf das Einhalten vorgegebener Zeiten, die sich aus dem Stundenplan ergeben, und die Erledigung der Hausaufgaben achten. Die eigene Arbeitszeit ist möglicherweise mit der Schulbesuchszeit schwer in Einklang zu bringen, sodass über den Besuch von Ganztagsschule, Hort oder Tagespflege entschieden werden muss.

Eltern sollten den Übergang vom Kindergarten in die Schule gemeinsam mit Erziehern und Lehrern gestalten. Einiges ist ähnlich wie beim Eintritt in den Kindergarten: Weg, Schule, Räume kennenlernen oder auch die neue Tagesmutter, den Hort. Hinzu kommt die besondere Bedeutung des Schulranzens, auf den das Kind besonders stolz ist.

Nicht alle Kinder fühlen sich in der Schule mit den neuen Strukturen, Regeln, Kindern und Bezugspersonen gleichermaßen wohl. Der Wechsel kann zu Verunsicherung und Störungen führen wie beispielsweise Bettnässen, Ängsten, Appetitlosigkeit. Beobachtet man, dass sich das Verhalten des Kindes sehr verändert, sollte die Klassenlehrerin angesprochen werden, um mit ihr nach den Ursachen zu forschen. Die Dynamik in einer Gruppe lässt Außenseiter schon durch kleine Andersartigkeiten entstehen. Diese Kinder haben es dann schwer, einen Status in der Klasse zu erlangen (vgl. Kap. 5).

Aufgaben

4. Wie können Sie als Erziehende Kindern den Einstieg in die Schulsituation erleichtern?
5. Welche Maßnahmen werden in Ihrem Kindergarten praktiziert?

8.3 Geschwisterliebe – Geschwisterhass

Beispiel

Max (5 Jahre) verkündet laut im Haus: „Ich bekomme ein Kind. Das wächst schon im Bauch von meiner Mama." Er sortiert die Babysachen, die er einmal getragen hat, mit der Mutter in den Schrank. Gemeinsam mit dem Vater baut er das Kinderbett auf. Als die Schwester geboren ist, ist er jedoch ganz enttäuscht, dass sie noch so klein ist. Täglich geht er zu ihrem Bettchen und stellt ihr seine Spielsachen auf die Bettdecke. Plötzlich wirft er voller Wut einen Bauklotz in das Bett und ruft: „Die will ich nicht haben, Mama, tu sie wieder in deinen Bauch."

Aufgaben

1. Was könnte den „Sinneswandel" bei Max hervorgerufen haben?
2. Wie sollte die Mutter darauf reagieren?
3. Was braucht Max, um seine Schwester wieder akzeptieren zu können?

Zuneigung und Liebe zwischen Geschwistern werden oft für selbstverständlich gehalten. Es ist aber bekannt, dass es auch Geschwister gibt, die sich fremd bleiben und ein Leben lang Rivalen sind. Die besondere Beziehung zwischen Geschwistern entsteht langsam. Dabei ist von Bedeutung, welche Position ein Mensch in seiner Herkunftsfamilie einnimmt. Die **Stellung in der Geschwisterreihe** prägt viele Menschen für das gesamte Leben.

Geschwister – egal ob Erstgeborene, mittlere Kinder oder Nesthäkchen – kämpfen um elterliche Liebe und Aufmerksamkeit. Alle Kinder wollen einen guten Platz in der Familie. Sie möchten das Gefühl haben, wichtig zu sein und in ihrer Einzigartigkeit akzeptiert zu werden. Entsprechende Verhaltensweisen zeigen sich auch in der Kindergartengruppe. Wird ein Kind anlehnungsbedürftiger oder nimmt Verhaltensweisen an, die es bereits abgelegt hatte (Schnuller haben, einnässen, nicht mehr in den Kindergarten wollen), braucht es viel Zuwendung, Zeit und Unterstützung für die eigene Entwicklung. Für Erziehende ist das nicht leicht

Die Geburt des zweiten Kindes stellt für das Erstgeborene eine besondere Herausforderung dar. Es fühlt sich in der Regel „entthront" und muss nun Zeit und Aufmerksamkeit der Eltern teilen. Jede Streicheleinheit, jedes Kuscheln wird argwöhnisch betrachtet. Am stärksten ausgeprägt sind die Angst, die Eltern an das neue Wesen zu verlieren, und die Eifersucht; besonders dann, wenn die Kinder im Abstand von zwei bis drei Jahren geboren werden. Der ideale Unterschied wird heute zwischen sechs und sieben Jahren gesehen. Das erstgeborene Kind hat so genug Zeit, persönliche Erinnerungen aufzubauen.

Außerdem ist das Beziehungsverhältnis zwischen Eltern und Kind dann gefestigter.

Auch der Kindergarten kann auf die neue Situation vorbereiten:

■ Über Schwangerschaft kindgemäß informieren.
■ Werdende Mutter oder Mutter mit Neugeborenem einladen und erzählen lassen.
■ Babybilder/eigene Fotos in den Kindergarten mitbringen lassen und anschauen.
■ Mit den Kindern Bücher zu dem Thema betrachten.
■ Im Kindergarten die Rollenspielecke mit Babysachen ausstatten.
■ Die Gefühlsschwankungen des erstgeborenen Kindes akzeptieren, trösten.
■ Bei Verlustängsten und Verunsicherungen einen strukturierten Tagesablauf einhalten.

Aufgaben

4. Welche Position hatten Sie innerhalb Ihrer Geschwisterreihe (Erstgeborene, Mittlere, Nesthäkchen, Einzelkind)? Tauschen Sie Ihre Erfahrungen hierüber in einer Kleingruppe aus.
5. Welche Erklärungen haben Sie für Ihre unterschiedlichen Erfahrungen?

8.4 Kinder in Trennungs- und Scheidungssituationen

Aufgaben

1. Wie mag sich das Kind auf dem Bild fühlen?
2. Schildern Sie Trennungserfahrungen – eigene oder aus Ihrem Umfeld. Bearbeiten Sie die Aufgabe in einer Kleingruppe.

Die traditionelle Familie von Vater, Mutter und Kindern, die lebenslang zusammenleben, gibt es in unserer Zeit immer weniger. Auch wenn die Scheidungsrate von 2005 (51,92 %) bis 2017 (37,67 %) deutlich gesunken ist, sind immer noch bei der Hälfte der Scheidungen minderjährige Kinder betroffen. In 2017 waren dies 123 563 Kinder.

Vor der Trennung erlebt ein Kind meist mit, wie die Eltern heftig streiten, sich aus dem Weg gehen, gegenseitig Vorwürfe machen oder auch körperlich verletzen. Für das Kind ist dies eine seelisch sehr belastende Situation, denn es liebt beide – Vater und Mutter. Da die Eltern überwiegend mit sich selbst beschäftigt sind, kann das Kind unter Einsamkeit und Nichtbeachtung leiden.

Versuchen beide Elternteile, das Kind für sich zu gewinnen und setzen den Ehepartner möglicherweise noch herab mit Aussagen wie „Die ist ja nie da und kümmert sich nicht um dich" oder „Der Papa ist böse, weil er jetzt fortgeht", kommt das Kind in eine verzwickte Lage. Jüngere Kinder reagieren darauf z. B. mit Einnässen, Daumenlutschen, Rückzug oder auch aggressivem Verhalten.

Schulkinder, die sich eher außerfamiliär zu orientieren beginnen, reagieren auf Trennung der Eltern sehr häufig mit

- Trauer und Passivität,
- Leistungsabfall in der Schule durch Konzentrationsmangel,
- eigenen Anstrengungen, die Familie zusammenzuhalten, aber auch mit
- einer realistischen Einschätzung der Situation.

Es ist möglich, dass die Kinder Schuldgefühle entwickeln, weil sie glauben, die Ursache für die Streitereien und Trennung zu sein.

Kinder leiden besonders unter Trennung oder Scheidung, wenn zusätzlich

- ein Ortswechsel erfolgt,
- Mutter/Vater berufstätig wird,
- das Kind länger im Kindergarten bleiben muss,
- der Kontakt zum anderen Elternteil eingeschränkt oder stark kontrolliert wird,

Jahr	Eheschließungen insgesamt Anzahl	Ehescheidungen insgesamt Anzahl	Ehescheidungen mit minderjährigen Kindern	betroffene minderjährige Kinder
2017	407 493	153 501	76 869	123 563
2016	410 426	162 397	81 936	131 955
2015	400 115	163 335	82 019	131 749
2012	387 423	179 147	88 863	143 022
2007	368 922	187 072	91 700	144 981
2005	388 451	201 693	99 250	156 389

(Quelle: Stat. Bundesamt, 2018)[1]

---

[1] www.destatis.de und: www.scheidung-online.de

■ ein Elternteil kurz nach der Trennung eine neue Beziehung eingeht.

Viele Ein-Eltern-Familien geraten nach der Trennung in eine Verschlechterung der Einkommenssituation, die auch Einschränkungen für das Kind zur Folge hat. Das kann sich beispielsweise auf Wohnsituation, Ernährung, Kleidung, Freizeitaktivität oder Urlaubsplanung auswirken.

Sowohl vor und nach Trennung als auch bei Scheidung geraten die Grundbedürfnisse von Kindern nach Sicherheit, Schutz, Versorgung, Zugehörigkeit, liebevollen Beziehungen und Beständigkeit ins Wanken. Viele Eltern trennen sich, wenn das Kind noch im Vorschulalter ist. Die grundsätzlichen Bedürfnisse nach Liebe beider Eltern, Zugehörigkeit, festen Kontakten zu Großeltern und Freunden, aber auch nach klarer Orientierung im Alltag sind oft nicht mehr gesichert. Vor allem jüngere Kinder sind mit unklaren Besuchsregelungen schnell überfordert. So kann z. B. ein vereinbarter Besuch bei dem anderen Elternteil, der in letzter Minute verhindert oder abgesagt wird, zu einer weiteren Belastung und Verunsicherung führen. Trotzdem kann eine Scheidung für ein Kind die bessere Lösung sein als ständig den Streit und die Auseinandersetzungen zwischen den Eltern mitzuerleben. Wenn Eltern sich über den Umgang und die Verantwortung gegenüber dem Kind einig werden, bedeutet dies eine erhebliche Trennungserleichterung für das Kind. Kinder brauchen während dieser Zeit in besonderem Maße Geduld, Zuwendung, Körperkontakt, Einfühlungsvermögen und Zeit.

Aufgaben

1. Welche Auswirkungen kann eine Scheidung auf das Alltagsleben eines Kindes haben?
2. Überlegen Sie in Kleingruppen, wie Erziehende in einem Kindergarten Trennungs- oder Scheidungskindern Sicherheit, Halt und Orientierung geben können.
3. Schreiben Sie Ihre Ergebnisse auf Plakate und stellen Sie diese der Klasse vor.

8.5 Situation von Kindern bei Wiederheirat eines Elternteils

Beispiel

Lena (9 Jahre) erzählt über ihre neue Familie:
„Mein Vater kommt nach Hause und begrüßt als Erstes seine neue Frau mit einem Kuss. Mich sieht er kurz an und sagt „Hallo". Eigentlich wollte ich ihm von meiner tollen Mathearbeit erzählen, dazu habe ich nun keine Lust mehr. Diese Küsserei finde ich schrecklich, denn das hat er ja sonst bei Mama gemacht.
Außerdem, das neue Baby (!!!) finde ich besonders schrecklich. Immer soll ich darauf aufpassen. Eigentlich ist es ja ganz süß, aber immer steht es im Mittelpunkt."

Aufgaben

4. Betrachten und interpretieren Sie das obige Bild. Teilen Sie Ihren Eindruck der Klasse mit.
5. Welche Gedanken und Gefühle von Lena werden in dem Beispiel deutlich?
6. Wie kann Lena geholfen werden, ihre neue Lebenssituation zu akzeptieren?
7. *Philipp Sebastian aus Münster erfand ein neues Begriffspaar. So sagt er heute: „Am Sonntag kommen mich meine Meltern und Veltern besuchen".*[1]
   Was könnte Philipp Sebastian dazu bewogen haben, diese Begriffe zu verwenden?

---

[1] Patchwork mit Meltern und Veltern, aus: Wiesbadener Tagblatt vom 4.8.05

Etwa 10 % der Kinder unter 18 Jahren leben in Stief- oder Patchworkfamilien. Der überwiegende Teil dieser Kinder lebt bei der Mutter und ihrem neuen Partner. Alle Beteiligten müssen sich mit der veränderten Familiensituation auseinandersetzen und ihre Rollen neu definieren. Die Kinder haben nun drei „Elternteile" und möglicherweise Geschwister mit denen sie umgehen müssen.

Das bedeutet, sie müssen

- den Elternteil, den sie bisher alleine hatten, teilen,
- den neuen Partner als Mit-Erziehenden annehmen,
- sich an neue Regeln, Gewohnheiten und Personenkreise gewöhnen,
- ein neues Zugehörigkeitsgefühl entwickeln und
- möglicherweise die eigene Rolle in der Geschwisterreihe finden.

Entscheidend für eine positive Bewältigung der veränderten Lebenssituation für Kinder ist, dass über die Trennung von einem Elternteil getrauert werden oder auch mit Wut reagiert werden darf. Sehr hilfreich ist es, wenn zu dem getrennt lebenden Elternteil eine konfliktfreie Verbindung aufrechterhalten wird.

Kinder brauchen Zeit, um in die veränderten Strukturen hineinzuwachsen und sich neu zu orientieren. Sie dürfen nicht bedrängt werden. Die neue Situation und die Gründe hierfür sollten möglichst neutral und in Ruhe erklärt werden, damit das Kind seine Stabilität wiederfinden und seine Unsicherheit überwinden kann. „Der Prozess des Zusammenlebens zieht sich durchschnittlich über etwa fünf Jahre hin."[1]

Erziehende in Kindertageseinrichtungen sollten – ähnlich wie in anderen Belastungssituationen – die Gefühle der Kinder ernst nehmen, für Stabilität und Sicherheit durch klare Strukturen sorgen, Trennung und Scheidung zum Thema machen und das Kind in seiner Situation so annehmen wie es ist.

8.6 Umzug mit Kindern

Beispiel

Die Mutter erzählt der 6-jährigen Eva, dass der Vater wieder in einer anderen Stadt arbeiten muss. Eva: „Ich will mir aber nicht schon wieder neue Freundinnen suchen! Ich bleibe hier bei Jill! Die haben noch ein Bett in Jills Zimmer stehen. Meine Puppen und Spielsachen können da auch mit hin."

Aufgaben

1. Welche Bedürfnisse werden bei Eva deutlich?
2. Welche Gedanken und Gefühle würden Sie bewegen, wenn Sie jetzt umziehen müssten?
3. Sind Sie schon einmal umgezogen? Berichten Sie in Kleingruppen von Ihren Erlebnissen.
4. Ein Kind Ihrer Gruppe zieht weg. Sammeln Sie Ideen für eine Abschiedsfeier.

Es gibt viele Gründe umzuziehen, z. B. eine größere Wohnung, eine neue Arbeitsstelle, die Trennung vom Partner. Umzug bedeutet für jedes Familienmitglied eine große Umstellung. Das Umfeld, die Einkaufsmöglichkeiten, die Wege zur Arbeit, zur Schule, zum Kindergarten und auch zu Freunden und Bekannten verändern sich. Ein Umzug, der viel Arbeit, Zeit und Geld kostet, sollte daher gut überlegt werden: Ist er unbedingt notwendig? Lohnt sich der Aufwand? Sind alle Vor- und Nachteile bedacht worden? Ist es für Kinder verkraftbar, Freunde zu verlassen, Kindergarten, Schule zu wechseln?

Jüngere Kinder haben in der Regel weniger Probleme mit einem Umzug, da für sie Eltern und Geschwister der sichere Ort ihres Lebens sind.

[1] BMFSFJ, 2013, S. 18

Erst mit der Bildung festerer Freundschaften außerhalb der Familie wird die Umstellung schwieriger. Für Kinder bedeutet ein Umzug häufig eine große Belastung. Einige reagieren darauf mit Schlafstörungen, Einnässen, Wut und Ärger oder besonderer Anhänglichkeit. Hier ist es erforderlich, dem Kind Zeit, Geduld und besondere Zuwendung zu geben.

Um einen Umzug gut zu verkraften, können Eltern ihre Kinder vorbereiten:

- Besichtigung des neuen Wohnortes mit allen Familienmitgliedern.
- Besuch des neuen Kindergartens/der neuen Schule.
- Kinder in die Umzugsvorbereitungen einbeziehen, z. B. welcher Raum könnte ihr Zimmer sein, welche Farben sollen die Wände haben.
- Eigenes Spielzeug und Kleidung altersabhängig selbst einpacken lassen.
- Abschiedsfest für die Freunde veranstalten.

Wichtig ist, dass die Kinder Zeit haben, sich auf einen Wechsel vorzubereiten. Auch im Kindergarten sollte das Kind von seinem neuen Zuhause erzählen, Bilder zeigen und sich mit einer kleinen Feier verabschieden können.

Nach dem Umzug ist es wichtig, dass die Kinder ihre Kontakte zu alten Freunden halten können. Ältere Kinder tun dies über Instant Messanging Dienste (z.B. WhatsApp, Snapchat) und soziale Netzwerke (z.B. Instagram). Jüngere Kinder verkraften den Verlust leichter, wenn gegenseitige Besuche ermöglicht werden. In jedem Fall sollten neue Kontakte aufgebaut werden: z. B. Spielkameraden aus Kindergarten und Schule einladen, in örtliche Sportvereine eintreten, auf Spielplätze gehen.

Im neuen Kindergarten kann die Erziehende ihre Gruppe auf das Kind vorbereiten, indem sie z. B. von dem Kind erzählt, ein Bild von ihm aufhängt, eine Begrüßungszeremonie mit der Gruppe plant.

8.7 Kind und Krankheit

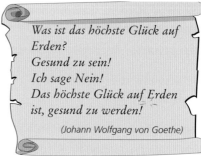

> Was ist das höchste Glück auf Erden?
> Gesund zu sein!
> Ich sage Nein!
> Das höchste Glück auf Erden ist, gesund zu werden!
>
> *(Johann Wolfgang von Goethe)*

Aufgaben

1. Betrachten Sie die beiden Bilder und beschreiben Sie den jeweiligen Gesichtsausdruck des Kindes.
2. Woran erkennen Sie, dass das eine Kind krank ist und das andere gesund?
3. Was will Johann Wolfgang von Goethe mit diesem Spruch ausdrücken?
4. Was hat Ihnen als Kind gut getan, als Sie krank waren?

Krankheit gehört zu unserem Leben. Wir verdrängen sie gerne aus unserem Alltag, obwohl Krankheiten in jedem Lebensalter auftreten. Bei Kindern kommen sie oft plötzlich und unverhofft. Das können typische Kinderkrankheiten wie z. B. Masern, Mumps, Röteln, Windpocken, Keuchhusten oder eher allgemeine Krankheiten wie Erkältung, Darminfektion oder Mittelohrentzündung sein. Daneben können langwierige Krankheiten auftreten oder Unfälle passieren, die einen Krankenhausaufenthalt notwendig machen.

Jede Krankheit stellt hohe Anforderungen an Kind und Eltern. Oft spüren sie, dass ihr Kind krank wird, noch ehe erste Krankheitszeichen erkennbar sind. Das Kind verändert sein gewohntes Verhalten, indem es

- wieder ins Kleinkindverhalten verfällt (verlangt nach dem Schnuller, nuckelt am Daumen, will wieder aus der Flasche trinken),
- Trennungsängste zeigt und klammert (weicht der Bezugsperson nicht mehr von der Seite),
- unselbstständig wird und/oder in Passivität verfällt oder
- keinen Appetit hat.

Das Kind ist in diesem Zustand meist schlapp, quengelig, ängstlich und unruhig. Es hat seine Lebensfreude und das Bedürfnis aktiv zu sein verloren. Je nach Art und Schwere der Krankheit hat das Kind unterschiedliche Bedürfnisse: In der ersten Phase einer Infektionskrankheit ist dies häufig das Bedürfnis nach Ruhe, manchmal auch nach einem abgedunkelten Zimmer und einer leichten Nahrung. Später braucht es Ablenkung durch Beschäftigung und Spiel. Bei einem Unfall oder Krankenhausaufenthalt ist es wichtig, dem Kind die Angst zu nehmen und Sicherheit zu geben.

Für Erziehende gilt bei Ausbruch einer Krankheit: Ruhe bewahren, Aktivitäten absagen und sich für die Pflege und Betreuung des Kindes Zeit nehmen.

Was hilft dem kranken Kind?
- Das Kind in seinem Verhalten so annehmen, wie es ist.
- Für Ruhe sorgen.
- Bei häufigen Wachphasen das Kind nicht allein lassen.
- Für Säuglinge und Kleinstkinder „Schlafnester" einrichten, damit sie die Nähe des Erwachsenen spüren.
- Dem Kind Mut machen, dass es bald wieder gesund ist und spielen kann.
- Körperliche Nähe und Liebe vermitteln.

- Älteren Kindern die Krankheit und ihren Verlauf erklären.
- Das Kind altersgemäß beschäftigen, z. B. durch Vorlesen, Hörspiele, Musik, Spiele.
- Kuscheltiere mit ins Bett geben.
- Geschwisterkinder mit kleinen Aufgaben in die Pflege und Beschäftigung einbeziehen, da sie in dieser Zeit oft zu kurz kommen.

Wenn der Erziehende merkt, dass das Kind ständig nach ihm ruft, über Langeweile klagt und zunehmend etwas haben möchte, ist dies in der Regel ein Zeichen, dass es ihm gesundheitlich besser geht. Oft ist es noch nicht kräftig genug, um mit Freunden zu spielen, aber es möchte beschäftigt werden.

Aufgaben

1. Die Betreuung und Pflege kranker Kinder erfolgt für Kinderpflegerinnen/Sozialassistentinnen am häufigsten im Arbeitsfeld Familie. Suchen Sie in Büchern nach Spielen und Beschäftigungsmöglichkeiten, die sich für kranke Kinder im Bett eignen. Schreiben Sie diese auf Karteikarten und tauschen Sie Ihre Spielideen aus.
2. Ein Kind Ihrer Gruppe ist erkrankt. Wie kann der Kontakt gepflegt werden?

Besuch mich bitte jeden Tag!

Eine besondere Belastung ergibt sich, wenn ein Kind ins **Krankenhaus** muss. Die Kinder haben Angst vor Schmerzen und der Trennung von den Eltern. Sie fühlen sich allein gelassen und sind verängstigt durch die ungewohnte Umgebung und die fremden Personen.

Ist den Eltern bekannt, dass ein Krankenhausaufenthalt bevorsteht, können sie das Kind vorbereiten:

- mithilfe von Bilderbüchern,
- im Gespräch versuchen, die Ängste zu nehmen,
- den evtl. Tagesablauf besprechen,
- die „Krankenhaustasche" mit dem Kind packen,
- das Kind aussuchen lassen, welches Kuscheltier oder welche Lieblingspuppe es mitnehmen möchte,
- Spiele aussuchen, die auch im Bett gespielt werden können,
- Spiele auswählen, die Kontakte zu anderen kranken Kindern ermöglichen,
- Besonderheiten erfragen: z. B. Krankenhaus-Clown.

Im Krankenhaus sollten die Eltern das Kind mit dem Arzt und den Krankenschwestern bekannt machen und erste Beziehungen zu anderen Kindern initiieren. Es kann nach dem Tagesablauf gefragt, das mitgebrachte Kuscheltier gezeigt, das Zimmer angeschaut werden. Am stärksten leidet in der Regel das Kleinkind unter der Trennung von den Eltern. Deshalb ermöglichen viele Krankenhäuser einem Elternteil, bei seinem Kind zu bleiben (Rooming-in). Man verspricht sich davon eine schnellere Genesung des Kindes. Auch die täglichen Besuchszeiten sind in fast allen Kinderkrankenhäusern heute großzügig geregelt. Besuche, kleine Mitbringsel, aber auch Ansichtskarten können dem Kind das Gefühl vermitteln, geliebt zu werden und nicht vergessen zu sein.

Aufgabe

1. Entwickeln Sie in Kleingruppen Ideen, wie Kinder auf Krankenhausaufenthalte vorbereitet und Krankenbesuche gestaltet werden können.

Akute Krankenhauseinweisungen sind in der Regel von Aufregung, Schmerzen oder ängstigendem Unfallgeschehen begleitet.

Hier helfen ruhige und erklärende Worte, die das Kind versteht. Noch mehr braucht das Kind jedoch Nähe, die ihm Sicherheit und Trost gibt. Manchmal hilft eine geschickte Ablenkung, wie z. B. das Erzählen der Lieblingsgeschichte oder eines besonderen Ereignisses. Hilfreich kann auch sein, das Kind zu ermuntern, über seine Ängste zu sprechen und gemeinsam herauszufinden, wie die Angst zu vertreiben ist.

Aufgaben

2. Suchen Sie im Internet nach dem Aktionskomitee Kind im Krankenhaus e.V. – Bundesverband und erarbeiten Sie aus den Informationen wichtige Tipps für die Betreuung von Kindern im Krankenhaus, die Sie an Eltern weitergeben können.
3. Welche Aufgabe haben „Krankenhaus-Clowns"?
4. Die Europäische Charta für die Rechte des Kindes im Krankenhaus hat zehn wichtige Richtlinien für ein kinderfreundliches Krankenhaus erarbeitet. Informieren Sie sich und diskutieren Sie diese.

Eine besonders belastende Situation für das Kind und die Bezugspersonen ergibt sich bei langfristigen Krankheiten wie z. B. Leukämie, Organtransplantationen, Mukoviszidose. Das psychische Gleichgewicht und die sozialen Beziehungen sind beeinträchtigt. Kinder und Eltern stehen dabei häufig vor einer ungewissen Zukunft.

Der Staat gewährt Familien mit schwerstkranken Kindern Hilfen. Dies sind Krankenpflegedienste zu Hause, Hilfen im Haushalt, aber auch spezielle Einrichtungen, in denen das Kind dauerhaft betreut wird.

Schulpflichtige Kinder können Hausunterricht erhalten. Der Hausunterricht tritt an die Stelle des Unterrichts in der Schule und soll verhindern, dass das Kind in den schulischen Leistungen zurückbleibt. Wichtig ist hierbei, das Selbstwertgefühl des Kindes zu stärken und damit auch den Willen zur Gesundung.

Eine weitere Hilfe für schwer kranke oder sterbende Kinder sind die **Kinderhospize**. Hier ein Beispiel aus der Nähe von Bremen:

Das Kinder- und Jugendhospiz Löwenherz in Syke bei Bremen nimmt Kinder sowie Jugendliche und junge Erwachsene mit lebensverkürzend verlaufenden Krankheiten auf, bei denen eine Heilung nach dem Stand der Medizin ausgeschlossen ist. Beide Häuser haben zurzeit jeweils sechs Pflegezimmer für die erkrankten Kinder und die Jugendlichen sowie Zimmer für Eltern und Geschwister. Etwa 200 Familien können hier jährlich zu Gast sein. Zusätzlich bietet der Verein mit seinen ambulanten Kinderhospizdiensten in Bremen, Braunschweig und Lingen Familien Begleitung und Unterstützung an. In Niedersachsen kooperiert „Löwenherz" mit 24 Hospizvereinen und schult Ehrenamtliche in ambulanter Kinderhospizarbeit.[1]

Aufgaben

1. Informieren Sie sich, ob es in Ihrer Umgebung ein Kinderhospiz gibt.
2. Welche Hilfen erfahren Kinder und Eltern hier? Suchen Sie im Internet nach Berichten.

---

[1] www.kinderhospiz-loewenherz.de
[2] Nach: Brocher, T.: Wenn Kinder trauern, S. 23

8.8 Kind und Tod

Beispiel 1
Andrea, 8 Jahre: „Ich stelle mir vor, wenn ich tot bin und im Sarg liege, dass es ganz dunkel ist. Und ob ich schon auf einem anderen Sarg liege oder ob unter meinem Sarg nur Sand ist. Was meine Eltern machen und meine Omas machen würden. Wie lange sie trauern würden."[2]

Beispiel 2
Bei dem Besuch eines Freundes, dessen Frau einige Wochen vorher verstorben war, treffe ich auf seine beiden Söhne Ole und Felix, 4 Jahre alt. Ole stürzt fast auf mich zu und fragt „Hast du noch eine Mutter? Ich habe keine mehr."

Aufgaben

3. Welche Aussagen sind dem Bild zu entnehmen?
4. Welche Vorstellungen vom Tod werden aus den Beispielen deutlich?
5. Wie ist die Aussage von Ole zu bewerten?
6. Würden Sie ein Kind mit zu einer Beerdigung nehmen? Begründen Sie Ihre Antwort.

Jeder Mensch muss sich mit Tod und Sterben auseinandersetzen. Leider wird dies in unserem Kulturkreis häufig verdrängt. Besonders schwer ist es für Kinder, wenn Vater, Mutter, Großeltern sterben oder auch das innig geliebte Haustier. Sterben müssen heißt loslassen, Abschied nehmen von etwas, das man liebt und das Freude bereitet hat.

Der Tod ist für Kinder eine starke emotionale Belastung und oft sogar ein Schock.

Viele Erwachsene wollen Kinder mit der Realität des Todes nicht belasten. Doch Kinder haben je nach Alter ihre eigenen Vorstellungen von Leben und Tod. Wichtig ist, dass der Erwachsene akzeptiert, dass Kinder sich mit dem Tod auseinandersetzen wollen und auch die Stärke dazu besitzen.

Alter	Reaktionen der Kinder
0 – 3 Jahre	• können den Tod nicht begreifen • sprechen von Toten als wären sie noch am Leben • Tod wird mit kurzer Abwesenheit gleichgestellt
3 – 5 Jahre	• stellen viele Fragen • machen erste Äußerungen zum Thema Tod • Tod betrifft nur andere • Tod ist vorübergehend • reagieren sensibel auf die Trauer von Vater/Mutter
5 – 9 Jahre	• sehen den Tod realistisch • haben Gefühle der Trennung und des Schmerzes • trauern ähnlich wie Erwachsene • überwinden Trauer schneller, weil sie stark dem Leben zugewandt sind • entwickeln Ideen von Weiterleben nach dem Tod

Tab. 8.2 Altersabhängige Reaktionen auf Tod

Kinder zwischen dem 1. und ca. 8. Lebensjahr leiden bei Tod besonders unter Verlustangst. Nach einem Todesfall klammern sie sich stark an ihre Eltern oder Großeltern. Sie wollen nicht mehr alleine bleiben aus Angst, dass bei einer Trennung jemandem ebenfalls etwas zustoßen könnte. Häufig sind die Erwachsenen mit ihrer Trauer selbst so beschäftigt, dass sie die Ängste, Fragen, Schuldgefühle der Kinder kaum wahrnehmen oder auf sie einzugehen vermögen. Doch Kinder brauchen in dieser Zeit besonders viel Aufmerksamkeit und Zuwendung, um Trauerarbeit leisten zu können. Fühlen sie sich isoliert und unbeachtet, gräbt sich die Wunde des Verlustes tiefer in die Seele des Kindes ein.

Erwachsene können Kindern helfen, ihre Trauer zu verarbeiten, indem sie

- Kinder mit einbeziehen und mit ihnen offen über die Umstände des Todes reden,
- Gefühle, Fantasien oder Wünsche von Kindern zulassen und aussprechen,
- Fragen zum Tod und was danach ist, nicht ausweichen, sondern versuchen Antworten zu geben, die kindgemäß, offen und ehrlich sind und auch eigene Ratlosigkeit erkennbar werden lassen,
- Rituale anbieten, z. B. zum Grab gehen, eine Kerze anzünden, eine Erinnerungsecke einrichten,
- Einrichtungen informieren, damit die Erziehenden auf veränderte Verhaltensweisen reagieren können.

Wenn nahestehende Erwachsene stark trauern, übernehmen ältere Kinder manchmal die „Trösterrolle". Sie übernehmen Verantwortung für den Haushalt und strengen sich in der Schule besonders an. Manche Kinder distanzieren sich vom Familienleben und versuchen, ihren eigenen Trauerstil zu entwickeln, ohne die anderen Familienmitglieder zu sehr zu belasten.

Da Kinder sehr stark in der Gegenwart leben und leichter ablenkbar sind, ist ihre Zeit, sich intensiv mit dem erlittenen Verlust zu beschäftigen, kürzer. So ist es für Erwachsene häufig schwer nachzuvollziehen, dass Kinder schnell wieder zum „Alltag" übergehen.

Aufgaben

1. Informieren Sie sich in Kinderbüchern zum Thema Tod, welche Reaktionen von Kindern dargestellt werden.
2. Welche Bedürfnisse von Kindern werden berücksichtigt?
3. Wie können Sie als Erziehende auf trauernde Kinder eingehen?

8.9 Gewalt und Missbrauch

Aussage einer Betroffenen:

„Es fing mit Anfassen an. Mit Schlägen. Bis hin zur Vergewaltigung. Meine Mutter wusste alles. Sie warf mir vor, die Familie zu zerstören."[1]

Aufgaben

1. Beschreiben Sie das Bild.
2. Was fällt Ihnen am Bild und an der Aussage besonders auf?
   Diskutieren Sie Ihre Ergebnisse in einer Kleingruppe.
3. Welche Bedürfnisse von Kindern werden bei Gewalt und Missbrauch häufig nicht beachtet?
4. Ein Sprichwort heißt: *„Wer nicht hören will, muss fühlen"* oder *„Eine Ohrfeige hat noch niemandem geschadet"*.
   Wie denken Sie darüber?
   Diskutieren Sie Ihre Meinung in einer Kleingruppe.

Auch heute noch sind körperliche Strafen ein verbreitetes Mittel in der Erziehung von Kindern. In unerträglichen Belastungssituationen wenden rund 50 % aller Eltern körperliche Gewalt an. Für das Kind bedeutet jeder Schlag, jede Misshandlung eine Demütigung, die die Seele des Kindes nicht vergisst.

Seit November 2000 gibt es im Bürgerlichen Gesetzbuch einen sog. Züchtigungsparagrafen. Im § 1631 Abs. 2 heißt es: „Kinder haben ein Recht auf gewaltfreie Erziehung. Körperliche Bestrafungen, seelische Verletzungen und andere entwürdigende Erziehungsmaßnahmen sind unzulässig".

Gewalt gegen Kinder kann in verschiedenen Formen auftreten:

- Als **körperliche Misshandlung** werden die Formen verstanden, die zu körperlichen Verletzungen führen.
  Hierzu zählen Schlagen, Schütteln, Stoßen, Verbrennen, Würgen.
- Als **seelische Misshandlung** gilt ein feindliches oder abweisendes Verhalten gegenüber dem Kind.
  Hierzu zählen dauerndes Herabsetzen, Erniedrigung, Isolation, Kränkung, Verspotten, aber auch Überbehütung und das Miterleben von Gewalt zwischen den Eltern.
- Als **Vernachlässigung** gilt, wenn die kindlichen Bedürfnisse hinsichtlich Ernährung, Fürsorge, Pflege, Geborgenheit durch die Sorgeberechtigten nicht befriedigt werden.
- Von **sexuellem Missbrauch/sexueller Gewalt** spricht man, wenn ein Erwachsener sexuelle Handlungen an einem Kind, vor einem Kind oder an sich vornehmen lässt. Diese Form der Gewalt geschieht überwiegend innerhalb der Familie bzw. im näheren sozialen Umfeld, also dort, wo das Kind den Erwachsenen vertraut und abhängig ist.[2]

Die häufigste Art von Gewalt gegen Kinder ist die psychische Bestrafung wie z. B. Missachtung oder Drohung „Wenn Du jetzt nicht lieb bist, gehe ich weg". Nahezu jedes Kind und jeder Jugendliche hat dies selbst schon einmal erfahren.

---

[1] Reinsch, M.: Opfer von Kindesmissbrauch berichten, 31.01.2017
[2] Nach Huxoll, M.: Kindesmisshandlung und sexueller Missbrauch, unter: www.familienhandbuch.de

In die Öffentlichkeit dringen nur die gravierendsten Fälle von Gewalt. Genaue Zahlen von Kindesmisshandlungen und -vernachlässigungen gibt es daher nicht. Vor allem Säuglinge und Kleinkinder sind hinsichtlich Misshandlungen besonders gefährdet, weil sie vollkommen abhängig, wehrlos und hilflos sind. Man geht heute davon aus, dass jährlich ca. 12 000 Kinder sexuell missbraucht werden.

Mögliche Folgen von gewalttätiger Erziehung
Die Kinder
- fühlen sich ohnmächtig, ausgeliefert, mitschuldig und schämen sich.
- sind seelisch tief verunsichert.
- sind eingeschüchtert durch Drohungen der Täter und haben Angst vor neuer Gewalt. Das Urvertrauen kann zerstört werden.
- trauen sich nicht, von ihren Erlebnissen zu erzählen oder Hilfe zu holen.
- werden aggressiv: Das Recht des Stärkeren prägt sich als Konfliktverhalten ein.
- ziehen sich zurück.
- leiden unter Stimmungsschwankungen.

Prävention und Hilfen
Da Vernachlässigung, Gewalt und Missbrauch verborgen, überwiegend im familiären Umfeld stattfinden, kann man den Kindern nicht direkt helfen. Wichtig ist in diesem Zusammenhang: kein voreiliges Handeln, sondern genaues Beobachten.

Kinder müssen im Vorfeld gestärkt werden durch den Aufbau von Abwehrmechanismen (Prävention), Resilienz und Selbstbewusstsein (vgl. Kap. 11).
Folgende Maßnahmen tragen dazu bei:
- Das Selbstwertgefühl stärken.
- Die Stärken von Kindern aufbauen.
- Körperliche Selbstwahrnehmung fördern.
- Kindern das Nein-Sagen beibringen.

Gibt es Anzeichen von Gewalt, Misshandlungen oder Missbrauch, muss das Kind aufgefangen und gestärkt werden durch **gezielte Maßnahmen bei einem Verdacht**.

Diese Kinder brauchen besondere Zuwendung, Geduld, Vertrauen und Unterstützung. Um das zu erreichen, eignen sich folgende Schritte:
- Dem Kind zuhören, wenn es „etwas Wichtiges" erzählen möchte.
- Die Gefühle des Kindes ernst nehmen.
- Mit dem Kind über „gute" und „schlechte" Geheimnisse reden.
- Überlegt und vorsichtig vorgehen.
- Mit der Gruppenleitung oder im Team über die Vermutung sprechen.
- Das Kind gezielt beobachten und eine Vertrauensbasis aufbauen, die dem Kind Sicherheit und Schutz sowie ein Gefühl der Geborgenheit und Angstfreiheit vermittelt.
- Fachlichen Rat bei einer Erziehungs- und Beratungsstelle einholen.

Viele Bedürfnisse in besonderen Lebenssituationen sind von der Familie zu erfüllen, die in den ersten Lebensjahren die wichtigste Funktion für die Entwicklung des Kindes übernimmt.

Aufgaben

1. Informieren Sie sich über die Initiative „Trau dich!" zur Prävention von sexuellem Kindesmissbrauch.
2. Wie können Sie ein Kind beim Aufbau von Abwehrmechanismen unterstützen?
3. Erkundigen Sie sich beim Jugendamt, ob es eine Beratungsstelle gegen sexuellen Missbrauch in Ihrer Nähe gibt, und informieren Sie sich über deren Arbeit.
4. Welche Gründe und Auslöser gibt es für Gewalt in der Erziehung?
5. Beschaffen Sie sich bei dem Träger Ihrer Praktikumsstelle oder in Internet einen Leitfaden für die Vorgehensweise bei dem Verdacht auf sexuellen Missbrauch. Setzen Sie sich damit auseinander und diskutieren Sie die Ergebnisse in der Klasse.

8.10 Flucht / Migration

«*Für viele Kinder ist es das erste Mal möglich, wieder Kind zu sein.*»

Beispiel

Das syrische Kind Esra, 5 Jahre, besucht seit 2 Monaten den Kindergarten. Wenn sie in die Gruppe kommt, holt sie sich ein Blatt Papier und Stifte und setzt sich an den Maltisch. Von hier aus beobachtet sie die anderen Kinder ohne zu malen, nimmt aber keinen Kontakt zu ihnen auf.

Aufgaben

1. Welche Eindrücke haben Sie von dem Kind? Vergleichen und diskutieren Sie Ihre Gedanken.
2. Überlegen Sie, was die Aussage beinhaltet.
3. Welche Gründe könnte Esras Verhalten haben?
4. Überlegen Sie, wie Sie Esra das Einleben in die Gruppe erleichtern können und wie Sie Vorurteilen begegnen können.

Es gibt viele Gründe, warum Menschen ihre Heimat verlassen: Krieg, Verfolgung, Armut, Hoffnung auf ein besseres Leben. 50 % der Flüchtlinge weltweit sind Kinder.
Durch Flucht oder Migration werden Kinder aus ihrem kulturellen Umfeld gerissen und erleben häufig Gewalt. Die Erfahrungen, die Kinder im Krieg und auf der Flucht machen, erzeugen u. a. Angstzustände, seelische Verletzungen, Schlafstörungen sowie psychosomatische Leiden, die die Entwicklung nachhaltig beeinträchtigen. Dazu kommt auch die Ungewissheit über die eigene Zukunft.

Wenn sie hier ankommen, verstehen sie die Sprache nicht und erleben fremde Sitten und Gebräuche. Oft begegnen sie Ablehnung, Vorurteilen und Ausgrenzung (s. auch Kap. 9 und 17).
Um diesen Kindern das Einleben zu erleichtern, gibt es verschiedene Handlungsmöglichkeiten:

- Zugang zu Spiel- und Freizeitaktivitäten schaffen.
- Schnellen Zugang zum Kindergarten oder zur Schule ermöglichen.
- Ein geregelter und abwechslungsreicher Tag gibt Sicherheit und Struktur. Ablenkung beim Spiel lässt sie Schrecken und Erlebnisse leichter vergessen.
- Familien mit ausländischen Wurzeln beim Einleben unterstützen (vgl. Kap 9).

Für Fachkräfte ist es hilfreich:

- sich über die Herkunftsländer zu informieren.
- Rituale und kulturelle Besonderheiten zu kennen.
- über Kenntnisse zu verfügen, wie die Aneignung einer Zweitsprache unterstützt werden kann.
- zu wissen, wie die Widerstandsfähigkeit (Resilienz) gefördert werden kann.
- Stärken, Bedürfnisse und Ressourcen der Kinder zu erfassen.

Grundlage für das erzieherische Handeln ist eine vorurteilsfreie und wertschätzende Haltung. Die Integration der Kinder erfordert Verständnis, Geduld und Feingefühl. Mithilfe von Bildern, Fotos und Gebärden können Sprachbarrieren überwunden und die Kommunikation erleichtert werden. Insgesamt sollten Lern- und Spielmaterialien an die vertraute Lebenswelt anknüpfen, z. B. mehrsprachige Bilderbücher und interkulturelle Puppen.

Aufgaben

5. Wie viele Kinder mit Migrationshintergrund gibt es in Ihrer Einrichtung und woher kommen sie?
6. Wie wird in Ihrer Praktikumsstelle eine erfolgreiche Inklusion praktiziert?

Zusammenfassung

- Das persönliche Umfeld von Kindern kann sich verändern, z. B. durch eine neue Familiensituation, Krankheit, Umzug.
- Der Eintritt in Krippe, Kindergarten und Schule bedeutet längere Trennung von zu Hause und erzeugt Freude, aber auch Ängste.
- Erziehende sollten sich Zeit nehmen für die Eingewöhnung. Rituale und eine feste Bezugsperson können hilfreich sein.
- Zuneigung und Liebe zwischen Geschwistern ist nicht selbstverständlich.
- Die Stellung in der Geschwisterreihe prägt viele Menschen für das gesamte Leben.
- Vor und nach der Trennung/Scheidung geraten die Grundbedürfnisse von Kindern nach Sicherheit, Schutz, Versorgung, Zugehörigkeit und Beständigkeit ins Wanken.
- In einer neuen Familienkonstellation müssen die Geschwisterrollen neu verteilt werden.
- Ein Umzug bedeutet für viele eine große Belastung, mit Folgen wie Schlafstörungen, Einnässen, Wut, oder Anhänglichkeit.
- Krankheiten und Krankenhausaufenthalte belasten das Kind. Es entwickelt ein Bedürfnis nach Nähe, Ruhe, Ablenkung, zeigt Trennungs-, manchmal auch Lebensängste.
- Tod ist für die meisten Kinder eine starke emotionale Belastung, mit der sie sich ihrem Alter entsprechend auseinandersetzen.
- Noch heute werden körperliche und seelische Misshandlung und Vernachlässigung als Erziehungsmittel eingesetzt. Gewalt und Missbrauch finden überwiegend im familiären Umfeld statt und sind oft nur durch gezieltes Beobachten erkennbar.
- Flucht und Migration bedeuten für Kinder eine außergewöhnliche Belastung und erfordern ein sensibles erzieherisches Verhalten.
- Erziehende sollten Kindern in besonderen Lebenslagen Zeit, Zuwendung und Unterstützung, auch durch Rituale, geben.

Aufgaben

1. Was können Erziehende vorbereitend tun, um Schwierigkeiten beim Übergang in Kindergarten und Schule möglichst zu vermeiden oder gering zu halten? Begründen Sie die jeweilige Maßnahme.
2. Planen Sie eine Begrüßung für ein neues Kind in Ihrer Gruppe. Stellen Sie Ihre Planung der Klasse vor.
3. Sammeln Sie aus Zeitschriften Bilder von zufrieden und ausgeglichen wirkenden sowie von belastet wirkenden Kindern. Fertigen Sie daraus eine Collage an und versehen Sie einige Bilder mit Sprechblasen, welche die Gefühle/Wünsche der Kinder ausdrücken.
4. *Ein Goldfisch im gruppeneigenen Aquarium ist gestorben. Die Kinder wollen eine Fischbeerdigung feiern.*
   Wie verhalten Sie sich?
5. *Ein Kind Ihrer Gruppe hat oft blaue Flecken an Armen und Körper.*
   Wie würden Sie sich verhalten? Berücksichtigen Sie bei den einzelnen Maßnahmen die verschiedenen Aspekte (positive und negative Auswirkungen).
6. Wählen Sie in einer Kleingruppe eine Konfliktsituation unter Geschwistern aus. Stellen Sie diese im Rollenspiel mit verschiedenen Lösungen dar. Erzählen Sie von Ihren jeweiligen Gefühlen.
7. *Der langjährige „Gruppenhamster" liegt eines Morgens tot in seinem Käfig.*
   Wie können Sie diese Situation mit Kindern gestalten? Tauschen Sie Ihre Ideen in der Klasse aus.
8. Fragen Sie in einer Buchhandlung oder in einer Bibliothek nach Bilderbüchern und Vorlesegeschichten zu den benannten besonderen Lebenssituationen von Kindern. Bewerten Sie die Literatur in Bezug auf Anwendbarkeit in der Praxis. Erstellen Sie dazu eine Liste.

9 Familie

„Drei Kinder zu haben, ist die soziale Norm."[1]

„Familie ist, wo man ohne zu fragen an den Kühlschrank gehen kann, wenn man Durst hat."[3]

„Familie ist da, wo Kinder sind. Dabei ist es egal, ob Mutter und Vater verheiratet sind und ob das Kind von einem alleine aufgezogen wird."[2]

8,2 Mill. Familien mit minderjährigen Kindern gab es 2017 in Deutschland. 7 Jahre zuvor waren es noch 8,6 Mill., 4 % mehr.

18,5 Mill. Alleinstehende lebten 2017 in Deutschland; seit 2007 ein Anstieg um 12 %.

2,6 Mill. Alleinerziehende gab es in 2017; davon 59 % mit minderjährigen Kindern. 88% der Alleinerziehenden sind Frauen.

33 % der Kinder unter 3 Jahren waren 2017 in Tagesbetreuung. (10 Jahre zuvor waren es 15 %.)[4]

Aufgaben

1. Welche Aussagen werden über Familie getroffen?
2. Was bewerten Sie an Ihrer Familie positiv, was negativ?

9.1 Familie, was ist das?

Unser heutiges Verständnis von Familie ist geprägt durch unterschiedliche Familienstrukturen. So umfasst der engere Familienbegriff, auch als „Kernfamilie" bezeichnet, prinzipiell Eltern und Kinder und orientiert sich an traditionellen Idealbildern. In diesem Sinne kann Familie als Bezeichnung für Verwandte gesehen werden.

Dies war nicht immer so. In früheren Jahrhunderten zählten zu einer Familie neben allen Verwandten auch Gesellen, Knechte, Mägde und sonstige Haushaltmitglieder. Die „Großfamilie" war eine Wirtschaftsgemeinschaft. Jeder wurde seinen Fähigkeiten und seinem Leistungsvermögen entsprechend eingesetzt.
Das heutige Zusammenleben unterscheidet sich davon, wie auch aus den nachfolgenden Zahlen deutlich wird.

Es gibt heute nicht mehr **die** Familie, sondern viele Formen von Lebens- und Wohngemeinschaften, die aus unterschiedlichen Gründen zusammenleben und die man als Familie bezeichnet. Das können sein:
- Familien mit mehreren Kindern
- Ein-Kind-Familie
- Ein-Eltern-Familie
- Stieffamilie
- nichteheliche Lebensgemeinschaften
- Wohngemeinschaften
- Mehrgenerationen-Familie
- Patchwork-Familie/Mehr-Eltern-Familie

Außerdem gibt es gleichgeschlechtliche Lebenspartnerschaften mit und ohne Kinder – auch „Regenbogenfamilie" genannt.
Im sechsten Familienbericht geht die Bundesregierung „von einer Vielfalt von Lebenswirklichkeiten aus und akzeptiert, dass es in unserer Gesellschaft unterschiedliche Vorstellungen darüber gibt, was eine Familie ist, wer zur Familie gehört oder wie die Aufgaben in einer Familie verteilt werden sollen."[5]

Aufgaben

3. Erstellen Sie eine Collage von Ihrer Familie und der Ihrer Großeltern.
4. Gibt es Unterschiede? Wenn ja, welche und wie erklären Sie diese?
5. Überlegen Sie in einer Kleingruppe, welche Veränderungen sich für das Kind und die Kindheit durch die veränderten Familienformen ergeben.

[1] (in Frankreich) – Weser Kurier, Regional Beilage, 12.05.2005
[2] Valerie le Vot, Französin – ebd.
[3] Leonor Lacabaratz, Chilenin – Der Spiegel, 09/2007, Der Familienkrach, S. 55
[4] Destatis, Datenreport 2018, S. 55–66
[5] 6. Familienbericht, S. XII

9.2 Aufgaben der Familie

Eine Beschreibung aus dem 19. Jahrhundert:
*Die Familie verwaltete die „Privatinteressen",
deren reibungslose Wahrnehmung für die Macht
des Staates und den Fortschritt der Menschheit
bedeutsam war. Zahlreiche Aufgaben wurden ihr
zugeteilt. Als Stützpfeiler der Produktion gewähr-
leistete sie den Wirtschaftprozess und die Weiter-
gabe des Erbes von Generation zu Generation.
Sie war die Keimzelle der Produktion, sorgte für
Nachwuchs und führte ihn in das Normensystem
der Gesellschaft ein. Als Bewahrer der menschlichen Gattung wachte sie über Gesundheit und
Reinheit. Die „gute Familie" war das Fundament des Staates. Daher rührte das wachsende
Interesse des Staates an der Familie, das
zunächst den Familien der Armen, dem schwachen Glied der Kette, und schließlich allen galt.*[1]

Aufgaben

1. Geben Sie den Artikel mit eigenen Worten wieder.
2. Welche Aufgaben werden der Familie hier zugeschrieben?
3. Treffen diese Aufgaben heute auch noch zu?

Im sechsten Familienbericht werden die Aufgaben der Familie wie folgt beschrieben: „In Familien übernehmen Menschen Verantwortung füreinander. Sie erwerben Kenntnisse und Fähigkeiten, die ihr ganzes Leben prägen. Sie lernen Grenzen kennen und Konflikte austragen. Mit der Erziehung und Bildung von Kindern eröffnen und sichern Familien nachhaltig Lebenschancen. Familien leisten Alltagsbewältigung und Zukunftsvorsorge."[2] Die Familie vermittelt religiöse, kulturelle und soziale Wertvorstellungen und trägt somit entscheidend zur Persönlichkeitsentwicklung (Ich-Identitätsfindung) bei. In der Familie wird der Mensch erzogen und lernt, sich in eine Gemeinschaft einzupassen (Sozialisation). Hier wird er versorgt, kann sich erholen und verbringt einen Großteil seiner Freizeit. In der Familie kann der Mensch seine Bedürfnisse befriedigen und darf seine Gefühle zeigen.

Entwicklung der Persönlichkeit und Statuszuweisung

Familientradition

Die Familie, in die man hineingeboren wird, auch als Herkunftsfamilie bezeichnet, wirkt nachhaltig auf den Lebensweg und die Persönlichkeitsentwicklung eines Menschen ein.

Die wirtschaftliche Stellung (arm oder reich), die gesellschaftliche Stellung (angesehen oder unscheinbar), die Herkunft („eingeboren" oder Flüchtling) sowie die persönliche Einstellung der Eltern (konservativ oder liberal) beeinflussen den Werdegang eines Menschen grundlegend (vgl. Kap. 9.3 und Kap. 11).

100 Jahre im Familienbesitz

– Hans Schumann leitet das Unternehmen in vierter Generation –

Aufgaben

4. Was sagen Bild und Zeitungsüberschrift über den Einfluss der Familie aus?
5. Was ist damit gemeint, wenn man sagt „Der kommt aus einer guten Familie."?
6. Wie können sich die Stellung und Einstellung der Eltern auf die Persönlichkeitsentwicklung auswirken?

---

[1] Auszug aus Perrot, M.: Funktionen der Familie, in: Geschichte des privaten Lebens – Band 4, S. 111
[2] Familienbericht, S. XII

Erziehung und Sozialisation

In der Familiengemeinschaft lernt der Mensch grundlegende soziale Verhaltensweisen. Der Prozess der Erziehung und der Sozialisation beginnt mit der Geburt. Die ersten prägenden Einflüsse von außen sind die intensiven Erfahrungen mit Mutter und/oder Vater (und Geschwistern).

Erlebt der Säugling ein entspanntes Familienklima und eine angenehme Atmosphäre und macht die Erfahrung, dass er sich auf sein Umfeld verlassen kann, erwirbt er Urvertrauen und eine positive Grundhaltung.

Die Familie prägt die Grundhaltung eines Menschen. Das betrifft u. a. das Kennenlernen von Werten und Normen ebenso wie den Erwerb der Geschlechterrolle. Hier kann er sich ausprobieren und lernt seine Grenzen kennen (vgl. Kap. 11).

> *„Wer sich nur um Kinder kümmert, verdient kein Geld. Statt Cash und Karriere warten zu Hause Babygeschrei und schmutzige Windeln. Trotzdem: Immer mehr Männer wollen nicht nur den Ernährer spielen. Laut aktueller Studien wünschen sich 40 % aller Väter eine aktivere Rolle in der Familie und bei der Betreuung der Kinder. Fakt ist aber, dass nur ganze 2 % sich beim Wort nehmen und dem Wunsch Taten folgen lassen."* [1]

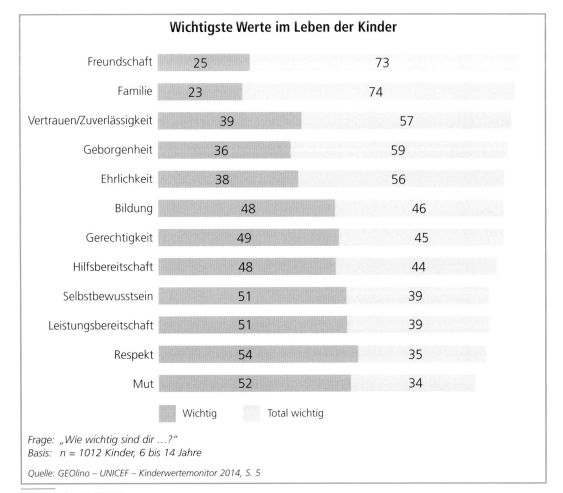

Wichtigste Werte im Leben der Kinder

Wert	Wichtig	Total wichtig
Freundschaft	25	73
Familie	23	74
Vertrauen/Zuverlässigkeit	39	57
Geborgenheit	36	59
Ehrlichkeit	38	56
Bildung	48	46
Gerechtigkeit	49	45
Hilfsbereitschaft	48	44
Selbstbewusstsein	51	39
Leistungsbereitschaft	51	39
Respekt	54	35
Mut	52	34

Frage: „Wie wichtig sind dir …?"
Basis: n = 1012 Kinder, 6 bis 14 Jahre

Quelle: GEOlino – UNICEF – Kinderwertemonitor 2014, S. 5

[1] ZDF-Ratgeber, 11.03.2003

Das Weib als Gattin

Der Mann findet seinen normalen Lebensberuf in der Welt, das Weib in der Familie; er steht zu der Familie als Stifter, Erzeuger, Schutzherr und Erwerber da, das Weib als empfangende Gattin, als Mutter der Kinder, Erhalterin und Pflegerin der Familie, es lebt und wirkt nur in ihr. – Hierfür ist die weibliche Seele organisiert. Das Gemüt ist die Quelle ihrer Lebensäußerungen; nicht forschende, schaffende und reflektierende Geistestätigkeit ist ihre Bestimmung, wie beim Mann, sondern Gefühlsleben, welches sich innig mit der heimischen Häuslichkeit verknüpft und das Schöne, Wahre und Richtige unmittelbar empfindet und findet, was der Mann erst durch Nachdenken und erworbene Grundsätze als Resultat geistiger Tätigkeiten erreicht. [1]

Aufgaben

Bearbeiten Sie die Fragen 1 – 4 in Kleingruppen und erstellen Sie hierzu eine Wandzeitung.
1. Welche Männerrollen werden in den beiden Artikeln auf S. 114/115 dargestellt?
2. Welche Eigenschaften sollte Ihr Lebenspartner/Ihre Lebenspartnerin besitzen?
3. Wie werden Mann und Frau in den Medien dargestellt?
4. Wie sehen Sie Ihre Rolle?
5. Welche Werte sind für Sie und für Ihre Familie wichtig?
6. Was können Sie aus dem Schaubild auf S. 115 für Ihre berufliche Tätigkeit ableiten?

Versorgung und Bedürfnisbefriedigung

In einer Familie oder familienähnlichen Lebensgemeinschaft werden die Mitglieder versorgt und können (grundlegende) Bedürfnisse befriedigen, wie auch aus der Aussage von Frau Lacabaratz ersichtlich wird (s. S. 105). Traditionell versorgt die Mutter/Frau Haushalt und Kinder, während der Vater/Mann für Unterhalt und Finanzierung zuständig ist. Diese Rollenverteilung ist für viele Familien heute nicht mehr zutreffend.

[1] Auszug aus Klenke, Dr. med., H.: Das Weib als Gattin, 1891, S.33

Zärtlichkeit in der Familie

Die Familie in ihren unterschiedlichen Formen bleibt trotzdem der Ort, an dem man versorgt wird und Grundbedürfnisse wie Essen, Trinken und Schlafen, emotionale Bedürfnisse wie Zärtlichkeit, Anerkennung und Zuwendung ebenso wie sexuelle Bedürfnisse befriedigen kann. Sie ist ein geschützter Raum, in dem man Gefühle zeigen kann und darf.

Aufgaben

7. Interviewen Sie in einer Kleingruppe sechs Personen Ihrer Wahl nach ihrem Frauen- und Männerbild.
8. Vergleichen und bewerten Sie die Aussagen.

Erholung (Regeneration) und Freizeit

In der Familie kann man sich regenerieren (sich wiederherstellen, erholen). Hier verbringt man einen Teil seiner Freizeit mit gemeinsamem Essen, Spielen, Treffen mit Freunden und Feiern von Festen.

Bei einem Vergleich der Freizeitaktivitäten vor 40 Jahren und heute kann man allerdings feststellen, dass die gemeinsam mit der Familie verbrachte Zeit weniger geworden ist.

Die Familie bietet auch einen Rückzugsraum bei persönlichen Problemen und Belastungen in Schule, Ausbildung oder Beruf.
Hier kann man

- seine Gefühle zeigen, ohne das Gesicht zu verlieren,
- sich zurückziehen und über Geschehnisse und seine Situation nachdenken,
- über seine Probleme reden,
- Hilfe und Unterstützung bekommen und
- neue Kräfte sammeln.

Aufgaben

1. Welche Aktivitäten unternehmen Sie heute mit Ihrer Familie gemeinsam?
2. Was haben Sie als Kleinkind/Kind mit Ihrer Familie unternommen und was hat Ihnen das bedeutet?
3. Fragen Sie Ihre Eltern oder Großeltern, wo und wie sie in ihrer Kindheit ihre Freizeit verbracht haben und vergleichen Sie die Schilderungen mit heute.
4. Welche Ursachen kann es haben, dass die gemeinsam mit der Familie verbrachte Freizeit abgenommen hat?

Erhalt der Gesellschaft

Die Familie ermöglicht durch ihren Nachwuchs den Erhalt der Gesellschaft.

Mit dem Erziehen und Aufziehen von Kindern werden Traditionen, Werte und Verpflichtungen weitergegeben, sodass die nachfolgende Generation sich ihrerseits dazu ebenso verpflichtet fühlt. Wenn ein Mensch in der Familie lernt, Rücksicht auf andere zu nehmen, eine Meinung zu äußern und dabei nicht immer zu gewinnen, zeigt er diese Verhaltensweisen auch in jeder anderen Gemeinschaft.

Dass die Familie auch heute noch für das Funktionieren der Gesellschaft wichtig ist, wird aus dem Grundgesetz und vielen Aktivitäten der Bundesregierung deutlich.

Artikel 6 des Grundgesetzes

(1) Ehe und Familie stehen unter dem besonderen Schutz der staatlichen Ordnung.

(2) Pflege und Erziehung sind das natürliche Recht der Eltern und die zuvörderst ihnen obliegende Pflicht. Über ihre Betätigung wacht die staatliche Gemeinschaft.

(3) Gegen den Willen der Erziehungsberechtigten dürfen Kinder nur aufgrund eines Gesetzes von der Familie getrennt werden, wenn die Erziehungsberechtigten versagen oder wenn die Kinder aus anderen Gründen zu verwahrlosen drohen.

Aufgaben

5. Recherchieren Sie im Internet, welche Modellprojekte von der Bundesregierung oder anderen Organisationen zur Unterstützung der Familie durchgeführt werden und welche Ziele sie haben.
6. Welche Rechte und Pflichten werden der Familie im Grundgesetz zugewiesen?
7. Warum hat der Staat ein besonderes Interesse an der Familie?
8. Was versteht man unter dem Generationskonflikt?
9. Welche Traditionen gibt es in Ihrer Familie oder in befreundeten Familien?
10. Was bedeuten Ihnen Traditionen für Ihre eigene Lebensgestaltung und für Ihre pädagogische Arbeit mit Kindern?

9.3 Mögliche Belastungen der Familie und deren Auswirkungen

Beispiel 1

Familie Hanke hat vier Kinder: Ilona (12), Kristin (10), Paul (6), Leonhard (3). Als Paul kam, wurde die Wohnung zu klein. Alle größeren Wohnungen in der Stadt waren entweder zu teuer, hatten eine ungünstige Lage (zu laut; Schulen und/oder Kindergarten zu weit entfernt) oder wurden ihnen wegen ihres „Kinderreichtums" nicht vermietet. So kauften sie schließlich ein preiswertes Haus, etwa eine dreiviertel Stunde von der Stadt und Herrn Hankes Arbeitsplatz entfernt.

Um die Kinder gut versorgen zu können, gab Frau Hanke ihre Arbeit als Erzieherin auf. Die finanziellen Mittel wurden dadurch sehr eingeschränkt, obwohl Herr Hanke als Angestellter etwa 34 000 € im Jahr verdient, was etwa einem Durchschnittsverdienst entspricht. Um den 22. des Monats ist das Geld verbraucht und das Gehaltskonto im Minus. Das bedeutet: keine Kino- oder Restaurantbesuche, kaum neue Kleidung. Lebensmittel werden im Discounter gekauft, Kleidung auf dem Flohmarkt oder im Billigladen. Der Lebensmitteleinkauf stellt ein großes Problem dar, vor allem, wenn das 14 Jahre alte Auto ausfällt.

Beispiel 2

Armut hat viele Gesichter. Frau Müller gehört zu denen, die mit ihrer Familie ein Leben am Rande des Existenzminimums führt, ohne dass es ihre Umgebung merken soll. Für die Frau, ihren Mann und beide Kinder ist der Alltag alles andere als rosig: Seit einigen Jahren ist der Mann arbeitslos, dabei als ausgebildeter Maler und Lackierer handwerklich begabt und arbeitswillig. Er findet aber keine Anstellung. Für die Familie bedeutet das tagtäglich Verzicht – auf Kleidung, Ausflüge, Kino und sogar Weihnachtsgeschenke. Am Monatsende gibt es nur noch billigstes Brot und Streichwurst – morgens, mittags, abends – und Leitungswasser gegen den Durst. Vor kurzem hatte die Familie überhaupt kein Geld mehr, weil die Hartz-IV-Versorgung gepfändet worden war. Selbst der Gerichtsvollzieher hat sich schon vorgemerkt: „… einfachste Einrichtung, nichts zu holen". Dass der Mann keine Arbeit findet, ist die größte Sorge.

Beispiel 3

Tom ist von Anfang an ein anstrengendes Kind gewesen. Er schlief nicht viel und war ständig in Bewegung.

Immer musste man ihn im Auge haben, damit kein Unglück geschah. Trotzdem gehörten Schrammen, Wunden, Nasenbluten und auch kleine Gehirnerschütterungen zur Tagesordnung. Während andere Mütter gemütlich mit ihrem Kind in der Stadt einkaufen gingen, versuchte Frau Schmidt das mit Tom immer zu umgehen.

Er fasste alles an, rannte weg und verlangte höchste Aufmerksamkeit. Ein Einkauf mit Tom brachte sie regelmäßig an die Grenzen ihrer Geduld. Nicht selten verlor sie die Nerven und schrie ihn an, weil sie so erschöpft war. Andere Mütter mit ihren „pflegeleichten" Kindern hat Frau Schmidt immer beneidet. Tom war als Kleinkind in seiner körperlichen Entwicklung sehr weit und musste alles ausprobieren. In den ersten Jahren machten seine Eltern sich viele Gedanken: Waren sie zu streng? Behandelten sie seine kleine Schwester anders? Waren sie gute Eltern? Sie trauten sich mit Tom kaum noch aus dem Haus.

Aufgaben

Je eine Kleingruppe beschäftigt sich mit einem Beispiel und beantwortet Aufgabe 1 – 3.
1. Welche Belastungen werden aus dem Beispiel deutlich?
2. Wie wirken sich die Belastungen auf die Familie aus?
3. Welche Belastungen können noch auftreten?
4. Stellen Sie Ihre Ergebnisse der Klasse als Wandbild vor.

9.3.1 Belastungen im Überblick

Familien können besonders belastet werden durch
- Probleme in der Partnerschaft und Ehe,
- Erziehungsprobleme,
- finanzielle Sorgen und Arbeitslosigkeit,
- Trennung,
- Pflegebedürftigkeit aufgrund von Krankheit, Behinderung und Alter,
- Verlust eines nahen Angehörigen sowie
- Herkunft (vgl. Kap. 8, 12, 13 und 17).

Hat eine Familie viele Kinder, lebt sie von Hartz IV, müssen behinderte oder pflegebedürftige Menschen versorgt werden oder ist sie ausländischer Herkunft, hat sie es grundsätzlich schwerer. Familien mit Migrationshintergrund weisen im Durchschnitt schlechtere Schulabschlüsse auf, verfügen über eine geringere berufliche Qualifikation und ein geringeres Einkommen. Sie sind deshalb häufiger von Armutsrisiken bedroht. Außerdem haben sie oft mit Vorurteilen zu kämpfen.

Kinderreichen Familien und Familien, die von Armut betroffen sind, lastet oft das Vorurteil an, sie seien asozial, weil sie unfähig seien, eine „vernünftige" Familien- und Finanzplanung zu betreiben. Vielleicht ist es nur schwer vorstellbar, dass Mutter oder Vater zugunsten der Kinder bewusst auf eine berufliche Karriere verzichten.
Ebenso werden Auffälligkeiten wie z. B. ADS (Aufmerksamkeits-Defizit-Syndrom) bei Kindern wie Max häufig der mangelnden Erziehungsfähigkeit der Eltern zugeschrieben. Dabei kommen ADS-Kinder aus jeder Gesellschaftsschicht. Bei ca. 5 % der Bevölkerung taucht diese Auffälligkeit auf, häufiger bei Jungen als bei Mädchen. Kinder mit ADS sind extrem leicht ablenk-

bar, neigen zu impulsivem Verhalten und sind nicht selten hyperaktiv (vgl. ADHS in Kap. 13). Aus den Beispielen wird deutlich, dass sich durch die familiären Belastungen viele Auswirkungen auf das Familienleben ergeben können. Sie umfassen die zeitliche Organisation sowie die psychische/emotionale, soziale und finanzielle Familiensituation.

Aufgaben

1. Schildern Sie eine Familiensituation, die Sie (als Kind) besonders belastet hat.
2. Einigen Sie sich in einer Kleingruppe auf eine dieser Situationen und spielen Sie diese im Rollenspiel nach.
3. Schildern Sie Ihre Gefühle dabei und überlegen Sie, wie Sie einem Kind in einer vergleichbaren Situation helfen könnten.

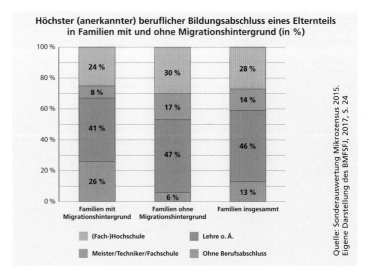

Höchster (anerkannter) beruflicher Bildungsabschluss eines Elternteils in Familien mit und ohne Migrationshintergrund (in %)

Quelle: Sonderauswertung Mikrozensus 2015. Eigene Darstellung des BMFSFJ, 2017, S. 24

9.3.2 Organisatorische Auswirkungen

Wie aus den Beispielen deutlich wird, beginnen die Belastungen bereits bei der Gestaltung des Tagesablaufs, beispielsweise durch
- unterschiedliche Beginn- und Schlusszeiten (Krippe, Kindergarten, Schule, Arbeit),
- unterschiedlich weite Wege, die nicht immer ohne Begleitung bewältigt werden können,
- starre, wenig familienfreundliche Arbeits- und Öffnungszeiten,

■ fehlende Einkaufsmöglichkeiten in der Nähe.
Bei Krankheit, Behinderung und Pflegebedürftigkeit sind oftmals geregelte Mahlzeiten und das Einhalten von Terminen (z. B. Arztbesuch, Krankengymnastik oder Medikamenteneinnahme) notwendig.

Der Tagesablauf muss ausgehend von den Notwendigkeiten aller Familienmitglieder organisiert werden. Dadurch können eigene Bedürfnisse zu kurz kommen, Zeiten für Gemeinsamkeiten fehlen und viele Wünsche nicht erfüllt werden, insbesondere bei Familien mit beeinträchtigen Kindern oder pflegebedürftigen Menschen.

Aufgaben

1. Beschreiben Sie einen typischen Tagesablauf Ihrer Familie.
2. Was ändert sich für die Familie, wenn ein krankes, pflegebedürftiges Kind dazu kommt?

9.3.3 Psychische/emotionale Auswirkungen

Behinderte, pflegebedürftige, chronisch kranke und verhaltensauffällige Familienmitglieder benötigen eine besondere Zuwendung und kontinuierliche Hilfestellung, um

■ Wege der Selbstständigkeit zu erfahren und mit anderen in Kontakt zu treten,

■ Körperfunktionen zu verbessern,

■ Funktionen und besondere Unterstützungsangebote, abhängig von der Beeinträchtigung, zu erhalten,

■ in ihr soziales Umfeld integriert zu werden und Isolation zu verhindern sowie

■ Akzeptanz zu erfahren und angenommen zu werden.

Das kann zu körperlicher und seelischer Überforderung sowie zu emotionaler Vernachlässigung der anderen Familienmitglieder führen.

Aber auch plötzliche oder lang anhaltende Arbeitslosigkeit kann zu erheblichen emotionalen Belastungen führen (Verlust des Selbstwertgefühls, Aggressivität, Sucht). Soziale Kontakte werden eingeschränkt. Es muss genau überlegt werden, wie das Familieneinkommen zu verteilen ist. Die neue Situation und möglicherweise beengte Wohnverhältnisse führen nicht selten zu Auseinandersetzungen und Streitereien.

Durch Arbeitslosigkeit verursachte, belastende familiäre Situationen müssen nicht zwangsläufig zu Beeinträchtigungen und Auffälligkeiten bei Kindern führen. Wenn die Eltern ein gutes Familienklima schaffen und eine positive Eltern-Kind-Beziehung herstellen, nehmen jüngere Kinder weniger Schaden. Auch Freundschaften zu Gleichaltrigen haben in dieser Altersgruppe stabilisierende Wirkung. Für ältere Kinder bedeutet die Arbeitslosigkeit der Eltern eine besondere Belastung, da Äußerlichkeiten in diesem Alter eine wichtige Rolle spielen.

Belastend ist die mit der Arbeitslosigkeit einhergehende Armut für diese Altersgruppe dann, wenn die Kinder im Elternhaus keine Zuwendung erfahren und keinen emotionalen Rückhalt haben, und auch, wenn sie an außerfamiliären und schulischen Aktivitäten nicht teilnehmen können (Besuch von Schwimmbad, Kino, Geburtstagsfeiern).

Aufgabe

3. Was können Sie als Erziehende tun, um diese Belastung für ein Kind erträglicher zu machen?

9.3.4 Soziale Auswirkungen

Arbeitslosigkeit und Bezug von Hartz IV sind immer mit einem (vermeintlichen) Statusverlust verbunden. Viele Menschen schämen sich ihrer Situation, wie auch aus Beispiel 2 deutlich wird, mögen sie nicht zugeben, ziehen sich deshalb zurück und verlieren notwendige Kontakte. Häufig begegnen sie auch Vorurteilen wie „Du hast bloß keine Lust zum Arbeiten", die verletzend sind.

Durch Pflegebedürftigkeit, chronische Krankheit, Auffälligkeiten oder andere Besonderheiten werden Pflegende und Erziehende besonders beansprucht. Sie müssen Zeit haben und sich um die Bedürfnisse und Wünsche kümmern. Die eigene Freizeit oder auch die anderer Familienmitglieder wird dadurch erheblich eingeschränkt, sodass für Einladungen, Veranstaltungen oder Besuche bei Freunden und zum Lesen wenig oder gar keine Zeit bleibt. Langfristig kann Isolierung die Folge sein.

Beispiel
Eine Person, von der man mehrere Male hintereinander eine Absage erhält, lädt man nicht mehr ein: „Die hat wohl keine Lust zu kommen."

Aufgabe

1. *Der Rückzug der Familie wirkt sich auch auf das Verhalten der Kinder aus. Victor (4 Jahre) ist sehr schüchtern, spielt oft allein und traut sich nicht, auf andere Kinder zuzugehen.* Wie können Sie ihn in die Gruppe integrieren und ihn darin unterstützen, dass er einen Teil seiner Schüchternheit ablegt?

9.3.5 Finanzielle Auswirkungen

Alle vorher benannten familiären Belastungen führen zu finanziellen Einbußen, weil
- durch Arbeitslosigkeit und Trennung weniger Geld zur Verfügung steht. Häufiger haben Familien auch Schulden, die sie nicht mehr oder kaum noch bezahlen können;

- Erziehung, Betreuung und Pflege viel Zeit erfordern und die Erwerbstätigkeit eines Familienmitglieds ganz oder teilweise verhindern;
- spezielle Hilfsmittel, wie z. B. besondere Nahrungsmittel, benötigt werden, die nicht oder nur teilweise von anderer Stelle bezahlt werden.
- ein Umzug nötig ist, wenn die Wohnung z. B. nicht kind- oder behindertengerecht ist oder Bildungs-, Betreuungs- und Unterstützungsmöglichkeiten in der Nähe fehlen.

Arbeitslosigkeit und fehlende Unterhaltszahlungen nach Scheidung oder Trennung können eine Familie schnell in finanzielle Nöte bringen, worunter besonders die Kinder leiden. Die Zahl der Kinder, die von Hartz IV leben, ist in den vergangenen 20 Jahren deutlich angestiegen. 21 % der Kinder in Deutschland leben dauerhaft oder zeitweilig in Armut. Kinderarmut wird an vielen Stellen sichtbar. Es gibt Kinder, die selbst im Winter Sommerschuhe tragen, ohne Frühstück aus dem Haus gehen, nicht an Ausflügen teilnehmen oder mit ihren Freunden Geburtstag feiern können.

Aufgaben

2. Informieren Sie sich bei der örtlichen Schuldnerberatung, ob die Beratungen zugenommen haben und um welche Sachverhalte es sich jeweils handelt.
3. Wie würden Sie sich verhalten, wenn ein Kind Ihrer Gruppe kein Geld für den Besuch des Weihnachtsmärchens hätte?

Zusammenfassung

- Mit Familie bezeichnet man heute sehr unterschiedliche Formen von Lebens- und Wohngemeinschaften.
- Die Familie erfüllt verschiedene Aufgaben:
  - Entwicklung der Persönlichkeit
  - Erziehung und Sozialisation
  - Versorgung und Bedürfnisbefriedigung
  - Erholung und Freizeit
  - Erhalt der Gesellschaft
- Das Zusammenleben in einer Familie kann u. a. belastet werden durch
  - Probleme in Ehe, Partnerschaft oder Erziehung,
  - finanzielle Sorgen,
  - Arbeitslosigkeit,
  - Tod,
  - Trennung oder
  - Pflegebedürftigkeit eines Familienmitglieds,
  - Herkunft.
- Familien mit vielen Kindern, behinderten oder pflegebedürftigen Mitgliedern, arme Familien und häufig auch Familien mit Migrationshintergrund sind besonders belastet.
- Familiäre Belastungen können zahlreiche Auswirkungen auf das Familienleben haben:
  - organisatorisch,
  - psychisch/emotional,
  - sozial und
  - finanziell.

Aufgaben

1. *„Ja, ich habe Karriere gemacht. Aber neben meiner Familie erscheint sie mir unbedeutend."* [1]
   Was will Iacocca mit dieser Aussage sagen

2. Was bedeutet Familie für Sie? Erstellen Sie eine Mindmap.

3. Verfolgen Sie in den nächsten vier Wochen die Darstellung der Familie in Presse und Fernsehen. Sammeln Sie Zeitungsausschnitte oder machen sich Notizen.
   a) Worüber wird berichtet?
   b) Unterteilen Sie die Berichte in neutrale, positive und negative.
   c) Zeigen Sie gemeinsame Merkmale der positiven und negativen Beispiele auf und bewerten Sie diese.

4. Lassen Sie die Kinder Ihrer Gruppe ein Bild von der eigenen Familie malen und erklären.

5. Stellen Sie für jede gemalte Familie ein positives Merkmal heraus.

6. Bearbeiten Sie die folgenden Fragen in einer Kleingruppe:
   a) Wer gilt als arm oder armutsgefährdet?
   b) Was bedeutet Armut für Kinder konkret?
   c) Was können Sie als Erziehende tun?

7. Was könnten Sie tun, wenn Sie ein Kind aus einem der Beispiele von S. 118 in Ihrer Gruppe hätten und dieses wegen seiner Armut, vielen Geschwistern oder Auffälligkeit gehänselt würde?

8. Nehmen Sie Stellung zu folgender Aussage: *„Es ist für alle Beteiligten besser, wenn der Mann voll im Berufsleben steht und die Frau zu Haus bleibt und sich um den Haushalt und die Kinder kümmert".* [2]

---

[1] Iacocca, L.: (amerikanischer Topmanager) unter:
www.Sprucheportal.de/familiensprueche.de

[2] Gersterkamp, T.: Abschied vom Zahl-Vater?
Die Veränderung der Männerrolle in der Familie, unter:
www.familie-und-gesellschaft.org

10 Unterstützung für Familien mit Kindern

Beispiele

Melina (14) ist schwanger und weiß nicht weiter.
Malte ist alleinerziehender Vater und hat plötzlich Schichtdienst.
Familie Henjes ist umgezogen und sucht eine Betreuungsmöglichkeit für ihren 3-Jährigen.

Elterngeld ist der Renner
36 % der Väter nehmen es in Anspruch

Initiative gegen Kinderarmut

100.000 zusätzliche Plätze und qualitative Verbesserungen in der Kindertagesbetreuung

Aufgaben

1. Wo können sich Melina, Malte und Familie Henjes Hilfe holen?
2. Welche Unterstützungsmöglichkeiten können sie in Anspruch nehmen? Beziehen Sie die Grafik mit ein.
3. Informieren Sie sich über aktuelle Initiativen zur Unterstützung von Familien mit Kindern.

10.1 Überblick

Mit zahlreichen Maßnahmen, die gesetzlich geregelt sind, unterstützt der Staat Familien. Dazu gehören finanzielle Leistungen, Unterstützungsangebote, Beratungsstellen und Einrichtungen für Familien, wie aus dem Schaubild deutlich wird. Die Unterstützungsangebote für Kinder und Jugendliche erfolgen auf der Grundlage des **Kinder- und Jugendhilfegesetzes**.

Damit werden drei Ziele verfolgt:

Hilfe und Beratung

leisten bei der familiären Erziehung durch die Jugendhilfe, die ein breit gefächertes Angebot bereitstellt. Hiermit sollen Konflikte geregelt bzw. vermieden werden.

Bedarfsgerechte Hilfen

je nach Problemlage anbieten, die auf den Einzelfall bezogen vorgeschlagen und durchgeführt werden.

Beteiligung

von Kindern und Jugendlichen entsprechend ihrem Entwicklungsstand bei Entscheidungen des Jugendamtes berücksichtigen.

In den letzten Jahren hat der Staat die Unterstützungsleistungen für Eltern mit Kindern deutlich ausgeweitet. Dazu gehören u. a. Elterngeld plus, Partnerschaftsbonus, Eltern-

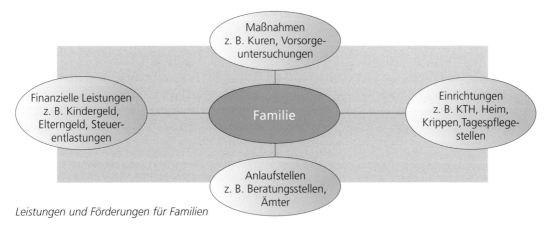

Leistungen und Förderungen für Familien

zeit, Entlastungsbetrag für Alleinerziehende und der Anspruch auf einen Krippenplatz.

Die Kinder- und Jugendhilfe unterstützt die Eltern bei ihrem Erziehungsauftrag und will Kindern und Jugendlichen das Hineinwachsen in die Gesellschaft erleichtern.

Aufgaben

1. Übertragen Sie das Schaubild von S. 123 in Ihr Heft und ergänzen und vervollständigen Sie es.
2. Welche Gesetze regeln den jeweiligen Anspruch?
3. Informieren Sie sich, wer die einzelnen Leistungen zu welchen Bedingungen erhalten kann.
4. Besorgen Sie sich Informationsmaterial und stellen Sie der Klasse ausgewählte Institutionen und Ämter vor, bei denen sich Familien Hilfe holen können.

Von staatlicher Seite nehmen Jugendämter Aufgaben der Jugendhilfe wahr. Zu ihrem Aufgabenbereich gehören u. a. die Fremdunterbringung in Heimen, die Vermittlung von Pflege- und Adoptionsstellen sowie die Einrichtung und Organisation von Tageseinrichtungen für Kinder wie Tagespflegestellen, Krippe, Kindergärten und Horte.

Jugendhilfe wird auch von gesellschaftlichen Gruppen und Verbänden, den sogenannten „freien Trägern", geleistet. Deren Spektrum reicht von Selbsthilfegruppen und Beratungsstellen unterschiedlicher Art über Vereine und Kirchen bis zu bundesweit organisierten Jugend- und Wohlfahrtsverbänden.

Grundlage der Hilfsangebote für Menschen mit Handicap ist das Schwerbehindertengesetz und für alte, pflegebedürftige Menschen das Pflegegesetz.

Bei den Maßnahmen oder Einrichtungen, die vom Staat unterstützt oder initiiert werden, unterscheidet man: familienunterstützende, familienergänzende und familienersetzende Maßnahmen.

10.2 Familienunterstützende Maßnahmen/Hilfen

Im Mutter-Kind-Café

Beispiel

Seit sechs Monaten nimmt die alleinerziehende Ulrike an einer beruflichen Weiterbildung teil. Ihr 6-jähriger Sohn Sven hat wenig Verständnis für die neue Familiensituation. Er fühlt sich alleine gelassen, will morgens nicht in den Kindergarten, trödelt und reagiert mit Wutausbrüchen. Die Erzieherin ihres Sohnes hat Ulrike schon mehrfach angesprochen. Da Ulrike sich mit dieser Situation überfordert fühlt, wendet sie sich an die Erziehungsberatungsstelle und bittet um Unterstützung.

Aufgaben

5. Informieren Sie sich über die Angebote von Nachbarschaftszentren und Beratungsstellen in Ihrer Nähe.
6. Top-Cafés für Eltern – der neue Trend! Es werden immer mehr kommerzielle Eltern-Kind-Cafés eröffnet. Was ist deren Konzept? Nehmen Sie Stellung zu dieser Entwicklung.

Zu den familienunterstützenden Maßnahmen und Hilfen gehören beispielsweise

- Beratungsstellen,
- Selbsthilfegruppen,
- Nachbarschaftszentren, Mütterzentren,
- Familienhilfe,
- Mutter-/Vater-Kind-Kuren.

Ziel aller Maßnahmen ist es, die Familien zu unterstützen und zu entlasten. Die Angebote können bei Bedarf in Anspruch genommen werden und sind überwiegend kostenfrei. Es gibt **Beratungsstellen** in freier oder öffentlicher Trägerschaft, bei denen man sich Rat und Hilfe holen kann, wie z. B. die Familien- und Eheberatung, der Kinderschutzbund, das Eltern-Stress-Telefon und die Drogen- und Suchtberatung.

Seit 1952 setzt sich pro familia für die Interessen von Frauen, Männern, Jugendlichen und Kindern auf dem Gebiet der sexuellen und reproduktiven Gesundheit und Rechte ein. Heute gehört der Verband national wie europaweit zu den bedeutendsten nichtstaatlichen Dienstleistern der Sexualpädagogik, Familienplanungs-, Sexual- und Schwangerschaftsberatung. In den 170 Beratungsstellen in Deutschland finden Menschen aller Religionen und Nationalitäten fachlich qualifizierte Beratung und sexualpädagogische Unterstützung. Ein Schwerpunkt des Arbeitsprogramms ist die besondere Förderung und Unterstützung sozial benachteiligter Gruppen in der Bevölkerung.

Daneben gibt es zahlreiche **Selbsthilfegruppen**, die auf private Initiative entstehen, mit dem Ziel, Erfahrungen und Informationen mit gleichfalls Betroffenen auszutauschen sowie Ängste und Unsicherheiten abzubauen.

Die **Familienhilfe** ist ein Angebot der öffentlichen Jugendhilfe an Familien mit Kindern und Jugendlichen in besonderen Problemlagen. Ziel ist es, Hilfe zur Selbsthilfe zu leisten.

Aufgaben

1. Erkunden Sie, welche Selbsthilfegruppen es in Ihrer näheren Umgebung gibt, seit wann sie bestehen und wie sie arbeiten.
2. Informieren Sie sich über Arbeit und Ziele des Kinderschutzbunds.
3. Recherchieren Sie, welche Beratungsstellen es in Ihrer Nähe gibt, die von besonderer Bedeutung für die Betreuung und Erziehung von Kindern sind.

10.3 Familienergänzende Maßnahmen

Beispiel

Nach kurzer Dauer ist die Ehe von Corinne und Michael zerrüttet, sie haben sich getrennt. Da Michael studiert hat, war die Kinderbetreuung der beiden 2- und 3-jährigen Töchter leichter zu organisieren. Nun ist Michael in eine andere Stadt gezogen. Corinne, die ihre Arbeitsstelle nicht gefährden möchte, sucht deshalb nach Lösungen, wie sie beidem, Kindern und Arbeit, gerecht werden kann.

Mit den familienergänzenden Maßnahmen sollen Familien bei der Erfüllung ihrer Aufgaben unterstützt werden. Zu ihnen zählen u. a.

- Tagespflegestellen,
- Eltern-Kind-Initiativen,
- Kinderkrippen, Kindertagesstätten, Kindergärten, Horte.

So wird den Familien beispielsweise bei der Erziehung ihrer Kinder geholfen sowie die Versorgung von behinderten und pflegebedürftigen Familienmitgliedern übernommen, wenn die Familie diese aus verschiedenen Gründen nicht selbst leisten kann oder will.

Aufgabe

4. Warum werden diese Einrichtungen in Anspruch genommen?

10.3.1 Tagespflegestellen

In den Tagespflegestellen werden die Kinder tagsüber betreut. Sie werden morgens gebracht und kehren nachmittags oder abends in ihre Familie zurück.

Definition

Im Rahmen der **Tagespflege** übernehmen speziell dafür ausgebildete Familien oder Einzelpersonen die Betreuung von Kindern im eigenen Haushalt ganztägig oder auch für einen Teil des Tages.

> Suche zuverl. und liebev. Tagesmutter für meine Kinder (1 und 3 J. alt). 5-mal die Woche, 3 bis 5 Std., Bezahlung nach Stundenlohn.
> ☎: …

Aufgabe

1. Wie kann man Tagesmutter werden und welche Voraussetzungen muss man erfüllen?

Die Pflegepersonen haben oft eigene Kinder, weshalb sie nicht berufstätig sein können oder wollen. Es werden meist Kinder unterschiedlichen Alters gemeinsam betreut, sodass geschwisterliche Beziehungen entstehen können.

Eltern und Tageseltern sollten möglichst ähnliche Erziehungsvorstellungen haben, um eine harmonische Zusammenarbeit und eine einheitliche Erziehung zu gewährleisten, damit das Kind nicht verunsichert und das Bedürfnis nach Verlässlichkeit befriedigt wird.

Die Tagespflege bietet den Vorteil, dass die Betreuungszeiten auf die individuellen Erfordernisse der Eltern abgestimmt werden können, das Kind nicht ständig wechselnde Bezugspersonen, sondern Geborgenheit und Beständigkeit in einem überschaubaren häuslichen Rahmen erlebt.

Aufgaben

2. Entwickeln Sie einen Leitfaden für ein Interview mit einer Tagesmutter unter den folgenden Aspekten:
   – Beweggründe zur Übernahme einer Tagespflege,
   – positive und negative Erfahrungen und
   – was Ihnen wichtig ist im Hinblick auf Ihre Ausbildung und spätere Berufstätigkeit.
3. Führen Sie das Interview durch.
4. Werten Sie das Interview aus und bringen Sie die Beweggründe in eine Rangfolge.
5. Wie könnte man negative Erfahrungen minimieren?

10.3.2 Eltern-Kind-Initiative

> **Die kleinen Frösche suchen einen neuen Frosch.**
> Wir, eine elternverwaltete Kindergruppe, haben einen Platz für einen 1- bis 1,5-Jährigen frei. Eltern, die Engagement nicht scheuen und Natur lieben, sollten sich bei uns melden.
> ☎: …

Aufgaben

6. Informieren Sie sich über das Angebot von Initiativen in Ihrer Nähe (Öffnungszeiten, Altersstruktur, Elternmitarbeit, Kosten für einen Betreuungsplatz, Beschäftigungssituation, Besonderheiten).
7. Könnte dies ein Arbeitsplatz für Sie sein? Begründen Sie Ihre Einschätzung.
8. Was wäre Ihnen besonders wichtig, wenn Ihnen eine Beschäftigungsmöglichkeit in einer Initiative angeboten würde?

Die Motive, eine Initiative zu gründen, sind vielfältig. Vor allem Eltern von jüngeren Kindern wollen direkten Einfluss auf die Konzeption der pädagogischen Arbeit haben und suchen sich Gleichgesinnte, mit denen sie einen Verein gründen. Als freier Träger, der keiner großen Organisation angehört, bieten sie anderen Eltern (Gleichgesinnten) Kinderbetreuungsplätze an. Initiativen werden auch von Eltern gewählt, die in der näheren Umgebung keine geeignete Kinderbetreuungsmöglichkeit finden oder keinen Krippen-/Kindergartenplatz erhalten haben.

Wer sich für eine Eltern-Kind-Initiative entscheidet, kann sich an der Erarbeitung der Konzeption beteiligen und seine Vorstellungen über die Ausgestaltung der Kindergruppe einbringen. Die Eltern müssen ehrenamtliche Tätigkeiten leisten wie z. B. Organisationsaufgaben, Elterndienste und Kontakte zu den Behörden.

> **Auszug aus dem pädagogischen Konzept einer Elterninitiative:**
>
> *Alle Eltern der Elterninitiative sind Mitglieder des Vereins. Sie stellen den Vorstand. Dieser ist für die bestehenden Arbeitsgruppen Finanzen, Personal, Neuaufnahme und Renovierung zuständig. Die anderen Eltern haben sich für den Elternnotdienst, den Wäschedienst, die Reinigung u. a. zu engagieren.*

Eine besondere Form stellen die Gruppen des Prager-Eltern-Kind-Programms **(PEKIP)** dar. Mit speziell geschulten Fachkräften findet hier Förderung im Bereich der frühkindlichen Entwicklung und der Elternfähigkeit statt. Schwerpunkte des Konzeptes sind:

- „das Kind durch Bewegungs-, Sinnes- und Spielanregungen in seiner Entwicklung zu begleiten und zu fördern;
- die Beziehung zwischen Kind und Eltern zu stärken und zu vertiefen;
- den Erfahrungsaustausch und den Kontakt der Eltern untereinander zu fördern;
- Kontakte der Kinder zu Gleichaltrigen zu ermöglichen."[1]

Aufgaben

1. Recherchieren Sie zum Thema PEKIP. Seit wann gibt es PEKIP-Gruppen und wer ist der Begründer?
2. Besorgen Sie Informationen von PEKIP-Gruppen in Ihrer Stadt.

---

[1] PEKIP e.V.: Leitbild, S. 2

Eltern-Kind-Initiativen reagieren sehr zeitnah und flexibel auf die Bedürfnisse vor Ort. Das lässt sich beispielsweise an den Öffnungszeiten und den Altersstrukturen der Gruppen erkennen. Häufig existieren sie nur zeitlich begrenzt, wenn kein weiterer Bedarf besteht.

Der überwiegende Teil der Gruppen ist altersgemischt mit einem Spektrum von 0 bis 6 Jahren. Die Initiativen arbeiten mit unterschiedlichen Gruppengrößen und Konzepten. Das Angebot an Eltern-Kind-Initiativen ist in den letzten Jahren größer und vielfältiger geworden. Beispiele: Babygruppen, Spielgruppen, zweisprachige Gruppen, Wald- und Naturgruppen, betriebsnahe Initiativen.

Die Initiativen verfolgen altersspezifisch unterschiedliche Ziele. Bei Babygruppen finden die Treffen meistens einmal pro Woche statt und ermöglichen einen Erfahrungsaustausch und gegenseitiges Kennenlernen mit „Gleichgesinnten". Hier werden häufig Alltagsfragen in Bezug auf Entwicklung, Ernährung, Schlafen, Kinderkrankheiten und Vorsorgeuntersuchungen angesprochen sowie Kontakte geknüpft, die über diese Treffen hinaus gehen. Mutter oder Vater nehmen immer an den Treffen teil. Den Kleinstkindern bieten sie einen ersten sozialen Kontakt mit Gleichaltrigen. Durch geeignete Spiele, wie z. B. Fingerspiele und Kniereiterreime sowie einfache Lieder, erhalten die Kinder Zuwendung und Anregung. In Initiativen mit 1- bis 3-Jährigen nehmen Erziehungsfragen sowie gemeinsames Spielen, Singen, Tanzen und Basteln einen größeren Raum ein.

Unter bestimmten Bedingungen erhalten die Initiativen eine staatliche Förderung. Die Kosten für einen Betreuungsplatz in einer Initiative sind unterschiedlich hoch. Sie richten sich nach dem Alter der Kinder, der Gruppengröße, den Mietkosten, den Öffnungszeiten, dem Kostenbeitrag der Eltern und dem zeitlichen Umfang der Mitarbeit der Eltern.

Aufgaben

Sie haben ein 2-jähriges Kind, für das Sie keinen Betreuungsplatz gefunden haben, und wollen nun eine Initiative gründen.

1. Wie würden Sie vorgehen? – Entwerfen Sie einen Arbeitsplan.
2. Was müssen Sie für die Gründung einer Initiative klären und beachten? Beschaffen Sie sich die notwendigen Informationen aus dem Internet oder bei den zuständigen Behörden.
3. Unter welchen Bedingungen können Sie Zuschüsse erhalten?
4. Was wäre Ihnen besonders wichtig, wenn Sie als Elternteil Ihr Kind in einer Initiative unterbringen wollen bzw. wenn Sie in einer Initiative arbeiten würden?

Bearbeiten Sie die Fragen in Kleingruppen, gehen Sie dabei arbeitsteilig vor.

Spielkreise

sind eine andere Form von Eltern-Kind-Initiativen.

Kirchlicher Spielkreis stellt sich vor
Der Spielkreis besteht zzt. aus 10 Elternteilen mit ihren 1- bis 3-jährigen Kindern. Er trifft sich jeweils dienstags von 9 – 10.30 h im Gemeindehaus unter Leitung von Annika Mustermann, Kirchenvorstand und Erzieherin. Pädagogisches Ziel ist es, im christlichen Rahmen ein selbstgestaltetes wöchentliches Beisammensein zu ermöglichen. Hierzu gehören das gemeinsame Frühstück mit einem Gebet, Stuhlkreis, Fingerspiele, Singspiele usw.

Spielkreise sind auf privater Basis oder von Institutionen eingerichtete Gruppen von Gleichaltrigen, in der Regel 2- bis 3-Jährige, die sich ein- bis zweimal die Woche für zwei bis drei Stunden treffen. Sie werden häufig besucht oder von Eltern gegründet, weil

- die Kinder in ihrem direkten Umfeld wenig Kontakt haben (beengter Wohnraum, wenig Geschwister),
- hier – in der Regel – die Mütter Erfahrungen austauschen können,
- viele Eltern ihre Kleinkinder noch nicht in eine Fremdbetreuung geben wollen oder
- es keine geeigneten Betreuungsplätze gibt.

Das Zusammensein mit Gleichaltrigen ist wichtig, um auf „Augenhöhe" Wissen und Fähigkeiten zu erwerben. Die Kinder bringen unterschiedliche Ideen ein, müssen aushandeln, welcher Idee sie folgen wollen, müssen Entscheidungen treffen, Regeln aufstellen und unterschiedliche Rollen einnehmen.

Aufgabe

5. Erkunden Sie, wo es in Ihrer Nähe Spielkreise gibt und wie sie organisiert sind.

10.3.3 Krippe

Aufgaben

6. Welche Gründe könnten Paare oder Alleinerziehende bewegen, ihr Kind in eine Krippe zu geben?
7. Welche Vor- bzw. Nachteile kann der Besuch einer Krippe gegenüber anderen Betreuungssituationen haben?
8. Welche kindlichen Bedürfnisse können in einer Krippe besonders gut befriedigt werden? Bearbeiten Sie die Frage in einer Kleingruppe.

Die Krippe ist eine Einrichtung zur Betreuung von Kindern im Alter von 0 bis 3 Jahren.
Lange Zeit war die Krippenerziehung umstritten und mit einem negativen Image behaftet. Es herrschte die Meinung vor, dass die Kinder für eine optimale Entwicklung unbedingt die ersten drei Lebensjahre bei der Mutter bleiben sollten.

Entwicklungspsychologen wie **René Spitz** u. a. forderten für die ersten Lebensjahre **eine** Bezugsperson. Das war in der Regel die Mutter. Ein Wechsel von Bezugsperson und Raum wurde für die Entwicklung des Kindes als nachteilig angesehen. Als Gründe hierfür wurden z. B. benannt:

- nicht ausreichende Zuwendung,
- erhöhte Infektionsgefahr,
- mangelnde Hygiene,
- nicht genügend Anreize.

Aufgaben

Mütter, die ihre Kinder in eine Krippe gaben, wurden als Rabenmütter bezeichnet.
1. Was versteht man unter einer Rabenmutter und woher kommt diese Bezeichnung?
2. Teilen Sie die Auffassung, dass Mütter, die ihre Kinder in eine Krippe geben, Rabenmütter sind? Begründen Sie Ihre Antwort.

Für die Inanspruchnahme der Krippe gibt es:
Persönliche Gründe
- Die Frauen haben Freude an ihrem Beruf und Kontakt zu Kollegen und Kolleginnen. Beides möchten sie nicht aufgeben.
- Die Frauen verfügen heute häufig über einen qualitativ hochwertigen Berufsabschluss, der seinen Wert oft nur bei einer durchgängigen Berufsausübung und kontinuierlichen Fortbildungen behält.
- Ehe und Partnerschaft sind häufig keine lebenslang andauernden Gemeinschaften mehr. Die Berufstätigkeit ermöglicht der Frau eine finanzielle Unabhängigkeit.

Finanzielle Gründe
- Die Berufstätigkeit ist notwendig zur Sicherung des Lebensunterhalts.
- Der Lebensstandard soll gehalten oder verbessert werden.
  Der Verzicht auf eine bezahlte Beschäftigung bedeutet immer auch Einschränkungen in der Lebensführung, z. B. Verzicht auf größere Anschaffungen oder den gewohnten Urlaub. Außerdem wird bei Unterhaltszahlungen berücksichtigt, ob der Unterhaltsberechtigte einer Beschäftigung nachgehen kann.

Pädagogische Gründe
- Viele Familien sehen die Krippe heute als pädagogisch sinnvolle Ergänzung zur Familienerziehung an.
- Krippen werden einer Betreuung durch eine Tagesmutter oder Angehörige vorgezogen.

Durch den Wandel in den Familienformen und aufgrund von neueren Erkenntnissen in der Entwicklungspsychologie wird für die Krippenerziehung heute mit einer frühen Förderung argumentiert: Eine gute Krippenerziehung kann gegenüber der Familienerziehung als gleichwertig angesehen werden, denn auch in der Familienerziehung können Mängel auftreten.
Kinder, die in Krippen betreut werden, zeigen im Sozialverhalten Unterschiede gegenüber Kindern, die zu Hause betreut werden. Sie sind oft unternehmungslustiger, kooperativer und selbstbewusster.

Die **Zielsetzung** der Krippenarbeit hat sich gewandelt: Standen früher Beaufsichtigung und Pflege („satt und sauber") im Vordergrund, ist es jetzt die Entwicklung zu einer gemeinschaftsfähigen, eigenverantwortlichen Persönlichkeit.
- Pflegerische Tätigkeiten werden zum Aufbau einer vertrauensvollen Beziehung pädagogisch genutzt.
- Durch gezielte Anregungen erfolgt eine verbesserte Förderung.
- Eine altersmäßige Mischung in der Gruppe führt zu gegenseitiger Anregung und vielfältigem Lernen.

Die **Qualität** der Krippenerziehung hängt von folgenden Faktoren ab:
- Personalausstattung
- Qualifikationen der Mitarbeiter
- Gruppengröße
- materieller Ausstattung
- Konzeption

Aufgabe

1. Informieren Sie sich über die Vorgaben für die Einrichtung und den Betrieb einer Krippe.

Bei einer guten Ausstattung kann die Krippe die Familienerziehung ergänzen, unterstützen und bereichern, denn

- Räume, Spielmaterial und Mobiliar sind häufig vielfältiger, kindgerechter und anregungsreicher als in der Familie;
- das Kind macht vielfältige Sozialerfahrungen, die ihm im Umgang mit Erwachsenen nicht möglich sind. Dazu gehört u. a.:
  - Rücksicht nehmen,
  - eigene Interessen durchsetzen,
  - Kontakt zu fremden Kindern aufnehmen,
  - anderen helfen;

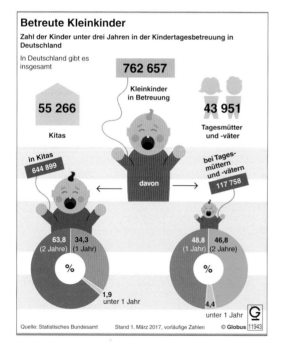

Betreute Kleinkinder

Zahl der Kinder unter drei Jahren in der Kindertagesbetreuung in Deutschland

In Deutschland gibt es insgesamt

762 657

Kleinkinder in Betreuung

55 266

Kitas

43 951

Tagesmütter und -väter

in Kitas
644 899

bei Tagesmüttern und -vätern
117 758

davon

63,8 (2 Jahre) 34,3 (1 Jahr) % 1,9 unter 1 Jahr

48,8 (1 Jahr) 46,8 (2 Jahre) % 4,4 unter 1 Jahr

Quelle: Statistisches Bundesamt   Stand 1. März 2017, vorläufige Zahlen   © Globus 11943

- die Kinder werden von professionell ausgebildetem Personal betreut. Hierzu gehören vorrangig Erzieher/innen, Kinderpfleger/innen, Kinderkrankenschwestern und -pfleger, Sozialassistenten/Sozialassistentinnen.

So ausgebildetes Personal

- kann altersgerechte Entwicklungsanreize geben und gezielte Förderung betreiben,
- verfügt über eine geschulte Beobachtungsgabe,
- erkennt Verhaltensauffälligkeiten und Entwicklungsverzögerungen eher und
- kann entsprechende Hinweise geben oder Hilfsangebote machen.

Das schlechte Abschneiden deutscher Schüler bei internationalen Pisa-Vergleichstests und die Erkenntnisse über die Bildungsfähigkeit im frühen Kindesalter haben dazu geführt, dass in allen Bundesländern zusätzliche Betreuungsplätze eingerichtet worden sind. Derzeit übersteigt allerdings die Nachfrage das Angebot.

Aufgaben

2. Welche Möglichkeiten zur Kleinkindbetreuung gibt es in Ihrer Umgebung und wie ist die zahlenmäßige Entwicklung in den letzten zehn Jahren?
3. Informieren Sie sich über das Modell des Züricher Fit-Konzepts von Remo Largo; s. hierzu auch die Website kita-fachtexte.de „Das Wohl des Kindes in der Krippe im Spannungsfeld von Chancen und Risiken".

10.3.4 Kindergarten

Beispiel
Die Mutter holt ihren Sohn (4,5 J.) vom Kindergarten ab: „Hallo Moritz, wie siehst du denn aus? Dein rechtes Hosenbein ist ja ganz feucht und schmutzig. Was habt ihr denn heute gemacht? ... Hast du mir kein Bild gemalt oder etwas gebastelt?" „Nö, wir haben heute nur gespielt. Das war schön." „Nur gespielt? ... Du sollst doch was machen, was ich auch sehen kann, und was lernen."

Aufgaben

1. Welche Erwartungshaltung der Mutter an den Kindergarten wird deutlich?
2. Informieren Sie sich über die pädagogischen Aufgaben der Institution Kindergarten in Ihrem Bundesland/Ihrer Umgebung.
3. Bewerten Sie anhand der pädagogischen Aufgaben die Situation im Anfangsbeispiel.
4. Die Abschaffung der Kita-Gebühr war eine jahrelange Forderung. Was waren die Beweggründe hierfür und wie ist der jetzige Stand?

Mit dem Eintritt eines Kindes in den Kindergarten beginnt ebenso wie für Krippenkinder ein Wechsel zwischen zwei Lebenswelten. Das Kind tritt aus der kleinen Familiengemeinschaft – oftmals Eltern und ein Kind oder ein Erwachsener und ein Kind – in eine große Gruppe Gleichaltriger oder Altersgemischter ein.

Institutionelle Rahmenbedingungen eines Kindergartens

Die Institution Kindergarten ist durch folgende Merkmale gekennzeichnet:

- der Besuch ist freiwillig;
- die Eltern beteiligen sich an den Kosten;
- sie steht unter staatlicher Aufsicht und
- muss bestimmte Mindestanforderungen an Räumen, Ausstattung und Personal erfüllen;
- Eltern haben nur beratende Funktion oder auch Mitbestimmungsrechte als Elternrat (unterschiedliche Regelungen in den Bundesländern).

Bei der Auswahl eines Kindergartens stehen die Eltern oft vor einer schwierigen Wahl, denn in der Kindergartenlandschaft von heute sind unterschiedliche konzeptionelle Schwerpunkte zu finden:

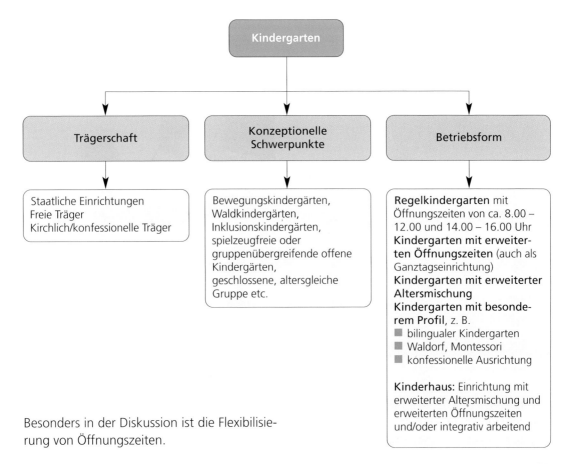

Besonders in der Diskussion ist die Flexibilisierung von Öffnungszeiten.

Aufgaben

1. Informieren Sie sich, welche Kindergärten es in Ihrer Umgebung gibt. Unterteilen Sie diese in staatliche, freie und konfessionelle Einrichtungen.
2. Erfragen Sie das Konzept der Einrichtung, in der Sie Ihr Praktikum gemacht haben/machen werden.
3. Stellen Sie der Klasse die Schwerpunkte der pädagogischen Konzeption vor.
4. Überlegen Sie in Kleingruppen, warum flexible Öffnungszeiten heute besonders diskutiert werden und welche Vor- und Nachteile damit verbunden sind.

Neben dem Kindergarten, der Kinder im Alter von 3 bis 6 Jahren aufnimmt, gibt es Kindertageseinrichtungen für Kinder im Alter von 0 bis 12 Jahren.

In den einzelnen Bundesländern sind für diese Betriebsform unterschiedliche Bezeichnungen gewählt worden: z. B. Kindertagesheim, Kindertagesstätte, Ganztagskindergarten, Ganztagseinrichtung.

Der Begriff „Kindertagesstätte" wird in einigen Gegenden nur für Ganztagskindergärten verwendet, während andere ihn für Tageseinrichtungen gebrauchen, die Krippe, Kindergarten und Hort unter einem Dach vereinen. Einige Bundesländer bezeichnen ihre Ganztagseinrichtungen auch als Tagesheime.

Grundlage für den Auftrag der Tageseinrichtungen für Kinder ist der § 22 des Kinder- und Jugendhilfegesetzes (KJHG), das 1990 in Kraft trat. Neben der Betreuung und Erziehung benennt das Gesetz ausdrücklich auch die Bildung.

Der Kindergarten ist somit Teil des Kinder- und Jugendhilfesystems geworden und hat den Auftrag, Betreuung, Bildung und Erziehung sicherzustellen.

Auftrag: Betreuung

Durch eine professionelle Betreuung soll sichergestellt werden, dass die Kinder sich in einem geschützten Raum entfalten können. Das bedeutet, dass die Grundbedürfnisse nach Nahrung, Geborgenheit, Zuwendung, Wertschätzung, Bewegung und Ruhe befriedigt werden. Zugleich entlastet dies die Eltern, die so die Möglichkeit haben, Familie und Beruf zu vereinbaren.

Auftrag: Bildung

Von besonderer Bedeutung ist heute der Bildungsauftrag des Kindergartens. Den Kindern wird hier gegenüber Familie und Umwelt ein erweiterter Erfahrungsraum geboten, denn die Lebenswelt der Kinder bietet häufig nur eingeschränkte Anregungen und Betätigungsmöglichkeiten. Diese sind aber notwendig für die kindliche Entwicklung sowie die Ausbildung von Neugier und Wissensdrang (vgl. Kap. 17).

Bildung erfolgt durch aktive Aneignung und erfordert die Verarbeitung von Wahrnehmungen und Erfahrungen, die zu einem **eigenen** Weltbild mit **eigenen** Vorstellungen, Anpassungen und Neuschöpfungen führen.

Beispiel

Ela, 4 Jahre alt, badet ihre Puppe in einer Waschschüssel. Drei andere Kinder sehen ihr dabei zu. Ela taucht nach dem Einseifen die Puppe immer ganz ins Wasser. Iris (4,6 Jahre) ruft: „Du ersäufst sie!" Ela: „Sie ist doch ein Schmutzfink, da muss das sein." Dann schaut sie Iris an und sagt: „Dann halt du doch ihren Kopf".

Frühkindliche Bildung ist somit auch Selbstbildung, weil jedes Kind eigene Bilder von der Welt und eigene Handlungsmuster entwickeln muss.

Dieses kann durch Zuwendung und Unterstützung der Erwachsenen geschehen, die entscheidende Anstöße geben. Aber auch der Umgang mit anderen Kindern sowie eine anregende Ausstattung und materielle Umgebung können das Kind zu seinen individuellen Handlungsmustern führen.

Aufgaben

1. Sind die Aussagen der Eltern oder Großeltern „Heute ist alles anders und früher war vieles besser" richtig?
2. Begründen Sie Ihre Bewertung anhand von Beispielen.

Auftrag: Erziehung

Erziehung und Bildung ergänzen sich gegenseitig. Erziehung bedeutet eine Herausforderung der Kinder durch die Erwachsenen.
Während in der familiären Erziehung die eigenen Lebenserfahrungen, Werte und Einsichten Ausgangspunkt und Grundlage sind, werden in der öffentlichen Erziehung die Ziele in Bildungsplänen festgelegt. Damit wird auf gesellschaftliche Anforderungen vorbereitet. Das

kann nur gelingen, wenn die Kinder Raum haben, sich mit den geforderten Werten und Normen auseinanderzusetzen, und lernen, sie kreativ und situationsgerecht anzuwenden.

Für die Arbeit in den Einrichtungen bedeutet dies, Wertehaltungen und Regeln müssen durch das Verhalten der Erziehenden (Vorbild) deutlich und in der Regel besprochen und nicht ohne Wenn und Aber durchgesetzt werden. Nur dann können Kinder einen eigenen Standpunkt bilden, die Werte eines gelungenen Zusammenlebens begreifen und eine verlässliche eigene Wertehaltung entwickeln.

Das bedeutet andererseits auch, klare Vorgaben zu machen und Anforderungen zu stellen, die es den Kindern ermöglichen, ihre Kenntnisse, Fähigkeiten und Fertigkeiten zu erweitern sowie sich zu erproben.
Im Kindergarten von heute muss ein Kind eine Lebenswelt vorfinden, die ihm unabhängig vom Geschlecht vielfältige Lernerfahrungen ermöglicht. Das Kind muss

- seine Umwelt erleben und sich mit ihr auseinandersetzen können,
- seinen Forscher- und Entdeckerdrang ausleben können,
- seine Fach- und Sozialkompetenzen entwickeln können,
- zu einer autonomen Lebensgestaltung angeregt werden und
- seine individuellen Entwicklungschancen erhalten.

Für Erziehende bedeutet dies:

- die Kinder anregen, fördern und begleiten,
- Chancen zur Selbstbildung schaffen,
- Unterstützung zur Selbstbildung leisten,
- mit Eltern zusammenarbeiten.

Dabei stehen die Interessen der Kinder, die Individualität und die Wertschätzung jedes einzelnen Kindes als eigenständige Persönlichkeit im Mittelpunkt.

Zur Erreichung dieser Ziele müssen im Tagesablauf genug Möglichkeiten vorhanden sein, um **Basiskompetenzen** zu erwerben (vgl. Kap. 16.1.2):

- **Ich-Kompetenz oder Selbstkompetenz**
  (z. B. Selbstwertgefühl, Vertrauen in die eigenen Kräfte, sich der eigenen Identität bewusst werden)
- **Sozialkompetenz**
  (z. B. Gefühle und Bedürfnisse anderer wahrnehmen, Kritik äußern und annehmen können, Regeln und Normen des Zusammenlebens vereinbaren, Kompromisse aushandeln)
- **Fachkompetenz**
  (z. B. Gegenstände und Erscheinungen differenziert wahrnehmen, körperliche Beweglichkeiten und Koordinationsvermögen ausbilden, Zielstrebigkeit, Wissbegier, sich sprachlich differenziert verständigen und Inhalte begreifen)
- **Lernmethodische Kompetenz**
  (Lust am Lernen, eigene Stärken ausbauen, Zusammenhänge herstellen, Fähigkeit, sich in verschiedenen Welten zurechtzufinden)

Ausgangspunkt für jede pädagogische Arbeit müssen die kindlichen Bedürfnisse sein.
Hierbei erhält die Beobachtung einen zentralen Stellenwert im pädagogischen Alltag des Kindergartens.

Jeder Kindergarten formuliert eigene pädagogische Zielvorstellungen sowie Inhalte und entwickelt Methoden zu deren Umsetzung.

Aufgabe

Welche Aufgaben von Erziehenden erscheinen Ihnen außerdem wichtig im Kindergartenalltag?

Elternarbeit
(heute: Erziehungspartnerschaft mit Eltern)
Da Kleinst- und Kleinkinder erstmals aus der Familie in eine größere Gruppe kommen und von außerfamiliären Erziehungspersonen betreut werden, ist eine intensive Zusammenarbeit mit den Eltern wichtig. Eltern sollten eng und partizipativ in das Kindergartengeschehen eingebunden werden.
Dabei gibt es verschiedene Formen der Elternbeteiligung:

- Elternrat
- Elternabende (Gruppenelternabende oder thematische Elternabende)
- Mitarbeit von Eltern in der Einrichtung (Eltern übernehmen kleine Aufgaben)
- Elternbriefe
- Elterngespräche
- Feste und Ausflüge mit Eltern

Zusammenarbeit zwischen Erziehenden und Eltern bedeutet, dass die Arbeit im Kindergarten offengelegt wird und Eltern einen Einblick in das Leben des Kindes zu Hause geben. Erst wenn das Kind spürt, dass seine Eltern an seinem Leben im Kindergarten teilhaben, wird es sich sicher und angenommen fühlen.

„Heute kommt mein Papa mit in den Kindergarten zum Vorlesen."

Der Kindergarten ist für die Familie eine Entlastung, wenn sich das Kind dort wohlfühlt. Kinder spüren beim Bringen und Abholen, ob sie willkommen sind. Eltern, die etwas Zeit mitbringen, erleben die Anfangs- oder Endspielphasen ihres Kindes in der Gruppe mit und können so an dieser Welt des Kindes ein wenig teilhaben.

Wichtig für die Zusammenarbeit zwischen Eltern und Kindergarten ist, dass die Vorstellungen von Erziehungszielen und Erziehungsverhalten übereinstimmen. Die Kindergärten haben ein Konzept erarbeitet. Dadurch erhalten die Eltern die Möglichkeit, sich über Ziele und Inhalte der pädagogischen Arbeit zu informieren (vgl. Kap 20).

Aufgaben

1. Fragen Sie in einem Kindergarten nach, welche Formen der Elternarbeit dort stattfinden und wie sie bewertet werden.
2. Berichten Sie der Klasse, welche Form der Elternarbeit die Erziehenden als besonders effektiv ansehen und warum.

10.4 Familienersetzende Maßnahmen

Beispiel
Der 2-jährige Enja lebte bei seiner Großmutter. Seine Mutter starb bei der Geburt und sein Vater ist mit der Erziehung Enjas überfordert. Er hat sich nie um seinen Sohn gekümmert. Nun ist seine Großmutter schwer erkrankt, sodass Enja seit 10 Monaten in einer Pflegefamilie lebt.

Als familienersetzende Maßnahmen bezeichnet man die verschiedenen Formen der Fremdunterbringung von Kindern und Jugendlichen, z. B. in Pflege- und Adoptionsfamilien, Heimen oder betreuten Wohngemeinschaften.

Pflegefamilie
Die Pflegefamilie leistet gewissermaßen Adoption auf Zeit, denn das Pflegschaftsverhältnis kann von den Pflegeeltern, den leiblichen Eltern und ggf. auch vom Pflegling selbst beendet werden.

Adoption
Bei einer Adoption, die grundsätzlich nicht rückgängig gemacht werden kann, wird ein Kind, das in der Regel Mutter oder Vater nicht versorgen können oder wollen und zur Adoption freigegeben haben, von einer Familie aufgenommen. Mit der Adoption ist es rechtlich einem leiblichen Kind gleichgestellt.
Die Jugendämter bieten sowohl Beratung bei der Vermittlung von Adoptions- und Pflegestellen als auch begleitende Hilfen für die Adoptions- und Pflegefamilien an.

Aufgaben

3. Welche Beweggründe sprechen dafür, ein Kind in einer Pflegefamilie unterzubringen?
4. Überlegen Sie in einer Kleingruppe, welche Gründe eine Frau haben könnte, ein Kind wegzugeben, und welche Schwierigkeiten sich daraus ergeben können.
5. Was ist eine Babyklappe und was will man damit erreichen?

Betreutes Wohnen

Das betreute Wohnen ist eine besondere Form der Fremdunterbringung. In einer vom Jugend- oder Sozialamt angemieteten Unterkunft (Wohnung oder Haus) werden Jugendliche oder Menschen mit Beeinträchtigungen entsprechend ihres Unterstützungsbedarfs von Fachkräften wie z. B. Sozialarbeitern oder Heilerziehungspflegern betreut.

So erhalten sie die Möglichkeit, in einem geschützten Raum quasi mit Elternersatz Defizite abzubauen, selbstständig zu werden und sich weiterzuentwickeln.

Heimerziehung

Heimerziehung ist die am stärksten einschneidende Maßnahme. Sehr unterschiedliche Gründe zwingen Jugendämter und/oder Eltern dazu, Kinder von der Familie zu trennen und für eine vorläufige Unterbringung zu sorgen, bis über einen endgültigen Verbleib der Kinder entschieden werden kann.

Diese Gründe können z. B. sein:

■ Entfremdung der Kinder von den Eltern
■ Entmündigung der Eltern im Hinblick auf den Umgang mit ihren Kindern
■ Notwendigkeit von heilpädagogischer Arbeit
■ Inobhutnahme bei Notfällen

In der Regel leben Kinder, die fremd untergebracht werden, in familienähnlichen Gruppen mit zehn bis zwölf Kindern unterschiedlichen Alters zusammen. Sie werden von Fachpersonal rund um die Uhr betreut.

In den letzten Jahren sind vermehrt sog. **Erziehungsstellen** als Alternative zur stationären Heimunterbringung eingerichtet worden. Man kann diese auch als Heimaußenplätze bezeichnen. Erziehungsstellen sind in der Regel Familien, Ehepaare oder Einzelpersonen, die bis zu zwei Kinder aufnehmen, wobei eine der Betreuungspersonen über eine pädagogische oder therapeutische Ausbildung verfügen muss. Im Gegensatz zu einer Pflegefamilie ist der Erziehungsstelle eine pädagogische Heimleitung übergeordnet, die mit therapeutischer und/oder psychologischer Betreuung unterstützend tätig wird.

In der Regel dauert die Unterbringung des Pflegekindes in einer Erziehungsstelle so lange, bis dieses selbstständig für sich sorgen kann oder bis es in eine andere Hilfeform wechselt, weil dies notwendig erscheint. Auch eine Rückführung in die Herkunftsfamilie ist möglich. Es ist deshalb wichtig, den Kontakt zu den leiblichen Eltern und Geschwistern zu erhalten oder auch neu aufzubauen.

Aufgaben

4. Wodurch unterscheiden sich Adoption, Pflegschaftsverhältnis, Erziehungsstellen und Heimunterbringung voneinander?
5. Welche Vor- und Nachteile könnte die jeweilige familienersetzende Maßnahme haben? Erstellen Sie eine Pro- und Kontra-Liste.

Zusammenfassung

- Für Familien mit Kindern gibt es vielfältige Unterstützungsangebote, die sich in finanzielle Leistungen, Maßnahmen, Beratungen und Einrichtungen gliedern.
- Grundlage für die Bereitstellung und Durchführung aller Angebote sind Gesetze wie z. B. das Kinder- und Jugendhilfegesetz, das Pflegegesetz oder das Schwerbehindertengesetz.
- Bei den Unterstützungsangeboten unterscheidet man
  - familienunterstützende Maßnahmen, (Beratungsstellen, Mütterzentren, Familienhilfe, Nachbarschaftshilfe u. a.),
  - familienergänzende Maßnahmen (Tagespflegestellen, Eltern-Kind-Initiativen, Krippen, Tagestätten, Kindergarten, Hort u. a.) und
  - familienersetzende Maßnahmen (Pflegefamilien, Adoption, Heimunterbringung).
- Die familienergänzenden Maßnahmen haben das Ziel, Betreuung, Bildung und Erziehung zu leisten, die familienunterstützenden, Beratung und Entlastung zu ermöglichen und die familienersetzenden, Kindern und Jugendlichen ganz oder zeitweilig ein neues Zuhause zu bieten.
- Für die Fremdunterbringung gelten folgende Grundsätze:
  - Die Unterbringung in Pflege- oder Adoptionsfamilien ist der Unterbringung in Heimen vorzuziehen.
  - Falls Heimunterbringung erforderlich ist, sind Formen betreuten Wohnens gegenüber der Unterbringung in (großen) Heimen zu bevorzugen.
  - Bei Entscheidungen über Fremdunterbringung sind alle Parteien (Eltern, Kind, pflegebedürftiger Mensch und aufnehmende Institution) zu beteiligen.

Aufgaben

1. Informieren Sie sich über die „Bundesinitiative Frühe Hilfen" sowie das „Starke-Familien-Gesetz" und weitere regionale und bundesweite Angebote.
2. Erstellen Sie einen Ratgeber von Ihrer Stadt mit Anschriften und Aufgaben der verschiedenen Institutionen, die Familien unterstützen.
3. Interviewen Sie Mitarbeiter in Krankenhäusern oder Beratungsstellen nach ihren Erfahrungen mit der Babyklappe.
4. Nehmen Sie Stellung zu der Aussage *„Wenn Eltern ihre Kinder misshandeln oder vernachlässigen, muss der Staat einschreiten".*[1]
5. Bewerten Sie folgende Aussage einer Mutter: *„Wenn ich meine Berufstätigkeit wegen der Kindererziehung unterbreche, kann ich meine Karriere vergessen."*
6. Der Ausbau von Krippenplätzen wird kontrovers diskutiert. Recherchieren Sie Pro- und Kontra-Argumente und diskutieren Sie diese als Expertenrunde.
7. Zunehmend werden wieder mehr Betriebskindergärten eingerichtet. Was veranlasst die Betriebe zu dieser Maßnahme und wie bewerten Sie diese?
8. Stellen Sie an Beispielen aus dem Bildungsplan/Erziehungsplan Ihres Bundeslandes den Bildungsauftrag eines Kindergartens dar.
9. Welche Angebote können Sie als Erziehende schaffen, damit Kinder Basiskompetenzen erwerben?
10. Recherchieren Sie zum Thema SOS-Kinderdörfer. Teilen Sie die Bereiche Begründer, Idee, Konzeption und Angebot im Klassenverband auf und erstellen Sie eine gemeinsame Broschüre.

---

[1] Weser Kurier vom 27.12.2007

11 Entwicklungsbereiche

Beispiel 1

Fünf Mütter aus einem Spielkreis hatten sich verabredet, mit ihren 2 1/2-jährigen Kindern zum Schwimmen zu gehen.

Im Schwimmbad:

Zwei Kinder hatten keinerlei Scheu. Sie gingen mit Schwimmflügeln zuerst auf dem Arm der Mutter ins Wasser, dann sehr schnell alleine.

Zwei Kinder klammerten sich zuerst stark an die Mutter. Nach einiger Zeit planschten sie an der Hand der Mutter im Wasser und hüpften dann alleine. Wenn das Wasser ihnen dabei ins Gesicht spritzte, waren sie zunächst erschrocken, vergaßen das aber schnell wieder.

Ein Kind schrie und klammerte sich heftig an die Mutter, wenn diese dem Wasser nur nahe kam. Das Kind war durch nichts zu bewegen, sich dem Wasser zu nähern.

Nach mehreren Besuchen im Schwimmbad hatte das Kind seine Abneigung verloren und genausoviel Spaß am Wasser wie die anderen.

Beispiel 2

Maria Müller (48 Jahre) hat sich für eine Fortbildung angemeldet. Am ersten Veranstaltungstag betrachtet sie neugierig die Teilnehmer, die nacheinander eintreffen. Sie stutzt. Ein Gesicht kommt ihr bekannt vor. Wo ist sie dieser Frau nur schon begegnet? Plötzlich macht es „klick". Natürlich, ihre Schulkameradin Helga Meier. Sie geht auf sie zu und begrüßt sie: „Hallo Helga, wir haben uns aber lange nicht gesehen. Du siehst toll aus. Was machst du hier?" Nach einem kurzen Zögern: „Entschuldigung, woher kennen wir uns? Ich kann mich nicht erinnern." „Sind Sie … Bist du nicht Helga Meier aus Adorf?" Langsam kommt die Erinnerung wieder: „Maria Müller? … Ich hätte dich nicht erkannt." „Ich wusste sofort, wer du bist."

Aufgaben

1. Helga Meier konnte im Gegensatz zu Maria Müller in Beispiel 2 ihre ehemalige Schulkameradin nicht sofort erkennen.
   Was könnten die Gründe dafür sein?
2. Überlegen Sie in einer Kleingruppe: Was könnten die Gründe für die unterschiedlichen Reaktionen der Kinder in Beispiel 1 sein?
3. Nennen Sie Möglichkeiten, mit denen Sie Kindern die Angst vor Wasser nehmen können.

11.1 Was versteht man unter menschlicher Entwicklung?

Den Begriff Entwicklung verwendet man, um einen Vorgang von Neuerungen und Veränderungen zu beschreiben. Auch der Mensch macht im Laufe seines Lebens einen Entwicklungsprozess durch, der mit der Zeugung beginnt und mit dem Tod endet. Bei diesem Prozess verändern sich u. a. Aussehen, Verhalten, Fähigkeiten, Fertigkeiten, Einstellungen und Gefühle.

Die Entwicklung des Menschen ist schon lange Gegenstand der Forschung. So haben beispielsweise Forschungsergebnisse zur frühkindlichen Entwicklung dazu beigetragen, dass sich das Bild vom Kleinkind und seinen Fähigkeiten stark verändert hat. Lange Zeit galt der Säugling als handlungsunfähig und passiv. Bis in die 80er-Jahre des letzten Jahrhunderts nahm man an, dass ein Neugeborenes keine Schmerzen empfindet und hat deshalb bis zum Alter von 2 $\frac{1}{2}$ bis 3 Monaten ohne Narkose operiert. Heute weiß man, dass ein Mensch bereits vor der Geburt Reize aufnimmt und Neugeborene über erstaunliche Fähigkeiten verfügen. Obwohl der Säugling auf die Fürsorge anderer angewiesen ist, kann er bereits durch Schreien auf sich aufmerksam machen und Reize aus der Umwelt aufnehmen. Das Neugeborene kann bereits hören, schmecken, riechen, unscharf sehen, Schmerzen und Berührungen empfinden. Zwischen dem 3. und 4. Monat und dem 12. Lebensmonat wird das Kind heute auch als „der kompetente Säugling" bezeichnet.

Die Kenntnisse über die menschliche Entwicklung erweitern sich kontinuierlich und dienen als Grundlage, um daraus

- vielfältige Zusammenhänge von Ursachen und Auswirkungen aufzuzeigen (z. B. Einwirkungen von außen und deren Folgen),
- Abweichungen vom Normalverlauf der Entwicklung und Störungen zu erkennen sowie

- Fachkräften Möglichkeiten aufzuzeigen, wie sie eine gezielte Entwicklungsförderung betreiben und Beeinträchtigungen vermeiden können.

Die menschliche Entwicklung verläuft in bestimmten Phasen, die man auch als Lebensabschnitte bezeichnet. Da viele Veränderungen in einem bestimmten Alterszeitraum erfolgen, werden sie Lebensabschnitten zugeordnet. Eine weit verbreitete Zuordnung von Lebensalter zu Lebensabschnitt ist aus der folgenden Tabelle ersichtlich. Die Einteilung in Lebensabschnitte dient als Orientierung.

Lebensalter	Lebensabschnitt
Geburt bis 1 Jahr	Säugling
2 bis 5 Jahre	Kleinkind
5 bis 6 Jahre	Vorschulkind
6 bis 12 Jahre	Schulkind
12 bis 18 Jahre	Jugendliche
18 bis 21 Jahre	Heranwachsende
22 bis 60 Jahre	Erwachsene
60 bis 70 Jahre	frühes Alter
ab 70 Jahre	spätes Alter

Tab. 11.1 Übersicht über die verschiedenen Lebensabschnitte eines Menschen

Man hat festgestellt, dass

- Veränderungen in einer bestimmten Reihenfolge erfolgen, die nicht umkehrbar ist,
- diese bestimmten Altersgruppen zugeordnet werden können und
- zu unterschiedlichen Zeitpunkten mit unterschiedlicher Geschwindigkeit stattfinden, da jeder Mensch sich unterschiedlich (schnell) entwickelt,
- die Entwicklung nicht sprunghaft, sondern kontinuierlich verläuft und
- Entwicklungen in den einzelnen Bereichen auch immer Auswirkungen auf andere Bereiche haben.

Man weiß heute, dass die ersten fünf Lebensjahre die prägendsten für die Entwicklung des Menschen sind, wobei die meisten Entwicklungsschritte in den ersten zwei Lebensjahren erfolgen. So können Neugeborene bereits die Stimme der Mutter und Bewegungen in ihrer näheren Umgebung erkennen.

Innerhalb des 1. Lebenshalbjahres entwickeln sich beispielsweise alle Sehfähigkeiten (räumliches Sehen, Farbensehen, zielgerichtete Augenbewegungen). Im 1. Lebensjahr ist auch ein enormes Wachstum zu verzeichnen: Nach etwa 6 Monaten hat sich das Gewicht verdoppelt, nach 14 Monaten verdreifacht. Am Ende des 1. Lebensjahres ist das Kind um die Hälfte seiner Geburtsgröße gewachsen, nach vier Jahren ist es etwa doppelt so groß.

Bei einer positiv verlaufenden Entwicklung erwirbt das Kind in dieser Zeit **Basiskompetenzen**. Das sind grundlegende Fähigkeiten, Fertigkeiten, Einstellungen und Persönlichkeitsmerkmale, die dazu beitragen, ein erfülltes Leben zu führen und Schwierigkeiten zu meistern. Dazu gehören u. a. das Selbstwertgefühl, das Selbstbild, die Widerstandsfähigkeit (Resilienz), die Körperbeherrschung, kognitive (auf Erkenntnis beruhende), soziale und emotionale Fähigkeiten. Je nach den persönlichen Möglichkeiten, Erfahrungen und Umfeldbedingungen formen sie sich aus.

Während der Kindheit können typische Veränderungen verhältnismäßig genau einem bestimmten Alter zugeordnet werden. Je älter ein Mensch wird, desto schwerer lässt sich sagen, wann welche Veränderung erfolgt, z. B. wann die Haare grau werden oder sich Falten bilden. Kenntnisse über den Entwicklungsverlauf bieten Erziehenden Hilfestellungen bei der Einschätzung und Beantwortung von Fragen wie z. B.:

- Was kann man von einem Menschen in einem bestimmten Alter erwarten (in der Medizin auch als „Entwicklungsziele" oder „Grenzsteine" bezeichnet)?
- Welche Probleme sind typisch für ein bestimmtes Alter und müssen bewältigt werden (in der Pädagogik auch als „Entwicklungsaufgaben" bezeichnet)?
- Wie kann ein Mensch jeweils unterstützt und gefördert werden?
- Worauf sollten Erziehende achten und was vermeiden?

Aufgaben

Zur Bearbeitung der Aufgaben bilden Sie Kleingruppen und verständigen Sie sich jeweils auf ein Alter.
1. Beobachten Sie ein Kind und beschreiben Sie seine körperlichen, geistigen und sozialen Fähigkeiten.
2. Vergleichen Sie Ihre Ergebnisse miteinander im Hinblick auf Gemeinsamkeiten und Abweichungen.
3. Informieren Sie sich, was man unter Resilienz versteht.

11.2 Bedeutung bestimmter Zeiträume für die menschliche Entwicklung

Beispiel

„Kamala (etwa 8 Jahre alt) und Amala (etwa 1 1/2 Jahre alt) konnten nicht wie Menschen gehen. [...] Auf allen vieren konnten sie sehr schnell laufen und es war wirklich mühsam, sie einzuholen. Sie konnten auf dem Boden sitzen, zusammengekauert oder in einer anderen Stellung, aber aufrecht stehen war ihnen ganz unmöglich.
Von Anfang an waren sie scheu. [...] Sie konnten den Anblick von Kindern nicht ertragen. Sie wollten ganz für sich sein und mieden menschliche Gesellschaft ganz. So wurde es beinahe unmöglich, irgendeine Art von Sozialkontakt [...] aufzubauen. [...] Der geringste Laut weckte ihre Aufmerksamkeit. [...] Sie hatten einen ausgeprägten Geruchssinn und konnten Fleisch oder etwas anderes aus großer Entfernung riechen. [...] Sie pflegten wie Hunde aus dem Teller zu essen. [...] ohne Hilfe der Hände [...] Flüssige Nahrung [...] lappten sie. [...] Sie fühlten die Kälte überhaupt nicht und waren am liebsten ohne jede Bedeckung oder Kleidung auf dem Leib, auch im kältesten Winter. [...] Die Kinder ließen Wasser oder hatten Stuhlgang, wo immer es war. [...] Wenn sie nachts hinausgehen konnten , [...] hatten sie überhaupt keine Angst.
Sie lachten nie.
Der einzige Laut, den wir von ihnen hörten, war ein eigenartiges Schreien oder Heulen im Dunkel der Nacht. [...] Dieses Schreien war eigenartig; [...] Es war weder menschlich noch tierisch." [1]

Aufgabe

Die Textauszüge beziehen sich auf die Bereiche Motorik (Bewegung und Bewegungsformen), Sinneswahrnehmungen und Gefühle sowie Sprache.

Welche Eigenschaften werden für den jeweiligen Bereich beschrieben?

Kinder wie Kamala und Amala, die in sehr frühem Lebensalter von Tieren, in der Regel Wölfen, betreut und versorgt werden, bezeichnet man als **Wolfskinder**.

In der Obhut der Menschen entwickelten sich die Fähigkeiten der beiden Mädchen weiter, allerdings viel langsamer als bei „normalen" Kindern. Einige Fähigkeiten konnten nicht mehr erworben werden, wie aus dem nachfolgenden Entwicklungsverlauf von Kamala deutlich wird:

Kamala hat bis zu ihrem Tod mit 16 Jahren zwar stehen, aber nie laufen gelernt.

Ihr Geschmack änderte sich langsam. Aß sie zunächst rohes Fleisch, kein Salz und alles vom Boden, so hatte sich Kamala nach fünf Jahren an gesalzene Kost gewöhnt. Nach sieben Jahren mochte sie kein rohes Fleisch mehr. Am liebsten aß sie weiterhin mit den Händen.

Kamala fiel es viel schwerer als ihrer jüngeren Schwester, Kontakt zu anderen Menschen aufzunehmen. Erst nach zwei Jahren öffnete sie sich langsam. Nach sechs Jahren konnte sie vieles verstehen, aber sehr schlecht sprechen. Sie verfügte nur über einen geringen aktiven Wortschatz (ca. 30 Wörter), konnte diese Wörter auch nicht deutlich aussprechen und machte sich überwiegend über Körpersprache verständlich.

Zusammenfassend kann man sagen, die Entwicklung der Fähigkeiten erfolgte viel langsamer als üblicherweise und einige Rückstände konnten gar nicht mehr aufgeholt werden. Die Entwicklung von Kamala macht deutlich, dass Motorik, Sprache, Gebärde und Denken sich optimal nur mit vollwertigen Sozialkontakten über einen längeren Zeitraum und zu bestimmten Lebenszeiten entwickeln können. In diesen Zeiträumen werden – ebenso wie bei anderen Lebewesen auch – grundlegende Fähigkeiten erworben oder bestimmte Verhaltensweisen dauerhaft festgelegt. Werden diese Zeiträume verpasst, kann das Versäumte nicht oder nur mühsam nachgeholt werden.

---

[1] Auszüge aus: Singh, J.A.L.: Wolfskinder

Beispiel

Man weiß heute, dass das räumliche Sehvermögen eines Menschen sich innerhalb eines kurzen Zeitraums im Alter von 3 1/2 Monaten herausbildet. Wird in diesem Alter beispielsweise ein Schielen festgestellt, sollte dies möglichst schnell, spätestens nach dem 6. Lebensmonat, behoben werden, da das Kind sonst nie mehr mit beiden Augen gleich sehen kann.

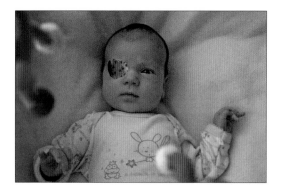

Man nennt diese Zeiträume auch **Entwicklungsfenster, Zeitfenster, sensible** oder **kritische Phasen**. In diesen begrenzten Zeiträumen ist der Mensch besonders **empfangsbereit** für bestimmte äußere Einflüsse. Eine gezielte Beeinflussung ist möglich. Als kritische Zeiträume bezeichnet man diese Zeiträume auch, weil die Einwirkungen oder Einflüsse von außen unbedingt erfolgen müssen, damit die Entwicklung optimal verläuft. Es sind die bestmöglichen Zeiträume für den Erfolg von Lernprozessen. Während dieser Phasen reagiert der kindliche Organismus auf einige Umweltreize besonders stark und erwirbt dadurch bestimmte Fähigkeiten und Verhaltensweisen.

Nach bisherigen Erkenntnissen gibt es sensible Phasen für
- die Sprachentwicklung,
- die Reinlichkeitserziehung,
- die Zeit der Ich-Findung, auch als Autonomiephase oder Trotzalter bezeichnet,
- die Einstellung zur eigenen Sexualität,
- die Entwicklung der Motorik und
- das Sozialverhalten.

Es tickt die Uhr für jeden Säugling. Sogenannte Entwicklungsfenster bestimmen, welche Fähigkeiten erlangt werden. Bei elementaren Fähigkeiten wie Sehen und Hören schließen sie sich früher als bei komplexeren Errungenschaften wie Sprache und Gefühl. Insgesamt enden die optimalen Lernphasen sehr früh.[1]

Für Eltern und Erzieher bedeutet dies, in den ersten fünf Lebensjahren – vor allem während der kritischen und sensiblen Phasen – für optimale Lernbedingungen zu sorgen.

Aufgaben

„Das menschliche Hirn strukturiert und erweitert seine Kompetenzen in den ersten 12 Lebensmonaten zu 50 %, bis zum Ende des 3. Lebensjahres um weitere 30 % und bis zum 15. Lebensjahr um weitere 15 % auf 95 %."[2]

1. Erklären Sie diese Aussage mit eigenen Worten.
2. Was bedeutet diese Erkenntnis für Ihre Arbeit als Erziehende?
3. Ist der heutige Anspruch „Im Kindergarten soll Bildung betrieben werden" gerechtfertigt? Begründen Sie Ihre Antwort.
4. Was bedeutet konkret „optimale Lernbedingungen schaffen"?

In den folgenden Abschnitten werden zunächst die vorgeburtliche Entwicklung und der normale Entwicklungsverlauf in den Bereichen Motorik, kognitive Fähigkeiten, Sexualität, Sozialverhalten, Gefühle und Motivation im Kindes- und Jugendalter dargestellt, da diese für die hier angesprochenen Berufe von Bedeutung sind. Abweichungen vom Normalverlauf, Entwicklungsstörungen, Behinderungen und Verhaltensauffälligkeiten schließen sich an. Unter Normalverlauf werden die Entwicklungsschritte verstanden, die von den meisten Kindern während eines bestimmten Zeitraums gemacht werden.

---

[1] Der Spiegel 43/2003, S. 204
[2] FAZ 112/2005, S. 8

11.3 Die vorgeburtliche Entwicklung

Beispiel 1
Eine werdende Mutter erzählt ihrer Freundin:
„Weißt du, was ich neulich erlebt habe? Ich mache
zu Hause sauber. Dabei habe ich häufig das Radio
an. Das beschwingt mich. Wenn dann ein Stück
kommt, was ich besonders gerne mag, drehe ich
laut auf, bewege mich im Rhythmus und singe laut
mit. Beim Beat fängt mein „Kleiner" an zu treten.
Wenn ich auf klassische Musik umschalte, beru-
higt er sich."

Beispiel 2
„Die Kinderpsychiaterin an der Universität San
Francisco meint: „Embryos scheinen fähig, nach
ihren Wahrnehmungen zu reagieren. Zum Beispiel
ziehen sie sich nach einem störenden Reiz wie
einer leichten Berührung schon im Schwanger-
schaftsalter von 7,5 Wochen zurück, indem sie
eine globale Antwort geben, die mit dem Zurück-
biegen des Kopfes beginnt und dann […] die Hän-
de, den Rumpf und die Schultern erreicht."[1]

Aufgaben

1. Wie könnte das Verhalten des Fötus zu erklä-ren sein?
2. Erklären Sie die Aussage der Kinderpsychiate-rin mit eigenen Worten und formulieren Sie die Hauptaussage.

Während der Schwangerschaft entwickelt sich aus der befruchteten Eizelle ein vollständiger Mensch.

Bereits in der 3. Woche bilden sich erste Blut-gefäße heraus, danach Herz, Kreislauf, Gehirn und der Körper. Ab der 7. Schwangerschafts-woche ist der Embryo fähig, erste Wahrneh-mungen zu registrieren, auch wenn die Sinnes-organe Tastsinn und Gleichgewichtssinn noch nicht ausgereift sind. Bereits ab der 8. Schwan-gerschaftswoche lassen sich Bewegungen fest-stellen, zwischen der 12. und 16. Woche kann man auf Ultraschallaufnahmen Gähnen und Räkeln beobachten.

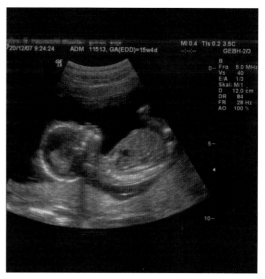

Mithilfe von Ultraschalluntersuchungen hat man festgestellt, dass auf die Stimme der Mut-ter eine andere Reaktion erfolgt als auf eine andere Stimme.
Mit der 28. Schwangerschaftswoche weist der Fötus einen Reifegrad des Zentralnervensys-tems, der Sinnesorgane und der Motorik auf, die ein Überleben und eine normale körperli-che und psychische Entwicklung heute mög-lich machen.

---

[1] Zimmer, K.: Erste Gefühle, S. 21

Ebenso wie in den ersten Lebensjahren gibt es auch während der Schwangerschaft sensible/kritische Phasen, in denen die Entwicklung nachhaltig gestört werden kann. So kann es beispielsweise durch bestimmte Einwirkungen in den ersten Schwangerschaftsmonaten zu einer Schädigung der Organe kommen. Hierzu zählen Drogen, Nikotin, Alkohol und Medikamente, aber auch durch Viren verursachte Infekte und extreme Stresssituationen (vgl. Kap. 12).

Wann	Was
1. bis 2. Woche	**Keimzellenstadium:** • Befruchtung • Einnistung im Uterus • Festlegen der Erbanlagen
3. bis 12. Woche	**Embryonales Stadium** (Phase): • Körperstrukturen • Innere Organe • Beginn der Entwicklung des Zentralnervensystems
13. Woche bis Geburt	**Fötales Stadium** (Phase): • Organe nehmen ihre Funktion auf • Wachstumsphase für Gehirn und Körper
Ab 17. Woche	• Bewegungen spürbar
Ab 25. Woche	• Geräusche können wahrgenommen werden • auf bestimmte Schallreize wird mit Tritten reagiert
Ab 28. Woche	• Überleben möglich

Tab. 11.2 Überblick über die Entwicklung in der Schwangerschaft

Aufgaben

1. Erstellen Sie eine Collage der einzelnen Stadien in der Schwangerschaft.
2. Beschreiben Sie, was Sie auf dem Ultraschallbild von S. 143 erkennen können.
3. Ab Januar 2021 sollen häufige Ultra-Schalluntersuchungen untersagt werden.
   Informieren Sie sich über die Gründe und diskutieren Sie das Pro und Kontra.

11.4 Die Entwicklung der Motorik

Aufgaben

3. Welche Unterschiede werden aus den Bildern deutlich?
4. Welche Bedeutung hat die motorische Entwicklung für die Gesamtentwicklung des Menschen? Nennen Sie für jede Ihrer Aussagen mindestens ein Beispiel.

11.4.1 Bedeutung der Motorik

Als Motorik bezeichnet man die Gesamtheit aller Bewegungsabläufe. Jeder Säugling verfügt über eine Grundmotorik (grundlegende Bewegungsmuster), die bei allen Kindern weltweit gleich ist, unabhängig von Kultur und sozialem Status, und von innen heraus kommt. Diese Bewegungsmuster sind notwendig für eine gesunde Entwicklung und haben Einfluss auf späteres Lernen. Hierzu zählen z. B. Öffnen und Schließen der Faust, Kopfhalten, Sichumdrehen, Krabbeln und Laufen.

Die Entwicklung der Motorik ist wichtig für die Gesamtentwicklung und bildet die Grundlage für alles Tun (Schreiben, Sprechen, Denken, Handeln).

Bewegungsfähigkeit und Bewegungen ermöglichen dem Menschen,

- Beweglichkeit, Körperbeherrschung und ein Körpergefühl zu erlangen,
- seine Umwelt zu erkunden und kennenzulernen,
- Kontakte zu anderen aufzunehmen,
- neue Erfahrungen zu sammeln,
- seine Wahrnehmung zu erweitern und Denkanstöße zu erhalten,
- seinen Gefühlen Ausdruck zu verleihen,
- Selbstvertrauen aufzubauen und
- den Körper gesund zu erhalten.

Bewegung und Beweglichkeit sind lebensnotwendige und grundlegende Voraussetzungen für andere Entwicklungsfortschritte. So ist eine gezielte Wahrnehmung von Ereignissen beispielsweise nur möglich, wenn die Augen durch Kopfdrehung den Bewegungen folgen können. Ebenso bilden kontrollierte Bewegungen die Voraussetzungen für das Spielen, bei dem die Kinder Erfahrungen mit Gegenständen und Personen sammeln. Dabei lernen sie, die eigenen Fähigkeiten einzuschätzen, Neues auszuprobieren und sich anzustrengen. Bei erfolgreich erbrachter Leistung, z. B. das erste Mal den Ball gefangen, ohne Stützräder gefahren, ein Tor geschossen, empfinden sie Stolz und ein Glücksgefühl. Damit wird das Selbstwertgefühl aufgebaut oder verbessert und die Erfahrung gemacht, Anstrengung lohnt sich und „fühlt sich gut an".

Bewegungen und Bewegungsspiele unterstützen durch das Zusammenwirken mit anderen Menschen den Aufbau von Kontakten und sozialen Kompetenzen. Grundspiele wie Werfen, Fangen und Klettern sind bei den Kindern auf der ganzen Welt gleich.

Aufgabe

1. Was bedeutet dies im Hinblick auf die Integration von Kindern mit Migrationshintergrund?

Bei der Motorik unterscheidet man Grob- und Feinmotorik. Zur **Grobmotorik** gehören u. a. Bewegungen der Arme und Beine (Gehen, Laufen und Springen), zur **Feinmotorik** z. B. Bewegungen von Fingern (Greifen/Schreiben) und Gesicht (Verfolgen mit den Augen). Vor allem im Kindesalter kommt der motorischen Entwicklung in beiden Bereichen eine besondere Bedeutung zu.

11.4.2 Wie entwickelt sich die Motorik?

Beispiel

Gespräch zwischen zwei Müttern mit 8 Monate alten Kindern: „Oh Karen, das glaub ich nicht. Johannes kann sich ja schon alleine hinsetzen. Unsere Mirja ist noch nicht so weit. Sie ist auch so zart." „Kein Wunder, wir haben auch von Anfang an jeden Tag eine halbe Stunde gezielt Gymnastik mit Johannes gemacht."

Aufgaben

2. Wie beurteilen Sie das Verhalten von Johannes Eltern?
3. Wie könnten die unterschiedlichen Fähigkeiten der Kinder zu erklären sein? (Informieren Sie sich hierzu in der Literatur und im Internet.)
4. Beobachten Sie ein Kind an einem Vormittag. Vereinbaren Sie in der Klasse, wer für welches Alter zuständig ist. Welche Bewegungsformen und -fähigkeiten fallen Ihnen besonders auf?
5. Vergleichen Sie Ihre Ergebnisse jeweils altersbezogen auf Gemeinsamkeiten und Unterschiede.

In den ersten beiden Lebensjahren erwirbt das Kind grundlegende motorische Fertigkeiten in einer bestimmten konstanten Reihenfolge, wobei das Alter der Kinder und die Geschwindigkeit unterschiedlich sein können. Am Anfang verläuft die Entwicklung der Motorik sehr schnell. Man kann fast täglich kleine Fortschritte entdecken.

Das 1. Lebensjahr

Das Neugeborene verfügt bereits über etliche **Reflexe** und damit über eine angeborene Bewegungsfähigkeit. Zu den angeborenen Reflexen gehören beispielsweise:

Das Greifen
Wenn man Druck auf die Finger oder Handflächen eines Neugeborenen ausübt, schließt sich die Hand und hält den Gegenstand fest.

Das Schreiten
Wenn man ein Neugeborenes so in der Aufrechten hält, dass seine Fußsohlen einen Untergrund berühren, macht es Schreitbewegungen.

Das Blinzeln
Wenn man ein Neugeborenes zu einem hellen Licht dreht, blinzelt es.

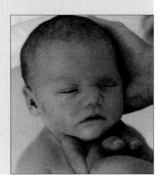

Das Kriechen
Wenn man einen leichten Druck auf die Fußsohle eines Kindes ausübt, versucht das auf dem Bauch liegende Kind „wegzukrabbeln".

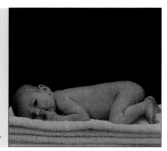

Bei diesen Reflexen handelt es sich nicht um kontrolliert und gezielt eingesetzte Bewegungen, sondern um automatische Reaktionen auf bestimmte Reize.

Die Entwicklung verläuft vom Kopf zu den Beinen. Zuerst wird der Kopf hin und her bewegt. Das Neugeborene, dessen Kopf ein Drittel der Körpergröße ausmacht, kann seinen Kopf noch nicht tragen. Durch Kopfdrehung und später Kopfheben (mit 3 bis 4 Monaten sicher beherrscht) werden Bewegungen in der Umgebung verfolgt. Mit zunehmendem Alter wird die Körperbeherrschung immer besser. Aus abgehackten Bewegungen werden langsam fließendere. Nach dem Kriechen oder Robben folgt zwischen dem 9. und 11. Monat das Krabbeln auf allen vieren. Dabei werden Beweglichkeit, Gleichgewichtssinn, Muskeln und Gelenke trainiert und ständig Neues entdeckt. Das Krabbeln stellt eine großartige Koordinationsleistung dar, denn es erfolgt „kreuzweise": rechter Arm und linkes Bein und umgekehrt werden zur Fortbewegung eingesetzt.

Aufgaben

1. Setzen Sie sich zu zweit gegenüber. Einer kreuzt seine ausgestreckten Arme (linkes Handgelenk auf rechtem Handgelenk), dreht mit ausgestreckten Armen die Handflächen zueinander und faltet die Hände. Nun werden die gefalteten Hände nach unten zum Körper gedreht, sodass die kleinen Finger zum Gesicht zeigen. Der Partner deutet nun auf jeweils einen Finger, der gestreckt werden soll. Versuchen Sie das mit verschiedenen Fingern und wechseln nach einigen Übungen die Rollen.
2. Tauschen Sie Ihre Erfahrungen aus.

Das 2. Lebensjahr

Das Kind kann sein Gleichgewicht halten und erwirbt weitere körperliche Fähigkeiten. Zwischen dem 11. und 14. Lebensmonat macht es die ersten Schritte und gewinnt damit deutlich an Unabhängigkeit und Selbstständigkeit. Mit 16 bis 19 Monaten kann es eine Treppe mit Festhalten hochgehen, wobei es einen Fuß nachzieht.

Das 3. und 4. Lebensjahr

Die Koordination von Hand, Fuß, Körper und Kopf verbessert sich weiter. Das Kind kann nun die Treppe hochgehen, ohne sich festzuhalten, und mit dem Löffel essen. Später werden die Füße beim Treppensteigen im Wechsel gesetzt. Weitere Schritte: Gehen auf Zehenspitzen und Dreirad oder Tretroller fahren. Aus unsicheren, tapsigen Bewegungen sind jetzt sichere, beherrschte Bewegungsabläufe geworden. Rennen, Springen, Balancieren sind kein Problem. Ball-, Geschicklichkeits- und Bewegungsspiele werden gerne gespielt.

Das 5. und 6. Lebensjahr

Die Fähigkeiten erweitern sich kontinuierlich: auf einem Bein hüpfen, Purzelbäume schlagen, Kopfstand machen. Kraft und Ausdauer nehmen zu und die Körperform verändert sich langsam vom Kleinkind zum Schulkind: Der Körper wird schlanker, Arme und Beine werden länger und Muskeln werden aufgebaut.

Man geht heute davon aus, dass der Erwerb der motorischen Grundfertigkeiten überwiegend von innen heraus durch **Reifungsprozesse** des Nervensystems und der Muskeln gesteuert wird. Das bedeutet, dass ein gezieltes Trainieren und Üben einzelner Fertigkeiten erst sinnvoll ist, wenn die Reifungsvorgänge abgeschlossen sind und damit die körperlichen Voraussetzungen vorliegen.

Aufgaben

1. Man liest manchmal in der Presse von Säuglingen, die von zornigen Eltern geschüttelt wurden und dabei zu Tode kamen. Warum ist diese Handlungsweise gefährlich?
2. Überprüfen Sie Ihre Antwort auf die Frage 2 von S. 145.

Die Entwicklung der **Feinmotorik** erfolgt nicht so schnell wie die Grobmotorik. Das kann man beispielsweise an der Schrift feststellen, die ebenfalls der Feinmotorik zuzurechnen ist. Bei Schuleintritt ist sie häufig noch ungelenk, vor allem bei Jungen.

Im Laufe des 1. Lebensjahres beginnt auch die Entwicklung des Greifens. Während der Säugling noch unkontrolliert mit beiden Händen nach bunten Gegenständen in die Luft greift, wird die Bewegung mit zunehmendem Alter immer gezielter. Ab dem 3. Lebensmonat erfolgt eine beobachtende und ausprobierende Auseinandersetzung mit der Umwelt, zunächst mit Koordinationsbewegungen von Auge und Hand mit dem Ziel: Greifen. Mit ca. 4 Monaten werden die Finger auf Augenhöhe bewegt und mit den Augen verfolgt. Aus dem zufälligen Gelingen wird eine gezielte Koordination: Das Kind spielt mit seinen Fingern und Händen. Gegen Ende des 1. Lebensjahrs beherrscht das Kind den sogenannten Pinzettengriff und danach den Zangengriff.

Pinzettengriff　　　　*Zangengriff*

Die Entwicklung der Feinmotorik lässt sich gut an Kinderzeichnungen erkennen. Die vielfältigen Erfahrungen und Wahrnehmungen fließen in die Kinderzeichnungen ein. Dabei steht zunächst die „technische" Beherrschung – das Halten des Malgeräts und die kontrollierte Führung – im Vordergrund.

Der Stift wird zunächst mit der ganzen Hand umfasst sowie mit ungelenken Bewegungen und ziemlicher Kraft geführt. Aus dem anfänglichen „Gekritzel" wird eine ständig verbesserte Technik und ein Bild mit immer mehr Einzelheiten. Ein beliebtes Motiv beim Zeichnen sind Menschen. Sie werden zunächst nur als „Kopf" wahrgenommen und deshalb als „Kopffüßler" gezeichnet.

Je älter die Kinder werden, desto mehr Einzelheiten können sie erfassen und auf ihren Zeichnungen darstellen.

6. bis 12. Lebensjahr
Der Schuleintritt bedeutet mit dem Schreibenlernen eine besondere Herausforderung an die Feinmotorik.

Aufgabe

Was fällt Ihnen an der Schrift besonders auf?

Aus großen ungelenken Schreibbewegungen werden allmählich kleine, gut leserliche Buchstaben, für die nicht mehr so viel Kraft aufgewendet werden muss. Insgesamt werden die Bewegungen ausgeglichener und geschickter. Sportliche Betätigungen in Vereinen gewinnen an Bedeutung.

12. bis 18. Lebensjahr

In diesem Zeitraum erfolgt noch einmal ein unübersehbarer Wachstumsschub sowohl in der Länge – bei den Mädchen etwa ab dem 12. Lebensjahr, bei den Jungen etwa ab dem 14. Lebensjahr – als auch in der Breite – bei den Mädchen im Hüft- und Beckenbereich, bei den Jungen in den Schultern.
In der Zeit zwischen dem 12. und dem 18. Lebensjahr verändern sich die Bewegungen und das Erscheinungsbild. Zuerst vergrößert sich der Kopf. Dann wachsen die Extremitäten, zunächst Hände und Füße, anschließend Arme und Beine, zum Schluss der Rumpf. Die Jugendlichen müssen sich erst an ihre sich schnell verändernden Körperformen gewöhnen. Das ist nicht einfach, sodass sie in dieser Zeit häufig unsicher und leicht verlegen wirken, zickig oder verschlossen sind. Manchmal geben sie sich auch betont überlegen.

Oft hadern sie mit ihrem Äußeren, fühlen sich zu dünn, zu dick, hässlich. Die Kraft nimmt vor allem bei Jungen zu und wird bei Mutproben oder Kraftsportarten demonstriert.
Die Veränderung lässt sich auch an der Handschrift feststellen, die zeitweilig unregelmäßig und unsauber wird.

Förderung der motorischen Entwicklung

Erziehende können die Entwicklung der Motorik im **Kindesalter** in vielfältiger Weise fördern, indem sie

- das Kind nicht aus Ehrgeiz drängen, denn jedes hat sein eigenes Tempo.
- mit Säuglingen, z. B. beim Wickeln und Baden, „spielerische Gymnastik" machen.
- „risikolose", aber anregungsreiche Bewegungsräume schaffen.
  Je weniger ein Kind eingeschränkt wird, desto besser kann es sich entwickeln.
- Bemühungen unterstützen, aber Kleinkinder nicht zu früh körperlich fordern.
- Bedingungen herstellen, die zum Greifen, Krabbeln, Laufen und Klettern herausfordern.
- Bewegungsfreude nicht durch ständige Ermahnungen behindern.
- Erfahrungen ermöglichen, die dem ungeheuren Bewegungsdrang Rechnung tragen und den jeweiligen Entwicklungsstand berücksichtigen; Hand-Auge-Koordination trainieren, z. B. durch Finger- und Ballspiele.
- Erfolgserlebnisse ermöglichen und Erfolge gebührend würdigen als Ansporn zu weiteren Anstrengungen und Ausdauer sowie zur Stärkung des Selbstvertrauens.
- gezielte Beschäftigungen durchführen, wie z. B. Arbeiten mit Plastilin, Ausschneiden und Kleben von Figuren oder Kekse backen.
- auf eine gesunde Ernährung achten, um z. B. Übergewicht zu vermeiden, das zu körperlichen, geistigen und psychischen Beeinträchtigungen führen kann.
- die Koordinationsfähigkeit durch Rhythmus, Kinderlieder, Finger-, Ball-, Tanz- und Singspiele besonders unterstützen.

Am Bewegungsverhalten lassen sich viele Entwicklungsstörungen erkennen. Man geht heute davon aus, dass bis zu einem Drittel der Erstklässler motorisch unterentwickelt ist.

Aufgaben

1. Was bedeutet „risikolose Bewegungsräume"?
2. Warum soll man Kleinkinder nicht zu früh körperlich fordern?
3. Nennen Sie konkrete Beispiele, wie Sie Kinder unterschiedlicher Altersstufen zum Bewegen anregen können.
4. Welche Spiele sind in besonderer Weise zur Bewegungsförderung geeignet?
5. Erstellen Sie eine Tabelle „Übersicht über die motorische Entwicklung" mit den Spalten Alter, Grobmotorik, Feinmotorik.

Förderung der **Jugendlichen**:

- Körperliche Veränderungen sollten nicht negativ bewertet oder lächerlich gemacht werden.
- Den Jugendlichen sollten sinnvolle Freizeitmöglichkeiten aufgezeigt werden. Hierzu gehören u. a. die Zugehörigkeit zu Jugendgruppen (z. B. von Kirche und Naturschutzbund), die aktive Mitarbeit und die Mitgliedschaft in einem Sportverein.
- Übertriebenes Training und Dauerbelastungen, um Höchstleistungen zu erzielen, sollten vermieden werden. Sie sind ebenso schädlich wie Bewegungsarmut und können zu Störungen führen.

Aufgaben

6. Welche Verhaltensweisen von Eltern und Umfeld haben Sie am meisten gestört, als Sie 14 Jahre alt waren?
7. Was hat Ihnen in diesem Alter besonders geholfen oder was hätten Sie sich gewünscht?
8. Welche Rechte haben 13-, 14- oder 16-Jährige?

11.5 Die Entwicklung der kognitiven Fähigkeiten

Aufgabe

9. Wie sind die Beiden jeweils zu ihrer Entscheidung gekommen?

11.5.1 Bedeutung der kognitiven Fähigkeiten

Beide Personen im Comic werden eine Entscheidung treffen – jeder eine andere entsprechend seinen Wünschen, Absichten, Gedanken, Ideen und Vorerfahrungen. Beide haben sich ihrer kognitiven (auf Erkenntnis beruhenden) Fähigkeiten bedient.

Zu diesen Fähigkeiten gehören unter anderem die Aufmerksamkeit, Wahrnehmungsfähigkeit, Erkenntnisfähigkeit, Lernfähigkeit, Merkfähigkeit, Erinnerung, Entscheidungsfähigkeit, Rationalität und das Abstraktionsvermögen.

Mit kognitiven Fähigkeiten sind diejenigen gemeint, die dem Menschen helfen,

- sich selbst zu erkennen,
- seine Umwelt zu verstehen,
- daraus Zusammenhänge herzustellen und
- Handlungen abzuleiten.

Sie ermöglichen dem Menschen, Signale aus der Umwelt wahrzunehmen, weiterzuverarbeiten und situationsangemessen zu handeln.

Dabei handelt es sich um geistige Prozesse wie Denken und Problemlösen, die von grundlegender Bedeutung für alle Entwicklungsbereiche sind. Diese Prozesse beeinflussen auch die Gefühle (Emotionen) und umgekehrt.

Voraussetzungen für den Erwerb dieser Fähigkeiten sind ein funktionierendes Gehirn (als Steuer- und Schaltzentrale), eine gut entwickelte Wahrnehmung und eine gut ausgebildete Denk- und Sprachfähigkeit.

11.5.2 Wie entwickelt sich das Gehirn?

Aufgaben

1. Was bedeutet es, wenn ein Mensch hirntot ist?
2. Was ist damit gemeint, wenn jemand sagt: *„Du bist ein schlaues Köpfchen"*?

Die Entwicklung des Gehirns beginnt gemeinsam mit dem Zentralnervensystem bereits während der Schwangerschaft (ab 3. Schwangerschaftswoche). Unmittelbar nach der Geburt wird das Gehirn sprunghaft aufgebaut. Es wiegt dann etwa ein Viertel des Gehirns eines Erwachsenen, hat aber ebenso viele **Neuronen** (100 Milliarden Nervenzellen). Die Neuronen sind allerdings kleiner als beim Erwachsenen. Man kann sich das Gehirn zunächst als gleichmäßiges dichtes Netz vorstellen, in dem Impulse in alle Richtungen weitergeleitet werden.

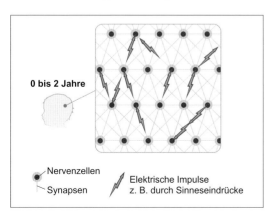

0 bis 2 Jahre

Nervenzellen
Synapsen
Elektrische Impulse
z. B. durch Sinneseindrücke

Jedes Erfahrene, Erlebte, Erlernte und Aufgenommene bestimmt zu einem Großteil die Gehirnstruktur. Ein liebevolles In-den-Arm-Nehmen hinterlässt im Gehirn genauso seine Spur wie ein Zurückweisen. Mit jedem Reiz oder jeder Erfahrung, der ein Säugling ausgesetzt ist, wird dieses Netz verändert. Verbindungen, die durch denselben Reiz häufiger genutzt werden, verstärken sich, nicht genutzte Verbindungen werden schwächer oder sterben ab. Man kann sich das vorstellen wie einen Feldweg: Wird er viel benutzt, gräbt er sich tief ein und ist gut begehbar, ist er wenig benutzt, wächst er zu und ist bald nicht mehr erkennbar. Bis zum 2. Lebensjahr nimmt die Anzahl der Verbindungen zu.

Durch die Impulse werden die Nervenzellen (Neuronen) angeregt, sich an den Kontaktstellen, die man auch als **Synapsen** bezeichnet, zu (neuronalen) Netzen zu verknüpfen. Das ist bis zur Pubertät möglich.

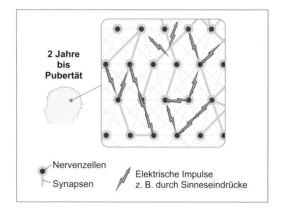

2 Jahre
bis
Pubertät

Nervenzellen
Synapsen
Elektrische Impulse
z. B. durch Sinneseindrücke

Die Synapsenbildung erfolgt in den einzelnen Gehirnregionen zu unterschiedlichen Zeitpunkten. Das erklärt auch die zeitlich unterschiedlichen Empfänglichkeiten (sensible Phasen) und Lernphasen. Mit 3 Jahren hat ein Kind doppelt so viele Synapsen wie ein Erwachsener. Die Anzahl bleibt bis zum Alter von 10 Jahren konstant, um dann bis zum Jugendalter auf die ursprüngliche Zahl zurückzugehen. Die große Anzahl der Synapsen ist ein Zeichen für die äußerst große Lern- und Anpassungsfähigkeit in den ersten Lebensjahren.

Das Langzeitgedächtnis ist erst ab einem Alter von 3 bis 4 Jahren funktionsfähig. Vorherige Erlebnisse können nicht gespeichert und nur kurz erinnert werden, im Alter von 6 Monaten – 24 h, mit 9 Monaten – 1 Monat.

Aufgabe

1. An welches Ereignis können Sie sich erinnern, das am weitesten zurückliegt. Wie alt waren Sie?

Ab einem Alter von 4 Jahren etwa gelingt die Kommunikation zwischen den beiden Gehirnhälften (vgl. Kap. 2.1.1): die rechte, „emotionale" Hirnhälfte – zuständig für Gefühl; die linke, „rationale" – zuständig für Verstand und Denken. So können beispielsweise Wirklichkeit und Schein unterschieden werden und das Verständnis für andere wächst. Für eine optimale Entwicklung ist es wichtig, dass beide Hirnhälften gut entwickelt sind und miteinander kommunizieren. Liegt eine Überbetonung auf der linken Seite vor, gilt der Mensch schnell als gefühlsarm, liegt sie auf der rechten Seite, als gefühlsduselig und empfindlich. Das Zusammenleben kann dadurch erheblich erschwert werden.

Mit 6 Jahren ist das Kind i. d. R. „schulfähig"; es kann sich konzentrieren und zielgerichtet lernen. Die intellektuellen Fähigkeiten nehmen ständig zu.

Die Entwicklung des Gehirns kann gehemmt werden durch Drogen während der Schwangerschaft, längere Krankenhausaufenthalte in der frühen Kindheit oder Heimunterbringung. Bei einem Krankenhausaufenthalt und einer Heimunterbringung sind häufig nur sehr eingeschränkte Erfahrungen möglich, wodurch es zur **Deprivation** (Mangel oder Fehlen von Umweltreizen) oder zu **Hospitalismus** kommen kann (Vernachlässigung mit psychischen und physischen Folgen; vgl. Kap. 13).

Je vielfältiger die Anregungen und Möglichkeiten zum Lernen sind, desto dichter ist das Netz geknüpft. Der Erwachsene hat vergleichsweise sehr wenige Möglichkeiten, dieses Netz zu verändern.

Förderung der kognitiven Fähigkeiten

■ Viele unterschiedliche Reize in den ersten Lebensjahren ermöglichen, da in dieser Zeit die grundlegenden Gehirnstrukturen in ihrer Vielfalt festgelegt werden. Frühe Erfahrungen sind für das Gehirn von besonderer Bedeutung, denn positive Erfahrungen und Lernen führen zur optimalen Entwicklung der Gehirnfunktionen.

■ In den ersten Lebensjahren sollte auf Fernsehen verzichtet werden, weil der Erfahrungshorizont dadurch erheblich eingeschränkt wird.

11.5.3 Wie entwickelt sich die Wahrnehmung?

Aufgaben

2. Beschreiben Sie, was Sie auf dem Bild sehen.
3. Wie alt mag das Kind sein?
4. Welche Sinne sind an der Aktivität beteiligt?
5. Welche Erfahrungen macht das Kind dabei?
6. *Frau Müller hat unerwartet Kaffeebesuch von einer Freundin bekommen. Da sie keinen Kuchen vorrätig hat, stellt sie holländische Butterkringel auf den Tisch und für den 6 Monate alten Michael Butterkekse für Kinder. Nachdem Michael, der auf dem Schoß seiner Mutter sitzt, die Butterkringel probiert hat, wird er geradezu wütend, als seine Mutter ihm wieder einen Kinderkeks gibt. Er protestiert lautstark, macht sich steif und will unbedingt die andere Sorte.*
   Wie ist das Verhalten von Michael zu erklären und welche Fähigkeiten werden aus seinem Verhalten deutlich?

Die Wahrnehmung ist – wie in Kapitel 3 dargestellt – ein Prozess, bei dem der Mensch mit allen Sinnen Informationen aus der Umwelt und dem Körper aufnimmt und zur Verarbeitung an das Gehirn weiterleitet. Bei der Informationsaufnahme sind immer mehrere Sinne beteiligt.

Beispiel
Ein Säugling hat geweint. Die Mutter kommt: Er nimmt ein Geräusch wahr (Hörsinn); er nimmt einen Geruch wahr (Geruchssinn); er spürt eine Berührung (Tastsinn); er sieht einen Umriss (Sehsinn).

Die einzelnen Sinne sind von Anfang an funktionsfähig, ihre Zusammenarbeit dagegen muss sich noch entwickeln. Erst durch Erfahrung und Lernen gelingt dies in den ersten Lebensjahren. Man weiß heute, dass bereits Säuglinge im Alter von 7 bis 8 Wochen über Wahrnehmungsfähigkeit verfügen. Das bedeutet, der Säugling „bekommt etwas mit" von dem, was um ihn herum geschieht. Die Wahrnehmung vollzieht sich dabei in verschiedenen Bereichen:

Die visuelle Wahrnehmung
Neugeborene sehen zunächst unscharf, können aber bereits verschiedene Muster unterscheiden (bevorzugtes Muster: Gesicht). Sich langsam bewegende Gegenstände, wie z. B. ein Mobile, werden mit den Augen verfolgt. Zum Ende des 1. Lebensjahres kann das Kind alles deutlich sehen.

Die auditive Wahrnehmung
Schon vor der Geburt reagiert der Embryo auf akustische Reize. Bei der Geburt ist der Hörsinn gut entwickelt, sodass der Säugling beispielsweise durch sanfte, rhythmische Musik beruhigt werden kann. Das Hören ist eine wichtige Voraussetzung für den Spracherwerb.

Die taktile Wahrnehmung
Der Tastsinn ist am frühesten entwickelt. Bereits ab der 8. Schwangerschaftswoche können Reaktionen auf Berührungen festgestellt werden. Unmittelbar nach der Geburt können Temperaturunterschiede (warm und kalt) gespürt und Berührungen wahrgenommen werden.
Über die Haut werden wichtige „soziale" Erfahrungen gemacht: Sanfte Berührungen und Streicheln werden als angenehm, feste Griffe als unangenehm empfunden (vgl. Kap. 11.7).

Die kinästhetische Wahrnehmung
Darunter versteht man die Bewegungs- und Körperwahrnehmung (Raum, Zeit, Kraft, Spannung), die automatisch abläuft.

Beispiel
Wenn man sich das Gesicht waschen oder die Zähne putzen will, gelingt das, ohne nachzudenken und in den Spiegel zu sehen (ohne visuelle Kontrolle: Wie weit ist die Entfernung? und die Überlegung: Wie lange brauche ich für die Entfernung?).

Das kinästhetische System (die sog. Körpersinne) ist bereits während der Schwangerschaft aktiv (das Kind bewegt sich im Fruchtwasser und erfährt dabei seinen Körper und dessen Grenzen), muss sich aber in den ersten Lebensjahren richtig entwickeln (vgl. Kap. 11.4).

Die vestibuläre Wahrnehmung
Der Gleichgewichtssinn (vestibuläre Wahrnehmung) ermöglicht u. a. die Orientierung im Raum, ist eng verbunden mit den anderen Sinnen und wichtig für die anderen Entwicklungsbereiche.

Aufgabe

1. Welche Entwicklungsschritte werden durch den Gleichgewichtssinn ermöglicht und inwiefern ist er wichtig für andere Entwicklungsbereiche?

Die olfaktorische Wahrnehmung

Der Geruchssinn ist beim Menschen weniger gut ausgebildet als bei Tieren. Er nimmt Informationen aus der Umwelt auf und kann in „brenzligen" Situationen lebensrettend sein. Gerüche bleiben am intensivsten im Gedächtnis haften (Kap. 3).

Die gustatorische Wahrnehmung

Der Geschmackssinn hat eine enge Verbindung zum Geruchssinn. Er überprüft u. a. die aufgenommene Nahrung (verdorben, ungeeignet, wohlschmeckend), vermittelt dem Menschen angenehme oder unangenehme Gefühle und ist bei der Geburt gut entwickelt. Süß und salzig oder sauer und bitter können unterschieden werden, was am Saugverhalten deutlich wird.

Die Entwicklung der Sinne und die Verknüpfung der Sinneseindrücke erfolgen ziemlich schnell, wie auch an Michaels Verhalten deutlich wird (Beispiel S. 152): Zunächst registriert er den anderen Geschmack, dann kann er die Unterscheidung auch tastend wahrnehmen. Jede Handlung eines Kindes ermöglicht Erfahrungen, die zu einer weiteren Differenzierung der Wahrnehmungsfähigkeit führen.

Insgesamt ist die Wahrnehmung abhängig vom Alter und den gemachten Erfahrungen. So hält sich beispielsweise ein kleines Kind die Augen zu und ruft: „Such mich mal!" Weil das Kind nichts sehen kann, nimmt es an, dass es von den anderen auch nicht gesehen wird. Es nimmt seine Umgebung anders als ein Erwachsener wahr.

Langsam entwickelt sich die **räumliche Wahrnehmung**. Vor dem 2. Lebensjahr glaubt das Kind, dass ein Haus, das vor ihm steht, größer ist als das gleiche Haus, das weit weg steht.

Erst später kann es die Größe zur Entfernung in Beziehung setzen.

Die Wahrnehmung für Zeit und deren Einordnung erfolgt erst mit der Funktionsfähigkeit des Langzeitgedächtnisses. Zunächst wird als Zeit nur die Gegenwart wahrgenommen. Kleine Kinder leben im „Hier und Jetzt", Vergangenheit und Zukunft existieren noch nicht. Mit zunehmendem Alter werden die Wahrnehmungen mit Erfahrungen, Erwartungen, Bedürfnissen, Gefühlen und Denken verknüpft. Das Bild von der Welt verändert sich.

Die Entwicklung der Wahrnehmung ist die Grundlage für die Entwicklung der anderen kognitiven Fähigkeiten. Das Kind nimmt Eindrücke aus der Umwelt mit allen Sinnen auf und macht dabei Erfahrungen. Diese werden gespeichert, miteinander verknüpft und führen zu Handlungen (vgl. Kap. 3).

Förderung der Wahrnehmungsentwicklung

Besonders für kleine Kinder sind
- emotionale Zuwendung,
- eine ganzheitliche Förderung der Sinne und
- Anregungen durch unterschiedliche Reize von großer Bedeutung.
- eine Reizüberflutung unbedingt zu vermeiden.

Beispiel
Wenn der eigene Körper gerade besonders interessant ist, kann das Kind damit viel mehr Erfahrungen sammeln als mit jedem Spielzeug.

Es gibt viele Übungen und Spiele, die unterschiedliche Wahrnehmungsbereiche (z. B. Körper-, visuelle Wahrnehmung) fördern.

Aufgaben

2. Die Beschäftigungstherapeutin A. Ayres bezeichnet das Zusammenwirken der Sinne als „sensorische Integration". Was ist damit gemeint? Erklären Sie Ihre Aussage anhand eines Beispiels.
3. Mit welchen Übungen und Spielen können Sie die einzelnen Wahrnehmungsbereiche besonders fördern?

11.5.4 Wie entwickelt sich das Denken?

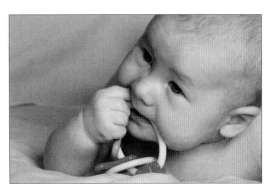

Denken ist ein Vorgang, den man nicht sehen kann. Aus Äußerungen und Verhaltensweisen eines Menschen kann man schließen, dass ein Mensch die Fähigkeit zu denken besitzt.

Beispiel
Ein Kind möchte einen Gegenstand von einem Tisch haben, kommt aber nicht heran. Es holt sich zunächst einen Hocker und, als dieser nicht ausreicht, einen Stuhl und steigt darauf. Nun erreicht es den Gegenstand. Das Kind hat durch Überlegung das Problem „Unerreichbarkeit" gelöst.

Beobachtungen haben ergeben, dass sich die Entwicklung des Denkens in vier Stufen vollzieht (nach Jean Piaget). Den Stufen werden Altersangaben zugeordnet; sie dienen der Orientierung und sind nicht als starre Begrenzungen anzusehen.

1. Stufe der sensomotorischen Intelligenz
(Entwicklung von der Geburt bis etwa zum 2. Lebensjahr)
Unter Sensomotorik versteht man die Kontrolle und Steuerung von Bewegungen aufgrund von Sinneseindrücken.
Die geistige Entwicklung des Kindes beginnt mit der Aufnahme von Reizen über die Sinne: Berührungen, Geräusche, Töne, Wärme, Kälte und Gerüche werden wahrgenommen. Die Zusammenarbeit der Sinne verstärkt sich.

Beispiel
Eine Rassel wird zuerst zufällig ergriffen und macht dabei ein Geräusch. Das Geräusch soll wieder zu hören sein, also wird gezielt geübt und gegriffen, in den Mund gesteckt und „begriffen": die Form, die Beschaffenheit der Oberfläche, die verschiedenen Möglichkeiten.

Zielgerichtet erforscht das Kind jetzt seine Umwelt und zieht daraus Erkenntnisse:
„Wenn man die Rassel bewegt, macht sie Geräusche. Wenn man den Ball anstößt, rollt er."

„Schon mit 7 Monaten denkt der Mensch über Ursache und Wirkung nach", sagt die Entwicklungspsychologin Sabine Pauen, „und kann Gegenstände wie z. B. Möbel und Tiere gruppieren."[1] Durch immer neues Ausprobieren erweitern sich die Erkenntnisse ständig und werden mit früheren Wahrnehmungen verbunden.

Beispiel
Mit einem Stock konnte das Kind auf einem Eimer Töne erzeugen, also muss das auch mit einem Kochlöffel auf einem Topf gehen.

Erste Denkmuster sind entstanden.

2. Stufe des anschaulichen Denkens
(etwa vom 2. bis 7. Lebensjahr)

Das Kind hat eine Vorstellung von Zeit:
„Papa kommt von der Arbeit nach Hause, wenn die Zeiger der Uhr senkrecht stehen, der große nach oben, der kleine nach unten."

[1] Der Spiegel 43/2003, S.198

Allmählich kann das Kind zwischen tatsächlichen und gezeichneten Gegenständen unterscheiden:
„Der Elefant in dem Bilderbuch ist ein anderer als der Elefant im Zoo."

Gegen Ende des 2. Lebensjahres beginnt auch die Ich-Entwicklung und die Kinder fangen an, sich selbst zu benennen, zunächst mit ihrem Namen, später als „Ich". In dieser Phase sieht sich das Kind als Maßstab aller Dinge. Es betrachtet alles aus der eigenen Perspektive. Diese Ichbezogenheit (Egozentrismus) fällt auf, wenn das Kind Geschichten erzählt. Es lässt dabei wichtige Informationen weg, weil es davon ausgeht, dass der Zuhörer das Gleiche denkt und fühlt wie es selbst. Das wird beispielsweise beim Telefonieren deutlich. Das Kind nennt seinen Namen nicht, wenn es einen Anruf annimmt, weil es meint, dass der Anrufer weiß, wer am anderen Ende der Leitung ist, oder es legt auf, wenn es seine Mitteilung gemacht hat.

Beispiele
Ronaldo am Telefon: „Mama, dies Bild habe ich für dich gemalt. Findest du es schön?"
Der Vater fragt am Telefon: „Elisabeth, war es schön im Kindergarten?" Elisabeth schüttelt den Kopf und legt auf.

Kinder in diesem Alter können nur **ein Merkmal** erfassen. Das soll am Beispiel des Umfüllversuchs verdeutlicht werden.

Umschüttversuch
Zeigt man einem Kind zwei gleich große Gläser, in denen gleichviel enthalten ist, und fragt, ob in einem Glas mehr ist, wird es mit „Nein" antworten.
Schüttet man den Inhalt vor den Augen des Kindes in ein schmales, hohes und ein flaches, breites Glas und wiederholt die Frage, wird das Kind mit „Ja" antworten, weil Kinder auf dieser Entwicklungsstufe ausschließlich die Höhe des Inhalts betrachten.

Das Denken von Kindern in dieser Altersstufe erfolgt außerdem eingleisig. Das wird an dem folgenden Beispiel deutlich: Ein Kind in diesem Alter versteht nicht, dass die Tante nicht nur die Tante ist, sondern auch die Schwester des Vaters und die Tochter der Großeltern.

Mit 3 bis 4 Jahren entwickeln Kinder ein echtes Zahlenverständnis und können eine Frage „Wie viele Äpfel sind das?" im Bereich unter 10 richtig beantworten. Sie haben außerdem eine ausgeprägte Fantasie und Vorstellungen von Dingen, die es nicht gibt. Wirklichkeit und Fantasie, Erlebtes und Erdachtes gehen in diesem Alter ineinander über. So glauben Kinder, dass die „Gestalten" aus ihren Träumen oder Vorstellungen real sind. Das Kind lebt in einer Fantasiewelt mit eigenen Fantasiegestalten.
„Unter meinem Bett liegt ein riesiges Monster."
Kindliches Flunkern wird von Kindern „geglaubt" und überzeugend vorgetragen, ohne bewusst zu lügen.
„Mein Freund hat ein echtes Indianerzelt im Garten."

Aufgaben

1. *Ramona und Ayleen, beide 4 Jahre alt, erzählen Ihnen voller Überzeugung von einem Treffen mit einer „echten" Prinzessin auf einem „echten" Schloss.* Wie reagieren Sie?
2. Wie reagieren Sie auf folgende Aussage: *„Erzählen Sie unseren Kindern keine Märchen mehr. Mein Sohn kann jetzt schon kaum zwischen seiner Drachenwelt und der Realität unterscheiden."*?

3. Stufe des logischen Denkens
(etwa vom 7. bis 11. Lebensjahr)

Denken ist nun immer weniger an Gegenstände und Erfahrungen gebunden. Das wird am Zählen deutlich. Gelingt das zu Beginn dieser Stufe vielleicht nur anhand von Bauklötzen oder Äpfeln, so kann allmählich auf die Gegenstände beim Zählen verzichtet werden.
Mit der Zeit entwickelt sich die Fähigkeit, mehrere Merkmale eines Gegenstandes wahrzunehmen und miteinander zu verknüpfen, Kategorien (Ordnungsbegriffe) zu verwenden und zwischen Ober- und Unterbegriffen zu unterscheiden.

Beispiel
Eine Frage wie „Was ist das Gemeinsame von Birnen, Bananen und Zitronen?" wird in der Regel richtig beantwortet und unter dem Oberbegriff Obst oder Früchte zusammengefasst.

Ein 9-jähriges Kind ist normalerweise auch fähig zu erkennen, dass bei dem Umschüttversuch der Inhalt in beiden Gläsern gleich ist.

4. Stufe des abstrakten Denkens
(etwa ab dem 11. Lebensjahr)

Allmählich ist das Kind in der Lage, mit Begriffen und Vorstellungen umzugehen. Damit geht es über das Sichtbare und Fühlbare hinaus. Aus dem „Greifen" ist das „Begreifen" geworden. Das abstrakte Denken wird immer weiter ausgeformt. Sachverhalte und Zusammenhänge werden erkannt, logische Schlussfolgerungen daraus gezogen und in situationsangemessene Handlungen umgesetzt.

Die Jugendlichen setzen sich mit Theorien, Vorstellungen und Meinungen auseinander und diskutieren mögliche (hypothetische) Lösungen, z. B.
„Was wäre, wenn der Mensch unsterblich wäre?"
„Was ist Treue?"

Die eigenen Standpunkte und die Stellung in der Gesellschaft werden in endlosen Diskussionen von allen Seiten beleuchtet. Dabei formt sich langsam eine eigene Anschauung heraus, eine überlegte und begründete Haltung, die sich aus den erlebten Erfahrungen entwickelt.

Förderung der Entwicklung des Denkens
- Kinder benötigen eine kindgerechte Umwelt mit Freiräumen, in der sie mit sich und ihrer Umwelt experimentieren und eigene Schlussfolgerungen ziehen können.
- Auf ständig einschränkende Verbote sollte verzichtet werden, weil sie die Eigeninitiative stark beeinträchtigen.
- Kinder brauchen Erziehende, die sich um sie kümmern.
  Das bedeutet u. a., altersgemäße Hilfe zur Selbsthilfe anzubieten und die von den Kindern angesprochenen Themen und Inhalte aufzugreifen.
- Erwachsene sollten sich für Jugendliche Zeit nehmen und deren Probleme diskutieren, damit unterschiedliche Standpunkte, Hintergründe, Bewertungen und mögliche Lösungen deutlich werden.

Aufgaben

Henryk und Ella streiten sich um zwei Joghurtbecher, die unterschiedliche Formen haben, aber dieselbe Menge enthalten. Beide wollen den hohen und nicht den breiten Becher. Ihre Mutter fragt nach dem Grund des Streites: „Ich will den hohen Becher. Da ist mehr drin." „Ich will aber auch den hohen Joghurtbecher." Die Mutter erklärt, dass in beiden Bechern gleichviel sei. Die Kinder können dies nicht verstehen.

1. Wie alt sind die Kinder in dem Beispiel? Erläutern Sie Ihre Überlegungen.
2. Auf welches Merkmal richten die Kinder ihre Aufmerksamkeit?
3. Stellen Sie die Denkentwicklung in einer Tabelle dar.

11.5.5 Wie entwickelt sich die Sprache?

Bedeutung der Sprache

Beispiel

Zwei Väter unterhalten sich: „Ist Ihr Sohn auch so ein Sprachmuffel? Meiner macht zu Hause einfach seinen Mund nicht auf. Ich weiß nicht, was er denkt, was er fühlt, was ihn bewegt. Manchmal glaube ich, dass er unzufrieden ist, und ich möchte ihm gerne helfen, aber wie?" „Da ist Nils ganz anders. Der muss alles loswerden und mit uns besprechen. Er fragt häufig und lässt sich viel von mir erklären. Das ist schön, aber manchmal auch anstrengend, vor allem, wenn er seine Freunde auch noch zum „Interview" mitbringt. Davon hat er viele, weil er gut reden kann und beliebt ist."

Aufgaben

1. Welche Bedeutungen der Sprache werden aus dem Gespräch deutlich?
2. Welche Bedeutung hat Sprache für Sie? Diskutieren Sie diese Frage in einer Kleingruppe.

Die Sprache ist der Schlüssel zur Welt und ihre Beherrschung unverzichtbare Grundlage für den Bildungsprozess. Sie ermöglicht dem Menschen, seine Gedanken und Wünsche in Worte zu fassen, sich seinem Gegenüber verständlich zu machen und seinen Gefühlen Ausdruck zu verleihen. Wer sich gut ausdrücken kann, wird mehr beachtet und schneller akzeptiert. In der Regel ist er beliebt und die Kontaktaufnahme zu anderen Menschen fällt ihm leicht. Das bedeutet, Sprache ist auch wichtig für die soziale Entwicklung. Sprachgewandten Menschen werden häufig Führungs- und Anführerrollen zugewiesen (vgl. Interview mit Susanne, S. 1), weil sie die Interessen gut vertreten können – sowohl bei einer Entscheidungsfindung als auch bei Konflikten.

Sprachliches Ausdrucksvermögen ist ein Zeichen für geistige Regsamkeit (Denkleistungen). Indem man seine Gedanken und Ideen anderen vorträgt und erläutert, werden einem oft selbst Zusammenhänge deutlich und das Verständnis wächst.

„Oh! Jetzt hab ich's!"

Mit wachsendem Sprachverständnis und Sprachvermögen wird das Kind selbstsicherer und selbstständiger und kann seinem Umfeld auch seine Gefühle deutlich machen.

Beispiel

Wenn ein 2-Jähriger sagt „Andi Bauchaua", kann das noch viele Bedeutungen haben: „Ich habe tatsächlich Schmerzen (nicht unbedingt im Bauch)." oder „Ich möchte nicht zu Tante Anna." oder „Ich mag den Fisch nicht." oder …oder…Später sagt man konkret: „Ich fühle mich nicht gut, weil …"

Für den Erfolg in Schule und Beruf ist die Beherrschung der Sprache eine unabdingbare Voraussetzung.

Aufgabe

3. Warum sind Kinder mit geringen Sprachkenntnissen in unserer Gesellschaft benachteiligt?

Der Spracherwerb

Beispiel

Frau Minder bringt Jonas ins Bett und unterhält sich dabei mit ihm: „Schau, es ist schon dunkel und die Kinder gehen jetzt ins Bett. Du willst doch auch groß werden wie Mama und Papa." Jonas nickt bedächtig und wiederholt beim Ins-Bett-Steigen: „Tinder dehen ins Bett." Nach der Gutenachtgeschichte sagt die Mutter: „So nun muss Jonas die Augen zumachen und schlafen." Jonas kneift die Augen zusammen: „Auen tudemacht."

Aufgaben

1. Wie alt mag Jonas sein?
2. Was hat Jonas gesagt und was kann er noch nicht richtig aussprechen?

Die Sprache entwickelt sich durch die Sinneswahrnehmungen, denn nur was das Kind erlebt, schmeckt, riecht, hört oder fühlt, kann es in Worte fassen. Bereits Neugeborene nehmen Lautgebilde (Phoneme) wahr, auch solche, die nicht in der eigenen Muttersprache verwendet werden. In den ersten 6 Monaten werden dann die Phoneme in der Muttersprache verankert.

Baby-Gebärdensprache

Die **Sprachentwicklung** lässt sich in Phasen einteilen, die sich teilweise überschneiden:
Die vorsprachliche Phase umfasst etwa das 1. Lebensjahr. Der „Sprachumfang" ist während dieser Zeit sehr begrenzt. Die erste Äußerung eines Menschen ist der Geburtsschrei. Schreien, Weinen und Gurgellaute sind auch weiterhin die Sprache der Säuglinge, die schon sehr früh bestimmte Melodiemuster aufweist. Aufgrund von Klangunterschieden können viele Eltern bald die Bedeutung dieser Sprachäußerungen unterscheiden.
Mit etwa 2 Monaten reagieren die Kinder, wenn mit ihnen gesprochen wird, und beginnen, Vokale zu lallen, denen später (etwa mit 5 Monaten) Konsonanten zugefügt werden.

Man geht heute davon aus, dass Kinder schon zu diesem frühen Zeitpunkt beginnen, die typische Betonung der Muttersprache nachzuahmen. Bereits mit 4 Monaten wird der eigene Name erkannt.
Mit etwa 6 Monaten kann man **Lallmonologe** vernehmen. Mit dem Lallen und der Nachahmung von Erwachsenen entwickeln sich rhythmische Lautketten und allmählich erste Formen der Sprache (Babysprache). Das Kind wiederholt eigene und fremde Laute und kombiniert erste Buchstaben (da-da-da; ba-ba). Diese Laute kann das Kind bereits geringfügig abwandeln.
Betonungen und Änderungen der Lautstärke, wie sie bei Erwachsenen üblich sind, werden nachgeahmt.
Mit etwa einem ³/₄ Jahr reagiert das Kind auf bestimmte Worte und zeigt damit ein beginnendes Sprachverständnis.

Beispiel
Die Mutter fragt: „Wo ist Opa?" Das Kind schaut in Großvaters Richtung.
Auch ein „Nein" wird verstanden.

Gegen Ende des 1. Lebensjahres beginnt der eigentliche Spracherwerb.

Einwortphase
(etwa 10. bis 18. Monat)
Das Kind beginnt erste Wörter auszusprechen, i. d. R. „Mama" und „Papa". Die ersten Wörter ersetzen häufig einen vollständigen Satz und haben unterschiedliche Bedeutungen. So kann mit dem Wort „Papa" Folgendes gemeint sein: „Vater, gib mir", „Vater, komm her", „Vater, ich habe Durst", „Hilf mir." Das Kind hat in dieser Zeit Spaß an Wiederholungen und einfachen Reimen und Liedern.
Das 1-jährige Kind kann alle Laute unterscheiden und verfügt über einen aktiven Wortschatz von ein bis zwei Wörtern, versteht die Bedeutung von etwa 60 Begriffen und kann die Muttersprache von einer fremden Sprache unterscheiden.

Zweiwortphase

(etwa 18. bis 24. Monat)

Im 2. Lebensjahr spricht das Kind zunächst 2-Wort-Sätze, i. d. R. Substantiv und Verb im Infinitiv, mit denen es versucht, Erlebnisse und Handlungen zu erzählen. „Lara fallen. Aua." Es benennt Bilder und sagt seinen Namen. Dies ist auch die Zeit des **ersten Fragealters**. „Is`n das?" ist eine immer wiederkehrende Standardfrage, mit der vor allem Bezeichnungen und Namen erfragt werden.

Das 2-jährige Kind verfügt bereits über etwa 50 Wörter, in jedem weiteren Lebensjahr kommen etwa 500 Wörter dazu.

Mit 2 ½ Jahren beherrscht das Kind die Sprache so weit, dass es Handlungen planen kann.

Linda Milch holen, Bärli trinken.

Mehrwortphase

(etwa 24. bis 36. Monat)

Das Kind verfügt jetzt über grundlegende Sprachkenntnisse. Sätze werden mit drei und mehr Wörtern gebildet. Dabei werden Subjektive, Verben und Adjektive verwendet. „Oma, tomm nell." (Oma komm schnell.) Präpositionen und Artikel fehlen noch.

Dies ist auch das Alter der **eigenen Wortschöpfungen**:

Beispiele

„Es schmullt" = Der Schornstein raucht.
„Die plinschern" = Die Schildkröten im Aquarium schlagen kleine Wellen.
„Kopfdecke" = Mütze
„Hüpfmann" = Hampelmann

Mehrwortsätze

(etwa ab 4. Lebensjahr)

Mit **4 bis 5 Jahren** werden Sätze im Hinblick auf Grammatik und Satzbau richtig gebildet; erste Schimpfwörter finden ihre Verwendung und es ist die Zeit des **zweiten Fragealters** mit **Warum-Fragen**. Das Kind möchte nun den Zweck der Dinge ergründen. Für Erziehende ist das eine anstrengende Zeit: Es folgt eine Frage nach der anderen und es ist nicht immer einfach, kindgerechte Antworten zu finden.

Beispiele

„Warum hat der Hund vier Beine und ein Regenwurm keine?"
„Warum ist der Himmel blau?"

Aufgaben

1. Was könnten Sie dem Kind auf die Fragen antworten?
2. Diskutieren und bewerten Sie die Antworten in Kleingruppen und stellen Sie das Ergebnis Ihrer Diskussion der Klasse vor.
3. Informieren Sie sich über die Baby-Gebärdensprache.

Die Vorschulzeit ist der optimale Zeitraum zum Erlernen einer Fremdsprache. Die Kleinkinder speichern zuerst Laute, erkennen dann Wörter, plappern schließlich Sätze nach und erlernen so die Zweitsprache spielerisch „nebenbei". Dies wird erleichtert, wenn eine Person nur eine Sprache spricht. In zweisprachigen Familien sollten Vater und Mutter jeweils in ihrer Muttersprache mit ihrem Kind sprechen. Optimal sind zweisprachige Krippen und Kindergärten.

Mit zunehmendem Alter werden Aussprache, Sprachgebrauch und Verständnis kontinuierlich umfassender. Mit dem Schuleintritt ist der grundlegende Spracherwerb abgeschlossen. Es beginnt die Zeit des Schreiben- und Lesenlernens. Die Ausdrucksweise verbessert sich und die vielschichtige Kommunikation mit anderen kann beginnen (vgl. Kap. 18).

Neben dem sozialen Status, der Familiensituation und der Sprachhäufigkeit wird die Sprachentwicklung auch durch Mundarten und Dialekte beeinflusst. Regional geprägte Mundarten verfügen in der Regel über einen geringeren Wortschatz und werden häufig außerhalb der Region nicht verstanden. Das kann sich nachteilig auf die kindliche Entwicklung auswirken und in der Schule können Schwierigkeiten auftreten, die zu einer Beeinträchtigung des Selbstwertgefühls führen.

Eine weitere Veränderung von Sprache ist bei Jugendlichen zu beobachten. Sie verwenden besonders in ihren Peergroups eigene Begrifflichkeiten:

- Wortneuschöpfungen wie z. B. alken, ödig, Perso, Konzi
- Anglizismen (aus dem Englischen entnommene Begriffe) wie z. B. cool, easy, chillen, powern, freaky oder
- Fäkalsprache wie z. B. „auf die Kacke hauen", „Du Arsch", „verpiss dich"

Aufgaben

1. Welche Erfahrungen haben Sie mit Kindern oder Klassenkameraden gemacht, die einen Dialekt oder anders als die meisten sprechen? Schildern Sie die Situation und mögliche Auswirkungen auf den „Sprechenden".
2. Welche besonderen Ausdrücke einer „Jugendsprache" benutzen Sie in Ihrer Clique?
3. Wie würden Sie sich als Erziehende in einer Situation verhalten, in der Sie die „Sprache" nicht verstehen?

Diese „Jugendsprache" wird von den meisten Erwachsenen nicht mehr verstanden. Es ist zu beobachten, dass jede Generation eine eigene „Jugendsprache" entwickelt.

Förderung der sprachlichen Entwicklung

Von Geburt an viel mit dem Kind sprechen

Dadurch werden Wortschatz und Intelligenz gefördert. Bei Säuglingen und Kleinkindern sind Tonfall und Melodie der Elternstimmen entscheidend. Der Sprachinhalt ist zunächst von geringerer Bedeutung. Bei Säuglingen sollte darauf geachtet werden, dass der richtige Abstand der Gesichter zueinander eingehalten wird und das Kind auf den Mund sieht.

Sprache der Bezugspersonen

Die Sprache sollte dem Entwicklungsstand des Kindes, seinem Sprachverständnis und seiner Vorstellungskraft entsprechen (z. B. Lallen imitieren; einfachen Satzbau verwenden). Durch das „Vorlallen" verstärkt sich das Verständnis für die Muttersprache.

Kinder übernehmen Wortschatz und Ausdrucksweise der Eltern und ihres Umfeldes. Erziehende sollten sich deshalb auch sprachlich als nachahmenswerte Vorbilder verhalten.

Verhalten der Erziehenden

Eltern und Bezugspersonen sollten dem Kind gut zuhören, eine positive Zuwendung vermitteln, es ausreden lassen und nicht dauernd verbessern (in Bezug auf Grammatik, Satzbau, Aussprache; der Inhalt sollte vorsichtig korrigiert werden).

Bis ins 2. Lebensjahr sollten Gegenstände und Personen, die sich in der Nähe befinden, benannt werden. Sprechversuche sollten positiv kommentiert werden.

Das Kind sollte so früh wie möglich am gemeinsamen Essen teilnehmen, denn dabei ergeben sich vielfältige Gesprächsanlässe und -möglichkeiten.

Lesen und Vorlesen

Vorlesen von (zunächst) einfachen Texten, Umgang mit Bilderbüchern (betrachten und „besprechen"), gemeinsames Singen von Kinderliedern mit Unterstützung entsprechender Körperbewegungen erweitern Wortschatz und Sprachfähigkeit. „Vortragen" von Kinderreimen in Elternhaus, Kindergarten und Schule fördern die Sprachentwicklung.

Auch Jugendliche sollten zum Lesen angeregt werden, z. B. durch geeignete Jugendliteratur und Fachzeitschriften.

Fallen Eltern oder Erziehern Sprachstörungen auf, sollte der Kinderarzt aufgesucht werden. Dieser entscheidet über weitere Maßnahmen.

Aufgaben

1. Stellen Sie den Spracherwerb in einer Tabelle dar.
2. Suchen Sie drei Kinderreime heraus.
   a) Was vermitteln sie dem Kind?
   b) Wie sind sie sprachlich aufgebaut?
3. Sprechen Sie diese Reime den Kindern vor und schildern Sie Ihre Erfahrungen.
4. Warum sollten Erziehende, wenn ein Kind etwas erzählt, den Inhalt verbessern, sich sonst aber zurückhalten?
5. Wie fühlen und verhalten Sie sich, wenn Sie dauernd unterbrochen werden? Spielen Sie eine entsprechende Szene nach.
6. Erwachsene sprechen mit Säuglingen und Kleinkindern häufig in einem merkwürdigen „Singsang" und ahmen die Babysprache nach. Wie beurteilen Sie dieses Verhalten?

11.6 Die Entwicklung der Sexualität

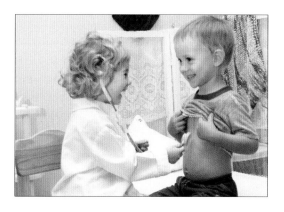

Beispiel
Sophie hat ihren Freund zu Besuch. Die beiden 6-Jährigen spielen in ihrem Zimmer. Dabei hört man eine lebhafte Unterhaltung und herzhaftes Lachen, das nach einiger Zeit verstummt. Als der Mutter dies auffällt, geht sie nachsehen. Empört schimpft sie: „Pfui, was macht ihr da?! Schämt euch und zieht euch an. Luca, du gehst nach Hause. Ich sage inzwischen deiner Mutter Bescheid, was ihr gemacht habt. Und du, Sophie, hast Stubenarrest und Fernsehverbot."

Aufgaben

7. Was war wohl passiert?
8. Wie mögen sich die Kinder fühlen?
9. Wie hätten Sie sich verhalten? Begründen Sie Ihre Antwort.

11.6.1 Bedeutung der Sexualität

Sexualität ist heute ein natürlicher Bestandteil des Lebens. Man kann Sexualität als Lebensenergie bezeichnen, die während des gesamten Lebens von Bedeutung ist, die Persönlichkeit und Sozialverhalten mitbestimmt, die in viele Lebensbereiche hineinwirkt. Sexualität ist mehr als Geschlechtsverkehr.

Sexualität ist eng verknüpft mit den Moralvorstellungen einer Gesellschaft. Bis in die zweite Hälfte des letzten Jahrhunderts wurde Sexualität als schädlich und schmutzig angesehen.

Geschlechtsverkehr hatte ausschließlich der Fortpflanzung zu dienen und wurde deshalb vor der Ehe abgelehnt. Uneheliche Kinder waren eine Schande und hatten einen schweren Stand im Leben. Ihre Mütter wurden überwiegend als unmoralisch eingestuft und entsprechend behandelt.

Hier hat ein Wandel in den Moralvorstellungen stattgefunden. Sexualität bedeutet zunächst Freude und Lust am Umgang mit dem eigenen Körper und der Person, der man sich nahe fühlt.

Heute gibt es fundierte Kenntnisse darüber, dass eine erfüllte sexuelle Beziehung bis ins hohe Alter einen wichtigen Beitrag zur Zufriedenheit und Gesundheit eines Menschen leistet. Damit sind allerdings nicht ständig wechselnde Beziehungen gemeint. Eine befriedigende sexuelle Beziehung kann nur gelingen, wenn man soziale und emotionale Fähigkeiten wie Einfühlungsvermögen, Rücksichtnahme, Akzeptanz des Partners mit seinen Stärken und Schwächen sowie Offenheit besitzt.

Aufgaben

1. Fragen Sie Ihre Großeltern, ältere Bekannte oder Verwandte nach deren Einstellung zur Sexualität in ihrer Jugend.
2. Vergleichen Sie die erfragten Einstellungen (Gemeinsamkeiten und Unterschiede) mit Ihren eigenen.

11.6.2 Wie entwickelt sich die Sexualität?

Bis zum Ende des letzten Jahrhunderts hat man geglaubt, dass Kinder asexuelle Wesen seien und sich der Geschlechtstrieb erst in der Pubertät entwickeln würde. Heute weiß man, dass Kinder von Geburt an über einen Geschlechtstrieb verfügen, auch wenn sie sexuell unreif sind.

So werden beispielsweise Berührungen wie Streicheln, Wiegen und Schmusen als angenehm und befriedigend empfunden.

Es gibt vielfältige Sexualäußerungen des Kindes, die typischen Entwicklungsphasen folgen. Das beginnt mit dem Lutschen und Saugen, was von dem Kind als befriedigend erlebt wird. Um die Welt zu begreifen, wird alles in den Mund genommen. Freud bezeichnet diese Phase deshalb auch als **orale Phase**.

Bereits im 2. Lebenshalbjahr lassen sich auch „sexuelle" Handlungen beobachten. Der Säugling berührt beim Baden seine Geschlechtsorgane. Streicheln wird als angenehm empfunden.

Der oralen Phase folgt im 2. und 3. Lebensjahr die **anale Phase**. Damit bezeichnet man die Zeit, in der das Kind seine Ausscheidungen bewusst wahrnimmt. Der Stuhl wird als eigenes Produkt betrachtet, das man auch zurückhalten kann. Das Ausscheiden des Stuhls wird durchaus als angenehm empfunden und viele Kinder wollen mit ihren Ausscheidungen spielen.

Aufgaben

3. Wie würden Sie sich als Erziehende verhalten, wenn ein Kind Ihnen seine Ausscheidung im Töpfchen zeigt und damit spielen will?
4. Informieren Sie sich in der Fachliteratur und im Internet, woher die Begriffe oral, anal, phallisch und ödipal kommen und was damit gemeint ist.

Nach Freud schließt sich die **phallische oder ödipale Phase** an (etwa 4. bis 7. Lebensjahr). Im Vorschulalter nimmt das Interesse am Körper zu, vor allem am Körper des anderen. Körper und Geschlechtsteile werden dem anderen gezeigt und interessiert betrachtet.

Bei der Betrachtung werden die Geschlechtsunterschiede wahrgenommen. In diesem Alter werden gerne Rollenspiele wie „Doktor", „Mutter und Kind" und Ähnliches gespielt. Diese Rollenspiele bieten die Möglichkeit, den Körper des Spielgefährten zu betasten und zu untersuchen. In dieser Zeit kommt es häufig zu einer Rivalität zum gleichgeschlechtlichen Elternteil. Jungen wollen die Mutter und Mädchen den Vater heiraten.

Das Interesse am anderen ist auch in der Schulzeit noch vorhanden, wenngleich die sexuellen Interaktionen weniger (beobachtet) werden. Langsam entwickelt sich eine Einstellung zum eigenen Körper. Es entwickelt sich das Schamgefühl. Plötzlich mag sich das Kind nicht mehr vor anderen ausziehen, was vorher kein Problem war. In der Pubertät wird durch Hormonausschüttung die Geschlechtsreife ausgelöst, erkennbar an den körperlichen Veränderungen. Die primären und sekundären Geschlechtsmerkmale entwickeln sich. Als primäre Geschlechtsmerkmale werden die Fortpflanzungsorgane wie beispielsweise Gebärmutter und Eierstöcke bezeichnet. Sekundäre Geschlechtsmerkmale sind äußere Kennzeichen für Männlichkeit bzw. Weiblichkeit. Hierzu gehören z. B. Schambehaarung und die tiefe Stimme.

Sexuelle Tätigkeiten gewinnen an Bedeutung. Hierzu gehört die Selbstbefriedigung, die von vielen Jugendlichen praktiziert wird, über die man aber nicht spricht. Sie wurde früher mit der Begründung abgelehnt, sie verursache körperliche und geistige Schäden. Viele Jugendliche empfinden auch heute noch Schuldgefühle dabei. Dabei weiß man heute, dass Selbstbefriedigung für die Entwicklung einer gesunden Sexualität durchaus hilfreich sein kann.

Die Jugendlichen wissen heute mehr über ihren Körper, die Geschlechtsreife und sexuelle Aktivitäten und haben auch früher sexuelle Kontakte. In den meisten Fällen erleben die Jugendlichen ihre erste Liebe und haben den ersten Geschlechtsverkehr. Dabei ist neben dem Sex auch die emotionale Beziehung von Bedeutung.

Aufgaben

1. Welche Einstellung haben Sie zur Sexualität? Diskutieren Sie die Frage in einer Kleingruppe unter den Aspekten: Das ist mir wichtig; das lehne ich ab.
2. Finden Sie Aufklärungsbücher für Kindergartenkinder. Welche der Bücher halten Sie für geeignet? Warum?
3. Wie wird in Ihrer Familie und im Kindergarten mit dem Thema „Sexualität" heute umgegangen?

Förderung der Sexualentwicklung

Eine Einstellung zum eigenen Körper und Geschlecht ist auch für die Entwicklung in anderen Bereichen wichtig. Ist die Einstellung negativ, kann es zu Störungen in der weiteren Entwicklung kommen. Ein Erziehender kann viel dazu beitragen, dies zu verhindern:

- Erziehende sollten Sexualität als natürlichen Bestandteil des Lebens annehmen.
- Kindliche „sexuelle" Handlungen, wie Berühren der Geschlechtsorgane oder „Doktorspiele", sollten nicht bestraft werden.
- Kinder und Jugendliche sollten ihrem Entwicklungsstand und Informationsbedürfnis entsprechend aufgeklärt werden.
- Fragen sollten unbedingt sachlich richtig und altersgemäß beantwortet werden.
- Bei Verdacht auf sexuellen Missbrauch sollte man ruhig und freundlich bleiben sowie unbedingt Fachleute hinzuziehen.
- Erwachsene sollten Verständnis für Jugendliche und ihre Bedürfnisse nach einem Partner oder einer Partnerin haben.

11.7 Entwicklung der Geschlechterrolle

Wird es ein Mädchen oder ein Junge?

Ist das nicht egal?

Aufgaben

1. *Ein 6-jähriges Mädchen hat gehört, wie sein Vater sagt: „Ich bin so verspannt, ich gehe erst mal in die Badewanne." Daraufhin äußert sie den Wunsch, mit ihm zusammen zu baden.* Was könnte der Vater antworten? Wie würden Sie antworten? Begründen Sie Ihre Antwort.
2. *Ein 2-Jähriger kommt in die Kindergruppe und erzählt Ihnen stolz, dass er genauso wie seine Mama ein Baby im Bauch hat.* Wie würden Sie sich verhalten? Begründen Sie Ihre Antwort.
3. *Ein 5-jähriges Kind verwendet Ihnen gegenüber sexistische Schimpfwörter, deren Bedeutung es offensichtlich nicht kennt.* Wie würden Sie sich verhalten? Begründen Sie Ihre Antwort.
4. Wie sind Sie über Sexualität aufgeklärt worden?
5. *Sie erleben im Kindergarten folgendes Gespräch zwischen zwei Kindern (5 J.): „Schau mal, Maleks Mama hat aber einen dicken Bauch! Hi, hi." „Ja, die bekommt ein Baby." „Quatsch, die Kinder bringt der Klapperstorch. Das hat meine Mama mir gesagt." „Nee, die wachsen im Bauch der Frau. Die hat der Papa gemacht. Meine Mama hat mir das auf Bildern gezeigt." „Nein, das glaube ich nicht." Das Kind stampft wütend mit dem Fuß auf.* Wie würden Sie sich verhalten?
6. Bewerten Sie die oben abgebildeten Bilderbücher und die CD.
7. Suchen Sie nach weiteren Bilderbüchern oder Materialien zum Thema „Kindliche Sexualität" und bewerten Sie das Angebot.

> ***«Wir werden zu Mädchen und Jungen gemacht!»***

Aufgaben

8. Beziehen Sie Stellung zu den Aussagen der beiden Frauen. Wie ist Ihre Meinung? Begründen Sie diese.
9. Stimmen Sie mit der obigen These überein? Wie sind Ihre eigenen Erfahrungen dazu? Tauschen Sie sich in Kleingruppen aus.
10. Beschreiben Sie einen „richtigen Jungen" und ein „richtiges Mädchen". Vergleichen und diskutieren Sie Ihre Beschreibungen.

Wie jeder ein Bild vom Kind im Kopf hat, hat auch jeder ein Bild davon, wie ein Junge bzw. ein Mädchen sein soll. Dies ist u. a. geprägt durch die Kultur, den sozialen Hintergrund, die Familienform und das eigene Rollenerleben und -verständnis. Auch jede Gesellschaft hat ein eigenes Rollenverständnis (Patriachat, Matriarchat). Neben dem biologischen Geschlecht – **sexus**, das natürliche Geschlecht von Geburt an – wird bei uns seit einigen Jahren die Debatte um das „soziale Geschlecht" – **gender**, das man im Laufe seines Lebens erwirbt – geführt. Damit ist die rechtliche und gesellschaftliche Stellung von Frauen und Männern gemeint.

Die Bemühungen oder Strategie, Ungleichbehandlungen von Frauen und Männern von Anfang an zu verhindern, bezeichnet mal als **Gender-Mainstreaming**. Dies ist eine Aufgabe, die von allen wahrgenommen werden soll und alle geplanten Maßnahmen im öffentlichen Bereich betrifft. Mit dem Gender-Mainstreaming wird das Ziel der Gleichstellung verfolgt:
Rechtlich erfolgt dies auf der Grundlage von Gesetzen, z. B. durch die EU Gender-Richtlinien (1 und 2) sowie die Charta der Grundrechte der EU (Artikel 23 Nr. 1), Gleichstellungs- und Elterngesetze sowie Rechte der Väter unehelicher Kinder.

Definition

Gender-Mainstreaming bedeutet, die unterschiedlichen Lebenssituationen und Vorhaben von Männern und Frauen gleichermaßen zu berücksichtigen.

Die Entwicklung der Geschlechterrolle beginnt mit der Geburt durch die Erfahrungen, die Kinder im Umgang mit Vater und Mutter, später mit Erziehern, Lehrern und Umfeld machen. Krippe, Kindergarten und Schule kommt deshalb hierbei eine besondere Rolle zu.
Der Bremer Rahmenplan für Kindertageseinrichtungen formuliert hierzu folgende Leitidee: „Unterschiede des Geschlechts sind zu achten, aber keine unterschiedlichen Rechte daraus abzuleiten." (S. 6)

Förderung/Maßnahmen

Für eine geschlechtergerechte Elementarbildung müssen folgende Aspekte in den Blick genommen und reflektiert werden: die eigene Rolle, das eigene Rollenverständnis, das Erzieherverhalten, das Raumkonzept und die eingesetzten Materialien sowie die Elternarbeit.

- **Die eigene Rolle** muss in Hinblick auf den Umgang mit Jungen und Mädchen bewusst reflektiert werden. Das betrifft u. a. die Vorbildrolle, das Sozialverhalten, die Einstellung und Sozialisation sowie die Sprache.

- **Das eigene Rollenverständnis** muss kritisch hinterfragt werden, weil häufig unbewusst klischeehafte Vorstellungen gelebt werden.

- **Das Erzieherverhalten** muss im Hinblick u. a. auf Erwartung, Zuwendung, Spielgestaltung und Verhalten in Konfliktsituationen kritisch hinterfragt, bewertet und ggf. geändert werden.

- **Das Raumkonzept und die zur Verfügung stehenden Materialien** müssen überdacht werden. Statt z. B. Puppen- und Bauecke sollten offene, nicht themenbezogene Spielecken mit frei zugänglichem Material geschaffen werden. Bilderbücher, Lieder und Spiele sollten die Interessen gleichermaßen berücksichtigen und auf klischeehafte Rollenzuweisung verzichten.

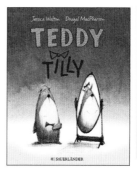

- **Die Elternarbeit** sollte unter besonderer Berücksichtigung und Einbindung der Väter erfolgen, z. B. in Einladungen zu Elternabenden und bei der Unterstützung weiterer Aktivitäten, z. B. Vorlesestunden durch Väter oder Bastelabende.

Grundsätzlich gilt:

- Mädchen und Jungen sind gleichwertig.
- Sie erhalten die gleichen Chancen und Möglichkeiten.
- Sie erfahren die gleiche Aufmerksamkeit.
- Interessen und Vorlieben sind nicht an die Geschlechtszugehörigkeit gebunden.
- Stereotype Rollenvorstellungen sind nicht mit dem Gender-Mainstreaming vereinbar.

Da das Vorbild auch für die Entwicklung der Geschlechterrolle von großer Bedeutung ist, ist es für die Identitätsbildung der Jungen wünschenswert, dass mehr Männer in Krippe und Elementarbereich arbeiten.

Aufgaben

1. Fertigen Sie eine Skizze der Gruppenräume Ihrer Praktikumseinrichtung an und markieren Sie: wo spielen die Jungen, wo die Mädchen; wo halten sie sich am meisten auf?
2. Wo kommt es zu Konflikten?
3. Wie beschäftigen sich die Jungen, wie die Mädchen?
4. Was ist ihr Fazit und was muss verändert werden, um das Ziel einer geschlechtergerechten Erziehung umzusetzen?
5. Vergleichen Sie Ihre Ergebnisse in Kleingruppen. Stellen Sie diese in der Klasse vor.
6. Erstellen sie eine Liste von Büchern, die Ihnen zu diesem Thema gefallen. Begründen Sie Ihre Auswahl.
7. Überprüfen Sie Ihre Aussagen zu Aufgabe 10 auf S.165 in Hinblick auf ein geschlechtergerechtes Rollenbild. Was sollten Sie ändern bzw. worauf sollten Sie besonders achten?

11.8 Die Entwicklung des Sozialverhaltens

Beispiel 1

Eine Gruppe von Nachbarskindern im Alter von 3 bis 8 Jahren (die Schwestern Heidi und Carrie: 6 und 8 Jahre alt; die Brüder David und Jonas: 3 und 5 Jahre alt; Marcus: 7 Jahre alt) spielen an einem zugefrorenen See neben ihren Häusern. Das macht einen Riesenspaß und wird immer mit einem Picknick verbunden, manchmal auch mit Musik, die von den Schwestern in Form eines Kassettenrekorders mitgebracht wird. Die Brüder und Schwestern sorgen für Verpflegung: warmer Kakao, Saft, Brot, Kekse, Obst. Marcus steuert ab und zu auch eine Süßigkeit bei. Meistens behält er sie allerdings in seiner Tasche und verzehrt sie heimlich. Manchmal gibt er seinem Freund Jonas etwas ab.

Wenn Bedarf an Nachschub besteht, rennt David zu seiner Mutter und besorgt ihn. Wenn er etwas erhalten hat, zieht er stolz von dannen und verteilt seine Schätze. Als er das dritte Mal in einer halben Stunde kommt, fragt seine Mutter: „David, was bringen die anderen eigentlich mit?" „Die sagen immer, ich soll mal gehen. Und Marcus sagt, er ist der Chef, er muss nichts bringen. Marcus ärgert mich sowieso dauernd."

Beispiel 2

Der Vater von Frau Müller ist durch einen Verkehrsunfall ums Leben gekommen. Ihre Mutter hat sie gerade telefonisch informiert. Sie ist unendlich traurig, fängt an zu weinen und muss sich erst einmal hinsetzen.

Sie hatte gerade Streit mit ihrem 2-Jährigen, der bei strömendem Regen unbedingt in der Sandkiste spielen wollte. Nun schaut er seine weinende Mutter ganz verwundert an, nimmt sein Schmusetuch und setzt sich ganz ruhig neben sie. Nach einer Weile streichelt er sie vorsichtig.

Aufgaben

Bearbeiten Sie die Fragen in einer Kleingruppe.
8. Welche Erfahrungen macht David?
9. Wie könnten sich die Erfahrungen auf das Verhalten von David auswirken?
10. Wie würden Sie sich gegenüber David verhalten, wenn Sie die Erziehende wären?
11. Wie ist das Verhalten des 2-Jährigen in Beispiel 2 zu erklären und was wird daraus deutlich?

11.8.1 Bedeutung des Sozialverhaltens

"Sozial" bedeutet: auf die Gemeinschaft bezogen, zwischenmenschlich und moralisch. Das Sozialverhalten bezieht sich auf den Umgang des einzelnen Menschen mit anderen und sein Verhalten in der Gemeinschaft. Zu den sozialen Verhaltensweisen zählen Fähigkeiten wie Erzählen und Zuhören, Geben und Nehmen, Teilen, Streiten, Sich-Vertragen, Einfügen, Miterleben und Mitfühlen. Diese Verhaltensmuster sind nicht angeboren, sondern werden in Kindheit und Jugend in der Primärgruppe erworben.

Von grundlegender Bedeutung für die soziale Entwicklung ist der Aufbau einer sicheren Beziehung. Da der Zeitraum zwischen Geburt und 3. Lebensjahr als sensible Phase für die Sozialisation gilt, hat eine Vernachlässigung in dieser Zeit besonders schwerwiegende Folgen (vgl. Kap. 13).

Beispiel

Bärbel lebte mit ihren acht Geschwistern in sehr beengten Wohnverhältnissen. Ihre Mutter hatte wechselnde Lebenspartner. Psychische Probleme, Gewalt und Alkohol gehörten zum Alltag. Die Mutter hatte kaum Zeit, sich eingehend mit den Kindern zu beschäftigen und erzieherisch tätig zu sein, sodass Bärbel häufig in die Mutterrolle schlüpfte (für die Geschwister kochen, sich um Schulaufgaben kümmern, Wohnung aufräumen). Heute ist Bärbel eine selbstbewusste junge Frau, die in der Erwachsenenschule ihr Abitur nachholt. Auf die Frage nach ihrer Kindheit sagt sie: "Es war schon eine harte Zeit damals, aber sie hat mich auch stark gemacht." [1]

Aufgaben

1. Viele Kinder würden bei diesem Lebenslauf andere Verhaltenweisen zeigen. Welche könnten das sein?
2. Was wird aus Bärbels Aussagen deutlich?
3. Wie kann man Resilienz bei Kindern fördern?

---

[1] Aus der Praxis von Peter Niehoff, Bereichsleiter Kinder- und Familienhilfe, DRK – Bremen, August 2008

[2] Peter Niehoff a.a.O.

"Beeindruckend finde ich die Stärke und unerschütterliche Loyalität, die Kinder zu ihren Familien entwickeln. Selbst ungünstige Umweltbedingungen können sie in positive Kraft umwandeln." [2]

Woran liegt es, dass manche Menschen zerbrechen und andere sich trotzdem zu einer selbstbewussten Persönlichkeit entwickeln? Mit dieser Frage hat sich die **Resilienzforschung** beschäftigt und Folgendes herausgefunden, das dazu beiträgt:

- eine genetische Veranlagung (von Geburt an freundlich, aktiv, gutmütig)
- mindestens eine vertrauensvolle Bezugsperson außerhalb der Familie
- folgende Persönlichkeitsmerkmale:
  das Vertrauen in die eigene Person, mit Problemen fertig zu werden (das durch eine sichere Beziehung in den ersten Lebensjahren maßgeblich mit aufgebaut wird); die Fähigkeit, um Hilfe zu bitten; Unabhängigkeit; kommunikativ; leistungsorientiert

Bärbel besitzt Resilienz (Widerstandsfähigkeit), wie auch ihre Aussagen belegen. Resiliente Menschen können mit Konflikten besser umgehen und Schicksalsschläge leichter ertragen, sind ausgeglichener und selbstsicherer als andere.

Eine sichere Bindung ist auch für andere Entwicklungsbereiche von großer Bedeutung: Wer sich sicher fühlt, traut sich mehr, geht aktiv auf Neues zu, experimentiert mehr und lernt viel. Ein gut ausgebildetes Sozialverhalten erleichtert einem Menschen die Kontaktaufnahme und das Zusammenleben mit anderen. Es trägt außerdem zu Akzeptanz und Beliebtheit durch andere bei.

Das wird beispielsweise in einer Notsituation deutlich: Einem offenen, rücksichtsvollen Menschen hilft man sehr viel eher als einem verschlossenen, rücksichtslosen. Ein mangelhaftes Sozialverhalten führt zu Ablehnung und Ausgrenzung.

Aufgaben

1. Bilden Sie zwei Gruppen und beschreiben in der einen Gruppe einen Menschen mit einem „guten" Sozialverhalten und in der anderen einen mit einem „schlechten" Sozialverhalten. Vergleichen und diskutieren Sie die Ergebnisse.
2. Beschreiben und beurteilen Sie eine Situation, in der ein Kind ein positives Sozialverhalten gezeigt hat.

11.8.2 Wie entwickelt sich das Sozialverhalten?

Die ersten sozialen Kontakte baut der Säugling zu **einer** Bezugsperson auf, das ist in der Regel die Mutter. Die Kontakte erweitern sich allmählich auf weitere Personen in der Familie, den Freundeskreis und das Umfeld. Die erste Kontaktaufnahme des Säuglings zu einem Menschen erfolgt bei der Nahrungsaufnahme mit dem Saugen.

Das Saugen ist für den Säugling aus mehreren Gründen wichtig:

- zur Befriedigung biologischer und physischer Bedürfnisse wie Hunger und Durst
- zur Befriedigung psychischer Bedürfnisse wie z. B. Zuwendung und Geborgenheit
  Durch den Haut- und Körperkontakt erfolgt ein Austausch von Gefühlen und nichtsprachlichen Mitteilungen, wodurch der Säugling beides erfährt.

Beim Stillen verhalten sich die meisten Mütter ruhig. Macht der Säugling eine Pause, wiegen

sie ihn in ihren Armen, streicheln ihn und sprechen mit ihm. Hierdurch wird eine grundlegende soziale Beziehung zwischen Mutter und Kind hergestellt.

Die Erfahrung des Kindes, sich auf eine Person verlassen zu können, bildet die Grundlage für Vertrauen und das Gefühl, sich auch auf andere Menschen verlassen zu können. Man spricht deshalb auch vom **Urvertrauen**, einem wichtigen Grundstein für die gesamte Entwicklung. Weinen und Schreien eines Säuglings können als zielgerichtete Wünsche nach Sozialkontakten angesehen werden. Neben den Signalen „Ich habe Hunger oder Durst" kann das Weinen auch das Bedürfnis nach Kontakt signalisieren: „Ich bin einsam oder habe Langeweile". Kommt eine vertraute Person diesem Bedürfnis einfühlsam nach und vermittelt Geborgenheit, Verlässlichkeit und Zuneigung, entsteht eine starke, sichere Bindung.

Aufgaben

3. Wie würden Sie sich als Erziehende verhalten, um das jeweilige Bedürfnis herauszufinden?
4. Wie stehen Sie zu der Auffassung „Lass das Kind doch schreien. Es muss sich an Regeln gewöhnen."?

Die soziale Entwicklung, besonders in den ersten Lebensmonaten und -jahren, beschränkt sich nicht nur auf die Mutter-Kind-Beziehung. Wichtig ist auch der Aufbau von Beziehungen zum Vater und zu anderen Familienmitgliedern. Hierzu bieten sich vor allem Tätigkeiten wie das Baden und Trockenlegen an, weil sie Körperkontakt und eine intensive Zuwendung ermöglichen.

Mit zunehmendem Alter des Kleinkindes werden Beziehungen zu weiteren Personen aufgebaut.

Dass eine Bindung an eine Bezugsperson entstanden ist, lässt sich an zwei Verhaltensweisen erkennen:

- dem **Fremdeln**

  Mit etwa 8 Monaten reagieren die meisten Kinder mit Abwehr auf fremde Personen.

■ der **Trennungsangst**

Sie tritt auf, wenn ein Kind in einer fremden Umgebung von der Bezugsperson alleine gelassen wird. Es sucht die Bezugsperson, reagiert mit Weinen oder Schreien und spielt weniger intensiv.

Beide Verhaltensweisen treten in der Regel auf, wenn ein Mensch eine sichere Beziehung aufgebaut hat und deshalb auch einen Verlust spüren kann.

Beispiel

Zwei Mütter unterhalten sich: „Ich kenne Leona gar nicht wieder. Sie ist 8 Monate alt und war bis jetzt ein freundliches, offenes Kind. Von einem Tag auf den anderen verhält sie sich scheu und klammert sich an mich, wenn jemand sie anspricht, auch bei Personen, die ihr schon häufig begegnet sind." „Mach dir keine Sorgen, das vergeht. Nimm es als echte Liebeserklärung."

Aufgaben

1. Wie bewerten Sie die Aussage der Freundin und wie kommt sie zu dieser Einschätzung?
2. *Auf dem Spielplatz beobachten Sie, wie der 12 Monate alte Julian ohne Zögern auf den Schoß einer fremden Frau klettert.* Wie beurteilen Sie sein Verhalten?
3. *Beim Vorstellungsgespräch will die 11 Monate alte Jana Sie nicht begrüßen.* Wie verhalten Sie sich? Begründen Sie Ihre Aussage.
4. Was ist bei der Eingewöhnung in eine Kindergruppe zu beachten? Informieren Sie sich über verschiedene „Eingewöhnungsmodelle".

Nachdem das Kleinkind eine sichere Bindung zu ein oder zwei Personen (i. d. R. Mutter und Vater) aufgebaut hat, nimmt das Interesse an anderen Kindern zu. Die Kontaktaufnahme erfolgt durch Anlächeln, Berühren, lautes Lachen oder Klatschen, Anbieten von Spielzeug und Streit darum.

Beispiel

Zwei Mütter treffen sich mit ihren Kindern zum Kaffeetrinken. Der 6 Monate alte Leon liegt auf dem Boden, gestikuliert mit seinen Händen und Füßen und lächelt die 10 Monate alte Sarah an. Sarah, die neben ihm sitzt, patscht ihm zunächst auf den Bauch und dann ziemlich heftig ins Gesicht. Leons Mutter will ihrem Sohn zu Hilfe eilen, aber Sarahs Mutter hält sie zurück: „Bleib sitzen, die müssen sich doch kennenlernen."

Aufgaben

5. Wie bewerten Sie das Verhalten der beiden Mütter?
6. Wie würden Sie sich als verantwortlich Erziehende in der jeweiligen Rolle verhalten?

Begründen Sie Ihre Antworten.

Ein weiterer wichtiger Entwicklungsschritt ist die Entdeckung der eigenen Person. „Mit etwa 2 Jahren klappt das Fenster auf, das dem Menschen ermöglicht, ein soziales Wesen zu werden."[1] Das ist die Zeit der **Ich-Findung**.

Das Kind im Alter zwischen 1 ½ und 3 Jahren verwendet jetzt die Ichform, wenn es von sich spricht, und erweitert ständig seinen Aktionsradius. Es versucht, viele Tätigkeiten alleine auszuführen und seine Fähigkeiten kennenzulernen, und testet dabei ständig seine Grenzen aus. Das ist eine schwierige Zeit für alle Beteiligten. Man bezeichnet diese Phase als **Autonomiealter**, früher auch als Trotzphase, da das Kind in den Augen der Erwachsenen häufig widerspenstig und trotzig erscheint.

---

[1] Der Spiegel 43/2003, S. 204

Je älter die Kinder werden, desto wichtiger werden Gleichaltrige, die **Peergroup**. Darunter versteht man eine Gruppe, deren Mitglieder etwa gleichaltrig sind und einen ähnlichen Entwicklungsstand aufweisen. Das Zusammensein mit Gleichaltrigen ermöglicht vielfältige Erfahrungen: Das Kind agiert „auf Augenhöhe" und kann seine Fähigkeiten und Kräfte messen, die eigenen Stärken und Schwächen kennenlernen, muss sich anpassen, aber auch durchsetzen, muss verzichten, aber auch einfordern.

Wichtige Meilensteine für die soziale Entwicklung sind weiterhin der Eintritt in Kindergarten und Schule, mit dem jeweils eine Erweiterung des Umfeldes und der sozialen Fähigkeiten verbunden ist. Obwohl das Kind ständig selbstständiger und auch kritischer wird, braucht es doch viel Zuwendung, Geborgenheit und die Gewissheit: „In schwierigen Situationen bin ich nicht alleine" (vgl. Kap. 8).

Die Auseinandersetzung mit Gleichaltrigen in Gruppen bildet die Grundlage für das Leben in der Gemeinschaft. Entwicklungen in anderen Bereichen, wie Sprache und Spielverhalten, tragen wesentlich zur sozialen Entwicklung bei bzw. bilden die Voraussetzungen.
Die Entwicklung des Sozialverhaltens wird auch am Spielverhalten deutlich: vom Alleinspiel über das Parallelspiel zum organisierten oder Regelspiel (vgl. Kap. 7).

Aufgaben

1. Stellen Sie anhand von Spielformen und -verhalten die Entwicklung des Sozialverhaltens dar.
2. Durch welche Spiele können Sie das Sozialverhalten besonders fördern? Nennen Sie Beispiele für jede Altersgruppe und begründen Sie Ihre Auswahl.

Die Durchführung vieler Spiele ist nur möglich, wenn bestimmte Regeln, aber auch Normen, wie beispielsweise „Man spielt fair" und „Man stört den Spielverlauf nicht, auch wenn man keine Lust mehr hat oder verliert" beachtet.
Das gilt ebenso für das Zusammenleben in einer Gemeinschaft, in Schule und Kindergarten. Dort gibt es ausgesprochene und nicht ausgesprochene oder auch aufgeschriebene Regeln und Vorschriften.

Aufgaben

3. Welche Regeln und Vorschriften gibt es an Ihrer Schule und in Ihrer Praktikumsstelle?
4. Bewerten Sie diese: Sind sie sinnvoll? Sind sie notwendig oder überflüssig? Welche Regeln würden Sie ergänzen, welche streichen? Welchen Zweck verfolgt man mit der jeweiligen Vorschrift/Regel?

Ebenso gibt es für das Zusammenleben in einer Gesellschaft Verhaltensvorschriften, die man auch als **Normen** bezeichnet. Normen sind Regeln und Werte, die von der Mehrheit der Menschen anerkannt sind und befolgt werden. Sie sind abhängig von der Kultur, der Religion, der Gesellschaft und den Lebensvorstellungen des Einzelnen. Sie geben dem Menschen Orientierung für sein Verhalten. Ihre Anerkennung und Einhaltung garantieren dem Einzelnen Akzeptanz und einen Platz in der Gemeinschaft und machen sein Handeln vorhersehbar. Die Nichtachtung wird mit Sanktionen durch Einzelne oder die Gruppe belegt.

Beispiele
„Wenn du immer zu spät kommst, darfst du nicht mitspielen."
„Wer beim Essen laut schmatzt, wird nicht mehr eingeladen."

Beispiel

Wer ständig die Unwahrheit sagt, mit dem möchte man nicht befreundet sein oder zusammenarbeiten.

Normgerechtes Verhalten ist nicht angeboren, sondern muss erlernt werden. Später werden Normen automatisch angewendet. Sie beeinflussen das Sozialverhalten eines Menschen wesentlich und lassen sich auch als „Du-musst/darfst (nicht)"- oder „Du-sollst (nicht)"-Vorschriften formulieren:

- „Du sollst pünktlich sein!"
- „Du sollst nicht lügen!"
- „Du sollst Rücksicht auf andere nehmen!"
- „Du sollst andere nicht unterbrechen!"

Die Sammlung von Normen in einer Gesellschaft bezeichnet man als Moral. Das sind Regeln und Grundsätze, die von der Mehrheit anerkannt werden, von denen der Umgang in einer Gemeinschaft geprägt ist und an denen sich der Einzelne orientiert. Das Verhalten eines Menschen wird von der Mehrheit an diesen Maßstäben (Regeln und Grundsätzen) gemessen. Ausschlaggebend für die Einhaltung von Normen und damit die Orientierung an moralischen Werten ist das Gewissen. Das Gewissen ist die innere Stimme des Menschen, die sich im Laufe seines Lebens, insbesondere im 3. bis 5. Lebensjahr, entwickelt und einem sagt:

- „Das darfst du."
- „Das darfst du nicht."
- „So sollst du dich verhalten."

Die Einhaltung von Normen und die Anerkennung von Werten erhalten noch einmal ein besonderes Gewicht im Jugendalter – der Zeit der **Identitätsfindung**. Gleichaltrige, Freund oder Freundin sowie die Gruppe gewinnen immer mehr an Bedeutung. Von ihnen werden viele Verhaltensweisen und Einstellungen übernommen: die Auswahl von Freizeitaktivitäten, der Umgang mit Suchtmitteln und auch der Umgang mit der Familie. Auf der Suche nach der eigenen Persönlichkeit wird Tradiertes häufig infrage gestellt oder abgelehnt. Man schämt sich seiner Eltern, ihrer Verhaltensweisen, ihres Aussehens. Ihre Werte werden als spießig angesehen und die Erwartungen der Gruppe werden zum Maßstab. Zigarette, Alkohol und provozierende Kleidung dienen häufig als Zeichen des Erwachsenseins. Das soziale Miteinander gestaltet sich manchmal recht schwierig, zumal die Erwachsenen häufig auch unsicher sind, wie sie sich verhalten sollen.

Der Jugendliche steht auf der Schwelle zwischen Kind und Erwachsensein und muss für sich Fragen wie „Was ist meine Rolle?", „Was erwarte ich von anderen?", „Wo will ich hin?" beantworten.

Langsam entwickelt sich ein Verantwortungsbewusstsein für das eigene Handeln und für andere, z. B. bei übernommenen Aufgaben und in Notsituationen.

Aufgaben

1. Welche Bedeutung haben Wertvorstellungen wie Treue, Zivilcourage, Ehrlichkeit, Pünktlichkeit und Bescheidenheit für Sie? Diskutieren Sie Ihre Einstellungen in einer Kleingruppe.
2. Welche Werte würden Sie Kindern heute vermitteln? Begründen Sie Ihre Meinung.
3. Wie könnten Sie diese Werte Kindern vermitteln? Erläutern Sie Ihre Aussagen anhand von Beispielen.
4. Was bedeutet die Aussage „Das gehört sich nicht"? Nennen Sie Beispiele.

Aufgaben

5. Welche Verhaltensweisen oder Wertvorstellungen Ihrer Eltern lehnen Sie ab oder übernehmen Sie?
6. Wie reagieren Sie auf eine Äußerung wie „Das ist kein Problem, sondern geradezu lächerlich!"? Begründen Sie Ihre Reaktion.
7. In einer neuen Klasse oder Gruppe finden oft die Personen schnell zueinander, die sich ähnlich kleiden, frisieren, schminken oder ähnliche Meinungen vertreten. Wie ist das zu erklären?

11.8.3 Wie entwickelt sich die Moral?

Beispiel

Zwei Mädchen (8 J.) werden im Supermarkt beim Stehlen von Schokolade erwischt. Das eine Mädchen schluchzt: „Bitte sagen Sie nichts meinen Eltern. Ich hatte solchen Hunger." Die andere ganz cool: „Eine Tafel fällt doch gar nicht auf, aber wir hatten eben Hunger. Und was passiert nun?"

Aufgaben

1. Beschreiben Sie das Bild.
2. Was mag in dem Kind vorgehen?
3. Bewerten Sie das Verhalten der beiden Mädchen und nennen Sie mögliche Gründe dafür.

Die Entwicklung von Moral und Gewissen ist nicht einfach, weil nicht alle Normen und Werte für jeden zutreffen, wie auch aus dem Beispiel deutlich wird. Ein gutes Beispiel für die unterschiedlichen Bewertungsgrundlagen/-maßstäbe sind die Religionen. Für Christen gelten andere Glaubensgrundsätze und Verhaltensweisen, die auch als christliche Moral bezeichnet werden, als beispielsweise für die Moslems.

Aufgaben

4. Wann haben Sie ein schlechtes Gewissen? Schildern Sie Beispiele.
5. Kopftuchstreit oder Ehrenmorde sind Beispiele für abweichende Moralvorstellungen.
   a) Erklären Sie, worum es bei dem Kopftuchstreit geht, und nehmen Sie dazu Stellung.
   b) Warum werden Ehrenmorde begangen?

Die moralische Entwicklung verläuft in drei Stufen, die keinem bestimmten Alter zugeordnet werden können:

1. Die vormoralische Stufe

Auf dieser Stufe orientieren sich „moralische" Entscheidungen ausschließlich an den eigenen Interessen oder Bedürfnissen sowie an drohenden Strafen. Das Gewissen ist kaum entwickelt, Moral kaum vorhanden.

„Alles, was bestraft wird, ist verboten. Alles, was nicht bestraft wird, ist erlaubt."

▓ „Schlagen darf man nicht, weil man dafür bestraft wird."

2. Die fremdbestimmte Stufe

Entscheidungen auf der fremdbestimmten Stufe orientieren sich an dem, wie persönlich bekannte Personen handeln würden. Das, was die Eltern oder andere Vorbilder vorleben oder für richtig halten, ist erlaubt, was sie ablehnen, verboten.

▓ „Schlagen darf man nicht, weil die Eltern es verboten haben."

3. Die selbstbestimmte Stufe

Auf dieser Stufe richtet sich die Beurteilung von Entscheidungen nach dem eigenen Gewissen.

▓ „Schlagen darf man nicht, denn wenn das jeder tun würde, würde es niemals Frieden geben und jeder wäre ständig in Gefahr."

Wir haben dir doch verboten zu spionieren. Hast du jetzt wenigstens ein schlechtes Gewissen?

Bei der Moralentwicklung kann man zwei Aspekte unterscheiden: das Wissen um Normen und Regeln und die Motivation, sich nach ihnen zu richten sowie sich entsprechend zu verhalten und zu handeln. Bei allen Menschen wächst das Wissen um die Regeln „Was ist erlaubt, was ist verboten", „Was sollte man tun, was sollte man lassen" ebenso wie die Motivation, sich danach zu richten, aber nicht alle erreichen durchgängig die dritte Stufe.

Beispiel 1

Den Moslems ist es verboten, Schweinefleisch zu essen. Das wird im Kindergarten auch berücksichtigt. Zum Ende des Kindergartenjahres haben Sie mit der Gruppe ein Abschiedsfest geplant, zu dem jeder etwas mitbringt. Ein Kind hat Frikadellen mitgebracht, die je zur Hälfte aus Rind- und Schweinefleisch bestehen. Da alle Kinder hiervon begeistert sind, möchte Ali auch eine davon.

Beispiel 2

Hiddi ist 20, kommt aus Eritrea und hält sich als Flüchtling in Deutschland auf. Sie ist Analphabetin und an allem interessiert. Sie saugt alles Neue wie ein Schwamm auf und möchte möglichst viel lernen, deshalb besucht sie eine besondere Klasse in der Berufsschule. Dort hat sie u. a. auch das Fach Nahrungszubereitung. Bei der gemeinsamen Planung der nächsten Kochstunde sagt die Lehrerin: „Überbackenes Schweinefilet (der Wunsch einer Schülerin) können wir nicht zubereiten, denn das darf Hiddi nicht essen, weil sie Muslimin ist." Darauf Hiddi: „Das ist kein Problem für mich. Ich bin hier in einer anderen Kultur, in der ich lebe und die ich kennenlernen möchte. Wenn ich nach Eritrea zurückgehe, werde ich wieder anders leben. Allah hat dafür Verständnis und verzeiht mir das."

Aufgaben

Bearbeiten Sie die Fragen in einer Kleingruppe.
1. Welche Möglichkeiten haben Sie, gegenüber Ali zu reagieren?
2. Wie würden Sie sich entscheiden? Begründen Sie Ihre Antwort.
3. Wie beurteilen Sie Hiddis Verhalten? Ist es unmoralisch und gewissenlos?

Förderung der Entwicklung des Sozialverhaltens

Die soziale und moralische Entwicklung kann nachhaltig u. a. durch folgende Maßnahmen gefördert werden:

■ Im frühen Lebensalter für Verlässlichkeit und die liebevolle und dauerhafte Zuwendung einer Bezugsperson sorgen, sodass sich das Urvertrauen bilden kann.
■ Besonders im Autonomiealter sollten sich die Erziehenden nach immer wiederkehrenden Regeln verhalten.
■ Eindeutige Ge- und Verbote aussprechen und diese begründen.
■ Eigenständige Erfahrungen und Entscheidungen ermöglichen.
■ Kindern altersentsprechend Verantwortung übertragen.
■ Regelmäßig Kontakt zu anderen Kindern von unterschiedlichem Alter ermöglichen.
■ Eltern und Erzieher sollten ein beispielhaftes Vorbild sein.
■ In der Zeit der Identitätsfindung ist es besonders wichtig, den Jugendlichen einerseits genügend Freiräume zu gewähren, damit sie sich erproben und die eigene Persönlichkeit entwickeln können, und andererseits Grenzen zu setzen, die als Richtschnur dienen. Jede Gemeinschaft lebt davon, dass man sorgfältig miteinander umgeht und den anderen akzeptiert.
■ Erziehende sollten Zeit für Gespräche und Probleme haben, auch wenn sie für die Erziehenden keine Probleme darstellen.
■ Man sollte sich mit Bewertungen und Vorschlägen wie „Ich würde das so machen" oder „Das solltest du so tun" zurückhalten.

Guck mal, was der macht.

11.9 Die Entwicklung der Motivation

Beispiel

Frank fragt seinen Freund Marcel (beide 5 Jahre alt): „Kommst du mit zum Fußball? Das ist richtig toll und macht Riesenspaß. Ich habe schon ganz viele Tore geschossen. Mein Vater ist auch ganz stolz auf mich. Der schaut meistens zu, wenn wir ein Spiel haben. Der hat früher auch gespielt – in der Regionalliga. Das will ich auch." Marcel: „Nö, mir macht das keinen Spaß. Ich habe das schon ein paarmal probiert, aber ich bin nicht so schnell. Dann haben die anderen mich ausgelacht. Und mein großer Bruder, der mal zugeschaut hat, hat auch mit mir gemeckert. Da lese ich lieber. Das ist viel schöner. Ich will später sowieso Forscher werden."

Aufgaben

1. Welche Motive haben die Kinder für ihr Handeln?
2. Was hat sie besonders beeinflusst?

11.9.1 Bedeutung von Motivation

Die Jungen haben für ihr Verhalten unterschiedliche **Motive**. Motive sind Beweggründe, die einen Menschen veranlassen, etwas zu tun oder bewusst nicht zu tun, um ein Ziel zu erreichen. Dabei geht es um Gründe, Auslöser und Ursachen für ein Verhalten.

Motivation ist die Gesamtheit der Beweggründe, die das menschliche Verhalten und Handeln beeinflussen (= Verhaltensbereitschaft und Handlungsbereitschaft). Es handelt sich um folgende Vorgänge bzw. Zustände: Streben, Wollen, Begehren, Wünschen, Trieb, Sucht, Drang. In der Psychologie wird genau wie bei den Bedürfnissen zwischen **Grundmotiven** und **höheren Motiven** unterschieden (vgl. Kap. 6). Die Grundmotive dienen dem Erhalt des Lebens, die höheren der Selbstverwirklichung. Hierzu zählen u. a. das Leistungsmotiv sowie das Streben nach Anerkennung, Macht und Anschluss (positive Beziehungen). Die Motivation eines Menschen wird in der Kindheit geprägt und sozial beeinflusst. Sie bestimmt maßgeblich die Entwicklung in anderen Bereichen.

Aufgaben

3. Informieren Sie sich im Internet über die verschiedenen Motivationsmodelle.
4. Welche Motive bestimmen Ihr Verhalten und Handeln zurzeit besonders stark?
5. Vergleichen Sie Ihre Motive in einer Kleingruppe miteinander und überlegen Sie, woher die Unterschiede kommen mögen.

11.9.2 Wie entwickelt sich die Motivation?

Bereits im 1. Lebensjahr ist der Mensch bestrebt, seine Bedürfnisse zu befriedigen.

Beispiel

Der Säugling hat Durst (Bedürfnis). Er ist bestrebt (motiviert), seinen Durst zu stillen, deshalb macht er sich bemerkbar und schreit (Handlung).

Ein Bedürfnis kann von innen kommen, wie Hunger, Durst oder Zuwendung. Es kann aber auch von außen geweckt werden, z. B. durch eine Belohnung oder Anerkennung.
Die Motive des Menschen sind unterschiedlich stark. Eines der stärksten Motive des Menschen, etwas zu tun, ist die **Neugier**.

Das Neugierverhalten verläuft in den ersten zwei Lebensjahren nach folgendem Muster:

Das Kind reagiert nur auf starke Reize von außen, z. B. das Bewegen eines bunten Spielzeugs vor den Augen. Wiederkehrende Reize schaffen Vertrauen und ermöglichen dem Kind, sich weiterzuentwickeln, d. h., das Kind wird neugierig, was weiter geschieht. Die Neugierde veranlasst das Kind, sich wieder mit neuen Reizen auseinanderzusetzen. Aus der Neugier eines Menschen entwickeln sich mit zunehmendem Alter **Interessen**:

- Interesse an anderen Menschen (Familie, Freunde)
- Interesse am eigenen Wohlbefinden („Mir soll es gut gehen!" „Ich möchte gut gekleidet sein.")
- Interesse an bestimmten Bereichen (z. B. Musik, Malen, Briefmarken, andere Länder oder Sport)

Interessen werden durch eigene Bedürfnisse, die Familie (Vorleben) und die Umwelt geweckt.

Aus dem Neugierverhalten entwickelt sich auch die **Leistungsmotivation**, die hier am Beispiel Bauen dargestellt werden soll.

Kinder bis zu einem Alter von 2 ½ Jahren setzen Bauklötze aufeinander und freuen sich sowohl darüber, dass ihnen ein „Turmbau" gelingt, als auch darüber, dass er mit Getöse zusammenfällt.

Die Kinder sind motiviert, etwas auszuprobieren, und neugierig, was geschieht. Wie hoch der Turm des anderen ist, interessiert nicht. Erst mit zunehmendem Alter entwickelt sich das Interesse an dem anderen und seinem Tun. Die Motive verändern sich. Der Wetteifer beginnt und die Leistungsmotivation ist geboren. Das Kind will nun alles können, was die anderen auch können.

Bereits 4-Jährige strengen sich an, am schnellsten zu laufen, am höchsten zu bauen oder als Erster fertig zu sein. Sind sie die Besten, sind sie stolz und zeigen ihre Freude offen. Haben sie verloren, sind sie enttäuscht. Sitzt die Enttäuschung tief, kann das zu Demotivation führen. Je älter das Kind wird, desto besser kann es mit Misserfolgen umgehen. Anstrengungsbereitschaft und Ausdauer wachsen.

Hat ein Kind Interesse an einem Bereich oder einer Tätigkeit, kommt die Motivation wie von selbst von innen heraus **(intrinsische Motivation)**. Daneben gibt es die von außen gesteuerte Motivation **(extrinsische Motivation)**. Die Erziehenden versuchen das Kind z. B. durch Lob, Zuwendung oder Geschenke für bestimmte Bereiche zu begeistern.

Aufgaben

1. Was interessiert Sie? Wodurch wurde das Interesse geweckt?
2. Nennen Sie Beispiele für die extrinsische Motivation und mögliche Gefahren.
3. *Zwei Schwestern: Isabell (4 Jahre alt, agil und sehr bewegungsfreudig) fährt gerne Rad; Ilka (fast 6 Jahre alt, ein wenig pummelig) kann noch nicht Rad fahren.*
   Wie können Sie Ilka motivieren, es zu lernen?
4. „Leistungsgesellschaft, Ellenbogengesellschaft, Konkurrenz" sind negativ belegte Begriffe, die uns immer wieder begegnen. Diskutieren Sie in einer Kleingruppe, was darunter verstanden wird und wie Sie zu dem Motiv Leistung stehen.
5. Nennen Sie Grenzen und Gefahren der Leistungsmotivation. Sollte eine Leistungsmotivation nicht besser abgelehnt werden?

Förderung der Motivation

Die Entwicklung von Motivation und Interessen wird gefördert durch

- eine verlässliche Beziehung zum Kind,
- eine vertrauensvolle Atmosphäre,
- Anregungen, Neues auszuprobieren,
- Schaffen von Freiräumen zum eigenen Entdecken und Erforschen,
- Erfolgserlebnisse,
- Erziehung zur Selbstständigkeit und z. B. in lebenspraktischen Dingen („Das will ich tun") und beim Treffen von Entscheidungen („Das will ich jetzt und in dieser Weise tun"),
- ein Angebot an vielfältigen Reizen (Bei der Förderung, z. B. durch das Schaffen von Anreizen, muss die Persönlichkeit des Kindes berücksichtigt werden: wagemutig oder ängstlich. Entsprechend sollten die Aufgaben angemessene Anforderungen beinhalten. Wagemutige Kinder müssen vielleicht manchmal gebremst und ängstliche ermutigt werden.).

Eine wichtige Aufgabe ist es in jedem Fall, Leistungsmotivation zu erzeugen und zu erhalten. Vollbrachte Leistungen erfüllen einen Menschen mit Stolz, sind Ansporn für weiteres Bemühen und vermitteln Zufriedenheit.

Die Leistungsmotivation ist lebenslang von Bedeutung – sowohl im Privatleben als auch im Berufsleben – und eine Grundvoraussetzung für Lernbereitschaft.

Beispiel

Auszüge aus einem Interview: *„Ich hatte vor drei Jahren einen Unfall. (Verlust des rechten Arms und eines Beines) […] diese Hilflosigkeit war […] ein starker Ansporn für mich. [..] Ich war ganz unten, [..] physisch fast weg, ich hatte 36 kg Gewicht verloren. Meine Vision war es, möglichst wieder ein normales Leben führen zu können. Man muss sich dann kleine Ziele stecken und unermüdlich darum kämpfen, diese Ziele zu erreichen. Wenn man es dann geschafft hat, tankt man daraus Kraft und die Befriedigung für den nächsten Schritt. […] Natürlich gab es Rückschläge. Ich musste lernen, dass man nicht alles erzwingen kann."* [1]

Aufgaben

1. Warum sind Kenntnisse über mögliche Motive für Erziehende wichtig?
2. Welche Motive könnten sich hinter diesen Aussagen verbergen und wie würden Sie sich jeweils verhalten? Bearbeiten Sie die Frage in einer Kleingruppe.
3. Welche Motive werden deutlich?
4. Wie wurden sie bewältigt?
5. Was können Sie für sich und Ihre pädagogische Arbeit daraus lernen?

[1] Wirtschaftswoche, 44/2005

11.10 Die Entwicklung der Gefühle

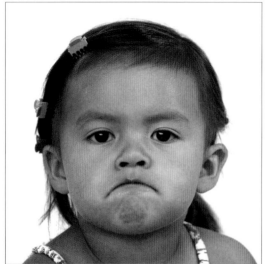

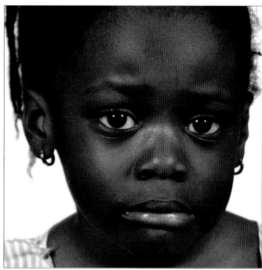

Aufgaben

1. Beschreiben Sie, was Sie auf den Bildern sehen, und vergleichen Sie Ihre Aussagen miteinander.
2. Nennen Sie „positive" und „negative" Gefühle.
3. Was ist damit gemeint, wenn ein Mensch sagt: „Ich habe eine Bauchentscheidung getroffen."?

11.10.1 Bedeutung der Gefühle

„Die effektivste Form, Gefühle mitzuteilen, ist der Gesichtsausdruck. [...] Dabei sprechen alle Menschen, was ihre Mimik angeht, weltweit dieselbe Sprache – zumindest bei den sechs Grundemotionen: Freude, Wut, Angst, Trauer, Überraschung und Ekel." [1]

[1] Der Spiegel, 49/2003, S. 194

Neben der sprachlichen Verständigung gibt es auch eine gefühlsmäßige Verständigung durch Gestik, Mimik, Tonfall und Körperhaltung (Körpersprache, vgl. Kap. 18). In der Regel kann man an diesen äußeren Zeichen viele Gefühle eines Menschen ablesen und sich entsprechend verhalten.

Die Gefühle sind bedeutsam für die soziale Entwicklung und Lebensbewältigung.

Beispiel

Die erste Liebe zerbricht und der verlassene Partner ist verletzt. Die Palette der Reaktionen reicht von der schnellen Überwindung über eine längere „Trauerzeit" bis zu Sucht und Gewalt gegen sich und andere. Jemand, der gelernt hat, mit seinen Gefühlen umzugehen, wird seinem Leben nicht mit einer Extremreaktion Schaden zufügen.

Gefühle helfen dem Menschen
- bei der Beurteilung von anderen Personen.

Beispiel

In Sekundenbruchteilen wird entschieden, ob einem jemand sympathisch ist oder nicht.

- bei der Beurteilung und Bewältigung von Situationen.

Beispiel

Ein Ereignis (z. B. gefährliche Situation: Ein Kind läuft auf eine viel befahrene Straße) wird bewusst oder unbewusst bewertet und löst eine Emotion aus (Schreck, Angst). Der Körper reagiert mit einem sichtbaren Ausdruck (offener Mund, Zusammenzucken) und einer körperlichen Veränderung (Schweißausbruch, Herzklopfen) sowie einer Reaktion (Kind packen).

Gefühle sind verknüpft mit den Erfahrungen eines Menschen. Der Umgang mit Gefühlen und Gefühlsäußerungen bestimmt in vielfältiger Weise das Zusammenleben mit anderen, die Akzeptanz durch andere sowie den eigenen Lebensstil und -verlauf. Menschen, die ihre Gefühle nicht zeigen oder zeigen können, sind schwer einzuschätzen und irritieren ihr Gegen-

über. Gefühle sind immer verknüpft mit körperlichen Reaktionen, an denen man auch versteckte oder verleugnete Gefühle erkennen kann. Die Verdrängung von Gefühlen kann psychosomatische Erkrankungen, wie z. B. Magenbeschwerden oder Kopfschmerzen, zur Folge haben.

Wer mit seinen Gefühlen umgehen kann und soziale Kompetenz erworben hat, hat Vorteile:
- Er verfügt über gute zwischenmenschliche Beziehungen,
- wird von anderen akzeptiert,
- besitzt in der Regel ein gestärktes Selbstvertrauen und eine positive Lebenseinstellung.

Aufgabe

Wie reagiert Ihr Köper auf Freude, Wut und Liebe?

11.10.2 Wie entwickeln sich die Gefühle?

Gefühle (= **Emotionen**) gehören zu unserem Leben und sind ein wesentliches Element des Zusammenlebens. Die Fähigkeit, Gefühle zu haben, ist dem Menschen angeboren. Wie sie sich ausformen und wie sie geäußert werden, hängt davon ab, in welcher Familie, Umwelt und Kultur man lebt.

Die kulturelle Abhängigkeit der Gefühlsäußerungen lässt sich gut am Beispiel Trauer nachvollziehen: Bei uns wird eher still getrauert. Enge Angehörige tragen Schwarz. In anderen Kulturen wird der Tod lautstark in der Öffentlichkeit beklagt. Frauen stimmen Klagelieder an und nicht Schwarz ist die Farbe der Trauer, sondern Weiß.

Schon Neugeborene zeigen Gefühle: Zufriedenheit und Unzufriedenheit, die sehr deutlich gegenüber der Umwelt artikuliert werden. Mit 4 bis 6 Wochen kann man bei dem Säugling das sog. **soziale Lächeln** beobachten, das eine noch instinktive Reaktion auf freundliches Ansprechen und Anschauen ist.

Soziales Lächeln

Bereits ab dem 3. Lebensmonat gibt es deutlich unterscheidbare Gefühlsäußerungen. Man bezeichnet diese Gefühle auch als **Basisemotionen** oder **primäre Emotionen**. Zu ihnen gehören: Freude, Angst, Ärger, Traurigkeit, Interesse, Überraschung.

Mit 7 Monaten kann ein Säugling Gefühlsäußerungen bei anderen unterscheiden und entsprechend reagieren.

Bis zum 2. Lebensjahr entwickelt das Kind einen „Emotionsstil". Das eine Kind äußert beispielsweise seinen Unwillen lautstark und anhaltend, während sich das andere Kind nur verhalten bemerkbar macht. Mit zunehmendem Alter werden die Gefühlsausdrücke vielfältiger und variieren je nach Partner und Situation. Ab dem 2. Lebensjahr kann man bei den Kindern **sekundäre Emotionen** wie Stolz, Neid, Scham, Schuld und Empathie beobachten. Ab Ende des 2. Lebensjahres beginnen Kinder auch, Gefühle sprachlich zu benennen. Vorschulkinder können bereits Basisemotionen vortäuschen.

Das bedeutet, sie können in gewissem Umfang anderen nicht vorhandene Gefühle vorspielen, z. B. sie seien traurig oder würden sich freuen, um damit etwas zu erreichen.

Im Laufe seines Lebens muss der Mensch lernen, mit seinen Gefühlen umzugehen, d. h., er erwirbt **emotionale Kompetenz**. Das ist eine vielschichtige Fähigkeit, die Folgendes umfasst: Ein Mensch

▪ kann seine Gefühle mit Gesten und Mimik deutlich machen.

„Ich bin wütend."

▪ kann Gefühle bei anderen erkennen.
Das bedeutet, er kann die Gefühlsäußerung (Gesichtsausdruck) „lesen" und verstehen (Ursache).

„Aha, er ist wütend, weil er sich von Herrn X ungerecht behandelt fühlt."

Das bedeutet nicht, dass das erkannte Gefühl mit dem eigenen übereinstimmt.

„Ich bin aber nicht wütend, weil ich Herrn X ganz objektiv finde."

▪ verfügt über Gefühlswissen und -verständnis. Das bedeutet beispielsweise, er weiß, dass der gezeigte Ausdruck nicht dem inneren Zustand entsprechen muss.

„Er lächelt Herrn X an, obwohl er stinksauer auf ihn ist."

▪ kann Gefühle sprachlich ausdrücken.

„Weißt du, ich bin unheimlich wütend und verletzt."

▪ kann auf andere gefühlsmäßig eingehen, mitleiden oder sich mitfreuen (Empathie).

„Ich kann deine Wut gut verstehen."
„Ich wäre an deiner Stelle auch sauer."

▪ kann die eigenen Gefühle bewusst wahrnehmen.

„Oh, jetzt bin ich aber wütend."

■ kann seine Gefühlsäußerungen steuern.

Eigentlich möchte ich mit der Faust auf den Tisch hauen, aber das geht jetzt in der Sitzung nicht.

■ kann mit Stress umgehen.

Jetzt atme ich erst einmal tief durch und überlege, was ... und wie ...

Bis zum 6. Lebensjahr haben Kinder viele dieser emotionalen Fertigkeiten erworben.

Aufgaben

1. Wie verhalten Sie sich, wenn Sie traurig sind? Beschreiben Sie eine Situation.
2. Was soll jemand tun, wenn ihn Gefühle überwältigen? Ist dies seinen Mitmenschen peinlich? Muss er sich schämen und sich hinterher entschuldigen, weil er sich gehen ließ?
3. *Ein Kind stampft vor Wut mit dem Fuß auf.* Wie bewerten Sie diese Verhaltensweise bei einem Kind und bei einem Erwachsenen?
4. *Sie haben in einem Amt etwas zu erledigen. Als Sie während der Sprechzeit zu dem zuständigen Sachbearbeiter in das Zimmer kommen, beachtet der Sie zunächst nicht, schaut dann mürrisch auf und schnauzt: „Was wollen Sie denn?"*
   a) Wie fühlen Sie sich nach dieser Begrüßung und was hätten Sie erwartet?
   b) Welches Gefühl hat er Ihnen vermittelt?
   c) Was können Sie daraus für Ihren Beruf als Erziehende lernen?

Förderung von Gefühlen

Der Umgang mit den eigenen Gefühlen und den Gefühlen der Mitmenschen muss von Geburt an gelernt und geübt werden. Dabei hilft es, wenn der Erziehende

■ eine positive, sichere Bindung aufbaut.
■ zugewandt kommuniziert (z. B. den Säugling anlächeln, wiegen) und von klein auf mögliche Gefühle kommentiert.

Beispiele
Der Säugling schreit: „Oh, jetzt hast du Hunger." Arne (2 Jahre): „Arne Bauchweh." „Arne möchte nicht zum Arzt, weil er Angst hat" oder „Du fühlst dich einsam. Ich soll bei dir bleiben."

■ Gefühle zulässt.

Beispiel
Ein Kind, dem man immer sagt: „Nun beherrsch dich mal und hör auf zu heulen. Ein Junge weint nicht", wird bald kaum noch Gefühl zeigen.

■ ein gutes Vorbild ist.
■ in seinen Gefühlsäußerungen authentisch ist.

Beispiel
Die eigenen Gefühle sollten in angemessener Form ehrlich gezeigt werden. Es sollte beispielsweise nicht vorgespielt werden, dass es einem gut geht, wenn man unendlich traurig oder verletzt ist.

■ die emotionalen Verhaltensweisen eines Kindes beobachtet, darüber redet und ggf. andere Reaktionsmuster aufzeigt.

Beispiele
Lina fängt bei jeder Kleinigkeit an zu schluchzen. Nils macht vor Wut alles kaputt, wenn ihm etwas nicht gelingt.

Aufgaben

5. Wie können Sie Lina und Nils helfen, angemessen zu reagieren?
6. Ein Säugling lächelt Sie an. Welche Gefühle lesen Sie daraus und was könnten Sie zu ihm sagen?

Zusammenfassung

- Die Entwicklung ist ein lebenslanger Prozess der Veränderung, der mit der Zeugung beginnt und mit dem Tod endet.
- Die Entwicklung verläuft bei allen Menschen in einer bestimmten Reihenfolge, die sich nicht umkehren lässt.
- Die meisten Entwicklungsschritte finden in den ersten fünf Lebensjahren statt.
- Während der Entwicklung gibt es sensible oder kritische Phasen, die man auch als Entwicklungs- oder Zeitfenster bezeichnet. Das sind Zeiträume, in denen eine Entwicklung nachhaltig beeinflusst wird. Außerhalb dieser Zeiträume kann Versäumtes nur schwer und oft unvollständig nachgeholt werden.
- Die menschliche Entwicklung findet in den Bereichen
  - Motorik,
  - kognitive Fähigkeiten,
  - Sexualität,
  - Sozialverhalten,
  - Motivation und
  - Gefühl statt.
- Die Entwicklungsschritte in einem Bereich sind immer verknüpft mit Entwicklungen in anderen Bereichen oder Voraussetzung dafür.
- Zur Entwicklung der Sinne sind vielfältige Reize und Anregungen erforderlich.
- Das Kind muss lernen, seinen Körper zu beherrschen – Grobmotorik und Feinmotorik.
  Hierzu gehören Fähigkeiten wie z. B. Laufenlernen, feste Nahrung aufnehmen, die Körperausscheidungen kontrollieren.

- In der Kindheit entwickeln sich grundlegende kognitive Fähigkeiten – Wahrnehmung, Sprache und Denken.
  Hierzu gehören Fähigkeiten wie z. B. Lesen, Schreiben, Rechnen.
- Es erfolgt die Erkundung des eigenen Körpers und die Wahrnehmung des anderen Geschlechts.
  Hierzu gehören Fähigkeiten wie z. B. Geschlechtsunterschiede erkennen und Schamgefühle entwickeln.
- Die Entwicklung der Geschlechterrolle beginnt mit der Geburt.
  Für eine geschlechtergerechte Erziehung (Gender Mainstreaming) sind
  - das Vorbildverhalten,
  - die eigene Rolle,
  - das Raumkonzept,
  - die eingesetzten Materialien und
  - die gleichberechtigte Elternarbeit zu berücksichtigen.
- Im Kindesalter wird das Sozialverhalten angelegt.
  Hierzu gehören Fähigkeiten wie z. B. spielen lernen, gefühlsmäßige Bindungen aufbauen und eine gesunde Selbsteinschätzung entwickeln, sich mit Gleichaltrigen vertragen, eine Einstellung gegenüber Gruppen entwickeln, Absprachen einhalten, Moralvorstellungen entwickeln sowie Werte, Regeln und Normen anerkennen.
- Motivation und Gefühle entwickeln sich bereits im Kindesalter und sind bedeutsam in jedem Alter.
- Erziehende können den Entwicklungsverlauf auf vielfältige Weise beeinflussen und unterstützen.

Aufgaben

1. Wie können Sie die Entwicklung der Kinder am besten unterstützen?
   a) Nennen Sie mindestens fünf Punkte und bringen Sie diese in eine Rangfolge.
   b) Vergleichen und diskutieren Sie Ihre Überlegungen in einer Kleingruppe. Hat sich Ihre Rangfolge dabei verändert?

2. *Die Summe der Erinnerungen bestimmt unsere Wahrnehmungen, unser Sehen, unsere Auswahl.*
   Was bedeutet diese Aussage im Hinblick auf die kindliche Entwicklung und Ihre erzieherische Arbeit?

3. Der Pädagoge Friedrich Fröbel vertrat bereits vor 250 Jahren die Ansicht „Greifen kommt vor Begreifen". Was meinte er damit? Bewerten Sie die Aussage aus heutiger Sicht.

4. Im Gegensatz zu früher ist die Gegenwart des Vaters bei der Entbindung durchaus erwünscht. Wie ist dieser Sinneswandel zu erklären?

5. *Sie haben in Ihrer Kindergartengruppe drei Kinder (Gruppe 1), die motorisch sehr weit entwickelt sind und eine gute Körperbeherrschung haben, sowie fünf Kinder (Gruppe 2), die phlegmatisch sind, schnell „aus der Puste kommen" und sich gerne drücken. Gruppe 1 macht schnell Unsinn; Gruppe 2 zieht sich möglichst zurück.*
   Planen Sie eine Bewegungseinheit.
   a) Welche Ziele wären Ihnen für die jeweilige Gruppe wichtig?
   b) Wie können Sie dem Bewegungsbedürfnis einerseits und der Bewegungsnotwendigkeit andererseits Rechnung tragen?

6. *„Bewegungslernen ist verknüpft mit Gefühlen, Wahrnehmung, Motivation und Denken."*
   Was ist mit dieser Aussage gemeint? Verdeutlichen Sie Ihre Antwort an einem Beispiel.

7. Was versteht man unter Empathie? Informieren Sie sich in der Literatur und im Internet.

8. Woran können Sie Gefühle erkennen?

9. Viele junge Menschen verstecken heute ihre Gefühle hinter einem „Coolsein". Welche Probleme können sich daraus ergeben?

10. Beschreiben Sie erlebte heftige Gefühlsäußerungen bei 3-Jährigen bzw. Vorschulkindern und wie Sie damit als Erziehende umgegangen sind/umgehen würden.

11. Informieren Sie sich über die „Stufentheorie des moralischen Verhaltens" von Lawrence Kohlberg (zum Beispiel im Internet).

12. Schildern Sie eine Situation, in der Sie einen Gewissenskonflikt hatten.
    a) Wie haben Sie sich entschieden und warum?
    b) Würden Sie sich heute wieder so verhalten? Begründen Sie Ihre Antwort.

13. *In Ihrem Kindergarten arbeiten zwei Erzieher. Sie beobachten, dass beide gerne mit den Jungen Fußball spielen, toben und raufen. Ihnen missfällt das.*
    Welches Verhalten erwarten Sie von Ihren Kollegen?
    Was könnten Sie tun, um eine geschlechtergerechte Erziehung umzusetzen?

14. Wie kann man Kinder unterstützen, eine moralische Entscheidung zu treffen?

15. Erstellen Sie in Gruppenarbeit eine Gesamttabelle über die Entwicklung in allen Bereichen.

16. Informieren Sie sich über die Bundesinitiative „Lesestart" der Stiftung Lesen.

12 Abweichungen vom Normalverlauf der menschlichen Entwicklung

Aufgaben

1. Beschreiben Sie die beiden Bilder.
2. Was wird aus den Bildern und dem Bericht im Hinblick auf die Entwicklung deutlich?
3. Warum treffen Menschen Aussagen wie in den Bildern und welche Erwartungshaltungen werden deutlich?
4. Bilden Sie Kleingruppen und überlegen Sie, wie Sie sich als Erziehende verhalten würden oder was Sie bedenken müssten, wenn eins dieser Kinder in der Gruppe wäre.

12.1 Was versteht man unter Abweichungen vom Normalverlauf?

Erwachsene verbinden mit Kindern gerne Unbeschwertheit und Fröhlichkeit, weniger Probleme, Störungen oder Auffälligkeiten. Auch wenn davon auszugehen ist, dass jeder Mensch anders ist, individuelle Fähigkeiten besitzt und nicht alle Entwicklungsschritte zum gleichen Zeitpunkt und in derselben Geschwindigkeit zurücklegt, gibt es Auffälligkeiten, die von der normalen Entwicklung abweichen und in unterschiedlicher Ausprägung vorkommen.

Das können sein:

■ eine beschleunigte Entwicklung (Akzeleration)
■ Verzögerungen (Retardierung/Spätentwickler)
■ einseitige oder besondere Begabungen
■ besondere Verhaltensauffälligkeiten
■ angeborene Fehler/Behinderungen
■ später erworbene Beeinträchtigungen/Schädigungen

Beispiel

Mark Ehrenfried soll der „zweite Mozart" sein, jubelt die Presse. Am Klavier ist er ein Virtuose, er mag Bach und Beethoven. Im Alter von 4 Jahren gab er bereits Konzerte. Mit 9 Jahren nahm er seine erste CD auf. Inzwischen ist er 12, hat eine eigene Homepage, auf der man Tourdaten abrufen und Autogramme bestellen kann.

Mark gehört zu den Kindern, die einen Intelligenzquotienten von über 130 haben, zu den Hochbegabten. Zwar wird er für seine Leistungen oft bewundert, gleichaltrige Freunde hat er aber kaum. Der Berliner Junge [...] hat bereits einmal die Schule gewechselt, weil er von seinen Mitschülern gehänselt wurde. [1]

---

[1] www.spiegel.de/sptv/magazin: Spiegel online 2004

Abweichungen können positiv sein wie in Bild 1 – ein Kind ist seiner Entwicklung weit voraus (beschleunigte Entwicklung) – oder negativ wie in Bild 2 – es „hinkt" hinterher (verlangsamte Entwicklung). Von einer beschleunigten Entwicklung spricht man, wenn ein Kind eine bestimmte Fähigkeit besonders früh und/oder besonders schnell erworben hat, wie auch aus dem Bericht deutlich wird. Hierüber freut man sich als Erziehender. Eine verlangsamte Entwicklung sollte ein Erziehender aufmerksam beobachten.

Die normale Entwicklung eines Menschen kann in vielfacher Hinsicht Abweichungen aufweisen: in Bezug auf die Entwicklungsbereiche, den Schweregrad und die Dauer. Dabei kann es sich um

▣ eine leichte Abweichung, ein langsameres Durchlaufen eines Entwicklungsbereiches,

Beispiel
Ein Kind kann mit einem Jahr noch nicht stehen.

▣ eine schwerwiegende Beeinträchtigung (**Entwicklungsstörung**) oder

Beispiel
Ein 3-jähriges Kind hat Schwierigkeiten, beim Laufen das Gleichgewicht zu halten und den Löffel richtig zum Mund zu führen.

▣ eine bleibende Beeinträchtigung (**Behinderung**) handeln.

Beispiel
Ein Kind ist blind geboren worden oder hat bei einem Unfall einen Arm verloren.

Jedes Kind hat seine Stärken und Schwächen sowie ein eigenes Entwicklungstempo. Auch die Entwicklungsgeschwindigkeit in einzelnen Bereichen kann unterschiedlich sein, wie in der Entwicklung (vgl. Kap. 11) dargestellt. Abweichungen vom Normalverlauf geben erst dann ernsthaft Anlass zur Sorge, wenn sie in mehreren Bereichen auftreten und große Unterschiede zum Durchschnitt aufweisen.

Man spricht dann auch von einer **Entwicklungsverzögerung**. Um diese festzustellen, ist es hilfreich, sich an Entwicklungstabellen zu orientieren.

Die Entwicklungstabellen (s. auch Beispiel S. 186) geben Durchschnittswerte wieder, die sich an 90 – 95 % der Kinder orientieren. Wenn diese eine bestimmte Fähigkeit erworben oder erlernt haben (Entwicklungsziel erreicht oder Entwicklungsaufgabe gelöst), wird das als Beurteilungsmaßstab für alle genommen. Das äußerste Alter, in dem dies geschehen sollte, wird von den Medizinern auch als Grenzstein bezeichnet.

Beispiel
Yannick und Leon, beide 16 Monate alt, treffen sich regelmäßig mit ihren Müttern zum Spielen und zu gemeinsamen Unternehmungen. Bei einem dieser Treffen kommt es zu folgendem Gespräch. Yannicks Mutter: „Oh, ich bewundere Leon. Der spricht schon so gut. Yannick tut sich da ziemlich schwer, kaum dass er Mama und Papa herausbringt. Ich fange an, mir richtig Sorgen zu machen und überlege, ob ich ihn nicht in eine gezielte Therapie gebe." Leons Mutter: „Ich finde, du musst Dir nicht so große Sorgen machen. Das kommt schon. Yannick ist doch sonst gut entwickelt. Er hat eine tolle Körperbeherrschung und konnte schon vor seinem ersten Geburtstag die Treppe rauf- und runterklettern. Dafür hat Leon viel länger gebraucht."

Aufgaben

1. Bewerten Sie die Aussagen der Mütter.
2. Wie würden Sie sich als für Yannick verantwortlich Erziehende verhalten?
3. Informieren Sie sich im Internet, welche Fähigkeiten und welches Alter als Grenzsteine angesehen werden und tragen Sie diese in ihre selbsterstellte Entwicklungstabelle (s. S. 183 in Kap. 11) ein.
4. Was versteht man unter einem „Spätzünder"?

Auf der folgenden Seite sehen Sie die ersten 10 Phasen der Entwicklungstabelle „Umgebungsbewusstsein" von Prof. Dr. Kuno Beller.

Umgebungsbewusstsein

1.
- Reagiert auf Veränderungen und verschiedene Sinnesreize
- Zeigt großes Interesse an visuellen Reizen und sucht aktiv danach
- Zeigt Vorlieben für bestimmte Reize
- Verfolgt mit den Augen einen sich langsam bewegenden Gegenstand oder ein Gesicht

2.
- Reagiert auf sich ihm nähernde Personen, Tiere oder Objekte
- Greift nach Gegenständen, die in seiner Nähe liegen oder versucht, diese zu berühren
- Wendet sich der Quelle von Geräuschen zu
- Sieht regelmäßig wiederkehrende Ereignisse voraus
- Identifiziert bekannte Gegenstände, unabhängig von deren Lage im Raum
- Schätzt Entfernungen von Gegenständen ein

3.
- Zeigt Wissen über die Beziehung von Objekten im Raum
- Holt sich Gegenstände aus verschiedenen Behältnissen
- Reagiert überrascht oder erfreut auf Versteckspiele mit Personen oder Gegenständen
- Imitiert einfache Handlungen von Personen, direkt oder auch zeitlich verzögert
- Zeigt Wiedererkennen von Gegenständen und reproduziert einfache Handlungen damit

4.
- Erkundet intensiv die verschiedensten Dinge seiner Umgebung
- Versucht, Tiere oder bewegliche Gegenstände anzufassen
- Versucht, Objekte ihrer Funktion entsprechend zu nutzen
- Interessiert sich auch für weiter entfernte Objekte
- Zeigt Interesse an Bilderbüchern

5.
- Kundschaftet mit großem Interesse seine Umgebung aus
- Zeigt, dass es einige Regeln, Gefahren oder Verbote seiner Umgebung kennt
- Ordnet verschiedenen Gegenständen und Tieren Laute oder Geräusche zu
- Genießt es, in tägliche Aktivitäten eingebunden zu sein
- Ordnet Objekte anderen Gegenständen oder Personen passend zu
- Beschäftigt sich intensiv mit dem Füllen und Leeren von Behältern

6.
- Weiß, wo im Raum Dinge des täglichen Bedarfs aufbewahrt werden
- Zeigt großes Interesse an alltäglichen Verrichtungen Erwachsener
- Bei Spaziergängen interessiert es sich sehr für Dinge auf Augenhöhe oder darunter

6.
- Transportiert Spielzeug oder andere Gegenstände von einem Ort zum anderen
- Stapelt gerne verschiedene Gegenstände aufeinander
- Erkennt Personen, Dinge und Situationen auf (aktuellen) Fotos
- Hilft beim Saubermachen

7.
- Beschäftigt sich intensiv mit seiner erweiterten Umgebung
- Erweitert seinen Aktionsradius
- Interpretiert in Bilderbüchern dargestellte Situationen seines Erfahrungsbereiches
- Beobachtet und imitiert Spielhandlungen oder Tätigkeiten anderer Kinder
- Kategorisiert seine soziale Umwelt nach Alter und Geschlecht
- Entwickelt ein Konzept von „mein" und „dein"

8.
- Zeigt Wissen über verschiedene Berufe
- Verhält sich situationsentsprechend
- Beantwortet bereitwillig Fragen, die Informationen oder sein Umweltwissen erfragen
- Zeigt gewisse Zeitorientierung
- Unterstellt Lebewesen gewisse Ziele, Absichten oder Pläne
- Verfügt über erste Naturerfahrungen und Kenntnisse aus der Tier- und Pflanzenwelt

9.
- Kennt seine eigene Altersstufe und die anderer Personen
- Erkennt Gebiete, die es nicht täglich sieht
- Setzt Erfahrungen und Erlebnisse in Beziehung zueinander
- Berichtet Reihenfolge täglicher Abläufe oder häufig erlebter Situationen
- Kennt Bedürfnisse, Lebensweise und Besonderheiten verschiedener Tiere
- Baut mit Bausteinen nun in die Breite und in die Höhe

10.
- Verbindet Alter mit verschiedenen Tätigkeiten und Erfahrungen
- Erkennt Orte, Einrichtungen oder Geschäfte an Zeichen oder Symbolen
- Hat eine gute räumliche Orientierung in der nahen Umgebung
- Unterscheidet und benennt kurz und lang sowie dick und dünn
- Beschreibt die Beschaffenheit von Dingen und Materialien
- Zeichnet vertraute Dinge seiner Umgebung.

Quelle: Beller, S.: Kuno Bellers Entwicklungstabelle 0-9, 2016. Die vollständige Entwicklungstabelle umfasst weitere 7 Bereiche der Entwicklung: Körperbewusstsein & -pflege, sozial-emotionale Entwicklung, Spieltätigkeit, Sprache & Literacy, Kognition, Grobmotorik und Feinmotorik jeweils auf 10 Phasen vom 1. bis zum 4. Lebensjahr aufgeteilt. Siehe www.beller-kkp.de

Behinderungen unterscheiden sich von Entwicklungsverzögerungen dadurch, dass ein Mensch

- mehr als sechs Monate in seinen körperlichen Funktionen, seinen geistigen Fähigkeiten oder seiner seelischen Gesundheit von dem für das Lebensalter typischen Entwicklungsstand abweicht,
- eine Beeinträchtigung aufweist, die über einen längeren Zeitraum (mindestens zwei bis drei Jahre) besteht,
- seinen Lebensalltag nicht allein gestalten und nur mithilfe anderer Menschen bewältigen kann,
- am Leben in der Gemeinschaft nur bedingt teilnehmen kann.

Der Übergang von Störungen zu Behinderungen ist in einigen Bereichen fließend. Das wird besonders deutlich bei Lernstörung – Lernbehinderung oder Sprachstörung – Sprachbehinderung (vgl. Kap. 12.3 und 12.4).

Die Abweichungen, Störungen oder Behinderungen können sich auf unterschiedliche Bereiche erstrecken:

Bereich	Störung
motorisch	alle Bewegungsabläufe
kognitiv	Wahrnehmungsfähigkeit Einordnen der Wahrnehmungen Äußern von Wahrnehmungen Verstehen von Zusammenhängen Merkfähigkeit Denken
sprachlich	Verstehen Sprechen
emotional	Gefühle wahrnehmen Gefühle äußern
sozial	Umgang mit anderen Menschen

Tab. 12.1 Übersicht Störungen

Der veränderte Entwicklungsverlauf kann sich sowohl auf einen als auch auf mehrere Bereiche beziehen.

Abweichungen in einem Bereich haben häufig Auswirkungen auf andere Bereiche und können somit den Menschen in vielfältiger Weise beeinträchtigen.

Beispiel 1
Ein Kind, das in seiner Bewegung eingeschränkt ist, kann nicht oder nur begrenzt auf andere zugehen oder an Aktivitäten teilnehmen. Das kann zu Einschränkungen in der sozialen Entwicklung führen.

Beispiel 2
Ein Hochbegabter, der viele Aufgaben schneller erledigt als andere, gilt häufig als Streber, wird gemieden und kann somit weniger soziale Kontakte aufbauen.

Abhängig vom Zeitpunkt, vom Umfeld, von der Persönlichkeit des Kindes sowie den Unterstützungs- und Hilfsangeboten können die Auswirkungen auf das Kind und dessen weiteren Entwicklungsverlauf unterschiedlich intensiv und von unterschiedlicher Dauer sein.

Einen wichtigen Beitrag zur Minderung von Beeinträchtigungen und ihren Folgen leistet die Inklusion.

Definition

Inklusion bedeutet die Teilhabe (Partizipation), Selbstbestimmung und Bildung aller zu ermöglichen – unabhängig von ihren Begabungen, Fähigkeiten, Beeinträchtigungen, ihrem Geschlecht, ihrer Ethnie, Kultur und Religion sowie sozialem und ökonomischen Status.

Ebenso vielfältig wie die Verzögerungen, Störungen und Behinderungen sind auch deren Ursachen und die Zeitpunkte, zu denen sie erworben werden. Es lassen sich folgende **Ursachenbereiche** festmachen:

Vererbt und angeboren
Mit vererbt sind genetische Ursachen wie Erbgutdefekte und Stoffwechselstörungen gemeint.

Mit angeboren sind Schädigungen während der Schwangerschaft gemeint, z. B. durch Infektionen, Medikamente oder andere Schadstoffe.

Biologische Reifungsprozesse

Ganz deutlich werden Defizite im Reifungsprozess bei Frühgeburten.

Entwicklungsbereich	Störungsart	Symptome
Entwicklungsstörungen der motorischen Funktionen	• körperliche Ungeschicklichkeit (fein- und grobmotorisch) • fehlende Raumorientierung • Rechts-links-Problematik	Schwierigkeiten beim Laufen, Hüpfen, Gleichgewicht, Stifthalten, Ausschneiden etc. ungebremste, überschießende, ungeschickte Bewegungen
Entwicklungsstörungen der geistigen Entwicklung/ Intelligenzminderung	• Lernstörungen • Lernbehinderungen • geistige Behinderung	Schwierigkeiten beim Denken, Merken, Erfassen, Verstehen, Konzentrieren
Entwicklungsstörungen schulischer Fertigkeiten (bei gutem Intelligenzpotenzial)	• Lese-Rechtschreib-Schwäche (Legasthenie) • Rechenstörung (Dyskalkulie, Zahlen-Mischmasch) • fein- und/oder grobmotorische Koordinationsstörungen	Beeinträchtigung beim Erlernen des Lesens, Rechtschreibens, Rechnens Schwierigkeiten in der Informationsverarbeitung
Entwicklungsstörungen der Sinneswahrnehmung	• ungebremste Aufnahme von Sinnesreizen (Wahrnehmungsstörungen) • Sinnesstörungen	mit geschlossenen Augen Dinge nicht ertasten können; Töne nicht erkennen; oftmals zwischen verschiedenen Tätigkeiten wechseln; leichte Ablenkbarkeit über Sinne unzureichend/kaum wahrnehmen
Entwicklungsstörungen des Sprechens und der Sprache	• Sprechstörungen (Artikulationsstörungen, Störungen des Redeflusses) • Sprachstörungen (Störungen des sprachlichen Ausdrucks, des Wortschatzes, des Sprachaufbaus) • geringe Kurzzeitgedächtniskapazität • langsame Informationsverarbeitung • erworbene Aphasie (Sprachverlust infolge einer Erkrankung)	Schwierigkeiten im Sprachverständnis, in der Fähigkeit, sich verständlich zu machen; mit 2 Jahren keine ersten Worte; mit 3 Jahren keine 2-Wort-Sätze; geringer aktiver Wortschatz. Das Kind spricht z. B. unvollständige Sätze, kann Geschichten schlecht nacherzählen. Ein Kind mit zuvor normaler Sprachentwicklung verliert aktive und passive Sprachfertigkeiten.
Störungen der sozialen Entwicklung	• Normverletzungen • Mutismus (psychisch bedingtes Schweigen) • Bindungsstörung mit Enthemmung	Schwierigkeiten, sich in eine Gruppe zu integrieren, Regeln einzuhalten. Das Kind isoliert sich selbst, meidet den Umgang mit anderen Menschen oder zeigt Distanzlosigkeit. Distanzlosigkeit, Fremde wie Vertraute behandeln, sich an Fremde anklammern
Störungen der emotionalen Entwicklung	• Autoaggressionen (Selbstverletzung) • Angst • Überempfindlichkeit • hyperkinetische Störungen • Einnässen und Einkoten	Das Kind kann schlecht Gefühle ausdrücken und damit umgehen, reagiert schnell aggressiv oder übermäßig still und zurückgezogen.

Tab. 12.2 Übersicht über mögliche Abweichungen in den verschiedenen Entwicklungsbereichen (Auswahl)[1]

---

[1] Vgl. www.kinder-stadt.de

Fehlende Lernmöglichkeiten

Hiermit sind fehlende Umwelteinflüsse wie zu wenig Anregung, emotionale und soziale Zuwendung gemeint.

Krankheiten und Unfälle

Ebenso können schwerwiegende Krankheiten (z. B. Leukämie) und schwere Unfälle zu Beeinträchtigungen führen.

Beispiel

Als Isabella im Alter von 3 Jahren in einem unbeobachteten Moment am Gasherd in der Küche spielt, fängt ihre Kleidung Feuer. Sie zieht sich so schwere Verbrennungen zu, dass sie in eine Spezialklinik geflogen wird. In den folgenden zwei Jahren muss sie sich mehreren Hauttransplantationen unterziehen. Dadurch verzögert sich ihre Entwicklung erheblich. Die Hände sind auch nach einigen Jahren noch in ihrer Bewegungsfähigkeit stark eingeschränkt.

Aus den Ursachenbereichen wird deutlich, dass Beeinträchtigungen zu jedem Zeitpunkt des Lebens (vor, während oder nach der Geburt) erworben werden können.

Die Tabelle auf Seite 188 gibt einen Überblick über Entwicklungsstörungen. Sie orientiert sich an den Leitlinien der Weltgesundheitsorganisation (WHO). Es werden Entwicklungsbereiche, Störungsarten und jeweilige Symptome dargestellt. Die Übersicht erhebt keinen Anspruch auf Vollständigkeit, sondern soll Erziehenden einen kleinen Einblick gewähren und sie sensibilisieren, bei Abweichungen aufmerksam zu sein.

Auf die Abweichungen in den Bereichen Motorik, kognitive Fähigkeiten und Sprache wird in den nächsten Abschnitten dieses Kapitels näher eingegangen. Die Abweichungen im Bereich der emotionalen und sozialen Entwicklung, die sich als Verhaltensauffälligkeiten äußern, treten heute zunehmend mehr und in unterschiedlichen Erscheinungsformen auch im Berufsalltag sozialpädagogischer Fachkräfte auf. Sie werden daher in einem eigenständigen Kapitel behandelt (vgl. Kap. 13).

12.2 Abweichungen im Bereich der Motorik

12.2.1 Kinder mit motorischen Störungen

„Meine Beine tun sooo weh und außerdem habe ich keine Lust mehr.“

Aufgaben

1. Beurteilen Sie den Spielplatz.
2. Planen Sie in einer Kleingruppe einen Spielplatz, der Kinder begeistern könnte und zu vielen unterschiedlichen Bewegungsformen und -abläufen herausfordert.
3. Beobachten Sie Kinder in ihren Bewegungsabläufen. Welche Unterschiede fallen Ihnen auf?

Zu den motorischen Störungen zählen beispielsweise Haltungsschäden, Störungen im Bewegungsverhalten und Hyperaktivität.

> *„...Kinder und Jugendliche [verbringen] den Großteil des Tages mit sitzenden Tätigkeiten [...] Sitzendes Verhalten hat sich in den letzten Jahren [...] als eigenständiger Risikofaktor für Übergewicht etabliert. Die Weltgesundheitsorganisation (WHO) hat 2010 Mindestempfehlungen für körperlich-sportliche Aktivität im Kinder- und Jugendalter definiert. Demnach sollten [diese] täglich mindestens 60 Minuten mäßig bis sehr anstrengende körperlich-sportliche Aktivität ausüben. Aktuell erreichen lediglich 25,9 % [...] diese Empfehlung [...].“*[1]

Haltungsschäden und Störungen im Bewegungsverhalten beruhen vor allem auf den heute vorherrschenden Lebensgewohnheiten wie **Bewegungsmangel** und **falsche Ernährung**. Motorische Fertigkeiten erwerben Kinder durch Eigenaktivität und Ausprobieren. Langes Sitzen vor Fernseher und Computer verhindert differenzierte Bewegungserfahrungen. Kleine Kinderzimmer, hellhörige Wohnungen sowie fehlende Spiel- und Tobemöglichkeiten verstärken die Defizite.

Eine ungesunde Ernährung, beispielsweise viele Fertigprodukte, Fastfood, zu fette und zu süße Speisen, begünstigt die Entstehung von körperlichen Störungen. Im Extremfall kommt es zu Fett- oder Magersucht. Eine wesentliche Rolle spielen dabei die Essgewohnheiten: regelmäßige und gemeinsam mit der Familie eingenommene Mahlzeiten oder alleine essen, unkontrolliert zu jeder beliebigen Zeit.

Aufgaben

1. Informieren Sie sich über die WHO- und die nationalen Empfehlungen zum Bewegungsverhalten von Kindern und Jugendlichen.
2. Wer gilt im Kindes- und Jugendalter als mager- oder fettsüchtig?
3. Diskutieren Sie Vor- und Nachteile eines gemeinsamen oder selbstbestimmten Frühstücks in einer Einrichtung.
4. Was wird unter „Seelentröster" verstanden?
5. Wie würden Sie mit einem übergewichtigen Kind umgehen? Begründen Sie Ihre Vorschläge.

Eine weitere motorische Entwicklungsstörung ist die **Hyperaktivität/ADHS**. Sie wird durch neurobiologische Funktionsstörungen im Gehirn ausgelöst. Kennzeichen dieser Störung, die in den ersten fünf Lebensjahren beginnt, sind

- motorische Unruhe (*kann nicht still sitzen*),
- Unkonzentriertheit (*lässt sich leicht ablenken*) und
- ein Mangel an Ausdauer (*gibt schnell auf*).

Bei hyperaktiven Kindern ist es besonders schwierig, die Grenze zwischen „normalem" und „auffälligem" Verhalten zu ziehen, weil es Kinder gibt, die in ihrem Wesen temperamentvoll und unruhig, aber nicht als hyperaktiv einzustufen sind.

Beispiel
Leonhard ist 5 Jahre alt und besucht seit zwei Jahren den Kindergarten.
Kaum hat er seine Jacke ausgezogen, kommt er mit den Hausschuhen in der Hand in die Gruppe geflitzt. Er läuft zuerst durch alle Gruppenräume, bis er sich an den Frühstückstisch setzt. Sein Stuhl wird hin und her gerückt. Er beugt sich über den Tisch, zieht alles, was er braucht, zu sich heran. Sein ganzer Körper ist dabei in Bewegung. Gleichzeitig ruft er den anderen Kindern etwas zu und beobachtet, was um ihn herum geschieht. Gelingt es ihm nicht, das Brot zu streichen, schreit er gleich los, wirft das Messer auf den Tisch und läuft in die Garderobe, wo er sich hinter den Jacken versteckt. Manchmal mimt er den Gruppenclown. Dann lachen alle Kinder über seine Grimassen und körperlichen Verrenkungen.

Aufgaben

6. Informieren Sie sich im Internet über Hyperaktivität.
7. Welche Hilfen brauchen diese Kinder, um in einer Kindergruppe leben zu können?
8. Was könnten Sie in einem Kindergarten tun, um Kinder in ihrer Bewegungsaktivität zu fördern?
9. Entwickeln Sie Ideen, wie ein bewegungsanregender Innenraum aussehen könnte.
10. Für ein gesundes Körperbewusstsein ist ein positives Selbstbild notwendig. Wie beurteilen Sie sich selbst und Ihre Nachbarin (Körper und Aussehen)?

---

[1] RKI, Journal of Health Monitoring, 2018 3(2), S. 4

12.2.2 Kinder mit körperlichen Beeinträchtigungen

Das kostet uns ja wieder unsere Steuergelder. Was der alles so braucht. Jetzt werden auch überall Rampen gebaut, damit Rollstuhlfahrer in die Restaurants fahren können.

Ich finde es gut, dass Menschen mit Behinderungen heute an vielen Aktivitäten teilnehmen können.

„Durch den Ontario-See ohne Hilfe der Beine – Körperbehinderter 15-Jähriger schwimmt über 32 Kilometer in 32 Stunden."[1]

Die Ursachen körperlicher Beeinträchtigungen sind vielfältig, ebenso wie deren Erscheinungsformen. Eins haben Menschen mit einer körperlichen Beeinträchtigung aber gemeinsam: Alle sind in ihren Bewegungsmöglichkeiten eingeschränkt – von einer leichten Beeinträchtigung bis zur völligen Lähmung.

Angeborene körperliche Beeinträchtigungen wirken sich bereits im Säuglingsalter aus. Durch eine eingeschränkte Bewegungsfähigkeit sind die Möglichkeiten, Erfahrungen zu sammeln und die Umwelt zu entdecken, begrenzt. Die angeborene Neugier und Experimentierfreude können meist nicht ausgelebt werden und

erschweren das Lernen. Je nach Schweregrad der Beeinträchtigung ist das Kind auf Unterstützung angewiesen und von anderen abhängig. Kommen Isolation, Ablehnung und Mitleid als ständige Erfahrung dazu, sind die Persönlichkeits- und die emotional-soziale Entwicklung zusätzlich gefährdet.

Doch auch Menschen mit einer körperlichen Beeinträchtigung können ihre Einschränkungen teilweise ausgleichen und viele Aktivitäten eigenständig ausüben, wie aus den Bildern deutlich wird.

Aufgaben

1. Wie mag sich das Kind auf dem Bild fühlen, nachdem es die Kommentare gehört hat?
2. Was wird aus der Zeitungsüberschrift deutlich und wie bewerten Sie die Aussage im Hinblick auf Ihre Arbeit?
3. Leihen Sie sich einen Rollstuhl und fahren Sie Ihre Mitschülerin damit zum Einkaufen. Beobachten Sie, wie die Mitmenschen reagieren. Wie fühlen Sie sich als Rollstuhlfahrerin oder als Begleiterin?
4. Die Verbände für Körperbehinderte fordern, dass eine Infrastruktur geschaffen wird, in der die Menschen mit Körperbehinderung sich „barrierefrei" bewegen können. Was ist darunter zu verstehen? Welche „Barrieren" haben Sie auf Ihrer Fahrt zum Einkaufen erlebt?
5. Informieren Sie sich im Internet über körperliche Beeinträchtigungen und ihre Ursachen. Wählen Sie eine Körperbehinderung aus und stellen Sie diese der Klasse in einem Kurzreferat vor.

---

[1] Artikelüberschrift, Weser Kurier 21.7.2006, S.7

Aufgaben

1. Welche Tätigkeiten kann ein Kind im Rollstuhl nicht alleine erledigen, sondern nur mit Unterstützung durch andere, und welche Gefühle können sich dabei entwickeln?
2. Wie könnten Sie möglichen negativen Auswirkungen entgegenwirken?
3. Wie können Sie ein Kind im Rollstuhl in Bewegungsspiele einbeziehen?
4. Informieren Sie sich über Hilfsmittel für Kinder mit körperlichen Beeinträchtigungen und deren möglichen Einsatz.
5. Binden Sie Ihren Schreibarm an den Körper und versuchen, mit der anderen Hand Schuhe und Mantel anzuziehen, sich zu schminken, zu schreiben u. a. m. Welche Erfahrungen machen Sie dabei und was lernen Sie daraus für Ihre berufliche Tätigkeit?

12.3 Abweichungen im kognitiven Bereich

Beispiel 1

Bettina berichtet aus ihrem Praktikum über ein Kind mit Trisomie 21: „Am ersten Tag meines Praktikums kam die 9-jährige Betty sofort auf mich zu und fragte: „Wer bist du? Wie heißt du? Wen besuchst du hier?" Im Morgenkreis setzte sie sich gleich neben mich, nahm meine Hand, schaute mir direkt ins Gesicht und lehnte dann ihren Kopf an meine Schulter. Ich fühlte mich etwas überrumpelt und wusste nicht, wie ich mich verhalten sollte."

Beispiel 2

Die Mutter von Mona (14 Jahre) berichtet:
„Schon früh habe ich gesehen, dass mit Mona etwas nicht in Ordnung war. Mona griff nicht richtig nach dem Spielzeug, weinte viel, Bilder interessierten sie auch nicht. Sie lernte vieles viel später als ihr Bruder. Aber mein Mann meinte: ‚Das wird schon noch kommen'.
Als sie 5 Jahre alt war, spielte sie immer mit den gleichen Puppen und immer dasselbe. Sprechen konnte sie ganz gut, aber da sie schwer hörte, sprach sie sehr laut.
Ihre Stimme war dabei eher monoton. Mit 10 Jahren hörte sie gern Benjamin Blümchen Kassetten und fing an, kleine Geschichten zu lesen. Ihr wöchentliches Taschengeld hortete sie in einem Sparschwein und zählte es fast täglich.
In der Förderschule kam sie ganz gut zurecht, da sie Lesen, Schreiben und Rechnen konnte. Zwei Freundinnen hat sie auch, aber die laden sich immer nur einmal im Jahr gegenseitig zum Geburtstag ein.
Schwierig ist es mit ihr, wenn der Tag anders verläuft, als sie es gewohnt ist. Dann läuft sie schimpfend durchs Haus, weint und redet immer davon, dass sie doch um 8 Uhr frühstücken muss und nicht erst um 9 Uhr. Sie braucht einen regelmäßigen Tagesrhythmus, um zurechtzukommen. Wollen wir z. B. verreisen, so muss ich es ihr zigmal immer wieder Tage vorher sagen."

Aufgaben

6. Welche Verhaltensweisen von Mona und Betty sind nicht altersentsprechend? Begründen Sie Ihre Aussagen. Vergleichen Sie die Verhaltensweisen mit denen anderer Kinder.
7. Wie erklären Sie sich den Wunsch von Mona nach einem regelmäßigen Tagesablauf?

Aus den Beispielen wird deutlich, dass die geistigen Fähigkeiten von Mona und Betty von denen anderer Kinder abweichen. Zu Beeinträchtigungen im kognitiven Bereich zählen u. a. Lernstörungen, Lernbehinderungen und geistige Behinderungen, die mit einer Intelligenzminderung verknüpft sind, sowie Wahrnehmungsstörungen und Sinnesbehinderungen.

12.3.1 Kinder mit Lernstörungen

Schreibtext eines Legasthenikers:

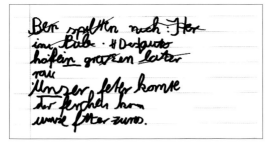

Geschrieben von einem Jungen im 3. Schuljahr. [1]

Beispiel

Laura, 9 Jahre, 3. Klasse, hat es geschafft. Der Wunschzettel ist fertig. Sie wünscht sich einen „Ferdeanhenga", ein „schpanends Schpil", einen „Polowa" für ihre Puppe und eine „Übaraschun". Sie hat alles ganz sauber geschrieben und den Wunschzettel mit Weihnachtsbildern hübsch gestaltet. Voller Stolz übergibt sie ihn ihren Eltern. Die Eltern sind enttäuscht, weil sie so viele Rechtschreibfehler gemacht hat. „Wenn du weiterhin so schlecht schreibst, dann musst du dich nicht wundern, wenn der Weihnachtsmann dir gar nichts bringt, das kann doch keiner lesen!", so Lauras Mutter. Laura läuft weinend aus dem Zimmer, denn sie hat sich ganz viel Mühe gegeben und keiner erkennt das an. [2]

Aufgaben

1. Entziffern Sie den Text des Legasthenikers.
2. Welche Wünsche hat Laura auf ihren Wunschzettel geschrieben?
3. Bewerten Sie das Verhalten von Lauras Eltern. Wie hätten Sie reagiert und warum?

Der Begriff Lernstörung wird in der Fachliteratur für Entwicklungsstörungen schulischer Fertigkeiten verwendet. Hierbei handelt es sich um deutliche Beeinträchtigungen beim Erlernen des Lesens, Rechtschreibens (Legasthenie) und Rechnens (Dyskalkulie).

[1] Nach Firnhaber, M.: Legasthenie und andere Wahrnehmungsstörungen, S. 70
[2] www.bildungsklick.de, Pressemeldung des Bundesverband Legasthenie und Dyskalkulie e.V. vom 4.12. 2006

Die Ursachen dieser Störungen liegen nach heutigem Wissenstand im Wesentlichen in einer Störung der Informationsverarbeitung. Diese Lernstörungen werden auch „**Teilleistungsstörungen**" genannt, da die Kinder in anderen Bereichen des kognitiven Lernens oft sogar besonders gute Begabungen aufweisen. Sie leiden trotzdem unter den Misserfolgen, die zu Folgeerscheinungen wie Schulverweigerung, Kontaktschwierigkeiten, psychosomatischen Beschwerden oder Hausaufgabenverweigerung führen können.

Aufgaben

4. Informieren Sie sich über Legasthenie und Dyskalkulie sowie deren Ursachen.
5. Auch in Ihrer schulischen Laufbahn gab es sicher Mitschüler, die Schwierigkeiten beim Lernen hatten. Wie reagierten Lehrer und Klassenkameraden darauf? Tauschen Sie Ihre Erfahrungen in Kleingruppen aus.

12.3.2 Kinder mit Lernbeeinträchtigungen

Beispiel

Finn ist heute 12 Jahre alt und besucht eine Förderschule. In einem Elterngespräch berichten die Eltern, dass Finn schon mit einem Jahr viel weinte, nie schlafen wollte und oft nachts wach war, um zu spielen. Sie hätten ihn dann im Kinderzimmer eingesperrt. Die Mutter berichtet weiter: „Wir mussten Schichtdienst machen und brauchten unseren Schlaf. Wenn es zu viel wurde, hat mein Mann ihm auch schon mal eine runtergehauen. Er hat viel still vor sich hin gespielt. Später in der Schule war er ruhig und arbeitete sehr langsam. Er behauptete bei allen Aufgaben, dass er sie nicht verstehe. Er musste eine Klasse wiederholen. Aber da wurde es auch nicht besser."

Aufgaben

6. Durch welche Belastungen ist die Familiensituation gekennzeichnet?
7. Was fällt Ihnen an dem von den Eltern beschriebenen Verhalten von Finn auf?
8. Wie hätten Sie sich gegenüber Finn verhalten? Begründen Sie Ihre Antwort.

Unter Lernbehinderung versteht man die einge-schränkte Fähigkeit, neue Informationen aufzu-nehmen, zu deuten und im Gedächtnis zu spei-chern. Menschen mit einer Lernbeeinträchtigung benötigen mehr Zeit und viele Wiederholungen, um Neues zu begreifen und zu behalten, denn ihre Wahrnehmungs-, Konzentrations- und Reak-tionsfähigkeit sind eingeschränkt.

Auch Kinder mit einer leichteren geistigen Beeinträchtigung (Intelligenzquotient 50 – 70) weisen so gut wie immer eine verzögerte bzw. beeinträchtigte motorische, sprachliche und soziale Entwicklung auf. Es ist heute unumstrit-ten, dass Lernbeeinträchtigungen durch vieler-lei Einflüsse zustande kommen und im Laufe der individuellen Entwicklung verstärkt oder vermindert werden können.

Menschen mit einer Lernbehinderung haben es schwer, am Leben der Gesellschaft uneinge-schränkt teilzunehmen, denn: Ein Mensch, der nicht richtig lesen, schreiben oder rechnen kann, wird häufig von anderen verspottet, gehänselt und von vielen Misserfolgserlebnis-sen geprägt.

Kinder mit einer Lernbeeinträchtigung erbrin-gen keine altersentsprechenden Leistungen und unterliegen immer im Vergleich mit anderen Kindern, wie auch aus Majas Aussage (s. Auf-gabe 3) deutlich wird. Hierdurch wird die Moti-vation, sich anzustrengen und zu lernen, erheb-lich verringert. Das Vertrauen in die eigene Leistungsfähigkeit geht verloren. Viele Erfah-rungen dieser Art führen dazu, dass ein gerin-geres Selbstwertgefühl entwickelt wird. Ängs-te, Neues auszuprobieren oder zu lernen, und Mutlosigkeit sind häufig Folgeerscheinungen.

Aufgabe

1. Bewerten Sie die Aussage von Monas Vater (Beispiel 2, S. 192): „Das wird schon kom-men". Welche Folgen kann diese Haltung für ein lernbehindertes Kind haben?

Aufgaben

2. Überlegen Sie in Kleingruppen, was für lern-beeinträchtigte Menschen „Teilhaben am gesellschaftlichen Leben" bedeutet.
3. *Die 6-jährige lernbeeinträchtigte Maja äußert sich nach einem Tag im Kindergarten so: „Immer streng ich mich an und dann waren die anderen schon wieder schneller und bes-ser als ich." Welche Gefühle und Wünsche drücken sich darin aus?*
4. Viele Eltern möchten, dass ihr lernbeeinträch-tigtes Kind in einer Inklusionseinrichtung betreut wird. Diskutieren Sie das Für und Wider und treffen Sie eine Entscheidung.
5. Informieren Sie sich über den Intelligenzquo-tienten (IQ): Was versteht man darunter und welche Fähigkeiten sind mit der jeweiligen Ein-gruppierung verbunden?
6. Was würden Sie Bettina für den Umgang mit Betty (Beispiel 1, S. 192) raten?

12.3.3 Kinder mit geistigen Beeinträchtigungen

Beispiel
Helena ist heute 14 Jahre alt und schwerbehindert. Die ersten 6 Jahre waren sehr schwer. Sie war an ein Beatmungsgerät angeschlossen und musste immer wieder mit Blaulicht ins Krankenhaus. Sie wird nie-mals schreiben, lesen und rechnen können. Zurzeit geht sie in eine Förderschule und die Mutter glaubt, dass jeder rasch einen individuellen, ganz außerge-wöhnlichen Menschen in ihr erkennt. [1]

---

[1] Sinngemäß aus: Der Spiegel, 16/2007, S. 54

Aufgaben

1. Welche Haltung der Mutter wird in dem Bericht deutlich?
2. Wie mag diese Haltung auf Helena wirken?

Die geistige Beeinträchtigung ist kein einzelnes Krankheitssymptom, sondern eher ein Zustand, der im Gesamtverhalten des Menschen erkennbar wird. Die Schädigung der geistigen Funktionen hat Auswirkungen auf die Sprachentwicklung, die Koordination der Bewegungen, die emotionale und soziale Entwicklung wie bei Betty (S. 192). Die Fähigkeiten sind häufig eingeschränkt. Ein schwer geistig behinderter Mensch kann sich sprachlich kaum mitteilen, selbst wenn er gesprochene Worte und Sätze versteht.

Geistig beeinträchtigte Menschen sind ihr Leben lang auf die Hilfe anderer angewiesen. Der Umfang der Hilfe richtet sich nach dem Grad der Beeinträchtigung: Schwer geschädigte Menschen können ihre Bedürfnisse und Empfindungen nicht in Worten ausdrücken. Andere sind durchaus fähig, alltägliche Angelegenheiten, wie z. B. Körperpflege, Telefonieren, Aufstehen, Anziehen, zu bewältigen und in Werkstätten für geistig behinderte Menschen zu arbeiten.

Am auffälligsten sind Lernschwierigkeiten. Ein geistig beeinträchtigte Mensch (IQ unter 55) kann sich nicht über einen längeren Zeitraum konzentrieren und etwas merken oder beurteilen. Gedächtnis und Konzentrationsfähigkeit sind erheblich gestört. Daher benötigt er immer gleiche Tages- und Arbeitsabläufe.

Viele geistig beeinträchtigte Menschen sind mehrfach behindert: Sinnesbehinderungen (vgl. Kap. 12.5.3), Körperbehinderungen oder auch organische Erkrankungen treten zusätzlich auf.

Geistig beeinträchtigte Kinder sind von Anfang an bindungs- und bildungsfähig und dürfen deshalb nicht vernachlässigt werden. Zuwendung, Körperkontakt, Spielen, Sprechen heißt auch hier Neugier wecken, heißt begreifen und lernen. Für das Selbstwertgefühl und die Selbstständigkeit eines Kindes mit geistiger Beeinträchtigung ist es erforderlich, so früh wie möglich gezielte Hilfen zur Lebensbewältigung zu geben.

Plastilin kannst du nicht essen.

Aufgaben

3. Beschreiben Sie das dargestellte Verhalten der Kinder. Was fällt Ihnen daran auf?
4. Wie würden Sie als Erziehende gegenüber dem jeweiligen Kind handeln? Begründen Sie Ihre Überlegungen.
5. Welche Ursachen können zu einer geistigen Beeinträchtigung führen? Stellen Sie die Ergebnisse Ihrer Recherche in einer Mindmap dar.

12.3.4 Kinder mit Wahrnehmungs- störungen / sensorischen Integrationsstörungen

Beispiel 1
Lotta (3 Jahre) kommt seit kurzer Zeit in den Kindergarten. Der Erzieherin fällt auf, dass sie beim Ankommen sofort alle Kleidungsstücke ablegt und nur ein T-Shirt anhaben möchte. Auffallend ist auch, das Lotta, wenn sie sich stößt, bitterlich weint. Sie möchte aber nicht in den Arm genommen werden. Trost nimmt sie nur über Worte an.

Beispiel 2
Lucas (5 Jahre) sitzt am Frühstückstisch und wartet auf den Tee. Er schiebt seinen Becher ständig hin und her, stößt dabei den Teller seiner Nachbarin beiseite. Immer mehr bewegt er den Becher in einem großen Kreis vor sich her und schiebt damit alles beiseite, was ihm im Weg steht.

Aufgabe

Welche Verhaltensweisen und fehlenden Fähigkeiten fallen Ihnen bei Lotta und Lucas auf?

Bei einer Wahrnehmungsstörung ist i. d. R. die Reizverarbeitung im Gehirn beeinträchtigt. Der Mensch ist nicht fähig, alle Reize aufzunehmen, wichtige von unwichtigen Sinneseindrücken zu unterscheiden und die Reize im Gehirn mit vorhandenen Erfahrungen zu verknüpfen (vgl. Kap. 3). Dadurch können

Orientierungsschwierigkeiten,

Beispiel
Ein 6-jähriges Kind, das malen will, sucht Papier. Es fragt die Erziehende das dritte Mal, wo das Papier ist.

Koordinationsschwierigkeiten,

Beispiel
Ein 5-Jähriger malt mit der Schreibhand ein Bild aus, hält aber das Blatt mit der anderen Hand nicht fest. Es verrutscht immer wieder.

aber auch
geistige und sprachliche Probleme auftreten.

Beispiel
Ein 6-jähriges Mädchen, das mit seiner Hand einen Gegenstand umschlossen hält, kann nicht beschreiben, wie er sich anfühlt.

Wahrnehmungsstörungen können kurzzeitig auftreten (z. B. durch Medikamenteneinfluss) oder auch ein Leben lang vorhanden sein. Die Ursache dafür kann nicht immer eindeutig ermittelt werden. Oftmals ist es eine Kette von Einflüssen und Ereignissen, welche die Wahrnehmungsfähigkeit beeinträchtigen. Bei jedem Kind stellt sich die Wahrnehmungsstörung anders dar. Renate Zimmer[1] benennt als typische Wahrnehmungsstörungen:

■ **Störungen der taktilen Wahrnehmung** (Über-/Unterfunktion des Tastsinns)

Beispiele
Ein Kind weigert sich, einen weichen Wollpullover anzuziehen, weil er kratzt. Es mag nur sehr ungern mit Kleister, Matsch und Fingerfarbe arbeiten.

Ein Kind fällt oft hin und reagiert kaum. Ein leichtes Streicheln nimmt es nicht wahr, sondern nur einen festen Druck.

■ **Störungen der kinästhetischen Wahrnehmung** (mangelnde Kraftdosierung und Steuerung der Bewegung)

Beispiele
Ein Kind hält den Stift sehr verkrampft in der Hand. Beim Malen bricht die Spitze ständig ab.

Ein Kind läuft und stoppt nicht vor einem plötzlichen Hindernis.

■ **Störungen der vestibulären Wahrnehmung** (Über-/Unterempfindlichkeit des Gleichgewichtssinns)

Beispiele
Ein Kind weint beim oft beliebten „In-die-Luft-Werfen". Es vermeidet Balancieren, Klettern, Schaukeln.

Ein Kind kann nicht genug haben vom Karussellfahren, schnellen Drehbewegungen, Wippen.

---

[1] Zimmer, R.: Handbuch der Sinneswahrnehmung, S. 160 ff.

Wahrnehmungsstörungen können heute schon im Säuglingsalter bei den Vorsorgeuntersuchungen (U 3-6) erkannt werden. Erfüllen Kinder nicht die altersgerechten Anforderungen, ist es wichtig, dass rechtzeitig behandelt wird. Jede Förderung, die frühzeitig beginnt, ist entscheidend für die weitere Entwicklung. Dies erfolgt z. B. in sozialpädiatrischen Zentren.

Kinder mit sensorischen Integrationsstörungen lassen sich leicht ablenken, reagieren schnell auf Reize aus der unmittelbaren Umgebung, wirken ungeduldig und ungeschickt. Sie lassen Gegenstände fallen, sitzen nicht still, nehmen, was sie gerade brauchen.

Kinder mit Wahrnehmungsstörungen werden leicht ängstlich, aggressiv oder unsicher. Sie ziehen sich zurück und meiden Kontakte zu Gleichaltrigen. Um Misserfolgserlebnisse zu vermeiden, verweigern sie sich gestellten Aufgaben oder täuschen Überlegenheit vor. Auch wenn viele Schwierigkeiten auftreten können, gibt es Bereiche, die diese Kinder beherrschen und in denen sie Stärken haben. Hierin müssen die Erziehenden sie unbedingt unterstützen und fördern, um das Selbstwertgefühl zu stärken.

Aufgaben

1. Um welche Wahrnehmungsstörung handelt es sich bei Lucas und Lotta (S.196)? Begründen Sie Ihre Annahme.
2. Überlegen Sie Hilfen, die Sie als Erziehende den beiden geben könnten.
3. Welche Fähigkeiten können Kinder mit sensorischen Integrationsstörungen besitzen?
4. Wählen Sie eine Wahrnehmungsstörung aus und recherchieren Sie, welche Fördermöglichkeiten es gibt. Stellen Sie Ihre Ergebnisse der Klasse vor.
5. Nennen Sie Gründe, warum soziale Einflüsse und psychische Belastungen die Wahrnehmung beeinträchtigen und zu Wahrnehmungsstörungen führen können.

12.3.5 Kinder mit Sinnesbeeinträchtigungen

Sehbehinderte und blinde Kinder

„Auf das Sehen kann Mike May gut verzichten. Zeit seines Lebens ist der Kalifornier blind über Skihänge gefegt, immer seinem jeweiligen Führer hinterher. Er fuhr nach Gehör, er spürte den Wind und den Schnee, das genügte. Ungezählte Rennen hat May mit geschlossenen Augen bestritten, und nicht selten ging er als Sieger durchs Ziel. Höchste gemessene Geschwindigkeit: 105 Stundenkilometer. Das ist Weltrekord für Blinde."[1]

Aufgaben

6. Diskutieren Sie in Kleingruppen den Zeitungsartikel. Welche Bedeutung haben die Aussagen für Ihre Arbeit mit sehbeeinträchtigten Kindern?
Stellen Sie eine Verbindung zum Grundgesetz Artikel 3 Absatz 3 „Niemand darf wegen seiner Behinderung benachteiligt werden" her.
7. Verbinden Sie einer Mitschülerin die Augen und führen Sie sie durch die Schule. Wechseln Sie die Rollen und tauschen Sie Ihre Erfahrungen aus.
8. Überlegen Sie in Kleingruppen, welche Bedeutung das fehlende Sehen für die Entwicklung eines Kindes in den ersten Lebensjahren hat.

Sehbehinderte Menschen sind Menschen mit einem Sehvermögen von 5 – 30 %. Sie sind in der Regel stark kurzsichtig, stark weitsichtig oder haben ein eingeschränktes Gesichtsfeld. Seltene, aber schwerwiegende Behinderungen sind die angeborene **Blindheit** (weniger als 2 % Sehvermögen) oder hochgradige Sehbehinderung (zwischen 2 und 5 % Sehvermögen).
Stark sehbehinderte oder blinde Kinder sind besonders in den ersten Lebensjahren in ihrer Entwicklung beeinträchtigt, denn 70 % der Wahrnehmungen erfolgen über das Auge. Sie können deshalb in der Regel keine Vorstellung von ihrer Umwelt (Aussehen von Personen, Gegenständen, Räumen) entwickeln.

[1] Spiegel Special, 47/2002, S. 190

Es ist für die Kinder deshalb schwer
- sich in Räumen zu orientieren
- sich Vorstellungen von Personen und Gegenständen zu machen und
- durch das Nachahmen anderer Menschen zu lernen.

Die fehlende Raumorientierung kann zu unsicheren Bewegungen führen und Angst erzeugen, irgendwo anzustoßen. Mit dem fortschreitenden Spracherwerb kann man dem Kind Sachverhalte erklären und dadurch Unsicherheiten abbauen.

Außerdem entwickeln sehbeeinträchtigte Menschen einen ausgeprägten Gehör-, Tast- und Geruchssinn. Diese Sinne übernehmen für die Alltagsorientierung wesentliche Funktionen:

Der **Hörsinn** gibt wichtige Informationen zur Raumwahrnehmung und Orientierung.

Bei der Aufnahme der vielfältigen Alltagsgeräusche, wie Musik, Straßenlärm, Stimmen, schult sich das Gehör und kann die Quellen unterscheiden sowie deren Entfernung einschätzen. Einige Menschen setzen auch ihren **Geruchssinn** ein, um z. B. Personen oder Räume zu erkennen.

Der **Tastsinn** wird schon früh beim Erfühlen von Gegenständen eingesetzt und später beim Erlernen der Blinden-Punktschrift (Braille-Schrift) besonders trainiert. Blinden ist es so möglich, zu lesen und zu schreiben und sich den „Sehenden" schriftlich mitzuteilen. In Schule und Beruf werden heute Computer mit Sprach- und Punktschriftausgaben eingesetzt,

um hochgradig sehbehinderten Kindern bessere schulische und berufliche Möglichkeiten zu eröffnen.

Aufgaben

1. Wie können bei einem 2-jährigen sehbeeinträchtigten Kind im Alltag und im Spiel die nicht geschädigten Sinne gefördert werden?
2. Wie könnten Sie dem Kind helfen, seinen natürlichen Bewegungsdrang auszuleben und ihm dabei Sicherheit vermitteln?
3. Besorgen Sie sich das Blindenalphabet. Versuchen Sie, mit Ihren Fingerkuppen einzelne Buchstaben zu ertasten. Wie ergeht es Ihnen dabei?
4. Schauen Sie in Ihrem Alltag nach Stellen, wo das Blindenalphabet zu finden ist.
5. Suchen Sie als „Blinde" eine Toilette auf und waschen Sie sich die Hände. Welche Gefühle haben Sie dabei?
6. Könnte ein Sehbehinderter mit Kindern arbeiten? Sammeln Sie in Kleingruppen Pro- und Kontra-Argumente.

Hörgeschädigte und gehörlose Kinder

Nicht sehen können heißt, Menschen von Dingen trennen, nicht hören können, die Menschen von den Menschen trennen! (nach Helen Keller)

Aufgaben

1. Versetzen Sie sich in die zwei dargestellten Personen im Bild auf S. 198 unten. Tauschen Sie Ihre Eindrücke und Gefühle miteinander aus.
2. Was könnte die blinde Helen Keller zu der Aussage veranlasst haben?
3. Besorgen Sie sich das „Finger-Alphabet" und versuchen Sie, sich damit in einer Kleingruppe zu verständigen. Was sind Ihre Erfahrungen?

Bei **Schwerhörigkeit** liegt eine Minderung des Hörvermögens vor. Geräusche und Sprache können – häufig mithilfe eines Hörgerätes – wahrgenommen werden. Von Gehörlosigkeit/Taubheit spricht man, wenn der Mensch nur noch über 5-15 % Hörfähigkeit verfügt.

Je früher eine Hörstörung auftritt, desto weitreichender sind die Folgen. Kinder, die von Geburt an hörgeschädigt sind, können die Lautsprache nicht eigenständig erlernen, da sie Töne und Geräusche nicht oder nur unzureichend wahrnehmen können.

Häufig wird eine angeborene Schwerhörigkeit erst spät festgestellt. Anzeichen hierfür können sein, wenn

■ ein 1-jähriges Kind auf lautere Geräusche nicht reagiert,

■ ein etwa 1½-jähriges Kind ein freundliches nicht von einem energischen Ansprechen unterscheiden kann und

■ kein Wort nachspricht.

Bei einem hörgeschädigten Säugling kommt es häufig zu einer verzögerten Sprachentwicklung. Ebenso können die geistige, soziale und emotionale Entwicklung beeinträchtigt sein, weil Sprache eine wesentliche Voraussetzung für das Denken, das Verstehen und die zwischenmenschliche Verständigung ist.

Vor der Geburt bis ca. zum 4. Lebensjahr lernt das Gehirn besonders intensiv gehörte Informationen auszuwerten und zu verfeinern. Werden bis zum 4. Lebensjahr nicht genügend akustische Reize an das Gehirn weitergeleitet, bleiben diese Hirnstrukturen schwächer ausgebildet (vgl. Kap. 11.5). Lern- und Leistungsstörungen können die Folge sein.

Gehörlose Menschen können zwar Gesprochenes vom Mund ablesen, weil sie eine gute Beobachtungsgabe entwickeln; dabei erfassen sie allerdings nur 30 % der Informationen. Eine besondere Betonung, eine ironische Bemerkung oder komplizierte Sätze verstehen sie nicht. Dadurch ist eine Verständigung im Alltag sehr erschwert. Wenn das Umfeld hierauf ungeduldig reagiert, bedeutet das für das Kind eine zusätzliche Beeinträchtigung. Mögliche Folgen: es kommuniziert weniger, zieht sich zurück und meidet Kontakte. Selbstwertgefühl und Selbstvertrauen leiden.

Um Folgen möglichst gering zu halten, sollte

■ bei einem Säugling ein Neugeborenen-Hörscreening durchgeführt werden.

■ das Erlernen des Mundablesens, des Fingeralphabets und der Gebärdensprache gefördert werden.

■ geduldig und zugewandt mit dem Kind umgegangen werden.

Aufgaben

4. Schalten Sie bei Ihrer Lieblingsfernsehsendung den Ton aus und versuchen Sie, von den Lippen abzulesen. Wie ergeht es Ihnen dabei?
5. Informieren Sie sich über Ursachen und Auswirkungen von Schwerhörigkeit und Gehörlosigkeit. Vergleichen Sie Ihre Ergebnisse in der Klasse und erstellen Sie daraus eine Tabelle.
6. Leiten Sie aus Ihrer Tabelle pädagogische Schlussfolgerungen ab, wie Sie ein hörgeschädigtes Kind unterstützen und in die Gruppe integrierenkönnen.
7. Versuchen Sie sich im Erlernen des Mundablesens, des Fingeralphabets und der Gebärdensprache. Wie sind Ihre Erfahrungen dabei?

12.4 Abweichungen im Bereich der Sprache

Beispiel

Sebastian, der heute studiert, berichtet: „Seit ich 4 Jahre alt bin, stottere ich. Wie stark und wie oft ist nicht immer gleich. Das hängt von der Situation und der Tagesform ab. Wenn ich mich konzentrieren muss, blockiert es stärker.

Mein erstes richtiges Negativerlebnis war die Schule. Obwohl die Lehrer Bescheid wussten, hatte ich grundsätzlich schlechte mündliche Noten. Das war ein einziger Albtraum. Ich habe dadurch die Angst vor der Angst zu stottern kultiviert. Ein Studium, in dem ich vor anderen hätte Referate halten müssen, kam für mich nicht infrage, deshalb habe ich zunächst einen handwerklichen Beruf gelernt. Durch mehrere Therapien und Medikamente kann ich mein Stottern heute kontrollieren."

Aufgaben

1. Betrachten Sie die Sprechblasen der Kinder. Welchem Alter können die Aussagen zugeordnet werden?
2. Versuchen Sie diese „Sprache" nachzusprechen. Wie ergeht es Ihnen als Sprecher/als Zuhörer?
3. Welche Sprach- und Sprechprobleme sind aus den Sprechblasen der Kinder zu erkennen?
4. Was erschwert heute das Erlernen von deutlicher Sprache und das Sprachverständnis?
5. Welche Erfahrungen hat Sebastian gemacht und wie haben sich diese auf ihn ausgewirkt? Was können Sie als Erziehende für Ihre Arbeit daraus ableiten?

Viele der oben aufgeführten Sprechblasenausdrücke treten auch im Verlauf der normalen Sprachentwicklung auf und bedeuten noch keine Auffälligkeit. Ist dieses Sprachverhalten jedoch über den normalen Entwicklungszeitraum hinaus zu beobachten, spricht man von einer Auffälligkeit. Dabei kann es sich um eine Sprachentwicklungsverzögerung, Sprachentwicklungsstörung, Sprach- und Sprechstörung oder Sprachbehinderung handeln.

Von einer **Sprachentwicklungsverzögerung** wird gesprochen, wenn ein Kind die Stufen der Sprachentwicklung zu einem viel späteren Zeitpunkt oder unzureichend durchläuft. Die meisten Sprachentwicklungsverzögerungen lassen sich durch ein aufmerksames sprachliches Vorbild beheben.

Von einer **Sprachentwicklungsstörung** spricht man, wenn Probleme des Sprechens und der Sprache über das 4./5. Lebensjahr hinaus andauern. Diese Kinder verfügen häufig über einen geringeren Wortschatz, haben Probleme bei der Aussprache und ihre Grammatik ist fehlerhaft. Der Sprachentwicklungsrückstand beträgt meist mehr als 6 Monate. Man unterscheidet hierbei zwischen **Sprech- und Sprachstörungen**, für die mehrheitlich therapeutische Maßnahmen erforderlich sind.

Eine **Sprachbeeinträchtigung** liegt vor, wenn die sprachliche Ausdrucks- und Mitteilungsfähigkeit oder das Sprachverständnis vorübergehend oder dauernd beeinträchtigt sind. Kinder mit Sprachbehinderungen verfügen oft über einen verringerten Wortschatz, haben Schwierigkeiten bei der Wortfindung und weisen keine altersentsprechende Sprachentwicklung auf.

Neueste Untersuchungen von Wissenschaftlern belegen, dass Sprachstörungen bei Kindern an Häufigkeit zugenommen haben. Danach
- leidet jedes dritte Kind im Vorschulalter und
- jedes zehnte Kind unter 14 Jahren unter einer Sprachstörung.
- sind Jungen häufiger betroffen.[1]
- sprechen viele 6-Jährige noch nicht alle Laute, grammatikalisch falsch, zu wenig, holprig und in einfachen, unvollkommenen Sätzen.

Die Ursachen (organische Schädigungen, gestörte Zungen- und Mundmotorik, kognitive Defizite, Hör- und Sehstörungen, psychosoziale Faktoren) der einzelnen Störungen können nicht immer genau eingegrenzt werden. Es wird vermutet, dass eine Störung durch das Zusammenwirken mehrerer Faktoren (Anlage/Umwelt/Selbststeuerung) entsteht.
Ein darüber hinausgehendes, eher politisches Thema ist die unzureichende Sprachfähigkeit vieler Kinder mit Migrationshintergrund.

Sprachentwicklungsstörungen
Besonders häufig treten im Kindesalter folgende Arten von **Sprechstörungen** auf:

Störungen in der Aussprache (Artikulation) und Lautbildung (Stammeln/Dyslalie, Lispeln/Sigmatismus, Näseln)
Beim **Stammeln** fehlen einzelne Laute und Lautverbindungen.
Es kommt auch vor, dass Laute verdreht oder durch andere Laute ersetzt werden. Je mehr Laute betroffen sind, desto unverständlicher wird die Aussprache des Kindes.

Beispiele
„Bume" statt „Blume"
„grei" statt „drei"
„Tut mal, da tommt der Tasper mit der Taffetanne."

Dabei kann es bei Bedeutungsunterschieden (Kanne-Tanne) zu gravierenden Missverständnissen kommen. Das Stammeln tritt bei ca. 7 % der 5-jährigen Jungen und 2 % der 5-jährigen Mädchen auf.[2]
Beim **Lispeln** werden die S-Laute falsch gebildet. Beobachtet werden kann das Lispeln besonders in der Zeit des Zahnwechsels.
Beim **Näseln** entweicht zuviel Luft (Gaumenspalte) oder es kommt zu wenig Luft durch die Nase.

Störungen im Redefluss (Stottern, Poltern)
Vom **Stottern** spricht man, wenn der Redefluss unterbrochen wird und Laute, Silben oder Satzteile wiederholt oder gedehnt werden.

Beispiele
„d-d-d-d-der"
„ge-ge-ge-gestern"

Stottern tritt bei 5 % der 5-jährigen Jungen und 2 % der 5-jährigen Mädchen auf.[3] Zwischen dem 3. und 5. Lebensjahr kann man bei Kindern das sog. „Entwicklungsstottern" beobachten. Die Kinder erleben viel, wollen alles mitteilen, kommen aber mit dem Sprechen nicht nach – die Gedanken sind schneller.
Beim **Poltern** werden ganze Wörter, Laute und besonders die Endsilben verschluckt.

Beispiel
„Ers ess wi Kuch, da fah wi Bu"

Das Sprechen wirkt dabei hastig. Die Aussprache klingt unklar (verwaschen).

---

[1] Arztreport 2012 der Barmer GEK
[2] Jacob, G.: Entwicklungsstörungen – Hintergrund und Einleitung, unter: www.medfuehrer.de, S. 1
[3] A.a.o., S. 1

Aufgabe

1. Informieren Sie sich genauer über Ursachen und Auswirkungen der einzelnen Sprechstörungen.

Daneben gibt es **Sprachstörungen**:

Störungen des Sprachverständnisses

Beispiel

Auf den sprachlichen Auftrag: „Ziehe dir bitte die Winterstiefel an.", zieht sich das Kind seine Sandalen an.

Störungen des Wortschatzes

Beispiel

Das Kind benutzt für alle Fahrzeuge das Wort „Auto". Es kennt keine Unterbegriffe wie „Lastwagen, Bus, Trecker". Es umschreibt: "Glas mit Gelbes drin".

Störungen des Sprachaufbaus (Dysgrammatismus)

Beispiel

„Ich nicht essen Zitrone gern." „Ich bin gegangt.", „Ich Apfel wollen".

„Ein ganz großes Problem ist der exzessive Fernsehkonsum, [...] Das ist vergleichbar mit einer Fehlernährung: Wenn Sie nur Süßes essen, werden Sie zwar satt, aber es fehlen Ihnen wichtige Nährstoffe. [...] Dauerfernsehen ist eine geistige und seelische Fehlernährung." [1]

Aufgaben

2. Finden Sie für die aufgeführten Störungsbereiche jeweils Beispiele.
3. *In Ihrer Kindergartengruppe befindet sich ein stammelndes Kind, das im Morgenkreis gerne erzählt. Die 3-jährigen Kinder werden dabei immer ganz unruhig, die älteren kichern, äffen es nach, wollen nicht neben ihm sitzen.*
   Was können Sie tun, damit dieses Kind in der Gruppe akzeptiert und integriert wird?
4. Sammeln Sie in einer Kleingruppe Ideen, wie Sprechbereitschaft und Sprechfreude sprachgestörter Kinder geweckt und gefördert werden können.
5. Entwickeln Sie Sprechanlässe, bei denen Sie Ihre unter Aufgabe 3 gesammelten Ideen umsetzen können.

Die folgende Grafik gibt einen Überblick über Störungen im sprachlichen Bereich. [2]

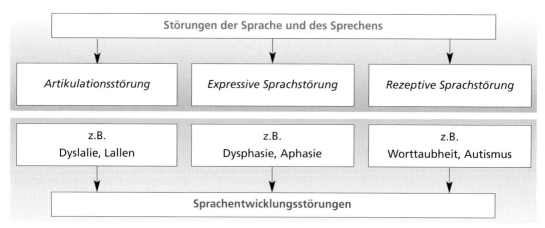

Übersicht Störungen im sprachlichen Bereich

---

[1] Spiewak, M.; Viciano, A.: Kleine Kinder, große Sorgen, in: Die Zeit 36/2006, S. 29
[2] Vgl. ICD-10-GM-2019, Codes Nr. F80-89 Umschriebene Entwicklungsstörungen des Sprechens und der Sprache, unter www.icd-code.de

Sprachbehinderungen

Von Sprachbehinderungen spricht man, wenn die Störungen länger anhalten und sehr ausgeprägt sind. Das äußert sich beispielsweise in einer auffälligen Rede- und Sprechweise. Auch das Sprachverständnis und die Mitteilungsfähigkeit sind beeinträchtigt.

Aufgabe

1. Informieren Sie sich in Literatur und im Internet über Sprachbehinderungen und Unterstützungsmöglichkeiten im pädagogischen Alltag.

Abweichungen im sprachlichen Bereich haben vielfältige Auswirkungen auf die betroffenen Menschen, denn Sprache ist ein wichtiges Verständigungsmittel. Können sich Menschen aufgrund einer sprachlichen Beeinträchtigung nur schwer ausdrücken, nicht klar artikulieren oder die richtigen Worte finden, reagiert ihr Umfeld oftmals mit Ungeduld, Nichtzuhören, Lachen oder gar Verspotten. Einige Gesprächspartner werden ungeduldig, beenden angefangene Wörter und Sätze oder meiden Gespräche ganz. Viele sprachgestörte und -behinderte Menschen werden daher sprechscheu, ziehen sich zurück und/oder fallen in ihren Leistungen ab, wie das Beispiel von Sebastian (s. S. 200) zeigt. Andere reagieren aggressiv, weil sie das hänselnde Nachahmen ihrer Störungen nicht ertragen können. Dies führt häufig zu einer Isolation der Betroffenen.

Störungen des Sprechens und der Sprache werden oftmals zu spät „bemerkt". Erwachsene haben sich an die „Sprache" des Kindes gewöhnt und können es verstehen. Sprachprobleme von Kindern müssen jedoch frühzeitig behandelt werden, da die Entwicklung der Intelligenz eng mit der Sprachentwicklung verbunden ist. Schon im Kindergarten sollte die Sprache von Kindern gezielt beobachtet und dokumentiert werden.

Hierzu gibt es vielfältige Möglichkeiten; ein Beispiel ist der folgende Beobachtungsbogen:[1]

Beobachtungsbogen zu Gesprächsbereitschaft, Anweisungsverständnis und Sprachfähigkeit

Name: _____	Beobachtungsergebnisse		
Alter: _____	Datum	Datum	Datum
Kind spricht alle Laute richtig aus.			
Kind spricht Wörter und Sätze deutlich aus.			
Kind übernimmt gern die Sprecherrolle.			
Kind beteiligt sich gern an Gesprächen. Erzählt von eigenen Erlebnissen.			
Kind stellt Fragen zur Sache.			
Kind versteht Anweisungen.			
Kind kann Anweisungen Folge leisten.			
Kind bildet Haupt- und Nebensätze.			
Kind erfindet Fantasiegeschichten.			

Aufgaben

2. Was halten Sie von der Aussage „Wer stottert, ist auch dumm"?
3. Beobachten Sie das Sprach- und Sprechverhalten von 5-jährigen Kindern in einer Kindergartengruppe. Notieren Sie, was Ihnen auffällt. Diskutieren Sie Ihre Notizen und überlegen Sie mögliche Hilfen in der Klasse.
4. Interviewen Sie eine Logopädin über Sprachbehinderungen bei Kindern. Informieren Sie sich über therapeutische Hilfen.
5. Welche Anregungen werden im Bildungsplan Ihres Bundeslandes für Kinder mit Sprachstörungen gegeben?

---

[1] Nach Lueger, D.: Beobachtung leicht gemacht, S. 63 ff

12.5 Auswirkungen von Abweichungen auf das Kind und sein Umfeld

Aufgaben

1. Spielen Sie in einer Kleingruppe jeweils eine der Szenen nach.
2. Was empfinden Sie in der jeweiligen Rolle? Teilen Sie Ihre Empfindungen den anderen mit.
3. Welche Haltungen der Sprecher werden in den Aussagen deutlich?
4. Welche möglichen Folgen können sich langfristig für den Angesprochenen ergeben?
5. Welche Konsequenzen ziehen Sie daraus für Ihr erzieherisches Verhalten?

12.5.1 Auswirkungen auf das Kind

Aufgabe

6. Beschreiben Sie den Eindruck, den das Bild bei Ihnen hinterlässt.

Abweichungen vom Normalverhalten haben Auswirkungen auf das Kind und sein Umfeld. Je nach Art und Schwere der Abweichung ist das Kind in seiner Lebenssituation und Lebensführung beeinträchtigt.

Das Kind stellt im Umgang mit anderen und seinen Bemühungen, Dinge zu erreichen, beispielsweise Folgendes fest:

- Einiges gelingt ihm nicht,
- andere Kinder können vieles schneller und besser,
- Familie, Freunde und Umfeld haben Erwartungen, die es nicht erfüllen kann.

Diese Eindrücke und Erfahrungen verstärken die Auswirkungen. Durch die Gefühle und Erwartungen der anderen, die das Kind spürt, wird sein Verhalten nachhaltig geprägt. Es wird verunsichert, fühlt sich nicht angenommen und akzeptiert, wie es ist. Kinder mit Entwicklungsverzögerungen und Beeinträchtigungen, die

- Ausgrenzung,

„Das kannst du sowieso nicht."

- Gespött,

„Ha, ha, die kann noch nicht mal richtig sprechen. Guck mal, wie die läuft."

■ **Hilflosigkeit** oder

„Ach komm, ich helfe dir wieder beim Ausschneiden."

■ **Bedauern**

„Ach, du kleiner Tollpatsch, ich sammle die Scherben schnell auf."

erfahren, fällt es schwer, Selbstbewusstsein und Selbstvertrauen aufzubauen.

Beispiel
Die schwer mehrfach beeinträchtigte 10-jährige Lara jauchzt und klatscht freudig in die Hände, wenn im Morgenkreis ein fröhliches Lied gesungen wird. So teilt sie sich den anderen in ihrer „Sprache" mit. Die anderen Kinder der Gruppe schauen ihr zu, lachen und singen besonders fröhlich weiter.

Aufgaben

1. Interpretieren Sie das Verhalten von Lara und den anderen Kindern.
2. Diskutieren Sie, welche Gründe für und welche gegen eine gemeinsame Erziehung von Kindern mit und ohne Beeinträchtigungen sprechen. Erstellen Sie eine Auflistung Ihrer Argumente.
3. Besuchen Sie einen inklusiven Kindergarten oder einen Sonderkindergarten und überprüfen Sie Ihre Argumente von Frage 2. Stellen Sie Ihre Ergebnisse in der Klasse vor.
4. Welchen besonderen Belastungen sind Familien mit Kindern mit Handicap ausgesetzt? Stellen Sie mithilfe einer Tabelle gleiche und unterschiedliche Belastungen dar.
5. Informieren Sie sich in der Kindergartengruppe Ihrer Praktikumsstelle, welche Verzögerungen, Störungen oder Beeinträchtigungen es dort gibt und wie damit umgegangen wird.

Wie weit die Folgen einer Beeinträchtigung gehen, lernt ein Betroffener oft erst im Umgang mit „normalen" Menschen kennen. Kinder werden schon früh mit anderen verglichen, ob bewusst oder unbewusst ist ihr Selbstwertgefühl hohen Belastungen ausgesetzt. Kinder mit Beeinträchtigungen spüren ihr Anderssein.

Durch eine frühzeitige gemeinsame Betreuung und Beschulung aller Kinder, wie sie mit der Inklusion gelebt wird, können die Folgen gemildert werden. Der Umgang mit dem Anderssein wird vorurteilsfrei gelernt und ist eine Bereicherung für alle. Da jeder Schwächen hat, wird nicht so schnell gelästert und auch kleine Erfolge werden eher positiv wahrgenommen.

Durch therapeutische Förderangebote wie z. B. Snoezelen-Raum, Kugelbad oder Matschraum, die alle Kinder genießen, kommt es zu gemeinsamen Spielen. Die Kontakte und Berührungen dabei ermöglichen es, die Scheu vor dem „Anderssein" zu verlieren.

Aus den Beispielen von Sebastian (s. S. 200) und Mike, dem 15-Jährigen, der durch den Ontario-See schwimmt (s. S. 191), wird erkennbar, dass beeinträchtigte Menschen mit einem guten Selbstbewusstsein sich annehmen können, wie sie sind. Sie erfahren und erleben, dass sie Stärken und Kompetenzen auf anderen Gebieten erwerben können. Ein Vorbild hierfür können auch die Sportler der Paralympics sein.
Immer mehr technische und medizinische Hilfsmittel oder Therapien tragen dazu bei, dass diese Menschen ihren Alltag unabhängiger und selbstständiger gestalten können.

Aufgaben

6. *Ihre Kindergartengruppe hat einmal pro Woche einen Schwimmtag. Seit ein paar Wochen besucht der stark sehbehinderte Florian (5 J.) die Gruppe.*
   Wie können Sie die Schwimmtage für Florian gestalten und was müssen Sie beachten?
7. Sammeln Sie in den nächsten zwei Wochen Artikel und Beiträge, in denen über beeinträchtigte Menschen positiv berichtet wird. Erstellen Sie daraus in der Klasse ein Wandplakat.
8. *„Gute Inklusion nützt allen Kindern und ist ein wichtiger Beitrag zu Chancengleichheit und Bildungsgerechtigkeit."*[1]
   Diskutieren Sie diese Aussage.

---
[1] Volksinitiative *Gute Inklusion für Hamburgs SchülerInnen*, Presseerklärung vom 18.12.2016

12.5.2 Auswirkungen auf die Familie

Beispiel 1

Auszug aus dem Bericht einer Mutter:
„Unser jüngstes Kind kam mit Trisomie 21 zur Welt. Wir machten dies in unserem Dorf öffentlich, als Leonie ca. 6 Monate alt war. Ich wurde zu keiner Tupperparty mehr eingeladen. Bei Frauengeburtstagen wurde ich ohne Begründung ausgeladen. Meine Teilnahme an Fahrgemeinschaften zum Kindergarten war nicht mehr erwünscht. Unsere anderen Kinder wurden zu keinem Kindergeburtstag mehr eingeladen, das war nicht nur für die Kinder, sondern auch für uns Eltern schlimm. Als unser Kind laufen konnte und es sich herausstellte, dass Leonie zu den „Weglaufkindern" gehört, wurde es ganz schlimm. Kein Mensch gab uns eine Antwort, in welche Richtung sie gelaufen war. Wir haben Stunden voller Angst damit verbracht, das Mädchen zu suchen."[1]

Beispiel 2

Heike (5 Jahre) besucht seit ihrem 3. Lebensjahr ein Kindertagesheim. Beide Eltern sind voll berufstätig. Seit einigen Monaten will Heike nur noch sehr ungern in den Kindergarten. Lieber bleibt sie zu Hause und malt sorgfältig Mandalas aus, liest Bücher, schreibt kleine Geschichten oder „arbeitet" am Computer. Ihre früheren Freundinnen kommen nicht mehr, da Heike „sowieso nicht mehr mit Puppen spielt und schon immer was Besonderes sein wollte".
Die Eltern werden zu einem Gespräch in den Kindergarten gebeten, da Heike in der Gruppe „nicht mehr tragbar ist".

Beispiel 3

Eine gehörlose Mutter äußert sich in einem Gespräch so: „Für meine Familie (Ehemann, zwei Töchter – 5 und 9 Jahre alt) ist meine Gehörlosigkeit „normal". Wir haben meine Behinderung durch verschiedene Kommunikationsformen und Tricks, z. B. Lichtblitz an Klingel und Telefon, kompensiert. 30 % kann ich von den Lippen meiner Kinder und meines Mannes ablesen, wenn sie langsam sprechen. Bei ähnlichen Wörtern wie Hand und Wand verwenden alle die Gebärdensprache. Meine Kinder wachsen bilingual auf – Lautsprache und Gebärdensprache. Außerhalb der Familie ist es schwieriger, weil mein Handicap nicht sichtbar ist. Als unsere Große in die Schule kam, wollte sie erst nicht, dass ich mich mit ihr in der Öffentlichkeit in der Gebärdensprache unterhalte."

[1] Nach: KIDS Hamburg e.V.: KIDS Aktuell, Magazin zum Down-Syndrom, Nr. 13 04/2006

Aufgaben

1. Welche Auswirkungen auf die Familie werden aus den Beispielen deutlich? Belegen Sie Ihre Aussagen mit Zitaten.
2. Wie könnte das Verhalten der Dorfbewohner im Beispiel 1 zu erklären sein?
3. Vergleichen Sie die Fähigkeiten von Heike mit denen gleichaltriger Kinder. Was fällt Ihnen dabei auf?
4. Welche Probleme könnten auf die Eltern von Heike zukommen? Welche Hilfen benötigen sie und wo können sie diese bekommen? Recherchieren Sie diese.
5. Wie wird die Gehörlosigkeit von Mutter und Familie in Beispiel 3 wahrgenommen?

Sowohl außergewöhnliche Begabungen wie auch Entwicklungsbeeinträchtigungen stellen besondere Anforderungen an Eltern und Familie.

Bei hochbegabten Kindern erscheint vielen die Situation zunächst einfacher, weil sie stolz auf die außergewöhnlichen Leistungen ihres Kindes sind. In den anderen Lebenssituationen ist das Familienleben von Anfang an von der Sorge um das Kind und seine Entwicklung geprägt. Häufig müssen Arzt- und Therapietermine eingehalten und muss auch noch zu Hause geübt werden. Die sonst frei verfügbare Zeit ist eingeschränkt, ungeduldiges, aggressives Verhalten häufig eine Folge.

Die Scheu, das eigene Kind im Vergleich mit anderen zu erleben, führt dazu, dass Spiel- und Krabbelgruppen, Mutter-Kind-Gruppen oder Spielplätze gemieden werden. Dadurch werden dem Kind wichtige soziale Erfahrungen vorenthalten.

Eltern sind oft hin- und hergerissen zwischen akzeptierender Unterstützung, Mitleid, Ärger, Verzweiflung und Selbstzweifeln hinsichtlich ihrer Erziehungsfähigkeit.

Eine wichtige Unterstützung, Entlastung und Akzeptanz erhalten Eltern heute durch die vielen staatlichen und privaten inklusiven Einrichtungen für Kleinst- und Kleinkinder, für Vorschul- und Schulkinder oder auch durch

Förderschulen/Sonderschulen. Heilpädagogisch ausgebildete Fachkräfte arbeiten hier eng mit Erziehern, Eltern und Therapeuten zusammen.

Da ein Kind schon früh spürt, ob es erwünscht ist, sollten Eltern sich mit den eigenen Gefühlen und denen des Partners intensiv auseinandersetzen, denn die Annahme des Kindes in seiner Einzigartigkeit, mit seinen Besonderheiten und Kompetenzen, ist von großer Bedeutung für dessen Entwicklung.

Aus dem Bericht der Mutter (Beispiel 1, S. 206) wird erkennbar, welchen **emotionalen Belastungen** eine Familie ausgesetzt sein kann. Außer Ausgrenzung und Isolierung erlebt sie Hänseleien, Spott und Schuldzuweisungen. Auch die Geschwister dieser Kinder sind häufig von den ablehnenden Reaktionen der Umwelt betroffen und müssen sich einen neuen Freundeskreis suchen.

Die Pflege, Betreuung und Förderung des beeinträchtigten Kindes brauchen Zeit und Kraft. Für die meisten Eltern bedeutet das „permanente" Elternschaft. Viele fühlen sich durch die Situation überfordert. Nicht selten zerbricht daran die Ehe oder Partnerschaft.

Es entstehen auch **finanzielle Belastungen**:
- Ein Familienmitglied ist durch Erziehung, Versorgung, Pflege, Betreuung und Therapien so eingebunden, dass es nicht oder nur eingeschränkt arbeiten kann.
- Es werden spezielle Hilfsmittel und/oder Medikamente benötigt, die nicht alle z. B. von der Krankenkasse bezahlt werden.
- Manchmal muss der Wohn- und Lebensraum speziell ausgestattet werden.
- Ein Umzug wird erforderlich, wenn die Wohnung z. B. nicht behindertengerecht umgestaltet werden kann oder Unterstützungsmöglichkeiten in der Nähe fehlen.

Körperliche Belastungen haben Familienmitglieder besonders dann zu bewältigen, wenn Bewegungseinschränkungen vorliegen (z. B. Heben aus dem Rollstuhl in das Bett, Stützen beim Gehen/Aufstehen oder bei der täglichen Pflege) oder ein Kind ständig beaufsichtigt werden muss (Aufdrehen von Wasserhähnen, Versprühen von Flüssigkeiten in der Wohnung, unkontrolliertes Zerstören von Gegenständen, Selbstverletzungen).

Aufgabe

Sammeln Sie Aussagen von Eltern über ihr Leben mit einem beeinträchtigten Kind (Fernsehberichte, Zeitungen, Fachzeitschriften, Internet).
Zu welchen Ergebnissen kommen Sie bei der Auswertung der Berichte?

12.5.3 Auswirkungen auf das Umfeld

Beispiel 1

Der 5-jährige Jan besucht als nicht beeinträchtigtes Kind seit Kurzem die Inklusionsgruppe des Kindergartens im „Haus der Vielfalt". Bei einem Stadtbummel mit seiner Mutter sieht Jan auf der anderen Straßenseite einen körperbehinderten Mann mit einem Spezialfahrrad. Jan ruft: „Eh, bist du auch aus der Behindertenhilfe?", was Jans Mutter äußerst peinlich ist.

Beispiel 2

Die 6-jährige Gitta möchte sich vom Taschengeld ihre Lieblingssüßigkeiten kaufen. Im Geschäft findet sie diese nicht mehr. Sie sucht eine Verkäuferin und fragt: „Bonbons, wo sie sin? Ka nich fin." Die Verkäuferin sagt im Wegdrehen: „Ich weiß nicht, was du willst. Lerne erst einmal richtig sprechen."

Aufgaben

1. Wie sind die unterschiedlichen Reaktionen von Jan und seiner Mutter zu erklären?
2. Bewerten Sie das Verhalten der Verkäuferin. Was könnte sie veranlasst haben, sich so zu verhalten? Wie würden Sie anstelle der Verkäuferin reagieren?
3. Was könnte die Tochter daran hindern, sich in der Öffentlichkeit mit der Mutter in der Gebärdensprache zu unterhalten (s. Beispiel 3, S. 206)?

Der Anblick eines beeinträchtigten Menschen verursacht bei vielen Menschen zwiespältige Gefühle: Scham, Abwehr, lass mich bloß in Ruhe, aber auch übertriebene Freundlichkeit und Hilfsbereitschaft, s. Anfangscomic S. 204. Obgleich jeder Mensch täglich der Gefahr ausgesetzt ist, selbst z. B. durch einen Unfall beeinträchtigt zu werden, möchten viele die offensichtlich beeinträchtigten Menschen aus ihrem Blickfeld verbannen, wie aus dem Erlebnisbericht der Mutter auf S. 206 deutlich wird.

Viele stehen Menschen mit Handicap häufig aus Unwissenheit hilflos gegenüber und schauen lieber weg, wenn sie ihnen begegnen. Einige Menschen neigen dazu, besonders hilfsbereit zu sein. Sie versorgen den beeinträchtigten Menschen auch da, wo er selbstständig handeln könnte. Durch diese Verhaltensweisen kann das Selbstwertgefühl negativ beeinflusst werden.

Aufgaben

4. *Sie sehen in einem Lebensmittelgeschäft, wie ein Mensch mit Down Syndrom (Trisomie 21) viele Lebensmittel anfasst und zurücklegt. Wie würden Sie reagieren?*
5. Berichten Sie in Kleingruppen von Ihrem eigenen Verhalten gegenüber Menschen mit Handicap.
6. Mit welcher Art von Einschränkung fällt Ihnen der Umgang leicht bzw. schwer? Begründen Sie Ihre Haltung.

12.6 Wie kann Kindern mit Beeinträchtigungen geholfen werden?

Beispiel 1

Thilo (8 Jahre alt) wurde mit spastischen Lähmungen geboren und benötigt regelmäßig (teure) Medikamente. Zu seinem Schutz schläft er in einem Gitterbett.
Bis zu seinem 4. Lebensjahr versorgte ihn seine Mutter alleine zu Hause. Danach wurde er in einem Förderkindergarten betreut. Heute besucht er eine Förderschule für Körperbehinderte. Er ist auf den Rollstuhl angewiesen und wird deshalb jeden Tag mit dem Bus zur Schule gefahren. Dabei begleitet ihn ein Zivildienstleistender, der ihn auch in der Schule unterstützt. Da er inzwischen zu schwer geworden ist, musste im Badezimmer eine Hebebühne mit Tragegurten eingebaut werden.

Beispiel 2

Sina (sprachbehindert) besuchte drei Jahre einen Inklusionskindergarten. Seit zwei Jahren geht sie mit vier anderen Kindern des Kindergartens in eine Inklusionsklasse. Nun soll Sina aufgrund ihrer starken Sprachbehinderung in eine Förderschule versetzt werden, die fünf Kilometer vom Elternhaus entfernt ist. Hier kann sie individuell gefördert werden, da sowohl die technischen Hilfsmittel vorhanden wie auch Sprachheillehrer und Sprachtherapeuten beschäftigt sind.

Aufgabe

1. Informieren Sie sich, welche Unterstützungsmöglichkeiten es für Kinder mit Behinderungen in Ihrem Umfeld/Ihrer Region gibt.

Aufgaben

2. Welche Hilfen werden für Thilo in Anspruch genommen?
3. Nennen Sie Vor- und Nachteile, die eine Umschulung für die Entwicklung von Sina hätte.

12.6.1 Allgemeine Hilfen

„(1) Das Recht des Sozialgesetzbuchs soll zur Verwirklichung sozialer Gerechtigkeit und sozialer Sicherheit Sozialleistungen einschließlich sozialer und erzieherischer Hilfen gestalten. Es soll dazu beitragen, ein menschenwürdiges Dasein zu sichern, gleiche Voraussetzungen für die freie Entfaltung der Persönlichkeit, insbesondere auch für junge Menschen, zu schaffen, die Familie zu schützen und zu fördern, den Erwerb des Lebensunterhalts durch eine frei gewählte Tätigkeit zu ermöglichen und besondere Belastungen des Lebens, auch durch Hilfe zur Selbsthilfe, abzuwenden oder auszugleichen.
(2) Das Recht des Sozialgesetzbuchs soll auch dazu beitragen, dass die zur Erfüllung der in Absatz 1 genannten Aufgaben erforderlichen sozialen Dienste und Einrichtungen rechtzeitig und ausreichend zur Verfügung stehen." [1]

Aufgaben

4. Geben Sie den Text mit eigenen Worten wieder.
5. Was ist damit im Einzelnen gemeint?

Der Staat hat für Menschen mit Beeinträchtigung und deren Familie eine Vielzahl von Leistungen und Unterstützungsmöglichkeiten geschaffen, die vor allem im Sozialgesetzbuch geregelt sind. Die folgende Tabelle stellt einen exemplarischen Ausschnitt der gesetzlichen Grundlagen dar, in denen Förderungen und Leistungen für Kinder und Jugendliche und deren Familien aufgelistet werden.

---

[1] Sozialgesetzbuch, Erstes Buch (SGB I), Allgemeiner Teil

Gesetz	Beispiele	Inhalte
SGB VIII	Kinder- und Jugendhilfe-Gesetz (KJHG); umfasst 14 Artikel	Leistungsgesetz für Kinder, Jugendliche und ihre Familien: z. B. Recht des Kindes auf Erziehung, Förderung, Besuch einer Tageseinrichtung, Eingliederungshilfen, Hilfen zur Erziehung u. a. m.
SGB I	§ 27: Leistungen der Kinder- und Jugendhilfe	
SGB VII und II	Bundessozialhilfegesetz (BSHG)	Regelt die Leistungen und Hilfen zum Lebensunterhalt und in besonderen Lebenslagen
SGB I u. SGB IX	§10 Rehabilitation und Teilhabe behinderter Menschen	Recht auf Eingliederung in Schule, Arbeit, Beruf und Gesellschaft
SGB XI	Pflegeversicherungsgesetz	Berechtigungen und Unterstützungsleistungen bei Pflegebedarf

Tab. 12.3 Auswahl gesetzlicher Grundlagen

Die Ausführung dieser Gesetzesvorgaben ist mehrheitlich die Aufgabe staatlicher Institutionen. Zur Beratung und Unterstützung stehen jedoch auch Elterninitiativen, Selbsthilfegruppen und bundesweite behindertenspezifische Verbände den Betroffenen und ihren Familien zur Verfügung.

In dem Schaubild unten werden einige Institutionen/Einrichtungen und ihre Aufgaben vorgestellt.

Aufgaben

1. Teilen Sie sich in Kleingruppen auf und erfragen Sie in
   – einem Inklusionskindergarten,
   – einer Beratungsstelle,
   – einem Sonderkindergarten und
   – beim Gesundheitsamt,
   welche gesetzlichen Vorschriften, finanziellen Unterstützungsmöglichkeiten, Beratungsangebote, Fördermaßnahmen und speziellen Berufe es für Kinder mit Beeinträchtigungen gibt.
2. Bewerten Sie die Möglichkeiten. Führen Sie hierzu, wenn möglich, ein Interview mit einem Betroffenen durch (z. B. Gruppenleitung, Eltern eines beeinträchtigten Kindes).
3. Wählen Sie aus der Tabelle 12.3 einen Gesetzesparagrafen oder Gesetzesartikel aus. Stellen Sie dessen Inhalt der Klasse vor.
4. In Bremen gibt es eine Initiative von Berufsschülern, den „Schwerbehindertenausweis" in „Teilhabeausweis" umzubenennen. Was könnte die Schüler hierzu veranlasst haben? Wie beurteilen Sie die Initiative?

Ambulante Einrichtungen	**Teilstationäre Einrichtungen**	**Stationäre Einrichtungen**
Erziehungsberatungsstelle, Jugendamt, schulpsychologische Beratungsstelle, Selbsthilfegruppen, schulärztlicher Dienst	Förderschulen Fördereinrichtungen Sonderkindertagesheime	Kinder- und Jugendpsychiatrie heilpädagogische Heime Wohngruppen für Menschen mit Beeinträchtigungen
Aufgaben	**Aufgaben**	**Aufgaben**
Hilfe bei Lern- und Verhaltensproblemen Kontaktaufnahme zu Eltern und Kind Information, Beratung und Begleitung der Eltern Früherkennung und Prävention von Gesundheits- und Entwicklungsstörungen, Krankheiten und Behinderungen	Begleitung der Inklusion des Kindes Förderung des beeinträchtigten Kindes	Durchführung heilpädagogischer Maßnahmen Durchführung medizinischer und therapeutischer Maßnahmen Unterbringung zur Pflege und Erziehung Unterstützung lebensweltbezogener Erziehung

Einrichtungen und ihre Aufgaben

12.6.2 Hilfen im heilpädagogischen Bereich

Wir lernen und spielen zusammen!

„Eine gemeinsame Erziehung fördert das gesellschaftliche Zusammenleben von Kindern und Jugendlichen mit und ohne Behinderung. Die gemeinsame Erziehung und Bildung behinderter und nicht behinderter Kinder sollte oberstes Prinzip in den Bereichen Bildung und Erziehung sein. Wo die Unterbringung und Förderung von Kindern mit Behinderungen in allgemeinen Schulen nicht möglich ist, sollten Sonderschulen im gleichen Gebäude eingegliedert werden, damit die zentralen Einrichtungen gemeinsam genutzt werden können." [1]

Heilpädagogische Einrichtungen sind auf die Förderung von Menschen mit Beeinträchtigung, deren Bedürfnisse und individuelles Lernverhalten ausgerichtet. Das betrifft die Ausstattung mit Spielzeug, Lehr- und Lernmitteln ebenso wie die Qualifikation der Mitarbeiter. Diese verfügen über spezielle Ausbildungen, um auf die jeweiligen Beeinträchtigungen einwirken zu können und gezielte Unterstützung zu leisten.
Im Jahr 2001 wurden im SGB IX die Rehabilitation und Teilhabe Menschen mit Beeinträchtigung neu geordnet. Darin geht es um Selbstbestimmung, gleichberechtigte Teilhabe am Leben in der Gesellschaft sowie Vermeidung von Benachteiligungen.

[1] Keppner, R.: Körperbehinderung, unter www.familienhandbuch.de, S. 3

Aufgaben

1. Geben Sie den einführenden Text mit eigenen Worten wieder.
2. Ist der hier formulierte Anspruch in Ihrem Bundesland eingelöst? Begründen Sie Ihre Antwort.
3. Informieren Sie sich, in welchen Sondereinrichtungen Sie mit Ihrem Beruf eine Beschäftigungsmöglichkeit finden.
4. Im §1 SGB VIII heißt es: „**Jedes** Kind hat ein Recht auf Förderung seiner Entwicklung und auf Erziehung zu einer eigenverantwortlichen und gemeinschaftsfähigen Persönlichkeit.". Diskutieren Sie in Kleingruppen, ob dieses Recht in unserer Gesellschaft auch für Menschen mit Beeinträchtigung umgesetzt wird. Belegen Sie Ihre Annahmen mit Beispielen. Wie können Sie in Ihrem Beruf zur Erfüllung dieses Artikels beitragen?
5. Heilpädagogische und individuelle Betreuung kostet viel Geld. Halten Sie die staatliche Finanzierung für richtig? Erstellen Sie eine Pro- und-Kontra-Liste.

12.6.3 Hilfen durch Erziehende

„Behindert ist man nicht, behindert wird man! Erst die soziale Umgebung, die Gesellschaft macht uns zu Außenseitern."

So formulieren Menschen mit Beeinträchtigung ihre Lebenssituation.

Aufgaben

6. Was könnte Menschen mit Beeinträchtigungen zu dieser Aussage veranlassen und wie können Sie dem als Erziehende entgegenwirken?
7. Fragen Sie Erziehende nach gelungenen Integrationsbeispielen.
8. Was können Sie daraus für Ihre Arbeit mitnehmen?

In allen Betreuungseinrichtungen gibt es heute Kinder mit Entwicklungsverzögerungen, Entwicklungsstörungen oder auch Behinderungen. Grundsätzlich gilt: Jede Abweichung vom Normalverlauf sollte ernst genommen werden. Nur eine schnelle Abklärung der Ursache ermöglicht es, frühzeitig gezielte Maßnahmen zur Förderung anzuwenden. Möglicherweise können somit auch Sekundärfolgen wie z. B. ein negatives Selbstbild, eine gereizt-aggressive Grundstimmung, eine soziale Isolierung oder Lernblockaden vermieden werden.

Professionell Erziehende/sozialpädagogische und heilpädagogische Fachkräfte haben die Möglichkeit, durch Anwendung von speziellen Beobachtungsbögen (z. B. zur Erfassung von Entwicklungsrückständen und Verhaltensauffälligkeiten bei Kindergartenkindern oder zu deren kommunikativen Fähigkeiten) die individuellen Reaktionen, Handlungen und Aussagen beeinträchtigter Kinder zu erfassen.

Wichtig für die Arbeit mit hochbegabten, entwicklungsverzögerten, entwicklungsgestörten oder beeinträchtigten Kindern ist:

Das Bild vom Kind
- Jedes Kind ist einmalig.
- Jedes Kind ist eine Bereicherung für die Gruppe.
- Auch Kinder mit Abweichungen vom Normalverlauf haben eine eigenständige Persönlichkeit und müssen so angenommen werden, wie sie sind.
- Jedes Kind ist bildungs- und entwicklungsfähig, wenn auch in viel kleineren Schritten, in einem längeren Zeitraum und auf einem niedrigeren Niveau.
- Jedes Kind hat Stärken, die es herauszufinden und zu unterstützen gilt.
- Diese Kinder brauchen kein Mitleid, sondern Vertrauen, liebevolle Zuwendung und gezielte Unterstützung.

Der gezielte Einsatz von Unterstützung
- Grundlegende Voraussetzung sind eine genaue Beobachtung und eine sorgfältige Dokumentation (über einen festgelegten Zeitraum).
- Voreiligen Urteile und Entscheidungen müssen vermieden werden.
- Beobachtungen müssen mit Kollegen zurückgekoppelt werden.
- Die weitere Vorgehensweise muss gemeinsam beraten, entschieden und umgesetzt werden.
- Grundsätzlich gilt, so viel wie möglich selbst tun lassen, geduldig sein, die Anforderungen dem Leistungsvermögen anpassen und Unterstützung nur da leisten, wo sie notwendig ist.

Allgemeine Aspekte
- Sich Wissen aneignen über die jeweilige Abweichung (mögliche Ursachen, Besonderheiten, Verlauf, Auswirkungen und Folgen).
- Sich über regionale Hilfsangebote und andere Hilfsmittel informieren.
- Grenzen beim Kind und bei den eigenen Fähigkeiten erkennen und deutlich machen.
- Eltern einbeziehen.

Jeder professionell Erziehende muss für sich selbst klären, ob er die geforderten Grundeinstellungen zu Menschen mit Beeinträchtigung hat und die angesprochenen Ziele zu erfüllen bereit ist.

Aufgaben

1. Überlegen Sie für jeden Spiegelpunkt, wie er begründet werden kann, und belegen Sie Ihre Aussage mit einem Beispiel.
2. Gehen Sie zu dritt oder viert in eine Inklusionsgruppe, beobachten ein Kind (über 2 bis 3 Zeiteinheiten), dokumentieren Sie Ihre Beobachtungen, vergleichen Sie diese und bearbeiten Sie folgende Fragen:
   a) Welche Stärken hat das Kind?
   b) Wie können Sie diese für die Gruppe nutzen? Machen Sie dazu Vorschläge.
   c) Welche Fortschritte hat das Kind in dem beobachteten Zeitraum gemacht?
   d) Wie lautet die Diagnose und was ist bisher veranlasst worden? Geben Sie eine vorsichtige Einschätzung ab.
   e) Welche Ideen haben Sie zur Förderung dieses Kindes?
   f) Wie sind die Eltern eingebunden?

Zusammenfassung

- Die „normale" Entwicklung eines Menschen kann in vielfacher Hinsicht Abweichungen aufweisen, und zwar in Bezug auf
  - die Entwicklungsbereiche (motorisch, kognitiv, sprachlich, emotional, sozial),
  - den Schweregrad und
  - die Dauer.
- Abweichungen in einer gewissen Bandbreite sind normal, denn jedes Kind hat ein eigenes Entwicklungstempo (entwicklungsschnell oder entwicklungslangsam).
- Abweichungen sollten beobachtet werden, denn es kann sich um Entwicklungsverzögerungen, -störungen oder Behinderungen handeln, die fachmännischer Unterstützung bedürfen.
- Abweichungen in einem Entwicklungsbereich haben häufig Auswirkungen auf andere Bereiche und beeinträchtigen somit den Menschen in mehrfacher Hinsicht.
- Die Ursachen für Beeinträchtigungen und Abweichungen sind sehr vielfältig und können nicht immer eindeutig bestimmt werden.
- Bei Entwicklungsstörungen und Beeinträchtigungen wird zwischen angeborenen und erworbenen unterschieden.
- Die Abweichungen können
  - den motorischen (alle Bewegungsabläufe),
  - den kognitiven (Wahrnehmung, Denkfähigkeit),
  - den sprachlichen (Verstehen, Sprechen),
  - den emotionalen (Gefühle wahrnehmen und äußern) und
  - den sozialen (Umgang mit Menschen) Bereich betreffen.
- Abweichungen vom Normalverhalten haben je nach Art und Schwere der Beeinträchtigung Auswirkungen auf das Kind in seiner Lebenssituation und Lebensführung.
- Das Verhalten sowie die Gefühle und Erwartungen der Umgebung prägen die Entwicklung, das Verhalten und die Einstellung des beeinträchtigten Kindes zu sich selbst und seinem Umfeld.
- Menschen mit Beeinträchtigungen können ihr Handicap teilweise ausgleichen und ihren Alltag unabhängiger und selbstständiger gestalten, wenn man sie gezielt darin unterstützt, fordert und fördert.
- Das Leben mit einem entwicklungsgestörten oder beeinträchtigten Kind bedeutet für die Familie eine hohe emotionale, finanzielle und oft auch körperliche Belastung.
- Der Staat unterstützt die Teilhabe beeinträchtigter Menschen am Leben in der Gesellschaft durch
  - Gesetze,
  - Beratung,
  - Einrichtungen und
  - finanzielle Leistungen.
- Jede Erziehende muss ihr Bild vom Kind reflektieren und pädagogisches Wissen über Ursachen, Besonderheiten, Unterstützungs- und Fördermöglichkeiten besitzen.
- Inklusion ist ein Menschenrecht, das in der UN-Behindertenrechtskonvention festgeschrieben ist; diese ist in Deutschland im Jahr 2009 in Kraft getreten. In einer inklusiven Gesellschaft ist es normal, verschieden zu sein. Gleichberechtigt und selbstbestimmt zusammen zu leben und zu lernen ist das Ziel.

Aufgaben

1. *„Störung ist das Durcheinanderbringen der Ordnung anderer."*[1]
Diskutieren Sie diese Aussage. Zu welchem Ergebnis kommen Sie? Welche Bedeutung hat die Aussage für Ihre Arbeit mit Kindern, deren Entwicklung und Verhalten als abweichend eingestuft wird?

2. *Ben (2 Jahre): „Papi, da hinten ist ein grünes Auto, da, bei der Mülltonne!" Ein Elf-Wort-Satz, grammatikalisch einwandfrei. Mit 18 Monaten konnte er das Alphabet. Als Ben, ein „supernormales, offenes" Kind (wie sein Vater sagt), in den Kindergarten sollte, sagten die Erzieher: „Ach, schon wieder so ein Kind. Den geben Sie mal in den Spezialkindergarten."*[2]
Nehmen Sie Stellung zu dieser Aussage. Welche Vor- und Nachteile kann eine Spezialeinrichtung für Ben haben?
Wie könnten Sie ihn in einer Regelgruppe fördern? Informieren Sie sich hierzu über die Arbeit mit besonders weit entwickelten oder sehr begabten Kindern.

3. *Seit kurzer Zeit lispelt der 5-jährige Marat und kommt beim Erzählen ins Stottern.*
Wie würden Sie sich verhalten? Begründen Sie Ihre Verhaltensweise.

4. Besorgen Sie sich einen Stadtführer für Menschen mit Beeinträchtigungen. Welche Hilfen, Angebote etc. enthält er?
Besuchen Sie eine der genannten Einrichtungen/Freizeitaktivitäten.
Tauschen Sie Ihre Erfahrungen aus. Was nehmen Sie daraus für die Arbeit mit diesen Kindern mit?

5. *„Kinder mit Behinderungen benötigen ein Zugehörigkeitsgefühl und emotionale Sicherheit, um sich selbst und die Welt zu entdecken und angstfrei zu lernen."*[3]
Welches erzieherische Verhalten resultiert aus dieser Aussage für die Arbeit mit diesen Kindern? Fassen Sie Ihre Ergebnisse in der Klasse zusammen.

6. Recherchieren Sie im Internet, welche Förderkindergärten und Schultypen es in Ihrer Region/ Ihrem Bundesland gibt.

7. Was könnte mit der Aussage „Die Einstellung gegenüber Menschen mit Behinderungen hat sich vom ‚Defektmodell` zum ‚Entwicklungsmodell` verändert" gemeint sein?

8. *„Die behinderten Kinder sind dazu da, um uns die Liebe zu lehren."*[4]
Diskutieren Sie in Kleingruppen, was der Sinn dieses Sprichwortes sein kann.

9. Wie können Sie als Erziehende eine positive Einstellung zu einem beeinträchtigten Kind erreichen? Was würde Ihnen helfen?

10. *Eine Berufspraktikantin äußert in einer Mitarbeiterbesprechung: „Ich habe Sophia heute beobachtet. Ich glaube, die braucht eine Therapie."*
Nehmen Sie Stellung zu dieser Äußerung.

11. *Eine Erziehende sagt zu dem 5-jährigen Titus: „Prima, wie Du Oskar (4 Jahre; hinkt stark) mitspielen lässt und mit ihm überlegst, wie er den Ball besser schießen kann."*
Welche Wirkung wird diese Aussage auf beide haben?

12. *Sie haben in Ihrer Kindergartengruppe ein hyperaktives und zwei Kinder mit Trisomie 21.*
Diskutieren Sie in Kleingruppen, wie deren Inklusion gelingen kann.

[1] Titel einer Eröffnungsveranstaltung von Waltraud und Winfried Doering; aus: Doering, W. und W.: Störe meine Kreise nicht
[2] Sinngemäß entnommen: Die Zeit, „Klein und schlau", 40/2006, S. 87
[3] Steinack, G.: Nichtaussondernde Förderung behinderter Kinder in Kindertageseinrichtungen, unter: www.familienhandbuch.de, S. 2
[4] Schmutzler, H.-J.: Handbuch Heilpädagogisches Grundwissen, S.15

13 Verhaltensauffälligkeiten

Beispiel
Elena ist ein lebhaftes, selbstständiges 3-jähriges Mädchen, als sie in den Kindergarten kommt. Nach einiger Zeit wird sie anhänglich und weicht nicht mehr von der Seite der Erzieherin. Als sie eines Tages mit ihrem Schmusekissen in den Kindergarten kommt, spricht die Erzieherin die Mutter an, die vor einem halben Jahr ein zweites Kind bekommen hat. Diese berichtet, dass Elena seit kurzer Zeit wieder einnässt und die Flasche haben will.

Aufgaben

1. Beschreiben Sie, was Sie auf dem Bild sehen, und geben Sie eine Beurteilung ab, ob das abgebildete Kind Ihrer Meinung nach auffällig ist.
2. Was könnte die Ursache für Elenas Verhalten sein?
3. Wie würden Sie sich verhalten, wenn Sie vergleichbare Verhaltensweisen beobachten würden?
4. Überlegen Sie in einer Kleingruppe, welche Verhaltensweisen Sie als auffällig bezeichnen würden.
5. *„Das ist ein frecher Lümmel."*
   Was ist mit dieser Aussage gemeint? Vergleichen und diskutieren Sie Ihre Aussagen.

13.1 Was versteht man unter Verhaltensauffälligkeiten?

Ein Kind ist besonders still, wild, spielt den Clown, ist aggressiv oder frech. Sind dies Auffälligkeiten oder ganz normale Verhaltensweisen? Wahrscheinlich sind bei einem Vergleich der Antworten auf die Fragen zum Einstiegsbeispiel Unterschiede deutlich geworden, die zeigen, dass eine Bewertung nicht einfach ist.

Das beobachtete Verhalten unterliegt einerseits der subjektiven Wahrnehmung des Einzelnen, andererseits erfährt es Bewertungen durch Faktoren wie:

Generationsveränderungen
Kinder dürfen heute ihre Bedürfnisse deutlich äußern und mitbestimmen. Dieses Verhalten wäre früher als auffällig bezeichnet worden.

Kulturelle Unterschiede
Einige Kulturen erziehen Mädchen zu Durchsetzungsfähigkeit, Eigenständigkeit und Unabhängigkeit, andere zu Angepasstheit, Gehorsam und Zurückhaltung.

Temperaments- und Persönlichkeitsunterschiede
Das Verhalten von schnell aufbrausenden und motorisch unruhigen Menschen wird von Menschen mit gleichem Temperament oft anders bewertet als von Personen, die eher still und zurückhaltend sind und umgekehrt.

Kurzfristig oder häufig auftretende Auffälligkeiten
Ein spontaner Aggressionsausbruch wird anders bewertet als ein immer wieder auftretendes Schlagen, Treten und Schreien.

Körperliche/motorische Auffälligkeiten	Soziale Auffälligkeiten	Emotionale Auffälligkeiten	Spiel- und Leistungsauffälligkeiten
Einnässen Einkoten Essstörungen Schlafstörungen Autoaggressionen (z. B. Nägelkauen, Haare ausreißen, Zufügen von Schnittwunden) Hyperaktivität	Clownerie Lügen Stehlen aggressives Verhalten Weglaufen Schulschwänzen	Ängste starke Unruhe Gehemmtheit Sprechverweigerung (Mutismus) Deprivation Hospitalismus	geringe Ausdauer mangelnde Konzentration Antriebsschwäche Aufmerksamkeits-Defizit-Syndrom (ADS) Aufmerksamkeits-Defizit-/Hyperaktivitäts-Störung (ADHS)

Tab. 13.1 Häufige Verhaltensauffälligkeiten (Auswahl)

Die Tabelle gibt einen beispielhaften Überblick über die am häufigsten auftretenden Verhaltensauffälligkeiten. Von einer Verhaltensauffälligkeit, häufig auch als Verhaltensstörung bezeichnet, spricht man, wenn ein problematisches Verhalten über einen längeren Zeitraum in unterschiedlichen Situationen sowie im Umgang mit verschiedenen Personen zu beobachten ist. Das trifft etwa auf 20 % der Kindergartenkinder zu.

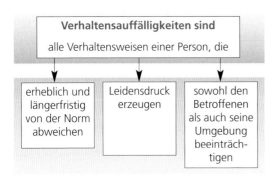

Verhaltensauffälligkeiten sind

alle Verhaltensweisen einer Person, die

erheblich und längerfristig von der Norm abweichen	Leidensdruck erzeugen	sowohl den Betroffenen als auch seine Umgebung beeinträchtigen

Einige Verhaltensauffälligkeiten treten auch entwicklungsbedingt auf, wie z. B. das Fremdeln mit ca. 9 Monaten oder die Trotzphase und sind deshalb als „normal" einzustufen.

Aufgaben

1. Wählen Sie eine der Verhaltensauffälligkeiten aus und überlegen Sie in Zweiergruppen, welche Gründe das gezeigte Verhalten haben könnte.
2. Welche Hilfen könnten Sie bei der jeweiligen Verhaltensauffälligkeit anbieten?

13.2 Ursachen von auffälligem Verhalten

Beispiel

Malte (6 Jahre) hat zwei Seiten: Wenn ihm etwas nicht gelingt oder gewährt wird, was er gerne möchte, flippt er aus. Er wirft mit Gegenständen um sich und schubst andere Kinder. Niemand ist vor ihm sicher. Wenn er etwas haben will, bittet er nicht, sondern setzt die Kinder unter Druck: „Wenn du mir das Auto jetzt nicht gibst, bist du nicht mehr mein Freund." Andererseits kann er sehr anhänglich und zugänglich sein. Nach Aussagen der Eltern verhält er sich zu Hause genauso. Er macht, was er will. Bei Verboten quengelt und droht er so lange, bis er bekommt, was er will.

Aufgaben

3. Was könnten die Ursachen für das jeweilige Verhalten der Kinder auf den Bildern sein?
4. Wie würden Sie auf Maltes Verhalten reagieren?

Für ein Verhalten gibt es viele Ursachen

schlechte Vorbilder		Überforderung
Überbehütung		Vernachlässigung

Eine Ursache kann völlig unterschiedliche Verhaltensweisen bewirken

Unselbstständigkeit		Bravsein
Weglaufen		Gehemmtheit
totale Anpassung		Tagträumen

Die beiden Schaubilder machen deutlich, dass es zwischen dem Grund für eine Verhaltensauffälligkeit und der gezeigten Verhaltensweise keine eindeutige Ursache-Wirkung-Beziehung gibt.

Auslöser für auffälliges Verhalten können belastende Situationen wie Trennung der Eltern, Verlust eines Familienangehörigen, Geburt eines Geschwisterkindes, Vernachlässigung, Verwöhnung oder inkonsequente Erziehung sein. Ein weiterer Auslöser kann die unbewusste Nachahmung (Modell-Lernen) von Verhaltensweisen anderer sein. Das ist besonders dort zu beobachten, wo Kinder vernachlässigt werden, ihr positives Verhalten ignoriert oder bei hohen Erwartungen nur selten gelobt wird. Diese Kinder versuchen durch störendes Verhalten Aufmerksamkeit zu erreichen. Reaktionen wie Ärger, Angst, Beschwichtigung und Strafe werden als Zeichen von Interesse, Zuneigung, Zuwendung und Sorge oder als Selbstbestätigung gedeutet (positive Verstärker).

Einfluss auf das Verhalten kann auch das Gefühl von ungerechter Behandlung haben:

Beispiel
Der 1-jährige Sven hat eine schwere Mittelohrentzündung und beansprucht viel Pflege und Aufmerksamkeit über mehrere Tage. Die 3-jährige Astrid rüttelt und schüttelt an seinem Bett und sagt „Weg, weg." Sie erinnert sich nicht mehr daran, dass sie in derselben Situation vergleichbar behandelt wurde, sondern nur daran, dass die Mutter sie vor kurzer Zeit nur einen Tag wegen leicht erhöhter Temperatur etwas intensiver versorgt hat.

Neben einem kontinuierlich auftretenden auffälligen Verhalten von Kindern sehen sich Erziehende auch mit einem plötzlich veränderten Verhalten von Kindern konfrontiert, deren Ursache nicht immer sofort zu erkennen ist.

Beispiel
Die sonst immer lachende und fröhlich erzählende 5-jährige Berna kommt seit zwei Wochen traurig in den Kindergarten. Sie trödelt beim Ausziehen, in der Gruppe holt sie sich gleich ein Bilderbuch und setzt sich in die Leseecke.

Auch eigene Erlebnisse und Erfahrungen prägen unbewusst das erzieherische Handeln und wirken sich auf das Verhalten von Kindern aus:

Hat der Erziehende selbst erlebt oder empfunden, dass er zurückgesetzt wurde, so sagt er sich: „Ich behandle alle Kinder gleich." Das führt aber in keinem Fall zu mehr Zufriedenheit, denn jedes Kind ist anders und jedes Kind nimmt dieselbe Situation anders wahr.

Die vielfältigen **Ursachen für Verhaltensauffälligkeiten** kann man wie folgt zusammenfassen:

■ **Ursachen, die in der Familie zu finden sind.**
Dazu gehören u. a.: Ehe- und Familienkrisen, unvollständige Familie, Misshandlungen, überzogene Erwartungshaltungen, unterschiedliche Erziehungsvorstellungen, beengte Wohnverhältnisse, Arbeitslosigkeit.

■ **Ursachen, die im Umfeld zu finden sind.**
Dazu gehören u. a.: Kita im sozialen Brennpunkt, zu große Gruppen, Überforderung der Erziehenden, keine Kooperation mit Eltern, inkonsequenter Erziehungsstil, auffälliger Freundeskreis.

■ **Ursachen, die im Kind zu erkennen sind.**
Dazu gehören u. a.: Krankheit, Überforderung, Unterforderung, Entwicklungsverzögerung, Ängste, hirnorganische Störungen, mangelndes Selbstbewusstsein.

Für Erziehende ist das Erkennen der Ursachen nicht einfach.
Einige Kinder verzagen und ziehen sich zurück; andere fordern die Aufmerksamkeit – so wie Malte (s. S. 216) – ziemlich heftig ein. Wenn dann auch noch Vergleiche dazu kommen wie „Der konnte das aber schon, als er so alt war wie Du", fühlt sich das Kind benachteiligt und zurückgesetzt. Manchmal fallen Kinder auch in Verhaltensweisen zurück, die sie schon längst abgelegt hatten (s. Elena auf S. 215). Dieser Vorgang wird als **Regression** bezeichnet.

Ich kann nicht hoch! Trägst du mich?

Diese Kinder fühlen sich zurückgesetzt und nicht beachtet. Der Säugling in seiner Hilflosigkeit beansprucht viel Zeit und Zuwendung, die für das ältere Kind „verloren gehen". Ihre konsequenten Überlegungen: „Wenn ich mich so verhalte wie das Baby, erhalte ich alles zurück."

Aufgaben

1. Erstellen Sie eine Liste mit Risikofaktoren, die bei Kindern zu Verhaltensauffälligkeiten führen können. Begründen Sie Ihre Aussagen.
2. Wie würden Sie sich verhalten, wenn Sie
   a) ein 3-jähriges Kind,
   b) ein 8-jähriges Kind beim Lügen ertappen.
   Begründen Sie Ihre Meinung (vgl. Kap. 11).
3. *Sie sind seit einer Woche als Praktikantin in einer Vorschulgruppe. Jeden Morgen sitzt ein 5-jähriger Junge im Morgenkreis auf Ihrem Schoß, schmust mit Ihnen und gibt Ihnen Küsschen.*
   Was könnte den Jungen veranlassen, sich so zu verhalten? Wie würden Sie sich verhalten?

13.3 Ausgewählte Ursachen von Verhaltensauffälligkeiten

13.3.1 Fehlerhafte Erziehung

Oh, Justus schau mal. Der kann das schon. Und du?

Beispiel

Heiko (5 Jahre alt) geht seit einem Monat in den Kindergarten und die Eltern sind zum ersten Elternabend eingeladen. Thema: Wochenendausflug mit einer Übernachtung. Am Abend vorher reden die Eltern darüber.

Mutter: „Ich möchte nicht, dass Heiko den Wochenendausflug mitmacht. Er ist erst neu in der Gruppe und hat noch nie woanders geschlafen."

Vater: „Warum nicht, einmal muss er es ja lernen. Du verwöhnst ihn sowieso viel zu viel. Immer noch schläft er bei uns im Bett. Das passt mir gar nicht."

Mutter: „Aber er braucht uns doch. Du hörst ihn ja nachts nicht weinen. Außerdem findet er nachts nicht alleine auf die Toilette und kann sich nicht richtig anziehen."

Vater: „Na, du lässt ihn ja auch nicht. Immer bist du sofort bei ihm. Kaum sagt er einen Mucks, schon hilfst du ihm. Auf der Fahrt kann er endlich selbstständig werden und mal zeigen, dass er auch etwas alleine schafft. Hier hängt er ja nur an deinem Rockzipfel und wenn ich was sage, verteidigst du ihn nur."

Mutter: „Du schreist ihn ja auch sofort an. Wenn er mit dir spielen möchte, setzt du ihn lieber vor den Fernseher, damit du in Ruhe lesen kannst."

Aufgaben

1. Wie bewerten Sie das Verhalten des Vaters in dem Comic?
2. Bewerten Sie das unterschiedliche Erziehungsverhalten von Vater und Mutter aus dem Beispiel. Belegen Sie Aussagen mit Textpassagen und erläutern Sie, was die Uneinigkeit für Heiko bedeuten könnte.
3. Wie würden Sie sich verhalten, wenn Heikos Mutter mit Ihnen über den Ausflug spricht?
4. Diskutieren Sie in Kleingruppen, inwiefern Verwöhnung einem Kind schadet oder gut tut.

Erziehung ist nicht leicht. Viele Eltern sind verunsichert, was die „richtige" Erziehung ist. Vater und Mutter haben manchmal unterschiedliche Vorstellungen darüber und können sich nicht einigen.

Man spricht heute auch von „verbreiteter Nichterziehung" in den Elternhäusern. Eltern wollen (i. d. R.) das Beste für ihr Kind: „Das Kind soll es einmal besser haben als wir" und „Die Fehler, die meine Eltern gemacht haben, vermeide ich in jedem Fall". Dabei ist das, wie es geschehen soll, unklar. Häufig fehlen feste Regeln und ein konsequentes Erzieherverhalten wie bei Malte (s. S. 216). Entscheidungen werden nach „Tagesform" oder wie bei Heiko (Beispiel) nach eigenen Bedürfnissen getroffen. Dadurch werden die Kinder verunsichert und können keine oder nur eine unzureichende Selbstdisziplin entwickeln. Außerdem werden Gefühle wie Glück und Stolz verhindert: „Ich habe etwas geschafft; die Anstrengung hat sich gelohnt."

Gefühle wie Stolz und Zufriedenheit über eigene Erfolge empfinden Kinder, die **überbehütet** oder **verwöhnt** werden, kaum. Die Eltern erfüllen dem Kind jeden Wunsch, bewahren es vor Gefahren, wollen ihm negative Erfahrungen ersparen und kontrollieren es ständig. Da diese Kinder eigene Fähigkeiten nicht entwickeln und ausprobieren können, bleiben sie abhängig und unselbstständig.

Häufig zeigen sie ein ängstlich-gehemmtes Verhalten und wenig Selbstvertrauen.

Dieselben kindlichen Verhaltensweisen können durch autoritäres, antiautoritäres oder inkonsequentes Erzieherverhalten hervorgerufen werden.

Aufgaben

1. Betrachten Sie die Comics. Was wird dargestellt?
2. Wie fühlt sich das Kind in der jeweiligen Situation?
3. Welche Auswirkungen kann das jeweilige Erziehungsverhalten langfristig auf ein Kind haben?
4. Wie können Sie als Erziehende diese Auswirkungen abmindern?

13.3.2 Verwahrlosung

Beispiel

Zu einer Krippengruppe von zehn 2- bis 3-jährigen Kindern gehört auch Leisa. Leisa ist gerade 2 Jahre alt geworden und seit drei Monaten in der Gruppe. Den Erziehenden fällt Leisa dadurch auf, dass sie beim Essen anderen Kindern mit dem Löffel auf den Kopf schlägt, bis sie weinen. In der Sandkiste entreißt sie vor allem dem stillen Claas immer die Schaufel, auch wenn sie schon eine andere in der Hand hat. Sie freut sich, wenn er dann brüllend wegläuft. Gestern hat sie erstmals Fabian in den Arm gebissen, als er sein Spieltelefon festhielt.

Aufgaben

5. Wie mag sich das Kind in diesem Umfeld fühlen?
   Begründen Sie Ihre Antwort.
6. Wie bezeichnen Sie Leisas Verhalten?
7. Was würden Sie tun, wenn Leisa in Ihrer Gruppe wäre? Begründen Sie Ihre Antwort.

Von Verwahrlosung spricht man, wenn ein Mensch die Erwartungen der Gesellschaft nicht erfüllt und sich nicht normgerecht verhält. Zu ihnen zählen z. B. Obdachlose, Bettler und lange Zeit auch Jugendliche mit langen Haaren, Piercings oder Tattoos. Jugendliche grenzen sich so bewusst von der Gesellschaft ab.

Sie wollen auffallen, ihre Umwelt provozieren und Protest gegen bestehende Normen und Werte ausdrücken.
In den letzten Jahren hat die Form der sozialen Verwahrlosung stark zugenommen.

Definition

Von **sozialer Verwahrlosung** spricht man, wenn emotionale und soziale Bedürfnisse nicht befriedigt werden.

Soziale Kompetenzen können nicht entwickelt werden. So werden z. B. Kommunikationsformen kaum oder gar nicht erlernt. In Konfliktsituationen zeigen selbst kleinere Kinder deutliche Verhaltensänderungen. Im Umgang mit Gleichaltrigen verhalten sich vernachlässigte Kinder eher zurückhaltend. Sie sind misstrauisch, schlafen schlechter, sind oft unaufmerksam und geben schnell auf. Neuen Bekanntschaften gegenüber sind sie eher distanzlos, wie z. B. Leisa, s. S. 220. In ihren sozialen Interaktionen zeigen sozial vernachlässigte Kinder häufig negatives Handeln.

Beispiel
Der 8-jährige Benedikt baut sich vor seinem Klassenkameraden auf: „Wenn du mir nicht gleich dein Handy gibst, kannst du was erleben!"

Soziale Auffälligkeiten zeigen Kinder besonders oft, wenn sie
- sich allein gelassen und vernachlässigt fühlen (emotionaler Mangelzustand; unbefriedigte Grundbedürfnisse),
- häufig wechselnde Bezugspersonen erleben (Mangel an konstanter Zuwendung, fehlende Bindung),
- Gewalt und strafendes Erziehungsverhalten erfahren,
- zu wenig Grenzen und Regeln erleben,
- Zuwendung und Aufmerksamkeit nur dann erhalten, wenn sie Normen und Regeln übertreten (negative Verstärkung),
- sich ausgeschlossen oder abgelehnt fühlen (fehlende soziale Integration).

Werden die Bedürfnisse eines Kindes über einen längeren Zeitraum nicht befriedigt, spricht man auch von einer **Vernachlässigung**.

Vernachlässigte Kinder sind oft sich selbst überlassen, erhalten wenig Anregungen oder Ansporn und können ihre Bedürfnisse nicht oder nur unzureichend befriedigen. Mögliche Auswirkungen auf das Kind: geringe Selbstachtung, ängstlich-gehemmtes oder aggressives Verhalten. Besonders gravierende Folgen hat eine Vernachlässigung im ersten Lebensjahr. In der Kinderheilkunde wird diese mangelnde Umsorgung (Nestwärme) und Vernachlässigung von Babys und Kleinkindern als **emotionale Deprivation** bezeichnet.

Werden Säuglinge und Kleinkinder auf Dauer körperlich und seelisch vernachlässigt, führt das zum sog. **Hospitalismus** (seelisch-leibliche Verkümmerung, mangelnde Reizvermittlung).

Früher trat Hospitalismus überwiegend bei Kindern auf, die in Kinderheimen, Krankenhäusern oder Pflegeheimen betreut wurden und dort ohne emotionale Zuwendung und konstante Bezugsperson aufwuchsen. Heute sind vorwiegend Kinder aus Familien hospitalisiert, die mit der Pflege und Erziehung überfordert sind und in denen die Kinder schwerer seelischer und körperlicher Vernachlässigung sowie Misshandlung ausgesetzt sind.

Hospitalismus zeigt sich bei Säuglingen und Kleinkindern u. a. durch starke motorische Unruhe (Schaukeln, Kopfwackeln), depressive Stimmung (Weinerlichkeit, Resignation) und Desinteresse an der Umgebung (Teilnahmslosigkeit). Ältere Kinder sind oft distanzlos oder „klettend", sobald ein Erwachsener sich ihnen freundlich zuwendet. Viele dieser Kinder weisen u. a. Lern- und Leistungsstörungen sowie ein geringes Selbstbewusstsein auf. Sie übernehmen kaum Verantwortung gegenüber sich selbst und ihren Mitmenschen.

Aufgaben

1. Warum hat eine Vernachlässigung im 1. Lebensjahr besonders gravierende Folgen? Stellen Sie die Folgen anhand der Entwicklungsschritte dar.
2. Recherchieren Sie (im Internet), welche weiteren Folgen Deprivation und Hospitalismus für Kinder haben können.
3. Welche Erkenntnisse ziehen Sie daraus für Ihre Arbeit in einer Krippe?
4. *„Eltern sollen ihren 12-jährigen Sohn [...] stundenlang in einem engen, dunklen Abstellraum eingesperrt haben. Sie verließen die Wohnung und ließen das weinende Kind zurück. [...] Er hatte nichts zu essen und nichts zu trinken."* [1]
   Welche Bedürfnisse des 12-Jährigen werden verletzt?

Eine weitere oft zu beobachtende Form sozialer Verwahrlosung ist die **Verwöhn-Verwahrlosung** oder **Wohlstandsverwahrlosung**. Eltern versuchen die kindlichen Bedürfnisse mit Geld oder materiellen Dingen statt mit Liebe zu befriedigen. Sie sorgen für das materielle Wohl, aber die liebevolle Zuwendung fehlt. Anstatt die Zeit gemeinsam z. B. mit Spielen, Vorlesen oder Kochen zu verbringen, werden die Kinder mit Spielsachen oder technischen Geräten (Fernseher, Computer, Geld) überhäuft und früh sich selbst überlassen. Viele sehen schon im Kindergartenalter täglich mehr als eine Stunde fern. Die materielle Zuwendung der Eltern ersetzt die emotionale Zuwendung. Das kann dazu führen, dass Freundschaften „gekauft" werden und sich kein Verständnis für die Situation anderer Menschen entwickelt.

Kinder mit diesem Erfahrungshintergrund lernen, ihren Lebensalltag nur nach eigenen Vorstellungen auszurichten und nicht im sozialen Miteinander Grenzen, Regeln und Kompromisse zu erproben. Das Zusammensein in Gruppen wird als „Selbstbestimmungsentzug" erlebt, auf den viele Kinder mit Verweigerung, aggressivem Verhalten oder auch Antriebslosigkeit und Unausgeglichenheit reagieren.

Aufgaben

5. Egoismus wird heute als notwendig angesehen. Diskutieren Sie in Kleingruppen, in welchen Situationen Egoismus positiv sein kann und wann er Grenzen überschreitet.
6. In der Fachliteratur werden Aggressionen auch als „positive Energie" bezeichnet. Was kann damit gemeint sein?
7. Informieren Sie sich beim Jugendamt oder bei den Sozialen Diensten genauer über Verwahrlosungen in Familien und über Betreuungsmöglichkeiten für deren Kinder.
8. Vernachlässigen oder misshandeln Eltern ihre Kinder, so erfolgt i. d. R. eine Einweisung in ein Kinderheim oder eine Wohngruppe. Welche besonderen erzieherischen Aufgaben haben Sie in einer derartigen Einrichtung zu leisten?

[1] Frankfurter Rundschau vom 15.8.2006

13.4 Auswirkungen von Verhaltensauffälligkeiten auf das Kind und sein Umfeld

Beispiel

Dorian ist 8 Jahre und geht in die zweite Klasse. Wenn er in den Hort kommt, wirft er als erstes seinen Ranzen durch den Raum. Beim Mittagessen kann er kaum still sitzen und stopft das Essen in sich hinein. Er bemerkt alles, was um ihn herum passiert. Hausarbeiten findet er langweilig. Er redet dabei ständig auf seine Tischnachbarn ein und überlegt laut, was er hinterher spielen will. Auf seine Störungen angesprochen, wendet er sich ab, behauptet, nichts gesagt zu haben, wirft seine Federtasche vom Tisch oder pöbelt die Erzieherin an. In einem Gespräch mit den Eltern äußern diese: „Zu Hause macht er, was er will. Wir sagen schon gar nichts mehr, weil er sonst alles zerstört, was er gerade in die Finger bekommt. Er läuft oft einfach weg und kommt erst Stunden später wieder. Da machen wir uns dann Sorgen. Einmal hat er seine Wut an seiner 5-jährigen Schwester ausgelassen und sie geprügelt. Seinen großen Bruder dagegen bewundert er."

Aufgaben

1. Nennen Sie die Verhaltensweisen von Dorian, die Sie als auffällig bezeichnen würden.
2. Setzen Sie jeweils die Verhaltensweise, die Sie als „normal" bezeichnen würden, daneben.
3. Wie wirken sich Dorians Verhaltensweisen auf sein Umfeld aus? Belegen Sie Ihre Aussagen mit Beispielen aus dem Text.
4. Überlegen Sie in einer Kleingruppe, wie Dorian sich fühlen mag oder könnte.
5. Wie würden Sie sich fühlen, wenn Dorian in Ihrer Gruppe wäre und wie würden Sie sich verhalten?

Verhaltensauffälligkeiten, wie Aggressivität, Selbstverletzungen, Unruhe, depressives Verhalten, Rückzug, aber auch Konzentrations-, Ess- und Schlafprobleme, die über einen längeren Zeitraum bestehen, erzeugen Leidensdruck und beeinträchtigen die betoffenen Kinder in ihrer Entwicklung.

Ihr auffälliges Verhalten führt zu vielfältigen Schwierigkeiten, mit denen das Kind selten allein fertig werden kann.

Nun sehen Sie sich den doch mal an. Keine Manieren.

Erwachsene erwarten von Kindern, dass sie gesellschaftlich geltende Normen und Werte hinsichtlich „richtigen" Verhaltens beachten. Sie missbilligen, wenn Kinder lügen, stehlen, besonders viel oder wenig essen, herumzappeln, träumen, um sich schlagen, Gegenstände zerstören, nicht rechtzeitig nach Hause kommen und vieles mehr. Auffälliges Verhalten von Kindern bringt Erziehende oft an die Grenzen ihrer Geduld und ihres Verstehens. Vielfach wird darauf mit Ermahnung, Tadel, Drohung oder Strafe reagiert, in der Hoffnung, so das unerwünschte Verhalten zu verändern. Das gelingt sehr selten und nur dann, wenn ein Vertrauensverhältnis besteht und der Erziehende als Autorität anerkannt wird.

Erfahren Kinder in der Familie kein fürsorgliches, soziales Miteinander und lernen nicht, verantwortlich zu handeln, sind sie meist nicht in der Lage, sich in Kindergarten oder Schule anzupassen sowie sich einfühlsam und sozial zu verhalten. Sie erleben sich als Außenseiter und Störenfriede. Sie suchen dann gern „Verbündete", die ihr Verhalten bewundern.

Beispiel
Der 10-jährige Dominique kommt abends oft erst um 21 Uhr nach Hause und erzählt seiner Mutter, dass er mit einem Freund Schach gespielt hat. In Wirklichkeit geht er in eine Spielothek. Sein Freund hat geschworen ihn nicht zu verraten, weil er schon einmal mit war und Dominiques Mut bewundert.

Beispiel
Auf dem Ausflug soll Roman (5 Jahre) wie alle übrigen Kinder ein anderes Kind an die Hand nehmen, um in Zweier-Gruppen zu gehen. Nach 5 Minuten zieht er das zweite Kind aus der Reihe heraus und beginnt auf dem Bordstein zu balancieren. Die Praktikantin erinnert ihn an die Regel. Kurze Zeit geht es gut, dann bleibt er urplötzlich stehen, sodass nachfolgende Kinder in ihn hineinlaufen.

Viele verhaltensauffällige Kinder und Jugendliche denken fast nur an sich. Die Befriedigung der eigenen Bedürfnisse steht im Vordergrund und ihre Frustrationstoleranz ist eher gering. Sie sind ganz auf Selbstbehauptung und Selbstdurchsetzung eingestellt.

Auch die Familien sind in derartigen Situationen häufig besonders belastet. Sie können oder wollen sich nicht im erforderlichen Maße den Bedürfnissen ihres Kindes widmen.

Beispiel
Greta (5 Jahre) sitzt in der Sandkiste und füllt immer wieder die gleiche Kuchenform mit Sand. Als Moritz die Kuchenform haben will, bewirft Greta ihn mit Sand.

Beispiel
Marek (12 Jahre) schämt sich für seinen 5-jährigen Bruder John, der jedes Mal laut schreiend durch die Wohnung rennt, wenn Marek Freunde mit nach Hause bringt.

Verhaltensauffälligkeiten wirken sich oft auf die Beziehungen zwischen den Eltern aus.

Häufig weichen diese Kinder von geltenden Regeln ab und handeln, ohne auf ihr Umfeld Rücksicht zu nehmen. Oftmals wirkt dieses Verhalten provokativ.

Beispiel
Als Pit (5 J.) im Kindergarten durch immer wiederkehrende Störungen auffiel, haben seine Eltern zunächst einander gestützt. Inzwischen werden nur noch gegenseitige Schuldzuweisungen hin- und hergeschoben.

Die Familiensituation verändert sich; oft bleibt nur noch der Weg in die Isolation.

Beispiel

Mara (5 J.) wohnt mit ihren Eltern in einer Kleinstadt. Sie ist mehrfach durch Stehlen und Prügeleien aufgefallen. Ihre Eltern haben sich deshalb immer mehr zurückgezogen und nehmen kaum noch am gesellschaftlichen Leben teil. Sie schämen sich und wollen sich nicht dauernd entschuldigen oder rechtfertigen.

Auffälliges Verhalten führt häufig zu Ablehnung.

Den Jako lade ich nicht zu meinem Geburtstag ein. Der ist immer so frech.

Aufgaben

1. Haben Sie ähnliche Erfahrungen mit Kindern gesammelt? Berichten Sie von einer Konfliktsituation und stellen Sie diese in einem Rollenspiel dar.
2. In einer Reportage „Kinder schlagen ihre Eltern" wird berichtet, dass Kinder schon mit 3 Jahren ihre Eltern „tyrannisieren".
   Welches Verhalten von 3-jährigen Kindern kann zu dieser Aussage führen?
   Wodurch lernen Kinder, ihre Eltern oder andere zu tyrannisieren?
3. Schauen Sie sich die Fernsehsendung „Super-Nanny" an. Beobachten Sie das Verhalten der Kinder, des Vaters, der Mutter. Was fällt Ihnen daran auf? Wie würden Sie sich als Erziehende in ähnlichen Situationen verhalten?

13.5 Maßnahmen und Hilfen für verhaltensauffällige Kinder

Aufgaben

4. Dr. H. Hofmann stellte schon 1845[1] in seinem *Struwwelpeter* „schwierige" Kinder dar und zeigte Folgen ihres Verhaltens auf.
   Welche Verhaltensweisen erkennen Sie?
5. Welche Hilfen könnten Sie den Kindern heute geben? Wo sehen Sie Ihre Grenzen?

Um Kindern mit Verhaltensauffälligkeiten helfen zu können, muss ein Erziehender die Verhaltensauffälligkeiten und die Situationen, in denen sie auftreten, kennen.

[1] Vgl. Schmitz, U.: Das Bilderbuch in der Erziehung

Das bedeutet, er muss das Kind zunächst beobachten (vgl. Entwicklungstabelle nach Prof. Kuno Beller, S. 186).

Folgender Leitfaden könnte eine Hilfe sein:

Name des Kindes				
Datum				
Zeit	Aktivität	Auffällige Verhaltensweise	Vorausgehende Ereignisse	Folgen auffälligen Verhaltens

(In Anlehnung an: Textor (Hrsg.), M. R.: Verhaltensauffällige Kinder fördern, S. 91)

Die Dokumentation ist wichtig, um Auffälligkeiten und Stärken zu erfassen sowie Veränderungen zu erkennen: z. B. wann tritt das auffällige Verhalten auf und wem gegenüber? Sie dient als Grundlage, das eigene Verhalten zu überdenken, um daraus Konsequenzen zu ziehen und gezielte Hilfen zu planen.

Kinder mit auffälligem Verhalten wissen meist selbst nicht, warum sie sich so verhalten, wie sie es tun, und leiden darunter. Um zu einem erzieherisch kompetenten Verhalten zu kommen, ist es erforderlich, die wechselseitigen Einflüsse zwischen Kind, Umfeld, Bezugspersonen und deren Reaktionen zu erfassen. Erziehende müssen auch deutlich machen, dass es im Verhalten jedes Menschen Auffälligkeiten gibt.

Beispiele
Man hat sich geärgert und reagiert ungewohnt aggressiv.

Man ist traurig, möchte am liebsten weinen, aber keinesfalls reden.

Jedes Kind verfügt über positive Eigenschaften, Verhaltensweisen und Ressourcen.
Diese sollten die Grundlage für eine positive pädagogische Interaktion und den Aufbau des kindlichen Selbstwertgefühls bilden.

Allgemeine Hilfen im Umgang mit auffälligem Verhalten sind:
- Das Kind bedingungslos annehmen, wie es ist und keine voreiligen Wertungen aus beobachtetem Verhalten ziehen.

Beispiele
Norman ist beim Ausschneiden ungeschickt, also ist er gestört oder dumm.

Amelie sitzt in der Sandkiste und träumt, also ist sie kontaktarm oder antriebsarm.

- Stigmatisierungen oder Etikettierungen vermeiden

Beispiele
„Ach da kommt ja unser Trödelheini"

- Die Grundeinstellung „Jedes Kind hat einen Grund, sich so zu verhalten." haben. Darauf aufbauend kann die individuelle Hilfe abhängig von Auffälligkeit und persönlicher Situation erfolgen.

Beispiele
Ein Kind, das sich kaum konzentrieren kann, benötigt einen ruhigen Platz, die Nähe eines Erwachsenen und eine seinen Fähigkeiten entsprechende Tätigkeit.

Ein Kind, das stiehlt, benötigt eine liebevolle Zuwendung, Verständnis, Einsicht in sein Handeln und eine klare Wertevermittlung.

- Die Überprüfung äußerer Rahmenbedingungen (Räume, Gruppengröße, Tagesablauf, Regeln) und deren Einfluss auf das Verhalten der Kinder.

Beispiel
Ein hyperaktives Kind benötigt z. B. klare Grenzen, einen strukturierten Tagesablauf und Bewegungsmöglichkeiten.

■ Erziehende, die auch kleine positive Veränderungen, Leistungen oder Bemühungen sehen und durch Zuwendung oder Lob verstärken.

Diese Kinder bedürfen oft sofortiger Bestätigung, damit sie durch Anerkennung Freude am „Weitermachen" erhalten.

Beispiel

Ein ängstliches Kind setzt sich nach vielen Wochen erstmals im Morgenkreis neben ein fremdes Kind und schaut zur Erziehenden. Diese nickt ihm unauffällig zu.

■ Vertrauen aufbauen durch Aufmerksamkeit, Eingehen auf Interessen und Bedüfnisse, konsequentes Handeln, klare Regeln und Gebote, aber Vermeidung von Verboten.

■ Beim ersten Anzeichen von nicht erwünschtem Verhalten aktiv werden und erzieherische Maßnahmen einsetzen (konsequentes Erzieherverhalten).

Beispiele

Das Kind ermahnen und an die abgesprochenen Regeln erinnern: „Du räumst deine Spielsachen auch ein."

Gebote in Erinnerung rufen: „Ich weiß, dass du die Schuhe auch unter die Bank stellen kannst." Verständnis für Gefühlsreaktionen zeigen: „Ich kann verstehen, dass du sauer bist, weil ich dich nicht auf den Spielplatz gehen lasse."

Pädagogische Maßnahmen aus dem verhaltenstherapeutischen Bereich sind:
■ auffälliges Verhalten ignorieren
■ erwünschtes Verhalten positiv verstärken
■ erwünschte Verhaltensweisen vermitteln
■ mit Kindern Verhaltensziele vereinbaren
■ Kindern „Auszeiten" geben mit Verbleib im Raum [1]

---

[1] Vgl. Textor (Hrsg.), M. R.: Verhaltensauffällige Kinder fördern, S. 88 ff

Stoßen Erziehende im Umgang mit verhaltensauffälligen Kindern an ihre Grenzen, so sollten sie die Angebote z. B. von Erziehungsberatungsstellen, Supervisionen oder psychosozialem Dienst in Anspruch nehmen.

Aufgaben

1. Schildern Sie eine Situation, in der ein Kind ein auffälliges Verhalten gezeigt hat und wie Sie darauf reagiert haben.
2. Überlegen Sie, wie die Maßnahmen aus dem verhaltenstherapeutischen Bereich in der geschilderten Situation hätten angewendet werden können.
3. *„Die Person des Kindes ist eine Ganzheit, das auftretende Verhalten nur ein Teilbereich von ihm."*
   Was bedeutet diese Aussage für Ihre Arbeit mit verhaltensauffälligen Kindern?
4. Jede Verhaltensauffälligkeit ist ein Hilferuf an den Erziehenden: „Beachte mich, liebe mich, hilf mir!"
   Diskutieren Sie diese Aussage in Kleingruppen. Zu welchen Erkenntnissen kommen Sie?
5. *Ein 6-jähriger Junge reißt Käfern Beine aus, tötet gerne Ameisen, indem er sie zertritt, zerschneidet Regenwürmer und lacht, wenn Erwachsene ihn fragen, warum er das macht.*
   Welche Ursachen könnte ein derartiges Verhalten haben?
   Diskutieren Sie in einer Kleingruppe Möglichkeiten, wie man mit diesem Kind umgehen sollte/könnte.
6. Informieren Sie sich im Internet über entwicklungsförderndes Erzieherverhalten bei Kindern mit Verhaltensauffälligkeiten.
   Diskutieren Sie die dortigen Vorschläge.

Zusammenfassung

- Verhaltensauffälligkeiten sind Verhaltensweisen, die erheblich und längerfristig von der Norm abweichen, Leidensdruck erzeugen und sowohl den Betroffenen als auch sein Umfeld beeinträchtigen.
- Auffälligkeiten lassen sich im körperlichen, sozialen und emotionalen Verhalten sowie im Spiel- und Leistungsbereich beobachten.
- Auslöser für auffälliges Verhalten können in der Familie, im Umfeld oder im Kind selbst liegen.
- Eine fehlerhafte Erziehung oder Vernachlässigung sind häufig Ursachen für ein auffälliges Verhalten.
- Auffälliges Verhalten bringt Erziehende oft an die Grenzen ihrer Geduld und ihres Verstehens.
- Das störende Verhalten des Kindes führt zu vielfältigen Schwierigkeiten, mit denen das Kind ohne Hilfe selten allein fertig werden kann.
- Jede Verhaltensauffälligkeit ist ein Hilferuf.
- Um die erforderliche Hilfe für verhaltensauffällige Kinder planen zu können, muss deren Verhalten gezielt beobachtet und sorgfältig dokumentiert werden.
- Erst das Erfassen der wechselseitigen Einflüsse zwischen Kind, Umfeld und Bezugsperson ermöglicht ein erzieherisch kompetentes Handeln.
- Jedes Kind verfügt über positive Eigenschaften, Verhaltensweisen und Ressourcen. Diese sollten Grundlage für eine pädagogische Interaktion sein.
- Erziehende können für die Arbeit mit auffälligen Kindern externe Hilfen in Anspruch nehmen und sich an verschiedene Beratungsstellen und -einrichtungen wenden.

Aufgaben

1. Beobachten Sie ein auffälliges Kind und finden Sie dessen Stärken heraus. Überlegen Sie, wie Sie die Stärken des Kindes in der Erziehung einsetzen können.
2. Wann würden Sie die Aussagen „Das wächst sich schon raus" oder „Es ist ja gar nicht so schlimm" bei einem einnässenden Kind als berechtigt ansehen und wann nicht?
3. Überlegen Sie in einer Kleingruppe eine „Erziehungssituation". Stellen Sie diese Situation im Rollenspiel mit überbehütendem, autoritärem, antiautoritärem und inkonsequentem Erzieherverhalten dar. Welche Erkenntnisse nehmen Sie daraus für Ihr erzieherisches Handeln mit?
4. *„In einer Welt, in der die Geborgenheit verloren geht, kann die Entwicklung des Hirns nicht mehr normal verlaufen."* (Gerald Hüther, Hirnforscher 1999)[1] Diskutieren Sie in einer Kleingruppe, was dies über die Erziehung und Betreuung von Kindern aussagt. Welche Rückschlüsse lassen sich daraus über verhaltensauffällige Kinder ziehen?
5. Beobachten und dokumentieren Sie in Ihrer Kindergartengruppe, welche Zuwendungen ein verhaltensauffälliges Kind bekommt: positive (Anblicken, Lächeln, Zuhören, Fragen …), negative (Ermahnen, Tadeln, Schimpfen, Drohen, Schreien …) oder keine Zuwendung (Sich-Abwenden, Keine-Antwort-Geben, Keine-Miene-Verziehen…) Welche Reaktionen zeigt das Kind?
6. Sammeln Sie vier Wochen lang Zeitungsnotizen und -artikel über Kinder, Berichte, Initiativen, besondere Ereignisse. Erstellen Sie eine Liste, worüber und was berichtet wird. Stellen Sie Ihre Ergebnisse der Klasse vor.

---

[1] Gebauer K.: Wenn Kinder auffällig werden, S. 1

14 Erziehung, was ist das?

Beispiel 1

„Erst als ich das Brennen im Gesicht spürte und auf den Boden knallte, merkte ich, dass er da war. Alles ging so schnell, dass ich kaum mitbekam, wie er mir eine runterhaute. Es überraschte mich nicht, ich hatte geahnt, dass mein Vater mich schlagen würde.
Alle eritreischen Männer schlagen ihre Kinder, und hin und wieder auch ihre Frauen, die wiederum ihre Kinder schlagen. Das gehört zur Erziehung, und Erziehung ist alles, was dazu dient, Kinder ruhig zu stellen und sie zu guten Arbeitern zu machen."[1]

Beispiel 2

Auszug aus einem Interview mit Claudia Schiffer, 1970 geb., Model, 2 Kinder (zum Zeitpunkt des Interviews 3 und 1 Jahr alt):
Welche Werte sind Ihnen bei der Kindererziehung wichtig?
„Respekt gegenüber seinen Mitmenschen finde ich sehr wichtig, ebenso Ehrlichkeit, ein gewisses Maß an Disziplin und gute Manieren. Ich lege viel Wert darauf, dass sie sich und ihre Talente frei entfalten können. Da bin ich nicht so streng. Wenn meine Kinder Klavier spielen möchten, dann ist das toll, wenn nicht – auch kein Drama."[2]

[1] Mehari, S. G.: Feuerherz, S. 272
[2] Zeit Leben, Nr. 38, 9/2006, S. 4

Aufgaben

1. Was wird in den Beispielen unter Erziehung verstanden? Teilen Sie diese Auffassung?
2. Informieren Sie sich in Literatur, im Internet und bei Bekannten darüber, was dort unter Erziehung verstanden wird.
3. Diskutieren Sie Ihre Rechercheergebnisse in einer Kleingruppe und verständigen Sie sich auf eine Definition.
4. Muss ein Mensch erzogen werden? Diskutieren Sie die Frage in einer Kleingruppe.

14.1 Erziehungsbedürftigkeit und Erziehungsfähigkeit

Mit der Geburt des Menschen beginnt sein Lebensweg. Um diesen Lebensweg erfolgreich zu gehen, bedarf es der Unterstützung durch andere. Diese Unterstützung kann man als Erziehung bezeichnen. Sie beginnt unmittelbar nach der Geburt mit der Ernährung, Pflege, Zuwendung und Gewöhnung.

Aus biologischer Sicht gehört der Mensch zur Klasse der höheren Säugetiere. Er unterscheidet sich allerdings durch etliche Merkmale von ihnen: z. B. durch einen aufrechten Gang, eine ausgeprägte Lernfähigkeit, die Wortsprache sowie durch Denk- und Planungsfähigkeit. Um diese Fähigkeiten zu beherrschen, muss er angeleitet, umsorgt, unterstützt und erzogen werden.

Vergleicht man ihn bei seiner Geburt mit anderen höheren Säugetieren, z. B. Affen oder Huftieren, kommt er zu früh auf die Welt und ist auf eine hundertprozentige Versorgung (materiell, emotional, entwicklungsfördernd) angewiesen.

Ein Fohlen kann bereits kurz nach seiner Geburt stehen, während das Kind ungefähr ein Jahr dazu braucht. Das Kind kommt als hilfloses Wesen auf die Welt. Ihm fehlen beispielsweise die Instinkte und viele Reflexe.

Beide sind angeborene Verhaltensweisen, die

- gleichförmig und automatisch ablaufen,
- durch Reize ausgelöst werden und
- der Selbst- und Arterhaltung dienen.

Vergleich:
Ein Tag alter Säugling und ein Tag altes Fohlen

Die Säugetiere verfügen außerdem über für ihre Art spezifische Fähigkeiten. So hat beispielsweise der Hund einen ausgeprägten Geruchssinn, die Katze einen ausgeprägten Hörsinn und der Maulwurf große Grabekrallen. Bei einem Neugeborenen sind alle Organe vorhanden und die Sinnesorgane funktionieren bereits, sind aber nicht spezifisch ausgeprägt. Der Mensch muss erst lernen, sie für die unterschiedlichen Situationen einzusetzen. Beispiel Hände: Sie besitzen keine ausgeprägte Grabefunktion wie beim Maulwurf. Sie können aber vielfältige Bewegungen ausführen (fest zupacken, aber auch zart streicheln).

Ein Neugeborenes besitzt im Vergleich zu vielen Tieren relativ wenige Fähigkeiten. Spezifisch menschliche Verhaltensweisen, wie z. B. aufrechte Körperhaltung, Sprache, Denken und geplantes Handeln, müssen erst erworben werden. Das geschieht durch einen wechselseitigen Prozess von Erziehung und Lernen.

Während die Tiere über einseitig ausgeprägte Spezialisierungen verfügen, kann der Mensch sich durch seine Fähigkeit zum Sprechen und Denken die Welt in vielfältiger Weise erschließen. Der Mensch verfügt zwar über ein Bewusstsein, Zeitempfinden, die Fähigkeit, zielbewusst zu planen und zu handeln, sich (frei und) willentlich zu entscheiden und sein Leben aktiv zu gestalten, muss diese Fähigkeiten aber erst mithilfe anderer entwickeln bzw. erwerben.

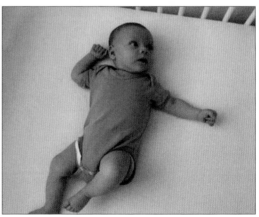

Aufgabe

Überlegen Sie, welche Erfahrungen die Säuglinge auf den Bildern machen. Wozu werden sie erzogen?

Kümmert man sich nicht um einen Säugling, würde er körperlich und geistig zurückbleiben (vgl. S. 141) oder sogar sterben. Weitere mögliche Folgen einer fehlenden emotionalen Zuwendung: Hospitalismus (vgl. Kap. 13) und Depression (Gefühlsstörungen, die sich u. a. in geringem Selbstwertgefühl und psychomotorischen Hemmungen äußern).

Ein Mensch kann nicht nur erzogen werden, sondern muss erzogen werden, denn er kommt als unfertiges Lebewesen auf die Welt, das viele Möglichkeiten zur Entfaltung in sich birgt. Man spricht deshalb auch von **Erziehungsbedürftigkeit.**

Ein Mensch kann aber nur erzogen werden, wenn er sich auch erziehen lässt, d. h. wenn er erziehungsfähig ist. **Erziehungsfähigkeit** oder Erziehbarkeit bedeuten, dass ein Mensch
- Hilfen annehmen kann, die zu seiner Entwicklung notwendig sind,
- fähig ist, zugemutete Aufgaben altersgemäß zu bewältigen und
- lernfähig ist, d. h. Konsequenzen aus seinem Handeln ziehen kann.

Dies gilt von Geburt an in unterschiedlicher Ausprägung und bedeutet für die Erziehenden, dass sie eine altersangemessene Zuwendung und Unterstützung bedenken sowie entsprechende Erziehungsmaßnahmen auswählen müssen.

Dies gilt in ganz besonderem Maß für das erste Lebensjahr, in dem die Grundlagen für die Entwicklung der Persönlichkeit gelegt werden.

Der Säugling braucht besondere emotionale Zuwendung und vielfältige, unterschiedliche Reize.
Da die Voraussetzungen für ein systematisches Lernen bereits sehr früh gegeben sind, lernt der Mensch mittels seiner sensorischen und geistigen Fähigkeiten sowie seines Denkvermögens schnell. So kann er jede Sprache lernen, sein Verhalten ändern, sich seiner Umwelt, seinem Umfeld (sozial und religiös) und der Gesellschaft anpassen.

> **Definition**
>
> Unter **Erziehungsbedürftigkeit** versteht man die Notwendigkeit, dass ein Mensch erzogen werden muss; unter **Erziehungsfähigkeit** die Möglichkeit, dass ein Mensch erzogen werden kann.

> *„Kinder brauchen Menschen, die sie lieben und versorgen, die ihre zunehmende Eigenverantwortlichkeit unterstützen und mit denen sich ihnen die physische, geistige und soziale Welt eröffnet."* [1]

Aufgaben

1. Was wird aus den beiden Bildern in Bezug auf Lernen und Erziehung deutlich?
2. *„Der Mensch ist das einzige Geschöpf, das erzogen werden muss."*
   Bewerten Sie diese Aussage von Immanuel Kant und begründen Sie Ihre Bewertung.
3. Erklären Sie folgende Aussage:
   „Der Mensch wird erst durch Mitmenschen zum Menschen." [2]
4. Bewerten Sie folgende Aussage: *„Du sitzt jetzt schon 30 Minuten auf deinem Töpfchen. Kannst du nicht mal fertig werden?"*

[1] 10 . Kinder- und Jugendbericht S. XII, 2001
[2] Novak, F.: Pädagogik/Psychologie, S.297

14.2 Intentionale und funktionale Erziehung

Beispiel 1

Ein Vater, der einen eigenen Betrieb hat, den der Sohn einmal übernehmen soll, nimmt ihn früh dorthin mit, bindet ihn ein und erklärt ihm alles: „Du musst sorgfältig arbeiten und freundlich zu den Kunden sein." Der Junge gibt sich daraufhin große Mühe und begrüßt die Menschen meist lächelnd. Als der Vater ihn lobt, macht er noch eifriger mit.

Beispiel 2

Beim gemeinsamen Essen im Kindergarten kann man unterschiedliche Verhaltensweisen beobachten: schmatzen, mit den Ellenbogen auf dem Tisch liegen, schlingen, langsam essen, beide Hände neben dem Teller auf dem Tisch.

Aufgaben

1. Welche Wertvorstellungen, Handlungsmuster und Erziehungsmittel werden aus Beispiel 1 deutlich?
2. Wie sind die unterschiedlichen Verhaltensweisen in Beispiel 2 zu erklären?

Je jünger ein Mensch ist, desto größer ist der erzieherische Einfluss auf ihn.

Lass dir nicht immer alles gefallen.

Du musst auch mal zurückstecken.

Warum bist du immer so still? Erzähl doch mal was.

Nun sei mal brav und rede nicht so viel.

Erziehung erfolgt, wie in Beispiel 1, durch gezielt eingesetzte Erziehungsmittel und -maßnahmen, – man spricht dann auch von intentionaler Erziehung – oder, wie in Beispiel 2, durch unbewusstes Einwirken – auch als funktionale Erziehung bezeichnet.

Definition

Die **intentionale Erziehung** ist ein bewusst unternommenes, absichtsvolles Einwirken auf den Menschen mit dem Ziel, seine Fähigkeiten und sein Wissen zu erweitern sowie sein Verhalten zu verändern.

Mit intentionaler Erziehung sind folglich alle Maßnahmen und Mittel gemeint, die Erziehende anwenden, um Lern- und Entwicklungsprozesse in Gang zu setzen, ein bestimmtes Verhalten hervorzubringen oder eine Verhaltensänderung zu bewirken.

Die intentionale Erziehung richtet sich auf die Entwicklung der Persönlichkeit: Positiv bewertete Eigenschaften sollen hervorgerufen, gefördert und stabilisiert werden, während negative abgeschwächt oder beseitigt werden sollen. Die intentionale Erziehung sollte vor allem folgende Eigenschaften fördern:

- Grundvertrauen, Lebensbejahung, Offenheit, Bindungsfähigkeit
- Bereitschaft zur Selbsterhaltung durch eigene Anstrengung
- Realistisches Welt- und Selbstverständnis
- Werthaltung, Rechtsempfinden
- Selbstdisziplin, Rücksichtnahme

Aufgaben

3. Überlegen Sie in Gruppen Beispiele von Situationen, in denen intentionale Erziehung stattfindet.
4. Reflektieren Sie eigene Situationen, in denen intentionale Erziehung stattgefunden hat.

Grundlage für das erzieherische Handeln sind Wertvorstellungen und Handlungsmuster, die bewusst auf das Kind oder den Jugendlichen übertragen werden sollen. Um das Ziel dieser Handlungen zu erreichen, setzt der Erziehende Mittel wie z. B. Lob und Tadel ein. Damit erweitert er bereits vorhandene Fertigkeiten oder bildet Fähigkeiten neu heraus und setzt Lern- und **Entwicklungsprozesse** in Gang.

Aufgabe des Erziehenden ist es, durch sein Handeln das Verhalten des zu Erziehenden dauerhaft dahingehend zu ändern, dass der Soll-Zustand

„Das Kind soll rücksichtsvoll sein",

den der Erziehende vor Augen hat, beim zu Erziehenden ein Ist-Zustand wird –

„Das Kind ist rücksichtsvoll".

Um das zu erreichen, muss der Erziehende Ziele setzen, die sog. **Erziehungsziele**, und überlegen, wie er die gesetzten Ziele erreichen kann, mit welchen Mitteln und Maßnahmen. Jeder Erziehende sollte sich an dem Alter des zu Erziehenden, seinen Interessen, Fähigkeiten, Fertigkeiten und Bedürfnissen orientieren. Mit zunehmendem Alter nimmt der Einfluss der intentionalen Erziehung ab.

Beispiel
Ordnung halten ist bei uns ein wichtiges Erziehungsziel. Um dies zu erreichen, handeln Eltern unterschiedlich:
Frau Meier: „Wie sieht das hier wieder aus! Räume endlich deine Sachen weg, Bücher in den Schrank, schmutzige Wäsche in die Waschküche, Schuhe in den Keller. Wie kann man sich in so einem Chaos nur wohlfühlen!"
Herr Müller: „Wenn du dein Zimmer ordentlich aufräumst, bekommst du einen Zuschuss zum Taschengeld, wenn nicht, gibt es am Wochenende Fernsehverbot. Ich kontrolliere dein Zimmer immer am Freitagabend."

Aufgaben

1. Welche Maßnahmen oder Mittel werden im Beispiel jeweils eingesetzt?
2. Wie bewerten Sie den Erfolg der Maßnahmen? Begründen Sie Ihre Antworten.

Aufgaben

3. *„Sind die Kinder klein, müssen wir ihnen helfen, Wurzeln zu fassen. Sind sie aber groß geworden, müssen wir ihnen Flügel schenken"* (aus Indien).
   a) Diskutieren Sie in einer Kleingruppe die Bedeutung der Aussage anhand von Beispielen.
   b) Präsentieren Sie das Ergebnis der Klasse.
   c) Beschreiben Sie eine Beschäftigung für Kinder, bei der Sie die genannten Faktoren berücksichtigen.

Neben einer bewussten Einflussnahme auf den Menschen erfolgt immer gleichzeitig ein unbewusstes Einwirken, die funktionale Erziehung.

Definition

Unter **funktionaler Erziehung** versteht man das unbeabsichtigte, nebenbei stattfindende Einwirken auf den Menschen, das zu einer Verhaltensänderung führt.

Im Unterschied zur intentionalen Erziehung stehen hinter der funktionalen Erziehung keine bewussten und beabsichtigten Ziele. So werden beispielsweise Verhaltensweisen von anderen übernommen, die als Vorbild oder Idol anerkannt werden.

Aufgaben

4. Welche Eigenschaften möchte man von seinem Vorbild übernehmen?
5. Wie bewerten Sie die Orientierung an einem Vorbild oder Idol?

Außerdem reagieren Menschen auch auf Veränderungen der Lebensumstände mit immer neuen Verhaltensweisen, Fähigkeiten und Fertigkeiten.

Beispiel

Ein Kind, das erst kurz in der Kindergruppe ist, kennt sich noch nicht so gut in den Räumlichkeiten aus. Es findet aber jeden Raum, weil es hinter älteren Kindern oder Erzieherinnen herläuft.

Erziehung findet also beabsichtigt (intentional) und unbeabsichtigt (funktional) statt. Werden funktionale und intentionale Erziehung miteinander verglichen, so fällt auf, dass die funktionale Erziehung stärker wirken kann als die intentionale, da Vorbilder als Modell eine große Wirkung ausüben.

Aufgaben

1. Überlegen Sie in Gruppen, inwiefern Ernährung, Pflege, Zuwendung und Gewöhnung den Säugling erziehen.
2. *„Alle erziehen alle jederzeit."* (E. Krieck) Nehmen Sie Stellung zu dieser Aussage und belegen Sie Ihren Standpunkt mit Beispielen.
3. Arbeiten Sie in Kleingruppen und nehmen Sie zu folgenden Erziehungssituationen Stellung:
   a) *Sie besuchen eine Freundin, die vor einigen Monaten eine Tochter bekommen hat. Während Ihres Besuchs bekommt das Baby die Flasche. Es liegt alleine in seiner Wiege.*
   b) *Sie beobachten, dass der kleine Jesper aus Ihrer Kindergruppe nach dem Frühstück unaufgefordert zum Zähneputzen geht.*
   c) *Miri antwortet auf Ihre Aufforderung, das Spielzeug wegzuräumen, mit „Zu Hause räume ich auch nie auf!"*
   d) *Als Sie Malte darauf hinweisen, dass das Messer nicht abgeleckt wird, antwortet er: „Das macht Klaus (Bufdi) doch auch immer."*
   e) *Während der Abholsituation sagt eine Mutter zu ihrem Sohn: „Nimm endlich die Finger aus dem Mund!"*
   g) *Sie wollen ein Elterngespräch führen, können sich aber nicht konzentrieren, weil das Kind ständig stört.*

14.3 Aufgaben und Merkmale der Erziehung

Erziehung dient dem Aufbau der Persönlichkeit (**Individualerziehung**) und des Sozialverhaltens sowie der Teilhabe (**Partizipation**) und Gestaltung von Gesellschaft und Kultur (**Sozialerziehung**).

Um diese Ziele zu erreichen, muss Erziehung Hilfen geben

■ zur Entwicklung von Handlungs- und Widerstandsfähigkeit (Resilienz),

Beispiel

Alex geht mit seinem Freund zum Kiosk, um Gummibärchen zu kaufen. Leider reicht das Geld nicht und sie gehen wieder. Nach ein paar Minuten sagt Jonas: „Komm, wir gehen zu Edeka. Ich pass auf, dass keiner guckt, und du steckst sie schnell ein." „Nein, das tun wir nicht."

■ zur Bewältigung des Lebens in der Gesellschaft

Beispiel

Merle ist Außenseiterin in ihrer Klasse. Sophie, deren Eltern viele ehrenamtliche Aufgaben wahrnehmen, hat gelernt, dass man Schwachen helfen muss, deshalb bemüht sie sich, Merle zu integrieren.

■ zur Mitbestimmung (Partizipation) und

Beispiel

Das Essen für die kommende Woche soll bestellt werden. Die Gruppe bekommt dafür Abbildungskarten und jedes Kind legt Steine auf seine Essenwünsche.

■ zur kreativen Gestaltung und Veränderung in der Zukunft.

Beispiel

Marcel ist entsetzt über den Zustand des Materialraums. Er organisiert Selbsthilfe und schafft mit farbigen Kartons ein System, mit dem es wesentlich leichter gelingt, Ordnung zu halten.

Erziehung findet immer in einer konkreten Situation statt. Sie ereignet sich zwischen Menschen und stellt einen wechselseitigen Prozess dar zwischen demjenigen, der erzieht und demjenigen, der erzogen wird. Dabei wird die Erziehung von der Umwelt und den darin agierenden Menschen bestimmt.

Neben dem planmäßigen Einwirken – der Erziehung – wird der Mensch auch durch folgende Faktoren beeinflusst:
■ die Zugehörigkeit zu bestimmten Gruppen,

Beispiel
Angelina spielt Fußball. Auch wenn sie keine Lust hat, geht sie zum Training. Die Mannschaft braucht sie als gute Mittelstürmerin. Früher hat sie sich oft gedrückt und andere ausgetrickst. Heute spielt sie fair und kann Regeln einhalten.

■ die Massenmedien und

Beispiel
Sie beobachten zwei Kinder Ihrer Gruppe, die Vater – Mutter – Kind spielen. Tino schimpft lauthals mit einer Puppe und sagt „Wenn du nicht artig bist, darfst du nicht zu meiner Monster-Party kommen!"

■ die Werbung.

Beispiel
„Mama bringst du mir Kinderschokolade mit, die ist so gesund für mich."

Diese Einwirkungen von außen formen den Menschen und tragen zu seiner Persönlichkeitsentwicklung bei. Durch die Anpassung an die Gesellschaft und die Eingliederung erwirbt der Mensch sein Sozialverhalten.
Die Grundlage für soziales Verhalten und das Zusammenleben bilden Normen und Werte, die in der Gesellschaft Gültigkeit besitzen:
An den Einzelnen werden in Bezug auf das Einhalten der Werte bestimmte Erwartungen geknüpft. Von Eltern erwartet man u. a., dass sie ihre Kinder lieben und sich um sie kümmern. Ein Grundwert unserer Gesellschaft ist die Achtung des Menschen. Diese Achtung

kann man z. B. deutlich machen durch eine zugewandte, freundliche Begrüßung.

Aufgaben

1. Durch welche Verhaltensweisen kann man die Achtung gegenüber einem Menschen noch ausdrücken? Nennen Sie Beispiele.
2. Nennen Sie menschenverachtende Verhaltensweisen.
3. Erstellen Sie eine Mindmap:
   Welche Erwartungen haben die Familie, die Freunde, die Verwandtschaft, die Schule und die Praktikumsstelle an Sie?
4. Welche Erwartungen werden im Bild auf S. 232 an das Kind gestellt?

Man kann feststellen, dass die Erwartungshaltungen der Einzelnen sehr unterschiedlich sind und dass einem Menschen unterschiedliche Rollen zugewiesen werden. Man spricht hier auch von **sozialen Rollen**, die ein Mensch in seinem Leben einnimmt.

Erziehung wirkt auf den Menschen ein und bewirkt seine Bildung. Gebildet ist nicht, wer nur Kenntnisse besitzt und Praktiken beherrscht, sondern wer u. a. Urteilsvermögen, Taktgefühl, Aufgeschlossenheit, Verständnis, Geschmack, Ehrfurcht und Achtung vor dem Anderen erworben hat.

Definition

Bildung ist ein Prozess der Aneignung von Wissen, Erkenntnissen, Fähigkeiten, Fertigkeiten und Haltungen. Sie führt zur aktiven Auseinandersetzung mit der Welt und ihrer Erschließung.

Der Bildungs- und Erziehungsprozess ist nie abgeschlossen, sondern findet lebenslang statt. Es geht dabei um

- die Entfaltung der eigenen Individualität (Selbstentfaltung) und
- die aktive Auseinandersetzung mit der Welt (Kultur, Gesellschaft, Politik).
- die Leistungsbereitschaft aus Neugier und den natürlichen Wissensdurst (Kompetenzentwicklung).
- die demokratische Teilhabe an Entscheidungen.

Durch die aktive Auseinandersetzung wird die Welt für den Menschen zugänglich, vertraut und durchschaubar. Er lernt Zusammenhänge kennen, kann sie verstehen, für sich bewerten und sich entsprechend verhalten.

Beispiel
Die 5-jährige Carlotta möchte gerne alleine mit dem Fahrrad zum Kindergarten fahren. Die Mutter sagt: „Wir fahren diese Woche noch gemeinsam. Du fährst vor und ich schaue, ob du alles richtig machst." Da das gut klappt und der Weg ungefährlich und nicht weit ist, darf Carlotta, wie versprochen, alleine fahren. Als ihr Freund Axel sie überholt und über eine kaum befahrene Seitenstraße braust, ruft sie: „Axel, du musst anhalten und erst nach beiden Seiten schauen, sonst kannst du überfahren werden."

Je intensiver sich ein Mensch mit der Welt auseinandersetzt,

- desto mehr erschließt sie sich ihm,
- desto mehr kann er seine Selbstwirksamkeitskraft aktivieren,
- desto eher kann er einen eigenen Standpunkt entwickeln,
- desto besser wird er fähig, in ihr zu leben sowie sein Leben verantwortlich und selbstbestimmt zu gestalten.

Während Erziehung ein Prozess ist, der sich zwischen den Menschen vollzieht, ist Bildung ein Vorgang, der sich im Menschen abspielt. Der Bildungsaspekt erfährt heute in der früh-

kindlichen Erziehung eine zunehmende Bedeutung, denn Bildung und Erziehung sind für die Entwicklung der Persönlichkeit sehr wichtig. In den Bildungsprogrammen und Erziehungsplänen der einzelnen Bundesländer werden folgende Bildungsbereiche in den Blick genommen:

- Muttersprachliche Kommunikation
- Mathematisch-naturwissenschaftliches Verständnis
- Motorische Fähigkeiten
- Ästhetisch-musische Kompetenzen
- Grundlagen politischer Bildung

Ein vielfältig angelegter Bildungsprozess soll Menschen in die Lage versetzen, die Kompetenzen (Fähigkeiten) zu erwerben, die sie für die Gestaltung ihres Lebens und die Bewältigung neuer Herausforderungen brauchen. Diese Fähigkeiten werden in vier Kompetenzbereiche eingeteilt. Hierzu zählen die

- **Ich-Kompetenz,**

- **soziale Kompetenz,**

■ Sachkompetenz und

■ lernmethodische Kompetenz.

Als **Basiskompetenzen** werden beispielsweise angesehen:

■ Kooperations- und Kommunikationsfähigkeit

Beispiel
Juri kommt am ersten Kindergartentag stolz nach Hause: „Ich habe einen Kindergartenpaten."

■ Neugier

Beispiel
Die Kinder stehen um einen Obstkorb mit exotischen Früchten und fragen: „Was ist das?"

■ ein positives Selbstwertgefühl

Beispiel
Lisa erzählt ihren Eltern: „Ich singe auf der Weihnachtsfeier das neue Lied alleine vor."

■ Problemlösefähigkeit

Beispiel
Die Kinder einigen sich beim Spiel, wer wann mit dem neuen Kaufladen spielen darf.

■ Fähigkeit zur Stressbewältigung/Widerstandsfähigkeit (Resilienz)

Beispiel
Stefan erzählt: „Meine Mama ist ganz krank und mein Papa ist traurig. Ich tröste ihn und helfe ihm."

Erziehung und Bildung stehen nicht unabhängig nebeneinander, denn erst Erziehung ermöglicht und unterstützt den Bildungsprozess.

Aufgaben

1. Gibt es in Ihrem Bundesland einen Erziehungsplan? Wenn ja, was beinhaltet er?
2. Was wird davon in den Einrichtungen umgesetzt?
3. Was versteht man unter „Herzensbildung", „eingebildet", „ungebildet"? Geben Sie jeweils ein Beispiel und beurteilen Sie die Person auf dem Bild oben.
4. Inwiefern machen Eigenschaften wie Taktgefühl, Anstand, Verständnis und Urteilsfähigkeit die Bildung eines Menschen aus?
5. Informieren Sie sich, wodurch Sie die vier Kompetenzbereiche eines Kindes fördern können. Erinnern Sie sich dabei an eigene Erlebnisse oder Situationen in Ihrem Praktikum.
6. Kindertageseinrichtungen werden auch als die „Kinderstube der Demokratie" verstanden. Diskutieren Sie in Kleingruppen, was darunter zu verstehen ist. Welche demokratischen Formen der Mitbestimmung von Kindern haben Sie kennengelernt?

14.4 Wodurch wird die Erziehung beeinflusst?

Aufgaben

1. Wie bewerten Sie die Jugendlichen auf dem Bild und wie kommt es zu dem ähnlichen Aussehen?
2. „Paul hat das Temperament von seinem Opa", sagt die Mutter im Kindergarten. Was meint sie damit?

Eltern und Erzieher fragen sich häufiger, woher diese oder jene Verhaltensweise ihrer Kinder kommt. Sie überlegen, ob sie etwas falsch gemacht haben oder ob sie das Kind zu wenig unterstützt und gefördert haben. Dabei werden sie auch feststellen, dass sie auf bestimmte Verhaltensweisen keinen Einfluss haben, denn die menschliche Entwicklung, Erziehung, Bildung und Sozialisation ist abhängig von

- Vererbung/Anlage,
- Umwelt,
- Selbststeuerung und
- Interaktion.

Auch wenn jeder Mensch dieselben Phasen durchlebt und dieselben Entwicklungsaufgaben lösen muss, ist kein Mensch wie der andere. Sie unterscheiden sich in Aussehen und Körperbau sowie in ihren Verhaltensweisen und Fähigkeiten.

Entwicklung und Erziehung eines Menschen werden durch verschiedene Faktoren beeinflusst. Sie werden als

- **endogene Faktoren** (von innen kommend),
- **exogene Faktoren** (von außen einwirkend) und
- **autogene Faktoren** (selbstbestimmte) bezeichnet.

Jedem Menschen werden von seinem Vater und seiner Mutter, aber auch den Großeltern bestimmte Eigenschaften vererbt. Man spricht hier von **endogenen Faktoren**, den **Anlagen**, also den „innen" liegenden Bauplänen oder Kräften, die den Entwicklungsprozess bewirken. Auch Menschen mit gleichen oder ähnlichen Anlagen können sich sehr unterschiedlich entwickeln. Die Entwicklung eines Menschen ist also auch abhängig von **exogenen** Faktoren. Hiermit werden die Einflüsse bezeichnet, die in der **Umwelt** liegen und von „außen" den Entwicklungsprozess mitbestimmen.

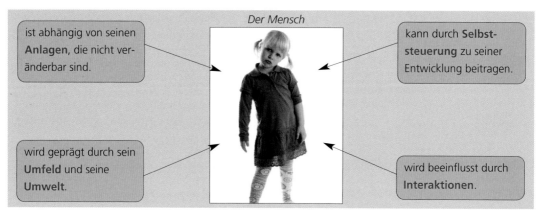

Der Mensch

ist abhängig von seinen **Anlagen**, die nicht veränderbar sind.

kann durch **Selbststeuerung** zu seiner Entwicklung beitragen.

wird geprägt durch sein **Umfeld** und seine **Umwelt**.

wird beeinflusst durch **Interaktionen**.

Aufgaben

1. Suchen Sie von den nachfolgenden Zwillingspärchen Bilder und Informationen:
   a) Tom und Bill von der Gruppe Tokio Hotel
   b) Lena und Lisa M.
   c) die Fußballer Lars und Sven Bender
   d) die Lochis (Heiko und Roman Lochmann)
   g) Gisele (Model) und Patricia Bündchen
2. Stellen Sie Ähnlichkeiten und Unterschiede vor.

Die Entwicklung eines Menschen ist aber nicht nur abhängig von den Anlagen, die er mitbekommt, oder den Einflüssen, die von außen auf ihn einwirken, sondern auch von der eigenen Willenskraft. Man spricht deshalb von **autogenen Faktoren** und meint damit Eigeninitiative, **Selbststeuerung** und Selbstdisziplin.
Ein weiterer Faktor, der auf Erziehung und Entwicklung einwirkt, ist die **Interaktion**.

Aufgaben

3. Vergleichen Sie Ihre Geschwister oder die einer bekannten Familie miteinander.
4. Benennen Sie Gemeinsamkeiten und Unterschiede.
5. Woher könnten die Gemeinsamkeiten und die Unterschiede kommen?

Der Einfluss der Anlagen

Mit Vererbung sind die individuellen Anlagen gemeint, die in den Chromosomen enthalten sind und sich im gesamten Leben nicht mehr verändern. Diese genetischen oder endogenen Faktoren bestimmen beispielsweise Geschlecht, Blutgruppe, Körperbau, Augen- und Haarfarbe. Außerdem werden die Möglichkeiten, bestimmte Verhaltensweisen zu zeigen, vererbt.
Die Erbanlagen kann man als das Startkapital eines Menschen bezeichnen. Durch sie wird ein Entwicklungsprozess ausgelöst, den man **Reifung** nennt. Die Reifung wird von innen in Gang gesetzt und verläuft immer in einer bestimmten Reihenfolge. Die Entwicklung des Sprechens und Laufens wird zunächst zum großen Teil durch Reifungsprozesse bestimmt (vgl. Kap. 11.4; 11.5.5).

Aufgaben

6. Bei ihrem nächsten Stadtbummel o. Ä. achten Sie auf Familien mit Kindern.
   a) Welche Beobachtung machen Sie?
   b) Können Sie z. B. ähnliche Gangarten von Vater und Sohn oder Mutter und Tochter erkennen?
   c) Was schließen Sie daraus?
7. Sammeln Sie im Kindergarten Zeichnungen gleichaltriger Kinder. Vergleichen Sie diese. Gibt es ein Kind, das besonders gut zeichnet? Hinterfragen Sie Ihre Beobachtung.

Der Einfluss der Umwelt

Die Umwelterfahrungen, die in vielfacher Hinsicht auf den Menschen einwirken, beziehen sich sowohl auf die materielle als auch auf die soziale Umgebung. Man kann folgende Einflussfaktoren unterscheiden:
Natürliche Faktoren
wie Ernährung, Landschaft, Klima

Diese natürlichen Einflussfaktoren sind häufig der Auslöser dafür, dass sich unterschiedliche Lebensformen oder Kulturen entwickeln.

Beispiel Ernährung:
Während sich Japaner überwiegend von Fisch, Fischprodukten und Soja ernähren, verzehren Afrikaner viel pflanzliche Kost und Amerikaner viel Fast Food.

Beispiel Klima:
In Gegenden mit hohen Temperaturen entwickeln sich andere Lebens- und Arbeitsrhythmen als bei uns.

Ökonomische Faktoren

wie Familieneinkommen, Wohnsituation, Wohngegend

Je höher das Einkommen der Eltern ist, desto günstiger sind die Zukunftschancen der Kinder. Ein Einfamilienhaus in einer guten Wohngegend bietet andere Erfahrungsräume als eine Wohnung in der Innenstadt oder einem dicht besiedelten Stadtteil mit Hochhäusern.

Soziale Faktoren

wie Familiensituation, Geschwisteranzahl, Stellung in der Geschwisterreihe und Bildungsstand der Eltern (vgl. Kap. 9)

Einem Einzelkind fehlen häufig Erfahrungen im Umgang mit anderen Kindern (Rücksichtnahme, Einordnen, Übernahme von Aufgaben).

Ein wesentlicher Einflussfaktor ist der Bildungsstand der Eltern wie auch an den PISA-Ergebnissen deutlich geworden ist.

> *„Der familiäre Hintergrund der Schüler erweist sich als der Faktor mit dem stärksten Einfluss auf die Schülerleistungen. So erzielten Schüler, deren Eltern ein abgeschlossenes Universitätsstudium aufweisen, im internationalen Mathematikvergleich 40 Punkte mehr als Kinder von Eltern ohne Sekundarbildung.“* [1]

Kulturelle Faktoren
wie Einstellung der Familie zu Politik und Umgang mit Medien

Eltern, die einen großen Freundeskreis haben, sich ehrenamtlich oder politisch engagieren oder sportlich aktiv sind, vermitteln ihren Kindern andere Erfahrungen und Einstellungen als eine zurückgezogen lebende Familie, deren Hauptbeschäftigung das Fernsehen ist.

---

[1] Wößmann, L.: Familiärer Hintergrund, Schulsystem und Schülerleistungen im internationalen Vergleich, in: Aus Politik und Zeitgeschichte B 21-22/2003 unter www.bpb.de

Ökologische Faktoren
bezeichnen die Umweltbereiche, in denen ein Kind regelmäßig anzutreffen ist, z. B. die Krippe, der Kindergarten, der Spielplatz.

Hier erwirbt das Kind bestimmte Verhaltensmuster, die dem jeweiligen Milieu entsprechend angewandt werden.

Die verschiedenen Umwelteinflüsse, die von Familien, Freunden, Nachbarn, Erziehern, Lehrern, Kollegen, Vorgesetzten sowie den Medien und den Wertvorstellungen der Gesellschaft ausgehen, überschneiden sich, können sich verstärken oder auch gegensätzlich sein.

Beispiel
Wenn einem Menschen von anderen immer wieder gesagt wird, er sei aggressiv, wird das sein Verhalten beeinflussen. Es könnte sein, dass er
- *es glaubt und versucht, sich zu ändern.*
- *sich verschließt und zurückzieht.*
- *noch aggressiver reagiert.*

Wird sein Verhalten aber von dem einen akzeptiert und dem anderen abgelehnt, wie auch auf dem Bild auf S. 232 dargestellt, wird es kaum zu einer Verhaltensänderung kommen.

Umwelteinflüsse, die regelmäßig oder über einen längeren Zeitraum auf den Menschen einwirken, prägen ihn, sodass er sein Verhalten ändert. Man sagt dann auch, er hat gelernt oder dazugelernt, ein Entwicklungsprozess, der von außen in Gang gesetzt wird (vgl. Kap. 15).

Aufgaben

1. Welche Ereignisse oder Verhaltensweisen anderer Menschen haben Sie besonders beeindruckt und bei Ihnen zu einer Verhaltensänderung geführt?
2. Besprechen Sie Ihre Erfahrungen in einer Kleingruppe und fassen Sie die Ergebnisse schriftlich zusammen.

Anlagen und Umwelteinflüsse greifen ineinander. Einige Erbanlagen können sich nur entwickeln, wenn sie von außen gefördert werden. Heute wird die Entwicklung des Menschen nicht ausschließlich an den genetischen Anlagen festgemacht oder mit Umwelterfahrungen begründet. Vielmehr geht man von einer Wechselwirkung von Anlage und Umwelt aus.

So ist das Erlernen der menschlichen Sprache ein umweltabhängiger Lernprozess. Alleine die körperliche Anlage zum Sprechen reicht nicht aus, denn Sprache ist ohne fördernde Umwelteinflüsse nicht erlernbar. Die Fähigkeit zu sprechen ist zwar genetisch angelegt, welche Sprache aber erlernt wird und welchen Wortschatz ein Kind erwirbt, ist von der Umwelt abhängig (vgl. S. 141).

Für Erziehende bedeutet dies, dass sie das Umfeld eines Menschen anregend und vielfältig gestalten müssen. Voraussetzung hierfür ist, dass man die zu Erziehenden möglichst genau beobachtet mit dem Ziel, deren Fähigkeiten, Ressourcen, Interessen und Potenziale wahrzunehmen und daraus Förder- und Aktivitätsmöglichkeiten abzuleiten. Dabei sind unbedingt die Bedürfnisse der Einzelnen und der Gruppe zu berücksichtigen.

Beispiel

Die Kindergruppe „Kleine Mäuse" befindet sich in einem Wohngebiet mit überwiegend mehrgeschossigen Mietshäusern, das von Hauptverkehrsstraßen eingeschlossen ist. Für die Kinder gibt es hier deshalb nicht viele Möglichkeiten, sich in der „freien Natur" zu bewegen und ihren Bewegungsdrang auszuleben.

In der Kindergruppe ist es daher oft sehr unruhig. Die Erziehenden haben sich nun entschlossen, durch Leerräumen der Flure mehr Bewegungsmöglichkeiten zu schaffen. Seitdem es Pedalos, Kletter- und Tobemöglichkeiten gibt, bemerken die Erziehenden bei den Kindern deutliche Veränderungen.

Aufgaben

3. Mit welchen Mitteln und Maßnahmen kann man Bedürfnisse befriedigen?
4. Nennen Sie weitere Beispiele für Förderungs- und Aktivitätsmöglichkeiten, die sich an verschiedenen Bedürfnissen und Fähigkeiten orientieren.
5. Erstellen Sie eine Bildungs- und Lerngeschichte.

Der Einfluss der Selbststeuerung

Hurra, ich kann Einrad fahren! Das Üben hat sich gelohnt.

Beispiel

Zwei Menschen, beide Anfang 50, erleiden einen komplizierten Armbruch. Nach einer schwierigen Operation ist die Bewegungsfähigkeit sehr stark eingeschränkt. Der eine macht zwar die verordnete Krankengymnastik, fühlt sich aber nicht in der Lage, weiterzuarbeiten und geht krankheitsbedingt in den Ruhestand. Der andere hat aufgrund intensiver Bemühungen nach zwei Jahren seine Bewegungsfähigkeit fast 100%ig wiedererlangt.

Aufgabe

1. Was wird aus dem Bild und dem Beispiel deutlich?

Jeder Mensch verfolgt in seinem Leben selbst gesetzte Ziele, die sich von denen anderer unterscheiden. Das können „kleine" oder Nahziele, aber auch „große" oder Fernziele sein. Bestimmte Entwicklungen, die der Mensch hierbei erfährt, kann er selbst mehr oder weniger beeinflussen.

Beispiel

Hülya möchte studieren und später eine Führungsposition erreichen (Fernziel), deshalb lernt sie regelmäßig und intensiv (Nahziel).

Als Selbststeuerung wird die aktive Auseinandersetzung mit Erb- und Umwelteinflüssen bezeichnet, die zu einer Beeinflussung der eigenen Entwicklung führt. Hier besteht also eine Wahlmöglichkeit:

Beispiel

Ein Kind kann sehr musikalisch sein und ein gutes Gehör haben, empfindet das morgendliche Singen im Kindergarten aber als Strafe. Es wird nur notgedrungen mitsingen und sich keine große Mühe geben. Ein anderes Kind, wenig musikalisch, freut sich auf das morgendliche Singen und wird alles daran setzen, sein Können zu verbessern.

In der Pädagogik spricht man auch von Selbst- und Fremderziehung. Mit **Fremderziehung** wird jede pädagogische Beeinflussung von außen bezeichnet, mit der Erziehungsziele verwirklicht werden. Im Unterschied hierzu steht

die **Selbsterziehung**. Ziele der Erziehung werden aus eigener Einsicht und eigenem Entschluss übernommen.

Beispiel

Im Rahmen des Projektes „Was krabbelt und kribbelt denn da?" wird im Kindergarten u. a. über Kleinstlebewesen gesprochen, denen häufig keine Beachtung geschenkt wird.
Mike hört zwar zu, aber das Thema scheint ihn nicht besonders zu interessieren. Er gehört zu den Kindern, die lieber draußen herumtoben und auch schon mal einen Käfer zertreten.
Ein paar Tage später beobachtet die Erziehende, dass Mike eine Schnecke in der Hand hält. Er schaut sie genau an, geht sehr vorsichtig mit ihr um und überlegt offensichtlich, was er mit diesem Tier tun soll.

Aufgabe

2. Wie könnte die veränderte Haltung von Mike zu erklären sein?

Nur durch Selbsterziehung, die ein Leben lang nicht aufhört oder aufhören darf, gelingt die Selbstverwirklichung und damit der Aufbau der Persönlichkeit.

„Wenn man etwas wirklich will, dann kann man das auch erreichen." Dies ist ein Satz, dem man häufiger begegnet. Das erste Beispiel auf dieser Seite macht deutlich, dass er durchaus Gültigkeit hat. Wichtig ist es in jedem Fall, sich Ziele zu setzen, die bei Anstrengung und Selbstdisziplin im Bereich des Möglichen liegen.

Aufgaben

3. Bei welcher Gelegenheit haben Sie sich schon einmal selbst erzogen und damit Ihr Verhalten geändert?
4. Beschreiben Sie die Situation, Ihre Beweggründe und mögliche Ursachen für die Verhaltensänderung.
5. Überlegen Sie (in einer Kleingruppe), welches könnten Nahziele, Fernziele und unerreichbare Ziele für Sie oder für bestimmte Kinder sein?
6. Wie könnten Sie ein Nahziel und ein Fernziel erfolgreich anstreben?

Der Einfluss der Interaktion

Beispiel 1

Marie und Miriam (4 J.) möchten unbedingt Fahrradfahren lernen. Maries Vater sagt: „Du bist noch zu klein dafür. Werde erst einmal sicher mit deinen Stützrädern." Daraufhin wird Marie wütend und tritt gegen ihr Rad. Ihr Vater packt sie am Arm und sagt erbost: „Wenn man sich so verhält, ist man wirklich noch nicht alt genug."
Miriams Vater sagt: „Ist gut, wir probieren es." Ihr Vater hält sie fest und läuft nebenher. Fast stürzt Miriam. Daraufhin sagt ihr Vater: „Das geht für den Anfang schon ganz gut. Sollen wir aufhören?" Miriam schüttelt den Kopf und übt weiter.

Beispiel 2

Marek und Christoph (8 J.) spielen Fußball und haben ein entscheidendes Spiel vor sich. Der Trainer sagt zu ihnen in der Vorbesprechung: „Ihr schafft das schon. Ihr habt große Fortschritte gemacht und seid eine prima Mannschaft. Denkt alle im Spiel daran, dass Marek besonders schnell und Christoph besonders zielsicher ist." Sie gewinnen das Spiel. Marek holt sich dank seiner Schnelligkeit häufig den Ball und gibt ihn schnell an Christoph ab, der die Punkte macht. Das war nicht immer so.

Aufgaben

1. Wie sind die unterschiedlichen Reaktionen von Marie und Miriam zu erklären?
2. Wie würde Marie wohl reagieren, wenn ihr Vater sagen würde „Das schaffst du schon"?
3. Was könnten die Gründe dafür sein, dass die Mannschaft gewinnt?
4. Was bedeuten die Aussagen „Auf den reagiere ich allergisch" und „Wie es in den Wald hineinruft, schallt es wieder heraus"?

Erziehung hat etwas mit Beziehung zu tun und findet immer in einer konkreten Situation statt. Sie ereignet sich zwischen Menschen und stellt einen wechselseitigen Prozess dar zwischen demjenigen, der erzieht, und demjenigen, der erzogen wird. Dabei wird die Erziehung von der Umwelt und den darin agierenden Menschen bestimmt.

Eine positive Erziehung gelingt nur, wenn Erziehender und Kind oder Jugendlicher ein vertrauensvolles, akzeptiertes Beziehungsverhältnis aufgebaut haben wie bei Miriam im Beispiel 1 und der Fußballmannschaft in Beispiel 2, denn Erziehung ist ein Prozess der gegenseitigen Beeinflussung. Erziehung ist stets soziale Interaktion.

Definition

Interaktion beschreibt ein wechselseitig aufeinander bezogenes Verhalten von zwei oder mehr Menschen, die sich gegenseitig beeinflussen.

Erziehende und zu Erziehende reagieren ständig aufeinander, beeinflussen und steuern sich gegenseitig; Erziehung ist immer ein Wechselspiel von Aktion und Reaktion. Eine gelungene Interaktion ist gekennzeichnet durch das Bemühen um Verständnis für die Handlungsgründe, die Ziele des oder der Handelnden und deren Erwartungen.

Interaktion ist ein fortlaufender Prozess des Handelns, des Wahrnehmens, des Beobachtens und Reagierens. Bei jeder Interaktion findet auch Kommunikation statt (vgl. Kap. 18). Dabei kommt es zu einer wechselseitigen Beeinflussung von Individuen, wie in Beispiel 1, oder Gruppen, wie in Beispiel 2.

Beispiel

Indem z. B. die Mutter handelt (agiert), verhält sich das Kind (reagiert) oder umgekehrt.

Aufgaben

5. *„Wo die Beziehung nicht stimmt, hat die Sache wenig Chancen."*
   Nehmen Sie Stellung zu dieser Aussage und belegen Sie diese mit Beispielen.
6. Analysieren Sie eine der Beispielsituationen im Hinblick auf ihre Interaktion.
7. *Mitja (5 J.) ist ein lebhafter Junge, der gerne Faxen macht und die Aufmerksamkeit auf sich zieht. Der einen Erzieherin gelingt es, ihn zu bremsen, der anderen nicht.*
   Woran mag das liegen?

Zusammenfassung

- Der Mensch ist erziehungsbedürftig, da er als unfertiges Lebewesen auf die Welt kommt und auf die Unterstützung durch andere angewiesen ist.
- Der Mensch ist erziehungsfähig, denn er kann Hilfen annehmen, aus ihnen lernen und Konsequenzen für sein Handeln ziehen.
- Man unterscheidet zwischen intentionaler Erziehung, dem bewussten Einwirken, und funktionaler Erziehung, dem unbewussten Einwirken auf den Menschen.
- Die funktionale Erziehung wirkt stärker auf den Menschen ein.
- Die Individualerziehung ist ausgerichtet auf den Aufbau der Persönlichkeit, die Sozialerziehung auf die Teilhabe und Gestaltung von Kultur und Gesellschaft.
- Erziehung ist ein lebenslanger Prozess, der in einer konkreten Situation stattfindet und die Bildung des Menschen bewirkt.
- Erziehung, Entwicklung, Bildung und Sozialisation sind von den Anlagen, Umweltfaktoren, Selbststeuerung und Interaktion abhängig.
- Während die Anlagen vererbt und nicht veränderbar sind, wirkt die Umwelt in vielfältiger Weise auf den Menschen ein, u. a. ökonomisch, sozial, kulturell, ökologisch.
- Durch Selbststeuerung kann der Mensch bestimmte Entwicklungen beeinflussen.
- Erziehung wird außerdem durch Interaktion, das wechselseitige Agieren und Reagieren zwischen Menschen, beeinflusst.

Aufgaben

1. Warum haben es Kinder von Migranten und Aussiedlern i. d. R. in Kindergarten und Schule schwerer als deutsche Kinder?

2. Welche Erziehungsvorstellungen stehen hinter folgenden Aussagen?
   „Der Mensch lebt, um zu arbeiten."
   „Der Mensch arbeitet, um zu leben."

3. Zeigen Sie Beispiele von Fremd- und Selbsterziehung aus Ihrer Praxis auf.

4. Machen Sie an Beispielen deutlich, was intentionale und funktionale Erziehung ist und wie sie wirkt.

5. *Die 4-jährige Lore bekommt von der Nachbarsfrau immer ein Stück Schokolade geschenkt. Eines Tages begegnen sie sich wieder im Treppenhaus. Diesmal bietet ihr die Frau keine Süßigkeit an. Lore daraufhin: „Will heute auch ein Stück Schokolade haben." Die Nachbarsfrau schaut die Mutter entsetzt an und sagt: „Was denkt Ihre Tochter eigentlich? Das ist ja wohl einfach unverschämt. Sie sollten sie besser erziehen."*
   a) Wie sind die Reaktionen von der Nachbarsfrau und Lore zu erklären?
   b) Wie stehen Sie zur Aufforderung „Sie sollten sie besser erziehen"? Begründen Sie Ihre Antwort.

6. Machen Sie an Beispielen deutlich, wie Interaktionen sich positiv oder negativ auf einen Menschen auswirken können.

7. *„Wer keine Ziele hat, kommt nicht an."* Was ist damit gemeint?

8. *Der 3-jährige Theo lässt sein Glas mit Milch fallen. Die Mutter schimpft ihn aus und ruft: „Pass doch einfach besser auf!" Theo fängt daraufhin an zu weinen. Die Mutter nimmt ihn in die Arme und tröstet ihn.*
   Was versteht Theos Mutter unter Erziehung?

15 Lernen im Kindesalter

15.1 Was muss ein Kind lernen?

Beispiel

Luisa und Timon beobachten ihren Freund Lucas (alle 4 J.) beim Perlenauffädeln. Beide probieren es aus und scheitern beim ersten Versuch. Timon möchte es aber auch unbedingt können und versucht es immer wieder. Luisa dagegen wendet sich lieber anderen Dingen zu.

Aufgaben

1. Beschreiben Sie das Bild.
2. Haben Luisa und Timon etwas gelernt? Begründen Sie Ihre Aussage.
3. Wie kann man das unterschiedliche Verhalten der beiden erklären?
4. Woran kann man erkennen, dass ein Kind gelernt hat?

Erziehung ist ausgerichtet auf das Lernen eines Menschen. Da der Mensch ein „unfertiges" Lebewesen ist, muss er alles, was er zum Leben und Überleben braucht, lernen. Lernen bedeutet Kompetenzerwerb in unterschiedlichen Bereichen. Ein Kind muss lernen,

- seine Kräfte einzuschätzen: Basiskompetenz Körperbeherrschung.
- sich mit gestellten Aufgaben und Sachproblemen auseinanderzusetzen: Basiskompetenz geistige Fähigkeiten.
- mit seinen Gefühlen umzugehen: Basiskompetenz psychische Stabilität.

Lernen ist also ein vielfältig angelegter Prozess. Um über Kompetenzen zu verfügen, muss der Mensch

- sich Wissen aneignen, damit er die Welt und die Menschen verstehen kann.
- Fähigkeiten erwerben, damit er in der Welt und der Gemeinschaft leben kann.
- Fertigkeiten erwerben, damit er handlungsfähig wird und praktische Dinge erledigen kann.
- Werte und Normen anerkennen und sich aneignen, damit er als vollwertiges Mitglied in der Gesellschaft akzeptiert wird.

Jedes Lernen bewirkt Verhaltensänderungen. Das bedeutet, man wendet sich Neuem zu, macht Erfahrungen, verarbeitet diese und passt sein Verhalten und seine Einstellungen an. Dieser Prozess ist niemals beendet, weil sich die Welt und die darin lebenden Gesellschaften ständig ändern. Daher spricht man auch von lebenslangem Lernen.

> **Definition**
>
> **Lernen** ist ein Vorgang, den man nicht beobachten kann, durch den aber das Verhalten eines Menschen nachhaltig verändert wird.

Was ein Kind lernt, ist u. a. abhängig vom Alter und den Reifungsprozessen (vgl. Kap. 6 und 11). Bereits **vor der Geburt** lernt das Kind. Besonders in den letzten Wochen der Schwangerschaft nimmt das Kind wahrnehmend und lernend an der Umwelt teil.

Oerter und Montada machen das am Beispiel der Muttersprache deutlich: *„Bereits Neugeborene […] ziehen die Strukturmuster ihrer Muttersprache denen einer anderen Sprache vor. […] Die frühe Präferenz (Bevorzugung, Anm. des Verf.) für die Muttersprache […] wäre danach ein Ergebnis vorgeburtlichen Lernens."*[1]

[1] Oerter, R.; Montada, L.: Entwicklungspsychologie, S. 135

Nach der Geburt lernt das Kind zunächst, Kontakt aufzunehmen, und macht seine ersten grundlegenden Erfahrungen, die sein zukünftiges Verhalten bestimmen, z. B.: „Ich kann mich auf die Menschen in meiner Umgebung verlassen."
„Wenn ich schreie, kommt jemand."
Oder auch: „Ich bin verlassen."
„Schreien hat keinen Zweck."
Diese frühen Bindungserfahrungen (eine sichere Bindung und ein Zugehörigkeitsgefühl i. d. R. zur Familie) sind ausschlaggebend für ein aktives Lernverhalten und bilden die Grundlage für den Sozialisationsprozess.

Im **Säuglingsalter** lernen Kinder, indem sie ihre Umwelt handelnd erkunden (sensomotorisches Lernen). Sie erwerben körperliche Fähigkeiten durch motorische Erfahrungen, schulen ihre Sinne durch sensorische Eindrücke und machen dabei emotionale Erfahrungen.

Neuere Erkenntnisse in der Hirnforschung lassen erkennen, dass das sensomotorische Lernen (Neuerwerb und Verbesserung von Bewegungen) für die Entwicklung des Kindes sehr bedeutsam ist. Durch das körperliche Lernvermögen ist das Kind in der Lage, sich zu erinnern und regelmäßige Handlungsabläufe auszubilden. Sich wiederholende Aktivitäten bleiben im Gedächtnis und können auch vorausgesehen werden.

Beispiel
Schon wenige Tage nach der Geburt beginnt ein gestilltes Kind zu saugen, wenn es in Trinklage gebracht wird, ein mit der Flasche gefüttertes Kind, wenn ihm das Lätzchen umgebunden wird.[1]

Aufgaben
1. Was hat das Kind gelernt? Begründen Sie Ihre Ausführungen.
2. Strecken Sie einem 3 bis 4 Wochen alten Säugling die Zunge heraus. Was beobachten Sie und wie erklären Sie das?

---
[1] Sinngemäß aus Schenk-Danzinger, L.: Entwicklungspsychologie, S. 87

Im **Kleinkindalter** erlernt das Kind alle wichtigen körperlichen und geistigen Grundfertigkeiten, z. B. seinen Körper zu beherrschen: aus spontanen Bewegungen werden gezielte; aus einzelnen Lauten und Lautketten werden Wörter und Sätze; immer mehr Sinneswahrnehmungen werden in Zusammenhang gebracht und verknüpft.

Beispiel
Die Großeltern werden erwartet. Die Familie bereitet gemeinsam das Essen vor. Da brummt ein Auto. Felix (1 1/2 Jahre) hört es, sagt „Brumm, brumm, Opa da" und läuft zur Tür, weil er weiß, dass die Großeltern mit dem Auto kommen.

In der Zeit der Ich-Findung und Willensbildung lernt das Kleinkind seine Möglichkeiten und Grenzen kennen.

Beispiel
Während eines Einkaufs beobachten Sie, wie ein etwa 3-Jähriger sich wütend auf dem Boden herumwälzt, weil er keine Süßigkeiten bekommt.

Die **Vorschulzeit** kann als „Entdeckerzeit" bezeichnet werden.

Aufgabe
3. Was kann damit gemeint sein? Belegen Sie Ihre Aussagen mit Beispielen.

In der Vorschulzeit erweitert sich der Aktionsradius der Kinder, die weitere Umgebung wird erkundet. Dabei entwickeln sie in dieser Zeit zahlreiche Initiativen, um ihre Neugier und Forschungslust zu befriedigen.

Kinder lernen, ihre Fantasien und Vorstellungen in die Welt einzuordnen. Dies ist auch die Zeit, in der viele soziale Verhaltensweisen erlernt werden (vgl. Kap. 11.7).

Wichtig in der Vorschulzeit ist das **Regellernen**, z. B. vor dem Essen werden die Hände gewaschen; nach dem Essen werden die Zähne geputzt.

Bis zur Einschulung sollte ein Kind u. a. gelernt haben,

■ mit Problemen umzugehen (z. B. kann es um Hilfe bitten),

■ sich einzuordnen in die Gemeinschaft (z. B. Regeln und Normen anerkennen),

■ zuzuhören, ohne den anderen sofort zu unterbrechen,

■ sich gut verständlich zu machen (Wie gut kommuniziert es?),

■ Achtung gegenüber anderen Lebewesen zu haben und

248

■ eigene Interessen zu entwickeln.

Aufgaben

1. Inwiefern bewirkt Wissenserwerb eine Verhaltensänderung? Stellen Sie Ihre Überlegungen an Beispielen dar.
2. *Nicoletta hat zufällig den Ball in den Korb geworfen. Bei weiteren Versuchen scheitert sie.* Hat sie etwas gelernt?
3. Diskutieren Sie in Kleingruppen die Aussage einer Mutter aus der Kindergruppe der 5-Jährigen: *„Mein Kind kann schon bis 100 zählen."*
4. Kinder sind „hochtourige Lerner"[1]. Was kann Donata Elschenbroich damit gemeint haben?

15.2 Wie lernt ein Kind?
(Lernformen/Lernwege)

[1] Elschenbroich, D.: Das Weltwissen der Siebenjährigen, S. 51

Beispiel 1
Ein 4-jähriges Kind beschäftigt sich mit einem Puzzle. Immer wieder werden Teile in die Hand genommen, ausprobiert, gedreht, durch andere ausgetauscht. Endlich hat es alle am richtigen Platz. Stolz zeigt es das fertige Puzzle seinen Eltern. Bei den nächsten Malen geht es viel schneller.

Beispiel 2
Der 5-jährige Paul ist ein wenig behäbig und trödelt morgens häufig so lange beim Anziehen, bis seine Mutter ihm hilft und ihn mit dem Auto zum Kindergarten fährt. Darüber gibt es häufig Auseinandersetzungen. Eines Tages lässt die Mutter ihn in Ruhe. Als er endlich fertig ist, schickt sie ihn mit seiner Brottasche allein den sicheren Weg zum Kindergarten. Als er schließlich ankommt, ist seine Gruppe bereits zum heißgeliebten Schwimmen fort und er muss in eine andere Gruppe. Von da an trödelt Paul nicht mehr.

Aufgaben

Bewerten Sie das Bild und die Beispiele:
5. Was hat das Kind jeweils gelernt?
6. Wie oder wodurch hat das Kind gelernt?

Aus dem Bild und den Beispielen wird deutlich, dass es verschiedene Möglichkeiten gibt, wie und wodurch ein Kind lernt: Lernen durch Nachahmen (Imitieren), durch Versuch und Irrtum, durch Einsicht sowie durch sensomotorisches Lernen.

Lernen durch Nachahmung
Diese Form des Lernens wird auch als „Modell-Lernen" oder „Lernen durch Vorbild" bezeichnet. Der Mensch lernt, indem er das Verhalten von anderen beobachtet und nachahmt, wie in dem Bild. Nicht jeder und jedes wird nachgeahmt, sondern das, was nachahmenswert erscheint. Das kann an und in der (Vorbild-)Person liegen, an dem beobachteten Verhalten und/oder an der eigenen Einstellung (s. auch Einstiegsbeispiel: Luisa und Timon, S. 246).

Zur Person
Sie wird als Vorbild angesehen, wird bewundert, ist sympathisch, erscheint interessant oder besitzt Ansehen oder Macht.

Beispiel
Die Mutter mit ihrer liebevollen Zuwendung ist eine der wichtigsten Bezugspersonen und wird deshalb als nachahmenswert empfunden.

Zum Verhalten

Das gezeigte Verhalten wird als gut empfunden.

Beispiel
„Wenn Mama sich geschminkt hat, sieht sie noch schöner aus und wird von Papa bewundert."

Zur eigenen Person

Man hält sich für fähig, das auch zu können, oder man erhofft sich einen Vorteil.

Beispiel
„Wenn ich, Sarah, mich schminke, bin ich so schön wie Mama und werde von Papa auch bewundert."

Am liebsten wird das nachgemacht, was Aufmerksamkeit erregt. Das können sowohl positive als auch negative Verhaltensweisen sein.

Aufgaben

1. Schildern Sie ein Ereignis, bei dem ein Kind ein negatives Verhalten nachgemacht hat.
2. Überlegen Sie die Beweggründe dafür.

Lernen durch Versuch und Irrtum

Der Mensch lernt, indem er verschiedene Möglichkeiten ausprobiert und die erfolgreiche, zufällig richtige Lösung in sein Verhaltensrepertoire aufnimmt, (s. Beispiel 1, S. 249). Voraussetzungen für diese Form des Lernens sind:

- **Die Bereitschaft,**
  ein Problem oder eine Notlage als solche zu erkennen.

Beispiel
Ein etwa 6 Monate altes Baby liegt auf dem Rücken auf seiner Spieldecke, entdeckt etwas entfernt ein Spielzeug und will es haben.

- **Das Bedürfnis,**
  diese Aufgabe oder dieses Problem zu lösen oder die Notlage zu beheben.

Beispiel
Das Baby versucht nun, von der Rücken- in die Bauchlage zu kommen. Möglicherweise klappen die ersten Versuche nicht, weil beispielsweise der Arm unter dem Körper liegt. Da es aber neugierig auf das Spielzeug ist, bemüht es sich weiter, bis es ihm gelingt.

- **Erfolg mit der Lösung,**
  denn nur eine erfolgreiche Lösung befriedigt den Menschen und wird übernommen.

Beispiel
Die Erfahrungen, die das Baby gemacht hat und die letztendlich zu einer Lösung geführt haben (Spielzeug erreicht), bestärken es, in einer ähnlichen Situation auf diese Erfahrungen zurückzugreifen.

Ausprobieren bzw. Versuch und Irrtum bedeutet nicht, unfähig, sondern mutig und kreativ zu sein, bereit sein für neue Möglichkeiten und dabei originelle Lösungen zu finden. Viele Erkenntnisse in der Wissenschaft beruhen auf Lernen durch Versuch und Irrtum.

Aufgabe

3. Wann setzen Sie diese Lernform in Ihrer pädagogischen Arbeit mit Kindern ein? Begründen Sie die Wahl Ihrer Beispiele.

Lernen durch Einsicht

Der Mensch lernt, indem er sich Zusammenhänge deutlich macht und versteht, z. B. die Ursache-Wirkung-Beziehung oder ein bestimmtes Verhalten und seine Konsequenzen (s. Beispiel 2, S. 249). Besonders wirksam ist das Lernen, wenn es mit einem Aha-Erlebnis verbunden ist.

Aufgaben

4. Können Sie sich an ein eigenes „Aha-Erlebnis" erinnern? Schildern Sie die Situation und Ihre Gefühle.
5. Warum ist ein „Aha-Erlebnis" so bedeutsam für das eigene Lernen?
6. Was bedeuten diese Erkenntnisse für Ihre Arbeit mit Kindern?

Lernen erfolgt, wie die Erziehung auch, bewusst (**intentional**)

Beispiel

„Ich will werden wie Papa und der Schnellste sein."

oder unbewusst (**funktional**)

Beispiel

„Er geht wie seine Mutter. Sie spielt Klavier wie ihr Vater."

Am meisten erlernt ein Kind **durch aktives Tun** im spontanen freien Spiel und durch selbstständiges Erforschen und Entdecken. Durch eine anregende Umgebung wird das Lernen unterstützt. Entdeckerfreude und angeborene Neugier sind die Antriebskraft für viele Aktivitäten. Vorschulkinder lernen

- **ganzheitlich.**
  Das bedeutet, sie nehmen etwas wahr und handeln dann. Man spricht auch von **forschendem** oder **tätigem** Lernen. Informationen werden nicht nur im Gedächtnis abgespeichert, sondern dienen dazu, Nervennetzwerke im Gehirn zu strukturieren und damit die Grundlage für eine optimale Denkfähigkeit zu legen (vgl. Kap 3).
- **im sozialen Kontext.**
  Das bedeutet, sie lernen in der Auseinandersetzung mit Gleichaltrigen, gleichsam auf „Augenhöhe". Dabei erfahren sie ihre Möglichkeiten und Grenzen.

Lernen durch Verstärkung

Der Mensch lernt (wiederholt und festigt eine Verhaltensweise),

- weil das ein angenehmes Ergebnis oder eine angenehme Konsequenz zur Folge hat oder
- weil er eine unangenehme Folge vermeiden möchte.

Beispiel

Fritz (4 Jahre) zeigt bei der Begrüßung von Erwachsenen unterschiedliche Verhaltensweisen: manchmal sagt er freundlich guten Tag und gibt die Hand; manchmal zieht er eine Grimasse und dreht sich weg. Während Fritz beim ersten Verhalten gelobt wird und manchmal auch eine Süßigkeit zur Belohnung erhält, wird er im anderen Fall getadelt. Nach einiger Zeit zeigt er nur noch die erste Verhaltenweise.

Die positiven Verstärker (Lob, Süßigkeit) haben eine Verhaltensänderung bewirkt. Fritz hat gelernt. Daneben gibt es auch negative Verstärker.

Beispiel

Melanie (6 J.) hat einen strengen Vater. Immer, wenn etwas kaputt geht, wird sie bestraft. Als sie wieder ein Glas zerbrochen hat, sagt sie aus Angst vor der Strafe nicht die Wahrheit. Da die Lüge sie vor der Strafe bewahrt hat, lügt sie zukünftig häufiger, weil sie damit eine unangenehme Konsequenz vermeiden kann.

Vermeidungslernen

Ein bestimmtes Verhalten wird verlernt, d. h. abgelegt, weil damit eine unangenehme Konsequenz verbunden ist.

Beispiel

Charlotte (8 J.) kommt immer zu spät. Sie wird deshalb von ihren Mitschülerinnen schief angesehen und von Aktivitäten ausgeschlossen. Da sie das stört, ändert sie ihre Gewohnheit und vermeidet zukünftig, zu spät zu kommen.

15.3 Wie kann ein Erziehender den Lernprozess unterstützen?

> „Wenn du Schiffe bauen willst, trommle nicht die Männer zusammen, um Holz zu beschaffen, Aufgaben zu vergeben, sondern lehre die Männer die Sehnsucht nach dem weiten, endlosen Meer."
>
> (Antoine de Saint-Exupéry)

Aufgabe

Was können Sie aus dieser Aussage für Ihre pädagogische Arbeit ableiten?

Kinder lernen in den ersten Lebensjahren mit Begeisterung. Für Erziehende gilt es, diese Begeisterung zu erhalten. Dabei geht es sowohl um soziales Lernen, den Erwerb sozialer Verhaltensweisen, als auch individuelles Lernen, die Förderung jedes einzelnen Kindes (es da abholen, wo es steht).

Eine pädagogische Fachkraft ist heute nicht mehr „Spieltante" und „Spielonkel", sondern Unterstützer, Begleiter und Initiator von Erziehungs-, Bildungs- und Lernprozessen. Das kann in vielfältiger Weise geschehen mit den großen Zielen: Stärkung der Persönlichkeit und Förderung des Lern- und Aufnahmevermögens.

Hierzu tragen bei:

Eine konstante Umgebung,

in der Kinder Emotionen kennen und schätzen lernen, Motivationen erhalten und Anregungen bekommen.

Beispiel

Inka ist ein ängstliches, verschlossenes Kind, das sich nichts zutraut und schnell beleidigt ist, als sie in den Kindergarten kommt. Nach einem halben Jahr bei Tatjana in der Gruppe weiß Inka, dass Tatjana sie tröstet, wenn sie traurig ist, und man Judith besser in Ruhe lässt, wenn sie wütend ist. Da sie gerne alles so gut können möchte, wie ihre Freundin, eifert sie dieser nach und lässt sich gerne dabei helfen, wenn sie nicht weiter weiß.

Eine individuelle Beobachtung

durch die eine **gezielte Förderung** erst möglich wird (vgl. Kap. 4.4 und 4.5).

Beispiel

Nana hat beim Freispiel zufällig beobachtet, dass Frank sich nicht traut, zu balancieren. In den nächsten Tagen achtet sie besonders auf ihn und sein Bewegungsverhalten. Ihre anfängliche Wahrnehmung bestätigt sich. Mit ihren Kolleginnen bespricht sie ihre Beobachtungen und wie sie ihm helfen kann.

Lernmotivation schaffen und erhalten durch vielfältige Reize

Bereits im frühen Säuglingsalter sollten vielfältige Gelegenheiten geboten werden, sich selbst und seine Wirkung auf andere zu erleben und wahrzunehmen.

Im frühesten Kindesalter ist der Mensch am lernfähigsten, denn jeder Sinneseindruck bedeutet Lernen. Sinneswahrnehmungen werden mit Bekanntem verknüpft und daraus werden Handlungen abgeleitet (vgl. Kap. 11.2 und 11.5).

Zeit lassen zum Selbsttun und Ausprobieren

Jedes Kind/jeder Mensch hat nicht nur ein eigenes Lerntempo, sondern macht auch ganz individuelle Erfahrungen.

Anregungen bei Stillstand

Häufig gibt es verschiedene Lösungen für ein Problem, die oft nur kleine Hinweise benötigen.

Vermeidung von Reizüberflutung

In Lernsituationen für ausreichend Ruhe sorgen.

„Ich weiß nicht, was ich spielen soll."

Vermeidung von Über- und Unterforderung

Überforderung kann ein Ohnmachts- oder Minderwertigkeitsgefühl erzeugen, zu Enttäuschung, Frustration und Versagensängsten führen und eine Störung im Selbstbild und in der Persönlichkeitsentwicklung bewirken.

Unterforderung kann Langeweile verursachen, zu Überheblichkeit führen und bewirken, dass man den Anschluss verpasst.

Wie langweilig! Schon wieder Schleife binden.

Spielerisches und ganzheitliches Lernen

An das Lernen in den unterschiedlichen Wissensbereichen sollte spielerisch herangeführt werden. Das kann z. B. im naturwissenschaftlichen Bereich durch einfache Versuche erfolgen, im mathematischen Bereich durch bunte Zahlenkarten, vielleicht eingebettet in eine Geschichte.

Das Heranführen sollte immer mit einem Erlebnis verbunden werden und nicht langweilig systematisch geschehen, weil das Interesse sonst sehr schnell erlahmt.

Beispiel

Wenn man verliebt ist, lernt man die Telefonnummer des Partners in kürzester Zeit auswendig, ganz anders als eine beliebige Zahlenfolge ohne einen konkreten persönlichen Bezug.

Insgesamt sollte

- bei der Planung vom Leichten zum Schweren ausgegangen werden.
- ein hinreichendes Bewegungsangebot berücksichtigt werden, denn es ist wissenschaftlich erwiesen, dass eine gute Körperbeherrschung zu Verbesserung der geistigen Leistungsfähigkeit beiträgt.
- bei der Durchführung und dem täglichen Miteinander besonderer Wert auf Sprachförderung gelegt werden.

Aufgaben

1. Was wird auf den beiden Bildern auf dieser Seite deutlich und was können Sie für Ihre pädagogische Arbeit daraus ableiten?
2. Bieten Sie in Ihrem Kindergarten einer Gruppe 4-jähriger Kinder Holzbauklötze, Legosteine oder kostenloses Material an. Notieren Sie Beobachtungen zum Lernverhalten der Kinder.
3. Welche Kinder brauchen anregende Unterstützung?
4. Kinder sollten im Kindergarten Buchstaben unterscheiden lernen. Wie können Sie das spielerisch und als Erlebnis gestalten?

Zusammenfassung

- Lernen ist ein lebenslanger Prozess, der bereits vor der Geburt beginnt.
- Lernen bedeutet Kompetenzerwerb und Verhaltensänderung.
- Kinder lernen in vielen Situationen und unterschiedlichen Bereichen, z. B. ihren Körper zu beherrschen sowie Regeln und Normen anzuerkennen. Dabei erwerben sie Fähigkeiten, Fertigkeiten und Kenntnisse .
- Der Mensch lernt durch
  - sensomotorische Wahrnehmung
  - Nachahmung, auch als Modelllernen oder Vorbildlernen bezeichnet,
  - Versuch und Irrtum sowie
  - Einsicht.
- Kinder lernen am meisten durch aktives Tun, wobei häufig angeborene Neugier und Entdeckerfreude die Antriebskräfte sind.
- Vorschulkinder lernen ganzheitlich und im sozialen Kontext.
- Positive und negative Verstärker bewirken Lernprozesse.
- Der Erziehende kann den Lernprozess in vielfältiger Weise unterstützen, z. B. durch eine konstante Umgebung, individuelle Förderung, Erhalten und Schaffen von Lernmotivation, gezielte Vermeidung von Über- oder Unterforderung.
- Kinder sollten spielerisch an die unterschiedlichen Lernbereiche herangeführt werden.

Aufgaben

1. Wann kann man sagen, dass ein Mensch gelernt hat? Stellen Sie Ihre Überlegungen an Beispielen dar.
2. Erklären Sie die verschiedenen Lernformen jeweils an einem Beispiel.
3. *Einem Kind, das neu im Kindergarten ist, fällt der Abschied von Vater oder Mutter morgens schwer.*
   a) Was muss das Kind lernen?
   b) Wie können Sie als Erziehende dem Kind helfen?
4. *Eine Erziehende: „Oh Marvin, ich kann dir beim Schneiden nicht zuschauen, so ungeschickt wie du bist. Das mach ich lieber selber."*
   Nehmen Sie zu dem Beispiel Stellung. Wie würden Sie sich verhalten? Begründen Sie Ihr Verhalten.
5. Wie kann ein Kind lernen, mit Kritik, Verlieren und Verlust umzugehen? Erklären Sie Ihre Vorgehensweise jeweils an einem Beispiel und begründen Sie sie.
6. *Lia ist eine pummelige 4-Jährige, die gerne Papierweben lernen möchte.*
   Was könnten ihre Gründe sein und wie können Sie Lia unterstützen?
7. Als Erziehende sollte man in vielen Fällen Hilfe zur Selbsthilfe leisten. Was ist damit gemeint und wie kann das konkret aussehen?
8. Schildern Sie jeweils eine Situation, in der Sie Kinder in Ruhe etwas ausprobieren lassen und in der Sie eingreifen würden. Begründen Sie Ihre jeweilige Haltung.
9. Nennen Sie Beispiele für ganzheitliches Lernen.
10. *„Die Auseinandersetzung mit Grenzen bietet vielfältige Chancen des Lernens."*
    Diskutieren Sie diese Aussage. Stimmen Sie dem zu?

16 Der Erziehungsprozess

16.1 Erziehungsziele

Beispiel
Bericht einer 65-Jährigen aus ihrer Grund-schulzeit:
*„Wir hatten – wie ich damals fand – eine ‚uralte'
Klassenlehrerin (mindestens 50): dünne Haare, kleiner Knoten, Nickelbrille, eintönige dunkle Kleidung
und ein Rohrstock. Der gehörte zu ihrer pädagogischen Ausstattung.*

*Nach jeder Zeugnisverteilung wurden die Sitzplät-
ze neu zugewiesen. Diejenigen mit den besten
Zeugnissen saßen immer hinten. Jungen auf der
einen Seite, Mädchen auf der anderen Seite –
streng getrennt.*

*Zur Begrüßung mussten wir aufstehen und sagen:
„Guten Tag, Fräulein Meyer." Gehorsam war
selbstverständlich. Wer mehrfach schwatzte, zu
spät kam oder seine Hausaufgaben nicht hatte,
musste nach vorne kommen und sich hinter die
Standtafel stellen (Strafe für Mädchen). Die Jungen mussten ihre Hände auf den Tisch legen und
bekamen Hiebe mit dem Rohrstock auf die Finger,
manchmal auch auf's Hinterteil."*

Aufgaben

1. Welche Erziehungsziele werden aus den Sprechblasen deutlich?
2. Welche Ziele sollten mit dem Verhalten der Lehrerin erreicht werden?
3. Mit welchen der in den Beispielen angestreb-ten Ziele sind Sie einverstanden?

16.1.1 Wodurch verändern sich Erziehungsziele?

Erziehungsziele sind Vorstellungen darüber, wie
sich ein Mensch zukünftig verhalten und welche Charaktereigenschaften er besitzen soll; sie
bieten eine **Orientierung**.
Der zu Erziehende weiß, welches Verhalten von
ihm erwartet wird.

Beispiel
*Wenn ein Mensch etwas geschenkt bekommt,
erwartet man, dass er sich bedankt.*

Der Erziehende weiß, welche Maßnahmen er einsetzen muss, um sein Ziel zu erreichen.

Beispiel
Selbstständigkeit kann man nicht erreichen, indem man jemandem alles vorschreibt.

Ein bestimmtes Erziehungsziel kann manchmal nur durch ein bestimmtes erzieherisches Verhalten erreicht werden.

Ich habe dir doch genau gesagt, wie du alles machen sollst. Schritt für Schritt. Kannst du nicht selber denken?

Definition
Erziehungsziele sind Werte und Normen, die in der Erziehung bewusst angestrebt werden. Sie sind Idealvorstellungen von der Gesamtpersönlichkeit oder den Persönlichkeitseigenschaften.

Erziehungsziele werden beeinflusst von
- der Gesellschaft,
- der Familie und
- Institutionen.

Während in der Vergangenheit Werte und Normen relativ eindeutig festgelegt waren, gibt es heute bei uns ein Nebeneinander verschiedener Werte. Gründe hierfür sind u. a. das Zusammenleben von Menschen aus verschiedenen Kulturkreisen und mit unterschiedlicher Religionszugehörigkeit sowie die gleichberechtigte Stellung von Mann und Frau.
Die **Veränderungen der Erziehungsziele in der Gesellschaft** werden durch unterschiedliche Faktoren beeinflusst:

Wandel der Lebensverhältnisse
In den letzten 50 bis 60 Jahren haben sich die ökonomischen Bedingungen gravierend geändert. Auch die technischen Errungenschaften wie Fernsehen, Smartphone, Tablet, Internet ebenso wie soziale Medien wie z. B. Facebook, Twitter und YouTube haben das Leben nachhaltig beeinflusst.
Ebenso verhält es sich mit den Anforderungen an die Arbeitswelt: Während das Arbeitsleben früher durch Bodenständigkeit und langfristige Beschäftigungsverhältnisse geprägt war, sind heute Mobilität und Flexibilität gefragt. Das Erlernen mindestens einer Fremdsprache wird für unverzichtbar gehalten.

Auszug aus einer Stellenanzeige

Wir erwarten Bewerber/innen, die über Eigeninitiative, selbstständiges Arbeiten, Bereitschaft zur Veränderung, Führerschein Klasse B (bzw. 3), Teamfähigkeit, gute Englischkenntnisse in Wort und Schrift sowie den sicheren Umgang mit Computerprogrammen verfügen.

Wandel der politischen Verhältnisse
In einer Demokratie wie unserer wird von den Bürgern die Bereitschaft zur Mitbestimmung und Übernahme von Verantwortung erwartet, im Gegensatz zu Gehorsam und Unterordnung in einem autoritären System.

Kultureller Wandel
In den letzten Jahrzehnten hat die Frau einen großen Schritt auf dem Weg zur Gleichberechtigung getan (vgl. Kap. 11.7). Sie hat dieselben Rechte wie der Mann und wird für dieselbe Arbeit in vielen Tätigkeiten gleich entlohnt. Ebenso hat sich die Stellung der Kinder verändert: Im Gegensatz zu absolutem Gehorsam stehen heute Gleichberechtigung und Partizipation im Vordergrund.
Eine multikulturelle Gesellschaft und ein gemeinsames Europa erfordern Offenheit und Toleranz.

Sozialer Wandel

Durch die Veränderung der ökonomischen und kulturellen Verhältnisse haben sich Veränderungen ergeben, die das Zusammenleben betreffen: Verzicht auf Heirat, geringerer Kinderwunsch und schnellere Trennungen (vgl. Kap. 9).

Die gesellschaftlichen Veränderungen haben sich auch auf die Erziehung ausgewirkt. In den 50er- und 60er-Jahren war „körperliche Züchtigung" eine weit verbreitete Erziehungsmaßnahme, um dem Kind Gehorsam beizubringen, s. auch Bsp. S. 255.

Auch wenn in den Familien nicht immer dieselben Erziehungsziele verfolgt werden, wird in der Grundeinstellung der Erziehung doch ein Wandel deutlich. Dies gilt ebenso für Institutionen wie Schule, Kindergarten und Krippe.

Aufgaben

1. Vor 50 Jahren galt der Leitspruch *„Wer auf den Stock verzichtet, verwöhnt das Kind"*. Nehmen Sie Stellung hierzu.
2. Fragen Sie Ihre Großeltern oder ältere Verwandte/Bekannte, wie sie erzogen wurden, was ihnen angenehm oder unangenehm war und wie es in der Schule war.
3. Vergleichen Sie die Ergebnisse aus der zweiten Aufgabe mit der Situation in Ihrer Familie, in Ihrer Schule und in Ihrer Praktikumsfamilie. Nehmen Sie eine Bewertung vor.

16.1.2 Welche Erziehungsziele sind heute wichtig?

„Während bis in die 60er-Jahre hinein Vorstellungen wie Disziplin, Pflichterfüllung, Gehorsam, Leistung, Ordnung usw. im Mittelpunkt standen, wird heute vielfach davon ausgegangen, dass sich in den letzten Jahren so etwas wie ein Wertewandel – und damit eine Veränderung der Erziehungsziele – ergeben hat: Danach werden sog. ‚Selbsterfahrungswerte' wie Emanzipation, Autonomie, Selbstverwirklichung, Selbststeuerung, Kritikfähigkeit etc. betont." [1]

Aufgaben

4. Führen Sie in einer Kleingruppe eine Recherche durch, was unter den hier aufgeführten Selbsterfahrungswerten zu verstehen ist.
5. Stimmen Sie mit diesen Zielen überein? Begründen Sie Ihre Meinung und diskutieren Sie diese in der Klasse.

Aus diesen Veränderungen ergeben sich heute die folgenden übergreifenden Erziehungsfernziele:

■ Mündigkeit
■ Emanzipation
■ Schlüsselqualifikationen

Mündigkeit

Damit ist gemeint, dass ein Mensch über

■ Selbstkompetenz,
■ Sachkompetenz und
■ Sozialkompetenz verfügt.

Unter **Selbstkompetenz**, die auch als Ich-Fähigkeit bezeichnet wird, versteht man die Fähigkeit, das eigene Leben ebenso selbstverantwortlich wie eigenständig zu gestalten und mit sich zurechtzukommen. Dazu gehören u. a. Fähigkeiten wie Selbststeuerung, Selbstständigkeit und Selbstbestimmung.

[1] Gudjons, H.: Pädagogisches Grundwissen, S. 194

Beispiel

Marita möchte zu Hause ausziehen. Um das finanzieren zu können, will sie mit einer Freundin zusammenziehen. Sie hat ihr Vorhaben durchgerechnet und mit ihrer Freundin alle wichtigen Punkte geklärt. Ihrer Familie gegenüber, die anfangs Bedenken hat, kann sie ihre Beweggründe verständlich machen. Mit Kritik von anderen an ihrem Vorhaben kann sie umgehen.

Unter **Sachkompetenz**, die auch als Welt-Fähigkeit bezeichnet wird, versteht man die Fähigkeit, mit Natur und Umwelt bewusst und verantwortlich umzugehen. Dazu gehören Fähigkeiten wie Sachverstand, Ausdrucksfähigkeit, Urteilsvermögen und Problemlösefähigkeit.

Beispiel

Beim Einkauf von Spielzeug achtet Peter auf das Gütesiegel „Spiel gut", das für pädagogisch wertvolles und langlebiges Spielzeug vergeben wird.

Unter **Sozialkompetenz**, die auch als Du-Fähigkeit bezeichnet wird, versteht man die Fähigkeit, mit anderen Menschen partnerschaftlich umgehen zu können. Dazu gehören Fähigkeiten wie Einfühlungsvermögen, Kompromissbereitschaft, Toleranz und Durchsetzungsvermögen. Das gilt sowohl für den privaten Bereich (Familie und Freunde) als auch für den öffentlichen Bereich (Arbeitsplatz, Gesellschaft, Politik).

Beispiel

Nicole (10 J.) akzeptiert, dass ihre türkische Mitschülerin mit einem Kopftuch in die Schule kommt und kein Schweinefleisch isst. Bei Hänseleien hierüber versucht sie, zu schlichten und Verständnis für die andere Kultur und Religion zu vermitteln.

Emanzipation

Der Begriff Emanzipation ist abgeleitet von dem lateinischen Verb „emancipare", was soviel heißt wie „in die Eigenständigkeit entlassen".

Damit ist gemeint, dass der Mensch fähig ist,

- eine eigene Lebensperspektive zu entwickeln.
  Berufswahl früher – heute
- am kulturellen und politischen Leben teilzunehmen und es mitzugestalten (Partizipation).
  Zugewinn an Freiheit und Gleichheit
- seine Existenz zu sichern.
  Verringerung von seelischer und ökonomischer Abhängigkeit (Elternhaus und Ehemann)

Emanzipation umfasst sowohl eine individuelle Selbstbestimmung als auch die gleichberechtigte Mitbestimmung bei gesellschaftlichen und politischen Entscheidungen (Partizipation).

Schlüsselqualifikationen

Schlüsselqualifikationen sind übergreifende Fähigkeiten, die es einem Menschen ermöglichen, flexibel und aufnahmebereit auf Veränderungen zu reagieren. Hierzu gehören heute z. B. Mehrsprachigkeit und Medienkompetenz.

Um diese großen Ziele oder Fernziele zu erreichen, bedarf es vieler kleiner Schritte (altersangemessene Nahziele; vgl. Kap. 11).

Aufgaben

1. Welches Verhalten zeigt ein mündiger Mensch? Finden Sie Beispiele.
2. Über welche Sozialkompetenz verfügt ein mündiger Mensch?
3. Im Schulrecht, in der Jugendhilfe und sogar in den verschiedenen Landesverfassungen sowie in eigenständigen Bildungs- und Erziehungsplänen sind Erziehungsziele formuliert worden.
   Führen Sie eine Internetrecherche durch und erarbeiten Sie Gemeinsamkeiten und Differenzen der ausgewiesenen Erziehungsziele.
4. Den hier genannten übergreifenden Zielen lassen sich viele Einzelziele zuordnen. Erstellen Sie in einer Kleingruppe Ihr eigenes „Ziel-ABC" (x+y auslassen).
   Diskutieren Sie die Gruppenergebnisse in der Klasse.

16.2 Erziehungsstile

Beispiel

Im Familienpraktikum wollen Sie mit den Kindern (3 und 5 Jahre alt) und der Mutter zum Schwimmen ins Hallenbad fahren. Es ist ziemlich kalt und draußen liegt Schnee. Dem 3-Jährigen helfen Sie beim Anziehen, während die 5-Jährige sich selber fertig macht. Nach einiger Zeit kommt sie stolz aus ihrem Zimmer mit Kniestrümpfen, Sandalen und einem dünnen Anorak – ihren Lieblingssachen, die sie während des letzten Badeurlaubs auch immer anhatte.

Mögliche Reaktionen der Mutter:

a) *„Mit den Sachen nehme ich dich nicht mit. Zieh dich sofort um."*

b) *„Das ist viel zu dünn. Sieh mal, draußen liegt Schnee. Du wirst frieren und dich erkälten. Zieh dich bitte um."*

c) *„Das ist zwar zu dünn und du wirst frieren, aber wenn du unbedingt so gehen willst, bitte."*

d) *„Mein Schatz, es ist kalt heute. Komm, ich suche dir etwas heraus und ziehe dich an. Wenn Mama nicht alles selber macht."*

Aufgaben

1. Wie sollte sich die Mutter verhalten? Begründen Sie Ihre Meinung.
2. Wie könnte ein Dialog zu den unterschiedlichen Reaktionen verlaufen? Erarbeiten Sie in einer Kleingruppe für jeweils eine Reaktion einen Dialog und spielen ihn der Klasse vor.
3. Wie kann sich das beschriebene Verhalten der Mutter jeweils längerfristig auf das Kind auswirken?

Die dargestellten Reaktionen der Mutter in dem Beispiel lassen unterschiedliche Verhaltensmuster erkennen.

Es gibt in einer Erziehungssituation immer verschiedene Möglichkeiten zu reagieren. Beobachtet man einen Erziehenden über einen längeren Zeitraum, wie er sich den Kindern gegenüber verhält, kann man i. d. R. eine charakteristische Grundhaltung erkennen – einen bestimmten Erziehungsstil. Das bedeutet, der Erziehende zeigt in ähnlichen Situationen typische, wiederkehrende Verhaltensmuster.

Beispiel

Frau Menk wird immer laut, wenn die Kinder nicht aufräumen, und bestraft sie.

Herr Freitag sagt in derselben Situation bestimmt, aber freundlich: „Kommt, wir machen das gemeinsam."

Definition

Als **Erziehungsstil** bezeichnet man ein relativ konstantes Erzieherverhalten gegenüber dem Kind.

Man unterscheidet folgende Erziehungsstile:

- autoritär
- demokratisch/partnerschaftlich
- laissez-faire
- überbehütet

Jeder Erziehungsstil ist geprägt durch eine Grundhaltung sowie den bevorzugten Einsatz bestimmter Erziehungsmaßnahmen und basiert auf einem bestimmten Bild vom Kind.

Aufgaben

4. *Der türkische Sinan (5 Jahre) sagt, als es ans Aufräumen geht: „Jungs müssen das nicht. Das ist Mädchensache."*
   a) Wie kommt er zu dieser Aussage?
   b) Wie verhalten Sie sich?
5. *Zwei Mädchen streiten sich um eine Puppe und ziehen so stark daran, dass sie zu zerreißen droht. Ihre Kollegin trennt die beiden: „Schämt ihr euch nicht? Ich habe keine Lust, euch auf den Spaziergang mitzunehmen."* Bewerten Sie das Verhalten.
6. Welchen Schwierigkeiten sind Kinder ausgesetzt, die zu Hause einen anderen Erziehungsstil erfahren als im Kindergarten? Erinnern Sie sich an mögliche Erfahrungen. Wie wurde damit umgegangen?
7. Zu den Erziehungsstilen gibt es verschiedene Theorien mit denen sich z. B. die Psychologen Lewin und Tausch/Tausch und andere auseinandergesetzt haben.
   Informieren Sie sich über deren Theorien in Literatur und/oder Internet.
   Setzen Sie sich in einer Kleingruppe jeweils mit einer Theorie auseinander und diskutieren Sie Ihre Ergebnisse in der Klasse.

16.2.1 Autoritärer Erziehungsstil

Für den autoritären Erziehungsstil gilt folgender **Grundsatz**:
Der Erziehende ist dominant (beherrschend) und bestimmt.

Folgende **Merkmale** sind kennzeichnend:
■ Der Erziehende plant und bestimmt das Geschehen.
■ Planungen und Anweisungen werden nicht begründet.
■ Der Erziehende arbeitet überwiegend mit Befehlen und Anordnungen (s. Bild).
■ Der Erziehende greift bei Problemen und Konflikten schnell ein und entscheidet.
■ Er lobt und kritisiert den Einzelnen.

Ein autoritärer Erziehungsstil kann folgende **Auswirkungen auf das kindliche Verhalten** haben:
■ Selbstständigkeit und Verantwortungsgefühl entwickeln sich nur schwer.
■ Gefühle und Verhaltensweisen wie Auflehnung und Aggressivität, aber auch Gleichgültigkeit und Unterwürfigkeit werden gefördert. Die Kinder sind überwiegend unzufrieden und ängstlich. Häufig übernehmen sie den fordernden Ton des Erziehenden.
■ Es werden hohe, aber wenig kreative Leistungen erbracht.
■ Die Kinder haben ein eher distanziertes Verhältnis zum Erziehenden.

Da alle Aktivitäten vom Erziehenden ausgehen, finden die Bedürfnisse der Kinder kaum Beachtung.

Aufgaben

1. Schildern Sie Situationen, in denen autoritäres Erzieherverhalten angebracht oder abzulehnen ist. Begründen Sie Ihre Entscheidungen.
2. Erörtern Sie die Situationen aus der Sicht des Kindes.

16.2.2 Demokratisch/partnerschaftlicher Erziehungsstil

Was wollen wir heute machen: Basteln, malen oder einen Spaziergang?

Für den partnerschaftlich/demokratischen Führungsstil gilt folgender **Grundsatz**:
Erziehende und Kind sind gleichberechtigt und handeln das Geschehen aus.

Folgende **Merkmale** sind kennzeichnend:
■ Das Geschehen wird gemeinsam beraten und entschieden. Entscheidungen werden mithilfe von Diskussionen und Absprachen getroffen.
■ Notwendige Anweisungen werden begründet.
■ Bei Problemen und Konflikten unterstützt der Erziehende das Finden von Lösungen durch Denkanstöße.
■ Die Leistungen der Gruppe werden gelobt oder getadelt.

Ein demokratisch/partnerschaftlicher Erziehungsstil kann folgende **Auswirkungen auf das kindliche Verhalten** haben:

- Selbstständigkeit und Verantwortungsgefühl entwickeln sich sehr gut.
- Die Kinder trauen sich, ihre Bedürfnisse und Interessen einzubringen sowie ihre Rechte einzufordern.
- Die Kinder fühlen sich überwiegend wohl und sind neugierig, selbstbewusst und gesellig.
- Es entstehen individuelle, kreative Leistungen, wenn auch nicht so hohe wie bei einem autoritären Erziehungsstil.
- Die Kinder entwickeln großes Vertrauen zum Erziehenden und haben ein eher freundschaftliches Verhältnis.

Da die Bedürfnisse der Einzelnen eingebracht werden können, herrscht in einer partnerschaftlich/demokratisch geführten Gruppe überwiegend ein positives Klima, in dem sich Sozialverhalten, gegenseitige Anerkennung und Achtung sowie Entscheidungsfähigkeit und Willensbildung gut entwickeln können.

16.2.3 Laissez-faire-Erziehungsstil

Ihr könnt spielen, was ihr wollt.

Für den Laissez-faire- („Lass sie machen.") Erziehungsstil gilt folgender **Grundsatz**:
Der Erziehende nimmt sich ganz zurück und lässt das Kind agieren.

Folgende **Merkmale** sind kennzeichnend:
- Der Erziehende macht fast keine Vorgaben bei Planung und Durchführung.
- Der Erziehende hält sich bei allen Entscheidungen und Diskussionen im Hintergrund.
- Er greift bei Problemen und Konflikten kaum ein.
- Er lobt und tadelt selten von sich aus.
- Er bietet Hilfe nur an, wenn sie eingefordert wird.

Ein Laissez-faire-Erziehungsstil kann folgende **Auswirkungen auf das kindliche Verhalten** haben:
- Selbstständigkeit und Verantwortungsbewusstsein entwickeln sich nur schwer.
- Die Leistungen und Leistungsbereitschaft sind eher gering.
- Es kann leicht zu Streitereien kommen und Unzufriedenheit entstehen. Die Kinder weisen überwiegend ein geringes Selbstvertrauen und wenig Selbstbeherrschung auf.
- Es entwickeln sich Gleichgültigkeit und kaum Kooperationsfähigkeit.
- Die Kinder entwickeln sich oft zu Außenseitern und Einzelgängern mit egoistischen Zügen.
- Das Kind entwickelt zum Erziehenden ein oberflächliches Verhältnis.

Insgesamt ist dieser Erziehungsstil durch nahezu fehlende Grenzziehung gekennzeichnet und lässt damit ein Grundbedürfnis der Kinder außer Acht (vgl. Kap. 6).

Seitens der Erziehenden können dabei leicht Gleichgültigkeit und Desinteresse auftreten.

Aufgabe

Gibt es Situationen, in denen Sie diesen Erziehungsstil praktizieren würden? Begründen Sie Ihre Antwort.

16.2.4 Überbehüteter Erziehungsstil

Für den überbehüteten Erziehungsstil gilt folgender **Grundsatz**:

Das Kind wird durch den Erziehenden beschützt und kontrolliert.

Folgende **Merkmale** sind kennzeichnend:
- Der Erziehende überwacht das Geschehen.
- Er stellt keine altersgerechten Anforderungen.
- Er arbeitet mit ständigen Ermahnungen und Nachfragen nach dem Wohlbefinden.
- Er löst Probleme und Konflikte für das Kind.

Ein überbehüteter Erziehungsstil kann folgende **Auswirkungen auf das kindliche Verhalten** haben:
- Selbstständigkeit und Leistungsbereitschaft entwickeln sich kaum.
- Es entstehen Gefühle wie Hilflosigkeit, Minderwertigkeitsgefühl, aber auch Auflehnung. Die Freude am Erfolg wird nicht erfahren.
- Die Kinder „heischen" in schwierigen Situationen nach Mitleid und veranlassen damit andere, ihnen die Aufgaben abzunehmen.
- Es werden kaum eigenständige Leistungen erbracht.
- Es entwickelt sich häufig eine Abhängigkeit vom Erziehenden.

Die überängstliche Haltung der Erziehenden beruht auf Unsicherheit oder den Wünschen, Fehler zu vermeiden und das Kind vor negativen Erfahrungen zu beschützen. Dadurch wer

den notwendige Entwicklungen verhindert. In der Praxis kommen die Erziehungsstile selten in der hier dargestellten „Reinform" vor, sondern als überwiegend ausgeübte Verhaltensweisen.

Aufgaben

1. Eltern, die überbehütet erziehen, werden auch als „Helicopter"-Eltern bezeichnet. Was könnte damit gemeint sein?
2. Jesper Juul sagt: „Überbehütete Kinder sind vernachlässigte Kinder."
   a) Was könnte Jesper Juul zu dieser Aussage veranlassen?
   b) Überprüfen Sie die Aussage anhand eigener Erfahrungen.
   c) Stellen Sie Ihre Ergebnisse der Klasse vor.
3. Überlegen Sie in einer Kleingruppe, warum es zu den aufgeführten Auswirkungen auf das kindliche Verhalten kommen kann. Stellen Sie Ihre Überlegungen an Beispielen dar.
4. Schildern Sie eigene Erfahrungen aus Kindheit und Jugend mit den beschriebenen Erziehungsstilen und ergänzen Sie die Listen der möglichen Auswirkungen.
5. Welcher Erziehungsstil wird im Anfangsbeispiel (s. S. 255) eingesetzt und woran erkennen Sie das?
6. Welcher Erziehungsstil steht hinter den Reaktionen a – d im Beispiel auf S. 259?
7. Was versteht man unter einem „Muttersöhnchen"?
8. Recherchieren Sie in Literatur und Internet, wodurch ein antiautoritärer und ein autokratischer Erziehungsstil gekennzeichnet sind und nehmen Sie eine Bewertung vor.
9. *„Müssen wir schon wieder spielen, was wir wollen?"*
   Wie interpretieren Sie die Frage?

16.3 Erziehungsmaßnahmen

Aufgaben

1. Welche Situationen erkennen Sie auf den Zeichnungen?
2. Wie hat die Erziehende sich verhalten und was will sie damit erreichen?
3. Welche Maßnahme bevorzugen Sie? Begründen Sie Ihre Antwort.
4. Beschreiben Sie Verhaltensweisen, die sich positiv auf die Entwicklung des Kindes auswirken. Begründen Sie Ihre Antwort und nennen Sie Beispiele.

Mit dem Einsatz von Erziehungsmaßnahmen, auch als Erziehungsmittel bezeichnet, sollen die angestrebten Erziehungsziele erreicht werden:
- Erwünschtes Verhalten soll aufgebaut (erworben) und
- unerwünschtes Verhalten soll abgebaut (verlernt) werden (vgl. Kap. 15).

Man unterscheidet zwischen direkten und indirekten Erziehungsmaßnahmen. Die **direkten Erziehungsmaßnahmen** stehen in unmittelbarem Zusammenhang mit einem Verhalten oder einer Situation.
Direkte Erziehungsmaßnahmen können beispielsweise ein Lob, ein aufmunternder Blick, eine Belohnung, eine „Moralpredigt", ein Tadel oder eine Taschengeldkürzung sein.

Die **indirekten Erziehungsmaßnahmen** sind nicht unmittelbare Folge einer Verhaltensweise. Vielmehr wird der Mensch in eine Situation gebracht, in der er sich ausprobieren und lernen kann. Dabei kann er neue Fähigkeiten und Verhaltensweisen erwerben und das angestrebte Erziehungsziel erreichen.
Die Erziehungsmaßnahmen können unterstützende Auswirkungen haben: Verhaltensweisen sollen aufgebaut oder erlernt werden.

Beispiel
Der 2-jährige Sona geht seit einiger Zeit eigenständig zur Toilette oder bittet um Hilfe, wenn er sie benötigt. Dafür bekommt er ein ausführliches Lob von den Eltern. Er ist stolz, dass er keine Windeln mehr braucht, und geht gerne zur Toilette.

Sie können auch gegenwirkende Auswirkungen haben: Verhaltensweisen sollen abgebaut oder verlernt werden.

Beispiel
Während des Frühstücks nimmt Patrick (4 J.) den anderen Kindern immer wieder das Frühstücksbrot weg oder schlägt sie, wenn sie es ihm nicht geben. Die Erziehenden haben nun mit Patrick abgesprochen, dass er an einem Tisch allein essen muss, wenn er den anderen weiterhin das Frühstück wegnimmt.

Aufgabe

5. Ein Kind, das neu in eine Gruppe kommt, hat Eingewöhnungsprobleme.
   a) Was können Sie tun, um dem Kind die Situation zu erleichtern? Begründen Sie Ihre Vorschläge.
   b) Welche Ziele streben Sie dabei an?
   Bearbeiten Sie die Fragen in einer Kleingruppe.

16.3.1 Erziehungsmaßnahmen mit positiven Auswirkungen

Lob

Oh, hast du ein schönes Auto.

Ein Lob kann verbal, wie in dem Bild, oder nonverbal (ein freundliches Kopfnicken) erfolgen. Das Lob sollte

- in direktem Zusammenhang mit der Handlung oder dem Verhalten stehen,
- ernst gemeint sein,
- gezielt eingesetzt werden und
- sich auf die konkrete Situation beziehen.

Beispiel

„Du kannst ja einen schönen hohen Turm bauen." Und nicht *„Oh ja, schön."*

Ermutigung

Du schaffst das! Ich fang dich auf.

Eine solche Aussage, vor oder während einer Handlung getroffen, hilft dem Kind, sich einer Aufgabe positiv zuzuwenden, sich anzustrengen und sie zu lösen.

Dasselbe gilt für aufmunternde Blicke. Besonders ängstliche und unsichere Menschen benötigen Zuspruch.

Man bezeichnet die Erziehungsmaßnahmen **Lob** und **Ermutigung** auch als **positive Verstärker**.

Belohnung

Das hast du ganz toll ausgerechnet. Willst du mit mir in den Zirkus gehen?

Eine Belohnung kann in vielfältiger Weise erfolgen. So kann beispielsweise ein Lob eine Belohnung sein ebenso wie eine emotionale Zuwendung (in den Arm nehmen, streicheln: „Ich freue mich mit Dir.") oder eine materielle Anerkennung (Süßigkeiten, Geschenk, Geld, Einladung zu einem besonderen Ereignis). Bei häufigen materiellen Belohnungen besteht die Gefahr, dass das erwartete Verhalten nur gezeigt wird, um eine Belohnung zu erhalten.

Aufgaben

1. Was kann ein Lob bei einem Menschen bewirken? Belegen Sie Ihre Aussagen mit Beispielen.
2. Welche Folgen kann ständiges Loben haben?
3. Wie fühlt sich ein Mensch nach einer Leistung, die er sich eher nicht zugetraut hat?
4. Welche Auswirkungen kann der Erfolg auf sein zukünftiges Verhalten haben?
5. Nennen Sie mögliche Vor- und Nachteile der beiden Belohnungsarten.

16.3.2 Erziehungsmaßnahmen mit negativen Auswirkungen

Ermahnung

Eine Ermahnung kann man auch als vorwurfsvolles Erinnern bezeichnen. Der Erziehende möchte damit ein unliebsames Verhalten verhindern. Das gelingt oft nicht, weil Ermahnungen aus Sorge und Vorsicht zu häufig ausgesprochen werden. Ständige Ermahnungen vermitteln das Gefühl, dass man jemandem nichts zutraut. Sie werden so auf Dauer nicht mehr registriert („Ach, schon wieder das Geleier.").

Tadel

Einen Tadel kann man als negative Äußerung zu einem gezeigten Verhalten oder einer abgeschlossenen Handlung bezeichnen. Die Ermahnung erfolgt „vor der Tat", der Tadel danach. Er kann wie das Lob verbal („Was hast du Dir denn dabei gedacht?") oder nonverbal (Stirnrunzeln, Kopfschütteln) geäußert werden. Er drückt immer die Missbilligung des Erziehenden aus.

Drohung

Die Drohung erfolgt wie die Ermahnung vor der Tat mit demselben Ziel. Sie soll Angst erzeugen und stellt im Grunde eine Erpressung dar.

Strafe

Eine Strafe wird wie ein Tadel im Nachhinein verhängt. Mit einer Strafe ist immer eine spürbare Unannehmlichkeit verbunden.

Aufgaben

1. Gibt es aus Ihrer Sicht Situationen, in denen ein Tadel angebracht ist? Wenn ja, nennen Sie Beispiele.
2. Bewerten Sie „Wenn …, dann …"-Formulierungen anhand von Beispielen.
3. Was können häufig ausgesprochene Drohungen bewirken?
4. Wann würden Sie eine Strafe als Erziehungsmaßnahme einsetzen? Begründen Sie Ihre Antwort.
5. Halten Sie Strafe für eine geeignete Erziehungsmaßnahme?

Zusammenfassung

- Erziehungsziele sind Vorstellungen über den Sollzustand, zu dem ein Mensch geführt werden soll. Sie bieten dem Erziehenden eine Orientierung.
- Erziehungsziele sind abhängig von den Wert- und Normvorstellungen in Familie und Gesellschaft. Sie unterliegen ständigen Veränderungen durch den Wandel der Lebensverhältnisse.
- Übergeordnete Erziehungsziele sind heute Mündigkeit, Emanzipation und Schlüsselqualifikationen. Damit verfügt der Mensch über Selbstkompetenz (Ich-Fähigkeit), Sachkompetenz (Weltfähigkeit) und Sozialkompetenz (Du-Fähigkeit).
- Unter Erziehungsstil versteht man ein relativ konstantes, typisches Erzieherverhalten.
- Man unterscheidet folgende Erziehungsstile:
  - autoritär,
  - demokratisch/partnerschaftlich,
  - laissez-faire und
  - überbehütet
  die unterschiedliche Auswirkungen auf das Kind haben.
- Um die Erziehungsziele zu erreichen, werden direkte und indirekte Erziehungsmaßnahmen eingesetzt, die ein unerwünschtes Verhalten abbauen und erwünschtes Verhalten aufbauen sollen.
- Zu den Erziehungsmaßnahmen mit positiven Auswirkungen zählen Lob, Ermutigung und Belohnung, zu denen mit negativen Auswirkungen Ermahnung, Tadel, Drohung und Strafe.
- Erziehungsmaßnahmen können verbal und nonverbal erfolgen.

Aufgaben

1. Halten Sie Gehorsam, Pflichtbewusstsein und Leistungsbereitschaft heute für erstrebenswerte Erziehungsziele? Begründen Sie Ihre Antwort.

2. *Sie haben den 4-jährigen Frido für den 50. Geburtstag seiner Großmutter fein gemacht und kümmern sich jetzt um die 2-jährige Mara. Frido hat Langeweile und geht mit der Ermahnung „Mach Dich nicht schmutzig!" in den Garten. Als Sie ihn hereinholen, ist das weiße Oberhemd völlig beschmutzt.*
   a) Wie würden Sie sich verhalten? Begründen Sie Ihr Vorgehen.
   b) Welche Alternativen gibt es und warum entscheiden Sie sich dagegen?

3. Warum ist Loben in der Regel eine wirksamere Erziehungsmaßnahme als Strafen? Stellen Sie Ihre Überlegungen anhand von Beispielen dar und benennen Sie mögliche Auswirkungen.

4. Beobachten Sie einen Vormittag das Gruppengeschehen.
   a) Notieren Sie, wie die Kinder gelobt werden.
   b) Überlegen Sie, wie Sie Kinder loben.
   c) Bewerten Sie Ihre Beobachtungen und das eigene Verhalten anschließend in der Klasse.

5. Schildern Sie eine konfliktreiche Situation, die Sie in einer Kindergruppe erlebt haben, und wie sie gelöst wurde.
   a) Welche Erziehungsmaßnahmen wurden zur Lösung eingesetzt?
   b) Welcher Erziehungsstil war erkennbar?
   c) Wie wäre das Geschehen verlaufen, wenn ein anderer Erziehungsstil mit anderen Maßnahmen angewandt worden wäre?

17 Erzieherisches Handeln

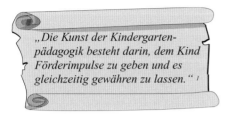

*„Die Kunst der Kindergarten-
pädagogik besteht darin, dem Kind
Förderimpulse zu geben und es
gleichzeitig gewähren zu lassen."* [1]

Beispiel 1

*Frau Schmel bei der Begrüßung: „So, kommt her
und setzt euch. Wir wollen heute mit den Schachteln, Rollen, Wollresten, Knöpfen und dem anderen Material, das ihr mitgebracht habt, einen Bauernhof basteln. Was habt ihr dort letzte Woche
gesehen?" „Kühe", „Pferde", „Katzen". „Ja, und
dann auch noch das Bauernhaus. Wer macht was?
Ach, ich teile das jetzt ein, dann geht es schneller
und wir haben nicht so viel doppelt."... „Nun fangt
man an, ihr werdet das schon schaffen."*
*In diesem Augenblick kommt eine Kollegin herein
und fragt: „Wie läuft es denn so?" „Ich habe gerade bestimmt, wer was macht, dann gibt es nicht
so ein Durcheinander und viele verschiedene Teile. Du musst denen ja doch vorgeben, was sie
machen sollen, sonst klappt es nicht." Harvey steht
auf und will sie etwas fragen. „Harvey, setzt dich
wieder hin. Ich komme gleich und mache dir vor,
wie es geht." Zur Kollegin gewandt: „Siehst du,
was ich meine? Ohne meine genauen Anweisungen schaffen sie es nicht."*

Beispiel 2

*Frau Osten bei der Begrüßung: „Schön, dass ihr da
seid. Wir setzen uns zuerst alle im Kreis um die
Schachteln, Rollen, usw. .... Was habt ihr letzte
Woche auf dem Bauernhof gesehen und was
könnten wir basteln?" „Kühe", „Pferde", „Katzen".
„Ihr habt ja tolle Ideen. Hat nicht einer Lust, einen
Trecker zu machen? Wenn es zu schwer wird,
schauen wir gemeinsam, wie es gehen könnte."*

*In diesem Augenblick kommt eine Kollegin herein
und fragt: „Wie läuft es denn so?" „Oh, es ist fan-
tastisch, wie viele Ideen die Kinder haben. Ich bin
sicher, da entstehen viele verschiedene individuelle
Werke." Bennet steht auf und will sie etwas fragen.*

---

[1] Partecke/Sandtner unter www.kindergartenpaedagogik.de, 2017

*„Bennet, ich komme. Du, entschuldige, ich muss
mich kümmern. Manchmal muss man doch ein
paar Tipps zur Unterstützung geben."*

Aufgaben

1. Was bedeutet die Aussage am Anfang für das
   erzieherische Handeln? Sammeln Sie Stichpunkte auf Metaplankarten und clustern Sie
   die Ergebnisse.
   Was nehmen Sie daraus für Ihr eigenes Handeln
   mit?
2. Bewerten Sie die Beispiele im Hinblick auf folgende Fragen und belegen Sie Ihre Aussagen
   mit Textbeispielen:
   a) Welches Erzieherverhalten (Erziehungsstil)
      wird deutlich?
   b) Welche Erziehungsziele werden angestrebt?
   c) Sind die angestrebten Ziele der gewählten
      Beschäftigung angemessen?
   d) Welche Haltungen der Erziehenden
      gegenüber den Kindern werden deutlich?
   e) Ist das Verhalten stimmig?
   f) Wovon ist erzieherisches Handeln abhän-
      gig? Erstellen Sie eine Mindmap.

17.1 Grundhaltung der Erziehenden

Das erzieherische Handeln ist darauf ausgerichtet, die Selbstbildungsprozesse des Kindes zu
begleiten, den Entwicklungsdrang anzuregen
sowie die Eigenverantwortlichkeit und Gemein-
schaftsfähigkeit zu stärken. Dabei sollte es von
Wertschätzung, Empathie, Kongruenz und
Authentizität geprägt sein.

Wertschätzung

bedeutet, den anderen als Person achten und
anerkennen mit all seinen Fähigkeiten und Fehlern; eine bedingungslose Akzeptanz und Res-
pektierung.
Die Wertschätzung orientiert sich am Wesen und
den Leistungen; sie kann hoch oder gering sein.

Hohe oder positive Wertschätzung

Indem der Erziehende die positiven Eigenschaften bestärkt, werden Selbstwertgefühl und Selbstvertrauen des Kindes gestärkt.

Die negativen Eigenschaften treten in den Hintergrund.

Beispiel

Maren (5 J.) verhält sich in der Kindergruppe ausgesprochen sozial. Sie versucht, Kinder in ihr Spiel mit einzubeziehen, die sonst häufig am Rand stehen. Erziehende: „Morgen kommt Liv, die erst vor kurzem hierher gezogen ist, neu in unsere Gruppe. Ich möchte, dass jemand eine Patenschaft für Liv übernimmt und dachte, dass Maren das machen könnte."

Eine ständig deutlich geäußerte hohe Wertschätzung kann allerdings zu Überheblichkeit führen.

Beispiel

Mia (4,5 J.), immer ein wenig vorlaut und sehr von sich überzeugt, schlägt im Morgenkreis ein Spiel für den Tag vor. Erziehende: „Mia, nicht du schon wieder." Mia: „Dabei weiß ich sowieso die besten Spiele der Welt."

Negative oder geringe Wertschätzung

Eine negative Wertschätzung, gekennzeichnet durch Geringschätzung und Verachtung des anderen, dagegen blockiert die Entwicklung des Kindes nachhaltig.

Beispiel

Erziehende: „Wer malt die Bäume und Tiere für unser Theaterplakat? Nein, nicht du, Jane. Dein Gemaltes kann man nicht erkennen."

Aufgaben

1. Bedeutet bedingungslose Akzeptanz, mit allem einverstanden sein? Erklären Sie Ihren Standpunkt anhand von Beispielen.
2. Welcher Erziehungsstil zeichnet sich durch eine hohe Wertschätzung aus?
3. Wie fühlen und verhalten Sie sich nach den Aussagen *„Das kannst du sowieso nicht"* und *„Na ja, wenn du denn meinst"*?

Empathie

bedeutet, sich einfühlen und mitfühlen, um Reaktionen und Verhaltensweisen zu verstehen. Dazu gehören eine einfühlsame Wahrnehmung und genaue Beobachtung sowie die Fähigkeit, sich in jemanden hineinzuversetzen und ihm zuzuhören (vgl. Kap. 11).

Empathie ist besonders wichtig im Umgang mit Kindern, weil diese ihre Gefühle, Gedanken und Wünsche häufig nicht richtig äußern können. Das gilt besonders für Kinder in besonderen Lebenslagen (vgl. Kap. 8).

Bei aller Zuwendung und Empathie, ist es notwendig, sich abzugrenzen und nicht dem Helfersyndrom (der Sucht zu helfen) zu unterliegen.

Aufgaben

4. *Ihr Freund hat mit Ihnen Schluss gemacht und Ihre Mutter tröstet Sie mit den Worten: „Das haben wir alle schon erlebt und überlebt. Es gibt so viele Männer auf der Welt."*
   a) Wie fühlen Sie sich nach dieser Antwort?
   b) Welche Reaktion hätten Sie sich gewünscht?
   c) Was lernen Sie daraus für Ihre pädagogische Arbeit?
5. Entscheiden Sie sich in einer Kleingruppe für eine besondere Lebenslage eines Kindes und bearbeiten Sie folgende Fragen:
   a) Wie mag das Kind sich fühlen?
   b) Wie würden Sie sich ihm gegenüber verhalten?
   c) Wie kann sich das Helfersyndrom auf einen Menschen auswirken?
   d) Welchen Folgen kann ein überfürsorgliches Verhalten auf zu Betreuende haben?

Kongruenz

bedeutet, Übereinstimmung von Fühlen – Denken – Handeln oder Gesagtem, Gemeintem und Gezeigtem (vgl. Kap. 18).

Beispiel
Die Erziehende ist wütend und verärgert über das Verhalten eines Kindes. Sie hält ihren Ärger nicht zurück und zeigt ihre Empfindung, die mit ihrer Körperhaltung übereinstimmt, in angemessener Weise.

Von Inkongruenz spricht man, wenn das eigene Handeln und die Äußerungen nicht im Einklang stehen.

Beispiel
Eine Erziehende, die selbst viele Süßigkeiten isst, den Kindern aber sagt, sie seien ungesund, zeigt kein kongruentes Verhalten.

Aufgaben

1. Beurteilen Sie die Kernaussage von Frau Schmel in Beispiel 1 auf S. 267, die einerseits sagt „Ihr schafft das schon", es den Kindern andererseits aber nicht zutraut.
2. Finden Sie weitere Beispiele für kongruentes und inkongruentes Verhalten.

Authentizität

bedeutet Echtheit, Glaubwürdigkeit, Zuverlässigkeit. Eine Person, die sich authentisch verhält, ist einschätzbar. Gerade im Umgang mit Kindern, die ein besonderes Gespür für Echtheit haben, ist dies wichtig.

Beispiele
„Er kommt immer zu spät. Er ist eben schusselig, aber liebenswert."

„Auf sie kann man sich verlassen. Wenn sie etwas zugesagt hat, steht sie auch dazu."

So wird Echtheit auch nicht dadurch erreicht, dass man sich so verhält als wüsste man alles, sondern durch das Zugeben von Unzulänglichkeiten oder Fehlern (vgl. Kap. 1). Ebenso erreicht man Glaubwürdigkeit nicht dadurch,

dass man versucht, es allen recht zu machen. Im Weiteren muss eine Erziehende offen sein gegenüber Neuem und bereit zur Zusammenarbeit mit anderen.

Offenheit gegenüber Neuem

ist unverzichtbar. Auch eine Erziehende ist eine Lernende. Aufgrund neuer wissenschaftlicher Erkenntnisse sowie gesellschaftlicher Veränderungen muss sie sich mit Themen auseinandersetzen, die ihr vorher nicht vertraut waren, und ihre Arbeit überdenken (vgl. Kap. 11, 15 und 20).

Bereitschaft zur Zusammenarbeit

erweitert den Horizont und ermöglicht die Inanspruchnahme von Hilfe. Das umfasst die Zusammenarbeit

- mit Kollegen und Kolleginnen als Team in gegenseitiger Unterstützung und zum fachlichen Austausch,
- mit Eltern als Experten für ihre Kinder und Erziehungspartner sowie
- mit Fachleuten aus Einrichtungen in der Nachbarschaft, Beratungsstellen, Ämtern, kulturellen Einrichtungen und Grundschulen zur Unterstützung und Bereicherung der Arbeit.

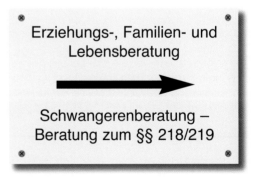

Aufgaben

3. Warum ist die Zusammenarbeit mit den genannten Institutionen im Einzelnen wichtig?
4. Überlegen Sie in einer Kleingruppe, mit wem Sie außer der Grundschule eine Kooperation für wichtig halten und wie Sie diese gestalten würden.

17.2 Strukturierung der Arbeit

Bildungs- und Erziehungspläne, Konzeption ... Noch was?

Die vollständige Handlung

informieren → planen → entscheiden → durchführen → kontrollieren (analysieren) → bewerten (evaluieren) → informieren

Das professionelle erzieherische Handeln hat sich gewandelt. Es ist anspruchsvoller geworden und orientiert sich an den Vorgaben der von allen Bundesländern entwickelten Erziehungs- und Bildungspläne. Diese bilden die Grundlage für die Konzeption jeder Einrichtung, deren Leitideen und das pädagogische Handeln.

Aufgaben

1. Informieren Sie sich über das pädagogische Konzept Ihrer Praktikumsstelle.
2. Welche Bildungs- und Entwicklungsbereiche werden darin benannt?
3. Welche Vorgaben müssen Sie daraus bei der Planung Ihrer Arbeit berücksichtigen?
4. Woran orientieren Sie sich bei der Auswahl Ihrer geplanten Themen/Projekte/Angebote?
5. Erstellen Sie eine Planung zu einer der folgenden Fragen „Warum regnet es?", „Was ist tot sein?" und protokollieren Sie Ihre Arbeitsschritte.

Um den vielfältigen Anforderungen gerecht zu werden, muss das erzieherische Handeln sorgfältig geplant, flexibel durchgeführt und gut reflektiert werden. Das nachfolgende Modell der vollständigen Handlung kann dabei hilfreich sein.

Aufgaben

6. Informieren Sie sich im Internet über das Modell der vollständigen Handlung und darüber, was mit den einzelnen Schritten gemeint ist.
7. Wie können Sie als Erziehende dabei den Selbstbildungsprozess des Kindes berücksichtigen?

17.2.1 Planung und Durchführung

Nach der Entscheidung und Information über das Thema oder den Themenbereich erfolgt die Planung der konkreten Umsetzung. Dabei ist die Beantwortung der W-Fragen sehr hilfreich:

Was soll angeboten werden?

Das betrifft die Auswahl (**didaktische Überlegungen**). Zunächst verschafft man sich einen Überblick über den Themenbereich mit den dazugehörigen Fakten und erwirbt Wissen (vgl. Kap. 2). Durch Sachkenntnisse und das Verstehen von Zusammenhängen erwirbt man Sicherheit.

Bei der Entscheidung, was man konkret bei einer Beschäftigung machen möchte, helfen die Fragen:

■ Welche Themen beschäftigen die Kinder gerade?

- Was könnte für die Kinder interessant sein?
- Was wissen sie schon?
- Welche Kompetenzen sollen erweitert werden?

Dabei spielen der Lernstand, das Lerntempo und die Lernfähigkeit eine Rolle.

Warum ist das Thema wichtig?

Mit jeder Aktivität soll das Kind in seiner Entwicklung unterstützt und gefördert werden. Dabei werden unterschiedliche Erziehungs- und Lernziele angestrebt. Es ist wichtig, sich bei jeder Planung zu überlegen, welche Ziele das sein sollen.

Bei der Klärung des Warum helfen Fragen wie:
- Warum ist mir das wichtig?
- Warum ist das für die Kinder wichtig?
- Was will ich damit konkret erreichen?
- Warum soll das Thema jetzt behandelt werden?

Mit den verschiedenen Aktivitäten werden unterschiedliche Lernbereiche angesprochen: motorisch, kognitiv, sozial, emotional.

Beispiel
Beim Spiel „Die kleine Hexenschule" (ein Würfel-Memory-Brettspiel) werden folgende Kompetenzen angestrebt:

Sitzen bleiben	Motorische Kompetenz
Steine setzen	Motorische Kompetenz
Zählen, Farben erkennen	Kognitive Kompetenz
Regeln einhalten	Soziale Kompetenz
Verlieren können	Emotionale Kompetenz

Wer soll an dem Angebot teilnehmen?

- Soll die gesamte Gruppe angesprochen werden oder eine Teilgruppe?
- Wie alt sind die Kinder und wie ist ihr Entwicklungsstand?
- Sollen die Kinder sich freiwillig melden (**freies Angebot**) oder werden sie benannt, weil man bestimmte Fähigkeiten bei einigen fördern will oder das Thema für alle von Bedeutung ist (**gebundenes Angebot**)?
- Wie ist die Gruppe zusammengesetzt (z. B. Altersstruktur, Nationalitäten, Beeinträchtigungen)?

Aufgabe

Machen Sie je zwei Themenvorschläge für ein freies und ein gebundenes Angebot.
Begründen Sie Ihre Auswahl und zeigen Sie grundsätzliche Vor- und Nachteile auf.

Wo soll die Aktivität stattfinden?

- Im Kindergarten? (Sitzordnung und Raumgestaltung sind zu überlegen)
- Im Außengelände oder an einem anderen angemessenen Ort?

Wann soll das Angebot durchgeführt werden?

- Am Anfang oder Ende eines Kindergartenjahres?
- Zu welcher Jahres- und Tageszeit?
- In welchem Zusammenhang?

Wie soll die Aktivität durchgeführt werden?

Nach der Entscheidung über das Was muss man sich mit der Ausgestaltung beschäftigen (**methodische Überlegungen**). Dabei ist es hilfreich, das Thema in Teilschritte zu zerlegen.

In jedem Fall soll es anschaulich und abwechslungsreich gestaltet werden sowie möglichst alle Sinne ansprechen (vgl. Kap. 3). Am eindrucksvollsten ist immer der „echte" Gegenstand, der jeder Abbildung vorzuziehen ist.

Beispiel

Bei einem Waldspaziergang kann man neben dem Schauen auch hören, riechen, evt. schmecken, fühlen, tasten und verschiedene Beschaffenheiten erfahren, während ein Bild nur zum Betrachten anregt.

Entsprechend Altersstufe und Entwicklungsstand wird die Gestaltung desselben Themas unterschiedlich sein müssen. Dabei ist zu überlegen:
- Welche Hilfen sind nötig und wie kann man sie anbieten?
- Mit welchen Mitteln und mit welchem Material will man arbeiten?

Auch Alternativen und gewisse Freiräume sollten eingeplant werden.

Die Gesamtplanung unterteilt sich in Einstieg, Hauptteil und Schluss. Ein besonderes Augenmerk kommt dem Einstieg zu, der motivieren und die Kinder interessieren soll. Auch der Schluss muss wohl überlegt sein und sollte nie abrupt erfolgen.

Je nach Thema kann z. B. eine Zusammenfassung erfolgen, ein Produkt ausprobiert werden (wie z. B. einen Drachen steigen lassen) oder eine gemeinsame Betrachtung erfolgen. Hier sollte jedes Kind eine Wertschätzung erfahren.

Aufgabe

1. Erstellen Sie eine Liste mit Ideen für Einstiege, die motivieren, und Abschlüsse, die eine Anerkennung vermitteln.

Die Durchführung erfolgt auf der Basis der Planung. Bei der Arbeit mit Menschen kommt es jedoch häufig vor, dass nicht alles so läuft, wie vorgesehen.

Nicht alles ist planbar, beispielsweise können die Kinder andere Ideen haben, auf die man, wenn möglich, eingehen sollte, oder es erfolgt eine unerwartete Störung. Grundsätzlich kann man sagen, Störungen haben Vorrang.

Beispiel

Die Erziehende hat mit viel Einsatz ein Bilderbuchkino vorbereitet. Zwei der Kinder kennen das Buch schon, finden es langweilig und stören den Rest der Gruppe.

Eine Erziehende muss bei der Durchführung die gesamte Gruppe im Auge haben, die Kinder ermutigen, bei Stillstand anregen und sich auch von ihnen inspirieren lassen und lernen.
Im Anschluss an eine Beschäftigung sollte man sich ein paar Stichpunkte zum Verlauf machen. Ein Festhalten des Verlaufs in Form einer Dokumentation hilft, später eine Bewertung vorzunehmen.

Aufgaben

2. Schildern Sie eine Beschäftigung, in der Sie von Ihrer Planung abgewichen sind, und erklären Sie die Gründe hierfür.
3. Überlegen Sie weitere Ursachen für Abweichungen.
4. Wie würden Sie sich verhalten, wenn sich ein Kind bei einer Beschäftigung langweilt und stört?

17.2.2 Reflexion

Ein Nachdenken und Bewerten des Geschehens ist in der pädagogischen Arbeit unverzichtbar (vgl. Kap. 2). Dabei können folgende Fragen helfen:

- Hat man die angestrebten Ziele erreicht? Wenn nicht, woran hat es gelegen?
- Was sollte beim nächsten Mal beibehalten, was geändert werden?
- Sind alle Kinder angesprochen worden und im Blickfeld gewesen?

- War die Themen- und Materialauswahl kind- und altersgerecht?
- Wurde an die kindlichen Interessen und Bedürfnisse angeknüpft?
- Sind Betrachtungsinhalte kindlichen Verhaltens als Ausgangspunkt für Planungen genutzt worden?

Aufgabe

1. Bewerten Sie Ihre „Anfangsplanung" von S. 270. Haben Sie die hier aufgeführten Aspekte berücksichtigt? Wenn nötig, überarbeiten Sie Ihre Planung.

17.3 Bildungs- und Erziehungsbereiche

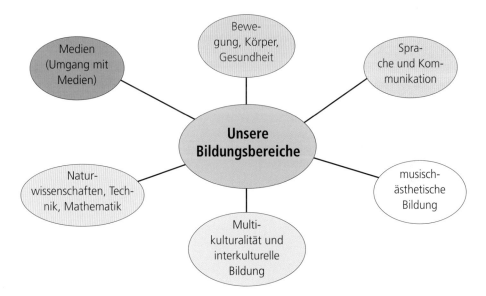

Aufgaben

1. Suchen Sie im Internet den Bildungsplan Ihres Bundeslandes (www.Kinderbetreuung.de).
2. Was beinhalten die einzelnen Bildungsbereiche?
3. Warum werden die jeweiligen Bildungsbereiche als wichtig angesehen?
4. Welche Erziehungsziele und Lernbereiche werden vorrangig mit den einzelnen Bildungsbereichen angesprochen?
5. Machen Sie konkrete Vorschläge für Aktivitäten mit Kindern für einen Bereich.

Die im Schaubild exemplarisch aufgeführten Bildungsbereiche legen den Schwerpunkt auf die Perspektive des Kindes: Was will es? Was braucht es? Sie stellen die Grundlage für eine frühe und individuelle begabungsorientierte Förderung dar. Ziel ist die **ganzheitliche** Förderung und Entwicklung der Kinder bis zum Eintritt in die Schule.

Kinder sind von Geburt an neugierig, wissbegierig und lernfähig. Sie setzen sich aktiv mit ihrem Umfeld auseinander, erforschen und gestalten es. Das bedeutet, sie bringen viele Lernvoraussetzungen mit. Diese müssen so früh wie möglich umfänglich genutzt werden (vgl. Kap. 11). Erfahrungen, die die Kinder heute häufig nicht mehr in ihrem häuslichen Umfeld machen können (z. B. durch veränderte Familiensituationen und eine anregungsarme Umwelt), müssen verstärkt im institutionellen Bereich ermöglicht werden. Außerdem haben sich die gesellschaftlichen Anforderungen an Wissen und Fähigkeiten gewandelt.

Die benannten Bildungsbereiche können einerseits als eigenständige Förderschwerpunkte gesehen werden, andererseits sind sie als durchgängige Prinzipien zu berücksichtigen. Das trifft im Besonderen auf Bewegung und Sprache zu (vgl. Kap. 11)

Aufgaben

1. Einen besonders aktuellen Stellenwert nehmen die Bereiche Bewegung und Gesundheit sowie Sprache ein.
   a) Welche Gründe hat das?
   b) Welche Überlegungen gibt es bundesweit hierzu und welche speziellen Anregungen oder Aktivitäten in Ihrer näheren Umgebung?
   c) Nehmen Sie Stellung zur Aktion „Saubere Stadt – Kinder sammeln Abfälle".
2. Kinder, die in der Schule bessere Sprach-, Lese- und Schreibkompetenzen aufweisen, haben in der frühen Kindheit vielfältige Erfahrungen mit Sprache, Vorlesen, (Bilder-) Büchern, Schrift usw. gemacht. Informieren Sie sich genauer über Literacy-Erziehung.
3. In einer multikulturellen Gesellschaft treffen verschiedenen Weltanschauungen, Religionen und Kulturen aufeinander. Ethik- und Werteerziehung haben dabei einen besonderen Stellenwert.
   a) Welche Inhalte und Ziele werden im Bildungsplan Ihres Bundeslandes für diese Bereiche benannt?
   b) Was davon wird/wurde in Ihrer Praxiseinrichtung umgesetzt?

17.3.1 Bewegung, Körper, Gesundheit

Aufgabe

4. *„Gesundheit ist weniger ein Zustand als eine Haltung und sie gedeiht mit der Freude am Leben."*
   (Thomas von Aquin)
   Was könnte mit dieser Aussage gemeint sein? Stimmen Sie ihr zu?

Bewegung hat ein Leben lang für den Menschen eine besondere Bedeutung. Das beginnt mit der Geburt: Neugeborene verfügen bereits über die Fähigkeit, die Welt und sich selbst durch Bewegung zu erkunden.
Bewegung bildet die Grundlage für viele Fähigkeiten, z. B. Sprechen, Gestik, alle Tätigkeiten, Denken (vgl. Kap. 2). So drücken Kinder auch ihre Gefühle durch Bewegung aus – vor Freude machen sie einen Luftsprung.
Durch gemeinsame Bewegung wird außerdem die soziale Kompetenz gefördert.
Beherrscht ein Kind eine neue Bewegung – das erste Mal stehen oder balancieren können – macht es eine positive Körpererfahrung und stärkt damit sein Selbstvertrauen. Es wird zu

weiteren Anstrengungen angespornt und stellt sich neuen Herausforderungen.

Viele Bewegungserfahrungen sind für die Gesundheit und positive Entwicklung des Kindes unverzichtbar. Viele Kinder weisen heute bereits im Kindergartenalter Bewegungsdefizite mit entsprechenden Folgeerscheinungen auf, wie z. B. mangelnde Bewegungskoordination, fehlende körperliche Fähigkeiten, unsichere Körperwahrnehmung und Übergewicht.

Krippe und Kindergarten müssen deshalb für ausreichende und vielfältige Bewegungsmöglichkeiten und -angebote sorgen (z. B. Bewegungsbaustellen einrichten, gezielte psychomotorische Übungen einsetzen), die Lust am Bewegen vermitteln. Besonders wichtig ist das freie, bewegte Spiel, bei dem Kinder eigene Erfahrungen mit ihrem Körper machen sowie Ausdauer und Koordinationsfähigkeit fördern können.

Aufgaben

1. Planen Sie ein Angebot mit Kindern, wie sie deren Bewegungsdrang im Innen- und Außenbereich gerecht werden können.
2. Führen Sie die Aktivität durch und bewerten Sie das Ergebnis.
3. Informieren Sie sich im Internet über Projekte oder Kampagnen zur Bewegungsförderung. Überlegen Sie, was Sie davon übernehmen könnten.
4. Mit welchen anderen Maßnahmen könnten Sie zur Gesunderhaltung beitragen? Erstellen Sie hierzu eine Midmap oder ein Plakat.
5. In den „Nationalen Empfehlungen für Bewegung und Bewegungsförderung" heißt es : „Es wird … empfohlen, die Eltern bzw. Bezugspersonen für eine Steigerung der Bewegungsaktivitäten einzubinden."[1] Machen Sie hierzu Vorschläge.

---

[1] BMG: Nationale Empfehlungen für Bewegungsförderung, 2016, S. 76

17.3.2 Sprache und Kommunikation

Aufgabe

6. „*Hundert Sprachen hat das Kind, und Erziehung ist der Versuch, diese Sprachen zu verstehen.*" (L. Malaguzzi, Reggio-Pädagoge) Was könnte mit dieser Aussage gemeint sein? Diskutieren Sie Ihre Erfahrungen dazu.

Sprache lernt man durch Kommunikation, Interaktion und Zuhören. Erste sinnliche Erfahrungen dazu werden bereits vor der Geburt gemacht. Mit der Geburt beginnt der Spracherwerb, denn Neugeborene sind empfänglich für Signale, Laute, Klangfarben und Sprechmelodien, mit denen sich Bezugspersonen ihm zuwenden. Außerdem erkennt das Kind, dass es mit seiner eigenen Stimme, Mimik und Gestik etwas bewirken kann (vgl. Kap. 11.5.5). Für Kinder muss Sprache in einen sozialen und kulturellen Kontext eingebunden sein, um sie mit Sinn zu füllen. Zunächst werden Äußerungen anderer verstanden, dann wird das Kind selbst sprachlich aktiv und erfasst im Weiteren Zusammenhänge. Bei ausreichenden Sprachgelegenheiten eignen sich die Kinder ihre Sprache mehr oder weniger beiläufig an.

Der Erwerb einer Zweitsprache ist für Kinder problemlos, wenn beide Sprachen jeweils von einer Person durchgängig gesprochen werden. Außerdem helfen die in der Muttersprache erworbenen Kenntnisse beim Erlernen der Zweitsprache.

Hinweise für Erziehende

Kinder brauchen für das Erlernen der Sprache

- vielfältige, alle Sinne ansprechende Erfahrungsmöglichkeiten und häufige Sprach- und Sprechkontakte.
- ein auf den Sprachstand des Kindes abgestimmtes, breit gefächertes Angebot. Dazu eignen sich Bilderbücher, Fingerspiele, Reime, Quatschverse, Stempelkästen und Computer.
- eine Vielfalt sprachlicher Ausdrucksformen z. B. vorlesen, singen, erzählen, fragen, gemeinsam nachdenken.

Erziehende

- sind Sprachvorbild, Sprachmodell und Sprachlernbegleiter. Eine gute Sprachkompetenz weckt bei Kindern Freude am Sprechen und an der Sprache.
- müssen Sprachanlässe schaffen und Sprechanreize geben, denn fehlende Sprachkompetenz schränkt die Lernmöglichkeiten, die kommunikativen Fähigkeiten und Bildungschancen ein.
- müssen Sprachförderung als durchgängiges Prinzip im pädagogischen Alltag und als eigenständiges Angebot betreiben, denn 25 % der 5-Jährigen haben einen Sprachförderbedarf.

Aufgabe

1. *„Die Grundvoraussetzung für Sprachkompetenz ist, dass man eine Herzenssprache hat, eine Sprache, in der man seine Gefühle ausdrücken kann und in der man getröstet wird."* (Sozialpädagogin Martina Behrens-Lambertus, Sprachförderkraft in einer Kita)

    a) Diskutieren Sie diese Aussage in Kleingruppen und sammeln Sie die Ergebnisse auf Metaplankarten.
    b) Planen Sie ein Angebot, in dem Kinder ihre Gefühle in Worte ausdrücken lernen.
    c) Was haben Sie bei der Durchführung gelernt?

17.3.3 Multikulturalität und interkulturelle Erziehung

Beispiel

Bei der Anmeldung erkundigt sich ein Elternpaar bei der Heimleitung: „Wie hoch ist der Ausländeranteil in der Gruppe? Wir haben die Sorge, dass Melanie nicht genug gefördert wird, vor allem sprachlich."

Ein anderes Elternpaar: „Sind in dieser Einrichtung viele ausländische Kinder? Wir möchten, dass unsere Tochter Jenny möglichst viele verschiedene Kulturen kennenlernt."

Aufgaben

2. Setzen Sie sich in einer Kleingruppe mit einer Elternäußerung auseinander:
    a) Welche Wünsche oder Befürchtungen werden deutlich?
    b) Wie können Sie dem konkret begegnen?
3. Führen Sie ein Interview mit einer Mitschülerin mit Migrationshintergrund:
    a) Was hat dich in deinem bisherigen Leben am meisten gestört oder verletzt?
    b) Was hat dir am meisten geholfen?
4. Was können Sie aus den Antworten für Ihre pädagogische Arbeit ableiten?
5. Diskutieren Sie Ihre Ergebnisse in der Klasse und stellen Sie einige Grundregeln für den Umgang mit Kindern mit Migrationshintergrund auf.
6. Führen Sie eine Analyse von „Ihrer" Kindergartengruppe über Herkunft, Grund für die Einwanderung, Verweildauer in Deutschland, Familiensituation, Religionszugehörigkeit und Sprachverhalten in der Familie durch.

Die Kinder aus anderen Kulturen unterscheiden sich nach Herkunft, Lebenssituation, Lebensgewohnheiten, Regeln und Werten. Deshalb ist es notwendig, sich grundlegende Kenntnisse hierüber anzueignen (vgl. Kap. 8.10). Bei Menschen aus anderen Kulturen, die man heute als **Menschen mit Migrationshintergrund** (Migration = Wanderung) bezeichnet, kann man nach ihrem Status und ihren Beweggründen, warum sie zu uns gekommen sind, folgende Gruppen unterscheiden:

Arbeitsmigranten

kommen vor allem aus Ostblockländern. Sie hoffen auf eine Beschäftigung mit besseren Arbeitsbedingungen und ausreichender Bezahlung. Viele kommen nur auf Zeit mit dem Gedanken, später in ihr Heimatland zurückzukehren.

Aufgabe

1. Informieren Sie sich über Arbeitsmigranten, Gastarbeiter und die Greencard.

Flüchtlinge und Asylsuchende

sind während eines Krieges geflohen oder vertrieben worden. Ein Teil plant, nach Beendigung des Krieges oder Beruhigung der Situation zurückzukehren. Ein anderer Teil, die Asylbewerber, möchten in Deutschland ein Bleiberecht erhalten.

Diese Gruppe ist durch eine besondere Lebenssituation gekennzeichnet: Kriegserlebnisse, Unsicherheit bezüglich der Zukunft, eingeschränkte Bewegungsfreiheit, Sammelunterkünfte, keine Arbeit, wenig Geld und überwiegend keine deutschen Sprachkenntnisse.

Aussiedler

sind Menschen mit deutscher Staatsangehörigkeit, deren Vorfahren vor einigen Generationen nach Südost- oder Osteuropa gegangen sind. Folgende Merkmale sind kennzeichnend: traditionelle Männer- und Frauenrolle, enger Familienzusammenhang, wenig soziale Anerkennung, Beharren auf traditionellen Werten.

Die Ausführungen machen deutlich, dass es nicht **den** Menschen mit Migrationshintergrund gibt, sondern ausländische Mitbürger mit individuellem Lebensschicksal. Trotzdem gibt es Probleme, die den überwiegenden Teil dieser Menschen betreffen. Dazu gehören

- andere Werte und anderes Aussehen,
- eine andere Religion,
- Angst,
- Sprachprobleme,
- Ablehnung sowie
- Vorurteile und Verallgemeinerungen.

Aufgaben

2. Wie können Sie diesen Problemen in Ihrer Arbeit begegnen? Bearbeiten Sie in einer Kleingruppe jeweils einen Bereich und machen Sie zu den einzelnen Problembereichen konkrete Vorschläge.
3. Stellen Sie ihre Überlegungen der Klasse vor.

Hinweise für Erziehende

Erziehende müssen den Problemen entgegenwirken, deshalb kommt der interkulturellen Erziehung ein besonderes Gewicht zu. Interkulturelle Erziehung bedeutet voneinander lernen und nicht nebeneinander, sondern miteinander leben. Dahinter steht der Gedanke, dass alle Kulturen gleichwertig sind. Das bedeutet:

- Respekt vor dem anderen und seinen Traditionen haben,
- Wertschätzung für die interkulturelle Vielfalt zeigen,
- Verständnis für die unterschiedlichen Sichtweisen und Akzeptanz aufbringen sowie
- Vorurteile abbauen.

Diese Ziele können Erziehende nur erreichen, indem sie sich über die Andersartigkeit und deren Auswirkungen für die Betroffenen informieren, die Kenntnisse kindgerecht weitergeben und die Eltern gezielt einbeziehen. Hierzu bieten sich u. a. gemeinsames Kochen, Feiern der unterschiedlichen Feste, Begrüßung in verschiedenen Sprachen und Erzählungen von Kindern und Eltern an.

Den Sprachproblemen muss als durchgängiges Prinzip in der pädagogischen Arbeit begegnet werden, indem diesen Kindern vielfältige Sprechmöglichkeiten eröffnet werden.

In vielen Bundesländern erfolgt eine rechtzeitige Kompetenzerfassung der Sprache durch **Sismik**, einem Beobachtungsbogen für die systematische Begleitung der Sprachentwicklung von Migrantenkindern im Alter von 3,5 J. bis zum Schulalter. Erfahren Kinder, dass ihre Familiensprache von anderen wertgeschätzt wird, fällt es ihnen leichter, sich zugehörig zu fühlen und aktiv zu beteiligen. Sie können ein Bewusstsein für Sprache, sprachliche Vielfalt und Respekt für Gleichwertigkeit entwickeln.

Beispiel

Als die Mutter des 5-jährigen Eric nach Hause kommt, berichtet dieser ganz aufgeregt: „Heute hat die Polizei hier Zigeuner mit einem Hubschrauber gesucht. Die sind da drüben eingebrochen. Die Zigeuner sind böse Menschen."

Aufgaben

1. Wie würden Sie auf die Äußerung von Eric reagieren?
2. Was ist mit „in die Haut des anderen schlüpfen" gemeint?

Aufgaben

3. Was können Sie von ausländischen Mitbürgern lernen? Diskutieren Sie Ihre Überlegungen in Kleingruppen.
4. Informieren Sie sich über die Kompetenzabfrage für 4,5-Jährige. Erarbeiten Sie anhand der Bögen eine Entwicklungsdokumentation für ein Kind.
5. Recherchieren Sie Ziel und Inhalt von Sismik. Entwickeln Sie in Kleingruppen Ideen, wie Sie die Freude der Kinder auf Sprache wecken und unterstützten können.

Wertebildung und religiöse Erziehung

haben in der interkulturellen Bildung und Erziehung einen wichtigen Stellenwert, denn in Kindertageseinrichtungen treffen Wertvorstellungen von Familien mit unterschiedlichem religiösen und kulturellen Hintergrund aufeinander. Dies erfordert von allen, Spannungen auszuhalten und einander wertschätzend zu begegnen.

Vor dem Hintergrund der Vielfalt an Auffassungen ist eine Verständigung auf gemeinsam anerkannt Normen und Werte notwending und für ein friedliches Zusammenleben unerlässlich. Sie müssen vorgelebt und somit erfahrbar gemacht werden, damit die Kinder sich mit ihnen auseinandersetzen können. Dabei machen sie Erfahrungen mit „richtig" und „falsch", entwicklen eine eigene Wertehaltung und erwerben interkulturelle Kompetenz.

Aufgaben

6. Was verstehen Sie unter „interkultureller Kompetenz"? Sammeln Sie Beispiele aus Ihrem Alltag.
7. Wie wird in Ihrer Praktikumseinrichtung mit unterschiedlichem religiösen Verhalten umgegangen? Nennen Sie Beispiele und entwickeln weitere Ideen hierzu.

17.3.4 Musisch-ästhetische Bildung

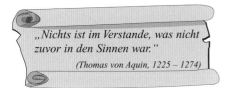

„Nichts ist im Verstande, was nicht zuvor in den Sinnen war."

(Thomas von Aquin, 1225 – 1274)

„Dieses Kind hat ja eine rege Phantasie."

Aufgabe

1. Diskutieren Sie die beiden Aussagen. Was ist damit gemeint? Stellen Sie Ihre Ergebnisse der Klasse vor.

Mit musisch-ästhetischen Aktivitäten werden alle Sinne angesprochen und die Wahrnehmungsfähigkeit geschult. Durch Spiel, Gestaltung, Musik, Tanz und Rhythmik „be-greifen" Kinder die Welt. Sie sind ursprüngliches Ausdrucksmittel des Menschen und bieten eine ganz eigene Möglichkeit, soziale und sprachliche Schranken zu überwinden.

Die Motivation zu singen, zu tanzen, zu malen und zu gestalten ist umso größer, je früher Kinder dazu angeregt werden: durch Lieder, die sich mit Spiel und Bewegung verbinden lassen und die die Lust an musischer Betätigung verstärken, oder durch Materialien in Atelier, Verkleidungsraum, Bauraum und Außengelände, die Kinder zu Visionen, Fantasien, Realitätsbearbeitung führen. Die Spannung zwischen Möglichem und Unmöglichem, zwischen Realität und Fiktion ermöglicht Kindern, sich selbst als Gestalter ihrer Welt zu erleben.

Erziehende können dies unterstützen, indem sie z. B. Alltagsgeräusche akustisch aufnehmen, Materialien anbieten, die Töne erzeugen, vielfältige Farbmaterialien zur Verfügung stellen oder zeitgenössische Kunstformen erkunden.

Ein Erziehender sollte neugierig auf das sein, was ein Kind produziert. So kann er Interessen und Fähigkeiten erkennen und fördern sowie ermuntern und anregen das Tun kreativ fortzusetzen. Die gestalterischen Tätigkeiten von Kindern bezeichnete Rudolf Seitz mit dem Satz „Darstellen heißt Klarstellen".

Aufgaben

2. Informieren Sie sich über körpereigene „Instrumente".
3. Planen Sie dazu ein Angebot und führen es durch.
4. Gestalten Sie ein Atelier oder einen Verkleidungsraum, der Kinder zur Kreativität anregt.
5. Diskutieren Sie die Aussage von R. Seitz „Darstellen heißt klarstellen".
   Stimmen Ihre Erfahrungen damit überein?

17.3.5 Naturwissenschaften, Technik, Mathematik

Aufgabe

1. *„Am Anfang des Lebens sind wir alle Natur-forscher."* [1]
   Verdeutlichen Sie die Gültigkeit dieser Aussage an Beispielen.

Bei der frühkindlichen Bildung in diesem Bereich geht es nicht um systematische Wissensvermittlung, sondern darum die kindliche Neugier und das Interesse zu fördern. Wenn man die Begeisterung für naturwissenschaftliche und mathematische Phänomene wecken kann, hat man den Grundstein hierfür gelegt.

Forschungsergebnisse haben gezeigt, dass bereits 3- bis 5-Jährige die Voraussetzungen haben, durch Beobachten, Experimentieren und Reflektieren Zusammenhänge aus der Biologie, Chemie und Physik zu verstehen. Sie wollen durch Ausprobieren, Prüfen, Beschreiben, Vergleichen und Bewerten erfahren, wie die Welt funktioniert.

Mädchen wie Jungen haben hierzu die gleichen Fragen, aber individuell unterschiedliche Zugangsweisen und Aneignungsstrategien. Beide brauchen Erfahrungsräume, Anregungen und Möglichkeiten zum Experimentieren und Forschen. Dabei werden gleichzeitig die Sprach-, Lern- und Sozialkompetenz sowie motorische Fähigkeiten gestärkt.

Um diesen Bildungsbereich zu stärken, gibt es sowohl auf Bundes- als auch auf Länderebene verschiedene Initiativen wie z. B. „Guten Morgen, liebe Zahlen" (Zahlenland Prof. Preiß, www.zahlenland.info), „Lernwerkstatt Natur" (Nordrhein-Westfalen) oder „Haus der kleinen Forscher" – eine bundesweite Vorschul-Bildungsinitiative.

Hinweise für Erziehende

- Zeit und Raum zum Experimentieren geben
- das Ausprobieren von Lösungswegen sowie das Überwinden von Schwierigkeiten unterstützen
- zum Experimentieren mit technischen Gegenständen anregen (z. B. Waage, Lupe, Magnete, Hebel)
- die Pflege von Tieren und Pflanzen begleiten
- Gedanken und Fragen zu Naturphänomenen aufgreifen (z. B. Wetter, Schatten, Sterne, Feuer)
- Fragen so stellen, dass Kinder von sich aus Antworten finden können

Aufgaben

2. Informieren Sie sich über die o. g. und weitere Initiativen, ihre Zielsetzung und die dort angeführten Vorschläge.
3. Mathematik ist mehr als Zahlen und Zählen. Recherchieren Sie, was man unter mathematischem Grundverständnis versteht und wie man es Vorschulkindern vermitteln kann.
4. Tauschen Sie Ihre Beobachtungen und Erfahrungen zu folgenden Aspekten aus:
   a) Kinder und Natur: Umgang mit Pflanzen, Tieren und Naturphänomenen
   b) Kinder wiegen, messen, sortieren, mischen
   c) Kinder und technische Geräte
5. Wählen Sie einen Aspekt aus und erarbeiten Sie in Kleingruppen Ideen, wie Sie dabei die Ich-, Sozial-, Sach- und Lernkompetenzen von Kindern fördern und begleiten können.
6. Erstellen Sie eine Ausrüstungsliste für das Experimentieren.
7. Sammeln Sie Ideen für Versuche, die Sie mit 3- bis 6-jährigen Kindern durchführen können.

---

[1] www.wissen-und-wachsen.de (Naturwissenschaft&Technik)

17.3.6 Medien und Medienkompetenz

Aufgaben

1. Nehmen Sie zu dem Comic Stellung.
2. *„Sobald man ein Smartphone hat und online ist, wird es immer schwieriger die Tür zu schließen und abzuschalten."*
   Diskutieren Sie diese Aussage in der Klasse.
3. Befragen Sie in einer Kindergartengruppe fünf Kinder nach ihrem Medienkonsum. Entwickeln Sie dazu einen Fragebogen.
4. Nehmen Sie eine Bewertung vor: Was ist für Sie akzeptabel, was sehen Sie kritisch? Begründen Sie Ihren Standpunkt.

Medien unterteilen sich in Printmedien (Bücher, Zeitschriften), digitale Medien (Fernseher, Tablet, Smartphone, Internet) und technische Medien (mp3-Player, CD-Player). Sie sind aus unserem Alltag nicht mehr wegzudenken (vgl. Kap. 7). Medienkompetenz wird neben Schreiben, Rechnen und Lesen heute bei uns zu den Kulturtechniken gezählt.

„Ähnlich wie beim Bauen mit Bauklötzen kann die Interaktion mit den Anwendungen auf einem Tablet zu Erfolgserlebnissen führen, während das Fernsehen ... dies nicht vermittelt." [1]

Für Kinder gehören Medienangebote zu ihrer unmittelbaren Erlebniswelt. Es ist also notwendig, sich mit ihren Möglichkeiten und Gefahren auseinanderzusetzen und die Kinder zu einem sinnvollen Umgang zu befähigen.

Hinweise für Erziehende

Erziehende können dazu beitragen durch
- Elterngespräche
- gezielte Auswahl (kein grundsätzliches Verbot)
- gemeinsames Fernsehen und Nachspielen
- Gesehenes besprechen
- Alternativen anbieten
- Medien gestalterisch einsetzen: Möglichkeiten aufzeigen und selber tun lassen

Aufgaben

5. Zeigen Sie Möglichkeiten auf, wie Sie die verschiedenen Medien bei Ihrer Arbeit mit Kindern kreativ nutzen können.
6. *Ein Vater bietet Ihnen seinen alten PC für die Kindergartengruppe an.* Wie reagieren Sie?
7. Recherchieren Sie, welche Wirkungen elektronische Medien auf Kinder haben.
8. Wie verhalten Sie sich in folgender Situation: *Alexander kommt in den Kindergarten und ruft: „Ich bin das Gruselmonster und mach euch alle tot!"?*

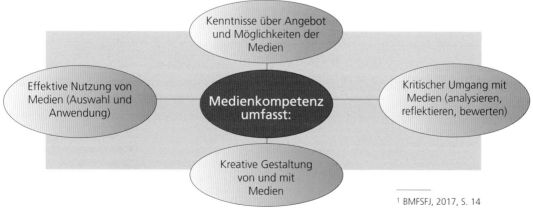

[1] BMFSFJ, 2017, S. 14

Zusammenfassung

- Die Grundhaltung der Erziehenden sollte geprägt sein durch Wertschätzung, Empathie, Kongruenz und Authentizität.
- Die Wertschätzung kann positiv sein und ein Kind in seiner Entwicklung bestärken oder negativ sein und ein Kind blockieren.
- Im Umgang mit Kindern ist Empathie, das Sicheinfühlen in einen Menschen, besonders wichtig, weil Kinder sich häufig nicht deutlich äußern können.
- Offenheit gegenüber Neuem und die Bereitschaft zur Zusammenarbeit sind in der sozialpädagogischen Arbeit unverzichtbar.
- Das erzieherische Handeln muss unter Berücksichtigung des Selbstbildungsprozesses, der Kompetenzen und Ressourcen des Kindes sowie bestehender Vorgaben sorgfältig nach dem Modell der vollständigen Handlung geplant, flexibel durchgeführt und gut reflektiert werden.
- Bei der Planung helfen die W-Fragen (was, warum, wer, wie, wo, wann).
- Die Bildungs- und Erziehungspläne, die in den Bundesländern sowohl in Anzahl als auch in Bezeichnung variieren, machen den Stellenwert der frühkindlichen Bildung deutlich.
- Für alle Bildungsbereiche gibt es umfangreiche didaktisch-methodische Ausführungen und Anregungen, um frühkindliche Bildung in den Einrichtungen zu gewährleisten.

Aufgaben

1. Welche Auswirkungen können eine geringe oder eine hohe Wertschätzung durch Erziehende auf die kindliche Entwicklung haben? Belegen Sie Ihre Aussagen mit Beispielen.
2. Erklären Sie den Unterschied zwischen Sympathie und Empathie.
3. Geben Sie folgende Aussage mit eigenen Worten wieder:
   „Kongruenz heißt für Rogers [Kommunikationswissenschaftler – Anm. d. Aut.], dass der Begleiter in Übereinstimmung mit sich selbst lebt und handelt und dem Gegenüber, dem Kind, stets in echtem, ehrlichem Verhalten gegenübersteht. Es bedeutet für ihn, sich nicht hinter einer Rolle (der Erzieherrolle) zu verstecken, sondern als Person offen zu sein für das eigene Erleben und dem Kind nicht ein „pädagogisch eingeübtes" Verhalten vorzuspielen…"[1]
4. *„Die Kinder interessiert nur, was sie fragen. Wir greifen nur auf, was ihrer Situation entspricht."*[2]
   Setzen Sie sich mit dieser Aussage im Hinblick auf die Auswahl und Planung von Themen auseinander.
5. Sammeln Sie Kinderlieder in verschiedenen Sprachen.
6. *„Alle Kinder sind gleich. Jedes Kind ist anders."*[3] Was bedeutet diese Aussage für Ihre pädagogische Arbeit?
7. Ein Ziel der interkulturellen Erziehung ist das Verständnis für Entkulturation. Was ist damit gemeint und wie können Sie das erreichen?
8. Nehmen Sie Stellung zu folgender Aussage: *„Der Computer gehört nicht in die Kindergartengruppe."* Recherchieren Sie hierzu Pro- und Contra-Meinungen.

---

[1] Lindner, H.: Die Zeit in der Pädagogik? unter www.kindergartenpaedagogik.de

[2] Elschenbroich, D.: Weltwissen der Siebenjährigen, S. 26

[3] www.Kinderwelten.net/index.php

18 Kommunikation

Die Postkarte

Ein Mensch vom Freund kriegt eine Karte,
dass er sein Kommen froh erwarte,
Und zwar (die Schrift ist herzlich schlecht!)
es sei ein jeder Tag ihm recht.
Der Kerl schreibt, wie mit einem Besen!
Zwei Worte noch, die nicht zum Lesen!
Der Mensch fährt unverzüglich ab –
des Freundes Haus schweigt wie ein Grab.
Der Mensch weiß darauf keinen Reim,
fährt zornig mit dem Nachtzug heim.
Und jetzt entdeckt er – welch ein Schlag!
Der Rest hieß: „Außer Donnerstag!"[1]

„Die Kunst
miteinander zu kommunizieren
ist wie laufen lernen
man fällt so oft auf die Nase
bis man liebevoll
an der Hand genommen wird"[2]
(Wilma Eudenbach, Publizistin)

Aufgaben

1. Interpretieren Sie diese Aussage und belegen Sie Ihre Meinung mit Beispielen.
2. Geben Sie das Gedicht mit eigenen Worten wieder.
3. Warum kommt es zum Missverständnis?
4. Nennen Sie Möglichkeiten, wie man das Missverständnis hätte vermeiden können.
5. Schildern Sie eine vergleichbare, selbsterlebte Situation. Was können Sie daraus lernen?
6. Was verstehen Sie unter Kommunikation?
6. Erstellen Sie eine Collage mit Gesprächssituationen.

[1] Roth, 2015, S. 14
[2] Eudenbach, 2017

18.1 Kommunikation, was ist das?

Kommunikation bedeutet, sich mitteilen und mit anderen verständigen. Die Verständigung untereinander gehört zu den Grundbedürfnissen des Menschen.
Die Menschen kommunizieren, weil sie

- damit Beziehungen aufbauen und erhalten. Der Mensch ist ein Gemeinschaftswesen und braucht andere Menschen.

Beispiel
Sina (4 Jahre) ist umgezogen und deshalb traurig. Erst als sie eine neue Freundin hat, mit der sie spielen und erzählen kann, ist sie wieder fröhlich.

- das Zusammenleben damit ermöglichen. Durch ausgetauschte Informationen erfährt man u. a., was von einem erwartet wird.

Beispiel
Die Erzieherin erwartet von Carlo (5 J.), dass er beim gemeinsamen Frühstück keinen Unsinn macht, damit alle in Ruhe essen können. Das teilt sie ihm durch Worte und Gesten mit.

- damit Bedürfnisse befriedigen.

Beispiel
Semih (4 J.) hat sich gestoßen. Schluchzend läuft er zur Erziehenden und lässt sich von ihr trösten.

■ dadurch ihr Wissen erweitern.

Beispiel
Tür-und-Angelgespräche mit den Eltern liefern den Erziehenden u. a. Informationen über die Kinder und deren Umfeld.

Definition
Unter **Kommunikation** versteht man den Austausch von Informationen zwischen zwei oder mehreren Personen. Sie findet verbal, nonverbal und paraverbal statt.

Eine Voraussetzung für die Verständigung ist die Fähigkeit des Menschen, über die Sinnesorgane Informationen aufzunehmen und zu verarbeiten (vgl. Kap. 3 und 11). Eine erfolgreiche Kommunikation ist aber nur möglich, wenn die Kommunikationspartner die gleiche Laut- und Körpersprache verstehen. Beide sind u. a. geprägt durch Werte, Haltungen und Kultur, die sich sehr voneinander unterscheiden können.

Beispiel
*Jemandem wird bei einem Essen noch etwas angeboten. Daraufhin sagt er: „Danke".
Bei uns bedeutet das: „Ich möchte nichts mehr." (Danke nein).
Im Englischen bedeutet „Thank you" dagegen „Ja, bitte."*

Beispiele
Begrüßungsrituale
*Traditionell wird man in Frankreich mit drei Wangenküssen begrüßt, in östlichen Kulturen (Japan, Thailand, China, Korea) ist dagegen die einfache Verneigung üblich.
Surfer grüßen sich mit ausgestrecktem Daumen und kleinem Finger; Pfadfinder zeigen die drei Mittelfinger nach oben, wobei der kleine Finger vom Daumen gehalten wird*

Fehlen die Kenntnisse über die anderen Gepflogenheiten, kann es leicht zu Missverständnissen kommen.

Für jede Information gibt es unterschiedliche Deutungen. Je zutreffender der Empfänger die gesendete Information entschlüsselt, desto besser hat er verstanden, was sein Gegenüber mitteilen wollte.

Beispiel
Während Ihre Gruppenleitung ein Elterngespräch führt, sind Sie allein in der Gruppe. Als Ihre Kollegin zurückkommt, sagt sie zu Ihnen: „Hier ist es aber laut!"

Aufgaben
1. Was wollte die Gruppenleiterin mit diesem Satz wohl sagen?
2. Wie würden Sie sich bei dieser Aussage fühlen? Begründen Sie Ihre Gefühle.
3. Vergleichen und bewerten Sie Ihre Antworten in einer Kleingruppe.

18.2 Kommunikationsarten

Beispiel

Sie spielen mit einigen Kindern „Mensch ärgere dich nicht". Henri (5 J.) würfelt eine 6, lächelt verschmitzt und wirft eine gegnerische Spielfigur aus dem Spiel. Hannes (5 J.), dessen Spielfigur hinausgeworfen wurde, stehen die Tränen in den Augen. Nelli (5 J.) springt auf und ruft: „Henri hat gewonnen."

Aufgaben

1. Wie teilen sich die Kinder im Beispiel mit und wie könnten Sie reagieren?
2. Wie verständigen sich die Menschen auf den Bildern?
3. Deuten Sie folgende Redensarten:
   – *„Mit Händen und Füßen reden."*
   – *„Die Ohren auf Durchzug stellen."*
   – *„Es verschlägt mir die Sprache."*
   – *„Hier rein, da raus."*

Um miteinander zu kommunizieren, stehen den Menschen verschiedene Möglichkeiten zur Verfügung: miteinander sprechen, singen, lachen, mit den Augen zwinkern, mit den Händen Zeichen geben und vieles mehr. Kommunikation spielt sich **verbal** (sprachlich) und **nonverbal** (nichtsprachlich) ab.

Bei der **verbalen Kommunikation** reden Menschen miteinander oder schreiben sich. Sie verwenden Wörter. Das erste verbale Mittel ist der Geburtsschrei.

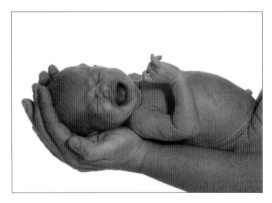

Die verbale Kommunikation wird begleitet von der **paraverbalen Kommunikation**, der Art, **wie** gesprochen wird. Hierzu zählen Lautstärke, Tonfall, Betonung und Satzbau (z. B. Frage oder Aufforderung).

Zur verbalen Kommunikation zählt auch die **schriftliche Kommunikation**, bei der Mimik, Gestik und Betonung keine Beachtung finden, weil Sender und Empfänger räumlich getrennt sind.

Bei der **nonverbalen Kommunikation** benutzen Menschen die Körpersprache. Es wird mit Händen oder Füßen (Gestik), dem Gesicht (Mimik) und der Körperhaltung kommuniziert. Mimik, Gestik und Körperhaltung können das Gesagte unterstützen oder dem widersprechen. Der erste Eindruck wird unabhängig vom Inhalt durch die Körpersprache geprägt und hat erhebliche Auswirkungen auf die weitere Beziehung der Kommunikationspartner.

Aufgaben

1. Sprechen Sie in einer Partnerübung den Satz „Ich habe versucht, dich anzurufen, aber du warst nicht da" mit freundlicher, gereizter oder ironischer Stimme.
   Tauschen Sie Ihre jeweiligen Empfindungen aus.
2. Versuchen Sie, sich mit Ihrem Partner ohne zu sprechen auf eine Aktivität zu einigen.
   Welche Erfahrungen machen Sie dabei?

Findet die Kommunikation im direkten Kontakt statt, wie bei Gesprächen oder Sitzungen, unterstützen sich die verbale und nonverbale Ebene häufig. Stimmen Sprache und Körperhaltung überein, spricht man von **kongruenter** (deckungsgleicher) **Kommunikation**.

„Mir geht es gut."

Stimmen Körperhaltung und Gesagtes nicht überein, spricht man von **inkongruenter** (nicht deckungsgleicher) **Kommunikation**.

„Mir geht es gut."

Aufgabe

3. Schildern Sie Situationen, in denen Sie kongruente und inkongruente Kommunikation erlebt haben.

18.3 Kommunikationsmodelle

Sind Sie neu hier?

Aufgaben

1. Warum stellt die Mutter wohl diese Frage? Vergleichen Sie Ihre Antworten.
2. Wie würden Sie sich als Erziehende fühlen, wenn eine Mutter diese Frage an Sie richtet?

Um den Ablauf der Kommunikation zu erklären, dient das sog.

Sender – Empfänger – Modell

Ein Sender will einem Empfänger Informationen geben. Dazu verschlüsselt (codiert) er sie. Der Empfänger erhält die Nachricht und muss sie entschlüsseln (dekodieren). Je nachdem wie der Empfänger die Informationen entschlüsselt hat, reagiert er und gibt eine Rückmeldung.

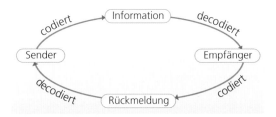

Bei der Entschlüsselung kann es zu unterschiedlichen Deutungen kommen, wie sicher auch aus den Antworten zu Aufgabe 1 deutlich geworden ist. Nur wenn die gesendete Information im Sinne des Senders entschlüsselt wird, ist die Kommunikation erfolgreich.

In der Kommunikation werden nicht nur Informationen, sondern auch Botschaften vom Sender zum Empfänger übermittelt, z. B. in welcher Beziehung Sender und Empfänger zueinander stehen und was der Sender vom Empfänger erwartet.

Einer der bekanntesten Kommunikationstheoretiker, **Paul Watzlawick**, prägte u. a. folgende Grundsätze (Axiome):

Man kann nicht nicht kommunizieren

Beispiel
Auf einer Schulfeier steht eine Schülergruppe zusammen und führt eine angeregte Unterhaltung. Eine Schülerin steht etwas abseits. Obwohl sie sich nicht an dem Gespräch beteiligt, sendet sie mit ihrem Verhalten Informationen. Diese könnten bedeuten: „Ich habe keine Lust auf eure Unterhaltung" oder „Ich bin müde" oder...

Der Verzicht auf eine sprachliche Äußerung führt aufgrund der vielseitigen Interpretationsmöglichkeiten häufig zu Fehldeutungen und Verunsicherung. So wird Schweigen oft als Zustimmung verstanden, kann aber ebenso Ablehnung oder Widerspruch, Konzentration und Interesse oder Langeweile bedeuten.

Jede Nachricht hat eine Inhalts- und Beziehungsebene

Beispiel
Eine junge Mutter fragt Sie während Ihres Prakti-kums: „Warum haben Sie diesen Beruf gewählt?"

Der Inhalt ist eindeutig eine Frage, aber verdeckt wird auch etwas über die Beziehung ausgesagt. Gedanken, Gefühle und Wünsche begleiten die Frage der jungen Mutter. Möglicherweise möchte sie etwas Persönliches über Sie erfahren, Sie kritisieren, Anteil nehmen oder sich einfach mit Ihnen unterhalten.

Beispiel 1
Wenn Rouven (3,5 J.) morgens in die Kindergruppe gebracht wird, geht seine Mutter an Ihnen vorbei direkt auf die Gruppenleiterin zu.

Beispiel 2
Joli (4 J.) zieht an Ihrem Ärmel und sagt: „Schau dir mal mein Bild an."

Aufgaben
1. Erklären Sie in Kleingruppen an den Beispielen die zwei Axiome von Watzlawick.
2. Was könnten Sie als Erziehende auf die Frage der Mutter im Comic auf S.287 antworten und wie könnte die jeweilige Reaktion der Mutter aussehen?
3. Erarbeiten Sie an eigenen Beispielen den Unterschied zwischen Inhalts- und Beziehungsebene.

Der deutsche Psychologe **Friedemann Schulz von Thun** geht davon aus, dass in jeder Information, die er auch als Nachricht bezeichnet, viele Botschaften enthalten sind, die sich vier Seiten zuordnen lassen:
1. Sachinhalt
2. Selbstoffenbarung
3. Beziehung
4. Appell

Hier ist aber ein Chaos.

Das war doch die Gruppe vor uns.

1. Sachinhalt
■ Was wird mitgeteilt? Worüber wird informiert?

Sachinhalt im Beispiel:

Die Gruppe befindet sich im Musikraum. Die Heimleitung spricht zu der Erziehenden. Die Heimleitung stellt fest, dass dort eine sehr große Unordnung herrscht.

Jede Information oder Nachricht enthält einen Sachinhalt. Meistens werden damit weitere Informationen gesendet.

2. Selbstoffenbarung
■ Was gibt der Sender von sich preis?

Im Beispiel könnte das sein:

Die Heimleitung nimmt die Unordnung wahr. Die Wortwahl Chaos kann darauf hindeuten, dass sie das Durcheinander stört.

Unbewusst werden durch Wortwahl, Satzbau, Sprechweise (z. B. Dialekt, Betonung), Mimik (Lächeln, die Augen verdrehen) und Gestik (Kopf wegdrehen, mit dem Finger auf jemanden zeigen) Informationen über den Sender weitergegeben (seinen Bildungsstand, seine soziale Herkunft, seine Stimmung).

3. Beziehung

■ Wie stehen Sender und Empfänger zueinander?

Mögliche Beziehungsbotschaften im Beispiel:

„Ich weiß ja, dass du ein unordentlicher Mensch bist. Kein Wunder, bei dir ist es immer so. Was kann man anderes von dir erwarten."

Informationen über die Beziehung lassen sich fast immer aus Mimik, Gestik, Wortwahl und Tonfall ableiten.

4. Appell

■ Wozu soll der Empfänger veranlasst werden? Im Beispiel könnte der Appell lauten:

„Nun räum endlich auf! Kannst du nicht auch endlich einmal Ordnung halten? Du musst ordentlicher werden."

Hinter jeder Nachricht steckt eine Absicht des Senders, die den Empfänger bewegen oder beeinflussen soll, etwas zu tun oder zu lassen. Im Beispiel erfolgt der Appell verdeckt. Er kann auch offen ausgesprochen werden.

„Räum bitte endlich auf."

Zur zwischenmenschlichen Kommunikation gehört aber nicht nur ein Sender, sondern auch ein Empfänger. Dieser kann die Botschaften mit verschiedenen Ohren hören.

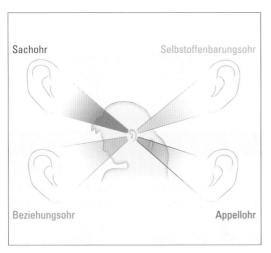

1. Sachohr

■ Worüber redet der Sender?

Die Heimleitung stellt fest, dass in dem Musikraum große Unordnung herrscht.

2. Beziehungsohr

■ Wie spricht der Sender mit mir?

„Sie hat schon wieder etwas an mir auszusetzen. Immer werde ich beschuldigt."

3. Selbstoffenbarungsohr

■ Was sagt mir der Sender über sich?

„Sie lehnt die Unordnung ab. Sie mag mich wohl nicht."

4. Appellohr

■ Wozu will der Sender mich veranlassen?

„Ich soll aufräumen. Ich soll in Zukunft ordentlicher sein."

Jede gesendete Information lässt für die Deutung einen gewissen Spielraum zu. Schon ein anderer Tonfall kann die gleiche Information in ein völlig anderes Licht rücken. Der Empfänger entscheidet, auf welche Seite der Nachricht er reagieren will. Häufig reagiert er einseitig, d. h., er bevorzugt ein Empfangsohr.

Aufgaben

1. Erarbeiten Sie das Kommunikationsmodell von F. Schulz von Thun an der Frage „Sind Sie neu hier?" aus dem Beispiel auf S. 287.
2. Hören Sie den Satz „Ich habe schon so lange auf dich gewartet" mit den verschiedenen Empfänger-Ohren und antworten Sie entsprechend. Wie würden Sie sich jeweils als Sender fühlen?
3. Schildern Sie Situationen aus Ihrem pädagogischen Alltag, aus der Schule oder Ihrer Freizeit, in denen Sie sich nicht verstanden fühlten. Überlegen Sie gemeinsam, woran es gelegen haben könnte.
4. Spielen Sie mehrere Situationen in Rollenspielen nach: Schülerin A sendet und Schülerin B reagiert darauf. Die übrigen Schülerinnen deuten anhand des Verhaltens von B, auf welchem Ohr sie gehört hat.

18.4 Kommunikations- störungen

Beispiel
Die Gruppenleiterin möchte etwas mit ihrer Kollegin besprechen. „Ich komme gleich!", ruft die Kollegin. Als sie fünf Minuten später zu ihrer Gruppenleiterin kommt, ist diese verärgert, weil sie so lange warten musste.

Aufgaben
1. Warum ist die Gruppenleiterin verärgert?
2. Welche Erwartungen der Gruppenleiterin werden deutlich?

Was meint die Kollegin im Beispiel, wenn sie sagt, „Ich komme gleich"? Wie lange dauert „gleich"? Haben die Gruppenleiterin und ihre Kollegin einen identischen Zeitbegriff von „gleich"? Die Ursachen für Kommunikationsstörungen sind zahlreich. Sie können im Umfeld und den Bedingungen, am Sender oder Empfänger liegen; u. a. entstehen sie durch

- verschiedene Dialekte, spezielle Fachsprachen oder Fremdsprachen,
- Sprachstörungen (z. B. Stottern) oder eingeschränkte Sinneswahrnehmungen (Taubheit, Blindheit),
- fehlende Sachkenntnis,
- Aneinandervorbeireden oder
- das Anstellen von Vermutungen, was der andere gemeint haben könnte, statt nachzufragen, was er tatsächlich gemeint hat.

Ursachen von Kommunikationsstörungen aus Sicht des Senders sind u. a.:
- Er sagt nicht, was er will oder meint (traut sich nicht, macht Anspielungen).

Beispiel
Bei einem Elterngespräch erzählt die Erziehende den Eltern vom Verhalten ihres Kindes. „Jona (5 J.) ist wirklich sehr lebendig. Er bringt immer gut Stimmung in unsere Gruppe."

Die Erziehende meint, dass Jona viel Unruhe in die Gruppe bringt. Sie sagt *„Jona ist wirklich sehr lebendig"* und die Eltern verstehen *„Es ist alles in Ordnung."* Die Erziehende versäumt es, eindeutig Position zu beziehen. Stattdessen schafft sie Raum für Mehrdeutigkeiten und Missverständnisse.

- Sie verwendet unklare Formulierungen (zweideutig, mangelnde Eindeutigkeit) wie im Beispiel „Ich komme gleich".
- Verbale und nonverbale Kommunikation stimmen nicht überein.

Am liebsten spiele ich mit den Kindern draußen, wo man so richtig rumtoben kann.

Ursachen von Kommunikationsstörungen aus Sicht des Empfängers sind u. a.:
- Er hört vorzugsweise bestimmte Aspekte (hört nur das, was er hören will),

Beispiel
„Jona ist ein toller Junge."

- er fühlt sich angegriffen (überkritisches, misstrauisches Zuhören) oder
- will nicht verstehen.

Kommunikation ist ein Prozess von Aktion und Reaktion von Menschen, bei dem Verstehen und Nicht-Verstehen eng beieinanderliegen. Vielfach stimmen Gemeintes, Gesagtes und Gehörtes nicht überein.

Aufgaben

1. Wenden Sie in einer Kleingruppe das Kommunikationsmodell von Schulz von Thun anhand einer der folgenden Aussagen an und erläutern Sie, worin Missverständnisse begründet sein können:
   – „Das habe ich dir schon gesagt."
   – „Das möchte ich so nicht."
   – „Vor einiger Zeit war ich auf einer Fortbildung."
2. Wie können Missverständnisse vermieden werden? Formulieren Sie in einer Kleingruppe Regeln dazu.

Thomas Gordon[1] ist ein bekannter Psychologe, der viel mit Kindern und Jugendlichen gearbeitet hat. Er hat herausgefunden, wie wichtig eine gelungene Kommunikation für die Beziehung zwischen Eltern bzw. Pädagogen und Kindern ist. Leider werden das gegenseitige Verstehen und der Aufbau von positiven Beziehungen häufig durch sog. **Gesprächsblockierer,** auch als Kommunikationssperren bezeichnet, verhindert. Hierzu einige Beispiele:

■ Befehlen, anordnen und auffordern

Beispiel
„Hör endlich auf damit."
„Holen Sie Ihr Kind bitte pünktlich ab."

■ Ratschläge erteilen, Lösungen vorgeben

Beispiel
„Es ist das Beste für Sie, wenn..."
„Glaub mir, ich habe die Erfahrung gemacht ..."

■ Beschimpfen, lächerlich machen

Beispiel
„Bist du verrückt geworden?"
„Glaubst du etwa, dir fällt noch etwas Neues ein?"

■ Zurückziehen, ablenken, ausweichen

Beispiel
„Das ist ganz normal, darüber machen sich alle Eltern Gedanken."
„Lass uns lieber über was anderes reden."

Aufgaben

3. Vervollständigen Sie die Aufzählung der Gesprächsblockierer von Thomas Gordon.
4. Welche Auswirkungen können die einzelnen Gesprächsstörer auf einen Gesprächsverlauf und die Beziehung haben. Wie würden Sie sich jeweils fühlen und reagieren?
5. Schildern Sie Situationen, in denen Sie Gesprächsblockierer erlebt haben.
6. Nehmen Sie Stellung zu der Aussage „Ein Ratschlag ist auch ein Schlag".

[1] Gordon, T.: Die neue Beziehungskonferenz, S. 68 f.

18.5 Gesprächsführung

Beispiel 1

Es ist Montagmorgen. Sie sitzen mit Jaro, 5 Jahre, auf dem Kuschelsofa und möchten mit ihm über das Wochenende sprechen.
Sie: „Na, wie war es denn am Wochenende?"
Jaro: „Gut."
Sie: „Was hast du denn gemacht?"
Jaro: „Nix."
Sie: „Hast du gespielt?"
Jaro: „Ja."
Sie: „Am Freitag hast du mir erzählt, dass deine Eltern mit dir in den Zoo wollten. Seid ihr hingefahren?"
Jaro: „Ja."
Sie: „Welche Tiere haben dir denn am besten gefallen?"
Jaro: „Alle."

Beispiel 2

Paula, 6 Jahre, kommt auf Sie zugestürmt.
Paula: „Weißt Du, was wir am Wochenende gemacht haben? Wir waren im Zoo und da waren ganz viele Tiere. Die waren so süß. Und wir haben beim Füttern zugeschaut."
Sie: „Ach, dann warst du mit deinen Eltern im Zoo?"
Paula: „Und der kleine Löwe, der war so knuddelig wie mein Stofftier."
Sie: „Welche Tiere haben dir denn am besten gefallen?"
Paula: „Und dann durfte ich auch noch ein Eis essen. Es war ganz schön."

Aufgaben

1. Nehmen Sie Stellung zu den beiden Gesprächen.
2. Nennen Sie Möglichkeiten, mit denen Sie Jaro helfen können, ausführlicher zu erzählen.
3. Was ist im Beispiel 2 besonders auffällig?

Ein persönliches Gespräch, zu dem im privaten Bereich auch Small talk und Unterhaltung gehören, ist für Erziehende ein unverzichtbares Arbeitsmittel. Gespräche mit Kollegen, Kindern und Eltern dienen u. a. dem Informationsaustausch, der Planung, Beratung, Verbesserung der Arbeit und der Behebung von Konflikten.

Ein Gespräch kann beeinflusst werden durch:
- die Gesprächspartner und ihre Beziehung zueinander

- das Gesprächsthema

- Zeit und Ort des Gespräches

■ Motive und Ziele der Gesprächspartner

■ das Verhalten der Gesprächspartner

Der Gesprächsverlauf hängt ganz wesentlich vom Verhalten der Gesprächspartner ab, das eine unterstützende oder blockierende Wirkung haben kann.

Gesprächsfördernde Faktoren	Gesprächshemmende Faktoren
eine freundlich zugewandte Körperhaltung	sich körperlich abwenden
Blickkontakt	kein Blickkontakt
unterstützende Aussagen und Gesten, z. B. „Ach ja.", nicken, lächeln	sich mit anderen Dingen beschäftigen, z. B. telefonieren, lesen; ablehnende Gesten, z. B. Stirn runzeln
sich in den Gesprächspartner einfühlen	Unruhe und Ungeduld zeigen
den anderen ausreden lassen	dem anderen häufig ins Wort fallen
durch Rückfragen Interesse bekunden	Desinteresse zeigen und abrupt das Thema wechseln
Ruhe ausstrahlen und Verständnis für den Gesprächspartner zeigen	widersprechen und kritisieren
Bemühungen lobend anerkennen	Fehler herausstellen und Vorwürfe formulieren

Tab. 18.1 Gesprächsbeeinflussende Verhaltensweisen

Durch die in der Tabelle aufgeführten Verhaltensweisen fühlt sich ein Mensch angenommen oder abgelehnt. Abweisende Verhaltensweisen schüchtern ein und steigern Unsicherheit und Nervosität. Stockender Redefluss oder Stottern, Rechtfertigungsversuche und Aggressivität können die Folge sein.

Eine zugewandte, annehmende Haltung dagegen schafft Vertrauen und baut möglicherweise vorhandene Nervosität ab. Einem „angenommenen" Menschen fällt es leichter, Fehler einzugestehen und Schwierigkeiten zuzugeben. Im pädagogischen Bereich ist die Gesprächsfähigkeit von zentraler Bedeutung.

Aufgaben

1. Nehmen Sie Bezug zu den aufgeführten Comics und erklären Sie die Auswirkungen auf ein Gespräch. Belegen Sie Ihre Aussagen mit Beispielen.
2. Entwickeln Sie für eine der folgenden Situationen einen Dialog und beschreiben Sie, worauf Sie Wert legen:
   - *In Ihrer Kindergartengruppe wird jeden Montag ein Morgenkreis durchgeführt, in dem jedes Kind über ein Erlebnis vom Wochenende berichtet.*
   - *Meli, 4 Jahre, muss ins Krankenhaus und hat Angst davor.*
   - *Ihre Anleiterin möchte mit Ihnen darüber sprechen, wie Ihr letztes Projekt gelaufen ist.*
3. Finden Sie sich in Kleingruppen zusammen und spielen Sie ein Beispiel mit verschiedenen Rollen nach.
   Welche Erfahrungen machen Sie dabei?

Definition

Gesprächsfähigkeit bedeutet, sich in verschiedene Gesprächssituationen einfinden, zuhören und die Einstellung des anderen nachvollziehen können.

Aufgabe

1. Überlegen Sie in einer Kleingruppe, welche Wirkungen gesprächsfördernde und gesprächshemmende Faktoren auf ein Gespräch haben könnten.

Aufgaben

2. Beschreiben Sie mit eigenen Worten, was das Besondere an Momo ist.
3. Suchen Sie in dem Textauszug nach Aspekten für richtiges Zuhören und ergänzen sie diese.
4. Beobachten und dokumentieren Sie die nächste (Mitarbeiter-)Besprechung im Hinblick auf folgende Gesichtspunkte:
   – Hören die Einzelnen einander zu?
   – Lassen sie ihren Vorredner ausreden?
   – Beantworten sie gestellte Fragen korrekt?

18.6 Gesprächstechniken

Zu einer erfolgreichen Gesprächsführung gehören neben den gesprächsfördernden Techniken wie das Zuhörenkönnen, die Verwendung von Ich-Botschaften und das Feedback.

18.6.1 Zuhören

„Was die kleine Momo konnte wie kein anderer, das war: zuhören ... Wirklich zuhören können nur ganz wenige Menschen. Und so, wie Momo sich aufs Zuhören verstand, war es ganz und gar einmalig. Momo konnte so zuhören, dass dummen Leuten plötzlich sehr gescheite Gedanken kamen. Nicht etwa, weil sie etwas sagte oder fragte, was den anderen auf solche Gedanken brachte, nein, sie saß nur da und hörte einfach zu, mit aller Aufmerksamkeit und Anteilnahme."[1]

Im Gespräch wirklich zuhören heißt, aufmerksam sein, den anderen ausreden lassen, sich darum bemühen, ihn zu verstehen sowie herauszubekommen, was er wirklich meint und was ihm wichtig ist. Das gelingt am besten mit dem **aktiven Zuhören**. Beim aktiven Zuhören wird das Gehörte mit eigenen Worten wiederholt, um dem Gesprächspartner zu vermitteln, dass er verstanden wird.

Beispiel

Die 4-jährige Resa fällt mit dem Dreirad um und weint. Die herbeieilende Erziehende nimmt sie auf den Schoß: „Ich kann mir gut vorstellen, wie du dich erschrocken hast, als das Rad umgekippt ist und du auf die Knie gefallen bist." „Brauche ich jetzt ein Pflaster?" „Ja, ich glaube schon, dass du jetzt ein Pflaster brauchst." „Blödes Fahrrad."

---

[1] Ende, M.: Momo, S.15

Aufgaben

1. Interpretieren Sie das Verhalten des Erwachsen auf dem Bild. Welche Gefühle kann dies beim Kind auslösen?
2. Sind die folgenden Aussagen Beispiele für aktives Zuhören?
   - *„Ja, ja, das kann ich nachvollziehen. Bei mir war das auch immer so."*
   - *„Wenn ich das richtig verstanden habe, dann geht es Ihnen um…"*
   - *„Du bist stocksauer, dass ich dich mit der Gruppe allein gelassen habe. Wenn Frau Marin erstmal anfängt zu reden, dann findet sie kein Ende und ich hatte dir doch versprochen, dir zu helfen."*

   Begründen Sie Ihre Meinung.

Beim aktiven Zuhören wird stärker darauf geachtet, **wie** jemand etwas sagt als darauf, **was** jemand sagt. Es wird sozusagen zwischen den Zeilen gehört. Einfühlendes Verhalten (Empathie), Fragen und Rückmeldungen des Hörers helfen dem Sprecher, seine Gedanken zu ordnen und weiterzuentwickeln.

Aktives Zuhören beinhaltet verschiedene Stufen des Umgangs miteinander:

- **Wahrnehmung und Wiedergeben (Paraphrasieren)**

  Was ist geschehen?

  Zusammenfassen des Sachverhalts und der wesentlichen Punkte.

Beispiel

„Ich habe verstanden, dass es dir erstens darum geht, dass… und zweitens…"

- **Verstehen und reagieren (körperlicher Ausdruck)**

  Welche Gefühle und Bedürfnisse sind mit dem Sachverhalt verbunden?

  Nonverbale Reaktionen, z. B. Kopfschütteln, Nicken und gezielte Fragestellung.

Beispiel

„Du warst enttäuscht, weil …"
„Du bist ärgerlich,…"

- **Benennen (Verbalisieren)**

  Welcher Wunsch oder welche Bitte steht hinter der Aussage?

Beispiel

„Du möchtest gerne, dass …"
„Du hättest dir gewünscht, dass …"

- **Weiterführende Fragen (Visionen)**

  Wie könnte es zukünftig besser sein?

  Fragen stellen, die in die Zukunft weisen.

Beispiel

„Wie könntest du das erreichen?"
„Welche Unterstützung wünscht du dir dazu?"

Wer aktiv zuhört, zeigt Interesse am Gesprächspartner. Dieses Interesse erzeugt Vertrauen und es entsteht eine entspannte und freundliche Atmosphäre, in der es leichter ist, über die eigenen Schwierigkeiten und Wünsche zu sprechen. Vor allem bei Problemgesprächen trägt aktives Zuhören zum Gelingen des Gesprächs bei.

Aufgaben

3. Entwickeln Sie einen Leitfaden zum Thema „Was muss beim aktiven Zuhören beachtet werden?".
4. Üben Sie das aktive Zuhören in Dreiergruppen (A: Sprecher, B: Hörer, C: Beobachter). Thema: „Was mich am meisten stört." Halten Sie Ihre Beobachtungen schriftlich fest. Nach etwa 10 Minuten gibt A eine Rückmeldung, ob er sich verstanden und angenommen gefühlt hat.
5. Wechseln Sie die Rollen und tauschen Sie Ihre Erfahrungen aus.
6. Erinnern Sie sich an ein gutes Gespräch und was Ihnen geholfen hat oder positiv aufgefallen ist.
7. Üben Sie ganz bewusst das aktive Zuhören an eigenen Gesprächsthemen.

18.6.2 Ich- und Du-Botschaften

Beispiel

Gespräch zwischen Erziehender und Mutter: „Mir ist aufgefallen, dass Sie Ihren Sohn in letzter Zeit morgens sehr unregelmäßig in den Kindergarten bringen. Können Sie nicht dafür sorgen, dass er pünktlich hier ist? Sein Zuspätkommen wirbelt die ganze Gruppe durcheinander." Mutter: „Ich bin ja ganz bemüht, aber es kommt immer wieder etwas dazwischen."

Aufgaben

1. Nennen Sie die Kernaussage dieses Gesprächs.
2. Mit welchem Ohr hören Sie die folgenden Du-Botschaften und wie würden Sie darauf reagieren?
   - *„Du singst in eurer Gruppe zu wenig."*
   - *„Du solltest auch mal protokollieren."*
   - *„Du redest vielleicht einen Blödsinn."*

In sehr vielen Gesprächen wird mit **Du-Botschaften** gearbeitet. Sie übermitteln Vorwürfe, Kritik oder Aufforderungen, etwas zu tun oder zu lassen. Sie verursachen häufig Schuldgefühle, Widerstand oder Ablehnung statt Verhaltensänderung. Du-Botschaften veranlassen den Gesprächspartner meist zu einer Rechtfertigung, die eine weitere Gesprächsbereitschaft blockieren kann.

Das Gegenteil von Du-Botschaften sind die sog. Ich-Botschaften:

Beispiele

Du-Botschaft: *„Du singst in eurer Gruppe zu wenig."*
Ich-Botschaft: *„Ich höre deine Gruppe wenig singen. Das finde ich schade."*

Du-Botschaft: *„Du solltest auch mal protokollieren."*
Ich-Botschaft: *„Ich finde, wir sollten das Protokollieren reihum gehen lassen. Wer würde es heute übernehmen?"*

Du-Botschaft: *„Du redest vielleicht einen Blödsinn."*
Ich-Botschaft: *„Ich habe nicht verstanden, was du meinst, und weiß nicht, wie ich mich verhalten soll."*

Durch Ich-Botschaften erfährt der Zuhörer, wie sich der Gesprächspartner in der jeweiligen Situation fühlt, ohne dass dieser ihm Vorwürfe macht.

Mit **Ich-Botschaften** wird zunächst die **Situation** beschrieben.

Beispiel

„Ich habe bemerkt, dass du schon zweimal zu spät gekommen bist."

Weiterhin werden **eigene Gefühle** benannt

Beispiel

„Das ärgert mich, …"

und die **Auswirkungen** beschrieben.

Beispiel

„…weil ich dann zwei Gruppen im Auge haben muss."

Aufgaben

3. Formulieren Sie eigene Ich- und Du-Botschaften und beschreiben Sie die unterschiedlichen Wirkungen.
4. Diskutieren Sie, ob die Aussage „Ich finde, du bist unordentlich" eine Ich- oder eine Du-Botschaft ist. Begründen Sie Ihre Meinung.

18.6.3 Feedback

In diesem Kindergarten arbeitet jeder so vor sich hin. Das lässt einem gewisse Freiräume, man kann also machen, was man will, aber man weiß nie, ob etwas gut oder schlecht war.

Es macht wirklich Spaß, dich als Kollegin zu haben. Du hast immer so tolle Ideen und ich kann ganz viel von dir lernen. Du kannst zwar nicht so gut singen, aber bei Konflikten, bei denen ich schon längst ausgerastet wäre, behältst du immer noch die nötige Ruhe.

Aufgabe

1. Worin unterscheiden sich die beiden Aussagen? Geben Sie eine Bewertung ab.

Feedback ist eine Form der Rückmeldung über das Verhalten oder die Eigenschaften von Menschen und erfolgt verbal oder nonverbal. Feedback zielt darauf ab, Menschen zu stärken und zu motivieren sowie Verhaltensweisen zu verändern. Feedback beinhaltet gegenseitige Wertschätzung und besteht aus Feedback geben und Feedback nehmen.

Feedback geben bedeutet:	Feedback annehmen bedeutet:
Den anderen darauf aufmerksam machen, wie sein Verhalten erlebt wird und die Auswirkungen benennen, ohne zu bewerten.	Feedback als Chance der persönlichen Weiterentwicklung sehen.
Den anderen über die eigenen Bedürfnisse und Gefühle informieren, um Klarheit zu schaffen.	Sich nicht zu rechtfertigen oder zu verteidigen, sondern sich zu vergewissern, was der Gesprächspartner sagen will.
Dem anderen deutlich machen, welche Verhaltensänderungen die Zusammenarbeit erleichtern würden.	Feedback nicht unkritisch akzeptieren, Eindrücke von anderen Gesprächs-/Gruppenpartnern bestätigen oder korrigieren lassen.

Tab. 18.2 Feedback

Beispiel

Nach einer Teamsitzung zum Thema „Einrichten eines Snoezelenraums" findet folgende Rückmeldung einer Erziehenden statt: „Frau Klaas, ich fühle mich von Ihnen nicht ganz verstanden. Ich glaube, dass Sie bezogen auf die Sache noch nicht gesehen haben, was mir die Einrichtung eines solchen Raumes bedeutet."

Aufgaben

2. Wie würden Sie auf dieses Feedback reagieren? Achten Sie auf Wertschätzung, Ich-Botschaften und Bewertung.
3. Zeigen Sie an Beispielen eigene Feedbackerfahrungen auf.

18.7 Gespräche mit verschiedenen Zielgruppen

Beispiel

Der Kindergarten soll ein neues Außengelände bekommen. Dazu sind Gesprächsrunden mit Eltern, Kolleginnen und Kindern geplant, damit alle ihre Vorstellungen äußern können. Die Beteiligung der Kinder ist nicht immer ganz unkompliziert, sodass die Erziehenden den Kindern bei der Formulierung ihrer Wünsche und Interessen helfen müssen.

Aufgaben

4. Wie könnte ein Gespräch mit Eltern oder Kindern in der Gruppe verlaufen?
5. Welche Schwierigkeiten können bei den Kindern auftreten?
6. Wie könnten Sie als Erziehende den Kindern bei der Formulierung ihrer Wünsche und Interessen helfen?
7. Mit wem müssen Sie als Erziehende Gespräche führen und warum?

Im beruflichen wie im privaten Rahmen werden Gespräche geführt, die in zwei Gesprächsarten unterteilt werden können: informelle und formelle Gespräche.

Das **informelle Gespräch** ist ein formloses Gespräch, das sich zufällig ergibt. Eine zwanglose Unterhaltung mit Freunden oder Arbeitskollegen, ein Small Talk in der Pause oder beim gemütlichen Zusammensein zählen ebenso dazu, wie das Tür-und-Angelgespräch mit Eltern. Bei den informellen Gesprächen werden spontan Informationen ausgetauscht oder Absprachen getroffen.

Informelle Gespräche geben Gelegenheit zum spontanen Gedankenaustausch

Formelle Gespräche zeichnen sich durch einen offiziellen Charakter aus. Sie bedürfen einer Vorbereitung und gehen von einer Sachfrage aus, die es zu besprechen gilt. Zu einem formellen Gespräch wird eingeladen, der Anlass sowie Raum und Zeit werden benannt, sodass alle Beteiligten Gelegenheit haben, sich auf das Gespräch vorzubereiten. Zu den formellen Gesprächen zählen z. B. Eltern- oder Mitarbeitergespräche.

Verabredete Elternsprechtermine bieten die Möglichkeit, z. B. ausführlich über den Entwicklungsstand des Kindes zu sprechen.

Zielgruppe: Eltern

Gespräche zwischen sozialpädagogischen Fachkräften und Eltern sind für die pädagogische Arbeit unverzichtbar. Sie bieten eine gute Chance, mehr über einzelne Kinder zu erfahren. Häufig verhalten sich Kinder in der Kindergruppe anders als zu Hause.

Erziehende und Eltern bekommen in Elterngesprächen wertvolle Hinweise zu Entwicklungsfortschritten oder Besonderheiten ihrer Kinder. In ihnen können u. a. die unterschiedlichen Erwartungshaltungen geklärt sowie Unzufriedenheit benannt und abgebaut werden, sodass Missverständnisse oder gar Konflikte ausgeräumt werden. In Gesprächen, in denen Respekt und Wertschätzung vorherrschen, entwickelt sich eine positive, gesprächsfördernde Stimmung. Diese Gespräche bieten eine gute Basis, um die Eltern mit der konzeptionellen Arbeit vertraut zu machen und einzubinden.

Aufgabe

In Ihrer Gruppe gibt es nach langen Diskussionen mit den Eltern die Verabredung, dass keine Süßigkeiten zu Kindergeburtstagen mit in die Einrichtung gebracht werden sollen. Ein Elternpaar hält sich nicht an die Absprachen.
Führen Sie ein Elterngespräch in Form eines Rollenspiels zum Thema „Süßigkeiten im Kindergarten" durch.

Zielgruppe: Kinder

Gespräche mit Kindern ergeben sich spontan oder können geplant sein. Will man mit Kindern gezielt ins Gespräch kommen, ist es oftmals notwendig, konkrete Beispiele in Form einer Geschichte als Ausgangspunkt zu wählen (vgl. Kap. 4.5). Dies ist besonders wichtig, wenn es um Problemgespräche geht. Dabei kann z. B. eine Fingerpuppe hilfreich sein.

In Gesprächen können die Kinder erzählen, was sie fühlen, was sie erlebt haben oder was sie belastet. Sensibel und mit Ruhe geführte Gespräche bieten ihnen die Möglichkeit, über ihre Probleme zu reden sowie gemeinsam mit der Erziehenden nach Lösungen zu suchen (Partizipation).

Zielgruppe: Mitarbeiter

In einem Mitarbeitergespräch werden festgelegte Inhalte und Themen besprochen. Die Inhalte dieser Gespräche können sich beispielsweise beziehen auf

- Vereinbarungen von Zielen und Arbeitsschwerpunkten und deren Umsetzung,
- Reflexion der bisherigen Arbeit,
- Beurteilen der Stärken und Schwächen (Feedback der Leistung),
- berufliche Weiterentwicklung oder
- Konflikte (vgl. Kap. 19).

Aufgabe

1. Planen Sie zu einem der folgenden Themen ein Gespräch mit Kindern und stellen Sie es im Rollenspiel dar.
   - *In der Einrichtung ist eine Übernachtung geplant und einige Kinder wollen nicht dort schlafen.*
   - *Der sonst lebendige Lorenz (6 J.) ist seit einigen Tagen sehr still.*
   - *Während eines Streits sind einige Kinder handgreiflich geworden.*

Aufgaben

2. Beurteilen Sie die einzelnen Aussagen.
3. Welche Unterschiede können Sie feststellen?
4. Mitarbeitergespräche finden heute in allen Einrichtungen statt und sind Teil der Qualitätsentwicklung.
   Befragen Sie Mitarbeiter Ihrer Kita
   a) über Ziele und Inhalte der Gespräche,
   b) über ihre Erfahrungen damit und
   c) über Auswirkungen auf die tägliche Arbeit.

Zusammenfassung

- Kommunikation gehört zum menschlichen Leben und findet verbal, nonverbal, absichtlich oder unabsichtlich statt.
- Unter Kommunikation ist nicht nur der Austausch von Informationen und das Reden zu verstehen, sondern auch jede andere Form der Mitteilung. Hierzu gehören die Stimme, die Mimik und Gestik, das Handeln und die Beziehung zu den jeweiligen Kommunikationspartnern.
- Kommunikation ist ein Prozess, der sich zwischen Sender und Empfänger abspielt. Hierbei geht es darum, was (Nachricht) wer (Sender) zu wem (Empfänger) mit welcher Wirkung (Resultat) sagt.
- Kommunikation wird durch Kultur, Werte und Haltungen geprägt.
- Kommunikation findet auf der inhaltlichen und der emotionalen Ebene statt.
- Kommunikation ist anfällig für Störungen.
- Das Gespräch zwischen Menschen gehört zur verbalen Kommunikation und ist gekennzeichnet durch den direkten Kontakt zwischen den Kommunikationspartnern.
- Durch aufmerksame Hinwendung, eine verständige Körperhaltung und Einfühlungsvermögen können Gespräche gefördert werden. Eine bewertende Grundhaltung dagegen hemmt ein Gespräch.
- Aktives Zuhören ist geprägt durch Paraphrasieren, nonverbale Reaktion, Verbalisieren und Visionen.
- Gespräche werden eingeteilt in informelle Gespräche, die sich spontan ergeben, und formelle Gespräche, die geplant und vorbereitet werden.

Aufgaben

1. Schreiben Sie einen Vierzeiler zum Thema Kommunikation.
2. Der Fuchs in Saint-Exupérys Roman „Der kleine Prinz" ist der Überzeugung: *„Die Sprache ist die Quelle der Missverständnisse."* Erläutern Sie diesen Satz.
3. Erklären Sie den Zusammenhang zwischen Inhalts- und Beziehungsebene.
4. Nehmen Sie Stellung zu der Aussage *„Jeder Mensch versteht eine Nachricht ein bisschen anders, als diese ursprünglich gesendet wurde"*.
5. Nennen Sie verschiedene Gesprächsarten und arbeiten Sie die jeweiligen Unterschiede heraus.
6. Welche Gesprächshaltungen der Erziehenden erkennen Sie an folgenden Dialogen und wie werden sich die Eltern jeweils fühlen?
   a) *„Morgen müssen wir das Gespräch mit Julians Eltern führen. Wenn wir uns genügend Zeit nehmen und den Eltern Raum geben, über ihre Schwierigkeiten zu sprechen, werden sie hoffentlich ihre Angst vor dem Gespräch abbauen können."*
   b) *„Morgen müssen wir das Gespräch mit Julians Eltern führen. Hoffentlich dauert es nicht zu lange, ich habe noch etwas anderes zu tun. Die Eltern sind sowieso uneinsichtig, da nützt das ganze Gerede auch nichts mehr."*
7. Bereiten Sie ein Gespräch zum Thema „Öffnungszeiten der Kindergruppe" vor und verwenden Sie gesprächshemmende und -fördernde Faktoren.
8. Überlegen Sie in einer Kleingruppe, worauf Sie bei einem Aufnahmegespräch achten würden und wie es verlaufen könnte.
9. *„Das Wort ist die mächtigste Droge des Menschen."* (Rudyard Kipling) Nehmen Sie Stellung zu dieser Aussage.

19 Arbeiten im Team

19.1 Grundlagen von Teamarbeit

Ein Team kann man mit einer Mannschaft vergleichen: Ein Team

- hat immer eine „Leitung",
  z. B. den Teamchef beim Tennis, den Kapitän der Fußballmannschaft, den Teamleiter im Projektteam oder den Teamsprecher eines Festausschusses,
- verfolgt gemeinsame Ziele,
  z. B. Mannschaft – gewinnen, sozialpädagogisches Team – Erfüllung des Erziehungs- und Bildungsauftrags und
- arbeitet an einer gemeinsamen Aufgabe mit einer klaren Aufgabenverteilung.

> **Definition**
>
> Ein **Team** ist eine Gruppe von Personen, die festgelegte Aufgaben erledigt und gemeinsame Ziele verfolgt.

Damit ein Team erfolgreich arbeiten kann, sollten folgende Voraussetzungen erfüllt sein:

Eine bestimmte Größe
Als ideale Größe, um kooperativ miteinander arbeiten zu können, gelten drei bis acht Mitglieder.

Klar definierte und festgesetzte Ziele
Ein sozialpädagogisches Team muss dabei Vorgaben von außen (landesweit, trägerspezifisch) sowie einrichtungsbezogene Schwerpunktsetzungen berücksichtigen (vgl. Kap. 16, 17, 20). Die Feinziele werden gemeinsam festgesetzt und alle streben deren Erreichung an.

Beispiel

An ihrem ersten Praktikumstag wird Roja sehr freundlich von der Leiterin des Kindergartens mit folgenden Informationen empfangen: „Bei uns findet jeden Tag ein kurzer Austausch über unsere Arbeit und wöchentlich ein mehrstündiges Teamgespräch statt. Wir legen viel Wert auf gegenseitige Informationen, gemeinsame Vorbereitungen von Projekten und die Reflexion unserer pädagogischen Arbeit. Durch diese enge Zusammenarbeit ist es uns möglich, die Fähigkeiten aller Mitarbeiterinnen optimal zu nutzen und neue Ideen in der täglichen Arbeit umzusetzen. Also, herzlich willkommen im Team."

Aufgaben

1. Versetzen Sie sich in Rojas Lage. Wie würden Sie sich an ihrer Stelle fühlen?
2. Wodurch unterscheidet sich ein Team, z. B. ein Mitarbeiterteam im Kindergarten, von einer Gruppe, z. B. Kindergartengruppe oder Schülergruppe?
3. Berichten Sie, wie Sie Teamarbeit in Ihrer Praktikumsstelle erlebt haben. Was ist Ihnen positiv aufgefallen, was hat Sie gestört?
4. Informieren Sie sich, was unter Teamfähigkeit verstanden wird und warum sie für die pädagogische Arbeit von großer Bedeutung ist.

Eine klare Aufgabenverteilung

Die Aufgaben werden entsprechend
- der Qualifikationen und

Beispiel
Mannschaft: Trainer, Spieler
sozialpädagogisches Team: Erzieherin – Gruppen-
leitung; Kinderpflegerin/Sozialassistentin – Zweit-
kraft; Sonderpädagogin – spezielle Förderung

- der Fähigkeiten verteilt.

Beispiel
Keeper: hält gut; Stürmer: läuft schnell
Eine Fachkraft ist musisch besonders begabt, die
andere sportlich.

Die unterschiedlichen persönlichen Stärken der
Einzelnen ermöglichen eine optimale Leistung
und führen zusammen zum Erfolg.

Claudia, du hast doch so eine schöne Handschrift. Und Saskia hat immer so tolle Ideen. Könnt ihr nicht wieder das Plakat für das Sommerfest gestalten?

Eine geregelte Arbeits- und Zeitplanung

Dazu gehört das Festlegen von Fixpunkten (Wer
macht wann was?) ebenso wie das Gewähren
von Freiräumen. Dadurch erhalten die Teammitglieder einerseits Sicherheit und andererseits
Möglichkeiten zum flexiblen Handeln.

Eine klare Kommunikationsstruktur

Dazu gehört die uneingeschränkte Weiterga-
be von Informationen im Team, die Verabredung, wie dies erfolgen soll (z. B. Aushang, feste Mitarbeiterbesprechungen), sowie die
Bereitschaft zu einem ständigen Informationsaustausch.

Dadurch wird eine gegenseitige Unterstützung
ermöglicht und die Einzelnen erhalten Anregungen, die zu einem vielfältigen, qualifizier-
ten Angebot beitragen.

Hat schon einmal jemand von euch ein Projekt zum Thema Wasser durchgeführt?

Teamfähige Mitarbeiter

Darunter versteht man Menschen mit Kommu-
nikations- und Kooperationsbereitschaft, Kritikfähigkeit sowie Konfliktlösungsbereitschaft.
Durch teamfähige Mitarbeiter kann ein Netz an
Vertrauensbeziehungen und ein positives
Arbeits- und Betriebsklima entstehen.
Das Arbeits- und Betriebsklima ist allerdings
wesentlich abhängig vom Führungs- oder Lei-
tungsstil. So kann beispielsweise eine autoritäre
Leitung zu schlechten Arbeitsergebnissen und
sinkender Motivation der Teammitglieder führen.
Ist das Klima dagegen von gegenseitigem Vertrauen und Offenheit geprägt, wirkt sich das
positiv auf die Teamarbeit aus. Die Teammitglieder trauen sich, Ideen einzubringen und so
zu innovativen Lösungen beizutragen, aber
auch Kritik zu äußern. Es entstehen Teamgeist
und ein **Wir-Gefühl**.

In jedem noch so erfolgreich arbeitenden Team,
immer da, wo Menschen zusammenarbeiten,
gibt es auch Konflikte.
Diese entstehen u. a. durch unsachgemäße und
ungerechtfertigte Kritik.
Mit Kritik und Konflikten muss man lernen
umzugehen. In verfahrenen Situationen können **kollegiale Beratung**, **Supervision** oder
Mediation helfen (s. S. 310).

19.2 Umgang mit Kritik

Beispiel

Frau Damann leitet das KTH seit sechs Monaten. Die Kolleginnen haben ihren kollegial-kooperativen Führungsstil freudig angenommen. Neben den regelmäßigen Besprechungen mit dem Gesamtteam finden auch Einzelgespräche statt.

Seit etwa einer Woche beobachtet Frau Damann, dass Frau May, eine Erziehende, ihre Aufgaben nicht mit der gewohnten Sorgfalt und Zuverlässigkeit erledigt. Sie verbringt viel Zeit im Mitarbeiterraum und ist nicht im Gruppenraum, wenn Eltern ihre Kinder abholen. Frau Damann wird Frau May zu einem Gespräch bitten.

Aufgaben

1. Wie sollte Frau Damann vorgehen? Stellen Sie das Gespräch zwischen Frau May und Frau Damann in einem Rollenspiel dar.
2. Berichten Sie in einer Kleingruppe von Kritikgesprächen, die Sie erlebt haben, und diskutieren Sie folgende Fragen:
   – Wie wirkt Kritik auf Sie?
   – Wie reagieren Sie auf Kritik?
   – Wann empfinden Sie Kritik als verletzend?
   – Wann können Sie Kritik vertragen?
3. Stellen Sie Ihre Ergebnisse im Plenum vor.

Wenn mehrere Menschen zusammenarbeiten, gibt es immer wieder Situationen und Sachverhalte, die dem einen gefallen und dem anderen nicht oder über die man sich ärgert. Dann steht man vor der Entscheidung, etwas zu unternehmen (Kritik üben oder nicht) sowie wann und wie man es tun soll (jetzt gleich oder später, direkt ansprechen oder nicht).

Kritik wird oft als problematisch angesehen und viele gehen ihr aus dem Weg. Sie wird häufig als etwas Störendes empfunden, weil es um einen Machtkampf gehen kann, in dem gewonnen oder verloren wird. Das muss nicht so sein, denn ein Konflikt kann etwas „Reinigendes" bedeuten. Er bietet die Chance, über das eigene Verhalten nachzudenken und möglicherweise etwas zu verändern.

Unüberlegt ausgesprochene Kritik oder auch **destruktive Kritik** kann persönlich verletzend sein. Sie wird als Angriff oder Kränkung der eigenen Person empfunden, besonders bei:

■ Vorwürfen und Nörgeleien

Beispiel

„Nie bist du richtig vorbereitet. Immer vergisst du etwas."

■ indirekten Aussagen

Beispiel

„Claudia macht das immer ganz toll!"

Derartige Aussagen verführen den Kritisierten dazu, sich zu rechtfertigen und zu verteidigen. Dadurch fällt es schwer, die Kritik, die immer auch ein Feedback ist, anzunehmen.

Kritik stellt eine Bewertung der Leistung und/oder des Verhaltens dar und hilft, eigene Verhaltensweisen zu überprüfen sowie Probleme zu klären. Mit einer **konstruktiven Kritik** werden Lösungswege aufgezeigt. Sie zeichnet sich dadurch aus, dass sie

■ in einem verständnisvollen, empathischen Rahmen stattfindet,
■ unterschiedliche Sichtweisen und Lösungsansätze zulässt und
■ sachlich richtig ist.

Kritik bietet damit eine Chance zur Verbesserung und eine gute Möglichkeit, die eigene Arbeit zu hinterfragen (*„War das wirklich so langweilig?"*) und zu verändern.

Offen geäußerte Kritik ist besser als heimlicher Missmut oder üble Nachrede hinter dem Rücken des Kritisierten. Bevor man Kritik übt, die sich immer auf die Sache oder das Verhalten, niemals auf die Person bezieht, sollte man sich gründlich vorbereiten und folgende Fragen klären:

■ Weshalb ärgert man sich?
■ Gibt es einen konkreten Anlass für die Kritik?
■ Ermöglicht ein Gespräch die Lösung für das Problem?

Kritikfähigkeit ist eine positive Eigenschaft, die jede Erziehende besitzen sollte. Darunter versteht man die Fähigkeiten, Kritik zu üben, ohne verletzend zu sein, und Kritik anzunehmen, ohne beleidigt zu sein.

Aufgaben

Arbeiten Sie in Kleingruppen.
1. Spielen Sie folgende Gesprächssituationen mit unterschiedlichen Rollen nach:
   – *Sie haben ein Protokoll für eine Kollegin geschrieben. Die Heimleitung bittet Sie nun zum Gespräch und kritisiert den Inhalt des Protokolls.*
   – *Wegen einer lang andauernden Krankheit haben Sie Ihre Gruppenleitung vertreten und während dieser Zeit die Tischordnung im Gruppenraum verändert. Ihre Kollegin ist irritiert und fragt Sie nach den Gründen hierfür.*
   – *Während Ihres Nachmittagsdienstes bekommen Sie überraschend Besuch. Mehrere Kinder aus der benachbarten Grundschule bringen ihr nicht mehr benötigtes Spielzeug. Die Kinder aus Ihrer Gruppe freuen sich sehr. Am nächsten Morgen hören Sie von Ihrer Kollegin „Warum hast du mit dem Auspacken nicht auf mich gewartet?"*
2. Wie erging es Ihnen als Kritiker bzw. als Kritisierter?
3. Wann konnten Sie Kritik annehmen und wann nicht?
4. Erarbeiten Sie eine Liste mit Aspekten, die für eine konstruktive Kritik notwendig sind, und stellen Sie diese der Klasse vor.

19.3 Konflikte im Team

Beispiel
Bei der Teamsitzung wird das anstehende Sommerfest geplant. Die Mitarbeiterinnen berichten von ihren Erfahrungen aus den letzten Jahren. Frau Main, eine langjährige Kollegin, merkt an: „In diesem Jahr müssen wir aber das mit dem Müll besser im Griff haben. Ich laufe nicht wieder hinter den Eltern her und erinnere sie an unsere Mülleimer." „Und ich mache nicht wieder den Kuchenstand mit Frau Drixen aus meiner Gruppe. Die steht nur rum und die ganze Arbeit bleibt an mir hängen." „Ich finde, wir orientieren uns an unserem Zeitplan vom letzten Jahr. Der war doch ganz gut." „Wenn ich das schon höre, habe ich überhaupt keine Lust mehr." „Du immer mit deinem Gemeckere."

Aufgaben
5. Welche unangenehmen Situationen werden angesprochen und welche Haltungen werden deutlich?
6. Wie könnte es weitergehen?
7. Informieren Sie sich über das Johari-Fenster als Methode und arbeiten Sie in diesem Zusammenhang die Begriffe „Öffentliche" und „Private Person", „Blinder Fleck" und „Dunkelkammer" heraus.

Die Zusammenarbeit in einem Team verläuft nicht immer reibungslos. Treffen unterschiedliche Vorstellungen, Sichtweisen, Meinungen oder verletzte Gefühle aufeinander, wird von Problemen oder Konflikten gesprochen.

Als **Problem** bezeichnet man Aufgaben,
■ die im Moment nicht gelöst werden können,

Beispiel
Lia will mit ihrer Gruppe eine Tanzeinlage für das Sommerfest einüben, aber der CD-Spieler steht nicht an seinem Platz.

■ die aber unbedingt gelöst werden müssen und

Beispiel
Sie macht sich auf die Suche und findet den CD-Spieler in der Nachbargruppe in Gebrauch.

■ für deren Lösung Absprachen oder zusätzliche Informationen notwendig sind.

Beispiel
Auf der nächsten Teamsitzung regt sie an, eine Liste zu erstellen, auf der jeder vermerkt, wann er den CD-Spieler benötigt.

Aus einem Problem, der Schwierigkeit mit einer Sache, kann schnell ein Konflikt, die Auseinandersetzung mit sich selbst oder anderen, werden.

Beispiel
Felina denkt: „Lia mit ihrem Ordnungsfimmel muss immer alles geregelt haben. Da mach ich nicht mit, woll n wir doch mal sehen."

Jeder Konflikt spielt sich auf verschiedenen Ebenen ab und wird von mehr oder weniger starken Gefühlen begleitet. Alle Beteiligten handeln stets auf zwei Ebenen:
■ **Sach- oder Inhaltsebene**
   Hier geht es z. B. um Planung und Aufgabenverteilung.
■ **Gefühls- oder Beziehungsebene**
   Hier geht es um Empfindungen, gegenseitige Einschätzung und Wertschätzung.

Die Sachebene ist viel leichter zu erkennen als die Beziehungsebene, da der emotionale Teil häufig im Verborgenen liegt (vgl. Kap. 18).

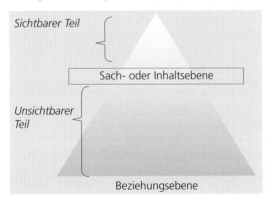

Das sog. Eisbergmodell

Konflikte im Team entstehen nicht aus heiterem Himmel, sondern haben in der Regel eine Vorgeschichte.

Beispiel
Sandra und ihre Kollegin Corinna arbeiten seit Jahren in einer Gruppe. Bisher hatten sie ein gutes Verhältnis zueinander. In letzter Zeit bemerkt Corinna, dass etwas nicht stimmt. Sie weiß aber nicht, woher das kommt.

Häufig sind zunächst leichte Spannungen zu erkennen: Der Umgangston ändert sich oder Informationen werden nicht weitergegeben.

Beispiel
„Was ist denn bloß mit Sandra los? Sonst hat sie mich doch immer gefragt, wenn sie den Elternabend geplant hat."

Werden diese Spannungen nicht beseitigt, erreicht der Konflikt die nächste Stufe. Es werden Verbündete gesucht.

Beispiel
„Findest du nicht auch, dass Sandra in letzter Zeit etwas komisch ist?"

Auf dieser Stufe ist ein Konfliktgespräch ohne Unterstützung schon fast unmöglich. Meistens verschärft sich der Konflikt weiter und eine vernünftige Lösung ist kaum mehr zu erzielen.

Beispiel
„Mit Sandra kann ich unmöglich weiter zusammenarbeiten. Entweder geht sie in eine andere Gruppe oder ich."

Damit es nicht so weit kommt, sollte man die Situation klären, indem man nach möglichen Ursachen und Lösungen sucht.

Aufgaben

1. Erklären Sie den Begriff „Eisbergmodell" an der nebenstehenden Skizze.
2. Diskutieren Sie in Kleingruppen anhand eigener Beispiele, wo Sie verborgene Konflikte vermuten.
3. Beschreiben Sie in Kleingruppen Schwierigkeiten oder unangenehme Situationen aus Ihrem Umfeld.
4. Bestimmen Sie, ob es sich hierbei um Probleme oder Konflikte handelt, und tragen Sie diese der Klasse vor.

19.3.1 Ursachen und Arten von Konflikten

Aufgaben

1. Schildern Sie eine Konfliktsituation. Wie ist sie entstanden und welche Ursachen könnte sie haben?
2. Stellen Sie ein oder zwei der Konfliktsituationen im Rollenspiel dar.
3. Welche Ursachen können Konflikte haben?
4. Gibt es Ursachen, die häufiger auftreten als andere?
5. Welche Erklärung könnten Sie sich dafür vorstellen?

Konflikte können sehr unterschiedliche Ursachen haben, z. B. Kommunikationsprobleme, Missverständnisse, unterschiedliche Interessen, Wert- und Rollenvorstellungen, Überlastung, Stress, unklare Aufgabenverteilung oder persönliche Probleme.

Nicht nur die Ursachen der Konflikte sind sehr verschieden, sondern auch die Konflikte selbst unterscheiden sich deutlich voneinander.

Der innere Konflikt

ist gekennzeichnet von einem Zwang, sich zwischen zwei oder mehreren Möglichkeiten entscheiden zu müssen. Er wird begleitet von innerer Unsicherheit, hohem Druck und starker Anspannung sowie Angst vor Versagen.

Beispiel

Während der Freispielphase beobachten Sie zwei Kinder, die sich streiten. Sie möchten am liebsten sofort hinübergehen und den Kindern Ihre Unterstützung anbieten. Sie wissen aber auch, dass Kinder auf dem Weg in die Selbstständigkeit ihre Konflikte selber lösen sollten.

Der Beziehungskonflikt

zeichnet sich dadurch aus, dass die Beteiligten häufig unverhältnismäßig stark emotional reagieren, überreagieren und die Situation nur selektiv wahrnehmen.

Beispiel

Auf dem Schulhof sehen Sie, wie zwei Ihrer Mitschülerinnen tuscheln. Als Sie auf sie zugehen, hören sie auf zu sprechen und lächeln Sie an. Auf Ihre Frage, was denn los sei, bekommen Sie ein „Ach, nichts". Das ärgert Sie und Sie schreien Ihre Mitschülerinnen an.

Der Rollenkonflikt

entsteht dadurch, dass jemand unterschiedliche Rollen verkörpert und dementsprechend unterschiedliche Erwartungen an ihn gestellt werden.

Beispiel

Melinda absolviert ihr Praktikum in einer Einrichtung, in der auch ihre Mutter als Erzieherin arbeitet. So ergeben sich häufiger Situationen, in denen sie nicht genau weiß, ob ihre Mutter als Mutter oder als Kollegin zu ihr spricht.

Der Sachkonflikt

tritt immer dann auf, wenn sich zwei oder mehr Personen über verschiedene Problemlösungen auseinandersetzen und niemand von seiner Lösungsmöglichkeit ablässt.

Beispiel

Während einer Teamsitzung wird darüber gesprochen, wie die neuen Kinder aufgenommen werden sollen. Kollegin Manger möchte alles so, wie im letzten Jahr und die Kollegin Renter möchte in diesem Jahr etwas Neues einführen. Beide haben gute Argumente und möchten ihre Lösung durchsetzen.

Der Interessenkonflikt

besteht dann, wenn unterschiedliche Vorstellungen und Interessen aufeinandertreffen.

Beispiel

Die Einrichtung hat eine beachtliche Geldspende erhalten, mit der ein Raum neu gestaltet werden soll. Einer möchte einen Musikraum, eine andere Mitarbeiterin eine Werkstatt und die dritte Kollegin endlich eine Kinderküche.

Der Wertekonflikt

tritt auf, wenn aufgrund unterschiedlicher Norm- und Wertvorstellungen Auseinandersetzungen entstehen.

Beispiel

In Ihrer Einrichtung wird viel Wert auf ein gemeinsames Frühstück gelegt, zu dem die Kinder pünktlich erscheinen müssen, um sich an einen geregelten Tagesablauf zu gewöhnen. Sie würden die Kinder lieber essen lassen, wenn sie Appetit haben, um ihnen einen Entscheidungsfreiraum zu gewähren.

Aufgaben

1. Arbeiten Sie in Kleingruppen und ordnen Sie folgende Konflikte den verschiedenen Konfliktarten zu:
   - *Sie planen einen Ausflug mit Ihrer Kindergruppe. Sollen Sie mit dem Bus oder mit dem Zug fahren?*
   - *An der letzten Teamsitzung konnten Sie nicht teilnehmen. Bei der nächsten Sitzung erfahren Sie, dass Ihre Kollegin Sie über wichtige Angelegenheiten nicht informiert hat.*
   - *Als Sie nach längerer Abwesenheit wieder in Ihre Gruppe kommen, sind die Fenster mit „Schablonenarbeiten" beklebt, was Sie stört.*
2. Stellen Sie Ihre Ergebnisse der Klasse vor, vergleichen und bewerten Sie diese.

19.3.2 Umgang mit Konflikten

Beispiel 1

Frau Kile kommt morgens zu ihrer Kollegin und erzählt: „Du, stell dir vor, die Ursula (Teamkollegin) ist gestern nicht zum Elternabend gekommen. Ich musste die ganze Vorbereitung machen und saß dann auch noch alleine vor den Eltern.
Kurz vor 20.00 Uhr ließ sie sich von ihrem Mann entschuldigen. Heute ist sie nicht gekommen.
Immer lässt sie mich mit allem sitzen. Schon bei der Planung des Sommerfestes kamen keine Ideen von ihr. Dauernd weicht sie mir aus. Wenn Entscheidungen getroffen werden müssen, schickt sie die Kinder zu mir, obgleich wir klare Absprachen und Regeln haben. Ich habe keine Lust mehr, ihre Arbeit auch noch zu tun."

Beispiel 2

Sie haben Ihren Bus verpasst. Als Sie zu spät in die Einrichtung kommen, empfängt Ihre Kollegin Sie folgendermaßen: „Na, auch schon da? Hast du keinen Wecker? Du kannst hier nicht kommen, wann es dir passt!"

Aufgaben

3. Wie könnte es in Beispiel 2 weitergehen? Suchen Sie sich einen Partner und spielen Sie die Situation nach.
   Wie verhalten Sie sich in der jeweiligen Rolle? Wie geht es Ihnen damit?
4. Bewerten Sie die verschiedenen Vorschläge.
5. Was wirft Frau Kile ihrer Kollegin vor?
6. Welche Folgen hat das?
7. Was würden Sie Frau Kile nach diesem Bericht raten?

Konfliktfähigkeit gehört besonders in den pädagogischen Berufen zu den Grundqualifikationen und beschreibt die Fähigkeit, sich mit Konflikten auseinanderzusetzen und sie konstruktiv zu bewältigen. Dazu gehört auch, sie möglichst schon im Vorfeld zu erkennen.
Konflikte werden sehr unterschiedlich wahrgenommen und gelöst. Häufig klaffen Erwartungen und Bewertungen von Situationen, Leistungen und Fähigkeiten weit auseinander: Selbst- und Fremdwahrnehmung stimmen nicht überein.

Selbst- und Fremdbild

In der Konfliktbearbeitung geht es darum, einen Weg zu finden, wie man sich verhält. Zunächst sollten folgende Fragen geklärt werden:

- Welche Interessen hat man selbst an einer Lösung des Konflikts?
- Ist man nur an einer Lösung interessiert, weil es das Team will?
- Will man überhaupt eine Lösung des Konflikts?
- Ist man bereit, auch die Perspektive der anderen Beteiligten einzunehmen?

Aus der Beantwortung der Fragen ergeben sich drei grundsätzliche Möglichkeiten, mit einem Konflikt umzugehen:

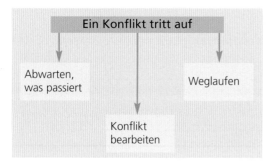

Möglichkeiten der Konfliktbearbeitung

Aufgaben

1. Welche der oben aufgezeigten Handlungsmöglichkeiten praktizieren Sie?
2. Welche halten Sie für die Beste? Begründen Sie Ihre Antwort.
3. *Auf einer Teamsitzung berichtet eine Kollegin von ihrer Fortbildung zum Thema „Mehr Bewegung in den Kindergarten". Schon auf der letzten Sitzung hat das Thema einen großen Raum eingenommen. Dort wurde vereinbart, dass alle zunächst unterschiedliche Fortbildungsangebote zu diesem Thema wahrnehmen, bevor endgültig beschlossen wird, ob die Einrichtung zukünftig als Bewegungskindergarten arbeiten will. Einige gähnen schon gelangweilt. Als Sie die Vortragende darauf hinweisen, reagiert diese beleidigt.*
   a) *Worin liegt ein Konflikt und wie könnte er bearbeitet werden?*
   b) *Welche Beziehungen sind erkennbar?*

Weglaufen als Lösung für einen Konflikt

Beispiel

In einem Gespräch über das zurückliegende Praktikum berichtet eine Klassenkameradin „Konflikte habe ich keine gehabt. Schwierigen Situationen bin ich einfach aus dem Weg gegangen."

Abwarten als Lösung für einen Konflikt

Beispiel

Eine andere Klassenkameradin berichtet von einem Konflikt, der zu Beginn ihres Praktikums auftrat: „Ich habe gedacht, dass ich da mal ein bisschen Gras drüber wachsen lasse, dann gibt sich der Konflikt von selbst."

Konfliktbearbeiten als Lösung für einen Konflikt

Beispiel

„Zu Beginn meines Praktikums hatte ich einen Konflikt mit meiner Anleiterin. Ich durfte nie etwas alleine machen und musste immer nur aufräumen. Nach ein paar Tagen habe ich sie angesprochen. Wir haben miteinander geredet und danach konnte ich eigene Aktivitäten anbieten."

Aufgabe

1. Zeigen Sie anhand von Beispielen auf, wann die jeweilige Möglichkeit des Umgangs mit einem Konflikt angebracht sein könnte.

Wenn ein Konflikt bearbeitet werden muss, weil er den Umgang miteinander erheblich beeinträchtigt und sich negativ auf die Zusammenarbeit auswirkt, gibt es verschiedene Lösungsmöglichkeiten. Diese werden an einem Beispiel erläutert:

Beispiel
Hannah und Paco arbeiten in derselben Gruppe und wollen eine Beschäftigung zum Thema Zirkus anbieten. Hannah möchte mit den Kindern Theater spielen und Paco plant eine große Malaktion.

Sieg – Niederlage (Gewinner oder Verlierer)
Alle am Konflikt Beteiligten wollen ihre Interessen durchsetzen. Einer gewinnt, weil er die stärkere Persönlichkeit ist, in der Hierarchie höher steht oder den anderen erpresst.

Beispiel
Hannah: „Ich muss meine Beschäftigung auf jeden Fall zuerst durchführen. Schließlich ist Theater spielen viel anspruchsvoller, als ein wenig malen."
Paco: „Immer musst du deinen Kopf durchsetzen!"

Kompromiss oder Anpassung (keine Gewinner und Verlierer)
Es wird nach einer Lösung gesucht, die für alle Beteiligten tragbar ist. Einer oder beide geben nach und es wird zum Wohl des Teams entschieden.

Beispiel
Paco: „Ich finde nicht, dass Malen eine anspruchslose Beschäftigung ist, aber wenn du unbedingt willst, dann fang du eben an."

Win-Win-Lösung (nur Gewinner)
Hierbei entwickeln die Beteiligten neue Lösungsmöglichkeiten, bei denen jeder sein Gesicht wahren kann und gewinnt.

Beispiel
Hannah: „So habe ich das nun auch wieder nicht gemeint. Lass uns gemeinsam nach einer Lösung suchen. So lange kann ja Luisa ihre Beschäftigung durchführen."

Abbruch des Gesprächs (nur Verlierer)
Keiner will nachgeben, sodass die Konfliktpartner zu keiner Lösung kommen und einen Unbeteiligten hinzuziehen (Mediation).

Beispiel
Paco: „Du weißt auch nicht, was du willst. Ich glaube, wir kommen alleine nicht weiter. Lass uns die Angelegenheit mit unserer Gruppenleitung besprechen."

Jeder Konflikt ist anders geartet und entwickelt eine eigene Dynamik, deshalb gibt es kein allgemeingültiges Rezept oder keinen idealen Lösungsweg zur Konfliktbearbeitung.

Aufgaben

2. *Auf der Teamsitzung wird über die Urlaubsplanung gesprochen. Frau Mansolt möchte in diesem Jahr in den Sommerferien fahren und nicht wieder auf die Kolleginnen mit Kindern, die auf die Ferien angewiesen sind, Rücksicht nehmen.*
   Bearbeiten Sie das Beispiel in einer Kleingruppe anhand einer der Konfliktlösungsmöglichkeiten und stellen Sie diese der Klasse in einem Rollenspiel vor.
3. Was versteht man unter Konfliktfähigkeit und warum gehört sie zu den Schlüsselqualifikationen für Erziehende?

19.4 Beratung und Unterstützung

19.4.1 Kollegiale Beratung

Beispiel 1
Frau Kreutner hat für sich festgestellt, dass sie bei bestimmten Aufgaben immer wieder an ihre Belastungsgrenze stößt. Sie bittet eine Kollegin um unterstützende Beratung.

Beispiel 2
Alle Kleinkindgruppen sind von der Stadt aufgefordert worden, im Sechs-Monats-Rhythmus ausführliche Entwicklungsberichte für jedes Kind zu schreiben. Die Mitarbeiter fühlen sich überfordert und verabreden deshalb ein Treffen aller Gruppenleitungen, um gemeinsam nach Lösungsstrategien zu suchen.

Aufgaben

1. Was erhofft Frau Kreutner sich wohl von dieser Bitte?
2. Worin unterscheiden sich die o. a. Beispiele?
3. Finden Sie die Vorgehensweise in den Beispielen hilfreich? Begründen Sie Ihre Meinung.
4. Welche Erfahrungen haben Sie mit kollegialer Beratung?
5. Sehen Sie Grenzen der kollegialen Beratung?

Bei der kollegialen Beratung unterstützen und beraten sich die Teammitglieder gegenseitig. Gemeinsam werden Lösungen für berufliche Probleme entwickelt, um die Arbeitsbelastungen zu verringern. Im Gegensatz zur Supervision wird kein „Berater" engagiert. Die kollegiale Beratung zeichnet sich aus durch

■ Eigenverantwortlichkeit der Teammitglieder,
■ selbst organisierte Beratung und Unterstützung sowie
■ Gleichberechtigung der Teammitglieder (keine Hierarchie).

Konkrete Probleme und Vorfälle werden mit Kolleginnen systematisch reflektiert. Dies können Kolleginnen aus dem eigenen Team, wie in Beispiel 1, aber auch aus dem gleichen Arbeitsbereich, wie in Beispiel 2, sein.

19.4.2 Supervision

Beispiel
Frau Wessler arbeitet als Gruppenleiterin. Sie ist sehr beliebt und hat immer ein offenes Ohr für die Gedanken und Probleme der Eltern. So kommt es oft vor, dass sie ihre Dienstzeit überschreitet, weil sie in einem Gespräch mit Eltern steckt. Der Heimleitung ist nun aufgefallen, dass Frau Wessler seit einiger Zeit müde und abgespannt wirkt. Es hat ein Gespräch stattgefunden, in dem Frau Wessler deutlich machte, dass es ihr sehr schwer falle, sich abzugrenzen. Die Heimleitung schlägt ihr eine Supervision vor.

Aufgabe

6. Was wird unter Supervision verstanden? Recherchieren Sie im Internet und formulieren Sie eine Definition.

Supervision ist eine besondere Beratungsform, die zur Unterstützung beruflichen Handelns eingesetzt wird und von einem sog. **Supervisor** durchgeführt wird. Entstanden ist die Supervision in den USA. Es ging hauptsächlich um die Aufarbeitung psychischer Belastungen von ehrenamtlichen Mitarbeitern der Wohlfahrtspflege[1].

Auch heute wird die Supervision vor allem von Menschen in pädagogischen Berufen, z. B. Erzieher, Lehrer, Sozialarbeiter, in Anspruch genommen. Sie kann als Einzel- oder Teamsupervision durchgeführt werden.

Ziele der Supervision sind in erster Linie

■ Belastungen im Zusammenhang mit beruflichem Handeln abzubauen,
■ die Arbeitsfähigkeit zu verbessern,
■ neue Handlungsperspektiven zu eröffnen,
■ selbstkritische Wahrnehmung und Reflexion zu fördern,
■ Methoden zu vermitteln, die helfen, Konflikte oder schwierige Situationen zu lösen oder zu vermeiden, sowie
■ Ideen zur Lösung der Probleme zu entwickeln.

---

[1] Vgl. Elias, K.; Schneider, K.: Handlungsfeld Kommunikation, S. 153

Aufgabe

1. Fragen Sie in Ihrer Einrichtung, ob und in welcher Form Supervision und/oder kollegiale Beratung stattfinden.

19.4.3 Mediation

Beispiel

Die Anmeldungen in der Kita „Zwergenland" haben so stark zugenommen, dass eine weitere Gruppe im Krippenbereich aufgenommen werden muss. Um den Bedürfnissen der 0- bis 3-Jährigen nachzukommen, muss ein Gruppenraum umgestaltet werden. Hierfür kommen die Räume von Frau Greft und Frau Merlin infrage. Beide Gruppenleiterinnen wehren sich heftig gegen einen Umzug in einen anderen Raum, weil sie ihren bisherigen Gruppenraum mit viel persönlichem Einsatz eingerichtet haben. Der Streit eskaliert und führt dazu, dass beide sich gegenseitig nur noch Vorwürfe machen und jegliche Zusammenarbeit verweigern.

Aufgaben

2. Worin liegen in dem Beispiel die Konflikte?
3. Wie würden Sie damit umgehen?

Mediation ist eine spezielle Methode der Konfliktbewältigung und geht davon aus, dass die Lösung eines Konflikts von den Konfliktbeteiligten eher akzeptiert wird, wenn sie gemeinsam an der Konfliktlösung beteiligt sind. Sie werden hierbei von einem neutralen Dritten, dem **Mediator**, unterstützt. Der Mediator sorgt dafür, dass

- die Mediation nach einem strukturierten Ablauf durchgeführt wird,
- die Konfliktbeteiligten ihre unterschiedlichen Sichtweisen, Gefühle und Interessen zum Ausdruck bringen können und
- umsetzbare Lösungen erarbeitet werden.

Definition

Mediation bedeutet, Konflikte mit Unterstützung neutraler Dritter konstruktiv zu bearbeiten und zu lösen.

Die Mediation wird nach folgendem **Phasenmodell** durchgeführt:

Phase 1: Einleitung
Zu Beginn werden

- Prinzipien, wie z. B. Freiwilligkeit, Offenheit, Vertraulichkeit und Unparteilichkeit des Mediators,
- Regeln, wie z. B. ausreden lassen, nicht verletzen, Verschwiegenheit, Respekt und das Recht des Mediators zu führen und einzugreifen, sowie
- Verfahren und Ziel

verabredet.

Beispiel

„Nachdem ich meine Rolle als Mediator erklärt habe, wir über die Grundregeln der Mediation gesprochen haben und es keine weiteren Fragen gibt, können wir mit der Mediation beginnen."

Phase 2: Sichtweisen der Konfliktbeteiligten
Zunächst wird eine Bestandsaufnahme vorgenommen: Die Kontrahenten erläutern ihre Sichtweise und benennen ihre Standpunkte. Der Mediator spiegelt, klärt und fasst Gehörtes zusammen. Die Reihenfolge der zu bearbeitenden Punkte wird festgelegt.

Beispiel

„Sie hatten beide die Gelegenheit, Ihre Sichtweisen des Konflikts ausführlich darzulegen. Ich habe zusammengefasst, was ich verstanden habe. Nun listen wir die Punkte auf, für die Sie eine Lösung finden wollen."

Phase 3: Konfliktbearbeitung

Nun erfolgt eine Sortierung: Die Hintergründe des Konflikts werden geklärt und die damit verbundenen Gefühle deutlich gemacht. Damit wird erreicht, dass die Konfliktbeteiligten beginnen wieder miteinander zu reden.

Beispiel

„Ziel dieser Phase ist es, dass Sie die mit dem Konflikt verbundenen Gefühle benennen. Schildern Sie sich nun gegenseitig Ihre Wünsche und Interessen. Nur so kann herausgefunden werden, warum es zum Konflikt kam."

Phase 4: Problemlösung

Gemeinsam werden mögliche Lösungsmöglichkeiten gesammelt, bewertet und nach einem Konsens gesucht.

Beispiel

„In einem Brainstorming haben Sie viele Lösungen gefunden. Nach der langen Diskussion möchte ich Sie bitten, die einzelnen Ideen zu bewerten und in eine Rangfolge zu bringen."

Phase 5: Vereinbarung

Eine konkrete Konfliktlösung wird verabredet und schriftlich festgehalten.

Beispiel

„Es freut mich, dass wir nicht nur eine Kompromisslösung, sondern eine Konsenslösung gefunden haben. Von der schriftlichen Vereinbarung bekommen Sie je ein Exemplar. Wenn Sie möchten, treffen wir uns in einigen Wochen wieder und sprechen darüber, ob sich die Vereinbarungen in der Praxis bewährt haben."

Die Mediation ist eher als ein Prozess zu verstehen, bei dem spezielle Kommunikationsmethoden (vgl. Kap. 18), wie z. B. ein respektvoller Umgang und das aktive Zuhören, angewendet werden und die Beteiligten mithilfe eines geschulten Mediators ein konstruktives Konfliktgespräch führen. Fehlen bei diesem Gespräch

- die Bereitschaft aufeinander zuzugehen,
- Offenheit und Toleranz im Umgang miteinander oder

- Interesse an der zukünftigen Beziehung der Konfliktparteien,

stößt die Mediation an ihre Grenzen.

Eine Mediation ist überall dort anwendbar, wo die Beziehung zwischen den Konfliktbeteiligten durch ein gerichtliches Verfahren weiter verschärft würde. Hierzu zählen nicht nur große Wirtschafts- oder Scheidungsverfahren, sondern auch innerfamiliäre Streitigkeiten. Eine weit verbreitete Anwendung stellt das Streitschlichterprogramm in Schulen dar.

Aufgaben

1. Informieren Sie sich, ob es an Ihrer Schule ein Streitschlichterprogramm gibt.
2. Wie wird man Streitschlichter?
3. Unter welchen Bedingungen können Sie sich ein Streitschlichterprogramm für Kindergarten und Hort vorstellen?
4. Forschen Sie im Internet und finden Sie heraus, unter welchen Voraussetzungen man Supervisor oder Mediator werden kann.

Zusammenfassung

- Ein Team zeichnet sich durch eine feste Leitung, gemeinsame Ziele und Arbeitsaufgaben, klar definierte Verteilung der Aufgaben, fest geregelte Zeit- und Arbeitspläne sowie eine klare Kommunikationsstruktur aus.
- Ein erfolgreich arbeitendes Team benötigt teamfähige Mitarbeiter und einen offenen, respektvollen Führungsstil.
- In jedem Team
    - gibt es Anlass zu Kritik, die destruktiv oder konstruktiv sein kann
    - treten Probleme auf oder
    - können Konflikte entstehen.
- Probleme beziehen sich auf Schwierigkeiten mit einer Sachlage, Konflikte auf Schwierigkeiten mit sich selbst oder zwischen Personen.
- Konflikte haben sehr verschiedene Ursachen und unterscheiden sich in ihrer Art deutlich voneinander, z. B. innerer Konflikt, Beziehungskonflikt, Rollenkonflikt, Sachkonflikt, Interessenkonflikt, Wertekonflikt.
- Beim Auftreten eines Konflikts gibt es folgende Möglichkeiten zu handeln: abwarten, was passiert, weglaufen oder den Konflikt aktiv bearbeiten.
- Bei einer Auseinandersetzung mit einem Konflikt kann man sich anpassen oder verzichten, einen Machtkampf ausfechten, einen Kompromiss eingehen oder eine Win-Win-Lösung anstreben.
- In einem Team kann man sich Unterstützung durch kollegiale Beratung holen oder extern durch Supervision und Mediation.

Aufgaben

1. Welche Bedeutung hat der nachfolgende Satz für die Teamarbeit *„Ein Team ist mehr als die Summe der Einzelnen."*?
2. Was versteht man unter einem „super Betriebsklima"?
3. Wo liegt in folgendem Beispiel der Konflikt und welche Möglichkeiten des Umgangs damit sehen Sie?
   Eltern wollen, dass Kinder immer etwas produzieren und mit nach Hause bringen, Ihnen ist es wichtig, dass die Kinder Spaß mit verschiedenen Materialien haben.
4. Entwerfen Sie ein konstruktives Konfliktgespräch zu folgender Situation:
   Die neue Lehrerin möchte wissen, was Sie von ihrem Unterricht erwarten. In Kleingruppen sollen Sie Themen sammeln und Schwerpunkte festlegen. Ein Teil der Klasse hat dazu keine Lust und weigert sich, die Aufgabe zu erledigen.
5. *Für das Kindergartenabschlussfest haben Sie in Ihrer Freizeit schon einiges vorbereitet und Organisatorisches erledigt. Sie berichten Ihrer Kollegin davon, die von den Ideen begeistert ist. In der nächsten Teamsitzung erfahren Sie, dass Ihre Kollegin in der Zwischenzeit Ihre Ideen als die eigenen an die Heimleitung weitergegeben hat. Als Sie Ihre Kollegin ansprechen, antwortet sie: „Stell dich doch nicht so an. Ist doch egal, ob die Ideen von dir oder von mir sind, Hauptsache wir haben einen schönen Abschluss."*
   a) Wie würden Sie sich verhalten? Begründen Sie Ihre Entscheidung.
   b) Zeigen Sie Alternativen auf und die Gründe, warum Sie diese verworfen haben.
6. Recherchieren Sie in Ihrem Wohnort, ob es dort Mediation für sozialpädagogische Einrichtungen gibt.
7. Zeigen Sie an Beispielen Grenzen der Mediation auf.

20 Pädagogische Handlungskonzepte für Vorschulerziehung

Beispiel

Madita und Joni bewerben sich in einem Kindergarten. Im Bewerbungsgespräch werden sie nach ihren Vorstellungen über Erziehung gefragt.

Madita: „Ich würde in meiner Gruppe sehr darauf achten, dass der Tag mit einem Morgenkreis beginnt, in dem auch festgelegt wird, was die einzelnen Kinder im Freispiel spielen wollen. Die Tische sind mit Abbildungen der Tätigkeiten gekennzeichnet und die Materialien haben ihren festen Platz , sodass alles eine klare Ordnung hat und jedes Kind selbstständig aufräumen kann. Schon Maria Montessori hat gesagt, dass Kinder von der äußeren Ordnung zur inneren Ordnung kommen. Das finde ich gut."

Joni: „Ich denke, dass Kinder viel Bewegung brauchen. Heute spielen sie viel zu wenig draußen. Ihre Motorik ist oft nicht altersgemäß entwickelt. Daher finde ich eine offene Gruppe gut, in der Kinder sich selbst ausprobieren und draußen oder drinnen spielen können. Kinder sind aus sich selbst heraus kreativ und benötigen nicht immer Anregungen durch den Erzieher. Die neuere Hirnforschung zeigt, dass Kinder, die viele Erfahrungen machen können, auch intelligenter sind."

Aufgabe

1. Welche Bewerberin würden Sie einstellen? Begründen Sie Ihre Meinung.

Aufgaben

2. Vergleichen Sie Ihre Vorstellungen von Erziehung und sozialpädagogischer Arbeit mit Maditas und Jonis. Stellen Sie Gemeinsamkeiten und Unterschiede gegenüber.
3. Wie könnten die Unterschiede in den Vorstellungen zu erklären sein?

20.1 Konzepte im Überblick

Es gibt heute eine Vielzahl von Kindergärten, die sich in ihren pädagogischen Konzepten unterscheiden. Sozialpädagogische Konzepte oder Erziehungskonzepte und das damit verbundene Bild vom Kind sind geprägt durch gesellschaftliche Wert- und Normvorstellungen. Allen gemeinsam ist das Ziel, Kinder in ihrer Entwicklung zu unterstützen, zu fördern und zu erziehen. Um dies zu erreichen, werden allerdings unterschiedliche Wege gegangen.

Ein Teil der heutigen Konzeptionen orientiert sich an den Ideen der Wegbereiter wie Fröbel, Montessori, Steiner und auch Korczak. Andere folgen neueren Erkenntnissen aus Pädagogik und Psychologie.

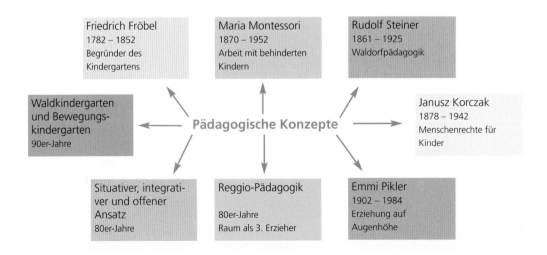

20.2 Erziehungskonzepte im gesellschaftlichen Wandel

20.2.1 Friedrich Fröbel

> *„Greifen kommt vor dem Begreifen, ebenso wie das Fassen vor dem Erfassen."*
> *„Erziehung soll notwendig leitend, nicht vorschreibend, bestimmend sein."*
>
> (Friedrich Fröbel)

Aufgaben

1. Diskutieren Sie in Kleingruppen, was Fröbel mit diesen Aussagen zur Kleinkindpädagogik gemeint haben könnte.
2. Recherchieren Sie im Internet über das Leben und Wirken von Fröbel.
3. Versuchen Sie herauszufinden, was Fröbel unter „Erkenntnisform", „Lebensform" und „Schönheitsform" verstand. Legen Sie diese Formen mit Fröbelgaben (s. S. 316) nach.

Friedrich Fröbel (1782 bis 1852), auch als Vater des Kindergartens bezeichnet, entwickelte ab 1817 Erziehungsmodelle für Vorschulkinder im Alter von 3 bis 7 Jahren in der von ihm gegründeten „Allgemeinen deutschen Erziehungsanstalt". Er vertrat die Meinung, dass der Mensch von Grund auf gut und ein produktives und schöpferisches Wesen ist.

1839 gründete er eine „Spiel- und Beschäftigungsanstalt", die ein Jahr später in „Kindergarten" umbenannt wurde. Außerdem erarbeitete er die Grundlagen für den Beruf der Kindergärtnerin und Kinderpflegerin und gründete 1850 die erste Schule für deren Ausbildung.

Das pädagogische Konzept

> *„All unser Wissen muss von der Erfahrung ausgehen."*[1]

Aufgabe

4. Was ist mit der Aussage gemeint? Trifft sie heute noch zu?

Erkenntnis, Einsicht, Selbstbestimmung und Freiheit sind wesentliche Ziele des pädagogischen Konzepts von Fröbel. Die erziehende Familie, besonders geprägt durch die Mutter-Kind-Beziehung, ist von Anfang an wichtig. Fröbel geht davon aus, dass sich die allerersten Erfahrungen und Lebenseindrücke des Kindes auf das ganze Leben auswirken. Um den Müttern dies bewusst zu machen, hat Fröbel 1844 das Buch „Mutter- und Koselieder. Dichtung und Bilder zur edlen Pflege des Kindheitslebens" mit 50 Liedern und Spielreimen veröffentlicht. Hier ein Beispiel:

> **PATSCHE, PATSCHE KUCHEN**
>
> *Kindchen wollen es versuchen,*
> *uns zu backen einen Kuchen;*
> *patsche, patsch den Kuchen breit;*
> *Bäcker sagt: „Nun ist es Zeit,*
> *bringt mir doch den Kuchen bald,*
> *sonst wird ja der Ofen kalt."*
> *„Bäcker, hier ist der Kuchen fein,*
> *back' ihn schön für mein Kindchen klein!*
> *„Bald soll der Kuchen gebacken sein,*
> *tief in den Ofen schieb ich ihn ein."*[2]

---

[1] Heiland, H.: Fröbel, S. 22

[2] www.froebelweb.de/lieder

Bereits hier wird das pädagogische Grundprinzip einer ganzheitlichen Erziehung, in der das soziale, musische, manuelle, schöpferische und kognitive Lernen Platz hat, deutlich. Einen besonderen Stellenwert haben für Fröbel das freie, selbsttätige Spiel sowie die Tätigkeit des Kindes mit Beschäftigungsmitteln und Spielgaben (sog. **Fröbelschen Gaben**). Durch genaues Beobachten der Kinder hat Fröbel herausgefunden, welche Spielmaterialien das Kind in seiner Entwicklung unterstützen.

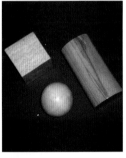

Aufgaben

1. Sprechen Sie den Spielreim von S. 315 rhythmisch nach.
2. Welche Koselieder und Spielreime kennen Sie aus Ihrer eigenen Kindheit?
3. Welche Bedeutung haben Koselieder und Spielreime heute für Kinder? Schildern Sie Ihre Erfahrung damit.
4. Informieren Sie sich in Büchern und im Internet über die sog. Fröbelschen Gaben und Beschäftigungsmaterialien. Stellen Sie diese der Klasse vor.
5. Fertigen Sie einige Fröbelsche Faltarbeiten an (z. B. Schrank, Taschentuch, Kopftuch, Vogel). In welcher Form können sie heute noch eingesetzt werden?

Bild vom Kind

Fröbel sieht das Kind als ein Wesen, das sich im Laufe seiner Entwicklung die Welt aneignet und dabei Fähigkeiten erwirbt, die es für sein Leben braucht. Jedes Kind wird für ihn mit der Fähigkeit geboren, die „Welt" wahrzunehmen, zu verstehen, erworbene Kenntnisse anzuwenden und zu verknüpfen. Dafür benötigt es die Begegnung mit Menschen und Dingen sowie genügend Zeit und Ruhe.

Für Fröbel ist das Kind ein Geschöpf Gottes und deshalb mit Respekt und Achtung zu behandeln. Bei der Gründung seines ersten Kindergartens sagte er:

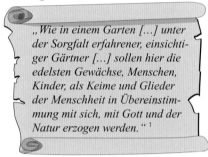

„Wie in einem Garten [...] unter der Sorgfalt erfahrener, einsichtiger Gärtner [...] sollen hier die edelsten Gewächse, Menschen, Kinder, als Keime und Glieder der Menschheit in Übereinstimmung mit sich, mit Gott und der Natur erzogen werden." [1]

Aufgabe

6. *„Das Spiel [...] ist nicht Spielerei, es hat hohen Ernst und tiefe Bedeutung."* [2]
   Diskutieren Sie diese Aussage Fröbels anhand von Beispielen.

Der Erziehende

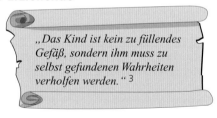

„Das Kind ist kein zu füllendes Gefäß, sondern ihm muss zu selbst gefundenen Wahrheiten verholfen werden." [3]

Der Satz verdeutlicht, wie Fröbel die Rolle des Erziehenden sieht. Der Erziehende

- unterstützt den Tätigkeitstrieb des Kindes,
- nimmt das Spiel des Kindes ernst und unterbricht es nicht,

---

[1] Kindergarten heute, 4/96, S. 6
[2] Ebd., S. 6
[3] Ebd., S. 4

- unterweist das Kind im Gebrauch der Spielgaben und Beschäftigungsmittel,
- führt das Kind zum Selbst-tätig-sein, ohne sich aufzudrängen und
- eröffnet dem Kind Freiräume, damit es die Welt und die Dinge seiner Umgebung begreifen lernt.

Aufgabe

1. Vergleichen Sie die Rolle der Erziehenden bei Fröbel und heute. Zu welchem Ergebnis kommen Sie?

20.2.2 Maria Montessori

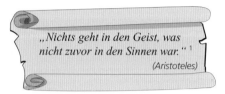

„Das Kind ist nicht ein leeres Gefäß, das wir mit unserem Wissen angefüllt haben [...]. Nein, das Kind ist der Baumeister des Menschen, und es gibt niemanden, der nicht von dem Kind, was er selbst einmal war, gebildet wurde."

(Maria Montessori)

Aufgaben

2. Welche Bedeutung hat die Aussage Maria Montessoris für die heutige Beziehung zu Kindern?
3. Informieren Sie sich im Internet oder in Büchern über das Leben und Wirken von Maria Montessori.

Maria Montessori (1870 – 1952) studierte Naturwissenschaften und Medizin. Sie war 1896 die erste Ärztin Italiens. Ihre Arbeit in einer psychiatrischen Klinik mit geistig behinderten Kindern führte dazu, dass sie sich mit Erziehungsfragen auseinandersetzte und ein pädagogisches Konzept entwickelte, zunächst für die Vorschulerziehung, später auch für die Grundschule. Als Maria Montessori 1952 in den Niederlanden starb, hatte sich die Montessori-Pädagogik in der ganzen Welt verbreitet.

Das pädagogische Konzept

„Nichts geht in den Geist, was nicht zuvor in den Sinnen war." [1]

(Aristoteles)

Diese Aussage von Aristoteles trifft besonders auf die Pädagogik Montessoris zu. Die Sinne sind für sie der Schlüssel zur Welt. Differenzierte Wahrnehmung – vom Schauen zum Denken – und Schulung der Sinne bilden die Grundlage für die Intelligenz- und Persönlichkeitsentwicklung. Um diesen Prozess zu unterstützen, entwickelte sie mathematische, kosmische (technische, ökologische, geografische) und sprachliche Arbeitshilfen sowie Materialien zur Schulung jedes einzelnen Sinnes und zu Übungen des alltäglichen Lebens.

---

[1] Schäfer, C.: Spaß am Lernen mit Maria Montessori, in: Kindergarten heute, 11 – 12/2004, S. 6

Die Materialien, die in offenen Regalen stehen,

- weisen verschiedene Schwierigkeitsgrade auf,
- ermöglichen dem Kind, handelnd tätig zu werden, Fehler selbst zu erkennen sowie individuelle Erfahrungen zu machen und
- werden vom Kind so ausgewählt, wie sie für seine Entwicklung am wichtigsten sind.

Der Umgang mit den unbekannten Materialien wird in sog. Lektionen vermittelt, i. d. R. mit nur einem Kind. Es wird wenig gesprochen, viel gezeigt und noch mehr gehandelt, um eine hohe Konzentration beim Kind herbeizuführen. Montessori nennt dies die **Polarisation der Aufmerksamkeit**. Dabei geht es um den inneren Prozess, der sich zwischen Kind und Sache abspielt. Durch äußere Ordnung im täglichen Tun entwickelt das Kind Ordnung im Geist.

Aufgaben

1. „[…] Die äußere Ordnung ist wichtig zum Finden der inneren Ordnung […]"
   Was könnte Montessori damit gemeint haben? Verdeutlichen Sie Ihre Aussagen an eigenen Erfahrungen.
2. Erstellen Sie eine Mappe mit Abbildungen der Arbeitsmaterialien.
3. Wählen Sie ein Montessori-Material aus. Entdecken Sie seine Zielsetzungen und die darin enthaltenen Lernmöglichkeiten.

Bild vom Kind

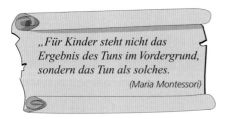

„*Für Kinder steht nicht das Ergebnis des Tuns im Vordergrund, sondern das Tun als solches.*
(Maria Montessori)"

Montessori geht davon aus, dass ein Kind Aufgaben, die es lösen will, freiwillig und eigenständig wählt und sie so oft wiederholt, bis es sie beherrscht.

Durch die intensive Beschäftigung erweitert das Kind ständig seine Fähigkeiten. Um zu lernen, ist bereits ein Neugeborenes mit dem **absorbierenden Geist** ausgestattet.

> **Definition**
>
> Unter einem **absorbierenden Geist** wird die Fähigkeit verstanden, Umwelteindrücke aufzunehmen und im Unbewussten zu speichern (unbewusste Intelligenz).

Der absorbierende Geist eines Kindes nimmt schnell, genau und mühelos alle Reize (Sprache, Verhaltensweisen, Reaktionen) aus der Umgebung auf und speichert sie. Diese Fähigkeit ist nur in den ersten Lebensjahren vorhanden und wird mit etwa 3 Jahren von einer bewussten Kraft abgelöst.

Das Kind besitzt von Geburt an einen **inneren Bauplan**, der mitbestimmend für das Lernen und die Entwicklung ist. Er entfaltet sich in den sogenannten sensiblen Phasen und ist gegenüber den Einflüssen der Umwelt sehr empfindsam. Durch unsachgemäßes Einwirken von außen kann er zerstört werden. In den **sensiblen Phasen** können Kinder sich bestimmte Fähigkeiten besonders gut aneignen (vgl. Kap. 11).

Nach Montessori verfügt jeder Mensch über **verborgene schöpferische Kräfte**, die durch eine anregende Umgebung geweckt werden. Das Kind wird deshalb aus sich heraus aktiv und entwickelt eigene Ideen und Zielvorstellungen.

> **Beispiel**
> *Lotta und Julia (beide 3 Jahre) kommen aus sehr unterschiedlichen Familien.*
> **Lottas** *Eltern sprechen sehr viel mit ihr, lesen Bilderbücher vor, hören ihr zu, erfragen und benennen die Dinge, die Lotta haben möchte und noch nicht selbst benennen kann.*
> **Julias** *Eltern sind oft müde und erschöpft. Beim Essen wird kaum gesprochen. Der Fernseher läuft. Nach dem Essen darf Julia vor dem Fernseher bei einem Elternteil auf dem Schoß sitzen und mit zuschauen. Wenn sie „erzählen" will, bitten die Eltern sie, still zu sein.*

Aufgabe

1. Welche Folgen kann das Verhalten der Eltern für die weitere Entwicklung des jeweiligen Mädchens haben?

Der Erziehende

steht nicht über dem Kind, sondern wird als „Wächter" und Beobachter der kindlichen Bedürfnisse und der gesetzmäßigen Entwicklungen gesehen. Von ihm wird erwartet, dass er das Kind zur Selbstständigkeit anregt und die schöpferischen Kräfte aktiviert. Eine Montessori-Erzieherin ist vor allem Helferin des Kindes, die insbesondere darauf achtet, dass

- die Umgebung kindgerecht und geordnet vorbereitet ist.
- das Kind mit jedem Arbeitsmaterial vertraut gemacht wird.
- die Interessen, Fähigkeiten und Bedürfnisse des einzelnen Kindes erfasst werden.
- das Kind seine Tätigkeit zeitlich selbst bestimmen kann.
- ein konzentriert arbeitendes Kind nicht unterbrochen wird, sie im Hintergrund bleibt und nur bei Schwierigkeiten hilft.
- ein Kind, das Fehler macht, respektiert wird, ohne es zu korrigieren.

Aufgabe

2. Hospitieren Sie in einer Montessori-Einrichtung und beobachten Sie das Verhalten der Erziehenden. Überprüfen Sie dabei die Aussage: „Hilf mir, es selbst zu tun!"

20.2.3 Rudolf Steiner

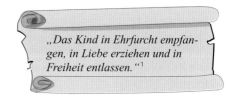

„Das Kind in Ehrfurcht empfangen, in Liebe erziehen und in Freiheit entlassen."[1]

Aufgabe

3. Welches Menschenbild steht hinter der Aussage Rudolf Steiners? Tragen Sie Ihre Überlegungen in der Klasse zusammen.

Rudolf Steiner (1861 – 1925) ist der Gründer der anthroposophischen (Weisheit vom Menschen) Bewegung. Er studierte Physik, Biologie, Chemie, Mathematik, Medizin und Philosophie. Die verschiedenen Studien führten ihn zu der Frage nach der Bestimmung des Menschen sowie seiner Stellung und Aufgabe in der Schöpfung. Sein Ziel war es, Wissenschaft und Religion wieder zu verknüpfen. So gründete er die anthroposophische Gesellschaft. 1919 baute er die erste Waldorfschule auf, in der er seine erzieherischen Vorstellungen umsetzte. Er gilt als der Vater der Waldorfpädagogik.

1926 wurde der erste anthroposophische Kindergarten eingerichtet. Heute sind Waldorfeinrichtungen überall auf der Welt in unterschiedlichen Formen zu finden: als „klassischer" Waldorfkindergarten, als Mutter-Kind-Spielgruppe, Krabbelgruppe, Schule und auch als heil- und sonderpädagogische Einrichtung.

Das pädagogische Konzept

---

[1] www.waldorfkindergarten.org/deutsch/paedagogik

Grundlage der Waldorfpädagogik ist das Menschenbild der Anthroposophie. Steiner gliedert darin den Menschen in Leib, Seele und Geist, deren Entwicklung in einem 7-Jahres-Rhythmus erfolgt.

In der ersten Phase (0 – 7 Jahre) bildet sich der Körper heraus. Das Kind ist damit beschäftigt, mit allen Sinnen sich selbst und durch Nachahmung die Welt kennenzulernen. Steiner sagte einmal:

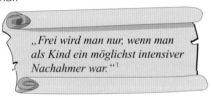

„Frei wird man nur, wenn man als Kind ein möglichst intensiver Nachahmer war."[1]

Der Beginn der zweiten Phase (7 – 14 Jahre) zeigt sich im Zahnwechsel. Jetzt erfolgt eine verstärkte Ausbildung der seelischen Kräfte des Lernens, insbesondere der bildhaften Fantasie und des Gedächtnisses. Das Kind folgt dem Erwachsenen, den es bewundert und als Autorität ansieht.

Das pädagogische Konzept der Waldorfkindergärten wird von mehreren Grundsäulen bestimmt:

■ Feste Rhythmen im Tages- und Wochenablauf sowie eine starke Orientierung an den Jahreszeiten.
Der klare Rhythmus soll den Kindern Sicherheit geben und ihnen helfen, ihren **eigenen Rhythmus** zu finden.

7.30 – 8.30	Zeit zum Ankommen, freies Spiel
8.30	Gemeinsames Einräumen mit immer gleichem Aufräumlied
9.00	Gemeinsamer Morgenreigen
10.30	Tischgebet und Frühstück
11.00	Freies Spiel im Garten
12.00	Zeit der Stille
12.30	Abschiedslied

Festgelegter Tagesablauf

---
[1] Jaffka, F.: Puppenspiel, S. 8

■ Stets tätige Erziehende,
durch die das Kind im **nachahmenden Tun** lernt. Kinder haben großes Interesse an Vorgängen und Tätigkeiten in ihrer Umgebung. Sie ahmen diese nach und erhalten so lebensnahe, verinnerlichte Bilder.

■ Das freie Spiel als **Grundäußerungsform** des Kindes,
in dem sich die Individualität entfalten kann.
Dazu benötigt das Kind einfache, natürliche Spielmaterialien (aus Holz, Wolle, Seide), mit denen es schöpferisch tätig sein und seine Gefühle ausdrücken kann.

Aufgaben

1. Informieren Sie sich über die ersten zwei Entwicklungsstufen nach Rudolf Steiner.
2. Gestalten Sie in einer Kleingruppe einen jahreszeitlichen Tisch mit Naturmaterialien. Welchen Lerneffekt könnte das für Kinder haben?
3. Welchen Grund kann es haben, dass die Waldorfpuppen (s. S. 319) nur angedeutete Gesichter haben?

Das Bild vom Kind

In den ersten sieben Lebensjahren stärkt das Kind seine sog. Herzens-, Willens- und sozialen Kräfte. Hierfür sind das freie Spiel, die Raumgestaltung und die immer gleiche Tagesgestaltung wichtig. Im Spiel zeigt sich das Wesen des Kindes und seine Weiterentwicklung, denn es ist fähig, alle Formen des Spiels aus sich selbst heraus zu entwickeln.

Durch seine körperlichen und seelischen Eigenschaften ist das Kind in der Lage, sich selbst zu erziehen und sein **eigenes Lebensmotiv** (Selbstidentifikation) zu entwickeln. Das vollzieht sich in Kindheit und Jugendzeit in Gesetzmäßigkeiten. Lernen ist somit ein eher unbewusst ablaufender Prozess, in dem das gesamte Umfeld bildend wirkt.

Aufgaben

1. Informieren Sie sich über die sog. selbstbildenden Kräfte des Kindes durch das freie Spiel.
2. Vergleichen Sie Ihre Recherchen mit der Bedeutung des Spiels für die Entwicklung des Kindes (Kap. 7). Stellen Sie Unterschiede und Gemeinsamkeiten heraus.

Der Erziehende

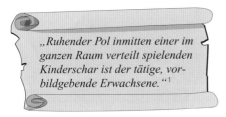

> *„Ruhender Pol inmitten einer im ganzen Raum verteilt spielenden Kinderschar ist der tätige, vorbildgebende Erwachsene.“*[1]

Die wesentliche Aufgabe des Erziehenden ist es, den Kindern Vorbild, Gegenüber und Autorität zu sein. Dadurch soll er dem einzelnen Kind helfen, seine Individualität zu entdecken sowie seine Persönlichkeit zu entwickeln und zu entfalten.

---

[1] Jaffke, F.: Waldorfpädagogik im Kindergarten, in: Kindergarten heute 2/96, S. 5

[2] Korczak, J.: Von Kindern und anderen Vorbildern, S. 118 f

Der Waldorfpädagoge sorgt für

- eine festgelegte Raumgestaltung und Grundordnung, in der jedes Teil seinen festen Platz hat.
- natürliche, unbearbeitete Spielgegenstände.
- einen wiederkehrenden Rhythmus im Tages- und Wochenablauf.
- die Vorbereitung jahreszeitlicher Feste.

Der Erziehende ist im Tageslauf selbst freudig tätig, indem er z. B. Spielmaterialien herstellt oder repariert, schnitzt, flicht, Frühstück zubereitet, Brot backt, Tiere versorgt. Das erfordert vom Erziehenden Selbsterziehung und stetige Selbstreflexion, denn sein vorbildhaftes Verhalten wirkt bildend auf die Seele des Kindes ein.

Aufgaben

3. Beurteilen Sie die besondere Stellung der Erziehenden in einem Waldorfkindergarten. Begründen Sie Ihre Meinung.
4. Diskutieren Sie Vor- und Nachteile einer so starken Vorbildrolle.
5. Pastellfarbige Tücher haben im freien Spiel eine feste Funktion. Erfragen Sie die Gründe hierfür.
6. Industriell angefertigtes Spielzeug wird im Waldorfkindergarten abgelehnt. Warum?

20.2.4 Janusz Korczak

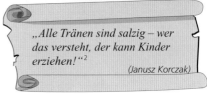

> *„Alle Tränen sind salzig – wer das versteht, der kann Kinder erziehen!“*[2]
>
> (Janusz Korczak)

Aufgaben

1. Was könnte Korczak mit der Aussage von S. 321 gemeint haben?
2. Informieren Sie sich im Internet oder in Büchern über das Leben und Wirken von Janusz Korczak.

Der Arzt, Schriftsteller und Pädagoge Janusz Korczak wurde als Henryk Goldszmit 1878 in Warschau geboren und starb 1942 in Treblinka. Korczak war Sachverständiger für Erziehungsfragen, hielt Vorlesungen über Kindererziehung, verfasste mehrere pädagogische Schriften und gab die erste Kinderzeitung heraus. Als die Nationalsozialisten Polen besetzten, ging der Jude Janusz Korczak mit den Kindern seiner Waisenhäuser ins Warschauer Ghetto und 1942 mit ca. 200 Kindern nach Treblinka. Korczak schlug mehrere Angebote zu seiner Rettung aus, weil er die Kinder auf ihrem letzten Weg begleiten wollte.

Das pädagogische Konzept

Die Bedürfnisse und Rechte der Kinder sowie die Achtung vor dem Kind und seiner Persönlichkeit bestimmen die Pädagogik von Korczak.

Dazu gehört vor allem das Einüben demokratischer Strukturen durch Selbstregierungsorgane wie z. B. ein Kinderparlament und Kindergericht. Er fordert als erster Pädagoge eine **Charta der Menschenrechte für das Kind**. Diese ist auf drei Grundpfeilern aufgebaut:

Das Recht des Kindes, so zu sein, wie es ist.
Hiermit meint er die Förderung von Individualität und Identität ohne übersteigerte Anforderungen.

Das Recht des Kindes auf den heutigen Tag.
Hiermit betont er den Wert von Kindheit im „Hier und Jetzt" als spezifische Phase der Entwicklung mit altersangemessenen Rechten und Pflichten.

Das Recht des Kindes auf seinen Tod.
Korczak ist der Ansicht, dass ein Kind das Recht hat, über sein eigenes Leben und seinen Körper zu entscheiden.

Bild vom Kind

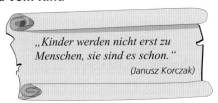

„Kinder werden nicht erst zu Menschen, sie sind es schon."

(Janusz Korczak)

Das Kind ist für ihn in erster Linie ein Mensch (mit allen Bedürfnissen). Das bedeutet:
Das Kind hat

- einen Willen und eine Persönlichkeit, die man achten muss.
- ein Recht auf Fehler und Misserfolge, denn durch sie wird es selbstständig, unabhängig und verantwortungsbewusst.
- Forderungen, Wünsche, Fragen und Nöte, die man annehmen muss.

Der Erziehende

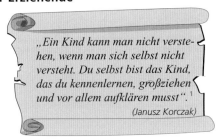

„Ein Kind kann man nicht verstehen, wenn man sich selbst nicht versteht. Du selbst bist das Kind, das du kennenlernen, großziehen und vor allem aufklären musst".[1]

(Janusz Korczak)

Der Erziehende soll das Kind in einem partnerschaftlichen Miteinander liebend und unvoreingenommen auf seinem Weg begleiten,

ohne es herabzuwürdigen. Hierzu formuliert er sechs Dimensionen des Bildes vom Erzieher:[2]

Mit Kindern fühlen

Gedanken und Gefühle nachempfinden; auf Ängste und Hoffnungen Rücksicht nehmen; Mitgefühl und einfühlendes Verstehen haben.

Kinder begleiten, statt sie zu bevormunden

Dem Kind mit Achtung und Partnerschaft gegenübertreten, da es von gleichem Wert und gleicher Würde ist.

Realität nicht beschönigen – aus Fehlern lernen

Ideale und Wünsche der Erwachsenen sind oft von der Realität entfernt. Ein Erziehender muss sich selbst erziehen und von den Kindern lernen.

Menschenrechte der Kinder achten

Einhaltung der drei Grundrechte (vgl. pädagogisches Konzept, S. 322).

Beobachten und reflektieren

um zu sehen, wie das Kind ist und nicht wie es sein sollte; um das Beobachtete zu überdenken und daraus Handlungsmöglichkeiten zu entwickeln.

Fantasie- und humorvoll eine demokratische Lebenswelt schaffen

Kindern Hilfen zur Selbsterziehung geben und Selbstregulierung in demokratischen Formen ermöglichen.

---

[1] Von Oy, C. M.: Das Recht des Kindes auf Achtung und wie man sein Kind lieben soll, unter: www.janusz-korczak.de/korczak_vortrag.html

[2] Vgl. Grewatsch, J.: 6 Dimensionen des Bildes vom Erzieher, unter: www.janusz-Korczak.de/korczak_dimensionen.html

[3] http://de.wikipedia.org/wiki/Janusz_Korczak

20.2.5 Emmi Pikler

> *„Ein Säugling fördert sich selbst von früh bis spät. Ihn zum Sitzen oder Stehen aufzurichten ist nicht nur überflüssig, sondern schädlich."* [1]
> (Emmi Pikler)

Aufgaben

1. Welche Bedeutung hat die Aussage von Emmi Pikler Ihrer Meinung nach für die heutige pädagogische Arbeit mit Kindern?
2. Recherchieren Sie im Internet oder in Büchern über das Leben und Wirken von Emmi Pikler.

Emmi Pikler (1902 – 1984) war eine ungarische Kinderärztin. Sie wollte ursprünglich Geburtshilfe studieren, interessierte sich aber mehr für die Entwicklung von Kindern und kam so zur Pädiatrie (Kinderheilkunde). Geprägt wurde sie in ihrer Ausbildungszeit durch die Haltung und den Umgang der Ärzte Hans Salzer und Clemens von Pirquet gegenüber Kindern: diese durften sich außerhalb der Krankenhausbetten bewegen und spielen. Salzer und von Pirquet sprachen so lange mit den Kindern, bis sie diese ohne Angst untersuchen konnten.

Im Mittelpunkt des Interesses von Emmi Pikler stand bis zum Schluss die Bewegungsentwicklung des Säuglings und Kleinkindes (Habilitation 1969). 1946 gründete sie in Budapest das Säuglingsheim, das Lóczy-Institut (heute: Emmi-Pikler-Institut). Ihre Arbeit fand im In- und Ausland große Anerkennung. Sie war mit Ihrem Ansatz einer respektvollen Beziehung zu Kindern und der freien Bewegungsentwicklung ihrer Zeit weit voraus. Ihre Ansichten prägen heute die frühkindliche Erziehung.

Das pädagogische Konzept

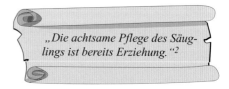

> *„Die achtsame Pflege des Säuglings ist bereits Erziehung."* [2]

Das pädagogische Konzept von Emmi Pikler beruht auf den drei Säulen: autonome Bewegungsentwicklung, freies Spiel und beziehungsvolle Pflege.

■ Die autonome Bewegungsentwicklung

Jedes Kind verfügt über die Fähigkeit zur selbstständigen motorischen Entwicklung. Dafür braucht es Raum und Gelegenheit sich zu bewegen. Seine Erkundungen sollen interessierte wohlwollende Anerkennung finden.

---

[1] Pikler, 2001

[2] von Allwörden/Drees, 2017, S. 27

■ Das freie Spiel

Schon der Säugling kann sich für eine Beschäftigung entscheiden und zufrieden tätig sein. In ruhigen, ungestörten Momenten experimentiert er mit Händen und Füßen, schaut seine Umgebung an und sucht sich ständig neue und schwierigere Aufgaben. Die innere Motivation und der Zufall bestimmen seine Tätigkeiten. Zeit, Ruhe und geeignete Materialien unterstützen seine Aktivitäten.

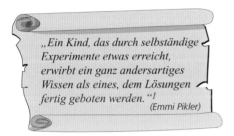

„Ein Kind, das durch selbständige Experimente etwas erreicht, erwirbt ein ganz andersartiges Wissen als eines, dem Lösungen fertig geboten werden."[1]
(Emmi Pikler)

■ Die beziehungsvolle Pflege

Durch eine liebevolle Pflege werden dem Kleinstkind Geborgenheit und Vertrauen gegeben. Eine interessierte Anteilnahme und das Zutrauen, dass das Kind eigenständig seine Fähigkeiten und sein Wohlfühlen zeigt, sind die Basis für seine spätere soziale Kompetenz. Die emotionale Sicherheit, die dem Kleinstkind hier gegeben wird, ist die Grundlage für Eigeninitiative und selbstständige Aktivität.

Aufgaben

1. Nehmen Sie Stellung zu dem Zitat.
2. *„Die Qualität des Umgangs und der Berührungen in Pflegesituationen ist von großer Bedeutung für das Wohlbefinden des Kindes und die Entwicklung seines Selbstbildes."[2]*
Was könnte mit dieser Kernaussage der Pikler-Pädagogik gemeint sein? Verdeutlichen Sie Ihre Aussagen an eigenen Erfahrungen.

Bild vom Kind

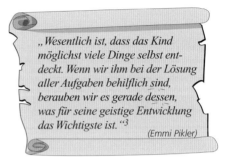

„Wesentlich ist, dass das Kind möglichst viele Dinge selbst entdeckt. Wenn wir ihm bei der Lösung aller Aufgaben behilflich sind, berauben wir es gerade dessen, was für seine geistige Entwicklung das Wichtigste ist."[3]
(Emmi Pikler)

Für Emmi Pikler sind Kinder von Natur aus friedlich, an sich selbst und ihrer Umgebung interessiert, aktiv und selbstbewusst. Sie ist davon überzeugt, dass für eine gesunde Entwicklung der kindlichen Persönlichkeit und Identität das Wissen über Herkunft und Familien von großer Bedeutung ist. In ihrem Säuglingsheim wusste jedes Kind, dass es eine Mutter und einen Vater hatte. Deshalb erzählten die Betreuerinnen von den Eltern, auch wenn diese nicht mehr lebten.

Pflege bedeutet für Pikler innige Kommunikation mit dem Kind. Alltägliche Pflegehandlungen werden sprachlich begleitet. Dem Kind gehört dabei die ganze Aufmerksamkeit. Denn das Kind macht, während es gefüttert, gebadet, gewickelt, an- und ausgezogen wird, wesentliche soziale Erfahrungen. Es erfährt dabei Geborgenheit und baut eine Beziehung auf – die Grundlage für eine gesunde Entwicklung.

---

[1] Pikler, 2008, o. S.
[2] von Allwörden/Drees, 2017, S. 27
[3] Pikler, 2008, o.S.

Emmi Pikler lässt jedem Kind genügend Zeit, sämtliche Bewegungsarten allein herauszufinden und zu trainieren. Sie ist davon überzeugt, dass Kinder eine neue Bewegungsart erst dann erproben, wenn sie sich der vertrauten absolut sicher sind. Das Kind soll aus eigener Kraft seine Bewegungsentwicklung bestimmen. Emmi Pikler ist der Ansicht, dass Förderprogramme schädlich sind, da sie eine Abhängigkeit des Kindes vom Erwachsenen erzeugen.

Das **freie Spiel** ermöglicht es dem Kind, sich als kompetent zu erleben. Das Spielzeug ist frei verfügbar und kann vom Kind gut erreicht werden. Kinder sollen spielen, was sie wollen, solange und wie sie mögen. Damit Kinder sich frei und autonom bewegen können, sorgen Spielgitter für gefahrenfreie Bewegungsmöglichkeiten.

Beispiel
George und Oskar (beide 1 Jahr) kommen aus sehr unterschiedlichen Familien.
Georges Eltern sprechen seit er ein Baby ist mit ihm. Wenn er gebadet und gewickelt wird, strampelt er frei herum, steckt seinen Fuß in den Mund und stößt kleine Jauchzer aus.
Oskars Eltern sind oft müde und erschöpft. Das Baden und Wickeln erfolgt schnell und routiniert. Zeit für freie Bewegung und dem Spiel mit dem Körper fehlt.

Aufgaben

1. Welche Folgen kann das Verhalten der Eltern für die weitere Entwicklung des jeweiligen Jungen haben?
2. Informieren Sie sich über sog. Pikler-Möbel. Entdecken Sie deren Zielsetzungen und Lernmöglichkeiten.

Der Erziehende/Kleinkindpädagoge

Die Arbeit der Kleinkindpädagogen beruht vor

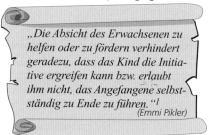

„Die Absicht des Erwachsenen zu helfen oder zu fördern verhindert geradezu, dass das Kind die Initiative ergreifen kann bzw. erlaubt ihm nicht, das Angefangene selbstständig zu Ende zu führen."[1]
(Emmi Pikler)

allem auf Beziehungsqualität und Autonomieentwicklung.

Das bedeutet:
- Raum geben für Eigeninitiative und selbstständige Tätigkeiten.
- Vertrauen schaffen durch den Aufbau einer stabilen Beziehung.
- Bereitschaft zeigen, den Rhythmus des Kindes anzuerkennen und zu begleiten.
- Beobachten und führen.
- Ein freies und ungestörtes Spiel ermöglichen (Möbel als Raumteiler).
- Eine altersgemäß ausgestattete Umgebung schaffen.

Aufgabe

3. Hospitieren Sie in einer Kleinkindgruppe und beobachten Sie das Verhalten der Erziehenden. Überprüfen Sie die Aussage: *„Ein Kind muss nicht zu Bewegungen und zum Spiel angeregt werden."*

---

[1] Pikler, 2001

20.2.6 Reggio-Pädagogik

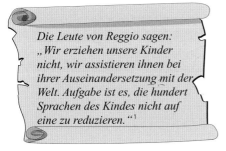

Die Leute von Reggio sagen: „Wir erziehen unsere Kinder nicht, wir assistieren ihnen bei ihrer Auseinandersetzung mit der Welt. Aufgabe ist es, die hundert Sprachen des Kindes nicht auf eine zu reduzieren."[1]

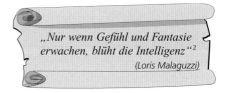

„Nur wenn Gefühl und Fantasie erwachen, blüht die Intelligenz"[2]
(Loris Malaguzzi)

Aufgaben

1. Was meinen die Leute von Reggio, wenn sie von „Hundert Sprachen des Kindes" sprechen?
2. Informieren Sie sich über die Entstehung und Leitideen der Reggio-Pädagogik.

Entstehungsgeschichte

Nach Beendigung des Zweiten Weltkrieges (1945) hatten die Bürger von Reggio Emilia/Italien (ca. 150 km östlich von Mailand) den Wunsch, den Zerstörungen des Krieges lebensbejahende und neue Erziehungsformen entgegenzusetzen. In Eigeninitiative entstand der erste Kindergarten. Der Grundschullehrer Loris **Malaguzzi** (1920 – 1994), der heute als Begründer gilt, begleitete den Prozess des Aufbaus sowie die Anfänge der Kinderbetreuung. Er hielt die Ideen fest, ordnete die Erfahrungen, verfasste und konkretisierte das Konzept, das heute international anerkannt ist.

Das pädagogische Konzept

Die Basis der heutigen Konzeption geht bis zur Entstehungsgeschichte zurück und folgt den Leitideen

- Erziehung zur Demokratie,
- Erziehung zu sozialer Gerechtigkeit und
- Erziehung zur Solidarität.

Umgesetzt wird das Konzept in Reggio Emilia durch enge Zusammenarbeit von Politik, Kultur und Erziehung. Die Krippen und Kindergärten der Stadt werden von Eltern, Erziehenden und Bürgern gemeinsam geleitet und als Kommunikations- und Erfahrungsstätten von allen Beteiligten genutzt.

Mit dem pädagogischen Konzept werden heute folgende Ziele angestrebt:

- Stärkung der kindlichen Fähigkeit zur Selbstbildung,
- Förderung der individuellen Wahrnehmung,
- individuelle kindbezogene Programme,
- Freiheit ohne Orientierungslosigkeit und
- Projekte als wichtige Handlungsformen.

Die Kinder sollen durch Erfahrungen zum Erkennen und zur individuellen Wissenserweiterung geführt werden. Ausgangspunkt sind die subjektiven kindlichen Potenziale (Möglichkeiten).

Aufgaben

3. Diskutieren Sie in Kleingruppen die pädagogischen Schwerpunkte und sammeln Sie Beispiele für eine Umsetzung der Ideen in der Praxis.
4. Vergleichen Sie die pädagogischen Ziele der Reggio-Pädagogik mit pädagogischen Zielen eines Kindergartens aus Ihrem Erfahrungsbereich. Beschreiben Sie Gemeinsamkeiten und Unterschiede.

---

[1] Caritasverband für die Erzdiözöse Freiburg e.V. (Hrsg.): Faszination Reggio, S. 7

[2] www.dialogreggio.de

Ein wichtiger Teil des pädagogischen Konzepts der Reggio-Pädagogik ist der „**Raum als 3. Erzieher**".

> „*Räume dienen dem Ziel, das Staunen über die Vielfalt, die Geheimnisse und den Zauber der alltäglichen Phänomene wiederzuentdecken.*"[1]
>
> (Loris Malaguzzi)

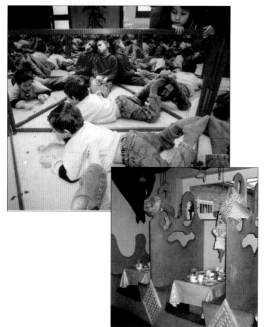

Nach dem Reggio-Verständnis haben sowohl der Raum im Kindergarten als auch die Umgebung eine miterziehende Wirkung. Der Gestaltung der Räume gilt deshalb die besondere Aufmerksamkeit:

- Der Eingangsbereich mit allen wichtigen Informationen ist die „Visitenkarte" und zentraler Treffpunkt.
- Küche und Kinderrestaurant, die als „Bauch" verstanden werden, sind in der Mitte angesiedelt.
- Die Sanitärräume laden mit Waschrinnen zu Wasserspielen ein.

- Zahlreiche Spiegel fordern zum Beobachten des eigenen Tuns auf.
- Innenfenster und verglaste Türen vermitteln Transparenz und ermöglichen Einblicke in die Aktivitäten anderer.
- Die Materialien stehen in offenen Regalen und haben einen hohen Aufforderungscharakter.

Viele dieser Raumgestaltungsideen haben in deutschen Kindergärten Eingang gefunden: z. B. die Einrichtung von Funktionsräumen, sog. Räume im Raum (Bauecke, Leseecke, Atelier, Rollenspielraum, Restaurant) sowie der Einbau von Höhlen, Tunneln, Rutschen, die nicht gleich einsehbar sind.

Aufgaben

1. Befragen Sie eine ältere Erzieherin nach der räumlichen Gestaltung in den 70er-Jahren.
2. Besuchen Sie eine Einrichtung in Ihrer Nähe und finden heraus, welche Ideen zur Raumgestaltung aus Reggio umgesetzt wurden. Fotografieren Sie diese.
3. Erstellen Sie eine Collage aus den Fotos.
4. Erklären Sie das Prinzip „Freiheit ohne Orientierungslosigkeit".

Bild vom Kind

> „*Kinder sehen die Welt mit eigenen Augen und wählen eigene Zugänge bei der Erforschung der Welt.*"[2]

---

[1] Kindergarten heute spezial 2002, S. 44

[2] Brockschnieder, F.-J.: Reggio gibt Antworten, in: Kindergarten heute 3/2006, S. 6

Die Reggianer sehen das Kind als Forscher, Entdecker, Künstler und aktiver Konstrukteur seiner Persönlichkeit. Man geht davon aus, dass ein Kind *„über natürliche Gaben und Potenziale von ungeheurer Vielfalt und Vitalität"* [1] verfügt und am besten weiß, was es braucht. Im Folgenden wird dies an drei Aussagen erläutert: [2]

Ein entdeckendes Kind

Das Kind ist reich, denn es hat hundert Sprachen, hundert Hände, hundert Gedanken zu sprechen, zu staunen, zu entdecken.

Die Vielfalt der „Sprachen" von Kindern wird durch Musik, Puppentheater, Theater-, Rollen- und Schattenspiel sowie die Gestaltung mit Materialien ausgedrückt und von zahlreichen Spiegeln im Haus eingefangen. Bereits kurz nach der Geburt besitzt das Kind die Fähigkeit, sich ohne Worte auszudrücken.

Die Ich-Bildung steht in einer Wechselbeziehung mit der Du- und Wir-Bildung.

Das Kind ist nicht nur an seiner gegenständlichen Umgebung interessiert, sondern auch an der Auseinandersetzung und dem Dialog mit anderen.

Beispiel
Ein 4-jähriges Kind zeigt seine Spielmaterialien, erzählt, was es hergestellt hat, und möchte mit Erwachsenen darüber reden.

Das Kind ist stark, denn es ist Forscher und aktiver Gestalter seiner eigenen Entwicklung.

Malaguzzi spricht vom Kind als „eifrigem Forscher", das die Welt verstehen und in Beziehung zu sich bringen will.

Beispiel
Ein 4-jähriges Kind entdeckt seinen Schatten. Es läuft auf ihn zu, schaut ihm nach, will ihn fangen und springt in ihn hinein.

---

[1] Reggio Children (Hrsg): Ein Ausflug in die Rechte von Kindern, S. 63

[2] Vgl. Stenger, U.: Grundlagen der Reggiopädagogik, in: PÄD Forum Nr. 3 6/2001, S. 181 ff

Das Kind ist Akteur seines Handelns, das von Erstaunen und Faszination begleitet wird, und entwickelt dabei sein Weltbild und seine Identität. Dies wird vor allem durch Projektarbeit unterstützt, die in der Reggio-Pädagogik einen hohen Stellenwert hat.

Aufgaben
1. Recherchieren Sie im Internet, aus welchen Situationen heraus Projekte in Reggio entstehen.
2. Beschreiben Sie eines dieser Projekte.

Der Erziehende

*„Jedes Problem, jede Frage (eines Kindes, Anm. d. V.) verdient Respekt und Beachtung, und es gibt dafür keine vorgeschriebenen Lerntempi und Ergebnisse".
„Am wichtigsten ist, dass es den Erziehenden gelingt, die Kinder auf ihren Entdeckungsreisen zu begleiten."* [3]

(Tiziana Filippini)

Aufgabe
3. Befragen Sie Erziehende, ob es in ihrer Gruppenarbeit möglich ist, jedes Kind entsprechend seinem Lernrhythmus agieren zu lassen. Welche Probleme können sich dabei ergeben?

---

[3] Sommer, B.: Kinder mit erhobenem Kopf, S. 67

Die wesentliche Aufgabe für eine Erziehende (in Reggio „Assistent" genannt) besteht darin, die „hundert Sprachen" des Kindes zu verstehen und auf seine Bedürfnisse einzugehen. Ihr werden dabei drei Rollen zugeschrieben: Begleiterin, Forscherin und Zeugin.

Als **Begleiterin** stärkt die Erziehende die Selbstlernprozesse durch Hinwendung und Beachtung.

Als **Forscherin** begibt sich die Erziehende mit dem Kind in Situationen, in denen es staunen und Faszination erleben kann. Dabei nimmt sie eine abwartende Haltung ein, lässt das Kind experimentieren und eigenständig Lösungen finden. Da wo es nötig ist, gibt sie Impulse.

Als **Zeugin** dokumentiert die Erziehende Handlungsprozesse und Kompetenzzuwachs durch Fotos, Tonbandaufnahmen, Filme, Notizen und Protokolle.

Aufgabe

1. *„Kinder sind – ebenso wie Dichter, Musiker und Naturwissenschaftler – eifrige Forscher und Gestalter. Kinder haben 100 Sprachen, 99 davon rauben ihnen die Erwachsenen."* [1]
   (Loris Malaguzzi)

   a) Was ist mit dieser Aussage gemeint? Schreiben Sie Ihre Überlegungen gemeinsam auf ein Plakat.
   b) Welche Folgerungen schließen Sie daraus für Ihre pädagogische Arbeit?

---

[1] Dreier, A.: Reggio-Pädagogik in der Grundschule – geht denn das?, in: PÄD Forum Nr. 3 6/2001, S. 207

20.3 Sozialpädagogische Konzeptionen

Im Folgenden werden weitere aktuelle Handlungskonzepte vorgestellt: Situationsansatz, offener Ansatz, integrativer Ansatz und Waldkindergarten – exemplarisch für eine „thematische" Schwerpunktsetzung.

20.3.1 Situationsansatz

> Kinder sollen sich *„Fähigkeiten, Fertigkeiten und Kenntnisse aneignen können, die ihnen helfen, ihr gegenwärtiges Leben aktiv zu gestalten und die sie brauchen, um in der künftigen Lebens- und Arbeitswelt handlungsfähig zu sein".* [2]

Aufgaben

2. Welches Ziel taucht in der Aussage neu auf?
3. Halten Sie das Ziel für den Elementarbereich erstrebenswert? Begründen Sie Ihre Meinung.

Entstehungsgeschichte

Der Situationsansatz entstand in den 70er-Jahren als Gegentrend zur vorherrschenden leistungsbezogenen Vorschulförderung mit festen Lernprogrammen. Neben anderen entwickelte das Deutsche Jugendinstitut in München ein Bildungskonzept, das in seiner Umsetzung flexibel auf die jeweiligen Bedingungen und Wertvorstellungen reagieren kann.

Heute arbeiten viele Kindertageseinrichtungen nach dem Situationsansatz, weil die offene Vorgehensweise zu einem kompetenten Umgang mit Lebenssituationen führt.

---

[2] Heller, E.; Preissing, Ch.: Der Situationsansatz, in: klein & groß 6/2000, S. 22 – 26

Das pädagogische Konzept

Der Situationsansatz geht von alltäglichen Erfahrungen des Kindes aus: „Das Kind wird da abgeholt, wo es steht." Ziel ist es, Kinder unterschiedlicher sozialer und kultureller Herkunft zu unterstützen, ihre Lebenswelt zu verstehen sowie selbstbestimmt und verantwortungsvoll gestalten zu lassen.

Das umfasst:

■ Kinder zu Autonomie und Solidarität führen,
■ Selbstbewusstsein durch Mitbestimmungsmöglichkeiten stärken,
■ in Erfahrungs- und Sinnzusammenhängen lernen,
■ altersgemischte Gruppen,
■ Räume als Lebens- und Erfahrungsräume gestalten (s. Kap. 20.4),
■ Eltern an der pädagogischen Arbeit beteiligen,
■ eine enge Verbindung von Kindergarten und Gemeinwesen,
■ Lernorte außerhalb der Tageseinrichtung und die „Insel" Kindergarten verlassen.

Ein wichtiger Aspekt des Situationsansatzes ist das Lernverständnis. Lernen bedeutet hier, eigenaktiv forschen, experimentieren und entdecken in nachvollziehbaren Sinnzusammenhängen. Aus den Lebenszusammenhängen der Kinder ergeben sich bestimmte Probleme, die

zum Ausgangspunkt kindlichen Fragens werden. Trifft dies die Aufmerksamkeit mehrerer Kinder, so kann man von Schlüsselproblemen oder **Schlüsselsituationen** sprechen.

Aufgaben

1. Informieren Sie sich, was im Situationsansatz unter „Schlüsselsituationen" verstanden wird.
2. Wählen Sie eine Schlüsselsituation aus und diskutieren Sie in einer Kleingruppe, welche Bildungspotenziale für Kinder darin enthalten sind.
3. Die Klasse erstellt eine Mindmap mit ihren Schlüsselsituationen.

Bild vom Kind

> Kinder „verfügen über Möglichkeiten, ihre Entwicklung selbst zu steuern, den aktiven Part im alltäglichen Tun zu übernehmen". [1]

Kinder werden von Anfang an als autonome Wesen gesehen, die eigene Rechte haben, nach Selbstständigkeit streben und bereits mit den dafür notwendigen Kompetenzen ausgestattet sind:

■ der Ich- Kompetenz (meine Fähigkeiten, meine Grenzen),
■ der Sozialkompetenz (Leben in einem Raum mit anderen Menschen) und
■ der Sachkompetenz (Wissensdurst).

Ihnen wird zugetraut, Verantwortung für ihr Wohlgefühl und ihre Zufriedenheit zu übernehmen.

Aufgabe

4. Sammeln Sie Fragen, Probleme etc. von Kindern, die zu einem Situationsthema werden könnten.
   Begründen Sie Ihre Meinung unter Berücksichtigung von Aussagen des pädagogischen Konzeptes.

---

[1] Zimmer, J.: Das kleine Handbuch zum Situationsansatz, S. 18

Der Erziehende

> *„Besonders in der Art, wie geplant wird, lässt sich erkennen, ob die Tageseinrichtung den Situationsansatz als konzeptionelle Grundlage gewählt hat."*[1]

Nach dem Situationsansatz zu arbeiten bedeutet, offen zu sein für die Perspektiven der Kinder, deren Fragen, Interessen und Probleme. Sie sind der Ausgangspunkt für pädagogische Fragen und Projekte.

Hierzu muss der Erziehende

- Beobachtungen an Kindern im Team reflektieren und Gestaltungsmöglichkeiten entwickeln.
- die Entwicklung der Kinder im konkreten Tun für bedeutsamer halten als die Ergebnisse.
- das Spiel als soziale Lernform ansehen, in der Neugier, Kreativität, Freude und Lust am Ausprobieren im Vordergrund stehen.
- Kinder an Planungen beteiligen, Kinderkonferenzen durchführen.
- Lebenssituationen von Kindern in den Vordergrund stellen (Schlüsselsituationen aufgreifen).

Der Situationsansatz ist in den Konzeptionen des spielzeugfreien und des offenen Kindergartens weitergeführt worden.

Aufgaben

1. Der Situationsansatz stellt das soziale Lernen vor das sachbezogene Lernen.
   Welche Meinung vertreten Sie? Begründen Sie Ihre Argumente.
2. Im Situationsansatz tritt die Aktivität der Erziehenden in den Hintergrund; die Selbsttätigkeit der Kinder verlagert sich in die altersgemischte Gruppe. Berichten Sie dazu von Ihren Erfahrungen aus dem Praktikum.
3. Informieren Sie sich über die Idee „spielzeugfreier Kindergarten". Diskutieren Sie Vor- und Nachteile.

---

[1] Böhm D. und R.: Der Situationsansatz, in: Kindergarten heute spezial: Pädagogische Handlungskonzepte von Montessori bis zum Situationsansatz, S. 51

20.3.2 Offener Ansatz

Entstehungsgeschichte

Das Konzept des „offenen Kindergartens" gibt es seit Ende der 80er-Jahre. Erziehende hatten beobachtet, dass die Kinder immer wieder den Gruppenraum verließen, um in Garderobe, Waschraum oder Flur zu spielen. Die Freispielzeit im Außengelände mit den unterschiedlichen Erfahrungsräumen war für die Kinder zu kurz. Sie hatten offensichtlich folgende Bedürfnisse:

- ihren Erfahrungsraum zu erweitern,
- sich zu bewegen und
- selbstbestimmt zu spielen.

Hierzu haben sie in der zunehmend enger werdenden Lebenswelt häufig nicht hinreichend Gelegenheit. Die „organisierte" Erziehungsarbeit sollte diesen Bedürfnissen Rechnung tragen und es entstand der „offene Kindergarten".

Das pädagogische Konzept

Im „offenen Kindergarten" werden die Entscheidungs- und Bewegungsräume erweitert und die Kinder zu selbstständigem, eigenverantwortlichem Handeln geführt. Dadurch entwickeln sich Ich-Stärke und soziale Kompetenz.

Öffnung bedeutet:
- Öffnung der Türen, um gruppenübergreifende Aktivitäten zu ermöglichen,
- Gleichwertigkeit des Innen- und Außenbereichs,
- Umgestaltung der Gruppen- und Nebenräume, damit das Kind als Akteur tätig sein kann,

- ein gleichberechtigtes Nebeneinander von Kindern und Erziehenden sowie
- das gemeinsame Aushandeln von Regeln.

Zum Spielen gibt es Räume, die in Bereiche aufgeteilt sind und verschiedenen Funktionen zugeordnet werden (Turnraum, Werkraum, Atelier, Essraum, Bewegungsbaustelle). Der gesamte Kindergarten wird so als Spielbereich genutzt. Das freie Spiel stellt ein Aktivitätssystem dar, in dem das Kind viele Freiheiten wahrnehmen kann.

Die Kinder richten ihre Aktivitäten an den eigenen Interessen und Wünschen aus und lernen dadurch, ihre Angelegenheiten eigenständig zu regeln. Trotzdem gibt es einige Grundsätze:
- Die Kinder sind in Stammgruppen eingeteilt und haben eine Hauptbezugsperson.
- Die Stammgruppe trifft sich morgens zu einem „Morgenkreis", um den Ablauf des Tages und die geplanten Angebote vorzustellen.
- Die Kinder werden an der Planung beteiligt.

Einen wesentlichen Bestandteil der erzieherischen Arbeit im offenen Kindergarten bildet die **Projektarbeit**. Über einen längeren Zeitraum werden zu ausgewählten Themen, wie z. B. Tiere, Wasser, Farben, vielfältige Aktivitäten angeboten. Dabei ist das offene Konzept kein starres Regelwerk, sondern veränderbar und orientiert sich an den kindlichen Bedürfnissen.

Aufgaben

1. Welche Haltung wird aus den Sprechblasen im Comic auf S. 333 deutlich? Tauschen Sie Ihre Ergebnisse in einer Kleingruppe aus.
2. Haben Sie Menschen mit ähnlichem Auftreten erlebt? Berichten Sie von Ihren Erfahrungen.
3. Könnten Sie sich vorstellen in einem offenen Kindergarten zu arbeiten? Begründen Sie Ihre Einstellung.

Bild vom Kind

Jedes Kind wird als eigenständige Persönlichkeit mit einer individuellen Entwicklung und verschiedenartigen Interessen gesehen. Das Kind ist – wie bei Montessori – Baumeister seines Lebens. Als handelndes Subjekt ist es sich seiner selbst bewusst und auf sozialen und kommunikativen Austausch ausgerichtet. Es wird als fähig angesehen, selbstbestimmt vielfältige Erfahrungen zu sammeln, sich auszuprobieren und aktiv mit seiner Umgebung auseinanderzusetzen.

„Du kommst nicht mit."

Aufgaben

4. Wie würde eine Erziehende im offenen Kindergarten auf die dargestellte Situation reagieren?
5. Würden Sie sich ebenso verhalten? Begründen Sie Ihre Meinung.

Der Erziehende

Im offenen Kindergarten sind alle Erziehenden für den gesamten Kindergarten mitverantwortlich und arbeiten arbeitsteilig. Der Erziehende ist Begleiter des Kindes, der es versteht, unterstützt, fördert und durch sein Handeln Modell für das Kind ist.

Dabei muss er
- sich auf viele Kinder gleichzeitig beziehen und sehr unterschiedliche Situationen im Blick haben,
- sensibel auf die Befindlichkeit einzelner Kinder eingehen,
- Außenseiter integrieren,
- die Spielbereiche attraktiv gestalten und
- Projekte als neue Herausforderungen initiieren.

Der Erziehende achtet darauf, dass die Regeln in den Funktionsecken und Räumen eingehalten werden. Dabei ist er kein Kontrolleur, sondern verlässt sich auf getroffene Absprachen.

Für Erziehende bedeutet das offene Konzept, sich neuen Praxisaufgaben und -problemen zu stellen. Es bietet die Möglichkeit, einen Aufgabenschwerpunkt zu finden, z. B. im künstlerischen, musischen oder Bewegungsbereich. So werden sie zu „Fachfrauen und -männern" in ihren Teams.

Der Austausch im Team über die einzelnen Kinder sowie die Reflexion des erzieherischen Handelns erfordern von den Erziehenden, dass sie ihr „Einzelkämpferdasein" ablegen.

Aufgaben

6. Mit welchem der bereits vorgestellten Konzepte hat der offene Kindergarten viel gemeinsam?
7. Könnte es aus Ihrer Sicht Schwierigkeiten im offenen Kindergarten geben? Benennen Sie diese. Wie könnten Sie diesen begegnen?

20.3.3 Inklusiver Ansatz

Beispiel

Kiara (4 Jahre, Trisomie 21) steht vor der Sandkiste und schaut den anderen Kindern beim Burgbauen zu. Plötzlich nimmt sie eine Schaufel und schlägt damit immer wieder auf einen Sandhügel. Dabei fliegt auch Sand auf die Köpfe der anderen. Niclas: "Kiara, nicht so doll!" Niclas umfasst ihre Hand und schlägt mit ihr zusammen auf den Sandhügel: "So musst du das machen!" Kiara lacht und hüpft auf und ab.

Dass Kiara vieles nicht so schnell versteht oder alles langsamer macht, stört kein Kind mehr. Alle wissen: Sie ist noch nicht so weit.

Aufgabe

1. Was lernen Kiara und Niclas voneinander?

Entstehungsgeschichte

Die Diskussion der vergangenen 25 Jahre über verschiedene Konzepte und Inhalte von Kindergartenarbeit hat auch zu der Forderung nach Integration von Kindern mit Behinderungen geführt. Besonders der Situationsansatz und die Reggio-Pädagogik, die das Kind in seiner individuellen Entwicklung und seinen Bedürfnissen stärker in den Mittelpunkt rückten, ermöglichten die Aufnahme von Kindern mit Beeinträchtigungen in Regelgruppen.

Heute ist die gemeinsame Erziehung von Kindern mit und ohne Handicap in fast allen Bundesländern Normalität.

Das pädagogische Konzept

> *"Sie gehören dazu. Jeden Tag."*[1]

Im Vordergrund von Integration stehen das **soziale Lernen** aller Kinder und das gegenseitige Verständnis, sodass Vorurteile sowie Ausgrenzung und Aussonderung im Kopf gar nicht

---

[1] www.lwl.org/behindertenratgeber/mittendrin/kindergarten.htm

erst entstehen. Vorliegende Praxiserfahrungen bestätigen, dass eine frühzeitige gemeinsame Erziehung die Entwicklungschancen für Kinder mit Behinderungen begünstigt.

Eine Weiterentwicklung der integrativen Pädagogik ist die **inklusive Pädagogik**.

Aufgaben

2. Wie ist es zu erklären, dass bei einer gemeinsamen Erziehung von Kindern mit und ohne Handicap weniger Vorurteile entstehen? Tragen Sie Ihre Überlegungen in der Klasse zusammen.
3. Informieren Sie sich, was unter inklusiver Pädagogik verstanden wird.
4. Erstellen Sie eine Tabelle mit Pro-und-Kontra-Argumenten für den inklusiven Ansatz.
5. Diskutieren Sie die Argumente in einer „Expertenrunde".

Bild vom Kind

Kinder mit und ohne Handicap stehen mit ihren Bedürfnissen gleichberechtigt nebeneinander. Im Kindergartenalter erwirbt das Kind im Prozess von Spielen und Lernen sozial-interaktive, kommunikative sowie kooperative Kompetenzen und bildet ein Bild von sich und vom anderen heraus. Spielen und lernen Kinder mit und ohne Behinderungen in diesem Alter gemeinsam, entsteht eine selbstverständliche Akzeptanz des anderen in seiner Eigenart.

Der Erziehende

Die Aufgaben des Erziehenden in einer integrativen Einrichtung unterscheiden sich nicht von denen in einer anderen Elementareinrichtung. Nur das methodische Vorgehen und die erreichbaren Ziele für das einzelne Kind sind anders. Wichtig ist es hierfür, dass Erziehende die Entwicklungsmöglichkeiten – insbesondere eines Kindes mit Beeinträchtigung – kennen, um es entsprechend seinem Entwicklungsstand am gemeinsamen Spielen und Lernen teilhaben zu lassen.

Dies bedeutet:

- Lernsituationen für alle Kinder schaffen, die ihren Möglichkeiten entsprechen.
- Alle Kinder aktiv handelnd in Gruppenaktivitäten einbeziehen.
- Durch Kooperation das Nebeneinander zu einem Miteinander werden lassen.
- Individuelle Lernschritte erkennen und ermöglichen.
- Die Stärken jedes Kindes für das Lernen nutzen.
- Zur klaren Orientierung Rituale in den Tagesablauf aufnehmen.

Aufgabe

1. Planen Sie ein hauswirtschaftliches Angebot für eine integrative Gruppe. Überlegen Sie, welche Kooperationsmöglichkeiten es dabei für Kinder mit und ohne Behinderung geben kann.

20.3.4 Waldkindergarten

Ein Waldkindergarten wird häufig als ein „Kindergarten ohne Dach und Wände" bezeichnet. Ein Waldkindergarten kennt keine Richtungsbegrenzungen. Die Kinder sind täglich bei Wind und Wetter draußen. Ihr Spielzeug sind die Gegenstände der Natur, denen die Kinder ihre Bedeutung geben.[1]

Aufgaben

2. Informieren Sie sich über Waldkindergärten in Ihrer Nähe.
3. Welchen Bildungswert könnte ein Waldkindergarten für Kinder haben?
4. Sammeln Sie Gegenstände im Wald. Entwickeln Sie Ideen, wozu Kinder diese nutzen könnten.

Entstehungsgeschichte

Der Waldkindergarten hat seinen Ursprung in Skandinavien. In Deutschland entstand der erste Wald- und Naturkindergarten 1968 in Wiesbaden, aber erst in den 90er-Jahren entwickelte sich eine Waldkindergartenbewegung. Heute gibt es über 1500 derartige Kindergärten. Sie sind meistens durch Elterninitiativen entstanden und haben als Rechtsform einen eingetragenen Verein (e.V.) mit einer Gruppengröße von 15 bis 20 Kindern und mindestens zwei Erzieherinnen.

Inzwischen haben sich neben dem Waldkindergarten weitere Formen entwickelt: Strand-, Natur- und Farmkindergarten, Waldtage und befristete Waldprojekte in Kindergärten.

Das pädagogische Konzept

„Nur was man kennt, liebt und schützt man."[2]

---

[1] Vgl. http://de.wikipedia.org/wiki/Waldkindergarten
[2] Motto der Schutzgemeinschaft Deutscher Wald

Für Waldkindergärten gibt es kein einheitliches Konzept. Die pädagogische Arbeit der Waldkindergärten beinhaltet grundlegende Erfahrungs- und Erlebniszusammenhänge:

■ Der jahreszeitliche Naturkreislauf strukturiert den Alltag im Wald.

■ Es gibt unerschöpfliche Möglichkeiten zum Spielen, Entdecken und Lernen.

■ Der Wald wird als ein idealer Bewegungsraum gesehen, in dem die Grenzen des eigenen Körpers erfahrbar werden.

■ Die Fantasie der Kinder kann sich frei entfalten, da die Materialien ihren Wert erst dadurch gewinnen, dass Kinder ihnen eine Bedeutung geben.

■ Der Wald bietet natürliche, differenzierte und lustvolle Bewegungsanlässe und -möglichkeiten.

■ Durch das Angewiesensein aufeinander werden die sozialen Kompetenzen gestärkt.

■ Das Leben in frischer Luft stärkt das Immunsystem.

■ Ordnungs- und Sicherheitsregeln, wie z. B. Waldbeeren nicht einfach essen, in Rufweite bleiben, mitgebrachte Gegenstände wieder mit zurücknehmen, müssen eingehalten werden.

Im Waldkindergarten gilt die Devise: "Es gibt kein schlechtes Wetter, nur schlechte Kleidung." Die Kleidung (z. B. Ersatzhandschuhe und -strümpfe, Gummistiefel, Matschhosen und Regenhut) ist deshalb wichtigster Ausrüstungsbestandteil.

Aufgabe

Auf einem Elternabend fragt eine besorgte Mutter: „Ich frage mich, ob der Waldkindergarten meinen Sohn auch gut auf die Schule vorbereiten kann!"
Was könnten Sie ihr antworten?

Bild vom Kind

Die Begründer der Waldkindergärten gehen davon aus, dass Kinder ein natürliches Interesse am Lebensraum Natur haben und sich in ihm frei und vor allem gesund entfalten können. Psychologen und Umweltpädagogen bestätigen, dass Kindergartenkinder für Naturerfahrungen besonders empfänglich sind und ein lebenslanges intensives Verhältnis zur Natur aufbauen. Sie sehen, dass Kinder

■ sich emotional stabilisieren, ihre Konzentrationsfähigkeit stärken und ausgeglichen werden.

■ durch den direkten Kontakt mit der Natur Vertrautheit und Umsichtigkeit in Bezug auf Pflanzen, Tiere, Erde und Wasser entwickeln.

■ reichhaltige Spielmaterialien zum kreativen Gestalten finden. Ein umgekippter Baumstamm wird zum Pferd oder Ladentisch, Blätter, Eicheln, Rindenstücke zu Reiterschmuck oder Lebensmitteln.

■ neugierig sind und durch Ausgraben, Anschleichen, Wegräumen, Zerkleinern aber auch Verharren, Beobachten oder Erzählen ihre Eigenständigkeit erweitern.

■ im Wald einen sozialen Zusammenhalt entwickeln und sich an den Entdeckungen und Produkten der anderen Kinder erfreuen.

Aufgaben

1. Trauen Sie Kindern zu, monatelang im Wald zu spielen, ohne dass es ihnen langweilig wird? Tauschen Sie sich in einer Kleingruppe aus.
2. Welche Möglichkeiten sehen Sie, in einem Waldkindergarten das soziale Lernen von Kindern zu fördern?

Der Erziehende

„Die alten Dakota waren weise. Sie wussten, dass das Herz des Menschen, der sich der Natur entfremdet, hart wird; sie wussten, dass mangelnde Ehrfurcht vor allem Lebendigen und allem, was da wächst, bald auch die Ehrfurcht vor dem Menschen absterben lässt.
Deshalb war der Einfluss der Natur, die den jungen Menschen feinfühlig macht, ein wichtiger Bestandteil ihrer Erziehung.“ [1]

(Luther Standing Bear)

Aufgabe

3. Diskutieren Sie in Kleingruppen die Aussage der alten Dakota. Sehen Sie diese für die Erziehung von Kindern heute als aktuell an? Begründen Sie Ihre Meinung.

Grundvoraussetzung für Erziehende, die in einem Waldkindergarten arbeiten, ist eine **positive Einstellung zur Natur**. Sie sollten sich gerne in ihr aufhalten und den Wert der Natur erkennen.

Darüber hinaus sollte der Erziehende über spezielle Kenntnisse, wie z. B. über Bäume, Pflanzen, Tiere im Wald, Setz- und Schonzeiten, Naturkreislauf, Gefährdungen durch Giftpflanzen oder Erdwespennester, verfügen. Ebenso gehören Aufwärm- und Bewegungsspiele zum festen Repertoire.

[1] Miklitz, I.: Der Waldkindergarten, in: Weißt Du, dass die Bäume reden?, hrsg. von Recheis, K.; Bydlinski, G., S. 41

Das Arbeiten in einem Waldkindergarten bedeutet für Erziehende oftmals doppeltes Planen (Alternativen zu Schönwetter-Aktivitäten bereithalten) und flexibles Handeln (Kinder entdecken einen neuen Ameisenhaufen, Waldarbeiter werden getroffen).

Aufgaben

4. Recherchieren Sie den Tagesablauf eines Waldkindergartens (ggf. im Internet).
5. Nehmen Sie bei einem Waldausflug bewusst wahr, was Sie riechen, sehen, hören und entdecken.
6. Erstellen Sie eine Literaturliste zum Thema „Wald und Kinder". Stellen Sie der Klasse ein Buch vor.

Kindergärten mit anderen konzeptionellen Ansätzen sind: der Bewegungskindergarten,

der multikulturelle und der bilinguale (zweisprachige) Kindergarten.

Aufgabe

7. Recherchieren Sie, wodurch sich die Konzepte unterscheiden und was sie gemeinsam haben.

20.4 Räume sind Bildungsräume

> *„Die Raumgestaltung soll Kindern Chancen zur Identifizierung und viel Aktionsfreiheit schaffen, denn erste Kindheitsräume prägen grundlegend das Selbst- und Weltverstehen."* [1]

Aufgaben

1. Betrachten Sie das Bild. Wie wirkt dieses auf Sie? Begründen Sie Ihre Meinung.
2. Nehmen Sie Stellung zu dem Zitat.
3. Vergleichen Sie Räume aus Ihrem Praktikum mit dieser Forderung. Stellen Sie Ihr Ergebnis einer Kleingruppe vor.

In der heutigen Pädagogik und Entwicklungspsychologie – insbesondere durch die Reggio-Pädagogik angeregt – erfahren **Innen- und Außenräume** und deren Gestaltung eine besondere Beachtung.

Bedeutung von Räumen

Räume stellen Beziehungen zwischen dem kindlichen Individuum und seiner Außenwelt her. Dies geschieht durch Erkundung beim Krabbeln, Kriechen und Laufen. Dabei nimmt das Kind immer wieder einen Perspektivenwechsel vor und verknüpft orale, taktile, akustische und visuelle Reize (sensomotorische Integration). Mit der Erweiterung seiner Fortbewegungsarten erschließen sich ihm durch unterschiedliche Oberflächenstrukturen (glatt, rau, weich, hart oder Schrägen, Stufen, Hindernisse) neue Beziehungen zu seiner Umwelt. Es macht Erfahrungen von Anstrengung, Problemlösung und Können und mobilisiert dadurch die Selbstwirksamkeitskräfte.

Gestaltung von Räumen

Wichtig hierbei ist, dass sie

- Schutz und Geborgenheit, aber auch Herausforderungen bieten,
- Bedürfnisse nach Bewegung, Wahrnehmung und Aktion befriedigen,
- Alleinsein, Stille und Rückzug ermöglichen,
- von Kindern mitgestaltet werden können,
- selbstständiges Agieren, Erforschen und Entdecken fördern sowie
- anregende und vielfältige Tätigkeits- und Aktionsbereiche bereitstellen.

Räume sind keine starren, fest installierten Objekte, sondern orientieren sich an den Erfordernissen der Kinder. Sie verändern sich mit der Entwicklung der Kinder und deren Lern-, Betreuungs- und Erfahrungsbedürfnissen.

Aufgabe der Erziehenden

ist es, mit altersangemessenen Materialangeboten den Innen- und Außenbereich bedürfnisgerecht zu gestalten und damit die sinnliche Wahrnehmung zu stimulieren.

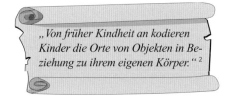

> *„Von früher Kindheit an kodieren Kinder die Orte von Objekten in Beziehung zu ihrem eigenen Körper."* [2]

Aufgaben

1. Diskutieren Sie welche Bedeutung die Aussage für die Gestaltung von Räumen hat.
2. Planen Sie in einer Kleingruppe ein Außengelände oder Innenräume, in denen sowohl die Bildungsbereiche (Kap. 17) als auch die altersbedingten Bedürfnisse von Kindern berücksichtigt werden.

---

[1] Hagemann, Chr.: Pädagogik Raum geben, o. S.
[2] Siegler, 2005, S.386

Zusammenfassung

- Erziehungskonzepte unterliegen einem gesellschaftlichen Wandel.
- Jeder Kindergarten sollte eine pädagogische Konzeption haben.
- Einige Konzeptionen orientieren sich an den Ideen bedeutender Pädagogen, wie z. B. Fröbel, Montessori, Korczak, Pikler, Steiner. Andere folgen neueren Erkenntnissen aus Pädagogik, Psychologie und Hirnbiologie, wie z. B. der Situations-, der offene und der integrative Ansatz, der Waldkindergarten, der Bewegungskindergarten oder der spielzeugfreie Kindergarten.
- Räume sind Bildungsräume für Kinder
- Im Mittelpunkt aller Konzeptionen steht das Kind als Persönlichkeit und als ein selbstständiger, sich entwickelnder Mensch.
- Dem freien Spiel und der freien Tätigkeit des Kindes wird ein hoher Stellenwert eingeräumt. Es wurden dafür besondere Spiel-, Arbeits- oder Beschäftigungsmaterialien entwickelt (vgl. Fröbel, Montessori, Waldorf).
- Spielräume sind für die Entwicklung und Entfaltung des Kindes von Bedeutung. Sie unterliegen einem besonders starken Wandel (vgl. Montessori, Waldorf, Reggio, Wald- und Bewegungskindergarten).
- Die Rollen und Aufgaben der Erziehenden als Begleiterin des kindlichen Entwicklungs- und Bildungsprozesses werden unterschiedlich beschrieben. Im Vordergrund steht jedoch, die Selbstentfaltungskräfte und die Lernfreude der Kinder zu erhalten und zu fördern.
- Der Erziehende muss das Kind beobachten und offen für dessen Fragen, Interessen und Probleme sein. Die daraus gewonnenen Erkenntnisse sind der Ausgangspunkt seines pädagogischen Handelns, seiner Selbstreflexion und Selbsterziehung.

Aufgaben

1. Hospitieren Sie in einer Montessori-Einrichtung und halten Sie fest, wie die Umgebung gestaltet ist. Befragen Sie Erziehende nach den Gründen. Welche Unterschiede stellen Sie zu Ihren bisherigen Kindergarteneinrichtungen fest?

2. Vergleichen Sie die Aussage von Donata Elschenbroich (2001): *„Das Kind muss die Welt nicht als etwas Vorgefundenes erfahren, es muss sie neu erfinden"*[1] mit Aussagen über das Bild des Kindes bei Fröbel und Montessori.

3. Diskutieren Sie die Idee des Kinderparlaments von Korczak. Entwickeln Sie Möglichkeiten zur Umsetzung der Idee in einer Kindergartengruppe.

4. Sammeln Sie Informationen über die Bedeutung des Raumes „als 3. Erzieher" in der Reggio-Pädagogik. Was unterscheidet diese Sichtweise von der klassischen Kindergartensicht über Räume?

5. *Es gibt freie Stellen in Kindergärten mit folgenden pädagogischen Konzepten: ein offener Kindergarten, ein Montessori-Kindergarten, ein Reggio-, ein Waldorf- und ein Bewegungskindergarten.*
   a) Informieren Sie sich über die Konzeptionen und vergleichen Sie diese unter den Aspekten:
      - pädagogische Schwerpunkte
      - Bild vom Kind
      - Rolle des Erziehenden
   b) Stellen Sie Ihre Ergebnisse der Klasse vor.
   c) Welchen Kindergarten würden Sie wählen? Begründen Sie Ihre Wahl.

6. Überlegen Sie sich eine „Schlüsselsituation" nach dem situationsorientierten Ansatz und diskutieren Sie, welche Bildungspotenziale darin für Kinder enthalten sind. Erstellen Sie dazu eine Mindmap.

---

[1] Elschenbroich, D.: Weltwissen der Siebenjährigen, S. 48

21 Qualität in Kindertageseinrichtungen

Beispiel
Im Neubaugebiet der Stadt entsteht ein neuer Kindergarten. Die private Einrichtung, die bisher alle Kinder aufgenommen hat, befürchtet für das nächste Jahr deshalb einen Rückgang der Anmeldezahlen.
Auf der Teamsitzung fordert Frau Hilger, die Einrichtungsleitung: „Wir müssen eben besser sein als die anderen und die Eltern von unserer Qualität überzeugen. Unsere Öffnungszeit von 7 bis 17 Uhr ist sicherlich etwas Besonderes, ebenso wie unser Schwerpunkt Bewegungsförderung. Wie können wir den Eltern am besten vermitteln, dass wir eine gute Einrichtung sind?"

Aufgaben

1. Womit beschreibt Frau Hilger die Qualität ihrer Einrichtung?
2. Entwerfen Sie in einer Kleingruppe eine Mindmap zum Thema „Der gute Kindergarten" und finden Sie einen passenden Slogan.

21.1 Qualität – was ist das?

Durch die Forschungsergebnisse über die kindliche Entwicklung und Lernfähigkeit haben sich die Ansprüche an die sozialpädagogische Arbeit im Kinderbetreuungsbereich erheblich verändert. Um diesen Ansprüchen zu genügen und frühkindliche Bildung zu gewährleisten, sind die Einrichtungen aufgefordert, ihre Qualitätsmerkmale auszuweisen.

Die Qualität eines Produkts oder einer Dienstleistung orientiert sich an der Zufriedenheit ihrer Kunden, hier Eltern und Kinder, und bewirkt Vergleichbarkeit und Konkurrenz. Um die Qualität gegenüber den Kunden deutlich zu machen, muss man die besonderen Eigenschaften oder Leistungen herausstellen und sich von anderen abgrenzen, so wie Frau Hilger es im Beispiel tut.

Mit der Verabschiedung des Tagesbetreuungsgesetzes im Jahr 2004 sind auch die Grundlagen für die Qualitätsentwicklung in Kindertageseinrichtungen gelegt worden. Darüber hinaus verpflichten bestimmte Rechtsgrundlagen zur Qualitätsentwicklung und -sicherung. So heißt es beispielsweise im § 22 SGB VIII (KJHG): „Die Einrichtungen sollen durch geeignete Maßnahmen die Qualität der Arbeit sicherstellen und weiterentwickeln."

Die Qualität einer Tageseinrichtung wird gemessen an zufriedenen Kindern, Eltern, Mitarbeitern und Trägern. Um die Erwartungen aller Beteiligten zu ermitteln, werden Interviews und Befragungen durchgeführt. Aus den Ergebnissen werden Standards und Verhaltensregeln erarbeitet und festgelegt.

Folgende Fragen können dabei hilfreich sein:

■ Welches Leitbild wird in der Einrichtung gelebt?

Beispiel

„In unserem katholischen Kindergarten ist die Arbeit vom christlichen Menschenbild geprägt."

■ Sind die Arbeitsabläufe strukturiert und folgerichtig durchdacht?

Beispiel

„In unserer Einrichtung gibt es zuverlässige Abläufe und Aktivitäten, die das Kind in seiner Entwicklung unterstützen und ihm so Sicherheit und Verlässlichkeit vermitteln."

■ Welche Ausbildung und Zusatzqualifikationen haben die Erziehenden?

Beispiel

„Grundvoraussetzung unserer Arbeit sind die neuesten fachlichen und wissenschaftlichen Erkenntnisse, die durch regelmäßige Fort- und Weiterbildungen aufgefrischt werden."

■ Welche Wege gibt es, die pädagogische Arbeit zu überprüfen?

Beispiel

„Freitags schließen wir unsere Einrichtung zwei Stunden früher, damit wir Zeit haben, unsere pädagogische Arbeit zu reflektieren oder Fortbildungen durchzuführen."

■ Wie groß sind die Gruppen und welche Differenzierungsräume gibt es?

Beispiel

„Wir haben immer eine lange Warteliste von Kindern. Ich glaube, es liegt daran, dass wir kleine Gruppen mit mehreren Erziehenden und relativ viele Funktionsräume haben."

■ Welche Kommunikationsstrukturen lassen sich erkennen?

Beispiel

„An einem empathischen, freundlichen, offenen Umgang untereinander, mit Kindern, Eltern und Besuchern liegt uns sehr viel."

■ Welche Möglichkeit hat die Einrichtung, um den Bedürfnissen der Kinder und Anforderungen der Eltern gerecht zu werden?

Beispiel

„In unserem Stadtteil leben die Kinder vorwiegend in Hochhäusern. Um dem Bewegungsdrang der Kinder nachzukommen, gehen wir mit den Kindern viel nach draußen."

Aufgaben

1. Erkundigen Sie sich in Ihren Einrichtungen, welche Methoden der Befragung es dort gibt, und stellen Sie diese der Klasse vor.
2. Bewerten Sie in Kleingruppen ausgewählte Fragen aus dem Fragenkatalog oben in Bezug auf Kinder, Eltern und Erziehende.
3. Nehmen Sie Stellung zu der Aussage *„Die Qualität eines Kindergartens ist abhängig von den Erwartungen bzw. Ansprüchen aller Beteiligten"*.

21.2 Qualitätsentwicklung in Kindertageseinrichtungen

Beispiel

„Ich finde, es ist ganz schön schwer, wenn wir jetzt alles, was wir im Kindergarten machen, bis ins Kleinste hinterfragen müssen. Das ist ja wie eine Überprüfung. Außerdem kostet das ziemlich viel Zeit. Und dann auch noch die Dokumentation der Lernprozesse für jedes einzelne Kind." „Das sehe ich ganz anders: Wir wollen doch den Kindern und Eltern gerecht werden. Dafür müssen wir genau wissen, was wir wollen, und sagen, was und wie wir es machen, damit wir überprüfen können, ob es der richtige Weg war oder ob wir etwas verändern und verbessern müssen, um die Kinder am besten fördern zu können."

Aufgaben

1. Welche unterschiedlichen Einstellungen zur Qualitätsentwicklung erkennen Sie in dem Beispiel?
2. Können Sie sich einer Meinung anschließen? Begründen Sie Ihre Entscheidung.
3. *„Für das Können gibt es nur einen Beweis: das Tun."* Was hat dieser Ausspruch von Marie Ebner-Eschenbach (1830 – 1916) mit Qualität zu tun?
4. Welchen Beitrag leistet das „Gute-Kita-Gesetz" für die Qualitätsentwicklung in Kindertageseinrichtungen?

Qualitätsentwicklung und -management, festgeschriebene Begriffe der Industrie und Wirtschaft, dienen dazu, ein Unternehmen konkurrenzfähig und erfolgreich handeln zu lassen. Zunächst müssen Qualitätsstandards entwickelt werden, die die Grundlage für eine Überprüfung und Bewertung des Unternehmens bilden sowie Basis für Weiterentwicklung und Verbesserung sind.

Für Tageseinrichtungen sind ebenfalls Qualitätsstandards entwickelt worden, die sich z. B. auf die Raum- und Materialausstattung, die Eingewöhnung neuer Kinder und die Dokumentation der Entwicklungs- und Elterngespräche beziehen können.

Qualitätsentwicklung in einer Tageseinrichtung bedeutet, dass die Zielsetzung der pädagogischen Arbeit gemeinsam festgelegt, überprüft, evaluiert, weiterentwickelt und bei Bedarf verändert wird.

Kreislauf der Qualitätsentwicklung

Aufgabe

5. Informieren Sie sich, ob und welche Qualitätsstandards in Ihrer Praktikumseinrichtung Anwendung finden und wie sie von den Mitarbeitern bewertet werden.

21.2.1 Modelle zur Qualitätsentwicklung

Beispiel

„Standards, Berichtswesen, Controlling, Evaluation. Wenn ich das schon höre, vergeht mir die Lust auf die Arbeit. Ich weiß gar nicht, was ich damit anfangen soll. Wie kann man denn die Qualität von pädagogischer Arbeit messen?" „Hast du eine Ahnung, wie man Qualität entwickelt und den anderen auch noch zeigen kann?"

Aufgaben

1. Überlegen Sie in Kleingruppen eine Möglichkeit, die pädagogische Qualität der Einrichtung aus dem Beispiel von S. 341 darzustellen, und präsentieren Sie diese der Klasse.
2. Erklären Sie den Unterschied zwischen Kontrolle und Controlling. Recherchieren Sie hierzu im Internet und befragen Sie die Leitung einer Kindertageseinrichtung.

Um Qualität feststellen oder messen zu können, werden Kriterien oder sog. Kennzahlen festgelegt. Kennzahlen dienen der Überprüfung von mess- und zählbaren Sachverhalten.

In Kindertageseinrichtungen ist das z. B. die Anzahl

- der angemeldeten Kinder
  (z. B. Entwicklung der Anmeldezahlen, Kinder auf der Warteliste),
- der Mitarbeiter und deren Qualifikation
  (z. B. Fachkenntnisse der Einzelnen, Anzahl pro Gruppe und Beruf, Teilnahme an Fortbildungen),
- der Kooperationspartner
  (z. B. unterstützende Sportvereine) und
- der Räumlichkeiten
  (z. B. Bewegungs-, Differenzierungs-, Werkraum).

Aufgaben

3. Erfragen Sie in Ihrer Praktikumseinrichtung, wie Qualität dort überprüft wird.
4. Vergleichen und bewerten Sie die Ergebnisse in der Klasse.

Die Entwicklung von Qualitätskriterien für eine Tageseinrichtung kann individuell in einem Team erfolgen oder die Einrichtung greift auf bestehende Qualitätsentwicklungsmodelle zurück. Allen Modellen gemeinsam ist eine dauerhafte Verbesserung der Bildungs-, Betreuungs- und Erziehungsqualität in Kindertageseinrichtungen. Zu den bestehenden Modellen zählen u. a.:

- Nationale Qualitätsinitiative im System der Tageseinrichtungen für Kinder (NQI),
- Kindergarten-Einschätz-Skala (KES),
- Kronberger Kreis für Qualitätsentwicklung in Kindertageseinrichtungen,
- DIN EN ISO 9001/9000 ff. in Kindertageseinrichtungen
- Kita-Management Konzept
- KTK-Gütesiegel[1] und
- PädQUIS/QUIK.

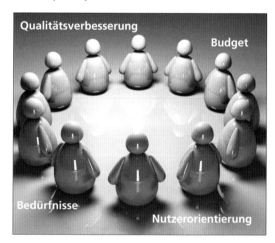

Aufgaben

5. Arbeiten Sie in einer Kleingruppe. Wählen Sie ein Qualitätsentwicklungsmodell aus und recherchieren hierzu. Gestalten Sie mit Ihren Ergebnissen ein Plakat und stellen es der Klasse vor.
6. Vergleichen Sie die Qualitätskriterien und bewerten die Vorgehensweise.
7. Arbeiten Sie Gemeinsamkeiten und Unterschiede der einzelnen Modelle heraus.

---

[1] Vgl. Braun, U.: Welche Qualität hat eine Kindertageseinrichting?, unter: www.kindergartenpaedagogik.de

21.3 Qualitätsmanagement in Kindertageseinrichtungen

Wie diese vier Instrumente eingesetzt werden, wird am Beispiel eines Aufnahmegesprächs verdeutlicht:

Planung

von Inhalt (Welche Informationen sind für die Eltern wichtig?), Termin, Raum und Ablauf

Beispiel

„Seitdem wir uns mehr mit Qualität beschäftigen, achte ich stärker auf mein pädagogisches Handeln. Ich habe mehr Lust zu arbeiten." „Das kann ich nur bestätigen. Den Kindern und Eltern gefällt es auch besser. Sie merken, dass wir ihre Wünsche und auch ihre Kritik ernst nehmen und uns damit auseinandersetzen."

Beispiel

Sie wollen zum ersten Mal ein Anmeldegespräch führen. Vor dem Gespräch erkundigen Sie sich, wie dieses in Ihrer Einrichtung üblicherweise geführt wird, welche Materialien Sie benötigen, welche Räume geeignet sind und welche Methoden der Kontaktaufnahme sich bewährt haben.

Aufgaben

1. Befragen Sie die Leitung Ihrer Einrichtung nach ihren Erfahrungen mit Qualitätsmanagement.
2. Stimmen die Erfahrungen mit den Aussagen des Beispiels überein?
3. Diskutieren Sie in der Klasse die Bestätigungen und/oder Abweichungen.

Lenkung

Umsetzen der Planungsergebnisse

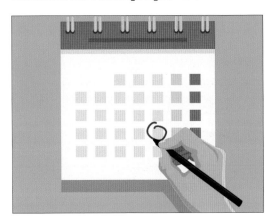

Mit Qualitätsmanagement bezeichnet man alle organisatorischen Maßnahmen (Führungs- und Steuerungsaufgaben), die zur Erhaltung und Verbesserung von Produkten, Prozessen oder Leistungen dienen. Um diese Maßnahmen durchführen zu können, gibt es einen sog. Qualitätsmanagementbeauftragten (QMB), der für die Qualitätsplanung, -lenkung, -sicherung und -verbesserung verantwortlich ist und unter Einbeziehung aller Mitarbeiter für die Umsetzung sorgt.

Beispiel

„Die Broschüren, Konzeptionen und allgemeinen Informationsmaterialien findest du im Büro. Dort steht im Planungskalender auch, ob das kleine Büro an dem Tag frei ist, sonst musst du umplanen."

Sicherung

Gespräch dokumentieren, Überprüfen der Planung, Auswertung der Gesprächsnotiz

Beispiel

Ihre Kindergartenleitung erläutert Ihnen, dass alle Protokolle und Gesprächsaufzeichnungen in einem Ordner gesammelt werden, auch das Protokoll des Aufnahmegesprächs.

Verbesserung

Gespräch reflektieren, bewerten und bei Bedarf verändern. Die gewonnenen Informationen dienen der Strukturverbesserung (z. B. anderer Raum, Infomaterial in anderen Sprachen) und der Prozessoptimierung (Eltern-Erziehende-Interaktion).

Beispiel

Der Rundgang durchs Haus hat den Eltern sehr gut gefallen. Nur die Zeit, die für das gesamte Aufnahmegespräch vorgesehen war, reichte bei Weitem nicht aus. Bei der nächsten Teamsitzung wird über Änderungen beraten.

Aufgaben

1. Beschreiben Sie mit eigenen Worten die Aufgaben von Qualitätsmanagement.
2. Erfragen Sie, ob es in Ihrer Einrichtung einen Qualitätsbeauftragten gibt und welche Aufgaben er hat.

Das Qualitätsmanagement dient dazu, durch regelmäßige Überprüfungen (Qualitätssicherung) der pädagogischen Angebote und Dienstleistungen Fehler zu erkennen, zu reduzieren und zu vermeiden. Durch kontinuierliche Befragungen von Mitarbeitern, Kindern und Eltern und deren Auswertung (Evaluation) kann man erkennen, ob die (Dienst-)Leistungen verbesserungswürdig sind oder nicht.

Alle qualitätsrelevanten Abläufe, Leistungen und Verantwortlichkeiten werden in einem **Qualitätsmanagement-Handbuch** festgehalten. Es gibt Auskunft über wichtige Arbeitsinhalte und -abläufe der Einrichtung und macht sie für alle Mitarbeiter und Eltern transparent. Qualitätsmanagement-Handbücher können beispielsweise auch Eltern Entscheidungskriterien für die Wahl einer Kindertageseinrichtung liefern.

Aufgaben

3. Erkundigen Sie sich in einer Tageseinrichtung Ihrer Wahl, ob es ein Qualitätsmanagement-Handbuch gibt und wer es nutzt.
4. Erfragen Sie in Ihrer Praktikumseinrichtung mögliche Befürchtungen zur Einführung von Qualitätsmanagement.
5. Diskutieren Sie die Aussagen in der Klasse.

Zusammenfassung

- Durch gesellschaftliche Entwicklungen und veränderte Ansprüche von Eltern und Kindern gewinnt Qualitätsentwicklung in Kindertageseinrichtungen zunehmend an Bedeutung.
- Qualitätsentwicklung ist gesetzlich verankert.
- Die Qualitätsentwicklung definiert Qualitätsstandards oder Kennzahlen und ermöglicht eine detaillierte Begutachtung, z. B. von Raum- und Materialangebot, Mitarbeiterqualifikation, Ablauf von Projekten und Gesprächen.
- Zu den Modellen der Qualitätsentwicklung zählen u. a.
  - Nationale Qualitätsinitiative im System der Tageseinrichtungen für Kinder (NQI),
  - Kindergarten-Einschätz-Skala (KES),
  - Kronberger Kreis für Qualitätsentwicklung in Kindertageseinrichtungen,
  - DIN EN ISO 9001/9000 ff. in Kindertageseinrichtungen
  - Kita-Management Konzept,
  - KTK-Gütesiegel und
  - PädQUIS/QUIK.
- Qualitätsmanagement umfasst Qualitätsplanung, Qualitätslenkung, Qualitätssicherung und Qualitätsverbesserung.
- Qualitätsentwicklung ist ein fortlaufender Prozess, in dem Ziele vereinbart, überprüft und ggf. verändert werden.
- Ein Qualitätsmanagementbeauftragter ist verantwortlich für die Umsetzung der qualitätssichernden Maßnahmen und das Qualitätsmanagement-Handbuch.
- Im Qualitätsmanagement-Handbuch werden alle für die Arbeit in der Einrichtung wichtigen Prozesse und Abläufe beschrieben und erläutert.

Aufgaben

1. Erläutern Sie folgendes Zitat mit eigenen Worten:
   „Was im Moment in Politik und Wissenschaft an qualitätssteigernden Maßnahmen für den Elementarbereich diskutiert wird, ist eine Art von Selbstbefriedigung für Bürokraten, die von der Praxis keine Ahnung haben."[1]

2. Ist es aus Ihrer Sicht richtig und wichtig, Qualitätssicherung in Tageseinrichtungen fest zu installieren? Begründen Sie Ihre Meinung.

3. Suchen Sie im KJHG und in Ausführungsvorschriften nach weiteren Rechtsgrundlagen zum Thema Qualitätssicherung.

4. Ergründen Sie weitere Modelle der Qualitätsentwicklung.

5. In einem Reflexionsgespräch sagt Ihre Praxisanleiterin zu Ihnen: „Ich bin mit der Qualität Ihrer pädagogischen Arbeit nicht einverstanden."
   a) Was kann sie damit gemeint haben?
   b) Wie könnten Sie sich verhalten? Überlegen Sie verschiedene Möglichkeiten und diskutieren Sie diese in einer Kleingruppe oder der Klasse.

6. Was haben Wettbewerbe mit Qualität zu tun?

7. Nehmen Sie Stellung zu der Aussage: „Qualität ist die Übereinstimmung von Soll und Ist."

8. Woran messen Sie die Qualität einer Dienstleistung?

9. Bewerten Sie die Qualität Ihrer Aktivität, wenn von einigen Kindern die Rückmeldung kommt: „Das war aber langweilig."

---

[1] Dollase, R.: Das ungelüftete Geheimnis guter Kindergartenarbeit, in: Theorie und Praxis der Sozialpädagogik 06/2004, S. 38 – 43

Literatur- und Quellenverzeichnis

Aden-Grossmann, W.: **Kindergarten**, Eine Einführung in seine Entwicklung und Pädagogik, Beltz, Weinheim 2002

Aries, Ph.; Duby, G., **Geschichte des privaten Lebens**, Band 4, Fischer, Frankfurt a.M. 1995

Amann et al.: **Erfolgreich präsentieren**, Ein Praxistraining mit Beispielen und Tipps, Kieser, Neusäß 2001

Anderlik, L.: **Ein Weg für alle!** Leben mit Montessori, Verlag modernes lernen, Dortmund 2006

Antoni, C. H.: **Teamarbeit gestalten**, Grundlagen, Analysen, Losungen, Beltz, Weinheim 2000

Barmer GEK: **Arztreport**, 2012

Beller, S.: **Kuno Bellers Entwicklungstabelle 0–9**, Berlin 2016

Bernstein, S.; Lowy, L.: **Neue Untersuchungen zur sozialen Gruppenarbeit**, Lambertus, Freiburg/Br. 1975

Besemer, Ch.: **Mediation – Vermittlung in Konflikten**, Stiftung gewaltfreies Leben, Baden 2001

Blank-Mathieu, M.: **Gender-Mainstreaming im Kindergarten**, unter www.kindergartenpaedagogik.de/1264.html (abgerufen am 03.07.2019)

Bodenburg, I.: **Der Entwicklung Raum geben**, Cornelsen, Berlin 2012

Böhm, W.: **Wörterbuch der Pädagogik**, Kröner, Stuttgart 2005

Brazelton, T. B.; Greenspan, S. I.: **Die sieben Grundbedürfnisse von Kindern**, Beltz, Weinheim 2008

Bremer **Individuelle Lern- und Entwicklungsdokumentation**, 2010, unter: www.soziales.bremen.de/sixcms/media.php/13/LED_2010.pdf (abgerufen am 06.06.2017)

Brocher, T.: **Wenn Kinder trauern**, Rowohlt, Reinbek 1985

Büchin-Wilhelm, I.; Jaszus, Dr. R.: **Fachbegriffe für Erzieherinnen und Erzieher**, Handwerk und Technik, Hamburg 2016

Bundesministerium für Familie, Senioren, Frauen und Jugend (BMFSFJ):

Nationale Qualitätsinitiative im System der Tageseinrichtungen für Kinder (NQI), 2007

Stief- und Patchworkfamilien, 2013, unter: https://www.bmfsfj.de/blob/76242/1ab4cc12c386789b943fc7e12fdef6a1/monitor-familienforschung-ausgabe-31-data.pdf (abgerufen 03.07.2019)

Familien mit Migrationshintergrund, 2016, unter https://www.bmfsfj.de/blob/93744/3de8fd035218de20885504ea2a6de8ce/familien-mit-migrationshintergrund-data.pdf (abgerufen am 03.07.2019)

Väterreport, 2018, unter https://www.bmfsfj.de/blob/127268/2098ed4343ad836b2f0534146ce59028/vaeterreport-2018-data.pdf (abgerufen am 03.07.2019)

Ein Netz für Kinder, Gutes Aufwachsen mit Medien - Praktische Hilfen für Eltern und pädagogische Fachkräfte, 2017, Broschüre unter https://www.bmfsfj.de/blob/96218/584a19f47509dba7282aa41091959d57/ein-netz-fuer-kinder-gutes-aufwachsen-mit-medien-data.pdf (abgerufen am 30.03.2017)

Bundesminsiterium für Gesundheit: **Nationale Empfehlungen für Bewegung und Bewegungsförderung**, 2016

Bundeszentrale für politische Bildung: **Computerspiele** Bunte Welt im grauen Alltag, Bonn 1993

Caritasverband der Erzdiözese Freiburg e.V. (Hrsg.): **Faszination Reggio** – Auf der Suche nach dem Bild vom Kind, Freiburg 1998

Dreier, A.: **Was tut der Wind, wenn er nicht weht?** Begegnung mit der Kleinkindpädagogik in Reggio Emilia, Cornelsen, Berlin 2010

Doering, W. und W.: **Störe meine Kreise nicht...** Von störenden und gestörten Menschen, Verlag modernes lernen, Dortmund 2002

Dulabaum, N. L.: **Mediation**: Das ABC: Die Kunst, in Konflikten erfolgreich zu vermitteln, Beltz, Weinheim 2009

Eberwein, H.; Knauer, S.: **Handbuch Integrationspädagogik**, Beltz, Weinheim 2009

Elias, K.; Schneider, K.: **Handlungsfeld Kommunikation**, Stam, Köln 1999

Elschenbroich, D.: **Weltwissen der Siebenjährigen**: Wie Kinder die Welt entdecken können, Goldmann, München 2002

Ende, M.: **Momo**, Thienemann, Stuttgart 2005

Eudenbach, W., 56856 Zell Mosel, www.gedichte-der-lebensfreude.de

Faller, K.: **Mediation in der pädagogischen Arbeit**. Ein Handbuch für Kindergarten, Schule und Jugendarbeit, Verlag an der Ruhr, Mülheim 1998

Firnhaber, M.: **Legasthenie und andere Wahrnehmungsstörungen**, Fischer, Frankfurt 2007

Gebauer, K.: **Wenn Kinder auffällig werden: Perspektiven für ratlose Eltern**, Walter, Düsseldorf 2000

Gebauer, K.; Hüther, G.: **Kinder brauchen Wurzeln**: Neue Perspektiven für eine gelingende Entwicklung, Walter, Düsseldorf 2001

Gembrys, Dr. S.; Herrmann, Dr. J.: **Qualitätsmanagement**, Haufe, Freiburg 2008

GEOlino; UNICEF: **Kinderwertemonitor 2014**, unter https://www.unicef.de/blob/56990/a121cfd7c7acbdc2f4b97cbcdf0cc716/geolino-unicef-kinderwertemonitor-2014-data.pdf (abgerufen am 06.06.2017)

Gordon, Th.: **Die neue Beziehungskonferenz**. Effektive Konfliktbewältigung in Familie und Beruf, Heyne, München 2002

Gretsch, U.; Lissner, B.: **Chancen und Gefahren für die kindliche Entwicklung**, Elternratgeber Computer, Rowohlt, Reinbek 1995

Grotensohn, Ch.: **Unser Kind im Krankenhaus**, Rowohlt, Reinbek 1999

Gudjons, H.: **Pädagogisches Grundwissen**, Klinkhardt, Heilbrunn 2008

Hagemann, Christine: Pädagogik Raum geben: So setzen Sie Ihre Konzeption im Kindergarten gestalterisch um, unter https://www.backwinkel.de/blog/raumgestaltung-kita-kindergarten (abgerufen am 05.07.2019)

Hamburger Behörde für Arbeit, Soziales, Familie und Integration: **Hamburger Bildungsempfehlungen für die Bildung und Erziehung von Kindern in Tageseinrichtungen**, 2012, unter http://www.hamburg.de/contentblob/118066/542dc4f1f09f55137a3f98354acc2eb1/data/bildungsempfehlungen.pdf;jsessionid=BC0B8AF65698671A34C2A91F9EB68C23.liveWorker2 (abgerufen am 06.06.2017)

Haug-Schnabel, G.; Bensel, J.: **Kinder unter 3 Jahren – ihre Entwicklung verstehen und begleiten**; in Kindergarten heute kompakt, Herder, Freiburg 2010

Heiland, H.: **Fröbel**, Rowohlt, Reinbek 2005

Heinz und Heide Dürr Stiftung (Hrsg.): **Schemas im Early-Excellence-Ansatz**, Broschüre mit DVD, dohrmann verlag, Berlin

Hertl, Dr. M.; Hertl, Dr. R.: **Das kranke Kind**, Trias, Stuttgart 1996

Hopf, H. H.: **Unser krankes Kind**, Rowohlt, Reinbek 1982

ICD-10-GM-2019: Codes Nr. F80-89 Umschriebene Entwicklungsstörungen des Sprechens und der Sprache, unter http://www.icd-code.de/icd/code/F80-F89.html (abgerufen 05.07.2019)

Infans: **Berliner Eingewöhnungsmodell**, unter http://www.sozdia.de/typo3temp/pics/0ab691c3b1.gif (abgerufen am 27.03.2017)

Jaffka, F.: **Puppenspiel für und mit Kindern**, Freies Geistesleben, Stuttgart 2009

Keicher, Dr. U.: **Sanfte Hilfe bei Kinderkrankheiten**, Mosaik, München, 2002

Klenke, Dr. med. H.: **Das Weib als Gattin**, Verlag von Eduard Kummer, Leipzig 1891

Koch, E.; Neumann, Ch.; Schmidt, Dr. W.: **Sozialpflege**. Miteinander leben – füreinander arbeiten, Handwerk und Technik, Hamburg 2018

Korczak, J.: **Von Kindern und anderen Vorbildern**, Gütersloher Verlagshaus, Gütersloh 1984

Krenz, A.; Rönnau, H.: **Entwicklung und Lernen im Kindergarten**. Psychologische Aspekte und pädagogische Hinweise für die Praxis, Herder, Freiburg 1997

Lachnit, P.: **Sicher reden – anschaulich präsentieren**: Erfolgreiche Vortrags- und Visualisierungstechniken für die Kita-Praxis, Don Bosco, München 2001

Leu, H. R. et al.: **Bildungs- und Lerngeschichten**, verlag das netz, Kiliansroda 2015

Leupold, E. M.: **Handbuch der Gesprächsführung**: Problem- und Konfliktlösung im Kindergarten, Herder, Freiburg 2006

Lueger, D.: **Beobachtung leicht gemacht**, Beltz, Weinheim 2005

Mehari, S. G.: **Feuerherz**, Weltbild, Augsburg 2005

Meister Vitale, B.: **Lernen kann phantastisch sein**, Gabal, Offenbach 2004

Meyer, W. P.; Seter, G.: **Computer-Kids**, Ravensburger, Ravensburg 1996

Miklitz, I.: **Der Waldkindergarten**. Dimensionen eines pädagogischen Ansatzes, Cornelsen, Berlin 2011

Ministerium für Arbeit und Sozialordnung, Familie, Frauen und Senioren des Landes Baden-Württemberg: **Gleichstellung beginnt im Kindergarten**, 2010/2013, unter https://sozialministerium.baden-wuerttemberg.de/fileadmin/redaktion/m-sm/intern/downloads/Downloads_Gleichstellung/Gleichstellung_beginnt_im_Kindergarten_2013.pdf (abgerufen am 06.06.2017)

Mitschka, R.: **Sich auseinander setzen – miteinander reden**. Ein Lern- und Übungsbuch zur professionellen Gesprächsführung, Veritas, Linz 2002

Münzenloher, I.: **Qualitätsmanagement in der Kita**, Umsetzung der DIN EN ISO 9000, Stam, Köln 2001

Neuß, N. (Hrsg.): **Bildung und Lerngeschichten im Kindergarten**, Cornelsen, Berlin 2007

Niederle, Ch. (Hrsg.): **Methoden des Kindergartens 2**, Sonderdruck der Fachzeitschrift Unsere Kinder, Linz 1995

Novak, F.: **Pädagogik/Psychologie für Fachoberschulen und Berufsoberschulen**, Kieser, Neusäß 2000

Oerter, R.; Montada, L. (Hrsg.): **Entwicklungspsychologie**, Beltz, Weinheim 2008

Partecke, E.; Sandtner, H.: **Darauf kommt es an im Bildungskonzept**. Zusammenfassung und Kommentar zu "Erfolgreich starten - Leitlinien zum Bildungsauftrag von Kindertageseinrichtungen" des Ministeriums für Bildung, Wissenschaft, Forschung und Kultur des Landes Schleswig-Holstein, unter www.kindergartenpaedagogik.de/1236.html (abgerufen am 21.03.2017)

Perle, U.: **Arbeiten im Team**, Katzmann, Tübingen 1978

Pesch, L.: **Moderation und Gesprächsführung**. Wie Kindergärten TOP werden, Beltz, Weinheim 2007

Piaget, J.: **Das Erwachen der Intelligenz beim Kinde**, Klett-Cotta, München 2003

Pikler, E.: **Laßt mir Zeit**, Die selbständige Bewegungsentwicklung des Kindes bis zum freien Gehen, Pflaum, München 2001

Zufriedene Babys – zufriedene Mütter, Herder, Freiburg 2008

Raapke, Prof. Dr. H. D. und Fachgruppe „Theorie" der Dozentenkonferenz der deutschen Montessori-Vereinigung e.V.: **Profil der Montessori-Pädagogik und ihrer Einrichtungen**, Stand 2003, unter: www.montessori-deutschland.de

Recheis, K.; Bydlinski, G.: **Weißt Du, dass die Bäume reden?**, Herder, Freiburg 1998

Regel, G.; Wieland, A. J. (Hrsg.): **Offener Kindergarten konkret**. Veränderte Pädagogik in Kindergarten und Hort, Ebv, Hamburg 2001

Reggio Children (Hrsg.): **Ein Ausflug in die Rechte von Kindern**, Luchterhand, München 2002

Reinhold, G.; Pollak, G.; Heim, H.: **Pädagogik-Lexikon**, Oldenbourg, München 1999

Robert Koch-Institut: Journal of Health Monitoring, September 2018 Ausgabe 3, unter: https://www.rki.de/DE/Content/Gesundheitsmonitoring/Gesundheitsberichterstattung/GBEDownloadsJ/JoHM_03_2018_KiGGS-Welle2_Gesundheitliche_Lage.pdf?__blob=publicationFile (abgerufen 05.07.2019)

Roth, E.: **Alles halb so schlimm!**, Frustschutzverse von Eugen Roth, dtv, München 2015

Saint-Exupéry, Antoine de: **Der kleine Prinz**, Rauch, Düsseldorf 2008

Saint-Exupéry, Antoine de: **Die Stadt in der Wüste**, Karl RauchVerlag, Düsseldorf 1956 und 2009

Schede, H.-G.: **Der Waldkindergarten auf einen Blick**, Herder, Freiburg 2000

Schenk-Danzinger, L.: **Entwicklungspsychologie**, G&G Verlagsgesellschaft, Wien 2008

Schmitz, U.: **Das Bilderbuch in der Erziehung**, Auer, Donauwörth 1997

Schmutzler, H.-J.: **Handbuch Heilpädagogisches Grundwissen.** Die frühe Bildung und Erziehung behinderter und von Behinderung bedrohter Kinder, Herder, Freiburg 2008

Schröder, H.: **Theorie und Praxis der Erziehung**, Oldenbourg, München 1999

Siegler, R. et al.: **Entwicklungspsychologie im Kindes- und Jugendalter**, Deutsche Auflage von Pauen, S. (Hrsg.), Spekturm Akademischer Verlag, München 2005

Singh, J.A.L.: **Die „Wolfskinder" von Midnaporz**, Heidelberg 1964

Sommer, B.: **Kinder mit erhobenem Kopf**. Kindergärten und Krippen in Reggio Emilia/Italien, Luchterhand, München 2002

Stahl, E.: **Dynamik in Gruppen**, Beltz, Weinheim 2017

Stein, B. und Fachgruppe „Theorie" der Dozentenkonferenz der deutschen Montessori-Vereinigung e.V.: **Montessori-Pädagogik** – Das Konzept der Erziehung in Elternhaus, Kindergarten und Grundschule, Stand 2003, unter www.montessori-deutschland.de

Textor, M. R.: **Elternarbeit mit neuen Akzenten**. Reflexion und Praxis, Herder, Freiburg 1999

Textor, M. R.: **Verhaltensauffällige Kinder fördern**. Praktische Hilfen für Kindergarten und Hort, Beltz, Weinheim 2006

Vogelsberg, M.: **Sozialpädagogische Arbeitsfelder**, Beltz, Weinheim 2002

Volksinitiative Gute Inklusion für Hamburgs SchülerInnen, Presseerklärung vom 18.12.2016, unter http://gute-inklusion.de/wp-content/uploads/2016/12/Presseerklaerung-18.12.16.pdf (abgerufen am 20.03.2017)

von Allwörden, M.;Drees, F.: **Der Ansatz von Emmi Pikler in Tageseinrichtungen für Säuglinge und Kleinkinder**, unter: http://kita.zentrumbildung-ekhn.de/fileadmin/content/kita/3_3Kinder_0-3/Konzeption/Kernaussagen_Emmi_Pikler_ohneFotos.pdf (abgerufen am 11.04.2017)

Weisbach, Ch.-R.; Sonne-Neubacher, P.: **Professionelle Gesprächsführung**. Ein praxisnahes Lese- und Übungsbuch, DTV-Beck, München 2015

Young, E.: **7 blinde Mäuse**, Altberliner, Berlin 2004

Zimbardo, P.G. et al.: **Psychologie**, Springer, Berlin 2003

Zimmer, J.: **Das kleine Handbuch zum Situationsansatz**, Ravensburger, Ravensburg 1998

Zimmer, K.: **Erste Gefühle**. Wie Eltern und Baby einander kennen und lieben lernen, Mosaik bei Goldmann, München 2001

Zimmer, R.: **Handbuch der Sinneswahrnehmung**. Grundlagen einer ganzheitlichen Bildung und Erziehung, Herder, Freiburg 2006

Internetadressen:

- http://arbeitsblaetter.stangl-taller.at
- www.aktion-mensch.de
- www.aphorismen.de
- www.bildungsklick.de
- www.bindungstheorie.net
- www.bpb.de
- www.bvl-legasthenie.de
- www.destatis.de
- www.dialogreggio.de
- www.elternimnetz.de
- www.entwicklungstabelle.de
- www.erzieherin-online.de
- www.familienhandbuch.de
- www.familie-und-gesellschaft.org
- www.familien-wegweiser.de
- www.froebelweb.de
- www.giz.de/fluchtundmigration/de
- www.grin.info
- www.icd-code.de
- www.janusz-korczak.de
- www.kinderaerzte-im-netz.de
- www.kindergartenpaedagogik. de
- www.kinderhospiz-loewenherz.de
- www.kinder-stadt.de
- www.kinderwelten.net
- www.kita-bildungsserver.de/flucht-und-migration
- www.liga-kind.de
- www.lwl.org
- www.medfueherer.de
- www.pekip.de
- www.scheidung-online.de
- www.spiegel.de
- www.sprueheportal.de
- www.waldorfkindergarten.org

- www.wissen-und-wachsen.de
- www.zdf.de

Zeitschriften/Zeitungsartikel

Closer Nr. 28, 3. Juli 2019

Das Neue Blatt Nr. 28, 3. Juli 2019

Der Spiegel: Special Die Entschlüsselung des Gehirns 4/2003; Jeden Tag ein Universum 43/2003; Blind vor Wut und Freude 49/2003; 28/2005; 09/2007; Fluch und Segen 16/2007

Die Zeit, Wissen – Kleine Kinder, große Sorgen, 36/2006; Leben, Nr. 38, 09/2006; 40/2006

Erziehung und Wissenschaft, Zeitschrift der GEW, 11/2005

Frankfurter Allgemeine Zeitung, 112/2005

Frankfurter Jüdische Nachrichten, 10/2005

Frankfurter Rundschau, 15.08.2006

Gala Nr. 27, 27. Juni 2019

GEO, Wie ein Charakter entsteht, 08/1998

GEO-Wissen, 37/2006

KIDS Aktuell, Magazin zum Down-Syndrom, Nr.13 04/2006

Kindergarten heute: 2/1996; 4/1996; 11-12/2000; 11-12/2004; 3/2006; 5/2009

Kindergarten heute spezial: Pädagogische Handlungskonzepte von Montessori bis zum Situationsansatz, 2002; Kindergarten heute spezial, Wahrnehmungsstörungen bei Kindern- Hinweise und Beobachtungshilfen, 2005

Kindergarten heute, Basiswissen kita, Teamentwicklung, o. J.

klein&groß, 6/2000

Päd. Forum, Zeitschrift für soziale Probleme, pädagogische Reformen und alternative Entwürfe, Reggio-Pädagogik, Nr. 3 06/2001

Reinsch, M.: Opfer von Kindesmissbrauch berichten „Ich habe es nur geschafft zu überleben", Artikel vom 31.01.2017, unter http://www.mz-web.de/politik/opfer-von-kindesmissbrauch-berichten--ich-habe-es-nur-geschafft-zu-ueberleben--25654118 (abgerufen am 16.02.2017)

Stadtkinder – Extra Förderung von Kindern mit Behinderungen in unseren Kitas, Mitteilungsblatt der Vereinigung Hamburger Kindertagesstätten, 09/2006

Theorie und Praxis der Sozialpädagogik: 02/2000, 06/2004

Weser Kurier, Regionale Beilage, 12.05.2005

Weser Kurier: 21.07.2006, 27.12.2007

Wiesbadener Tagblatt, 04.08.2005

Wirtschaftswoche, Unermüdlich kämpfen, 44/2005

Bildquellenverzeichnis

123RF GmbH, Nidderau: S. 271 (Irina Schmidt)

akg-images GmbH, Berlin: S. 317/1

Alice Salomon Hochschule, ASH, Berlin: S. 53/2 (Alexander Rentsch)

Bildarchiv Preußischer Kulturbesitz, Berlin: S. 17/1 (Scala)

dpa-Picture-Alliance GmbH, Frankfurt am Main: S. 17/2 (akg-images); 3 (akg-images); 80/2 (dpa-Report); 106 (dpa); 107/1 (Godong); 114 (dpa-Fotoreport); 118/3 (KPA); 120 (©Francis Apesteguy/Patricia Valicenti); 130/1 (dpa-infografik); 155/1 (Katya Shut); 191/3 (dpa); 194 (dpa); 198/1 (dpa-Report); 2 (dpa-Report); 204/1 (dpa-Bildarchiv); 224 (maxppp); 229 (dpa); 241/4 (dpa-Report); 257 (dpa-Report); 294/1 (dpa-Fotoreport); 315 (dpa-Report); 319/1 (akg-images); 321 (picture alliance / AP Photo); 322 (dpa-Report); 324/1 (picture alliance/dpa); 335 (dpa-Bildarchiv)

Dreamstime LLC, Brentwood, Tennessee, US: S. 307 (Rolffimages)

Ess, Gundula, Hamburg: S. 7; 9/2; 10; 11; 15; 25; 28; 30/2; 31/1,2; 33; 34; 35/2; 36/1; 42; 43; 45/1,3; 46; 47; 150; 161; 174; 177; 181; 184; 195; 198/3; 200; 204/2; 207; 218/1; 219; 220/1; 223; 260/2; 261; 263; 281; 288; 290; 291; 302; 308; 309; 333/1; 341

Getty Images Deutschland, München: S. 148/3

gondolino GmbH, Bindlach: S. 225/1,3

Grafische Produktion Neumann, Rimpar: S. 69/1; 151

Hoffman und Campe Verlag GmbH, Hamburg, © 1973 by Peter Mayle, Illustration von Arthur Robins. Für die deutschsprachige Ausgabe Copyright © 1974 Hoffmann und Campe S. 165/1

iStockphoto, Berlin: S. 3/2 (Pilin_Petunyia); 3/3 (FatCamera); 5 (alvarez); 19/1 (Imgorthand),2 (AnitaPatterson); 20 (asiseeit); 36/2 (ViktorCap),3 (asiseeit); 56 (101dalmatians); 58 (ktmoffitt); 63/1 (Nikada); 67/3 (fstop123); 76/1 (likstudio),3 (romrodinka); 89 (bmcent1); 121 (FatCamera); 132/2 (hiphotos35); 147/1 (Juan García Aunión),3 (romrodinka); 156 (chameleonseye); 180 (WebSubstance); 218/2 (lvdesign77); 235 (asiseeit); 249/2 (SelectStock); 253/1 (Figure8Photos);

260/1 (Choreograph); 262 (Milatas); 264/2 (damircudic); 274 (sergeyryzhov); 275 (LittleBee80); 276 (michaeljung); 279/1 (Peoplelmages); 286/2 (pixelfit); 304 (DGLimages); 312/1 (MachineHeadz); 324/2 (DGLimages); 325 (Nadezhda1906); 338/2 (monkeybusinessimages); 339/1 (kumeda)

Julius Beltz GmbH & Co. KG, Weinheim: S. 166/4

Junge, Silke, Hamburg: S. 316

Kinderhospiz Löwenherz e.V., Syke: S. 107/2

Kupka, Christine, Stuhr: S. 240/6

Krüper, Werner, Fotografie, Steinhagen: S. 253/2

laif Agentur für Photos & Reportagen GmbH, Köln: S. 111 (Daniel Leal-Olivas/Polaris/laif)

Lottermoser, Elisabeth, Gütersloh: S. 70; 71; 256; 265; 287/1; 292; 293

mauritius images GmbH, Mittenwald: S. 13 (Alamy); 29 (mauritius images / Michael Weber / imageBROKER); 211 (Alamy); 232 (mauritius images / Mito Images / SCHO/RelaXimages)

Neumann, Christine, Stuhr: S. 82/1; 146/4; 148/4,5,6

Niederwestberg, Lucia, Hamburg: S. 130/2; 326; 61; 78; 85; 138/1; 143; 148/6; 159; 216/2; 230/4; 255; 298/3; 316; 317/2-5

Dr. Simone Beller Forschung und Fortbildung in der Kleinkindpädagogik 2016.

Auszug aus: Beller, S.: Kuno Bellers Entwicklungstabelle 0–9, 2016.

Illustration: Amelie Glienke, Berlin: S.186

Prognos AG – Wir geben Orientierung – Europäisches Zentrum für Wirtschaftsforschung und Strategieberatung, Berlin: 119

Ravensburger Buchverlag Otto Maier GmbH, Ravensburg: S. 166/3

S. Fischer Verlag GmbH, Frankfurt am Main: S. 166/1,2

Schmidt, Hartmut W., Fotografie, Freiburg: S. 298/2; 301; 328/1

Shutterstock Images LLC, New York, USA: S. 3/1 (martin bowra); 9/1 (Motortion Films); 12/3 (EvgeniiAnd); 17/4 (FamVeld); 30/1 (Kzenon); 52/1 (TeodorLazarev); 53/1(Robert Kneschke),3 (muzsy); 65/2 (Sussi Hj); 79 (Ermolaev Alexander); 87 (Owen Franken); 90 (26kot); 116/2 (John Wollwerth); 124 (Vibe Images); 136 (Photographee.eu); 145 (2xSamara.com); 148/2 (Filip Warulik); 153 (eurobanks); 162/1 (Vagengeim); 164 (Petrenko Andriy); 169 (UvGroup); 191/1 (AnnGaysorn); 208/1 (Miriam Doerr); 209 (Billion Photos); 217/2 (fizkes) 220/2 (ziviani); 227 (Ilike); 238/1 (oneinchpunch); 240/5 (ct_photo); 242 (picturepartners); 248/5 (Karina Sturm); 249/1 (My Good Images); 280 (Rawpixel.com); 283 (PaulBiryukov); 284/1 (Dudarev Mikhail); 286/4 (Pete Pahham); 299/1 (Lordn); 311/1 (chromorange); 320/1 (Phovoir); 327 (s_oleg); 331 (Standret); 332 (Oksana Shufrych); 336 (zlikovec); 338/1 (Oksana Kuzmina)

spiel gut Arbeitsausschuß Kinderspiel+Spielzeug e.V., Ulm: S. 258

stock.adobe.com: S. 1 (Fullvalue); 2 (Monkey Business); 4 (matka_Wariatka); 6 (Yvonne Bogdanski); 8/1 (Cora Reed),2 (Rob); 12/1 (pololia),2 (detailblick-foto); 14/ 1 (gpointstudio),2 (pololia); 16/1 (Mario Bruno),2 (Mario Bruno),3 (Mario Bruno); 18/1 (Ramona Heim),2 (Nymph); 22 (Picture-Factory); 23/1 (ninell),2 (Alexander),3 (Michael Heimann),4 (Henryk Dierberg); 24 (chrisharvey); 27/1 (Pavel Losevsky); 41/1 (Olga Solovei),2 (Lee Prince); 50/1 (Sport Moments); 51 (drubig-photo); 52/2 (Oksana Kuzmina); 54 (zdyma4); 55 (Meddy Popcorn); 57/1 (Jason Stitt),2 (Hardy5),3 (helix),4 (tbel); 63/2 (Franz Pfluegl); 65/1 (Pavel Losevsky); 67/1 (swifter),2 (Barefoot),4 (DX); 68/1 (Brigitte Bohnhorst-Simon),2 (godfer); 75 (gpointstudio); 76/2 (Marcel Mooij),4 (TomaszWojnarowicz),5 (Maxim Tapikov); 80/1 (Oleg Kozlov)3 (nullplus); 81 (Monika Adamczyk); 82/2 (Krugloff); 83 (kfleen); 88 (Oksana Kuzmina); 91/1 (Pavel Losevsky),2 (wildman); 92 (Vadim Ponomarenko); 95 (Thomas Perkins); 98 (lisalucia); 101 (Doug Olsen); 102 (Petra Röder); 103 (nadezhda1906); 104/1 (Cappi Thompson),2 (LeticiaWilson); 105 (Maria Bell); 109 (godfer); 116/1 (iofoto); 117 (VI); 118/1 (Tatyana Gladskih),2 (Johanna Goodyear); 127 (highwaystarz); 128 (Alena Yakusheva); 132/1 (Voyagerix); 133 (gradt); 135 (dglimages); 138/2 (Martin Taller); 140/1 (Nider Lander),2 (Norman Pogson); 142 (Arytom Yefimov); 144/1 (fotolia V),2 (Dron); 146/1 (Harald Sohngen),2 (BillionPhotos),3 (Rebecca Dickerson); 147/2 (Pavel Losevsky); 149/1 (Tino Hemmann),2 (Daniel Fuhr); 155/2 (Vladimir Melnik); 158 (Oksana Kuzmina); 160 (Hallgerd); 162/2 (Andrej Stratilatov); 163

(Maya Kruchancova); 165/3 (Kzenon); 167 (kavring); 170 (Xenia); 171 (Pavel Losevsky); 173/1 (st-fotograf),2 (Imagemaker); 175 (Dusan Kostic); 176 (Igor Stepovik); 178/1 (Simone van den Berg),2 (Sergej Mohhovik),3 (Yanik Chauvin),4 (Imagine); 189 (Brian Jackson); 192 (Carlos Santa Maria); 208/2 (shootingankauf); 215 (soupstock); 216/1; 217/1 (binagel); 221 (pipahadesse); 222 (Ritu Jethani); 225/2 (swifter); 230/1 (famveldman),2 (butoretoile),3 (Yuri Kravchenko); 231/1 (Tan Kian Khoon),2 (Anetta); 233 (Susanne Güttler); 236/1 (Jerome Berquez),2 (Sonya Etchison); 237/1 (Michael Hampel),2 (PhotoCreate),3 (eyedear); 238/2 (Michael Kempf); 239 (iofoto); 240/1 (Dron),2 (Swifter),3 (Kzenon),4 (Torsten Schröder); 241/2 (Mt. Hayward),3 (Kristin Gründler); 247 (Stoneman); 248/3 (Ella),4 (Pavel Losevsky); 251/1 (Alena Ozerova),2 (Pavel Losevsky); 252 (Lucky Dragon); 264/1 (Pavel Losevsky),3 (Alena Yakusheva); 268 (dmitrimaruta); 270 (Arpad NagyBagoly); 272 (Charly); 279/2 (nagaets); 284/2 (Slobodan Djajic); 285/1 (Johanna Mühlbauer),2 (Pavel Losevsky),3 (Anja Roesnick),4 (Michael Kempf); 286/1 (Thomas Perkins),3 (Sandra Gligorijevic); 287/2 (Kerioak); 294/2 (kleberpicui); 296 (Amir Kaljikovic); 297 (Stefan Redel); 298/1 (diego cervo); 312/2 (Jaceb Chabraszewski); 319/2 (romy mitterlechner); 328/2 (Pavel Losevsky),3 (komi$ar); 329 (Irina Fischer); 330 (sasha); 333/2 (Michael Kempf),3 (Xenia),4 (hava),5 (victoriap); 334 (Christian Schwier); 337 (Johan Nikolic); 344 (Spectral-Design); 345/2 (Trueffelpix),3 (PrettyVectors); 346/1 (Trueffelpix),2 (Trueffelpix)

Verlag Friedrich Oetinger GmbH, Hamburg: S. 165/4

Verlag Handwerk und Technik GmbH, Hamburg: S. 39; 40; 86; 134; 152 (Ines Awiszus); 241/1; 246; 248/1,2; 278; 299/2; 320/2; 343; 345/1

verlag mebes & noack, WISSEN+HANDELN vertriebs gmbh, Köln: S. 165/2

Sachwortverzeichnis